"十二五"普通高等教育本科国家级规划教材

教育部全国普通高等学校优秀教材

教育部金融学核心课程规划教材

全国优秀畅销书

金融工程概论（第三版）

Introduction to Financial Engineering

- 主　编　叶永刚　郑康彬
- 副主编　熊和平　彭红枫

武汉大学出版社

图书在版编目(CIP)数据

金融工程概论/叶永刚,郑康彬主编.—3版.—武汉:武汉大学出版社,2017.5(2024.2重印)
"十二五"普通高等教育本科国家级规划教材　教育部全国普通高等学校优秀教材　教育部金融学核心课程规划教材
ISBN 978-7-307-17455-9

Ⅰ.金… Ⅱ.①叶… ②郑… Ⅲ.金融工程—高等学校—教材 Ⅳ.F830.49

中国版本图书馆 CIP 数据核字(2017)第 067221 号

责任编辑:范绪泉　　责任校对:李孟潇　　版式设计:马　佳

出版发行:武汉大学出版社　　(430072　武昌　珞珈山)
(电子邮箱:cbs22@whu.edu.cn　网址:www.wdp.com.cn)
印刷:武汉中科兴业印务有限公司
开本:787×1092　1/16　印张:28.5　字数:657千字　插页:1
版次:2000 年 1 月第 1 版　2009 年 7 月第 2 版
　　2017 年 5 月第 3 版　2024 年 2 月第 3 版第 4 次印刷
ISBN 978-7-307-17455-9　　定价:68.00 元

版权所有,不得翻印;凡购我社的图书,如有质量问题,请与当地图书销售部门联系调换。

PREFACE 第三版前言

珞珈山，凌晨，万籁俱寂。

抚摸着手中的第三版《金融工程概论》，回首往事，感慨万千。时间过得真快啊！一晃，我们的这部《金融工程概论》教材，已走过了25个年头！

在这25年期间，这部教材从诞生到发展，就像中国金融工程学学科，伴随着中国改革开放的步伐大踏步地向前行进！

1996年秋天，在中国教育部留学基金的资助下，受武汉大学派遣，我赴美国康奈尔大学研修学习金融工程。1997年，在学习任务完成后，我又回到了美丽的珞珈山，在这里为本科生开设了金融工程概论这门课程。接着，金融工程课程便一步步地走进武汉大学硕士研究生和博士研究生的课堂。

2002年春天，武汉大学受国家教育部的委托，组织中国人民大学、中央财经大学、西南财经大学、厦门大学召开了第一次中国金融工程学科建设与发展论坛。参加大会的五个高校，一致同意率先创办中国金融工程学科并从秋季开始招收中国高校第一批金融工程本科生。

这次会议是中国金融工程学科发展史上的一个重大事件。它标志着金融工程学科在中国大地上的诞生！正是在这次会议上，由武汉大学出版社牵头，与会代表们对金融工程核心课程的教材确定和编写进行了座谈与讨论。从此，这部《金融工程概论》教材不仅在武汉大学出版社重新推出，而且作为核心课程正式进入了该校和全国高校本科生课堂。

回想1999年，当我们在中国的大地上写作和出版第一部《金融工程概论》时，我们还很难跳出国外当时的框架，即主要是"工具论"的金融工程。但是，当我们在2009年出版第二版《金融工程概论》，及该教材作为普通高等教育"十一五"国家级规划教材和金融学核心课程教材时，我们已经从"工具论"突破到了"结构论"。我们不仅要通过该教材的编写和教学来培养金融工具创新的人才，而且希望培养公司金融创新人才。然而，我们当时第二版的"结构论"主要是"微观结构论"，其主要内容仍局限于工具和公司层面。今天，我们第三版的"结构论"已经从"微观结构论"突破到"宏观结构论"了。这个突破意味着我们在中国金融工程的教材编写上，正在不断守正创新，走着中国特色社会主义的道路，走着将宏观金融工程与微观金融工程相统一的道路。

那么，宏观金融工程与微观金融工程统一的基础在哪里呢？

我们认为在于方法论。金融工程的基本方法在哲学层面离不开唯物辩证法和历史唯物主义，在金融学层面则要抓住无套利分析这一重要方法。在"工具论"层面，任何一种金融工具即金融资产都是在运用无套利分析法。到了"微观结构论"层面，我们的研究对象从"工具"转移到"公司"。公司有资产负债表，公司就是一个更大的"资产"。公司的资产负债表提供了"微观结构论"的资产定价基础，即无套利分析法的运用基础。从这个意义上来说，"公司"和"工具"全都是"资产"。我们再来看"宏观结构论"，"宏观结构论"研究的对象是政府，是要将政府的"有形之手"与市场的"无形之手"结合起来配置金融资源的金融工程。我们在"宏观结构论"中引入了宏观资产负债表，有了宏观资产负债表及其资产定价方法，宏观问题的分析就可以微观化了！政府就不仅有了"财政工程"，而且有了"财务工程"了，政府的"财务工程"就是我们所指的宏观金融工程。这样，中国的金融工程学科发展和教材建设，就在全人类金融工程发展史上，翻开了崭新的一页！

于是，在这一版的修订过程中，我们在修订和调整原有章节外，还加进了宏观资产负债表和经济资本管理的内容。宏观资产负债表由项婉玉和张培写作，经济资本管理的内容由吴良顺、宋凌峰和刘勇完成。

我们之所以要按照这种框架编写，是因为我们的教材编写不仅要全面学习国外教材的先进思想和方法，而且还要结合中国的实际情况，为中国特色的社会主义经济高质量发展服务，为中国的学科建设和实体经济服务。中国的金融工程学科要走的道路必须是宏观金融工程和微观金融工程相结合的"大金融工程"之路，而不是将两者相分离的"小金融工程"之路。这是由中国金融学科的特点决定的。中国的金融学科在中国的改革开放进程中，正是从宏观走向宏观与微观相结合的"大金融"，而不是像西方国家那样将商学院的金融与经济系的金融相分离的"小金融"。正因如此，我们在第三版的编写过程中，在我们自己的金融工程旗帜上，写上了醒目的大字和口号："中国的经济学走到哪里，中国的金融学就走到哪里！中国的金融学走到哪里，中国的金融工程学就走到哪里！"只有这样，我们的金融工程学科和课程才能跟上经济学科和金融学科建设的步伐，我们培养出来的金融工程人才才能具有更为广阔的专业视野和能力。我们何乐而不为呢！

每次撰写这部教材的前言，总是心潮难平，总是感慨颇多，总是感激之情油然而生！我们感谢自己的国家有了一个改革开放的时代，使我们能够到国外学习深造并且能够在自己的国家建设自己的金融工程学科和编写自己的金融工程教材！我们感谢武汉大学出版社的各位领导和对老师、对这部教材20多年来一如既往的辛勤栽培和呵护！我们感谢参加编写的各位老师和同学所付出的艰苦劳动和智慧！我们感谢为本教材编写与出版提供无私帮助和宝贵意见的每一个人!

思绪至此,我拉开窗帘。我听见了远处斑鸠们的咕咕欢叫。它们正在呼唤着新一年春天的到来。我仿佛看见了珞珈山正在盛开的腊梅花,正在初绽的红梅花,正在人们期待的目光中含苞待放的早樱花,仿佛看见了一轮红日正从湖面上冉冉升起……

我的内心也与窗外的鸟儿一样欢唱着:春天来了!是啊,我们的金融工程学科建设和人才建设不也是这样吗?愿我们的第三版《金融工程概论》,为这满园的春色,再奉献出一朵更加艳丽的鲜花!

叶永刚

2017 年 4 月 18 日写作

2024 年元月 15 日修改于珞珈山

PREFACE 第二版前言

在赤日炎炎的盛夏，在美丽的珞珈山水之间，我伏在案头，奋笔书写第二版前言。

我的心情，像窗外的空气一样，热浪滚滚。我记得1999年7月12日，我在珞珈山写下了第一版的前言。时隔十年，我又坐在这里，写着第二版的前言。

十年，在历史的长河中，只是短暂的一瞬。可是，我们的金融工程，却在华夏大地发生了极大的变化。

1996年至1997年，我在美国康奈尔大学进修。那时，金融工程在美国刚刚兴起。1997年底，我在美国将所有能收集到的关于金融工程的教材和文献都带回了武汉大学。当年，我就在武汉大学开设了这门课程。

2001年底，我们向教育部写了申请报告，建议在中国高校的本科生中开设该学科。教育部为此专门组织了专家论证会。专家们通过无记名投票，一致通过了该报告。2002年，武汉大学和首批试办的其他高校一起，招收了中国高校的第一批金融工程本科生。

第一批金融工程的本科生诞生之时，国内外有不少人对此持批评和怀疑态度，认为中国的本科生难以学好本专业。7年过去了，中国教育部最近公布了一项大学本科生的就业调查结果，在全国就业最好的60个本科专业中，金融工程名列榜首。

短短的7年时间，金融工程专业不仅得到了全国高校的认同，而且也受到了全社会的普遍欢迎。中国金融工程学科的开设，为中国的金融发展培养了一批又一批急需人才。我们不仅培养了本科生，而且培养了硕士生和博士生。

我们在金融工程的教学过程中，想到了教材的修订。我们的修订工作开始于2004年初。直到今天，我们才完成了此项工作。

这次修订，我们做了较大的修改。如果说在第一版中，我们对金融工程的理解，主要限于工具论层面的话，那么，在这次修订中，我们则将金融工程拓展到了结构论的层面。金融工程不仅要解决金融工具的定价与创新，而且要在更广阔的视野上解决金融与财务的结构优化问题。正因为如此，我们在本版中加进了金融风险管理和实物期权等方面的内容。

由于考虑到金融工程与其他课程的交叉问题，我们在这次修订中作了大量内容的删减。我们删掉了大量与投资学、固定收入证券、公司金融和金融经济学相同的内容。

即使是原有的章节，我们也作了较大的修改。我们希望修订后的教材，能够以一个全新的面貌，出现在读者面前。

全书由三个部分构成。第一编金融工程概述由第一章和第二章组成；第二编金融工具，由第三章至第八章组成；第三编金融风险，由第九章至第十四章组成。叶永刚、郑康彬、熊和平、彭红枫负责本书的修订、方案设计及组织协调工作。叶永刚、彭红枫写作第一章、第二章；马黎写作第三章和第六章；宋凌峰写作第四章和第十二章；胡燕写作第五章；彭红枫、陈娟写作第七章和第十章；黄河写作第八章和第九章；熊和平写作第十一章；赵征写作第十三章；田玲写作第十四章。

尽管全书已经作了较大的调整和修改，我们仍然感到留下了很多不足和遗憾。我们诚恳地希望读者给我们提出宝贵意见。我们打算在该教材的下一版中，作出更为全面和系统的修订。

在炎热的盛夏，我想起了为这本书的初版作出贡献的那些作者。因此，在这本书中，我们特意保留了第一版的前言。在第一版的前言中，记载了他们的姓名和汗水。

我想起了那些课堂讲授和讨论的日子。无数的学生和教师对这本教材的使用和修订提出了宝贵的建议。没有他们，也就没有这版教材的新面貌。

我想起为这本教材的出版工作作出巨大贡献的刘爱松老师、范绪泉老师、沈建英老师、支笛老师和马重慧老师等。没有他们的远见卓识和辛勤劳动，也就没有这本教材的及时问世，甚至也就没有我们金融工程课程建设和学科发展的崭新局面。

亲爱的读者，当你们手中捧着本书第二版的时候，我们正在准备本书的第三版，正在设想本书的第四版、第五版……愿这本书和这门课程，给你带来的不仅是知识，而且还有智慧、事业……

叶永刚
2009 年 7 月
于武昌珞珈山

PREFACE 第一版前言

写完书稿的最后一页，我感到如释重负。

1996年至1997年，我在美国康奈尔大学研修金融工程。1997年下半年回国，我用约翰·马歇尔和维普尔·班赛尔的英文原版教材给金融专业的研究生和MBA的学生讲授这门课程。1998年上半年，我又尝试着用这本教材给本科高年级学生讲授。1998年下半年我先后给建设银行总行管理干部本科生班和研究生班开设了这门课，用的也是该教材。

在教学的过程中，我深深感到迫切需要有一本中国人自己写的，而且是联系中国实际来写的金融工程教材。但这个任务对我个人来说，太艰巨了。我们的研究生们在学习了这门课程后，极力鼓励并踊跃参加来做这件工作。于是，从1998年开始，我们便着手编写这本书。至目前为止，总算是如愿以偿。

从本书的结构看，我们经过反复比较后，基本上采用了约翰·马歇尔和维普尔·班赛尔的总体框架，即全书分为四大部分。第一大部分为概论，第二大部分为理论工具，第三大部分为实体工具，第四大部分为金融策略。尽管大的框架与这个版本基本相同，但对具体内容和章节的安排却作了很大的调整和修改。在概论部分，我们增加了对金融工程方法论的分析。在理论部分，我们主要从金融工程的目的出发作出安排。金融工程最重要的目的是盈利，并尽可能地减少风险。因此，理论部分主要分析了现金流、收益和风险方面的内容。

在第三部分，我们主要论述了各种实体金融工具。在这部分的写作中，我们尽可能把金融工具的分析与中国的金融实践相结合。

在第四部分，我们仅就金融工程中使用最为普遍的几种策略作了介绍，即资产负债管理、公司重组与公司避税理财。

在章节的安排上，我们尽可能地考虑了教学的需要。每一章都安排了小结、参考阅读、练习与思考。

本书作为一本概论性的教材，并没有涉及很多高深的数学问题。我们将部分公式的推导放在附录中。读者即使跳过这些数学公式，也并不影响对本书基本内容的理解和把握。

作为本书的辅助内容，我们还编写了一本《金融工程：案例与评析》。其中的例子，全部来源于国内金融部门的实践。教师们在讲解本书内容时，可将两者结合使用。

本书的写作凝聚着集体的力量和智慧。叶永刚、郑康彬负责本书的策划、设计与总纂，熊和平负责本书的各种协调工作。此外，郑康彬还负责收集国外有关资料并提出具体指导意见。本书写作成员及其内容安排如下：

叶永刚：第一章、第二章；熊和平：第三章、第四章；余志勇：第五章；李源海：第六章、第十三章；张英：第七章、第十七章；刘俊宇：第八章、第十八章、第二十章；黄卓立：第九章、第十章、第十一章、第十二章；闵赛金：第十四章、第十五章、第十六章；胡耀亭：第十九章、第二十一章。

我们忘不了这本书写作过程中的日日夜夜，忘不了这本书的内容在课堂讨论中的热烈气氛和动人场面，忘不了对这本书的问世给予了热情关怀和倾注了辛勤汗水的每一个人。我们诚恳地希望读者对这本书提出宝贵的批评和意见。

叶永刚
1999 年 7 月 12 日
武昌珞珈山

CONTENTS 目 录

第一编 金融工程概述

第一章 金融工程导论 /3
◎学习目标 /3
第一节 金融工程的概念 /3
第二节 金融工程与金融工具 /5
第三节 金融工程与风险管理 /5
第四节 国外和港台地区金融工程专业课程设置及对中国大陆的启示 /8
第五节 本书结构 /14
◎小结 /14
◎思考题 /15
◎参考书目与推荐阅读 /15

第二章 金融工程与积木分析法 /16
◎学习目标 /16
第一节 金融价格风险分析 /16
第二节 远期合约分析 /17
第三节 期货合约分析 /18
第四节 互换合约分析 /19
第五节 期权合约分析 /20
第六节 金融积木综合分析 /22

◎小结 /24
◎思考题 /24
◎参考书目与推荐阅读 /25

第二编　金融工具

第三章　现货工具 /29
◎学习目标 /29
第一节　商品市场 /29
第二节　外汇市场 /31
第三节　货币市场 /35
第四节　债券市场 /38
第五节　股票市场 /42
第六节　现货工具综合配置分析 /46
◎小结 /49
◎重要概念 /50
◎思考题 /50
◎参考书目与推荐阅读 /51

第四章　远期工具 /52
◎学习目标 /52
第一节　远期交易概述 /52
第二节　远期工具的定价 /54
第三节　远期利率协议 /62
第四节　远期外汇交易 /66
第五节　远期汇率协议 /72
第六节　人民币远期结售汇 /77
第七节　远期工具综合配置分析 /80
◎小结 /81
◎重要概念 /81
◎思考题 /82
◎练习题 /82
◎参考书目与推荐阅读 /82

第五章　期货工具 /83
◎学习目标 /83
第一节　期货交易概述 /83

第二节　期货定价　　　　　　　　　　　　　/96
　　　第三节　商品期货　　　　　　　　　　　　　/100
　　　第四节　外汇期货　　　　　　　　　　　　　/104
　　　第五节　利率期货　　　　　　　　　　　　　/108
　　　第六节　股指期货　　　　　　　　　　　　　/118
　　　第七节　期货工具综合配置分析　　　　　　　/125
　　◎小结　　　　　　　　　　　　　　　　　　　/131
　　◎重要概念　　　　　　　　　　　　　　　　　/132
　　◎思考题　　　　　　　　　　　　　　　　　　/132
　　◎参考书目与推荐阅读　　　　　　　　　　　　/132

第六章　互换工具　　　　　　　　　　　　　　　　/133
　　◎学习目标　　　　　　　　　　　　　　　　　/133
　　　第一节　互换交易概述　　　　　　　　　　　/133
　　　第二节　互换定价　　　　　　　　　　　　　/142
　　　第三节　利率互换　　　　　　　　　　　　　/147
　　　第四节　货币互换　　　　　　　　　　　　　/154
　　　第五节　互换工具综合配置分析　　　　　　　/163
　　◎小结　　　　　　　　　　　　　　　　　　　/169
　　◎重要概念　　　　　　　　　　　　　　　　　/170
　　◎思考题　　　　　　　　　　　　　　　　　　/170
　　◎练习题　　　　　　　　　　　　　　　　　　/170
　　◎参考书目与推荐阅读　　　　　　　　　　　　/171

第七章　期权工具　　　　　　　　　　　　　　　　/172
　　◎学习目标　　　　　　　　　　　　　　　　　/172
　　　第一节　期权交易概述　　　　　　　　　　　/172
　　　第二节　期权定价　　　　　　　　　　　　　/176
　　　第三节　外汇期权　　　　　　　　　　　　　/190
　　　第四节　利率期权　　　　　　　　　　　　　/191
　　　第五节　股指期权　　　　　　　　　　　　　/192
　　　第六节　股票期权　　　　　　　　　　　　　/194
　　　第七节　期货期权　　　　　　　　　　　　　/198
　　　第八节　奇异期权　　　　　　　　　　　　　/204
　　　第九节　期权工具综合配置分析　　　　　　　/205
　　◎小结　　　　　　　　　　　　　　　　　　　/218
　　◎重要概念　　　　　　　　　　　　　　　　　/219
　　◎思考题　　　　　　　　　　　　　　　　　　/219

◎参考书目与推荐阅读　　　　　　　　　　　　　　　　　/219

第八章　混合工具　　　　　　　　　　　　　　　　　　/220

◎学习目标　　　　　　　　　　　　　　　　　　　　　/220
第一节　混合工具概述　　　　　　　　　　　　　　　　/220
第二节　混合工具的种类　　　　　　　　　　　　　　　/226
第三节　混合工具兴起的原因分析　　　　　　　　　　　/231
◎小结　　　　　　　　　　　　　　　　　　　　　　　/235
◎重要概念　　　　　　　　　　　　　　　　　　　　　/235
◎思考题　　　　　　　　　　　　　　　　　　　　　　/235
◎参考书目与推荐阅读　　　　　　　　　　　　　　　　/236

第三编　金融风险

第九章　商品价格风险管理　　　　　　　　　　　　　　/239

◎学习目标　　　　　　　　　　　　　　　　　　　　　/239
第一节　商品价格风险　　　　　　　　　　　　　　　　/239
第二节　基于远期的商品价格风险管理　　　　　　　　　/240
第三节　基于期货的商品价格风险管理　　　　　　　　　/242
第四节　基于互换的商品价格风险管理　　　　　　　　　/243
第五节　基于期权的商品价格风险管理　　　　　　　　　/249
第六节　商品价格风险管理策略分析　　　　　　　　　　/252
◎小结　　　　　　　　　　　　　　　　　　　　　　　/259
◎重要概念　　　　　　　　　　　　　　　　　　　　　/260
◎思考题　　　　　　　　　　　　　　　　　　　　　　/260
◎参考书目与推荐阅读　　　　　　　　　　　　　　　　/260

第十章　外汇风险管理　　　　　　　　　　　　　　　　/261

◎学习目标　　　　　　　　　　　　　　　　　　　　　/261
第一节　外汇风险　　　　　　　　　　　　　　　　　　/261
第二节　基于远期的金融工具配置与外汇风险管理　　　　/265
第三节　基于期货的金融工具配置与外汇风险管理　　　　/273
第四节　基于互换的金融工具配置与外汇风险管理　　　　/276
第五节　基于期权的外汇风险管理　　　　　　　　　　　/277
第六节　外汇风险管理的策略分析　　　　　　　　　　　/285
◎小结　　　　　　　　　　　　　　　　　　　　　　　/286
◎重要概念　　　　　　　　　　　　　　　　　　　　　/287

◎思考题　　/287
　　◎参考书目与推荐阅读　　/287

第十一章　利率风险管理　　/288
　　◎学习目标　　/288
　　第一节　利率风险　　/289
　　第二节　基于远期的利率风险管理　　/295
　　第三节　基于期货的利率风险管理　　/297
　　第四节　基于互换的利率风险管理　　/303
　　第五节　基于期权的利率风险管理　　/307
　　第六节　利率风险管理策略分析　　/317
　　◎小结　　/319
　　◎重要概念　　/319
　　◎思考题　　/319
　　◎练习题　　/320
　　◎参考书目与推荐阅读　　/320

第十二章　股票价格风险管理　　/321
　　◎学习目标　　/321
　　第一节　股票价格风险　　/321
　　第二节　基于互换的股票价格风险管理　　/326
　　第三节　基于期货的股票价格风险管理　　/329
　　第四节　基于期权的股票风险管理　　/336
　　第五节　股票价格风险管理策略分析　　/342
　　◎小结　　/343
　　◎重要概念　　/343
　　◎思考题　　/344
　　◎练习题　　/344
　　◎参考书目与推荐阅读　　/344

第十三章　信用风险管理　　/345
　　◎学习目标　　/345
　　第一节　信用风险的产生与度量　　/345
　　第二节　信用风险的管理策略　　/352
　　第三节　信用衍生工具在信用风险管理中的应用　　/355
　　◎小结　　/367
　　◎重要概念　　/368
　　◎思考题　　/368

◎ 参考书目与推荐阅读　　　　　　　　　　　　　　　/368

第十四章　金融工程的应用——操作风险管理　　　/371
　◎ 学习目标　　　　　　　　　　　　　　　　　　/371
　第一节　操作风险概述　　　　　　　　　　　　　/371
　第二节　金融工程在操作风险管理中的应用　　　　/378
　◎ 小结　　　　　　　　　　　　　　　　　　　　/383
　◎ 重要概念　　　　　　　　　　　　　　　　　　/383
　◎ 思考题　　　　　　　　　　　　　　　　　　　/383
　◎ 参考书目与推荐阅读　　　　　　　　　　　　　/384
　附表一　操作风险分类及所适用的保险形式　　　　/385
　附表二　适用于操作风险管理的主要保险产品一览表　/394

第四编　宏观金融工程

第十五章　宏观资产负债表　　　　　　　　　　　/397
　◎ 学习目标　　　　　　　　　　　　　　　　　　/397
　第一节　宏观金融风险的资产负债表分析　　　　　/397
　第二节　或有权益方法的理论基础　　　　　　　　/402
　第三节　宏观金融风险的或有权益资产负债表分析　/407
　◎ 小结　　　　　　　　　　　　　　　　　　　　/416
　◎ 重要概念　　　　　　　　　　　　　　　　　　/416
　◎ 思考题　　　　　　　　　　　　　　　　　　　/416
　◎ 参考书目与推荐阅读　　　　　　　　　　　　　/417

第十六章　宏观经济资本管理　　　　　　　　　　/418
　◎ 学习目标　　　　　　　　　　　　　　　　　　/418
　第一节　宏观经济资本概论　　　　　　　　　　　/418
　第二节　宏观经济资本度量　　　　　　　　　　　/423
　第三节　宏观经济资本配置　　　　　　　　　　　/428
　第四节　宏观经济资本与风险管理　　　　　　　　/432
　第五节　宏观经济资本的绩效评价　　　　　　　　/435
　◎ 小结　　　　　　　　　　　　　　　　　　　　/440
　◎ 重要概念　　　　　　　　　　　　　　　　　　/440
　◎ 思考题　　　　　　　　　　　　　　　　　　　/441
　◎ 参考书目与推荐阅读　　　　　　　　　　　　　/441

第一编

金融工程概述

第一章

女職員工資金

第一章 金融工程导论

◎ 学习目标

1. 金融工程的基本概念
2. 金融工程使用的金融工具
3. 金融工程与风险管理

第一节 金融工程的概念

一般认为，金融工程是20世纪80年代末和90年代初在金融创新的基础上发展起来的一门新兴学科。"新兴"使该学科具有了极强的生命力，同样，"新兴"也造成了人们对这门学科从整体上进行把握的困难。人们对金融工程的界定正处在探索和深化过程中。

目前我们所能见到的有关金融工程的定义可从两本书中得到，一本是英国洛伦兹·格利茨所著的《金融工程学》，一本是美国约翰·马歇尔和维普尔·班赛尔所著的《金融工程》。前者已由唐旭等人译出，经济科学出版社1998年8月出版。后者已由宋逢明等人译出，清华大学出版社1998年6月出版。

我们先看洛伦兹·格利茨的定义：

"金融工程是应用各种金融工具，将现有的金融结构进行重组以获得更为理想的结果。"

"工程"一词原指机械工程。机械工程离不开工具。它指的是将某一个工具单独使用来解决某一个问题，或将一个工具与另一个工具组合起来，更有效地解决某一问题，或者，为了某种功能的完善而进行相应的调整。

金融工程正是利用金融工具与机械工具的相似性而借用了机械工程的概念。金融工程所使用的金融工具，既包括各种现货金融工具，也包括各种衍生金融工具。现货金融工具主要指外汇市场交易、货币市场交易、债券市场交易和股票市场交易等。衍生金融工具主要指远期交易、期货交易、期权交易和互换交易等。像机械工程师一样，金融工程师要么单独使用这些工具的某一种来解决金融财务问题，要么将这些工具中的某几种综合起来解决问题，要么将某种工具或某几种工具的功能进行相应的调整来解决问题。

以上定义不仅强调了金融工程的应用性，即对各种金融工具的具体运用，而且包含了金融工程的创造性特点。金融工程永远不会满足现状，它时时考虑将现有的金融结构进行重新组合和安排。因此，金融工程青睐的是那些不甘寂寞和不"安分守己"的人。

以上定义还指出了金融工程的目的性。人们运用各种金融工具也好，对现有的金融结构进行重组也好，其目的都是为了获得"更为理想的结果"。对于金融工程来说，更为理想的结果指的是什么呢？是赚取更多的利润？是大大地降低成本？是有效地规避风险？是明智地进行避税？对金融工程的狭义界定指的是对风险的规避。正因为如此，洛伦兹·格利茨给他金融工程学加上了一个副标题，即"管理金融风险的工具和技巧"。对金融工程的广义界定则不仅包括风险管理，而且兼及其他。

我们再来看约翰·马歇尔和维普尔·班赛尔的定义。其实，这两位作者引用的是约翰·芬勒提（John D-Finerty）的定义：

"金融工程包括各种创新型金融工具和金融工序的设计、开发与实施，以及对解决金融问题的各种创造性方案的配制。"

像洛伦兹·格利茨的定义一样，芬勒提的定义也强调了金融工程的应用性、创造性和目的性。从应用性来看，芬勒提不仅强调了金融工具的运用，而且还强调了金融工序的运用。金融工序主要指运用金融工具的程序和策略。它不仅包括金融工具的创新，而且包括金融工具运用的创新。

从创造性来看，该定义强调了"创新型金融工具"和"创造性方案"。对这种创新和创造，我们可以从两个方面进行把握。一是思维飞跃的创新，即新的金融工具的问世；二是对旧的观念重新理解和运用的创新，即对旧的金融工具开辟新用途的创新。也有人将前者称为原创型的创新，将后者称为吸纳型的创新。但在金融工程的实际运用中，这二者往往紧密地结合在一起而很难划清一个明确的界限。

从目的性来看，芬勒提的金融工程定义同样是要解决金融问题。但是，在马歇尔和班赛尔的这本书中，金融问题指的是广义的概念而不是狭义的概念。

在这里有一点是需要强调的：该定义中的"金融问题"指的应是金融与财务问题。金融与财务在西方都以"finance"表述，是同一个单词。但在我国，人们习惯于将货币在金融机构之间和金融市场上的运动称为金融，而将货币在厂商中的运动称为财务。因此，我们在学习和运用金融工程知识时，必须对此十分清醒。

综上所述，我们可将金融工程定义为：

金融工程指创造性地运用各种金融工具和策略来解决人们所面临的各种金融与财务问题。

第二节　金融工程与金融工具

从金融工程的定义我们可以看出，金融工具是十分重要的。

金融工具有广义和狭义之分。广义的金融工具分为概念性金融工具和实体性金融工具两大类。概念性金融工具指现代金融理论中的基本思想和概念，如估价理论、证券投资组合理论、保值理论、会计关系，以及各种企业组织形式下的税收待遇等。

实体性金融工具指为了实现某一特定目的而可以进行组合的金融工具和金融工序。对金融工具而言，它既包括现货金融工具，也包括衍生金融工具。从现货金融工具看，它包括外汇市场的交易，也包括货币市场、资本市场的交易。从衍生金融工具来看，主要有远期交易、期货交易、期权交易和互换交易，以及各种混合交易。对金融工序而言，它主要包括电子证券交易、证券的公募与私募、存架登记、电子资金转移等。

狭义的金融工具仅指实体性工具，而更狭义的金融工具则仅指实体性工具中的不包括金融工序的金融工具。

第三节　金融工程与风险管理

金融工程的产生是与金融风险的增大密切相关的，特别是东南亚金融危机发生以后，人们更加关心和重视金融风险问题。

面对金融风险，金融工程通常有两种选择。第一种选择是用确定性来代替风险。所谓风险，指的就是不确定性，人们往往用标准离差来对风险进行定量分析。第一种选择，实际上是用确定性来代替不确定性。第二种选择是设法消除对自己不利的风险，而将对自己有利的风险留下。不确定性，换言之，是造成损失的可能性。既然是可能性，它就有可能给经营者带来损失，也有可能给经营者带来好处。第二种选择是要在不失掉带来好处的可能性的前提下来思考限制带来损失的可能性。

我们还是通过举例来说明这两种选择。

假定你是某一外资公司的经理，正向美国出口一批货物，计价货币为美元。假定美元对人民币的现行汇率为 1 美元等于 8.00 元人民币，收到这笔货款的期限为 4 个月，从现在到 4 个月后的这段时间，人民币的汇率是不确定的，有可能上升，也有可能下跌，那么对于你来说，便有了人民币对美元的汇率风险。这种汇率风险，可以用图 1-1 来表示。

从图 1-1 中可以看出，如果美元对人民币的汇率在 4 个月后为 8.00 元人民币，你没有任何损失；如果汇率低于 8.00 元，你将承受损失；当汇率高于 8.00 元时，你可得到美元汇率上升的好处。

为了对付应收外汇的汇率风险，你可以通过中国银行来做人民币对美元的远期结售汇交易。假定远期结售汇的价格也是 1 美元等于 8.00 元人民币。远期结售汇的交易可通过图 1-2 来反映。

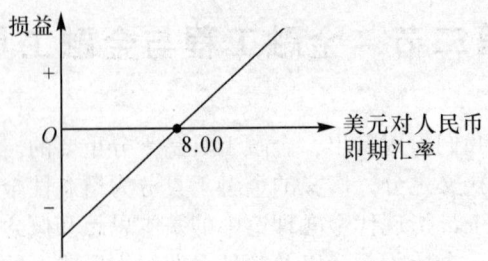

图 1-1　人民币对美元的汇率风险

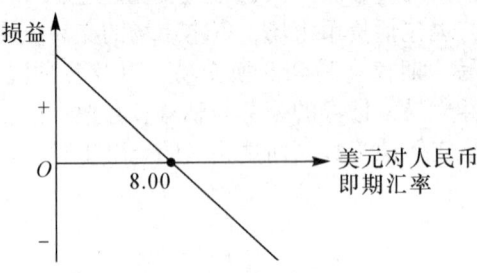

图 1-2　人民币对美元的远期交易

从图 1-2 中可以看出，当即期汇率为 8.00 元时，你可以做到没有任何损失；当汇率低于 8.00 元时，你在远期交易上可以获利；当汇率高于 8.00 元人民币时，你在远期交易上受损。

但是，你并不是在孤立地做这笔交易。这笔交易是与你的汇率风险相对应的。将这笔交易的图形同汇率风险的图形放在一起进行分析时，我们就可以看到风险是如何消除的。

从图 1-3 中可以看出，当即期汇率为 8.00 元人民币时，汇率风险未给你带来任何损失，远期交易也未给你带来任何损失，你的损益为 0；当即期汇率低于 8.00 元人民币时，汇率风险给你带来了损失，但是，远期交易却给你带来了收益。收益和损失相互抵消，你的净损益仍为 0。当即期汇率高于 8.00 元人民币时，汇率风险给你带来收益，但远期交易给你带来的却是损失。二者相抵，净损益仍为 0。可见，当你用远期结售汇来进行保值后，无论市场的即期汇率怎样变化，你都可以保证按 1 美元等于 8.00 元人民币的汇率卖出美元应收款。这种远期交易的确定性，代替了汇率风险的不确定性。

对于金融工程师来说，不仅可以运用远期交易来达到这种目的，还可以运用期货交易和互换交易等金融工具来达到此目的。不仅在外汇市场可以如此操作，在商品市场、利率市场、股票市场等也可以如此操作。

以上这种选择，并非没有代价。在你运用远期结售汇交易来对外汇应收款保值后，如果美元汇率下降，你规避了汇率风险，但如果美元的汇率不降反升呢？比如说，1 美元从 8.00 元人民币上升到 9.00 元人民币。这时，如果你没有做远期交易，你收到的每 1 美元可卖 9.00 元人民币。但由于你做了远期交易，你只能按 8.00 元的远期汇率卖出。

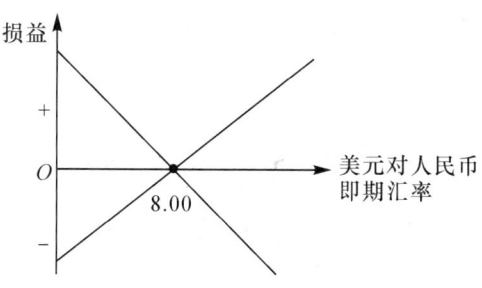

图 1-3　确定性代替不确定性

能不能找到一种方式，使你既能够避免美元下跌的风险，又能得到美元汇率上升的好处呢？如果存在美元对人民币的期权交易市场，你便可以达到这个目的。

假定我国现在有了美元对人民币的期权交易。期权的协定价格为 1 美元等于 8.00 元人民币，期权的期限为 4 个月，该期权为欧式期权，这时你仍然是外贸公司的经理，仍然持有 4 个月期的外汇应收款。为了保值，你做了这笔期权交易。

到期时，如果美元对人民币的汇率低于 8.00 元人民币，你可以行使期权，按 8.00 元的协定价格卖出美元。你达到了同远期交易一样的保值效果。如果美元对人民币的汇率高于 8.00 元人民币，你可以放弃期权，按市场上的即期汇率卖出美元。这样一来，你既消除了汇率变动对你不利的影响，又保留了汇率变动对你有利的影响。但是，这种选择也不是没有代价的。这种选择的代价是你在做期权交易时，必须交出一笔期权费。关于期权交易的详细情况，我们将在后面的章节中论述。

期权交易的损益情况，可从图 1-4 中看到。

在图 1-4 中，我们用虚线表示远期交易，用实线表示期权交易。我们可以看出，对于远期交易，汇率变动的有利影响和不利影响是对称的。但是，在期权交易中，这种有利影响和不利影响并不对称。在期权交易的情况下，当汇率低于 8.00 元人民币时，你对损失已经保了底。反之，当即期汇率高于 8.00 元人民币时，你可得到汇率变动的好处。但与远期交易相比，你的代价是付出了期权费。

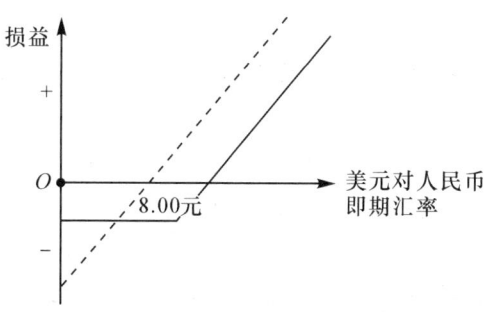

图 1-4　期权交易与风险管理

目前，在中国外汇市场上，还没有外汇对人民币的期权交易。因此，人民币对外汇的汇率风险暂时还不能通过期权市场来保值。但是，当涉及外币对外币的汇率风险时，人们是完全可以运用以上选择来进行保值的。

第四节　国外和港台地区金融工程专业课程设置及对中国大陆的启示

本节对国外、我国港台地区及祖国大陆大学金融工程专业课程设置的现状进行了归纳和比较，在此基础上，分析了我国大陆各大学金融工程本科专业课程设置所存在的问题，最后提出了国外和我国港台地区金融工程专业课程设置对中国大陆的启示。

一、引言

为迎接我国加入 WTO 后在金融领域及金融教育领域面临的严峻挑战，国家教育部于 2002 年批准在武汉大学、西南财经大学、中央财经大学、中国人民大学及厦门大学 5 所高校设立金融工程本科专业，进行我国金融工程本科教育的试点。在试点工作进行一年后，教育部又于 2003 年批准了天津财经学院、东北财经大学、上海财经大学、对外经济贸易大学及广州商学院 5 所高校设立该专业。2004 年，又有华中科技大学、南开大学、山东大学、山西财经大学、南京财经大学、浙江财经学院和贵州财经学院 7 所高校设立金融工程本科专业的申请获批，截至 2009 年，中国大陆已有 17 所高校拥有金融工程本科专业毕业生。

在金融工程本科专业量的扩张比较迅速的同时，我们认为努力提高该专业的教学培养质量，使该专业的学生能应对加入 WTO 后的挑战是我们近期工作的重中之重。由于在学生的培养中，课程设置起着非常重要的作用，因此，本书选择了国内外金融工程专业的课程设置为研究对象，对国内外各高校的金融工程专业的课程设置进行了比较分析，并对我国大陆金融工程专业的课程设置提出了建议。

二、国外和我国港台地区各高校金融工程专业课程设置的现状

自 20 世纪 80 年代后期金融工程在西方发达国家出现后，金融工程飞速发展，成为西方国家金融领域最前沿的学科之一，并引起了高度重视，为了满足社会对金融工程专业人才的需求，国际上已有不少大学开始了金融工程专业的研究生及本科教育，并有众多的院校设立了金融工程研究方向。如美国 Columbia 大学，Princeton 大学，Cornell 大学，California 大学，英国的 Reading 大学，土耳其的 Bogazici 大学及新加坡国立大学等均有金融工程专业的研究生或本科生。

为了更好地说明问题，我们选取了美国有金融工程专业的 10 所大学①、加拿大 1 所大学、英国 1 所大学、土耳其 1 所大学、新加坡 1 所大学、中国台湾省 1 所大学及中国香港地区 1 所大学共 16 所大学作为研究样本。

通过比较这些大学金融工程专业的课程设置，我们发现，各所大学的课程设置有一些相同之处，同时，又有非常明显的差异（见附表 1 和附表 2）。

在 16 所大学金融工程专业的课程设置中，可以分为两大类：必修课部分（compulsory modules）和选修课部分（elective modules）。我们对 16 所大学开设的必修课程进行了统计，并对类似的课程进行了归类，归类后 16 所大学共开设必修课程 43 门，主要课程在各大学开设的汇总结果见图 1-5。

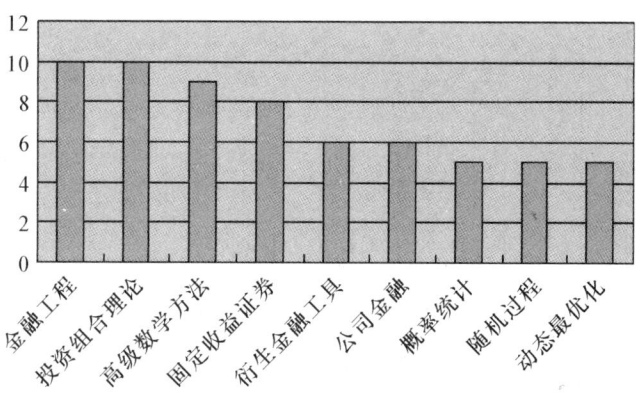

图 1-5　国外和我国港台地区 16 所大学金融工程专业主要必修课直方图

从图 1-5 中我们可以看出，在必修课中，16 所大学中共有 10 所大学开设了金融工程和投资组合理论（含投资分析与组合管理），为所有课程中出现频率最高的课程；出现频率排在第二的课程为高级数学方法，共有 9 所大学开设；排在第三的课程为固定收益证券，共有 8 所大学开设；衍生金融工具与公司金融以 6 所大学开设排在第四位；排在第五的课程为概率统计、随机过程及动态最优化，分别有 5 所大学开设。同时，我们可以看到，共有 21 门课程只有 1 所大学开设，占总课程的 48.8%。这说明，16 所大学金融工程专业的课程设置有共性，又各有特点。大多数大学开设了金融工程、高级数学方法、固定收益证券、衍生金融工具及公司金融等课程，说明这些课程在国外和我国港台地区各大学具有普遍性。然而，16 所大学中几乎每一所大学都根据本校的特点开设了一些特色课程，如加拿大的 University of York 开设了软件基础，英国的 University of Reading 开设了国际证券市场，Nation University of Singapore 开设了股权产品与奇异期权，美国 Berkeley School of California University 开设了金融实证方法等。

---

① 我们选取了 2003—2004 年全美金融工程专业排名前 8 位的大学，另加 Saint Mary's College of California University 和 University of Maryland.

同样地，我们对16所大学金融工程专业选修课进行了归类统计，结果见图1-6。从统计结果中我们发现，选修课的情况与必修课差别较大，所有课程中出现频率最高的为金融工程专题，共8所大学开设，排在第二、三的分别为金融计量经济学及衍生金融工具（含衍生证券），分别有6所和5所大学开设，更多的课程在16所大学中仅出现了1至2次，这说明国外和我国港台地区各大学在金融工程的选修课设置中差异较大。金融工程专业在国外和我国港台地区各大学的发展呈现出差异性，各大学均可以根据学校自身的特点开展金融工程专业的课程教学。

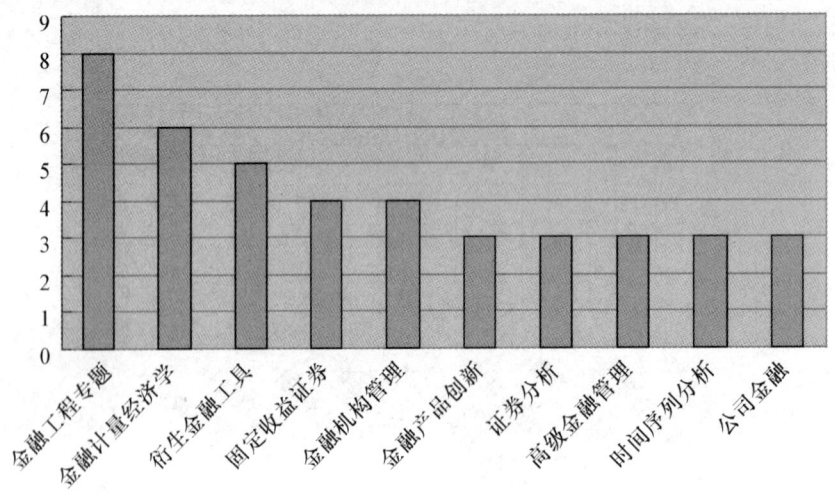

图1-6 国外和我国港台地区16所大学金融工程专业主要选修课直方图

我们认为，出现这种情况的原因是金融工程专业人才需求的多样性。金融工程专业人才不仅在金融产品的定价、设计（如Princeton University）中发挥重要的作用，同时，也可以在金融机构管理、国际金融管理中（如University of Maryland、Bogazici University）大展鸿图。这为我国开展金融工程专业的人才培养提供了借鉴。

三、我国大陆金融工程本科专业课程设置状况

截至2008年7月，我国大陆已有17所高校至少有一届金融工程本科专业毕业生。由于这17所高校中，有综合性院校，如武汉大学、厦门大学等；有以理工科为主的院校，如华中科技大学；有以文科为主的院校，如中国人民大学；还有众多的财经类的院校，如中央财经大学、西南财经大学等，因此，各所高校的课程设置区别较大，各有特点，我们将课程分成了金融工程专业必修课及专业选修课，并对这些课程进行了比较。①

---

① 材料来源于各大学相关院系。在此，对他们提供的资料表示感谢。

我国大陆 17 所高校共开设必修课程 66 门，我们将主要课程汇总后，得到图 1-7。从图 1-7 中我们可以看出，出现频率最高的课程为微观经济学和宏观经济学，17 所高校全部开设；排在第二的课程为统计学，共有 16 所高校开设；金融工程学（含金融工程概论）共有 15 所高校开设，排在第三；排在第四位至第八位的课程分别为会计学、投资学（14 所）、货币银行学（13 所）、计量经济学（12 所）、公司金融（公司理财）

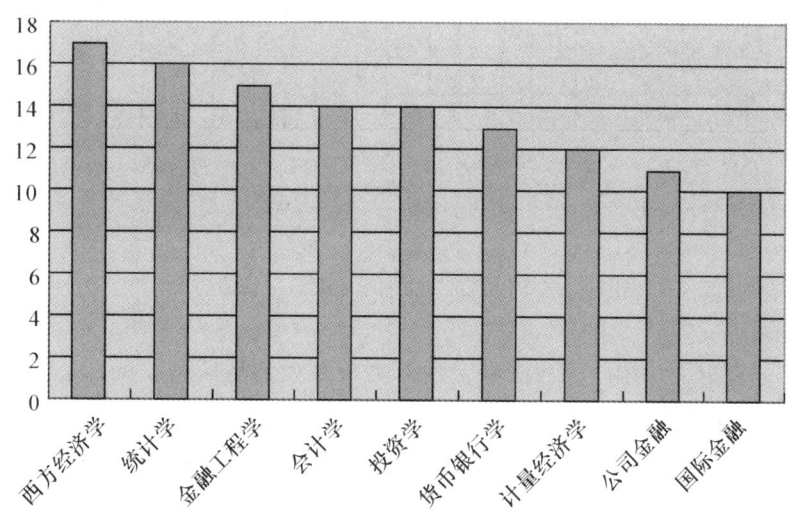

图 1-7 中国大陆 17 所大学主要必修课直方图

（11 所）及国际金融（10 所）。另一方面，共有 24 门必修课程只有 1 所大学开设，占总课程数的 36.3%，有 7 门课程只有 2 所大学开设，占总课程数的 10.6%，有 6 门课程只有 3 所大学开设，占总课程数的 9.09%。

在选修课方面，中国大陆 17 所高校共开设了 98 门选修课，主要课程在 17 所高校开设的情况见图 1-8。从图 1-8 中我们可以看出，专业选修课的分布相对于专业必修课而言，显得更为分散。所有课程中出现频率最高的课程是统计分析软件（含应用软件）、时间序列分析、投资银行、金融法，均有 8 所；排在第二的课程为衍生金融工具、随机过程、租赁及信托、银行风险管理（含金融风险管理），共有 7 所高校开设；排在第三的课程为证券投资分析、保险学、项目评估，各有 6 所高校开设；排在第四至第五位的课程分别为国际结算、金融工程案例分析、固定收益证券、国际金融、博弈论、保险精算（5 所）、国际贸易、微分方程、金融数据库、财政学、财务报表分析、金融企业会计、网络金融（4 所）。同时，低于 2 所大学（含两所）开设的课程为 66 门，占总课程数的 67.3%。

四、国外、我国港台地区及大陆地区金融工程专业课程设置的比较分析

从国外、我国港台地区及大陆地区金融工程专业课程设置的状况看，我们不难发现两者有如下特点：

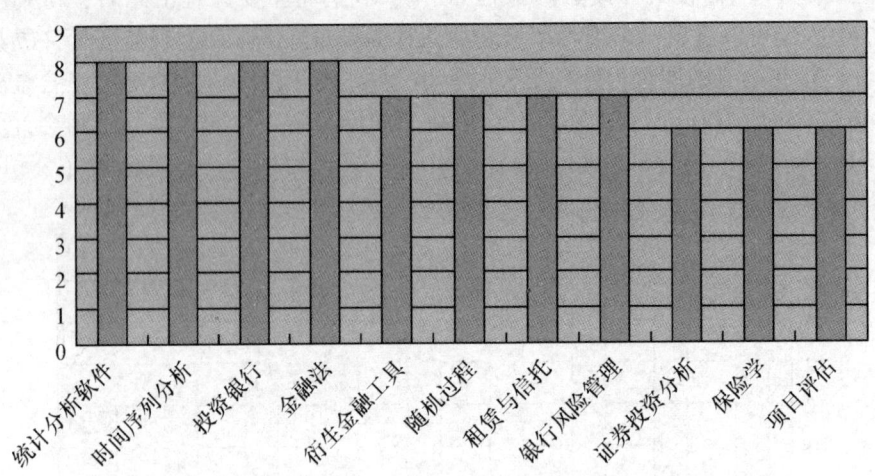

图 1-8　中国大陆 17 所大学主要选修课直方图

1. 在必修课方面，国外和我国港台地区高校及大陆地区高校的课程设置都比较集中，表明各高校在必修课的设置上有共同之处。然而，如果仔细比较一下必修课中的主要课程，就会发现，国外、我国港台地区及大陆地区出现频率较高的课程又有明显的差异性，见表 1-1。

表 1-1　国外、我国港台地区及大陆地区金融工程专业主要必修课课程比较

国外和我国港台地区	我国大陆地区
金融工程	微观经济学
投资组合理论	宏观经济学
高级数学方法	统计学
固定收益证券	金融工程学
衍生金融工具	会计学
公司金融	投资学
概率统计	货币银行学
随机过程	计量经济学
动态最优化	公司金融
	国际金融

从表 1-1 中可以看出，国外和我国港台地区高校金融工程专业的主要必修课程更微观化，体现了金融工程应用性的特点；大陆地区高校金融工程专业的主要必修课程与我国传统金融学的主要必修课程非常相似，更多地是在传统金融学课程的基础上作了微调，从而延续了传统金融学宽泛的特点，这说明目前我国大陆地区金融工程专业特征尚不明显。

2. 在选修课方面，国外和我国港台地区高校及大陆地区高校的课程设置均比较分

散,各所高校均有根据自身学校的特点设置选修课的倾向。相比较而言,国外和我国港台地区高校在金融工程专业选修课的设置上与金融工程专业联系更为紧密,中国大陆地区高校金融工程课程选修课的设置显得更为松散,具体情况见表1-2。

表1-2　国外、我国港台地区及大陆地区金融工程专业主要选修课程比较

国外和我国港台地区	我国大陆地区
金融工程专题	统计分析软件
金融计量经济学	时间序列分析
衍生金融工具	投资银行
固定收益证券	金融法
金融机构管理	衍生金融工具
高级金融管理	随机过程
金融定量分析	租赁与信托
时间序列分析	银行风险管理

从表1-2中可以看出,中国大陆地区金融工程专业的选修课已逐步呈现应用性的特点,所开设的主要选修课程中统计分析软件(含应用软件)、时间序列分析、投资银行、衍生金融工具、随机过程均属应用金融的范畴,与国外和我国港台地区高校金融工程专业所开设的课程已基本类似,这说明目前我国大陆地区各高校已逐步意识到金融工程专业课程的应用性和特殊性。另一方面,在国外和我国港台地区高校金融工程专业出现频率较高的课程,如固定收益证券、金融定量分析、金融计量经济学、金融工程专题等课程,在我国大陆地区金融工程专业出现的频率却非常低,这说明大陆地区金融工程专业人才培养仍不规范,课程设置方面有按人设课的趋势,一些高校由于缺乏金融工程方面的师资,尚未开设一些对于金融工程专业非常重要的课程。

五、对中国大陆地区的启示

通过对国外、我国港台地区及大陆地区各高校金融工程专业课程设置的比较,我们可以得出如下启示:

1. 中国大陆地区金融工程必修课程设置没有完全体现出金融工程专业的自身特点,大陆地区高校应将投资组合理论、固定收益证券、随机过程、动态最优化等核心课程设置为必修课。

2. 在选修课程的设置上,中国大陆地区高校应更多地选择那些与金融工程专业联系更为紧密的课程,以便更好地完善金融工程专业学生的知识体系。

3. 各高校在就金融工程学科体系上达成一致的基础上,应根据学校自身的特点开展金融工程专业的本科教育,以便培养出适应社会需求的多样化金融工程人才。

4. 各高校应尽快理清金融工程专业和金融学专业的关系。从学科性质、研究对象、学科的基础课程、学科的核心课程及学科的培养目标等方面进行界定,应改变一些高校

因人设课、为平衡利益关系设置课程的做法，真正做到从专业培养和专业发展的角度按需设课。

5. 加快金融工程师资的建设，特别是既熟悉国际金融工程的前沿理论又懂中国现有国情的本土化师资，以培养能运用现代金融工程技术解决金融市场欠发达和欠完善的中国的实际金融问题的本土化人才。

第五节 本书结构

由于本书所使用的金融工程的概念不仅指风险管理，而且包括更为广义的概念，因此，从全书的结构上看，我们由第一版的"金融工程的工具论"上升到该版的"金融工程的结构论"。

全书共有 14 章，可划分为三大部分。

第一部分为概述部分，包括第一章和第二章，主要介绍金融工程的基本概念和基本分析方法。

第二部分为工具部分，包括第三章到第八章，共由 6 章构成。第三章讲现货工具，第四章讲远期工具及其与现货工具的搭配，第五章讲期货工具及其与现货、远期的搭配，第六章讲互换工具及其与现货、远期、期货的搭配，第七章讲期权工具及其与现货、远期、期货、互换的搭配，第八章讲混合工具问题。

第三部分由 6 章构成，主要分析金融工程在风险管理中的应用。第九章分析了各种金融工具及组合在商品价格风险管理中的应用，类似地，第十章、第十一章、第十二章分别分析了各种金融工具及组合在外汇风险、利率风险及股票价格风险中的应用。第十三章及第十四章分别分析金融工程在信用风险及操作风险管理中的应用。

另外，在每一章内容的后面，我们安排了小结、参考阅读、练习题或思考题。

◎ 小结

金融工程是一门新兴学科。目前，对这门学科的界定还存在很多争议。但一般认为，金融工程的实质是创造性地运用各种金融工具和策略来解决人们所面临的各种金融问题和财务问题。

金融工程所涉及的金融工具一般分为两大类：一类是理论工具，主要指各种经济理论和金融理论；一类是实体工具，主要指各种金融交易和金融策略。

金融工程的产生是与金融风险的存在和增加密切相关的。正因为如此，有人把金融工程仅理解为风险管理。在金融工程中，风险管理有两种选择。第一种选择是用确定性来代替不确定性，第二种选择是设法消除对自己不利的风险，而保留对自己有利的风险。

金融工程是一门交叉学科，其核心内容主要由经济和金融理论、数学工具、计算机工具等课程构成。

◎ 思考题

1. 简述金融工程的基本概念。
2. 金融工程涉及的理论工具主要有哪些？实体工具主要有哪些？
3. 金融工程在进行风险管理时有哪两种选择？
4. 谈一谈金融工程在我国的现状与发展。

◎ 参考书目与推荐阅读

1. 约翰·马歇尔和维普尔·班赛尔．金融工程．宋逢明，等，译．北京：清华大学出版社，1998．
2. 洛伦兹·格利茨．金融工程学．唐旭，等，译．北京：经济科学出版社，1998．
3. 宋逢明．金融科学的工程化．金融研究，1997，7．
4. 宋逢明．一门新兴的工程学科——金融工程．人民日报，1996-02-17．
5. 中国人民银行研究生部课题组．论金融工程学的发展．国际金融研究，1996，5．
6. 国外、中国港台地区及大陆地区各相关大学官方网站．

第二章 金融工程与积木分析法

◎ 学习目标

1. 金融价格风险管理
2. 远期合约、期货合约、期权合约及互换合约在风险管理中的应用
3. 积木分析法

第一节 金融价格风险分析

我们都见过小孩玩积木的情景。小孩面前堆放着各种形状的积木，小孩拿出不同的积木或者用不同的堆积法，便可以创造出不同的甚至是神奇的建筑物。

其实，金融工程师就是堆积木的小孩，只不过他们手中拿的积木叫金融工具。懂得了堆积木的奥妙，也便懂得了金融工程的实质。

金融工程师堆积金融积木是为了解决金融与财务问题，而金融与财务问题又是与金融风险密切相关的。金融工程所说的金融风险一般指的是金融价格风险，即金融价格的变化对经营活动的影响。金融价格指广义的价格，既包括商品价格，也包括利率和汇率。这三者的变化直接影响到企业价值的变化。

金融价格风险可以通过风险图来反映（见图2-1）。

这里用横轴反映金融价格的变化，用纵轴反映企业价值的变化。前者用 ΔP 表示，后者用 ΔV 表示。横轴和纵轴的交叉点用 O 表示。当金融价格增加，即 ΔP 向正的方向变化时，企业价值随之增加；反之，随之减少。我们称这种情况为多头金融价格风险，这种风险情况类似于某种资产的多头交易。

例如，当某一企业具有出口应收外汇时，外汇的价格即汇率上升时，对企业有利；

反之汇率下降时，对企业不利。这便是多头金融风险。不仅汇率有这种情况，商品价格和利率也有这种情况。

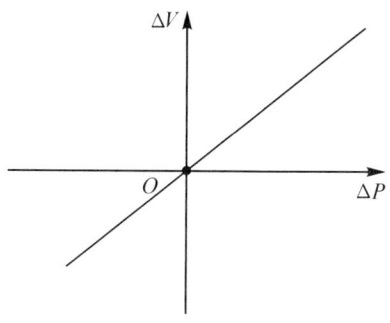

图 2-1　多头金融价格风险

还有一种金融价格风险正好相反。当金融价格上升时，对企业不利；反之，则有利。我们称这种风险为空头金融价格风险。这种风险可通过图 2-2 来反映。

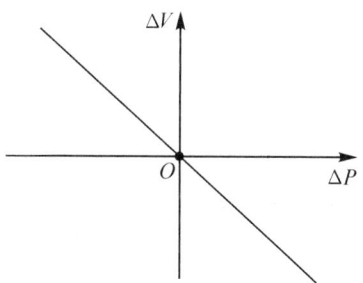

图 2-2　空头金融价格风险

例如，某外资企业此时具有的不是外汇应收款，而是外汇应付款。那么，当外汇的汇率上升时，对该企业是不利的，它需要用更多的本币来支付同样数额的外币；当外汇的汇率下降时，对企业有利。这便是图 2-2 所反映的情况。

第二节　远期合约分析

针对企业面临的金融价格风险，金融工程师可以运用各种金融积木来处理。这些金融积木有两大类。一类为表内金融工具，一类为表外金融工具。前者指各种现货金融工具，后者指各种衍生金融工具。这里主要通过对衍生金融工具的分析来说明金融工程运用的基本原理和方法。

衍生金融工具运用最多的有四种：远期合约、期货合约、互换合约、期权合约。本书后面的有关章节将对这些工具的具体运用有详细的表述。在这里，我们的目的是要分析这些工具的基本特征，然后运用堆积木的方法来对这些基本特征进行分解和组合，以演变出不同的工具，来处理不同的金融与财务问题。

在四种主要的衍生金融工具中，远期合约是最简单的，也是最基本的。

远期合约使合约的交易者可以按预定的价格和预定的日期在将来买卖某种资产。如果可以按预定的价格买入某种资产，我们称这种交易为多头远期交易；反之，称为空头远期交易。我们将预定的价格称为远期价格。

如果金融价格风险为多头风险，我们可以运用空头远期交易来保值。如果面临的是空头风险，我们则可运用多头远期交易来保值。以空头风险为例，我们来分析多头远期交易是如何保值的。我们先看图2-3。

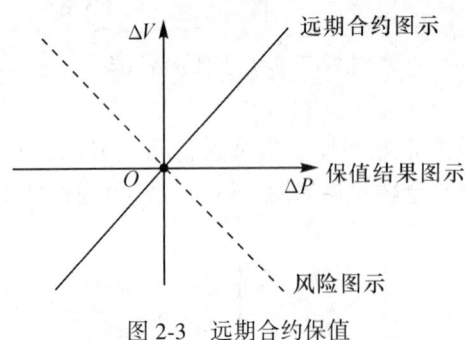

图 2-3　远期合约保值

从图2-3看，往右下方倾斜的为风险图示，往右上方倾斜的为远期合约图示，同横轴重合的为保值结果图示。多头金融价格风险的保值图示，可由读者在练习与思考中作出。

远期合约存在两个最基本的特征。一是它存在信用风险，而且信用风险是交易双方都要承担的，最后的结果取决于到期时的价格变化；二是它的支付特点。在到期之前，双方不存在任何现金支付。

第三节　期货合约分析

像远期合约一样，期货合约也使它的交易者能按预定的价格在规定的到期日买卖某种资产，也可区分为多头交易和空头交易。这种合约的损益图与远期合约的损益图是一样的。

请注意，期货合约也有同远期交易不一样的地方。与远期合约相比，期货合约有两个十分显著的特点。一是逐日盯市。期货合约的头寸每天都按照清算价格进行清算。二是保证金制度。交易双方都必须交纳保证金。如果由于价格的变化使交易者的保证金低于某一水平，交易者必须按时补齐到起始水平，否则，交易所将会强行平仓。

正是由于期货合约采取每日清算方式，所以显得像由一连串的短期远期合约构成。每天收盘时，旧的远期合约得以清算，而新的远期合约又得以形成。下一天，同样照此办理,直到期货合约到期。从当天收盘到下一天收盘,远期合约的期限为 1 日。可以说,期货交易即远期交易的投资组合。换言之,期货合约由远期合约的积木堆积而成。

期货合约的逐日盯市和保证金制度的结合使用,使得期货合约与相同到期日的远期合约相比,其信用风险大大减少。

第四节 互换合约分析

互换合约使交易双方可以在规定的时间间隔里相互交换某些规定的现金流量。利率互换和货币互换是互换合约的主要形式。二者的主要内容,将在后面章节中论述。这里仅以利率互换为例,分析互换交易的主要特征,及其与其他工具的相互关系。

利率互换的基本内容和流程可由图 2-4 来反映。

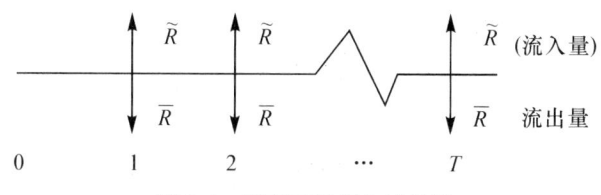

图 2-4　利率互换现金流量图

这里反映的是利率互换某一方的情况。横线上面表示现金的流入量;横线下面表示现金的流出量;0,1,2,…;T 表示现金支付的日期;"—"表示固定利率;"~"表示浮动利率。我们从图 2-4 可以看到,该交易者在每一清算日期,收入浮动利率现金流量,支出固定利率现金流量。

如果将利率互换的合约进行分解,我们可以发现,利率互换不过是由一系列的利率远期合约构成的,见图 2-5。

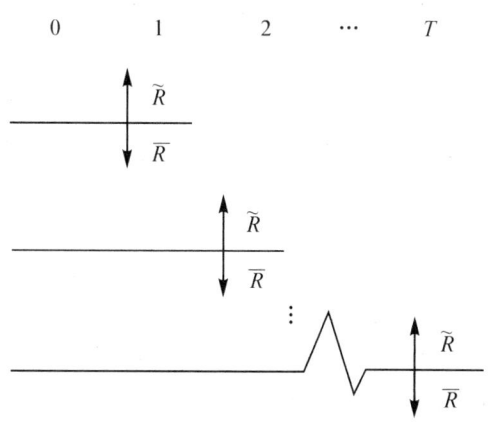

图 2-5　利率互换现金流量分解图

从分解图形来看，每一到期日的现金流量构成一笔单独的远期利率协定交易。换言之，一笔笔的远期利率协定交易为一个个的积木，利率互换由这一个个的利率远期交易的积木构成。从这个意义上讲，利率互换为利率远期交易的投资组合。利率互换是这样，后面将要讲到的货币互换也莫不如此。

图2-3是远期合约的损益图。我们在期货合约的分析中，说明了期货合约的损益图与远期合约的损益图是同样的。这里需要强调的是，互换交易的损益图同远期合约和期货合约的损益图也是同样的。以利率互换中谈到的交易方为例，当利率上升并高于固定利率时，由于交易者收到浮动利率现金流量而付出固定利率现金流量，交易者此时获益；否则，利率下降并低于固定利率，交易者则受损。

尽管远期合约、期货合约和互换合约的损益图相同，但三者在清算日和信用风险上是有差别的。对于远期合约来说，它的支付日在到期日，到期之前没有任何现金流量，因此，存在较大的信用风险。期货合约的清算日是合约有效期内的每一天，加之有保证金制度，因此，期货合约的信用风险几乎为零。互换合约的清算方式和信用风险介于远期合约和期货合约之间。以清算日期而言，互换合约的清算日期长于期货交易而短于远期交易，因此，它的信用风险大于期货交易而小于远期交易。

第五节　期权合约分析

期权合约使其持有者有权在预定的日期按预定的价格买卖某种资产。

期权合约与远期合约、期货合约和互换合约最大的区别在于，期权是一种权利，而后者代表的是一种责任。期权持有者可以行使期权，也可以不行使期权，而远期、期货和互换合约的持有者必须按合约的规定履约，否则，按违约论处。

期权合约有买权合约与卖权合约之分。买权合约也叫看涨期权合约，卖权合约也叫看跌期权合约。期权合约的持有者在买入该期权时，必须付出一笔费用，这笔费用称为期权费，也叫期权价格，而预定买卖资产的价格称为协定价格。

按照期权的买方和卖方来划分，可以将期权合约划分为四种基本类型：一是看涨期权的多头交易，即买入看涨期权；二是看涨期权的空头交易，即卖出看涨期权；三是看跌期权的多头交易，即买入看跌期权；四是看跌期权的空头交易，即卖出看跌期权。

为了分析问题的简单起见，这里暂不考虑期权费的问题，期权费的问题留待有关期权的章节中去论述。这样我们便可将期权合约的四种基本情况用损益图形来反映，见图2-6。

第一种情况，即多头看涨期权。在这种情况下，期权的买方买入看涨期权。这里，我们除了假定没有期权费以外，还假定起始的资产现货价格等于协定价格。当市场上该资产的现货价格上升并超过协定价格时，持有者的价值随之上涨。因此，从图形上看，中心点右上方的图形与远期交易的情况是一模一样的。反之，当现货价格下降时，中心点左边的图形则与横轴重叠。这说明持有者的价值不会发生任何变化。这便与投资者持有无风险债券的情况相同了。因此，我们可以看到，期权交易，只不过是无风险债券交

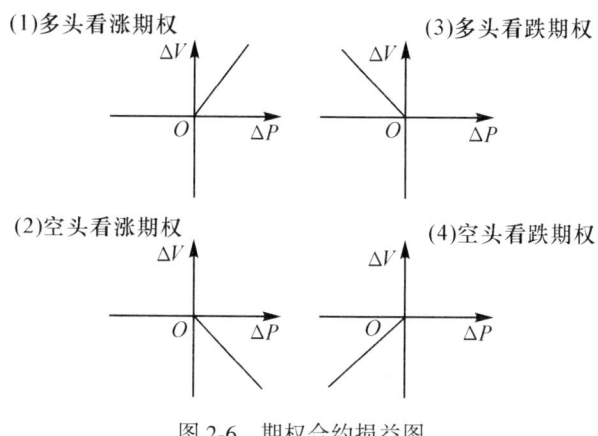

图 2-6 期权合约损益图

易和远期交易的组合罢了。换句话说，无风险债券是一块积木，远期交易是另一块积木，期权交易便是这两块积木的组合。组合的方式不一样，便有了图 2-6 中的四种基本形式。

接下来运用积木分析法来分析期权交易在金融价格风险管理中的应用。金融价格风险可以划分为多头金融价格风险和空头金融价格风险。我们首先考察多头金融价格风险。

期权合约对多头金融价格风险的反应可通过图 2-7 来反映。

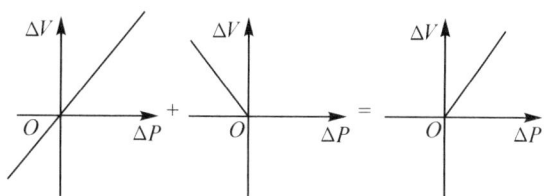

多头金融价格风险+多头看跌期权=多头看涨期权

图 2-7 期权合约与多头金融价格风险管理

从图 2-7 中可以看出，当存在多头金融价格风险时，我们可以运用多头看跌期权合约来保值。买入看跌期权合约对付这种金融风险的结果，形成了与买入看涨期权合约同样的结果。这里可以把多头金融价格风险看作一块积木，而把多头看跌期权看作另一块积木，二者组合在一起，便形成了多头看涨期权这块派生的积木。

再来看期权合约在空头金融价格风险管理中的运用。对付空头金融价格风险，我们需要求助于多头看涨期权。

在这里，针对空头金融价格风险的情况，我们通过买入看涨期权合约的方式来保值。保值的结果产生了多头看跌期权的效果。把空头金融价格风险看作一块积木，把多头看涨期权看作另一块积木，两块积木的组合形成了多头看跌期权的结果。

在这一节里,我们已经看到,远期合约配合无风险证券可以形成期权合约,还看到了期权合约在风险管理中的应用。最后还要进一步分析期权合约与远期合约的关系。期权合约与远期合约的关系是通过看跌期权与看涨期权平价关系来体现的。

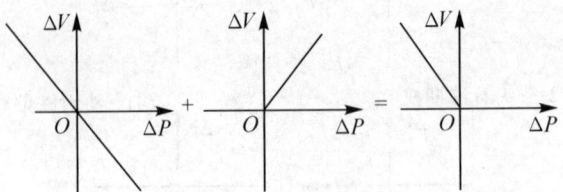

空头金融价格风险+多头看涨期权=多头看跌期权

图 2-8　期权合约与空头金融价格风险管理

从图 2-9 看到,当把多头看涨期权这块积木与空头看跌期权这块积木组合在一起时,我们得到了远期合约的多头交易;当把空头看涨期权这块积木与多头看跌期权这块积木组合在一起时,我们得到了远期合约的空头交易。远期合约的市场,原来可以运用期权交易的市场来"堆积"。关于看跌期权与看涨期权平价关系的具体内容,可参见本书有关期权的章节。

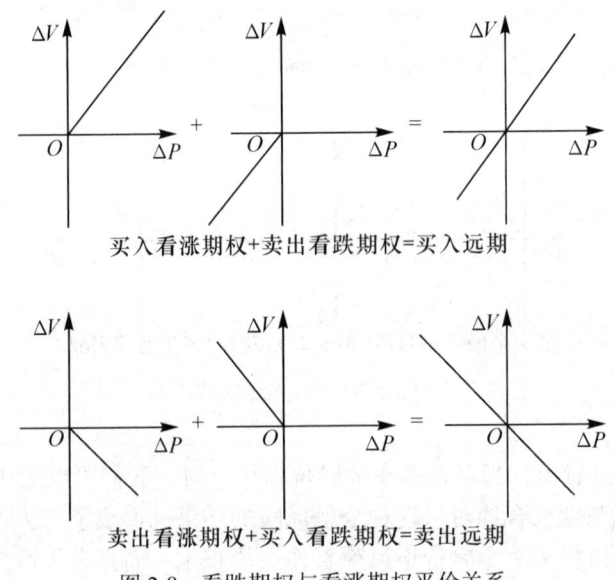

买入看涨期权+卖出看跌期权=买入远期

卖出看涨期权+买入看跌期权=卖出远期

图 2-9　看跌期权与看涨期权平价关系

第六节　金融积木综合分析

从前面的分析可以看出,期货交易可以由一系列的远期交易构成,互换交易同样可以由一系列的远期交易构成,期权交易可以由远期交易加上无风险证券的交易组成,而期权交易既可以组合成远期交易，又可以加上远期交易组合成其他的期权交易。

各种金融工具构成金融工程师手中的积木。金融工程师的积木箱子中常用的金融工具及其组合方式可以图2-10反映。

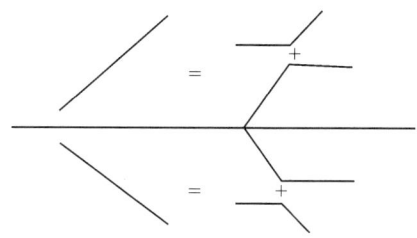

图2-10　金融积木及其组合

上面的图形看起来简单，但实际上包含着非常丰富的内容。

粗看起来，图2-10中共有六种基本图形。中间的横线将六种图形划分为上下两个部分。从上部来看，左边的图形为多头远期交易，右上方的图形为多头看涨期权交易，右下方的图形为空头看跌期权交易。从下部来看，左边的图形为空头远期交易，右上方的图形为多头看跌期权交易，右下方的图形为空头看涨期权交易。

我们先分析上部的图形。在上部的三种基本金融工具中，左边的远期交易可以由右边的多头看涨期权和空头看跌期权组成。其实左边的图形除了表示远期交易外，还可以表示期货交易和互换交易，甚至还可以表示多头金融价格风险和各种资产和商品的多头现货交易。

我们再分析下部的图形。如果左边表示空头远期交易，那么，这种交易可以由右边的多头看跌期权交易与空头看涨期权交易组成。同样，左边也可以表示期货的空头交易、互换的空头交易、空头金融价格风险、各种现货空头交易，这些交易同样都可以用右边的期权交易来组成。

不要以为横线上部的金融工具和横线下面的金融工具毫不相干。其实，它们也是可以互相配合的。如果让左上方的斜线表示多头金融价格风险，而用左下方的斜线表示远期合约、期货合约或互换合约，那么，将这两个部分配合起来时，就可以达到保值的目的。反过来，也可以用下面的斜线表示风险，而用上面的斜线表示保值工具，相互配合也可以达到保值的目的。

在横线上面的左边的斜线还可以与横线下面的右边的两个期权交易的图形相配合。当它与横线下面右上方的多头看跌期权图形配合时，它们正好等于横线上面右上方的多头看涨期权图形；当它与横线下面右下方的空头看涨期权相配合时，它们正好等于横线上面的右下方的空头看跌期权图形。

反过来，将横线下面的左边的斜线与横线上面的右边的期权图形相配合时，又可以"制造"出横线下面的右边的两种图形来。因此，将它与横线上面的右上方的多头看涨期权相配合时，便构造了横线下面的右上方的多头看跌期权图形；如果再将它与横线上面的右下方的空头看跌期权相配合时，便得到横线下面的右下方的空头看涨期权图形。

这就是金融工程师的金融积木箱,或者叫做金融工具箱。它简直就像一个变化多端的魔箱。金融工程师正是提着这只魔箱去解决我们在现实生活中存在的金融与财务问题的。当我们在后面的章节中学到各种金融工具时,请大家不要忘了回头来看看这只魔箱及其魔箱中的各种组合与变化。

◎ 小结

本章作为金融工程的方法论,对积木分析法在金融工程中的应用进行了概括性的论述和分析,以便读者在后面章节的学习和研究中,对各种金融工具有一个总体把握。

对付金融价格变动的不确定性是金融工程面临的最重要的任务。金融价格主要指利率、汇率和各种商品价格。这些价格对企业价值的影响便形成了金融价格风险。这种风险可以用金融价格风险图来反映,金融价格风险又可以划分为多头金融价格风险和空头价格风险两种类型。

在金融工程师对付金融风险的金融积木箱中,首先把远期合约作为最基本的构件进行分析。远期合约是其他金融衍生工具构件的基础。

接下来分析了期货合约。期货合约是由远期合约构成的投资组合。由于期货合约实行逐日清算,因此,可将期货合约分解成一系列的一天期限的远期交易。

互换合约同样也可以看成是远期交易的投资组合。与期货合约相比,其区别在于清算的间隔期较长,因此互换合约的信用风险低于远期合约而高于期货合约。

期权交易可以分解为远期交易与无风险证券的组合。远期交易和期权交易进行组合,可以形成其他类型的期权交易。期权与期权进行组合,可以形成远期交易。

金融积木箱中的这些构件,不仅可以单独使用来解决金融财务问题,还可以进行各种各样的组合来对付各种各样的金融财务问题。

◎ 思考题

1. 什么是金融价格风险?什么是多头金融价格风险?什么是空头金融价格风险?请按照多头金融价格风险图的画法,画出空头金融价格风险图形。

2. 如何运用多头远期交易对空头金融价格风险保值?如何运用空头远期交易对多头金融价格风险保值?请画出空头远期交易对多头金融价格风险保值的图形。

3. 如何运用期货合约防范金融价格风险?为什么说期货合约是远期合约的投资组合?

4. 如何运用互换合约防范金融价格风险?为什么说互换合约是远期合约的投资组合?互换合约在清算方式和信用风险上与远期合约、期货合约有什么不同?

5. 简述期权合约与远期合约之间的关系。

6. 对照图2-10,说明各种金融工具之间的关系。

◎ 参考书目与推荐阅读

1. 约翰·赫尔. 期权、期货和衍生证券. 张陶伟, 译. 华夏出版社, 1997.

2. Charles W. Smithson, Clifford W. Smith, Jr. and D. Sykes Wilford. Managing Financial Risk, The McGraw Hill Companies, Inc. 1995.

第二编

金融工具

第二章

奥工师金

第三章 现货工具

◎ 学习目标
1. 外汇市场与即期外汇交易
2. 货币市场及其工具
3. 债券市场及其工具
4. 股票市场及其工具
5. 商品市场、外汇市场、货币市场、债券市场和股票市场之间的现货工具配置

提到金融工程,人们往往先想到衍生市场。其实,从目前我国的金融发展进程来看,金融工程的运用领域主要集中在现货市场上。而且,了解现货市场是学习衍生市场的基础,因此,本书一开始就给大家介绍现货市场及其工具。

一般来说,金融工程所涉及的市场类型主要有五种,即商品市场、货币市场、外汇市场、债券市场和权益市场。在以上每个市场中,既有现货交易,也有衍生产品交易。本章分析的重点在于现货市场。每个现货市场都有各种工具,以商品现货市场为例,几乎有多少种商品,就有多少现货市场。

本章在依次介绍商品市场、货币市场、外汇市场、债券市场和权益市场的各自特点及其现货工具的基础上,对现货市场工具的配置进行分析。从理论上说,所有的市场交易工具,都是可以相互进行搭配的。仅从现货工具的配置来看,其排列组合的空间也是无限的。

第一节 商品市场

在金融工程师眼里,商品市场与金融市场没有本质上的差别。与金融市场一样,商

品市场有空头交易和多头交易，也有衍生交易和现货交易。投资者同样可以在商品市场上投机、套利或者保值。而且，商品市场和金融市场之间存在密不可分的联系。关于这一点将在本章第七节中讲述。

马克思在《政治经济学》中指出"商品是用来交换的劳动产品"，商品市场在以私有制为基本经济制度，以社会化大生产为物质基础的资本主义社会发展壮大。可以说，有多少种商品，就有多少类商品市场。我们在本节中，不可能穷尽所有商品市场的介绍，所以我们选取一个典型的商品市场——黄金市场作为代表。

一、黄金市场和黄金

黄金市场是集中进行黄金买卖（现货和期货）和黄金币兑换的场所，是国际金融市场的一个重要组成部分。目前世界黄金市场大体可分三类：一是对黄金输入、输出国境不加限制，国内居民和非居民均可按市场价格买卖黄金的自由黄金市场；二是对黄金输入、输出国境加以限制，只准许当地非居民按市场价格自由买卖黄金的管制黄金市场；三是禁止黄金输入、输出国境，只准许居民在国内自由买卖的市场。目前，世界上五大黄金市场集中在伦敦、苏黎世、纽约、芝加哥和香港，其他各黄金市场随着黄金市场的分散和国际化而日渐活跃。

黄金是一种较好的、独具特性的投资商品，具有良好的安全性、变现能力及比较稳定的回报率。从安全性来看，黄金历经千年不改其物理属性，也是历史最长的金融产品之一；从变现能力来看，黄金基本不会因为地点改变其价值，有国际统一的价格标准，容易计算，是一种国际通用的金融产品，可以用来长期保值，并随时变现。早在3 000年前，黄金在中国就已当作货币使用，在古埃及时代也是如此。到了公元1816年，英国就采用了"金本位"制，以黄金作为发行货币的基准。尽管1976年国际货币基金组织的"牙买加协议"正式宣布黄金的非货币化，用黄金来投资理财，仍备受推崇。究其原因在于：第一，黄金是通行全球的有形资产。几千年来，黄金一直是最佳的保值工具，全世界人们对它的信赖远远超过有价证券与货币的投资。因为黄金是一种国际性的商品，在全世界都可进行交易。第二，黄金是非常稀有的贵重金属。虽然开采黄金的历史已经有6 000多年，但是开采的总量不过11万公吨左右。如果把它们放在一起，只够做成一个边长18公尺的立方体，所以说黄金是世界上最稀有最吸引人的金属。第三，黄金可对抗长期性通货膨胀和货币贬值。黄金具有国际价值，对国际间的通货膨胀和各国币值的变动十分敏感，是有效的避险工具，可对抗长期性的通货膨胀和货币贬值，这也是很多投资人将黄金视为"最有价值的资产"的原因。在投资人的组合中，黄金具有重要且安全的地位。第四，黄金可对抗国际性的经济不稳定造成的股市重创下跌。在经济不稳定的时期，黄金是少数几种不被淘汰，甚至热络兴盛的投资。几乎在任何金融危机中，黄金都是人类传统的避险工具。举例来说，1929年9月至1932年4月间的"华尔街风暴"造成道琼工业指数由382点暴跌至56点，跌幅达到85%，大约4 000家银行倒闭，但在这段时间内，金价却因成为投资人的避险工具而上涨。在世界股市1987年10月19日的"黑色星期一"事件中，摩根史丹利世界股市指数在10天内跌了

19%，但金价仍扮演了"救难英雄"的角色反而再度上扬。从那次起，在每一次对股市造成小型崩盘的风暴中，黄金都能维持其价值，并且平衡股市投资所造成的损失。

二、黄金现货交易

现货黄金交易是国际黄金市场上的传统交易方式，其主要市场分布于伦敦、苏黎世、纽约、法兰克福和香港等地。

伦敦的黄金现货交易分为定价交易和报价交易两种形式。定价交易在该市场五大金行之间进行形成市场基准价格的小范围交易行为；报价交易则是在所形成的定价基础上，由交易双方自行议价的交易行为，其交易量一般要高于定价交易的交易量。根据伦敦黄金市场公会所属现货委员会的规定，该市场合格交货的金条纯度为99.5%，重量为400盎司，交货与支付必须在两个交易日完成。

目前，苏黎世是世界上最大的黄金现货市场，其地位不仅表现在提供新产黄金方面，也体现在黄金冶炼和金币交易领域。该市场上的交易合同大多数要进行实物交割。在交易金条规格的规定方面，苏黎世市场与伦敦市场保持一致。两者的标价也大体相同，交货与支付必须在两个交易日完成。苏黎世黄金市场的交易时间为每周一至周五的9：30—12：00和14：00—16：00。

香港黄金市场的现货交易品种主要有99金、本地伦敦金、金币和金首饰等。99金（含量为99%的黄金）是香港金银业贸易市场的传统交易品种，其交易由贸易市场会员代客采用对敲方式进行，所有交易均可以即日交收金条。由于该市场实行仓费制度和息价调整操作，易造成实际的延迟交易，其现货交易兼具期货交易的某些特点。

第二节 外汇市场

一、外汇与汇率

（一）外汇的概念

外汇是国外汇兑的简称，其概念有动态和静态两种。动态意义上的外汇是指将一国货币兑换成另一国货币的行为。它是指人们利用国际汇兑方式（电汇、信汇、票汇）将资金从付款国转移到收款国，以实现不同国家、不同货币之间的收付行为或活动，其实质是以非现金方式进行的国际支付。静态意义上的外汇是指一种以外币表示的、用于国际结算的支付手段。

外汇作为国际经济交往中清偿债务的支付手段，是伴随着国际经济交往的发展、扩大而变化的。它大致经历了以金银为主要支付手段的时期，以英镑为主要支付手段的时期,以美元为主要支付手段的时期和目前世界上以各种可兑换的货币,特别是美元、欧元、日元3种货币为主要支付手段的时期。

外汇必须是能充当世界货币的外国货币,是一种国外资产或债权。我国的《外汇管理暂行条例》规定的外汇指:外国货币,包括钞票、铸币等;外币有价证券,包括政府公债、国库券、公司债券、股票、息票等;外币支付凭证,包括票据、银行存款凭证、邮政储蓄凭证等;其他外汇资金。

(二) 汇率概念

外汇市场的价格变动主要通过汇率的波动体现出来。所谓汇率是指两种不同货币之间的兑换关系,又叫作汇价。如果把外汇也看作是一种商品,那么汇率即是在外汇市场上用一种货币购买另一种货币的价格。例如,1美元=110日元,表示美元与日元的兑换比率为110,1美元可换110日元,或110日元可兑换成1美元。

汇率的标价方式有两种:直接标价法和间接标价法。简单地说,直接标价法就是用若干数量的本币来表示一定单位的外币,或是以一定单位的外币为标准,来换算应收付若干本币的一种测量汇价的方法;间接标价法是用若干数量的外币来表示一定单位的本币,或是以一定单位本币为标准来计算应收付若干单位外币的一种测量汇价的方法。目前,世界上除英国、美国和澳大利亚以外,其他国家都使用直接标价法。我国人民币外汇牌价也是如此。

二、即期外汇交易

(一) 即期外汇交易

外汇交易是不同种类货币之间进行兑换的总称。从交易方式看,有即期外汇交易、远期外汇交易、期货外汇交易、期权外汇交易等。其中,属于现货工具的是即期外汇交易,它的定义有广义和狭义之分。广义的即期交易指成交后两个营业日内交割的外汇交易。例如,英镑对美元的一笔交易,成交日为8月1日,则即期交易8月1日至8月3日内交割的外汇交易。狭义的即期交易,仅指在成交后的第二个营业日交割的外汇交易。大多数情况下的即期交易指的是狭义的即期交易。

(二) 即期外汇交易的报价和交易范例

一般而言,报价者会同时报出买价与卖价。如 USD/DEM2.2410/20,第一个数字2.2410 表示报价者愿意买入被报价币的价格,这就是所谓的买入汇率(bid rate);第二个数字2.2420 表示报价者愿意卖出被报价币的价格,这就是卖出汇率(offer rate)。在国际外汇市场上,外汇交易通常只会报出10/20,一旦成交后,再确认全部的汇率是2.2410。依外汇市场上的惯例,汇率的价格共有5个位数(含小数位数),如 USD/DEM2.2410,GBP/USD1.4550 和 USD/JPY108.10。一般而言,汇率价格的最后一位数,称之为基本点(Point),也有人称之为 Pips 或 Ticks。这些皆是汇率变动的最小基本单位。

为了给读者一个关于即期外汇交易的印象直观,下面列举一个国际汇市实务操作中的即期交易范例。注:一般而言,交易金额以被报价币的金额为表示基础,除非在对方报出价格前,特别声明金额是不同于一般习惯的。

ABC:DEM1 [询价者 ABC 询价,金额为 100 万美元的马克]

XYZ:DEM2.2420/25 [报价银行 XYZ 报价,价格 USD1=2.2420/25]

ABC:20Done [ABC 以 2.2420 的价格卖出美元 100 万于 XYZ,ABC 即买入相对金额的马克]

My DEM To ABC Frankfurt A/C [要求 XYZ 把他的马克汇入设于法兰克福的马克账户中]

XYZ:Agree

CFM at 2.2420 We Buy USD 1 MIO AG DEM

Val Sep 10

USD To XYZ NY

TKS For Calling N Deal BIBI

[XYZ 回应此交易已成交,XYZ 以 2.2420 买入美元 100 万,卖出马克,交割日为 9 月 10 日,XYZ 要求 ABC 把他的美元汇入 XYZ 在纽约的美金账户,XYZ 谢谢 ABC 的询价及交易]

ABC:TKS For Price BIBI

[ABC 谢谢 XYZ 的报价]

(方括号内为意义说明)

(三) 即期外汇交易的功能

一般而言,即期外汇交易主要在各大银行之间进行,而其之所以能够成为大众的投资工具,主要是因为大多数银行都代理客户(包括机构和个人)进行外汇交易,在外汇交易中,这些银行相当于做市商,赚取买卖微小的价差。在这些被大银行所代理的客户进行的即期外汇交易中,一部分源于商业或者贸易的需要,另一部分在于利用汇率的频繁波动进行套汇和套利等投机活动赚取价差。

1. 源于对外贸易需要的即期外汇交易

这种即期外汇交易用途明确,结构简单。比如说,中国甲公司想进口一批美国制造的价值为 1 000 万美元的电子计算机,如果该公司没有美元现钞或者现汇,那就不得不通过银行进行人民币对美元的即期外汇交易。如果当时人民币外汇比率是 100 美元 = 827.03 元人民币,那么该公司在外汇交易中必须支付 82 730 万元人民币。

2. 套汇

套汇交易就是利用国际间两个或两个以上外汇市场上某一货币汇率不一致的机会,谋取市场间差价的做法。从原理上讲,它同商品市场上,人们从商品价格低的市场上买进,然后将其运转到价格高的市场上以高价卖出,赚取中间价差的道理是一样的。套汇交易按交易方式划分,可分为直接套汇和间接套汇。

(1) 直接套汇

利用两个外汇市场两种货币之间的汇率不平衡,积极地或消极地赚取利益的外汇交易称为直接套汇交易,这种套汇交易在国际间极为常见。

例如,纽约与伦敦之间,英镑与美元之间,亦即纽约市场的英镑外汇与伦敦市场的美元外汇,按一价定律本来应该一致,但因各地外汇市场外汇的供求不均使两市场汇率不一致,因而可以利用这一机会进行赚取利益的交易。直接套汇是直接利用两国之间或两地之间汇率的不平衡进行的,故又称二角套汇。

例 3-1 纽约与伦敦外汇市场上的汇率为:

伦敦外汇币场:£1 = \$1.6685

纽约外汇市场:£1 = \$1.6665

现有一外汇投机商通过传真获得这一信息,他在伦敦外汇市场出售100万英镑,获美元166.85万,然后迅速地打电话到纽约外汇市场其经纪人那里,以纽约市场的即期汇率购买100万英镑,用去166.65万美元,并委托经纪人将100万英镑从纽约电汇汇往伦敦。这样,不仅他的100万英镑回来了,而且他还赚取了166.85万美元-166.65万美元=0.2万美元。

应该注意的是,在上面的交易中未考虑电话、电传、委托经纪人的费用,若这些费用平摊起来,不足以抵消两个外汇市场上汇率的差别,套汇人便无利可图,套汇活动就不会发生。

(2) 间接套汇

利用三个或三个以上外汇市场三种货币或三种以上货币间汇率的不平衡,积极地或消极地赚取利益的外汇交易称为间接套汇交易。

假设在伦敦外汇市场上 \$/£ = \$2.00,而在纽约 \$/DM = \$0.40(DM 为德国马克符号),相对应的交叉汇率是£/DM 汇率。简单的代数运算表明,如果 \$/£ = \$2.00 和 \$/DM = \$0.40,则£/DM = (\$/DM)/(\$/£) = 0.40/2.00 = £0.20。如果看到在某一市场上三种汇率 \$/£、\$/DM、£/DM 中有一种汇率同其他两种汇率不一致,那么就存在套汇机会。

例 3-2 假设在法兰克福外汇市场:DM1 = £0.20

纽约外汇市场:DM1 = \$0.40

伦敦外汇市场:£1 = \$1.90

于是在外汇交易中,敏锐的交易商会注意到这种差异,并迅速作出反应。交易商可能会采取如下措施:

第一步:在伦敦市场上以190万美元买进100万英镑。

第二步:把在伦敦市场上买进的100万英镑在法兰克福市场上按£/DM = £0.20的汇率卖出,买得马克500万。

第三步:将从法兰克福外汇市场上买入的500万马克,按DM1 = \$0.40的汇率在纽约外汇市场上卖出,得美元500万马克×\$0.40/马克=200万美元。

通过上述交易活动,该外汇交易商从开始外汇买卖的190万美元,到交易结束后变为200万美元,获利10万美元。

一般说来,三角套汇(即在三个市场间的套汇)最关键的问题是交叉汇率的计算,即要能根据两个市场上三种货币间的汇率关系推算出第三个市场上三种货币间的汇率关系。若某个市场上的实际汇率与套算出来的汇率不一致，就可从事三角甚至多角套汇活动。

同直接套汇一样，间接套汇的收益应该超过花费的成本，否则，套汇就会亏损。

国际间某种货币汇率在不同外汇市场上的差异引起了国际间套汇活动的发生。当人们在货币汇率低的市场买进该种货币时，市场上对该货币的需求上升，因而将会提高该货币对其他货币的汇率。当人们在货币汇率高的市场上卖出该种货币时，市场上对该货币的供给增加，因而将会降低该货币对其他货币的汇率。这样，套汇活动将有助于汇率在国际范围内的趋同。

3. 套利

套利活动是国际间进行外汇交易时的又一常见行为，其实质是利用两国利率之差与两国货币掉期率（见远期外汇交易）中不一致的机会来获利。套利活动根据其是否利用远期外汇交易对外汇风险进行防范，而分为"不抛补的套利"和"抛补的套利"。由于远期外汇交易将在第四章介绍，因此，这里仅分析"不抛补的套利"活动。

所谓不抛补的套利，主要是利用两国市场的利息率差异，把短期资金从利率较低的市场调到利率较高的市场进行投资，以谋取利息差额收入。

例 3-3 若美国 3 个月的国库券利率为 8%，而英国 3 个月期的短期国库券利率为 10%，如果 3 个月后英镑对美元的汇率不发生变化，则投资者在出售美国国库券后，将所得的资金从美国调往伦敦购买英国国库券，就可以稳获 2% 的利差收入。具体计算如下：

设一人在纽约拥有 100 万美元的资产，如投资于美国国库券（3 个月期），利率为 8%，本利共为 108 万美元。但此时若他进行套利，则获利便可增加。如即期市场汇率为 £1 = \$2.00，则他在即期市场卖出 100 万美元，获 50 万英镑。他将 50 万英镑调往伦敦并投资于 3 月期英国国库券，3 个月后可获利 55 万英镑 [50×（1+10%）]。这时，若美元对英镑汇率没有发生变化，那么，他将在伦敦投资的收益 55 万英镑换成美元则为 110 万美元，比他不进行套利交易多赚 2 万美元。

套利的机会在外汇市场上转瞬即逝，如不抓住，通常在 1~2 分钟内就会消失。这是因为现代电讯设备和信息技术已高度发达，世界外汇市场和资本市场关系已相当密切，套利机会一旦出现，大银行大公司便会迅速投入大量资金，从而使两国利差之间的不一致迅速消失。所以套利活动客观上加强了国际金融市场的一体化，使两国间的短期利率趋于均衡，并由此形成了一个世界性的利率网络。

第三节 货币市场

一、货币市场概述

从定义上看，货币市场是资金借贷期限不超过 1 年的交易市场，又称为短期资金市场，其作用是提供短期融资。它以银行信用作为企业筹措资金的主要来源，以短期工商企业资金周转、拆款和短期政府债券为主要交易对象，参与者包括商业银行、中央银行、保险公司、金融公司、证券交易商、政府、企业和个人，其功能是进行短期资金的融通。

如同商品市场和外汇市场的基础变量——商品价格和汇率一样，货币市场也有其基础变量——利率。货币市场上的借款成本都通过它来反映。货币市场不止有一种利率，而是根据不同等级的借款人和不同期限的借款提供一系列利率水平。这样，12个月的借款利息成本就不同于1个月或者5年的借款利息成本。一般来说，对货币市场基础价格——利率，决定其作用的因素有三个：信用风险、流动性风险和市场风险。

二、货币市场工具介绍

货币市场的功能和作用是通过货币市场工具实现的。下面介绍货币市场工具体系。

（一）银行短期信贷工具

银行短期信贷主要包括银行对工商企业的短期信贷和银行间同业拆放。前者主要是解决工商企业临时或季节性短期流动资金的需要，期限一般都在1年以内。银行在发放这类贷款时要注意企业的借款用途、财务状况并追踪其交易行为，目的在于把握还款来源，以便在交易完成之后，该项放款能够自动结清。

后者即银行间的同业拆借是指金融机构（中央银行除外）之间相互借贷短期资金，主要表现为银行同业之间买卖在中央银行存款账户上的准备金余额，以调剂准备金头寸的余缺。银行间同业拆放的金额大、期限短，而且无须签订贷款协议，有时仅仅通过电话联系，完全凭借信用放款。

（二）短期证券

在货币市场上发行并交易的短期证券品种极多，交易量也很大，在货币市场工具中占有极其重要的地位。这些短期证券主要是1年期以内可以转让流通的短期信用工具，包括短期国库券、可转让的大额定期存单、商业票据、银行承兑汇票和回购协议等。

1. 国库券。国库券是各国政府财政部为筹集短期资金而发行的短期债券，借以应付季节性财政需要。期限一般为3个月到1年，通常以3个月居多。国库券的发行以拍卖（投标）方式定期或者不定期折价进行，折价的多少取决于当时的市场利率水平。国库券与一般债券的区别在于，债券的票面一般带有利息或附有息票，而国库券面值是到期收取的货币金额。

在各类短期证券中，国库券的交易量最大，究其原因不外乎有以下几点：1）低风险。国库券是政府发行，有政府担保，没有信用风险；2）期限短，面值小，符合广大中小投资者的要求；3）易于转让，有较高的流动性，可以随时满足变现要求；4）投资所获收益免交所得税。

2. 可转让的大额定期存单。顾名思义，可转让的大额定期存单是定期的、大额的并可转让的一种银行票证。起初它仅是一种银行存款凭证，即投资者向银行存入一定金额和期限的资金，银行承诺在存款期限内支付利息。以后，各种金融机构也相继发行不同种类的存单，并逐步进行二级市场流通，成为可以转让的票证，深受投资者欢迎。

发行存单的多为大银行。在美国，大银行发行的存单占到90%。投资购买存单的多是私营公司，他们持有的存单占未偿付金额的70%~80%，各级政府、外国政府、中央银行和个人也参与购买。存单的面值最低为10万美元，更多的都在100万美元以上。存单期限通常是3~6个月，最短不少于14天，最长在1年以内，属于短期投资。存单利率一般高于国库券利率，其具体水平根据期限、发行人的资信有所不同。

这种可转让的大额定期存单，在西方货币市场上都具有相当规模的二级市场，可以随时出售，但是存单投资者需要纳税。该存单不得提前支取，不分段计息，在不发生转让的情况下，到期后由发行银行一次还本付息。持单人如需转让可到银行办理转让手续。

3. 短期商业票据

商业票据属于公司证券，包括汇票、本票、支票等，是由一些金融机构以及大型工商企业凭借信用签发的无抵押借款凭证，用以在资金市场筹措短期资金。对于投资者来说，它也是货币市场短期投资的一种工具。50年代以来投资商业票据的企业剧增，到1984年，美国企业投资到商业票据的总金额已经超过2 000亿美元，成为货币市场上最大的一种投资工具。

商业票据的主要特点是：1）期限短。英国为7~364天，一般为20~40天。美国一般为1~183天，最长不超过270天，如果超过270天，就得由发票人向证券交易委员会登记注册并交款。2）金额大。英国一般都在5 000万英镑以上，英国政府批准半年发行总金额最大为2亿英镑，最小为2 500万英镑。美国一般在数千万美元以上。3）面额大。英国发行的存单面额每张达几十万英镑，美国则采用标准化面额，每张为50万美元或者100万美元。4）利率较高。一般要高出国库券利率很多。这主要是由于商业票据的信用风险高于国库券，同时商业票据投资所得需要缴纳所得税。5）商业票据只有一级市场，没有确定的二级市场。原因是商业票据期限短，80%持有到期。但投资者如有急用，可以要求发行者提前回购，或者在经常接触的客户中转让。

4. 银行承兑汇票。银行承兑汇票源于国际贸易，是由出口商或者出口方银行签发，经进口方银行承兑保证到期付款的汇票。这种汇票的期限一般为30~180天，以90天为最多，面值不限。银行承兑汇票除了可以在承兑银行贴现外，还可以在二级市场上买卖，按面值打一定折扣，买价与面值的差额即为持票人的利润。

经过银行承兑的汇票，出口商可以在发货后立即收到货款。在到期日，银行向进口商收款，并对承兑汇票的持有人付款。20世纪70年代以来，随着国际贸易的不断增长，银行承兑汇票也日益得到发展。利用这种工具进行投资和融资有许多优点：1）安全可靠。银行承兑汇票是承兑银行的一项不可撤销的付款义务，也是出票人和背书人应该承担的义务，因此安全程度很高。在美国银行承兑汇票市场上市买卖70年中，几乎没有一个投资者亏本。2）期限短，收益高。一般来说，汇票利率略高于同期国库券。3）流动性好。持票人如急需资金，可在市场上随时贴现或者买卖转让。参与市场买卖的有交易商、商业银行、承兑银行、外国投资者、国内投资者等。4）筹措资金成本较低。如，在美国用汇票筹资比进行欧洲美元借款便宜，一般要省1%。

5. 回购协议。回购协议是筹资者与投资者所使用的以证券为担保品的短期信用工具。出售回购协议的通常是商业银行和证券经纪商。购买回购协议的多为大企业、保险公司或者地方政府。

回购协议的具体操作是：双方签订协议，在资金市场上，买卖证券现货的同时，卖出方同意在约定时间按照约定价格重新购回该证券。表面上看，似乎是买卖证券，投资者虽然暂时获得证券，但不直接从证券发行者或二级市场上取得收益，也不从证券的利息或者股息中获得收益，而是凭借回购协议中规定的资金利息获利。证券本身的固有收益仍归原所有人。所以实际上证券在这里只充当担保品。这些充当担保品的证券通常有政府债券、公司债券和大额存单等。

一般地，回购协议的金额不低于100万美元，期限多为1个营业日或者短短几天，也有1~3个月的。还有一种连续协议，双方如果都不提出撤销，则合同一直有效。利息由双方自由商定。

第四节 债券市场

一、债券市场概述

债券市场是发行和买卖债券的场所。债券市场作为金融市场的一个重要组成部分，是随着社会经济的发展而逐渐发展起来的。债券市场的主要部分是公债或政府债券，而且，各国的债券市场几乎无一例外都是从发行政府债券开始逐渐形成和发展起来的。

二、债券的基本概念

顾名思义，债券市场交易的现货工具就是债券，它是政府、金融机构、工商企业等机构直接向社会借债筹措资金时，向投资者发行，并且承诺按利率支付利息并按约定条件偿还本金的债权债务凭证。债券的本质是债的证明书，具有法律效力。债券购买者与发行者之间是一种债权债务关系：债券发行人即债务人，投资者（或债券持有人）即债权人。债券作为一种重要的融资手段和金融工具具有如下特征：

1. 偿还性。债券一般都规定偿还期限，发行人必须按约定条件偿还本金并支付利息。

2. 流通性。债券一般都可以在流通市场上自由转让。

3. 安全性。与股票相比，债券通常规定固定的利率。与企业绩效没有直接联系，收益比较稳定，风险较小。此外，在企业破产时，债券持有者享有优先于股票持有者对企业剩余资产的索取权。

4. 收益性。债券的收益性主要表现在两个方面：一是投资债券可以给投资者定期或不定期地带来利息收入；二是投资者可以利用债券价格的变动，买卖债券赚取差额。

债券的基本要素包括：票面金额、利率、偿还期限、发行主体名称、发行时间、债券类别以及批准时间。票面金额就是债券的面值，其数额大小主要考虑发行成本和发行对象；债权利率的高低主要受市场利率、发行者信用级别、偿还期限及其他因素的影响；债券偿还期主要根据发行者的筹资用资需要和投资者的投资意向、心理状态、行为偏好等因素来确定。

三、债券的种类

债券是历史最悠久的证券之一，经历许多次演变，产生了具有不同特征的品种。下面根据四个基本的划分标准对债券品种进行介绍。

（一）按照发行主体不同，债券可以分为政府债券、企业债券和金融债券

政府债券。政府债券主要包括国家与地方政府债券，这种债券的发行是为了弥补财政预算中的赤字或者是为了归还旧债的本息。

企业债券通常又称为公司债券，是企业依照法定程序发行，约定在一定期限内还本付息的债券。企业债券代表着发债企业和投资者之间的一种债权债务关系。债券持有人是企业的债权人，不是所有者，无权参与或干涉企业经营管理，但债券持有人有权按期收回本息。企业债券与股票一样，同属有价证券，可以自由转让。由于企业主要以本身的经营利润作为还本付息的保证，因此企业债券风险与企业本身的经营状况直接相关。如果企业发行债券后，经营状况不好，连续出现亏损，可能无力支付投资者本息，投资者就有受损失的风险。从这个意义上来说，企业债券是一种风险较大的债券。所以，在企业发行债券时，一般要对发债企业进行严格的资格审查或要求发行企业有财产抵押，以保护投资者利益。另一方面，在一定限度内，证券市场上的风险与收益成正相关关系，高风险伴随着高收益。企业债券由于具有较大风险、它们的利率通常也高于国债和地方政府债券。企业债券按不同标准可以分为很多种类。

金融债券是由银行和非银行金融机构发行的债券。在英美等欧美国家，金融机构发行的债券归属于公司债券。在我国及日本等国家，金融机构发行的债券称为金融债券。金融债券能够较有效地解决银行等金融机构的资金来源不足和期限不匹配的矛盾。由于银行等金融机构在一国经济中占有较特殊的地位，政府对它们的运营又有严格的监管，因此，金融债券的资信通常高于其他非金融机构债券，违约风险相对较小，具有较高的安全性。所以，金融债券的利率通常低于一般的企业债券，但高于风险更小的国债和银行储蓄存款利率。

（二）按照发行的对象以及区域划分，债券可以分为国内债券、外国债券和欧洲债券

国内债券是指一国政府、金融机构或者企业在国内以本国货币为面额发行的债券。

外国债券是一国政府、金融机构、工商企业或国际组织在另一国发行的以当地国货币计值的债券。如1982年1月，中国国际信托投资公司在日本东京发行的100亿日元债券就是外国债券。

欧洲债券是一国政府、金融机构、工商企业或国际组织在国外债券市场上以第三国货币为面值发行的债券。例如，法国一家机构在英国债券市场上发行的以美元为面值的债券即是欧洲债券，欧洲债券的发行人、发行地以及面值货币分别属于三个不同的国家。欧洲债券产生于20世纪60年代，是随着欧洲货币市场的形成而兴起的一种国际债券。由于其具有自由灵活的发行方式、便利的发行程序、较低的筹资成本以及较高安全性和收益率等特点，目前在国际债券市场上，欧洲债券所占比重远远超过了外国债券。

(三) 按照债券期限的长短，可以分为长期债券、中期债券和短期债券

一般说来，偿还期限在10年以上的为长期债券；偿还期限在1年以下的为短期债券；期限在1年或1年以上、10年以下（包括10年）的为中期债券。我国国债的期限划分与上述标准相同，但企业债券的期限划分与上述标准有所不同。我国短期企业债券的偿还期限在1年以内，偿还期限在1年以上5年以下的为中期企业债券，偿还期限在5年以上的为长期企业债券。短期债券的发行者主要是工商企业和政府，金融机构中的银行因为以吸收存款作为自己的主要资金来源，并且很大一部分存款的期限是1年以下，所以较少发行短期债券。企业发行短期债券大多是为了筹集临时性周转资金。在我国，这种短期债券的期限分别为3个月、6个月和9个月。政府发行短期债券多是为了平衡预算开支。美国政府发行的短期债券分为3个月、6个月、9个月和12个月四种。我国政府发行的短期债券较少。中长期债券的发行者主要是政府、金融机构和企业。发行中长期债券的目的是为了获得长期稳定的资金。我国政府发行的债券主要是中期债券，集中在3~5年这段期限。1996年，我国政府开始发行期限为10年的长期债券。

(四) 根据利率在偿还期限内是否变化，债券可以分为固定利率债券和浮动利率债券

固定利率债券指在发行时规定利率在整个偿还期内不变的债券。固定利率债券不考虑市场变化因素，因而其筹资成本和投资收益可以事先预计，不确定性较小，但债券发行人和投资者仍然必须承担市场利率波动的风险，如果未来市场利率下降，发行人能以更低的利率发行新债券，则原来发行的债券成本就显得相对较高，而投资者则获得了相对现行市场利率更高的报酬，原来发行的债券价格将上升；反之，如果未来市场利率上升，新发行债券的成本增大，则原来发行的债券成本就显得相对较低，而投资者的报酬则低于购买新债券的收益，原来发行的债券价格将下降。

浮动利率债券是指发行时规定债券利率随市场利率定期浮动的债券。也就是说，债券利率在偿还期内可以进行变动和调整。浮动利率债券往往是中长期债券。浮动利率债券的利率通常根据市场基准利率加上一定的利差来确定。美国浮动利率债券的利率水平主要参照3个月期限的国债利率，欧洲主要参照伦敦同业拆借利率（指设在伦敦的银行相互之间短期贷款的利率，该利率被认为是伦敦金融市场利率的基准）。

四、债券的价格

(一) 票面价格

票面价格可以简单地理解为每张债券的面值。前面介绍债券的要素时已经说明,它就写在券面上。票面价格的重要性体现在两点:一是它的总和就是本金;二是它与票面利率的乘积就是利息收入。

(二) 发行价格

发行价格是债券第一次发售的价格,它又分平价发行价格、溢价发行价格和折价发行价格。发行价格的确定,不是在市场上,一般都是发行者根据预期收益率计算出来的。计算公式如下:

1. 单利计息一次性还本付息的附息债券

$$发行价格 = (偿还期限 + 年利息 \times 期限) \div (1 + 收益率 \times 期限) \quad (3.1)$$

例 3-4 某单利计息一次性还本付息的附息国债偿还期为 10 年,票面利率为 5.3%,收益率为 5.376%,求发行价格。

则它的发行价格为 $(100 + 5.3 \times 10)/(1 + 5.376\% \times 10) = 99.50$(元)

2. 复利计息多次提息的附息债券

$$P = [C \times (1+r)^N - C + r \times R] \div [r \times (1+r)^N] \quad (3.2)$$

其中:P——发行价格;

C——年利息;

N——偿还期限;

R——偿还价格;

r——收益率。

例 3-5 已知某债券的票面利率为 5%,期限为 20 年,复利收益率为 4%,每半年提息一次,求它的发行价格。

半年的利息收入 $C = 5\% \times 100/2 = 2.5$ 半年的收益率 $r = 4\%/2 = 2\%$ 期限 $N = 20/0.5 = 40$(年)

则其发行价格为:$[2.5 \times (1+2\%)^{40} - 2.5 + 2\% \times 100]/[2\% \times (1+2\%)^{40}] = 113.68$(元)

3. 贴息债券的发行价格计算公式

$$发行价格 = 票面价格 \div (1 + 年收益率)^{期限} \quad (3.3)$$

例 3-6 已知我国专业银行发行的贴现金融债券,期限为 3 年零 3 个月(3.25 年)年收益率为 9.255%,求它的发行价格。

则其发行价格为 $100/[1+9.255\%]^{3.25} = 75$(元)

(三) 转让价格

转让价格,一般是指二级市场上非交易所里进行的债券买卖和流通中,债券还没有到期，投资者就想收回本金时的卖出价格。下面分别演示一下附息债券和贴现债券转让价格的计算方法。

1. 附息债券的转让价格

$$P=(C/r)\times\{[(1+r)^n-1]/[(1+r)^n]\}+R/[(1+r)^n] \quad (3.4)$$

其中：P—转让价格；

C—年利息；

R—面值；

r—复利到期收益率；

n—距离偿还的期限。

例 3-7 票面为 100 元的附息债券，票面利率为 6%，到期收益率为 8%，距离到期年还有 5 年。若一年付息一次，求转让价格。

则其转让价格为 $P=(6/8\%)\{[(1+8\%)^5-1]/(1+8\%)^5\}+100/(1+8\%)5=92.015$(元)，若每年计息两次，求转让价格。

则到期收益率变为 8%/2=4%，偿还期限变为 5×2=10 年，代入公式有：
$P=(6/4\%)\{[(1+4\%)^{10}-1]\}/(1+4\%)^{10}+100/(1+4\%)^{10}=91.889$(元)

2. 贴现债券的转让价格

贴现债券的转让价格 = 面额 − 面额 × {[(期限 − 持有天数) ÷ 360]

×年贴现率} (3.5)

例 3-8 面额为 100 元的贴现债券，期限位 274 天，到期收益率为 7%，持有天数为 123 天，求转让价格。

则其转让价格为 $100-100\times\{[(274-123)/360]\times7\%\}=97.064$(元)

第五节 股票市场

一、股票市场概述

股票市场是股票发行和交易的场所。根据市场的功能划分，股票市场可以分为发行市场和流通市场。发行市场是通过发行股票进行筹集资金活动的市场，一方面为资本的需求者提供筹集资金的渠道，另一方面为资本的供应者提供投资场所。发行市场是实现资本职能转化的场所，通过发行股票，把社会闲散资金转化为生产资本。由于发行活动是股市一切活动的源头和起始点，故又称发行市场为"一级市场"。流通市场是已发行股票进行转让的市场，又称"二级市场"。流通市场一方面为股票持有者提供随时变现的机会，另一方面又为新的投资者提供投资机会。与发行市场的一次性行为不同，在流通市场上股票可以不断地进行交易。

股票市场对推动国民经济迅速增长和世界经济一体化影响巨大，其功能主要包括：筹集资金、转换机制、优化资源配置和分散风险。

二、股票的概念

股票是社会化大生产的产物,已有近400年的历史,它是指股份有限公司在筹集资金时向出资人发行的股份凭证。股票代表着其持有者(即股东)对股份公司的所有权。这种所有权是一种综合权利,如参加股东大会、投票表决、参与公司的重大决策、收取股息或分享红利等。同一类别的每一份股票所代表的公司所有权是相等的。每个股东所拥有的公司所有权份额的大小,取决于其持有的股票的数量占公司总股本的比重。股票一般可以通过转让收回其投资,但不能要求公司返还其出资。股东与公司之间的关系不是债权债务关系。股东是公司的所有者,以其出资份额为限对公司负有限责任,承担风险,分享收益。

三、股票的种类

股票的分类标准有很多,不同的分类标准产生不同权益和形式的股票,因此股票的种类繁多,真可谓五花八门、形形色色。在这里,我们主要依据股东所享有权利的不同将股票分为以下三种:

(一) 优先股

优先股是"普通股"的对称,是股份公司发行的在分配红利和剩余财产时比普通股具有优先权的股份。优先股也是一种没有期限的有权凭证,优先股股东一般不能在中途向公司要求退股(少数可赎回的优先股例外)。优先股的主要特征有三:一是优先股通常预先定明股息收益率。由于优先股股息率事先固定,所以优先股的股息一般不会根据公司经营情况而增减,而且一般也不能参与公司的分红,但优先股可以先于普通股获得股息;对公司来说,由于股息固定,它不影响公司的利润分配。二是优先股的权利范围小。优先股股东一般没有选举权和被选举权,对股份公司的重大经营决策无投票权,但在某些情况下可以享有投票权。三是优先股具有优先权。优先股的优先权主要表现在两个方面:

1. 股息领取优先权。股份公司分派股息的顺序是优先股在前,普通股在后。股份公司不管盈利多少,只要股东大会决定分派股息,优先股就可按照事先确定的股息率领取股息,即使普遍减少或没有股息,优先股亦应照率分派股息。

2. 剩余资产分配优先权。股份公司在解散、破产清算时,优先股具有公司剩余资产的分配优先权,不过,优先股的优先分配权在债权人之后,而在普通股之前。只有还清公司债权人债务之后,有剩余资产时,优先股才具有剩余资产的分配权。只有在优先股索偿之后,普通股才参与分配。

(二) 普通股

普通股是"优先股"的对称,是随着企业利润变动而变动的一种股份,是公司资本构成中最普通、最基本的股份，是股份企业资金的基础部分。普通股的基本特点是其投资利益（股息和分红）不是在购买时约定，而是事后根据股票发行公司的经营状况来确定，公司的经营状况好，普通股的收益就高；经营状况差，普通股的收益就低。普通股是股份公司资本构成中最重要、最基本的股份，亦是风险最大的一种股份。

（三）后配股

后配股是在利益或利息分红及剩余财产分配时比普通股处于劣势的股票，一般是在普通股分配之后，对剩余利益进行再分配。如果公司的盈利巨大，后配股的发行数量又很有限，则购买后配股的股东可以取得很高的收益。发行后配股，一般所筹措的资金不能立即产生收益，投资者的范围又受限制，因此利用率不高。后配股一般在下列情况下发行：

1. 公司为筹措扩充设备资金而发行新股票时，为了不减少对旧股的分红，在新设备正式投用前，将新股票作后配股发行。

2. 企业兼并时，为调整合并比例，向被兼并企业的股东交付一部分后配股。

3. 在有政府投资的公司里，私人持有的股票投息达到一定水平之前，把政府持有的股票作为后配股。

四、股票的四种价值

股票是虚拟资本的一种形式，它本身没有价值。从本质上讲，股票仅是一个拥有某一种所有权的凭证。股票之所以有价，是因为股票的持有人（即股东）不但可以参加股东大会，对股份公司的经营决策施加影响，还享有参与分红与派息的权利，获得相应的经济利益。同理，凭借某一单位数量的股票，其持有人所能获得的经济收益越大，股票的价格相应的也就越高。

一般来说，股票的价值可分为四种：面值、净值、市场价格和内在价值。

（一）股票的面值

股票的面值就是指股票的票面金额。股票的面值通常以每股为单位，股票发行公司将其资本额分为若干份额（即若干股），每一单位股份所代表的资本额，就是每股的面值。比如资本额 1 000 万元的发行公司，将其资本额划分为 100 万个单位，即 100 万股发行，此时，每股就代表 10 元，每张股票的面值就是 10 元。股票的面值是固定的。亦有某些股票是没有面值的，即不在股票票面上标明金额，但有账面价值，即每一股所代表的资本额表现在该公司的账面上。股票面值的作用之一，是可以确定每一股份对股份公司占有的一定比例。

（二）股票的净值

股票的净值又称资本净值，或称作股票的账面价值。它的计算数额，通常是公司的实际资本额,加上法定公积金、资本公积金、特别公积金及累积盈余之后所得的数额,即称为"净值总额",净值总额除以发行的总股数,即称为股票净值。所以股票净值实际是指每股股票实际拥有的资本额或称实际价值符号,也通俗地称"含金量"。因为上市股票的净值,属于股东享有,因此又称为"股东权益",意即无论何种形式的盈余、公积金,尽管未分发出来,其所有权是属于股东的。可见,净值较高的公司股东所享有的权益也就较高。净值较高,股价却不高的股票,通常多具投资价值;反之,净值不高,股价却高的股票,则可认定为投资价值低。按照通常的说法,净值就是公司的"家产",以此可以显示出实力基础是否雄厚,是否值得信赖,是否值得投资等方面。不过,股价的短期涨跌,却与净值无关。

(三) 股票的市场价格

股票的价值,就是股票的市场价格,或叫市价,它是由交易决定的价格,因而最受证券投资者重视。股票的市值与其面值、净值最大的不同之处在于:后两者是固定或相对固定的,而市值却随着股票交易的进行,分秒都处在变动之中。事实上,股票最富吸引力的原因,正在于它的市价能够在不停的波动中为持票人带来差价利益,至于股票市价高低变动的原因,人们仍无定论。一般说市价的高低取决于发行公司的获利能力,获利能力强,则该公司的股票市价就上升,反之则下降;又一说股票价格的高低决定于市场资金的供需关系,如果愿意买进的资金力量强,则市值上浮,反之则下跌;再一说股市价的高低决定于市场股票的供需状况,股票供不应求,则市值呈升高趋势,若股票供过于求,则股市呈下跌之势。其实,股市的影响因素是多方面的,也就是说,它是种种因素共同发挥作用的结果。但各种因素发挥的作用,又不是等量齐观的,其中起主导作用的因素,还在于由社会生产力水平决定的经济环境,是否优越于所折射出来的对股票的需求量。经济发达繁荣,市场对各种要素的需求就会呈递增之势,股票市场繁荣,自然行情看涨,股市上扬;反之,经济发展处于颓势,市场相对萎缩,股票市场必受牵连,导致需求减缩,股市下跌。

(四) 股票的内在价值

股票的内在价值是指股票本身所固有的价值,也就是它的真实价值或者称为理论价值。与上一节介绍的债券定价原理基本相同,股票的理论价值也可以用现金流量的现值进行计算,即:

$$S = \sum_{t=1}^{\infty} F_t (1+k)^{-t} \tag{3.6}$$

$$F_t = F_0 (1+g)^t \tag{3.7}$$

其中,S 表示股票的内在价值;F_t 表示在未来时期以现金形式表示以固定比率增长的每股股利;F_0 表示最初的每股股利;k 表示在一定风险程度下现金流的合适贴现率;g 表示每股股利的不变的增长率。

第六节　现货工具综合配置分析

一、商品市场和货币市场之间的现货工具配置

商品的现货交易按照交易方式的不同可以分为多头交易和空头交易。

多头交易是指当某种商品价格估计即将上涨时，买入该商品，待价格上涨后卖出该商品获利的行为。以 1 支铅笔为例，目前铅笔的现货价格为 1 元，若估计该铅笔的价格有可能上涨时，投机者将会借 1 元人民币，买入铅笔。一年后，铅笔价格上涨到 2 元人民币，投机者就可以卖出该铅笔。扣除借入的人民币利息，假定当时货币市场上的利率为 10%，投资者实际赚得的利润为 0.9 元人民币。即使投资者当初不是靠借入资金购买铅笔，而是拿自己的钱购买，道理也是如此，因为使用自己的钱也是有成本的，这种成本在经济学上被称为机会成本。由此可见，表面上的商品现货多头交易实际上是和货币市场上的资金借贷紧密相连的。

空头交易也是如此。当某种商品的价格估计即将下跌时，投机者可以卖出该商品，待市场价格下降后再买回，从中赚取差价。假定铅笔的现货价格为 1 元人民币。人民币利率 10%。如果铅笔价格将要下跌，投机者就可以卖出铅笔，将获得 1 元人民币投入到货币市场。一年后，铅笔价格为 0.5 元，投机者再买回。此时，投机者手中除了仍像一年前一样持有一支铅笔外，还多了 0.6 元人民币。因此可以认为，商品市场上的空头交易仍然离不开货币市场上的现货交易。

二、商品市场与外汇市场之间的现货工具配置

商品市场的现货价格与外汇市场的汇率之间的联系建立在购买力平价理论的基础之上。该理论告诉我们，如果两者之间的即期汇率以均衡开始，在它们之间不同通货膨胀率的任何变化，从长期来看，势必为在数量上相等而方向上相反的即期汇率变化所抵消。利用这一点，我们就可以进行商品市场现货工具和外汇市场现货工具的搭配了。

我们假定，这里只涉及中国和美国。我们商品市场上的现货工具为铅笔。在中国商品现货市场上，1 支铅笔价格为 1 元人民币；在美国现货市场上，同样 1 支铅笔价格为 1 美元。我们再假定，在外汇现货市场上，美元对人民币的即期汇率价格为 1 美元等于 2 元人民币。

在这种情况下，市场上就会出现套利者。套利者可以用 1 元人民币买入 1 支铅笔，将铅笔出口到美国（忽略进出口成本），铅笔将可以卖到 1 美元。在即期外汇市场上，将 1 美元换成 2 元人民币，套利者就可以获得 1 元的利润。如果外汇市场和商品市场的现价保持不变，套利活动可以持续下去。但事实上，这种套利机会是转瞬即逝的。

三、外汇市场与货币市场之间的现货工具配置

外汇市场和货币市场之间的现货工具配置的基础建立在国际费雪效应的基础上。国际费雪效应认为不同时点的即期汇率之间的差额应该等于相同期限两种货币利息的差额。这两个数额如果不同,市场上就会发生不抛补的套利交易,套利活动的结果,必然使得这两种数额相等。

在外汇市场中,我们曾经对不抛补的套利交易进行过说明。现在从金融工程角度再来理解一下该活动。

例如,我们假定,在外汇市场上,年初的人民币即期汇率为1美元等于8元人民币,年末的人民币即期汇率为1美元等于8.2元人民币。在货币市场上,美元的年利率为5%,而人民币的年利率为10%。

在这种情况下,市场上必然会产生套利行为。如果人们以5%的利率借入1美元,在即期市场上换成8元人民币,并以10%的利率拆放这笔资金,到期收回人民币本息。再按照年末8.2元的即期汇率换成美元,从而偿还美元本息。套利活动的结果是套利者获得0.2元人民币。

在金融市场上,套利者的套利活动也就是通过货币市场的金融工具和外汇市场的金融工具的综合运用进行的。

四、外汇市场与股票市场之间的现货工具配置

在我国目前的股票市场上,存在A股市场和B股市场。A股市场是以人民币认购和买卖的市场,B股市场是以外币认购和买卖的市场。假定人民币对外币的汇率保持相对稳定,并且人民币和外币能够自由兑换,那么当这两个市场的回报不同时,人们就会在这两个市场之间转移资金,从而获取A股市场和B股市场回报之间的差额。从金融工程角度来看,这就是将A股、B股以及不同时点的即期外汇交易进行综合配置从而盈利的过程。

至此,本节已经分析了商品市场和货币市场、外汇市场和商品市场、货币市场和外汇市场以及外汇市场和股票市场之间的现货工具配置,其余的请读者参照图3-1根据实际情况进行类推。

五、各市场内部现货工具之间的配置

现货市场工具的配置,不仅可以在商品市场、货币市场、外汇市场、债券市场和股票市场之间进行,还可以在每一个市场内部的不同金融工具之间进行。

以商品市场为例。我国有一段时间曾经实行粮食统一收购的政策。当时的收购价格明显低于市场价格,个体粮贩不能直接用现金向农民收购粮食。但是,有些地方的个体粮贩运用了一种变相收购的方法。他们挨家挨户用北方的梨子在南方农村以货易货,换

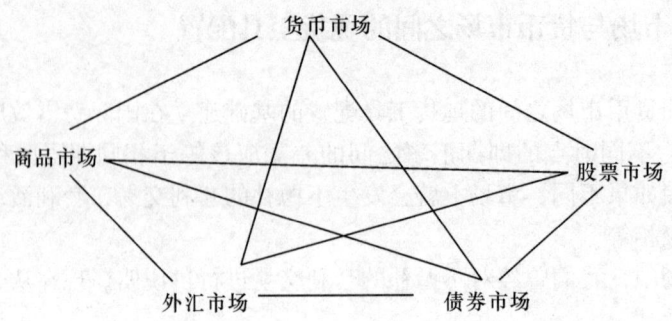

图 3-1　货币市场、商品市场、股票市场、外汇市场和债券市场

成稻谷，再到北方换回梨子。

在这种梨子换稻子的交易中，个体粮贩实际上是把稻谷这种现货工具和梨子这种现货工具结合起来了。他们运用这种方式逃避政府管制并从中获利。

实际上，个体粮贩在这种梨子换稻谷的交易中，还采取了更加灵活的做法。如果北方种梨子的农民不要稻谷，而是直接要大米，个体粮贩则将稻谷碾成大米，然后再运到北方用大米换梨子，再用梨子换成稻谷。这样一来，在现货交易中，不仅有梨子换稻谷的交易，而且有了大米换梨子的交易。

六、多重现货市场之间工具配置实例

在分析了每一类现货市场内部金融工具之间的配置和不同类别现货市场之间工具配置的基础上，我们再来看看现货工具配置的更高层面，即：多重现货市场之间工具的配置状况。这一部分将通过商业银行日常业务中的操作实例给大家进行介绍。

（一）基于个人储蓄业务的存款配置

活期存款是指款项可以随时存取的存款，这类存款流动性强，但利率较定期存款低，银行动用这部分资金受期限限制，只能安排短期资金运用。定期存款是指预先约定偿还期限的存款，一般情况下不允许提前支取，利率高于活期存款，这类存款的稳定性较强，银行对这部分资金可以长期占用。将活期存款和定期存款二者结合起来，形成新的储蓄品种，会使银行和储户双方受益。

例 3-9　小王所在公司委托当地商业银行为其代发工资，每月月初，他的工资 2 500 元就会自动存到个人活期账户中。他每个月只从存折中支取 1 000 元使用，余下的钱继续留在该账户上。由于是活期存款，小王这部分累积的余额只能享受低息，对于银行来说，这笔存款则不能长期占用。幸运的是，该行开办了"活期存款自动转为定期存款"的新业务。具体规定如下：储户和银行约定当活期存折上的金额满一定数额后（比如 3 000 元），银行自动将这部分存款转为定期（1 年）。这种活期存款金融工具和定期存款工具的搭配使得双方都能获益。

两年以后，小王弟弟自费去美国留学，每学期需要学杂费1 000美元。小王不懂外汇买卖，因此，每到年初，都要为兑换美元而发愁。恰巧这时，该商业银行新增一项本、外币结合的存款业务。若储户需要，银行可自动将到期的定期存款转为储户需要的外币存款。于是，小王和银行约定，只要工资账户余额达到9 000元，就转为半年期定期存款。现在只要将到期的定期存款自动换成美元，再由银行直接汇到美国，小王就不必再为弟弟的学费发愁了。这种活期存款、定期存款和即期外汇买卖相结合的业务品种，也给银行带来的额外的手续费收入。

（二）个人汽车消费贷款——企业存款、个人贷款以及表外业务的搭配

个人汽车消费贷款业务作为消费信贷业务的重点之一，近年来在我国各大银行陆续推出并得到迅速发展，这对培育我国信贷市场新的增长点，促进国内消费需求，推动国民经济增长，扭转目前国内消费需求严重不足的局面起到了积极作用。商业银行在开办个人汽车消费信贷过程中，也不是简单的以增加金融服务工具品种推广该项业务，而是综合运用了各种金融工具的合理配置，使汽车消费信贷业务的开展产生了极为可观的经济效益。

例3-10 某汽车经销商一向以信誉好服务佳在当地受到欢迎，特别是在代理了甲和乙两种新款汽车销售业务后，业务量急剧上升，其所占市场份额一跃为该地区的46.2%。当地某银行看准该经销商发展事态良好，与之建立联系，使之成为该行个人消费贷款特约经销商。按照所签订的合约，该汽车经销商在该银行开立账户，存入一定金额的企业存款，而银行则在通过授信开立银行承兑汇票等形式，促进企业发展之外，还给符合条件的客户提供个人汽车消费信贷。这样，该银行在推动企业发展的同时增大了企业资金流量，达到了增加存款的目的，同时通过发放个人汽车贷款，可以促进贷款收益的增加和中间业务的发展，收益相当可观。

（三）商业银行的货币市场与资本市场本外币金融工具的配置

原生本外币金融工具配置是指商业银行在经营管理中将本外币的原生金融工具进行配置，以达到降低风险、提高流动性和盈利性的目的。商业银行实现货币市场与资本市场本外币金融工具搭配主要是借短贷长，即借短期资金本币贷长期外币、借短期外币贷长期本币，或者借长期本币贷短期外币、借长期外币贷短期本币。我国目前某些商业银行正在开办的外汇抵押人民币贷款业务就是货币市场、资本市场和外汇市场相结合的很好实例。商业银行可以客户所存的外汇为抵押，对客户发放人民币贷款，这对银行和客户都有利。关于该项业务，将在互换交易的章节进一步分析。

◎ 小结

商品市场和金融市场在交易方式、交易目的等方面并没有实质的区别，在金融工程师眼中，商品一样可以成为金融工程的配置工具。

外汇现货市场的价格变动主要通过外汇即期汇率体现出来。影响汇率变动的因素主

要包括：国际收支状况、两国物价水平、利率水平差异以及公众预期等。除了正常的商贸交易外，人们进行外汇买卖的目的主要是利用国际间两个或两个以上外汇市场上某一货币汇率不一致的机会，谋取市场间差价或者利用两国利率之差与两国货币掉期率（见远期外汇交易）中不一致的机会来获利。

货币市场是短期资金的拆借市场。货币市场的现货工具主要有：国库券、可转让定期存单、商业票据、银行承兑汇票、回购协议以及银行短期信贷工具等。

债券，它是政府、金融机构、工商企业等机构直接向社会借债筹措资金时，向投资者发行，并且承诺按利率支付利息并按约定条件偿还本金的债权债务凭证。它具有偿还性、流通性、安全性和收益性等特点。债券有多种不同的分类方式：按照发行主体不同，债券可以分为政府证券、企业债券和金融债券；按照发行的对象以及区域划分，债券可以分为国内债券、外国债券和欧洲债券；按照债券期限的长短，可以分为长期债券、中期债券和短期债券；根据利率在偿还期限内是否变化，债券可以分为固定利率债券和浮动利率债券。

股票是指股份有限公司在筹集资金时向出资人发行的股份凭证，它代表着其持有者（即股东）对股份公司的所有权，具有不可偿还性、风险性、责权性和流通性等特点。一般地，依据股东所享有权利的不同将股票分为以下三种：优先股、普通股和后配股。股票的价值可分为四种：面值、净值、市场价格和内在价值。

金融工程的工具配置思想不仅体现在衍生工具领域，而且在现货工具之间也有很大运用空间。购买力平价关系联系了货币市场和商品市场，国际费雪效应连接了货币市场和外汇市场。此外，商品市场和货币市场工具、外汇市场和权益市场工具、甚至各个市场的现货工具之间也是可以相互搭配的。在现实的金融世界里，我们还能找到许多多种现货市场之间工具配置的实例。

◎ 重要概念

即期外汇交易　套汇　套利　国库券　可转让定期存单　商业票据
银行承兑汇票　回购协议　债券　股票　普通股　优先股

◎ 思考题

1. 举例说明外汇市场的套汇和套汇过程。
2. 说出货币市场现货工具的种类以及各自特点。
3. 试说明债券和股票这两种现货工具的区别和联系。
4. 分别说明股票和债券的定价原理。
5. 什么是购买力平价关系？如何运用购买力平价关系进行套利活动？
6. 什么是国际费雪效应？如何运用该理论进行套利活动？
7. 结合实例说明现货工具的配置。

◎ 参考书目与推荐阅读

1. 叶永刚. 金融工程学. 大连：东北财经大学出版社，2002.
2. 保罗·罗斯. 外汇市场和货币市场. 周炜，译. 上海：上海财经大学出版社，1999.
3. 斯蒂芬 A. 罗斯，罗德尔福 W. 维斯特菲儿德，杰弗利 F. 杰富. 公司理财. 吴世农，沈艺峰，等，译. 北京：机械工业出版社，2000.

第四章 远期工具

◎ 学习目标
  1. 远期交易
  2. 远期工具定价的一般原理和方法
  3. 远期利率协议、远期外汇交易、远期汇率协议
  4. 我国远期结售汇交易

远期合约（forward contract）是在金融机构之间或金融机构与客户之间签订的约定在未来某一时点按照协定价格进行金融工具或品种的交割的协议。远期合约是最简单的衍生金融工具，也是学习和研究期货和期权等其他衍生工具的基础。本章首先阐述远期合约的有关概念和定价的基本原理和方法，然后就远期利率协议、远期外汇交易、远期汇率协议等远期品种分别展开论述，最后研究我国当前远期结售汇业务的发展状况。

第一节 远期交易概述

一、远期合约的产生和发展

现代远期市场始于 1848 年芝加哥交易所（CBOT）的成立。19 世纪 40 年代芝加哥是美国中西部重要的农产品集散中心。由于农产品具有较强的季节性，在每年的夏季末和秋季，农产品大量涌进芝加哥各类农产品市场，导致仓储不足和农产品价格下跌，在一定程度上影响到农产品的生产。由此芝加哥一些商人于 1848 年牵头成立芝加哥交易

所（CBOT），并推出了第一张名为"将要到达（to-arrive）"的远期合约，允许农民在未来某个时间交割事先已达成协议的一定数量的农产品，由此成为现代远期市场的开端。在20世纪70年代布雷顿森林体系崩溃后，汇率和利率大幅波动，造成各类市场风险增大，为了管理利率风险和汇率风险，先后出现了远期利率协议、远期汇率协议等新的交易品种，从而使传统的远期交易焕发新的生机。

二、远期合约的基本概念和特点

远期合约是买卖双方签订在确定的将来时间按确定价格购买或出售某项资产的协议。远期交易没有固定的交易场所，一般由金融机构采取柜台交易的方式进行。合约双方通常是金融机构或金融机构与其客户。

远期合约的一方同意在将来某一确定的日期以确定价格购买标的资产时，我们称为多头（long position），另一方则称之为空头（short position）。远期合约中确定的在未来资产交付时的价格称为交割价格（delivery price）。远期合约确定的交割日称为远期合约的到期日。在到期日，空头方交付标的资产，多头方按交割价格支付现金。

远期合约具有以下两个特点：首先，远期合约是一种非标准化合约，交易者可以根据要保值的头寸来协商合同规模和期限。其次，尽管远期合约的适应范围相当广泛，但对交易方的信用等级要求较高。只有在市场上有良好的信用等级的金融机构和大公司才能参与远期交易。

三、远期合约价值和损益状况

在到期日前合约双方不发生现金支付和资产交割。在合约签订日，协议确定的交割价格应等于远期价格，从而远期合约价值为零，否则将发生套利交易。在远期合约签订日至到期日期间，也就是在远期合约的存续期内，远期合约由于标的资产的价格变化而可能出现正或者负的价值，并且随着合约存续期的变化而变化。例如，在合约签订日之后，标的资产价格上涨，则远期合约对多头方出现正的价值，对空头方出现负的价值；反之，标的资产下跌，则对多头方出现负的价值，对空头出现正的价值。

就远期合约在到期日的损益情况来看，决定远期合约到期日损益的关键因素是标的资产在当日的市场价格。假定 K 为交割价格，S_T 为合约到期时资产的即期价格，那么远期合约多头的损益为 S_T-K，空头的损益为 $K-S_T$。出现此种收益的原因在于合约的多头方在到期日有权利用价格 K 购买价值为 S_T 的标的资产，而空头方可以以价格 K 出售该种资产。多头和空头的损益状况如图4-1所示。

四、远期合约的作用

远期合约的主要功能包括保值、投机和价格发现等。

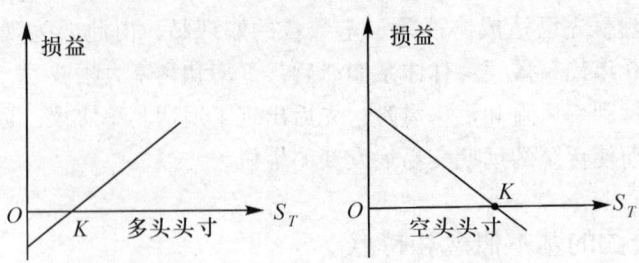

图 4-1　远期合约的多头与空头损益

保值（hedge）是交易方利用远期交易来确定资产的未来价格，从而降低甚至消除价格变化带来的不确定性。例如，一美国公司计划在 1 年之后支付 100 万英镑给英国出口商，由此，该公司将面临英镑汇率上涨的风险。此时该公司可以在远期外汇市场上购入 1 年期 100 万英镑，从而将 1 年后支付的英镑汇率固定在目前英镑远期汇率上。远期合约的保值功能是远期交易得以存在的基本经济功能。

投机（speculation）是交易者利用远期交易来赚取远期价格与到期日即期价格之间的差额。当投资者预测资产价格上涨时将进行多头远期交易，反之将进行空头远期交易。如果市场的走势与预测一致，则投资者会盈利，反之将会遭受损失。

价格发现（price discovery）是指通过远期市场推算出现货市场的未来价格。由于远期合约中买卖双方同意在未来某特定时间以现在约定的价格进行某项资产的交割，那么远期价格与到期日的预期现货价格之间应该存在某种特定的关系，市场参与者可以利用这种关系来预测资产在未来某特定日期的价格。在有效的金融市场中，远期价格是未来现货价格的"最佳估计值"，否则投资者会利用被忽略的信息进行跨期套利从而获得无风险利润。

第二节　远期工具的定价

远期工具的定价遵循的是无套利分析法的基本原则。下面将从无套利入手，根据不同的标的资产来研究远期工具的定价原理和方法。

一、套利与非套利机会

套利是指在期初现金投入为零的条件下获取无风险利润的交易策略。例如，期初通过借款购买某项证券，如果期末卖出证券在保证偿付借款本息后仍存在盈利的可能性，则该交易行为就存在套利机会。在存在套利机会的情况下，套利者的交易会抬高资产的期初价格，从而使套利机会消失。由此在有效的市场中某个套利机会不可能长期存在。

从经济学的观点来看，套利机会的存在意味着市场价格体系存在失衡的现象。在不均衡的条件下，投资者可以通过调整投资组合中各个资产的比例，带来市场上资产价格体系的变化，最终导致价格体系由不均衡走向均衡。也就是说，套利机会消失的过程是资本市场由不均衡状态走向均衡状态的过程。

二、关于完全市场的几个基本假设

完全市场包括以下六个基本假设：
假设一：市场无摩擦，即市场上没有交易成本，没有税收。
假设二：市场参与者没有违约风险。
假设三：市场是完全竞争市场，市场参与者是价格接受者。
假设四：市场参与者是财富的追求者，即当套利机会出现时参与者将进行套利活动。
假设五：价格调整会使套利机会消失。
假设六：市场参与者能够以无风险利率借入或贷出资金。

三、完全市场条件下远期价格的决定

由于远期合约的定价与标的资产的现金流特征有关，并且与市场条件有关，下面将在完全市场条件下讨论基于不同标的物的远期合约的远期价格的决定。

（一）以合约期间不产生现金流证券为标的的远期合约的定价

合约期间不产生现金流的证券包括在合约期内不分红派息的股票和不支付利息的债券等。以该类证券为标的的远期合约的定价是对具有其他现金流特征的资产为标的的远期合约进行定价的基础。

由于没有套利机会，对于在合约期间不产生现金流的证券而言，远期价格 $f(t,T)$ 与现货价格的关系为：

$$f(t,T) = S(t) e^{r(T-t)} = S(t)/B(t,T) \tag{4.1}$$

式中：$f(t,T)$——时刻 t 时的远期价格；

$S(t)$——远期合约标的资产在时刻 t 时的价格；

r——对 T 时刻到期的一项投资而言，时刻 t 以连续复利计算的无风险利率；

T——远期合约到期时间（年）；

t——现在的时间（年）；

$B(t,T)$——从 T 期到 t 期的折现因子。

1. 公式的证明

遵循无套利分析法采用"现货—持有"法来对公式（4.1）进行证明。

（1）在时期 t 构造投资组合 P：

① 购买标的资产，现金流为 $-S(t)$，

② 以无风险利率 r 借入资金购买标的资产，现金流为 $S(t)$，

③ 出售远期合约，到期日为 T，远期价格为 $f(t,T)$，现金流为 0。
该组合 P 在 t 时期的现金流为 0。
(2) 在时期 T 该组合 P 的价值为：
① 卖出标的资产，现金流为 $S(T)$，
② 偿还借款本息，现金流为 $-S(t)e^{r(T-t)}$，
③ 远期合约产生的现金流为 $f(t,T)-S(T)$。
该组合在 T 时期产生的现金流为 $f(t,T)-S(t)e^{r(T-t)}$。
(3) 远期价格的决定：
根据无套利分析法的思想，期初（t 时期）的现金流为 0，则期末（T 时期）的现金流也应该为 0，也就意味着 $f(t,T)-S(t)e^{r(T-t)}$ 应该为 0，得到 (4.1) 式。否则存在套利机会，如 $f(t,T)>S(t)e^{r(T-t)}$，则投资者可以购买投资组合 P，从而在 T 时期获得现金流 $f(t,T)-S(t)e^{r(T-t)}$，反之 $f(t,T)<S(t)e^{r(T-t)}$，则投资者可以反向构造投资组合 P，从而在 T 时期获得现金流 $S(t)e^{r(T-t)}-f(t,T)$，套利的结果将实现 $f(t,T)=S(t)e^{r(T-t)}$。

2. 例子

假设某上市公司股票今天的价格为 25 元，无风险单期利率为 7.12%，则以该股票为标的物，期限为 6 个月的远期合约的价格可以采取以下步骤进行决定。

在期初投资者以 25 元的价格购买股票，同时以价格 f 出售该股票的 6 个月远期合约（即投资者同意以价格 f 在 6 个月后出售该股票），同时以年息 7.12% 的利率获得 25 元贷款，从而现在投资者的现金流为 0。在使用单利的情况下，期末（6 个月后）投资的现金流为 $f-25[1+0.0712(1/2)]$。为了避免无风险套利，则 $f-25[1+0.0712(1/2)]=0$，从而 $f=25[1+0.0712(1/2)]=25.89$。

3. 远期合约的价值

远期合约的价值取决于远期合约在合约期间内和到期日的损益状况。设远期合约的价值 $V[f(t,T),\tau]$，其中 $t\leq\tau\leq T$，表示远期合约在到期日之前的价值。

(1) 在远期合约签订日，即 $\tau=t$ 时
由于远期价格是在保证远期合约期初价值为零的情况下确定的，因此 $V[f(t,T),t]=0$

(2) 在远期合约到期日，即 $\tau=T$ 时
此时 $$V[f(t,T),T]=S(T)-f(t,T)$$

(3) 在合约到期日前的某一时点，即 $t<\tau<T$
此时 $$V[f(t,T),\tau]=S(\tau)-f(t,T)B(\tau,T) \quad (4.2)$$
其中 $B(\tau,T)$ 为从 T 到 τ 的折现因子，$S(\tau)$ 为股票在 τ 时点的价格。
根据 (4.1) 式可得 $S(\tau)=f(\tau,T)e^{-r(T-\tau)}=f(\tau,T)B(\tau,T)$，代入 (4.2) 式可得
$$V[f(t,T),\tau]=f(\tau,T)B(\tau,T)-f(t,T)B(\tau,T)$$
$$=[f(\tau,T)-f(t,T)]B(\tau,T) \quad (4.3)$$

由于 (4.3) 式对于 $\tau=t$ 和 $\tau=T$ 两种情况也适用，因此得到远期合约价值的统一公式为：
$$V[f(t,T),\tau]=[f(\tau,T)-f(t,T)]B(\tau,T), t\leq\tau\leq T \quad (4.4)$$

(二) 以合约期间产生固定现金流证券为标的的远期合约的定价

如果合约标的资产在合约期间内产生现金流,相应会对远期合约的价格产生影响,原因在于远期合约的持有者无权享有标的资产在合约期限内产生的现金流,该项现金流由合约的出售方即标的物的持有者来获得。既然资产的价值为未来各期的现金流折现,在缺少合约期内现金流部分,相应根据公式(4.1)中确定的远期价格就应该进行调整。在考虑合约期间内有现金流的情况下,远期价格和现货价格的关系为:

$$f(t,T) = [S(t)-I]e^{r(T-t)} = [S(t)-I]/B(t,T) \tag{4.5}$$

式中:$f(t,T)$——时刻t时的远期价格;

$S(t)$——远期合约标的资产在时刻t时的价格;

r——对T时刻到期的一项投资而言,时刻t以连续复利计算的无风险利率;

T——远期合约到期时间(年);

t——现在的时间(年);

$B(t,T)$——从T期到t期的折现因子;

I——为标的资产在合约期内所有现金流支付在t时点的现值。

1. 远期定价公式的证明

遵循无套利分析的思想来对(4.5)式进行证明。

设标的资产在t期的价格为$S(t)$,并且该标的资产在t时点后确定的时点τ支付确定的现金流$D(\tau)$。设计两种投资策略:

(1)t时点的现金流情况:

策略一:

① 购买标的资产,现金流为$-S(t)$,

② 以无风险利率为借入期限τ的资金,金额为$D(\tau)B(t,\tau)$。

在该策略下组合在t时点现金流为$-S(t)+D(\tau)B(t,\tau)$。

策略二:

① 以远期价格$f(t,T)$购买期限为T的远期合约,

② 进行偿还期为T期的无风险投资,投资额为$f(t,T)B(t,T)$。

在策略下组合的现金流为$-f(t,T)B(t,T)$,其中负号表示现金流出。

(2)T时点的现金流情况:

策略一:

在τ时点用收到的现金流$D(\tau)$偿还到期的债务,在T时刻卖出标的资产得到现金流$S(T)$。

策略二:

远期合约的价值到期时的现金流为$S(T)-f(t,T)$,加上无风险投资所得到现金流$f(t,T)$,得到现金流为$S(T)$。

(3)远期价格的决定

从T时点的现金流来看,策略一和策略二期末产生的现金流相同,根据无套利的原则,则期初的现金流也应该相同。由此有:

$$-f(t,T)B(t,T) = -S(t) + D(\tau)B(t,\tau)$$

即
$$f(t,T) = [S(t) - D(\tau)B(t,\tau)] / B(t,T) \tag{4.6}$$

令 $I = D(\tau)B(t,\tau)$，即 I 等于 τ 时点的现金流在 t 时点的现值，

则 $f(t,T) = [S(t) - I] / B(t,T)$，得出 (4.5) 式。

(4) 公式的推广

如果合约期间内有多个现金流支付，(4.5) 式仍然适用，其中 I 代表远期合约期限内的所有现金流在 t 时点的贴现值。

2. 远期合约的价值

假设在 t 时刻签订远期合约，约定以远期价格 $f(t,T)$ 在 T 时刻购买标的资产。

(1) 根据远期价格的定价公式，可知在 t 时点远期合约的初始价值为 0，

(2) 在 T 时点远期合约的价值 $S(T) - f(t,T)$，

(3) 在到期日之前的任意时刻 τ，远期合约价值用 $V[f(t,T),\tau]$ 表示，其中 $t < \tau < T$。

则 $V[f(t,T),\tau]$ 应该等于 T 时刻现金流在 τ 时刻的折现值。即

$$V[f(t,T),\tau] = PV[S(T) - f(t,T)] \tag{4.7}$$

$$V[f(t,T),\tau] = PV\tau[S(T)] - f(t,T)B(\tau,T) \tag{4.8}$$

又
$$PV\tau[S(T)] = S(\tau) - PV\tau[在 \tau 和 T 期间内所有现金流] \tag{4.9}$$

将 (4.9) 式代入 (4.8) 式中，得到：

$$V[f(t,T),\tau] = PV\tau[S(T)] - f(t,T)B(\tau,T)$$
$$= S(\tau) - PV\tau[在 \tau 和 T 期间内所有现金流]$$
$$- f(t,T)B(\tau,T) \tag{4.10}$$

根据 (4.5) 式得到，

$$f(\tau,T)B(\tau,T) = [S(\tau) - I]$$
$$= S(\tau) - PV\tau[在 \tau 和 T 期间内所有现金流] \tag{4.11}$$

将 (4.11) 式代入 (4.10) 式中，可以得到：

$$V[f(t,T),\tau] = f(\tau,T)B(\tau,T) - f(t,T)B(\tau,T)$$

进一步得到：

$$V[f(t,T),\tau] = [f(\tau,T) - f(t,T)]B(\tau,T) \tag{4.12}$$

(4.12) 式表明远期合约在签订日和到期日之间 τ 的价值等于签订日 t 时点的价格和 τ 时点以 T 时点为到期日远期价格的差额在 τ 时点的现值。

令 $\tau = t$，则 $V[f(t,T),\tau] = [f(t,T) - f(t,T)]B(t,T) = 0$，

令 $\tau = T$，则 $V[f(t,T),\tau] = [f(T,T) - f(t,T)]B(T,T) = S(T) - f(t,T)$，

此时均与前面的结论一致，表明 (4.12) 式对于 $t \leq \tau \leq T$ 均成立。

由此
$$V[f(t,T),\tau] = [f(\tau,T) - f(t,T)]B(\tau,T), \quad t \leq \tau \leq T \tag{4.13}$$

通过对比 (4.13) 式和 (4.4) 式，可以看到现金流的发生并没有改变远期合约价值公式。

(三) 以合约期间产生固定红利率证券为标的的远期合约的定价

合约期间产生固定红利率证券是指货币和股票指数等提供已知红利收益率的证券。

由于普通股利通常按季度支付，而由股票构成的股票指数的现金流几乎是连续支付。如标准-普尔500指数的红利实际上是在连续的基础上按与指数水平成比例的数额进行支付的，因此，红利支付率是不变的，但红利支付额则随着指数的变化而变化。此时远期合约的定价公式为：

$$f(t,T) = S(t) e^{(r-q)(T-t)} \tag{4.14}$$

式中：$f(t,T)$——时刻t时的远期价格；

$S(t)$——远期合约标的资产在时间t的价格；

r——对T时刻到期的一项投资而言，时刻t以连续复利计算的无风险利率；

T——远期合约到期时间（年）；

t——现在的时间（年）；

q——支付的以年为单位的红利收益率。

下面利用无套利分析的思想来对（4.14）式进行证明。

设标的资产在t时的价格为$S(t)$，并且该标的资产在t到T时点期间按年红利收益率为q支付红利现金流。设计两种投资策略：

（1）t时点的现金流情况

策略一：

① 购买$e^{-q(T-t)}$个远期合约标的资产，现金流为$-S(t)e^{-q(T-t)}$，

② 将在合约存续期内所有的现金流购买该标的资产。

在该策略下组合在t时点现金流为$-S(t)e^{-q(T-t)}$。

策略二：

① 以远期价格$f(t,T)$购买期限为T的远期合约，

② 进行偿还期为T期的无风险投资，投资额为$f(t,T)e^{-r(T-t)}$。

在策略下组合的现金流为$-f(t,T)e^{-r(T-t)}$，其中负号表示现金流出。

（2）T时点的现金流情况

策略一：

通过在合约期内不断买入证券，在T时刻刚好有单位证券，卖出一个单位的标的资产得到现金流$S(T)$。

策略二：

远期合约的价值到期时的现金流为$S(T)-f(t,T)$，加上无风险投资所得到现金流$f(t,T)$，得到现金流为$S(T)$。

（3）远期价格的决定

从T时点的现金流来看，策略一和策略二期末产生的现金流相同，根据无套利的原则，期初的现金流也应该相同。由此有：

$$S(t)e^{-q(T-t)} = f(t,T)e^{-r(T-t)}$$

即得到（4.14）式，$\qquad f(t,T) = S(t)e^{(r-q)(T-t)}$

（4）公式的推广

如果合约期间内的现金流不稳定，（4.14）式仍然可以使用，只是将q调整为年平均收益率。

(四) 以商品为标的的远期合约的定价

以商品为标的的远期合约和以金融证券为标的的远期合约的差别在于商品现货持有一方面发生储存成本，另一方面也存在方便收益。下面仍然采用"现货—持有"法来确定商品远期的价格。下面分别考虑储存成本和便利收益情况下远期合约的价格。

1. 考虑储存成本的情形

假定储存成本在期初已知，并且在期初支付。设 G 为 t 至 T 时刻商品储存成本的在 t 时点的现值。在考虑储存成本因素下，商品远期定价公式为：

$$f(t,T) = (S(t)+G)e^{r(T-t)} \quad (4.15)$$

式中：$f(t,T)$——时刻 t 时的远期价格；

$S(t)$——远期合约标的商品在时间 t 时的价格；

r——对 T 时刻到期的一项投资而言，时刻 t 以连续复利计算的无风险利率；

T——远期合约到期时间（年）；

t——现在的时间（年）；

G——t 至 T 时刻商品储存成本的在 t 时点的现值。

下面仍然采取"现货-持有"方法，构造投资组合 P，对 (4.15) 式进行证明：

(1) 在 t 时点

① 以远期价格 $f(t,T)$ 出售期限为 T 的远期合约，

② 购买单位合约标的资产，并支付储存成本，现金流为 $-S(t)-G$，

③ 以无风险利率 r 借入资金购买标的资产，并支付储存成本，现金流为 $S(t)+G$。

该组合在 t 时点现金流为 0。

(2) 在 T 时点

① 远期合约价值，现金流为 $-[S(T)-f(t,T)]$，

② 商品的价值为 $S(T)$，

③ 偿还借款，现金流为 $-(S(t)+G)e^{r(T-t)}$。

该组合 T 时点的现金流为 $f(t,T)-(S(t)+G)e^{r(T-t)}$。

(3) 远期价格的决定

由于该组合在 t 时点的现金流为 0，根据无套利的原理，则 T 时点的现金流也应该为 0，由此有 $f(t,T) = (S(t)+G)e^{r(T-t)}$。

2. 考虑连续变化的储存成本的情形

如果储存成本在合约期间连续变化，并与商品的价格变化成正比。假定 g 表示储存成本与现货价格的比率，且为常数。则商品远期的定价公式为：

$$f(t,T) = S(t)e^{(r+g)(T-t)} \quad (4.16)$$

3. 考虑便利收益的情形

持有商品不仅发生储存成本，而且存在潜在的收益，如从暂时的当地商品短缺或有维持生产线运行的能力，这些收益称为便利收益(convenience yield)。

假设合约持续期内的便利收益在 t 时点的价值为 $Y(t,T)$，则有：

$$f(t,T) = (S(t)+G-Y)e^{r(T-t)} \quad (4.17)$$

如果以 y 表示便利收益率，则 (4.17) 式可以表示为：
$$f(t,T) = (S(t)+G)e^{(r-y)(T-t)} \tag{4.18}$$

四、不完全市场条件下的远期价格的决定

由于交易成本、借贷利差和卖空限制等因素的影响，现实的市场条件往往是不完全的，由此要对完全市场条件下远期价格的决定理论进行调整和修正。但这些调整并不会从根本上改变远期定价中基本因素之间的关系，只是带来某些因素的不确定性。

（一）存在直接交易成本的情况

在实际的市场中，交易者每进行一次远期买卖，经纪人都要收取成交金额一定比例的手续费 C，则无套利机会的远期价格不再是一个确定值，而是一个区间：
$$[S_0(1-C)e^{rT}, \quad S_0(1+C)e^{rT}]$$

在此区间中不会发生套利行为。当远期价格穿越该区域，则存在套利机会。如果远期价格太高，套利者将买现货而卖远期，这将迫使现货价格上涨而远期价格下跌，使得远期价格回到无套利机会的区域之内。

（二）存在借贷利差的情况

在完全市场中，任何人都可以根据无风险利率进行借贷。但从现实情况来看，借款利率都高于贷款利率，以 C_B 代表借款利率，C_L 代表贷款利率，则均衡远期价格满足：
$$S_0 e^{C_L T} \leq F_{0,t} \leq S_0 e^{C_B T}$$

（三）存在卖空限制的情况

前面的分析中都假设交易者可以卖空资产，并且可以充分运用卖空所得的现金，但是在实际操作过程中由于经纪人要承担部分风险，因此一般将卖空所得的部分资金扣作保证金。以 f 表示卖空所得款项中留作保证金的比例，则均衡远期价格满足：
$$(1-f)S_0 e^{rT} \leq F_{0,t} \leq S_0 e^{rT}$$

综合上述三种情况，在上述因素同时存在的条件下，远期价格应该满足：
$$(1-f)S_0(1-C)e^{C_L T} \leq F_{0,T} \leq S_0(1+C)e^{C_B T}$$

相应地，完全市场可以看作 $f = 0 = C, C_L = C_B = r$。

五、远期价格与未来的即期价格以及期货价格之间的关系

（一）远期价格与未来的即期价格

在介绍远期合约的价值发现功能时，曾指出在高效率远期市场上，远期价格应与预期的未来即期价格相等，且预期价格应是未来实现即期价格的无偏估计量。如果两者不一致，市场力量将推动两者价格趋于一致。如果远期合约价格低估时，套利者买空远期

合约；当远期价格高估时，套利者卖空远期合约，采用这样的策略会获利。但该种推导隐含着市场参与者都是风险中性的。

在考虑投资者的风险厌恶态度时，如果所有保值者的净部位为空头时，远期价格应该低于预期未来即期价格，差额部分是对投机者承担风险的补偿；相反，如果保值者的净头寸为多头，则远期价格应高于预期未来即期价格。除了投资者的态度会影响两种价格之间的关系外，市场预期的变化也会改变远期价格和未来即期价格的关系。

(二) 远期价格与期货价格

当无风险利率唯一确定时，两种合约价格相等。在时点 t 买入一份远期合约，卖出一份期货合约，这项交易期初价格为 0。到期时因远期合约多头买入标的资产，而期货合约空头则卖出标的资产，因为最初投入为零且交易无风险，则远期价格必定等于期货价格，否则可以套利。当利率作为投资期限的函数时，两个价格也相等。

当利率变化随机时，远期价格和期货价格之间就会产生差异。下面从直观上来解释这一现象。当利率与期货价格正相关时，期货合约的多头将比远期合约的多头更有利。因为若在合约期限内期货价格上升，则合约多头方将在清算后获利，同时由于利率较高，投资者从保证金账户中提现进行再投资的利息收入也会增加；相反，若期货价格下降，合约多头方不得不追加保证金，但由于利率也下降了，追加部分的保证金可在市场上以较低的成本借入。但是，若投资者持有的是远期合约，则无法享受到利率变化带来的这些好处。同样地，若期货价格与利率负相关时，远期合约较期货合约有利，此时远期价格大于期货价格。除了利率因素外，违约风险、税收、交易费用、保证金的处理方式等也会造成两个价格不同。

第三节 远期利率协议

一、远期利率协议的产生

远期利率协议起因于 20 世纪 80 年代利率的大幅波动。为了管理利率风险，远期对远期贷款被开发出来。但由于该类贷款从交易日起到贷款到期日止的整个贷款期都要求银行借入资金作为融资来源，因此银行要保留相应比例的资本金来支持监管的有关要求，因此该种贷款工具并没有大规模的使用。由于市场需要不受资本金要求的工具，导致了 1983 年远期利率协议在英国伦敦诞生。远期利率协议给银行提供了一种管理利率风险而无需改变银行资产负债表结构的工具，因此在推出后得到广泛采用，并且成为利率风险管理的主要工具。目前远期利率协议主要集中于美元，占到整个市场的 90%，以日元、英镑、德国马克和瑞士法郎标价的交易也日益增多。通常远期利率协议在银行同业之间进行，每笔交易金额为 1 000~2 000 万美元，期限为 3 个月和 6 个月，也有 1 个月至 1 年的交易品种。

二、远期利率协议的基本概念和特点

远期利率协议（forward rate agreement，FRA）是指在当前时点上，由交易双方商定，在将来某一时点，按照特定的货币、金额和期限利率进行交割的一种协议。在到期日交易双方按照名义本金就协议利率和实际利率进行差额支付，其中实际利率为合同结算日的市场利率（通常为LIBOR）。从本质上而言，远期利率协议是一笔远期对远期的贷款，但不发生实际的本金流动。远期利率协议的双方称为买方和卖方。其中卖方是按照协议在交割日名义上付出本金的一方，买方是收入本金的一方。在交割日，交易双方按照协议利率和实际利率结算利差。

远期利率协议具有以下特点：首先，远期利率协议是在场外交易的非标准化协议，因此比较简便和灵活，并且利率可以根据远期协议的特点而不同。其次，远期利率协议的信用风险较大。由于缺乏保证金等制度安排，交易双方的违约风险较大，因此远期利率协议通常在银行同业之间进行，信用等级交易者较难找到对手进行交易，市场参与者主要包括美国、英国等国的商业银行和一些清算银行。最后，远期利率协议是表外工具。由于远期利率协议不涉及本金的流动，因此成为资产负债表外工具，从而对银行而言可以降低资本金要求。

就远期利率协议的作用而言，包括以下几个主要方面：第一，为非金融客户提供管理利率风险的工具。就债务而言，远期利率协议可以将未来某一期间的浮动利率固定在比较理想的水平。第二，为银行等金融机构管理利率风险而不必改变资产负债表的工具，从而大大改善了银行管理风险的灵活性。第三，为投资者提供了投资工具。如果对利率预测比较准确，则投资可以构造恰当的投资组合来获取利润。一些金融机构往往将远期利率协议和期权、期货以及互换结合起来进行套利。

三、远期利率协议的交易和结算

（一）远期利率协议的有关要素

1. 远期利率协议涉及以下基本要素

合同金额（contract amount）：名义的借款金额

合同货币（contract currency）：合同金额的币种

交易日（dealing date）：远期利率协议成交的时间

确定日（fixing date）：参考利率确定的时间

结算日（settlement date）：利率差额支付的时间，也是合同生效日

到期日（maturity date）：名义贷款到期的时间

合同期（contract period）：结算日至到期日之间的天数

合同利率（contract rate）：远期利率协议确定的利率

参考利率（reference rate）：在确定日以决定结算金的市场利率

结算金额（settlement sum）：在结算日进行支付的利息差额的贴现值

2. 远期利率协议的报价

远期利率协议的报价以远期利率为基础，市场报价可以从路透系统得到，实际交易报价由报价银行自行决定。一般报价格式为：

3月1日 FRA　3×6　美元 8.80-8.75

上述报价的含义为3月1日当天，从3个月后（6月1日）开始的3个月期美元存款利率（9月份到期）的卖价为8.8%，买价为8.75%。其中买价和卖价之间的差额5个基本点，表明市场的活跃程度，市场效率越高，以买卖价差表现的交易成本越低。

例如，在交易日，FRA的双方同意交易的所有条件。我们假定交易日是1995年4月12日星期一，双方同意成交一份1×4金额为100万美元，利率为6.25%的远期利率协议。那么，合同货币就是美元，本金是100万美元，协议利率为6.25%。其中"1×4"是指即期日和结算日之间为1个月，即期日至名义贷款到期日之间的时间为4个月，一般交易日和即期日时隔两天。在此例中，即期日是1995年4月14日星期三，就是说名义贷款在1995年5月14日星期五开始，恰好是即期日之后的1个月。到期日为1995年8月16日星期一（8月14日、15日为非营业日），即3个月之后。因此，即期日是1995年5月14日，到期日为8月16日，合同期为94天。

3. 结算金额的计算公式

结算金额＝合同到期日发生的利息差额×贴现因子

$$= P \cdot (L-F) \cdot \frac{N}{360} \cdot \frac{1}{1+L \cdot \frac{N}{360}} \tag{4.19}$$

式中：L——参考利率；

F——合同利率；

N——合同期；

P——合同金额。

（二）远期利率协议的交易过程

假设银行X自6月1日起的3个月内有款项1 000万美元，在预测利率下降的情况下正在考虑用途。同时银行Y自6月1日起对企业发放贷款1 000万美元，该行正在考虑利率上升的风险。

1. 在交易日，即3月1日

银行X和银行Y根据上述报价，以FRA3×6，利率为8.8%的条件达成1 000万美元的远期利率协议。此时不发生任何现金转移。

2. 在确定日，即5月29日

确定结算日执行的参考利率为当日LIBOR利率，即8.7%。由于参考利率低于合同利率，因此银行Y向银行X支付利息差额。利息差额为按公式（4.19）计算的协议利率和参考利率在合同期的利息差额在结算日的贴现值。将本例中的有关数据代入可得，$L=8.7\%$，$F=8.8\%$，$N=91$天，$P=1\,000$万美元，代入公式（4.19）中得结算金额为

2 473.38 美元。

3. 在结算日，6月1日

此时远期利率协议生效，此时银行 Y 向银行 X 支付结算金额 2 473.38 美元。远期利率协议实际上金额支付之后结束。

4. 在到期日，9月1日

尽管在6月1日由于 X 银行得到了 2 473.38 美元的利息支付，因此在6月1日至9月1日的3个月内得到 8.8% 左右的利率。对于银行 Y 而言，则付出了额外的利息成本，以消除利率风险。

四、远期利率协议的定价

（一）远期利率的确定

远期利率协议定价的问题实际上讨论的是远期利率的确定问题，其关键在于判断将来一段时间内的短期利率水平即远期利率水平，这是因为 FRA 是利率的远期合同，因而远期利率正是 FRA 定价的主要决定因素。下面使用收益曲线定价法（无套利定价法）来确定远期利率。

1. 远期利率决定的理论基础

收益曲线定价法的理论基础就是利率结构的预期理论。该理论认为，不同期限的债券或存款种类可以相互替代，长期利率是预期未来短期利率的函数。因此，一个投资者在投资时拥有三种选择：（1）购买期限与他的理想投资期相等的债券；（2）购买短期债券，并在到期后再投资于短期债券，不断滚动直到达到理想投资期；（3）购买期限比理想投资期长的债券，在达到理想投资期时将债券卖出。由此远期利率可以从市场上现时的收益曲线中求出，前提是该收益曲线反映了各个期限的投资收益，并且市场上存在真实的或可复制出的各种期限的投资工具。

根据预期理论，无论采用哪一个投资策略，投资者投资于上述三种方法的预期收益应该相同。因此，远期利率可以从现时的收益曲线中推导出，而当市场报出的远期利率与收益曲线隐含的远期利率不相符时，投资者可以通过买卖不同期限的债券以创造出相应的远期头寸而进行套利。正因为如此，FRA 的报价会尽可能地接近收益曲线隐含的远期利率，否则将出现套利。

2. 远期利率的确定

由于市场上存在两种利率：第一种为现实收益曲线隐含的远期利率，该利率可以通过借贷市场上的交易组合得到；第二种为 FRA 中的协定利率，是银行报出的远期利率。这两种利率应相等或非常接近，否则将出现套利，而套利的过程将使隐含的远期利率和 FRA 中报出的远期利率不断接近，直至套利空间消失。

在具体的银行业务中，各大 FRA 造市商银行一般是根据同业市场上 3 年以内各种投资工具的收益曲线来对 FRA 进行定价。定价时，首先运用远期利率计算公式算出远期利率 R_F：

$$\left(1+\frac{R_S}{B}\cdot D_S\right)\left(1+\frac{R_F}{B}\cdot D_F\right)=1+\frac{R_L}{B}\cdot D_L \tag{4.20}$$

或
$$R_F=\frac{R_L D_L - R_S D_S}{D_F\left(1+\frac{R_S D_S}{B}\right)} \tag{4.21}$$

其中：R_S、R_L、R_F 分别为即期日至结算日的现货市场利率，即期日至到期日的现货市场利率，结算日至到期日的远期利率；D_S、D_L、D_F 分别为各种利率所对应的天数；B 为按惯例计算的 1 年中的天数。

如，若 $R_S=8\%$，$R_L=10\%$，$D_S=180$，$D_L=360=B$，则 $R_F=2.4\%$。

在得出 1×3，3×6……各未来区间的远期利率后，FRA 的报价就是在该水平上进行调整，让买价低于该远期利率而卖价略高于该远期利率，买卖价差的大小又取决于各家银行通过现货市场交易或利率期货交易对 FRA 头寸进行保值的能力和对利润的要求。当然，具体的 FRA 报价还要依据银行当时对未来利率走势的预测以及头寸情况进行调节。

（二）短期利率和长期利率对远期利率的影响

对于套期保值者和投机者而言，重要的是确定远期利率。但对商业银行而言，还有关注市场利率的变化对远期利率的影响，也就是说要考虑远期利率协议的敏感性。下面分三种情况来讨论远期利率的敏感性。

1. 短期利率（R_S）变化，而长期利率（R_L）不变

根据（4.20）式远期利率会呈现相反方向的变化，变化的幅度与 D_S 和 D_F 有关。

2. 短期利率（R_S）不变，而长期利率（R_L）变化

根据（4.20）式远期利率会与长期利率呈现相同方向的变化，变化的幅度与 D_L 和 D_F 有关。

3. 短期利率（R_S）变化，而长期利率（R_L）同方向变化

根据（4.20）式远期利率会呈现相同方向的变化，变化的幅度与 D_S、D_F 和 D_L 有关。

上述关系可以通过对（4.21）式求偏导得到：
$$\frac{\partial R_F}{\partial R_S}<0, \frac{\partial R_F}{\partial R_L}>0 \tag{4.22}$$

第四节 远期外汇交易

一、远期外汇交易的产生

远期外汇交易的产生主要在于国际贸易中延期付款方式。由于从成交到结算有一段

间隔，在这一期间买卖双方面临较大的汇率风险。对于出口方而言，可能由于汇率下降导致收到的本币减少，而对于进口方而言，则可能汇率上升导致支出本币增加。由此在国际贸易实务中，为了减少汇率风险，出口方头寸与银行签订卖出外币的远期合同，约定在一定期限后按事先规定的价格将其外汇收入卖给银行，从而避免本币收入减少。而对进口方而言，通过与银行签订买进外币的远期合同，在结算日按照事先规定的汇率买进外币，可以规避汇率上升的风险。由此通过远期外汇交易可以锁定贸易双方的成本和收益。

二、远期外汇交易的有关概念和特点

远期外汇交易（forward exchange）是指预先约定在未来某一时点进行外汇买卖的业务，即买卖双方事先签订合同，规定买卖外汇的币种数额、汇率和将来交割的时间，到规定的交割日期，卖方交汇，买方付款。在远期外汇业务中最重要的条款是远期汇率的确定。外汇市场的远期交易期限一般有1月期、3月期、6月期和1年期，其中较普遍的是1月期，1年期以上远期合约较少。

远期外汇交易包括以下特点：首先，远期外汇交易采取场外交易的方式，主要交易通过电话、电传等在银行、经纪商和客户之间进行。客户可以采取直接交易的方式，也可通过经纪商来进行。其次，在远期外汇交易中，汇率、币种、数量和金额等视交易的具体情况而定，没有通用的标准和规则。第三，远期外汇交易基本上没有保证金的要求，也没有共同的清算机构，远期外汇交易在到期时大多采取现金交收。最后，远期外汇交易对交易方的信用有较高的要求。由于没有保证金要求，交易往往靠交易双方的信用来支持，由此远期外汇交易在银行之间进行，中小客户只是与银行或经纪公司进行交易。

三、远期外汇交易的种类

远期外汇交易根据交割日和交易目的的不同分别进行分类。

（一）按外汇交割日的固定与否，远期外汇交易可以分为交割日固定的远期外汇交易和交割日不固定的远期外汇交易两类

1. 交割日固定的远期外汇交易

此类外汇交易规定固定的交割日，交割不能提前，也不能推后。进出口商在预先确定外汇收付日期的情况下，往往选择固定交割日的远期汇率协议。

2. 交割日不固定的远期外汇交易

此类交易又称为择期交易，是指交易双方只是确定外汇交易的数量和汇率，但在交割日方面不固定，只规定一个期限，在此期限内买卖双方可以在任一日进行交割。择期交易有两种方式，一种是交易双方商定某月份作为交割的期间，另一种是把签订远期合

约的第 3 天至合约到期日内的任何一天作为交割的期限。

(二) 按交易目的远期交易可以分为商业性、金融性和投机性三类

1. 商业性远期交易指进出口商、资金借贷方为避免贸易和国际借贷中汇率变动的风险与外汇银行进行的远期外汇交易。

2. 金融性远期交易指外汇银行为避免国际金融业务中汇率变动的风险，相互间进行平衡其外汇头寸的远期外汇交易。其中外汇头寸是指外汇银行在某一时点持有的各种外汇金额的情况。由于银行应客户要求进一步外汇买卖，因此银行经常出现超买和超卖的情况，由此需要进行远期交易来平衡头寸。

3. 投机性远期外汇交易指建立在投机者预期基础上由投资者承担外汇风险的远期外汇交易。当投资者预期未来一定时期某种货币的汇率变动程度与该时期这种货币的远期汇率存在差异时，就可以买进或卖出远期外汇从中获利。在实务中，大规模的外汇投机主要是外汇银行和跨国公司。

四、远期外汇交易的报价

(一) 几个外汇交易报价的基本术语

远期汇率和即期汇率报价之间的差额称为远期交易的汇差（forward margin）。汇差有三种情况，如果以一种货币表示的外币的远期价格大于即期价格，则称远期价格和即期价格之间的差额为升水，反之称为贴水。如果远期价格和即期价格相等，则称为平价。

(二) 远期外汇交易的报价方式

远期外汇交易的报价方式有两种：

1. 直接远期报价。就是直接报出远期汇率的全部数字。银行对客户的报价通常采取此种方式，如 3 个月 US $/DM 为 1.7523/38。

2. 掉期率远期报价。该种方式是通过以基本点表示远期汇率与即期汇率之间差额来进行报价。例如，即期汇率 US $/DM 为 1.7300/10，而银行 3 个月期远期外汇报价为 350/340，则直接外汇报价为 1.6950/70。由此可见掉期率就是表示升水或贴水值的基本点数额。

在一般情况下，掉期率的表达方式有两种，一种为斜线左边的数字大于右边的数字，即高/低，如 350/340；另一种为斜线左边的数字小于右边的数字，即低/高，如 320/360。从掉期率计算直接汇率的市场规则是："左低右高往上加，左高右低往下减"。由于即期外汇市场汇率报价时均采用"银行买入价/卖出价"的方法，掉期率表达方式与货币升水、贴水的关系，可以用表 4-1 表示。

表 4-1　　　　　　　　　掉期率与货币升水、贴水的关系

掉期率形式	计算方法	基准货币	标价货币
高/低	减	贴水	升水
低/高	加	升水	贴水

注：标价货币作为变量的货币，基准货币作为常量的货币。

五、远期外汇交易的结算

远期外汇交易涉及三个重要日期，分别为成交日、即期日和交割日。其中成交日指远期外汇合约签订的日期，即期日指成交日后的第二个营业日，交割日指远期外汇交付的日期。远期外汇结算即远期外汇交割的基本规则是"日对日、月对月、节假日顺延、不跨月"。

1. "日对日"。它是指远期交易的起息日与成效时的即期日相对，也就是从即期日起算，而不是从成交日起算。例如一个月的远期交易，成交日为 1 月 8 日，即期日为 1 月 10 日，一个月远期交易的起息日为 2 月 10 日，而不是 2 月 8 日。

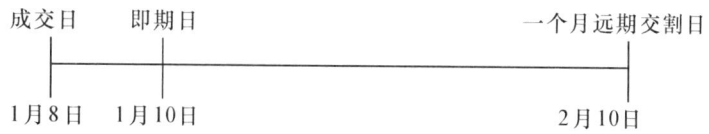

2. "月对月"。也称为"月底日对月底日规则（end-end rule）"。月底日指的是某月的最后一个营业日，而不是某月的最后一天。尽管某月的最后一天通常就是最后一个营业日，但有时最后一天并不是营业日。外汇市场上规定，如果即期日为月底日，那么，远期交易的起息日也应该为月底日。

例如，某年 10 月的月底日为 28 日，而该月的 29 日和 30 日为周末，31 日为法定的休息。在这种情况下，如果即期为 10 月 28 日，即月底日，那么，一个月远期交易的起息日为 11 月 30 日，而不是 11 月 28 日，因为 11 月的月底日为 30 日。

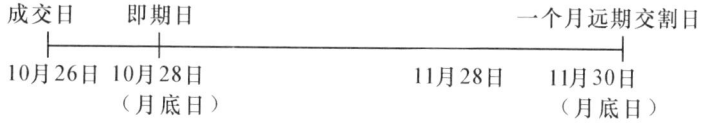

3. "节假日顺延"。它指的是如果远期交易的起息日为星期六、星期天或公共节假日，则起息日往下一个营业日推延。如果下一天仍为节假日，则再往下一天推延。值得注意的是，营业日必须对两个货币清算国（货币清算国指所交易两种货币的发行国）而言，两个货币清算国之间如果有一个国家为节假日，则该日不能视为营业日。

例如，美元对日元的 1 个月远期买卖，即期日为 6 月 13 日，远期起息日为 7 月 13 日，但 7 月 13 日为节假日，7 月 14 日纽约为营业日，但东京仍为节假日。一个月外汇

买卖的起息日如下:

日期	东京	纽约
7月13日	节假日	节假日
7月14日	节假日	营业
7月15日	营业	营业

因此,1个月远期的起息日为7月15日。

4. "不跨月"。它指远期交易的起息日遇上节假日顺延时,不能跨过起息日所在月份。例如,假定即期日为6月30日,1个月期美元对日元的外汇交易起息日情况见表4-2。

表4-2　　　　　　　　　　　　外汇交割日的确定表

日期	巴黎	纽约
7月29日	营业	营业
7月30日	营业	节假日
7月31日	营业	节假日

由于即期日为6月30日,则交割日应该为7月30日,由于该日为纽约的节假日,则根据节假日顺延的原则,应该顺延到7月31日,但由于不能跨月的原则,交割日不能跨到8月份,因此交割日退回到7月29日。

六、远期外汇交易的定价

(一) 远期汇率的决定因素

远期外汇交易的定价问题也就是远期汇率的决定问题。远期汇率决定于两个因素,其一为两国货币市场上的利率差额,其二为两种货币的即期汇率。

1. 远期汇率与利率的关系紧密相关,在其他条件不变的情况下,一种货币对另一种货币的升水或贴水以及升、贴水的幅度受到两种货币之间的利息率水平的影响。一般而言,利率低的国家的货币远期汇率会升水,反之,利率高的国家的货币远期汇率会贴水。

2. 远期外汇交易是以即期外汇交易为基础的衍生交易,即期外汇的高低及其变动会影响远期汇率和远期外汇交易。在有效外汇市场上,远期汇率是未来即期汇率的无偏估计,即使在弱有效市场上,远期汇率也代表了市场对未来汇率水平的预期。

(二) 利用利率平价理论来决定远期汇率

远期汇率的决定利率平价理论是关于远期汇率决定的理论,反映了预期的汇率变化与利率变动的关系。在20世纪初凯恩斯首次明确提出利率平价的概念,并以此形成了早期的利率平价理论,后经其他经济学家发展成了现代利率平价理论。利率平价理论考察的是金融市场上的套利行为,可分为无抵补利率平价理论和抵补利率平价理论两大类。

1. 无抵补利率平价理论

无抵补利率平价(uncovered interest rate parity,简称 UIP)理论假定套利者是风险中立的,金融市场是有效市场,交易成本为零,国际资本流动不存在任何限制,以及套利资金的供给弹性无穷大等。其表达式如下:

$$1+i_d = \frac{(1+i_f) S^e_{t+k}}{S_t} \tag{4.23}$$

式中,i_d 为本国利率,i_f 为外国利率,S_t 为当前 t 期的即期汇率(直接标价法),S^e_{t+k} 为预期的未来 $t+k$ 期的即期汇率。该式的左边表示单位本币投资于本国金融资产的本利和。$\frac{1}{S_t}$ 为单位本币在期初所能兑换的外币数量,$\frac{1+i_f}{S_t}$ 表示将单位本币投资于外国金融资产的本利和(用外币表示);等式右边表示当投资期已满的时候,投资者会把外币收益 S^e_{t+k} 的未来即期汇率换成本币。该等式说明,在市场均衡状态下,不存在有利可图的套利机会。

对(4.23)式进行整理,得:

$$\frac{1+i_d}{1+i_f} = \frac{S^e_{t+k}}{S_t} \tag{4.24}$$

对(4.24)式两边求自然对数,得:

$$\ln(1+i_d) - \ln(1+i_f) = \ln\left(\frac{S^e_{t+k}}{S_t}\right) \tag{4.25}$$

当 x 很小时,据幂级数展开式可得:

$$\ln(1+x) \approx x, \quad \ln\left(1+\frac{S^e_{t+k}-S_t}{S_t}\right) \approx \frac{S^e_{t+k}-S_t}{S_t}$$

则(4.25)式可化为:

$$i_d - i_f = \frac{S^e_{t+k}-S_t}{S_t} \tag{4.26}$$

(4.26)式即为无抵补利率平价的公式,表明两种货币预期汇率变动率等于利率差异。

2. 抵补利率平价理论

抵补利率平价(covered interest rate parity,简称 CIP)理论与无抵补利率平价理论假设不同的是,它假设所有的国际投资者或借款者都是风险厌恶者,在套利活动中都会通过套期保值性质的远期外汇交易来抵补市场即期汇率可能变动的风险,它不考虑国际资本流动中的投机行为。此理论反映的是在均衡状态下,由抵补利率套利行为所导致的远期汇率与国际利率差的关系。均衡条件可以表示为:

$$1+i_d = \frac{(1+i_f)F(t,T)}{S(t)} \tag{4.27}$$

式中，i_d、i_f 分别表示 1 年期的本国利率、外国利率，$S(t)$ 表示 t 时的即期汇率，$F(t,T)$ 表示 t 时的期限为 T 的远期汇率（采用直接标价法）。

将（4.27）式变形得：

$$\frac{1+i_d}{1+i_f}=\frac{F(t,T)}{S(t)} \tag{4.28}$$

显然，无论投资者在进行抵补利息套利时借入本币还是外币，均衡条件都是一样的。采用幂级数展开技巧，可以将（4.28）式变形为：

$$i_d-i_f=\frac{F(t,T)-S(t)}{S(t)} \tag{4.29}$$

习惯上，人们使用远期升水来表示远期汇率与即期汇率的相对差额，即：

$$f=\frac{F(t,T)-S(t)}{S(t)} \tag{4.30}$$

由此有：

$$f=i_d-i_f \tag{4.31}$$

（4.31）式即为抵补利率平价条件。它说明在均衡状态下，远期升水应当等于本国利率高于外国利率的利率差。

由（4.31）式可以得出：

$$-f=i_f-i_d \tag{4.32}$$

$-f$ 表示远期贴水，即远期汇率低于即期汇率时二者的相对差额，相应地说明了在均衡状态下，远期贴水应当等于外国利率高于本国利率的利率差。

如果存在一个充分有效的外汇市场，资本可完全流动，而且资产可完全替代，那么在给定的利率水平上，汇率价格能充分反映所有可得到的信息，无抵补利率平价（UIP）和抵补利率平价（CIP）都将成立且是无差异的。用公式表示如下：

$$\frac{F-S_t}{S_t}=\frac{S_{t+k}^e-S_t}{S_t} \tag{4.33}$$

符号含义同前，上式化简，得：

$$F=S_{t+k}^e \tag{4.34}$$

即在充分有效的外汇市场上，远期汇率是未来即期汇率的无偏和有效的预测器（unbiased and efficient predictor）。

第五节 远期汇率协议

一、远期汇率协议的基本概念

远期汇率协议（forward exchange agreement，简称 FXA）在 20 世纪 90 年代初由欧洲的银行推向市场，但在美国并没有得到广泛使用。远期汇率协议是指交易双方商定在未来某一时期针对名义货币进行合同远期汇率和市场汇率差额支付的远期合约。与远期利率协议类似，远期汇率协议不进行货币互换，只是在结算日和到期日进行两种货币名义上的兑换，并进行差额支付。

从概念上看，远期汇率协议是对远期外汇互换的进一步发展，是把两个不同的远期外汇交易合同组合成一个单一工具。在远期汇率协议中涉及两种货币，一种为基础货币（primary currency），另一种为辅助货币（secondary currency）。在结算日，交易双方进行名义上的兑换，并进行差额支付。在合同到期日，再进行反向的名义兑换。一般在两次名义兑换中，基础货币的金额是相等的。基础货币在结算日的购入方和在到期日的卖出方为远期汇率协议的买方，交易的对方则是协议的卖方。

二、远期汇率协议的交易和结算

（一）远期汇率协议的有关要素

1. 远期汇率协议涉及以下基本要素

合同货币（contract currency）：合同金额的币种，包括两种货币，其中一种为基础货币（primary currency），另一种为辅助货币（secondary currency）

合同金额（contract amount）：名义的以基础货币表示的金额

交易日（dealing date）：远期汇率协议成交的时间

确定日（fixing date）：参考汇率确定的时间

结算日（settlement date）：汇率差额支付的时间，也是合同生效日

到期日（maturity date）：名义贷款到期的时间

合同期（contract period）：结算日至到期日之间的天数

合同汇率（contract rate）：远期汇率协议确定的汇率

参考汇率（reference rate）：在确定日以决定结算金额的市场汇率

结算金额（settlement sum）：在结算日进行支付的利息差额的贴现值

辅助货币的利率：用以计算贴现因子

2. 远期汇率协议的报价

远期利率协议的报价以远期汇率为基础，实际交易报价由报价银行自行决定。一般报价格式见表4-3和表4-4。

表4-3　　　　　**FXA 交易商汇率报价 DEM/USD**
（1998年1月6日）

时间	类型	汇率
1998.1.8	即期	0.40917
1998.4.8	远期（近的）	0.40404
1998.10.8	远期（远的）	0.40016

表 4-4　　　　FXA 交易商汇率报价 DEM/USD
（1998 年 4 月 6 日）

时间	类型	汇率
1998.4.8	即期	0.37807
1998.10.8	远期	0.37258

3. 结算金额的计算公式

$$结算金额 = D \cdot P \cdot \left[\frac{F_{MC}-F_{MR}}{1+i \cdot \frac{N}{360}} - (SD-SC) \right] \tag{4.35}$$

式中：F_{MR}——结算时的到期日时的远期汇率；

F_{MC}——合同规定的到期日时的远期汇率；

N——合同期的实际天数；

P——按基础货币确定的合同金额；

SD——合同规定的结算日远期汇率；

SC——结算日的即期汇率；

i——市场利率；

D——对合同买方来说 D 为正号，对卖方而言 D 为负号。

（二）远期汇率协议的交易过程

假设 1998 年 1 月 8 日，一美国客户和交易商按照 1 月 6 日的报价签订 3×9 的德国马克对美元的远期汇率协议，名义本金为 500 万德国马克，这意味着该客户要购买 3 个月期的远期德国马克，并卖出 9 个月期的远期德国马克。假设 4 月 6 日至 10 月 6 日的市场利率为 8%，下面考虑客户的交易过程：

1. 在交易日，即 1 月 8 日

客户与交易商签订 3×9 的远期汇率协议，以 0.40404 的汇率在 4 月 8 日购进马克，并以 0.40016 的汇率在 10 月 8 日卖出德国马克。此时不发生任何现金转移。

2. 在确定日，即 4 月 6 日

确定结算日执行的参考的即期汇率为 0.37807，到 10 月 8 日到期的远期汇率为 0.37258。

3. 在结算日，4 月 8 日

此时远期汇率协议生效，将本例中的有关数据代入（4.35）式中可得 2 661.2 美元。由于结算金额为正值，表明交易商要向客户支付 2 661.2 美元，也就是远期汇率协议的卖方要向买方进行支付。在结算后远期汇率协议实际上已经结束。

4. 在到期日，10 月 8 日

交易双方不发生任何现金流支付。由于 4 月 8 日客户收到了 2 661.2 美元的结算金额，实际上使 4 月 8 日和 10 月 8 日的远期汇率维持到了期望的水平，从而消除汇率风险。

三、远期汇率协议的应用举例

由于远期汇率协议（FXA）与远期对远期外汇互换（ERA）联系紧密，可以将两者的使用方法和效果进行比较。FXA 和 ERA 本身是高度相关的——影响换汇汇率的因素一样，但即期汇率变化时它们的交割数额不同。所以，我们设定了两种情况：一种是即期汇率不变；另一种则是波动剧烈（见表4-5 及表4-6）。

表 4-5　　　　　　　　　　初始的市场汇（利）率

	即期汇率	1 个月	4 个月	1 个月对 4 个月
美元/欧元汇率	1.1000	53/56	212/215	158/162
美元利率		6%	6.25%	6.30%
欧元利率		9.625%	9.875%	9.88%

表 4-6　　　　　　　　　　1 个月后的市场汇（利）率

	第一种情况		第二种情况	
	即期汇率	3 个月	即期汇率	3 个月
美元/欧元汇率	1.1000	176/179	1.0000	166/169
美元利率		6%		6%
欧元利率		10%		9%

现假设投资者观察到 1×4（1 个月对 4 个月）美元和欧元远期利差为 3.58%（9.88%~6.30%），但他正确地预测此差距会进一步扩大，则投资者可考虑以下几种策略（设投资者期初有 100 万美元）：

1. 在 1×4 远期对远期互换中用欧元卖出，买进美元。
2. 卖出 1×4 FXA。
3. 卖出 1×4 ERA。

在卖出、买进 1×4 互换时，投资者已经以净升水 162 点（215-53）购买了远期美元。若利率进一步扩大，远期美元升水就更多，投资者就能以更高的价格售出这些远期美元。

1 个月后利率差果真扩大。在第一种情况下，3 个月的换汇汇率变成 176 基点——赚 14 点，在第二种情况下变成 166 点——赚 4 点。基于点数变动的获利分别是 1 400 欧元。表 4-7 列出了在每种情况下由远期对远期互换交易带来的现金流、交易和利润。此表也用现值法（货币的时间价值）算出真实的利润。在第一种情况下，最后的利润是 1 495 欧元，在第二种情况下，获利 2 959 欧元。

表 4-7　　　　　　　　　　　　　　远期对远期互换的估价

第一种情况

美元	欧元
−1 000 000	+1 105 300
+1 000 000	−1 100 000
	+5 300
	−3 805
	净利润 = +1 495
+1 000 000	−1 121 500
−1 000 000	+1 117 600
	−3 900

　　　　　　　⎯⎯⎯→ 原先的 1 月对 4 月远期/远期互换
　　　　　　　⎯⎯⎯ 1 个月后进行的即期/3 个月互换

第二种情况

美元	欧元
−1 000 000	+1 105 300
+1 000 000	−1 000 000
	+105 300
	−102 341
	+2 959
+1 000 000	−1 121 500
−1 000 000	+1 016 600
	−104 900

　　　　　　　⎯⎯⎯→ 原先的 1 月对远期/远期互换
　　　　　　　◂⎯⎯⎯ 1 个月后进行的即期/3 个月互换

　　在两种情况下盈利产生如此大的差别,其直接原因在于即期汇率的变动。1 个月后用于结束原先的远期对远期交易的即期/3 个月互换,包含了必须买进即期美元,卖出 3 个月远期美元的义务。由于美元下跌,在 3 个月内收到的欧元将比在原先的远期对远期交易中售出的欧元少许多。表 4-7 中表明原先即期账户上盈利 105 300 欧元被减少的 104 900 欧元抵消,只剩下 400 德国马克。然而,由于减少的 104 900 德国马克是在未来才出现,并可以折现,这样这部分损失的影响就比原来少得多。另外投资者还可考虑将 105 300 欧元的盈利进行投资,3 个月之后,再用来冲销 104 900 欧元的减少。这两种办法都可以在考虑到买卖时机时,将真实的盈利提高到 2 959 欧元。

　　再利用前面关于 FXA 和 ERA 交割数额的公式及术语可得出以下计算(见表 4-8)。

表 4-8	FXA 和 ERA 交割额计算表	
	$A_S = 1\,000\,000$	$A_M = 1\,000\,000$
	$F_{SC} = 1.1053$	$D = 90$
	$F_{MC} = 1.1215$	$B = 360$
	$W_C = 0.0162$	
	第一种情况	第二种情况
	$F_{SR} = 1.1000$	$F_{SR} = 1.0000$
	$F_{MR} = 1.1177$	$F_{MR} = 1.0160$
	$W_R = 0.0177$	$W_R = 0.0160$
	$i = 0.10$	$i = 0.10$

代入公式得：

第一种情况：FXA = -1 495.12   ERA = -1 365.85

第二种情况：FXA = -2 958.54   ERA = -390.24

在两种情况下，负的交割数额意味着买方支付给卖方的数额。由于投资者已出售 SAFE，故这些负数表示其盈利。

在两种情况下，FXA 的最后结果与通过传统的现金市场远期对远期互换交易得出的结果完全一样，而后者是用来进行精确地重复这一交易的。由此得出的盈利不仅考虑了由利率变动造成的换汇汇率的变动，而且将对即期汇率的变动和对交割日、到期日现金流的影响也考虑了进来。在第二种情况下，当美元疲软的时候，从远期对远期的 FXA 获得的利润都翻了一倍，原因就在于剩余的货币都留在两种金融工具中。

ERA 的利润来自换汇汇率的变动。即期汇率的波动对于最后的结果影响要小得多，原因在于即期汇率对于换汇汇率的影响较小。在上例中，第二种情况下，即期美元/欧元汇率从 1.1000 下降到 1.0000，降低了 10%，对于换汇汇率造成等比例影响，即换汇汇率也下降 10%，从 177 点降到 160 点。ERA 的结果因此是 14 000 欧元和 400 欧元，这是由换汇汇率直接变换计算出的，被 3 个月欧元利率 10% 折现后得出现在的结果。

总之，当即期汇率不变，FXA 和 ERA 的结果是一样的，但如果即期汇率真的变动了，FXA 将会考虑到即期外汇的因素。不过无论采用以上哪一种方法，只要投资者对利率走势的预测是正确的，那么他就能得到一定数额的利润。

第六节　人民币远期结售汇

一、人民币远期结售汇的基本概念

人民币远期结售汇是指境内机构根据需要与外汇指定银行协商签订远期人民币买卖

合约，约定将来办理买入或卖出的币别、金额、汇率和期限的买卖业务，到期时按照约定进行收付的交易。人民币远期结售汇与发达国家的远期外汇交易业务的区别在于它是在人民币结售汇制度下的远期外汇业务。

1995年4月上海外汇交易中心开始试办人民币对美元远期外汇交易业务，但没有普及与推广。1997年1月8日中国人民银行公布了《远期结售汇业务暂行管理办法》，为发展我国外汇市场创造了条件，并于1997年4月在中国银行进行远期结售汇试点。

二、人民币远期结售汇的内容和特点

（一）人民币远期结售汇合同的内容

1. 银行与境内机构签订远期结售汇合同至少应该包括以下内容
（1）远期结汇或售汇所依据的外汇收入的来源或支出的用途。
（2）远期结汇或售汇的币种、金额、汇率和期限。币种可以是各种可自由兑换货币。汇率以市场供求为基础来确定，以当前即期汇率加减升水、贴水的方式进行。远期结售汇的期限应该在120天以内（1999年已经延至180天）。
2. 签订远期结售汇合约的境内机构应该提供按照《结汇、售汇及付汇管理规定》所要求的全部有效凭证供银行进行审核。
3. 远期结售汇应当依据远期合同中外汇收入来源或外汇支出用途来办理，不得以其他外汇收支进行冲抵。
4. 银行可以要求境内机构提供履约担保或履约保证金。从目前国内银行的操作实践来看，保证金至少要达到交易金额的3%。

（二）对远期结售汇的管理

1. 银行结售汇外汇周转头寸由即期结售汇头寸和远期结售汇头寸加总计算，应当符合国家外管局核定的限额。
2. 银行应当向国家外管局及其分局报送有关远期结售汇情况报表，到期未履约的远期结售汇情况应当逐笔报同级外汇管理局备案。

（三）人民币远期结售汇的流程

人民币远期结售汇包括以下几个环节：
1. 报价。银行每日根据市场变动情况制定远期结售汇汇率，并由业务部门对企业进行报价。
2. 申请和审批。企业根据业务需要，在考虑当日市场行情的基础上，向银行提出书面申请，并且进行逐笔申报。银行根据《结汇、售汇及付汇管理规定》及进出口核销的有关规定，对企业提交的申请进行审批。然后办理履约保证和远期结售汇交易单证。
3. 交割或展期。在交割日根据合同办理转账手续。若申请人因履约贸易合同遇到困难，可于交割日前的 3 个工作日前银行提出推迟交割的申请，并且推迟期限不能超过 4 个月。展期只能进行一次。

（四）人民币远期结售汇制度的特点

1. 远期汇率由市场供求来决定。目前银行以外汇交易商的身份来维持市场的流动性，不过从长期来看，远期汇率由市场来决定。

2. 远期结售汇采取实需原则。实需原则反映了我国经常项目下人民币可自由兑换的现状，也意味着国家对远期交易的拓展采取渐进的方式。

3. 中央银行对汇率风险相当重视。表现在要求提供履约保证金和设立交易头寸限制。虽然对于远期交易要求提供履约保证不常见，但履约保证可以大大降低信用风险。对于设立交易头寸限制，可以从金融机构的整体层面来控制信用风险和市场风险。

三、人民币远期结售汇的作用

首先，远期结售汇促进对外贸易的发展。在结售汇制度下，外贸企业基本上不能保留外汇，在外汇收入的当天，银行自动将外汇收入按照当天的牌价结汇并转入企业人民币账户，而付汇则需根据有效凭证按照当日银行外汇牌价购买。在缺乏有效的避险工具的条件下，汇率风险将由企业承担。在开办远期结售汇业务的情况下，企业可以锁定进出口贸易的成本和收益，从而调动企业创汇的积极性。

其次，远期结售汇可以在一定条件下预示人民币汇率的走势。虽然人民币利率未最终完成市场化，并且实行资本项目的外汇管制，利率平价在我国不一定成立，但远期结售汇基本上反映了未来一段时间内外汇供求的态势。随着我国金融体制改革的进一步深入，远期汇率的预示作用也将越来越明显。

最后，远期结售汇为市场参与者提供了在一定程度上管理汇率风险的工具。随着国内经济和国际经济的接轨和跨国业务活动的增多，风险管理将越来越重要。在汇率风险中，远期结售汇相对于期货、期权以及互换等品种而言是目前我国比较适合的汇率风险管理工具。

四、人民币远期结售汇运行过程中存在的问题和有关建议

（一）人民币远期结售汇存在的问题

1. 远期结售汇规模偏小，结构失衡。远期结售汇自试点以来市场规模较小，交易比较冷淡。并且远期结售汇存在结构性问题，从结汇和售汇情况来看，结汇比重较小，售汇比重较大；从币种结构来看，虽然对象为所有可自由兑换的货币，但实际业务集中于美元和欧元，并以美元为主。

2. 资本项下远期结售汇业务受阻，汇率和利率的定价机制不合理。1999 年 3 月 7 日，国家外汇管理局下发《关于办理 6 个月远期结售汇业务的批复》，停止办理资本项

下远期结售汇业务,由此在一定程度上造成企业资本项下外汇收支风险加大,尤其是面临偿外债本息时的汇率风险。另一方面由于实行强制结售汇制,中央银行干预外汇市场力度过大,导致汇率、利率机制市场化程度不够,弱化了参与方的风险意识,也阻碍了远期结售汇交易的发展。

3. 远期结售汇制度有待进一步完善和创新。目前远期结售汇存在一定问题,如交割日早于付汇日,须按期交割,并将外汇待付款项存入保证金账户;再如收汇日早于交割日,有关出口收汇款项存入保证金账户,并待交割日办理。此种实务规则与《结汇、售汇及付汇管理规定》以及《远期结售汇管理业务暂行管理办法》以及现行的强制结汇制、贸易进口付汇规定、外汇账户限额管理等规定存在抵触。

(二) 完善远期结售汇制度的有关建议

1. 改善远期结售汇的结构。提高远期结汇在远期结售汇总额中的比例,拓展远期结售汇期限,同时扩大远期结售汇交易的币种,逐步发展到我国贸易结算中经常使用的可兑换货币,保证远期结售汇业务均衡发展。

2. 完善远期结售汇管理制度,并进行适当的品种创新。逐步完善远期结售汇管理办法,对于远期结售汇市场准入、业务申请受理、违约管理以及违规处罚等进一步细化,并将其纳入《结汇、售汇及付汇管理规定》。另一方面可以考虑进行品种创新,推出交割期不固定的远期品种,来应付企业外汇收付期和远期结售汇交割日不一致的现象,从而使远期结售汇具有充分的灵活性。

3. 逐渐放开资本项下远期结售汇业务,在条件成熟的情况下实现汇率市场化。推出资本项下远期结售汇业务,扩大远期结售汇的业务范围,有助于企业管理资本项下外汇收支风险,特别是外债风险。

第七节 远期工具综合配置分析

远期合约作为金融衍生工具的起源形式,由于其灵活性的特点,目前在衍生产品市场上发挥着基础性的作用。目前远期市场不仅有比较传统的远期合约品种,如商品远期交易、远期利率协议、外汇远期交易、远期汇率协议等,同时也存在以远期工具为基础构造的新交易工具,如远期股权合约(equity forwards)和可变式远期外汇合约(the break forward)等。

远期股权合约是指在将来某一特定日期按特定价格交付一定数量单个股票或一揽子股票的协议,从而将远期合约和股票现货品种结合起来。远期股权合约的基本要素包括:以美元表示的票面价值或作为该远期标的工具的股票数量、远期的到期日、到期日的股票交割价格。这种在将来某日交付现金的协议可看作是单一的付款互换协议。

可变式远期外汇合约(the break forward)是将远期外汇交易和期权进行组合的品

种。该合约的基本内容是指交易双方签订远期外汇合约，但在合约中规定一个固定汇率和一个破约汇率（break rate）。当市场汇率低于该固定汇率时，允许客户行使期权解除协议，不承担汇率下跌的损失，由此客户可根据市场形势打破原定交易，损失只限于固定汇率与破约汇率的差额，其中期权权利金包括在远期汇率之内，不用另付。

◎ 小结

远期合约定价遵循无套利定价原则，按照市场条件的不同，远期合约的定价包括完全市场条件下的远期定价和不完全市场条件下远期定价两大类。

在合约签订日，协议确定的交割价格应等于远期价格，从而远期合约价值为零，否则将发生套利交易。在远期合约签订日至到期日期间，也就是在远期合约的存续期内，远期合约由于标的资产价格变化可能出现正或者负的价值，并且随着合约存续期变化而变化。

远期合约的定价根据标的资产不同以及现金流特征不同可以分为合约期间不产生现金流证券为标的的远期合约的定价、以合约期间产生固定现金流证券为标的的远期合约的定价、以合约期间产生固定红利率证券为标的的远期合约的定价和以商品为标的的远期合约的定价四个类别。四个远期合约的定价原理基本一致，只是有一些调整。

远期价格和期货价格以及未来的即期价格在一定条件下相同，但由于利率的波动以及投资者风险态度的不同，三种价格在实际运行中存在一定的差异。

远期外汇交易是指预先约定在未来某一时点进行外汇买卖的业务。远期外汇交易实行场外交易，对交易双方的信用等级要求较高，流动性较差。远期外汇交易可以分为交割日固定的远期外汇交易和交割日不固定的远期外汇交易。

远期汇率的决定理论包括无抵补利率平价理论和抵补利率平价理论两种。远期汇率协议与远期对远期外汇互换存在一定的联系。

人民币远期结售汇作为有条件的远期交易在一定条件下预示了人民币汇率的走势，也为市场参与者提供了在一定程度上管理汇率风险的工具。但人民币远期结售汇制度还存在较多问题，有待于继续发展和完善。

目前远期市场不仅有传统的远期合约品种，如商品远期交易、远期利率协议、外汇远期交易、远期汇率协议等，同时也存在以远期工具为基础进行创新的金融品种，如远期股权合约和可变式远期外汇合约等。

◎ 重要概念

远期合约　远期合约价值　套期保值　投机　价格发现　套利　远期利率
远期利率协议　短期利率　长期利率　远期外汇交易　直接远期报价
掉期率远期报价　无抵补利率平价理论　抵补利率平价理论
远期汇率协议　人民币远期结售汇　远期股权合约　可变式远期外汇合约

◎ 思考题

1. 辨析远期合约的价值和远期合约的损益两个概念。
2. 讨论远期价格与未来即期价格以及期货价格三者之间的关系。
3. 比较远期利率协议和远期汇率协议之间的异同。
4. 熟悉远期利率协议、远期外汇交易和远期汇率协议等远期工具的交易和结算流程。
5. 理解远期汇率协议和远期对远期外汇互换的异同。

◎ 练习题

1. 有一种离到期日还剩 10 年的债券，每半年付息，现在市场价值 \$800，以此种债券为标的资产的远期合约到期时间为 1 年，交割价格为 \$850。无风险年收益率为 8%。计算以该种债券为标的资产的 1 年期远期合约的远期价格。
2. 有一种股票当前市价为 \$20，年红利率为 4%，无风险收益率为 8%，计算以该种股票为标的资产的 1 年期远期合约的远期价格。

◎ 参考书目与推荐阅读

1. 叶永刚. 金融工程概论. 武汉：武汉大学出版社，2000.
2. 叶永刚. 衍生金融工具概论. 武汉：武汉大学出版社，2000.
3. 叶永刚. 远期结售汇——人民币兑外汇远期市场研究. 武汉：武汉大学出版社，2000.
4. 门明. 金融工程学. 北京：对外经济贸易大学出版社，2000.
5. 吴信如，潘英丽. 金融工程学. 上海：立信会计出版社，2000.
6. 洛伦兹·格利茨. 金融工程学. 唐旭，等，译. 北京：经济科学出版社，1998.
7. 约翰·马歇尔，维普尔·班赛尔. 金融工程. 宋逢明，等，译. 北京：清华大学出版社，1998.

第五章 期货工具

◎ 学习目标
1. 期货交易基本概念及原理
2. 期货价格与定价
3. 几种常见的期货
4. 期货与其他金融工具的搭配使用

在介绍完金融工程的基本原理,了解了丰富多彩的现货市场工具和远期交易工具后,我们有必要了解另一种新的金融交易工具——期货。期货,尤其是金融期货,作为一种继承了远期交易现在确定基础资产今后交易价格的优良特性,同时又克服了远期场外交易巨大信用风险的弊端的新型金融工具,是 20 世纪 70~80 年代全球金融创新的四大重要成果之一,在金融交易中起着举足轻重的作用。在许多重要的金融市场上,金融期货的交易量已超过基础金融产品的交易量。当交易者面临商品、汇率、利率变动的风险需要规避时,就可以直接使用商品期货、金融期货合约来达到避险保值的目的。而且通过各种金融工具与期货的配置,可以组合出各种新的金融工具,满足交易者的不同需要。

第一节 期货交易概述

一、期货交易发展概况

期货交易最早源于农产品买卖。约 700 年前的欧洲和 17 世纪的日本就出现了期货市场。100多年前，美国芝加哥开办了谷物的期货交易，并迅速成为世界领先的期货市场。具体地讲，期货交易是指买卖双方签订一份购销契约，约定在未来的时间内按照事先确定的价格支付货款，交割货物。经过演变，期货交易只能在交易所进行，合约也有了统一的标准格式。于是，期货交易不再意味着交易物品的真实转让，而是交易双方根据契约承担买入或卖出该物品的义务和责任。

当期货交易的标的资产变为金融商品时，就形成了金融期货。20世纪70年代初期外汇市场上固定汇率制的崩溃，是金融期货孕育和产生的最直接原因。70年代初期浮动汇率制的实施不仅加剧了外汇市场的波动，也使得短期利率和长期利率的变动幅度更为剧烈。

汇率、利率的急剧大幅度波动，使贸易双方、银行、存款人、贷款人等金融商品持有人面临着更大的风险，回避风险的要求日趋强烈。1972年，美国芝加哥商品交易所（CME）率先成立了国际货币市场（International Monetary Market，IMM），并于同年5月推出了外汇期货交易。1975年10月芝加哥交易所（CBOT）首创了利率期货合约交易。

在20世纪80年代，金融期货的交易从美国扩大到世界其他国家。伦敦国际金融期货交易所（London International Financial Futures Exchange，LIFFE）在1982年开始营业，上市的期货交易合约主要以美元和英镑为基础。目前，伦敦国际金融期货交易所已发展成世界上第三大金融期货中心，仅次于芝加哥商品交易所和芝加哥期货交易所。

1986年，法国巴黎也设立了金融期货交易机构（MATIF），开始推出金融期货交易业务。自此以后，几乎每年都有新的期货交易中心成立：1988年瑞士的SOFFEX，1989年爱尔兰都柏林的IFOX，1990年德国的DTB，1991年奥地利的OTB以及1992年意大利的MIF等。

二、期货市场的功能

从传统的角度来说，期货市场被认为主要满足三种使用者的需求：希望寻找商品未来价格的人、投机者和希望进行避险的人。大体上来说，投机对于社会并没有直接的贡献，但它对社会能够产生间接的收益。所以，期货市场至少有两项主要的社会功能——价格发现与避险。

（一）价格发现

价格发现（price discovery）是指通过期货市场推断现货市场的未来价格。在期货契约的买卖中，交易者同意于未来某特定时间，根据目前决定的价格，进行或接受某特定商品的交割。在这种情况下，期货价格与期货契约未来交割的预期现货价格之间应该存在某种特定的关系，而且，这种关系具有高度的可预测性。运用目前期货价格中蕴含的资讯，市场观察者可以估计某种商品在未来某特定时间的可能价格。

假定某矿场业主希望决定是否重新开采某个获利性不高的银矿，这个矿场的矿质并不理想，单位产量相对偏低。矿场的营运绩效究竟如何，取决于矿产开采与精炼之后的银价。可是,业主必须现在就做出决策,因为从开采到成品出售之间需要 15 个月的时间。业主目前做出何种决策,关键在于未来的白银价格。

虽然目前不可能知道 15 个月之后白银的精确价格,但可以透过期货市场来预测未来的价格。对于某些商品来说,期货价格是反映未来价格的最佳估计值。在该例中,假定期货价格相当高而值得重新开采矿物,那么,如果 15 个月之后白银能够适用期货价格,那就可以获利。在这种情况下,这位业主就是利用期货价格来发现未来的现货价格。同理,农民、木材生产者、畜牧业者与其他的经济参与者都可以透过相同的方式运用期货市场的资讯。他们都可以根据期货市场来估计现货市场的未来价格,然后做出生产或消费的决策。

(二) 避险

许多期货市场的参与者利用期货交易来替代现货交易。例如,某位农民根据预期中的收成量卖出小麦期货,就是利用期货市场来替代现货市场,藉以卖出小麦。更细致一些的分析:在小麦的成长过程中,农民必须承担风险,因为他不知道将来收成的小麦价格。他可以通过在期货市场中卖出期货合约来规避风险。如果这位农民预期 9 个月后的收成为 100 000 蒲式耳,他可以卖出 20 张小麦期货,设定小麦收成当时的卖出价格。这样,由目前到小麦收成之间,这笔期货交易可以保障农民的收益不受小麦价格波动的影响。在这个例子中,农民在期货市场中卖出小麦,藉以暂时取代未来预期发生的现货市场交易。因此,预期避险(anticiptory hedging)是在期货市场发生的交易,藉以取代未来预期的现货市场交易。

避险交易还有其他的形式。例如,某位汽油巨头持有大量的汽油库存。他需要保留一些库存来满足客户的需求。如果不避险,则他必须承担石油价格波动的风险。此时,他可以卖出原油期货,藉以替代直接卖出汽油,持有汽油库存而同时卖出原油期货,可以冲销价格下跌的风险。为了避免风险,当然,他也可以选择在现货市场上卖出所有的汽油库存,但他将同时面临巨大的缺货成本。所以,作为一种降低风险的手段,卖出期货合约可以取代卖出整个库存。

在上述两个例子中,避险者都是利用期货市场来取代现货市场的交易。针对已经持有的风险部位而进行卖出避险。避险者几乎一定是相关商品的供应商或使用者。投机者则在期货市场中为了追求获利而创造原本不存在的风险。避险是期货交易的最主要功能。

三、期货交易的特点

期货交易作为一种新型的交易方式,在很多方面都表现出与远期交易不同的特点。

(一) 组织严密的交易所

期货合约一般都是在组织严格的交易所内进行交易。芝加哥期货交易所(Chicago Board of Trade,CBOT)是全球规模最大、历史最悠久的期货交易所。此处以 CBOT 的组织为蓝本,藉以说明其他交易所的结构。交易所是一个非营利组织,由会员自发形成。交易所会员(exchange memberships)又称为席位(seats),仅能够由个人持有,会员资格也如同其他资产一样可以进行交易。并且,这些席位的价格波动非常剧烈,主要取决于当时或预期中的交易量情况。

交易所会员有资格在交易所内进行交易,对于交易所的营运也有权利表达意见。另外,会员也形成各种委员会,藉以管理交易所的营运、规则、会计审核、公共关系以及法律与道德事务。一般来说,交易所的行政与日常作业都是聘请专业经理人来管理,然后向会员报告。

就功能而言,场内交易员可以分为两大类:第一类的交易员是通过自身的账户进行交易,自负盈亏,他们通常也是交易所的会员;第二类的交易员是代表公司或其他场外客户进行交易的经纪人。在实际工作中,某些交易员可能同时扮演两种角色。

经纪人也可以分为两类。一是经纪商的账户执行人(account executive),也经常简称为经纪人。账户执行人可能位于任何小城镇或大都市,协助客户把交易指令传达进入场内。另一类经纪人称为场内经纪人(floor broker),他实际身处在交易所的营业大厅,执行客户的交易指令。如果一张交易指令是由交易所之外进场,通常都会先通过客户经纪人(账户执行人),然后转交给经纪商派驻场内的代表,然后再由经纪商聘任的场内经纪人负责执行。

任何期货交易都必须发生在正式的营运时段与特定的交易堃。交易堃(pit)是交易大厅内实际进行交易的场所,每种商品都有特定的交易堃。期货交易不同于股票交易所的专业报价商系统(specialist system),而是采用公开叫价(open outcry)的系统。在这套系统下,任何交易员都必须大声叫出买/卖的意愿,让交易堃内的其他交易员知道。此外,交易员之间还有一套非正式的手势系统,藉以表达交易指令。可是,根据正式的规定,任何的买/卖都必须公开叫价。

然而,现代技术进步为金融市场提供了另一种可供选择的现代交易方式——电子化交易,又叫屏幕交易(screen trading)。这种交易一般有两种形式:一种是利用路透社金融信息系统传播价格行情,利用电话进行实际交易,再由电传证实交易;另一种更为先进的形式则是价格传播和交易的进行均通过屏幕完成,路透交易 2000(Reuter's Dealing 2000)就是后一种交易方式的实例。

直到 20 世纪 80 年代中期,几乎所有的期货交易所都无一例外地被设计成以有形的场内交易和交易池为基础的交易模式。目前,一些世界著名的期交所如 CME、CBOT、LIFFE 等依然强调保留交易池交易模式的意义和价值,但同时几乎所有这些交易所都试图通过采用以屏幕为基础的交易模式来延长交易时间,从而保持它们在期货行业的领先和主导地位。其中最有名的是由路透社和 CME 共同开发研制的全球交易系统(GLOBEX)。从 1993 年开始,LIFFE 开始应用他们自己开发研制的屏幕交易系统,这一系统被称之为"APT"。这些屏幕交易系统的使用时间均被严格地限定在正常的交易时间之外,主要是延长交易时间来拓展市场流动性。电子化交易何时能取代公开叫价制度,人们正拭目以待。

(二) 标准化合约

期货合约是一种在特定的交易场所约定未来某一特定时期交收特定规格等级现货商品（包括金融商品）的标准化合约。期货合约的标准化是期货交易最显著、最重要的特征。在合约中，交易的基础资产的品种、数量、交割地点、交割月份和交易方式等条款，都是标准化的，只有期货价格是期货合约中的唯一变量，它是在交易所里以公开竞价的方式产生的。

期货合约一般都具有以下几个方面的基本条款和结构：

1. 交易单位（trading unit）。也称"合约规模"（contract size），是指交易所对每一份期货合约所规定的交易数量和数量单位。只要是在该期货交易所内买卖的以某种商品为基础的期货合约，每张合约所包括的交易数量和数量单位都是相同的。如 IMM 规定，每一英镑期货合约的交易单位是 62 500 英镑；又如 CBOT 规定，美国长期国债期货合约的交易单位是面值 100 000 美元的美国长期国债券。

交易单位的标准化，极大地简化了期货交易过程，提高了市场效率，使期货交易成为一种只记录期货合约买卖数量的交易。但是，这种交易单位的标准化也在一定程度上限制了人们根据自己的实际需要确定交易数量的余地。因为人们在交易中只能买进或卖出这一标准数量的某一整数倍，亦即买进或卖出多少份这样的期货合约。

2. 最小变动价位（minimum price change）。通常也被称为 1 个刻度（tick），是指由交易所规定的、在进行期货交易时买卖双方报价所允许的最小变动幅度。每次报价时价格的变动必须是这个最小变动价位的整数倍。刻度乘以交易单位所得的积，就是每份期货合约的价值因价格变动一个刻度而增减的金额，这一金额称为"刻度值"（tick value）。

交易所之所以对合约报价的最小变动价位作出规定，其主要目的是为了简化期货交易的结算。根据这样的规定，交易者也可以很方便地根据每份合约的刻度值及价格变动幅度计算出每份合约的盈亏金额。

3. 每日价格最大波动幅度限制（daily price limit）。又称为"涨跌停板"，是指当日某期货合约的成交价格不能高于或低于该合约上一交易日结算价的一定幅度，达到该幅度则暂停该期货合约的交易，称该合约达到跌停板（limit down）或涨停板（limit up）。

通常，价格一旦达到当天的涨停板或跌停板，该合约当天就停止交易。实行每日价格最大波动幅度限制的目的在于防止期货价格发生过分剧烈的波动，引起期货市场交易的混乱，从而使市场保持相对的稳定。不过，在某些情况下，交易所有权进行干涉并改变每日价格变动的限额。当某种期货合约连续几天出现停板时，交易所将根据情况适当地扩大每日价格最大波动幅度，以增加成交量，同时，也便于那些急于平仓或补仓的交易者有成交的机会。

4. 合约月份。指的是期货合约到期交割的月份。虽然期货合约的实际交割比例很小，一般为 2%~4%，但也会有交割发生。期货合约的交割月份由交易所规定，期货交易的参与者可自由选择交易何种交割月份的期货合约。一般来说，对于某种期货合约，期货交易所均规定若干个标准化的月份。例如，对于 CBOT 中的 5 年期国库券期货合约的交割月份，规定为 3 月、6 月、9 月、12 月。

5. 最后交易日（last trading day）。指由交易所规定的各种合约在到期月份中的最后一个交易日。在期货交易中，绝大多数成交的合约都是通过对冲交易结清的。如果持仓者到最后交易日仍不做对冲交易，那么，他就必须通过实物交收或现金结算来结清其部位。关于最后交易日的规定，不同的期货交易所各有不同。如 CME 规定，抵押证券期货合约的最后交易日，是合约月份第 3 个星期三前的星期五；其主要市场指数期货合约的最后交易日，是交割日的第 3 个星期五。

6. 部位限制。部位（position）也称头寸，指的是同一期货合约买入与卖出冲抵后的净额。买入期货，称为多头部位（long position）。卖出期货，称为空头部位（short position）。部位越大，风险越高。为避免过分投机，交易所对持有部位有一定限制。

（三）清算所

为了确保期货交易能够顺畅运作，每个期货交易所都有一家配合的清算所。清算所可能是一家独立的公司，也可能隶属于交易所的一部分。清算所保证所有的期货合约都会履行合约义务：对于每个卖方，清算所扮演买方角色；对于每个买方，清算所扮演卖方的角色。这意味着期货交易中每个交易者仅对清算所负担履约的承诺，当然也预期清算所会负担对应的履约承诺。所以，对于每位交易者来说，交易对象实质上都是清算所，清算所通过本身的信用而保证履行合约。

清算所不会主动在市场中建立部位，而是被动介入每笔交易的当事人之间。在期货市场中，买进的契约张数必定等于卖出的契约张数。所以，对于每个预期接受商品交割的交易者，也必然存在一个准备进行交割的交易者。如果将流通的期货多头与空头部位相互冲销，结果的契约张数必定是 0。

清算所在期货市场中提供的功能可以用图 5-1 表示。

图 5-1　清算所在期货市场中提供的功能

由于清算所居中介入，交易双方无需考虑对方的信用问题，甚至不需要彼此认识；双方仅需要担心清算所的可靠性。可是，清算所通常都是资本雄厚的大型金融机构，如果清算所不能履行它所提供的担保，这可能导致期货市场完全瓦解。至今，还从未有过清算所不能履行承诺。而且，我们可以进一步认定清算所的履约能力。整体来说，清算所并没有在市场中建立期货部位。它有义务对买方交割期货卖出期货，同时对卖方也有交割期货按同样价格买进期货的义务。这两项义务相互冲销而净部位为零。由于清算所没有在市场中主动建立部位,所以它的风险很小。

(四) 保证金与逐日结算

除了清算所的制度外,期货市场还采用其他的安全措施,其中最重要的是保证金的规定和逐日结算。正式从事交易之前,交易者必须在经纪商账户中存入一笔资金,这笔资金相当于履约的担保存款,通常为保证金(margin)。保证金用来确保交易者会履行合约义务。履约保证金可以存入现金、银行信用证或短期的美国公债。保证金存入之后,仍然属于交易者的资产。

保证金共有三种类型。最初的存款称为初始保证金(initial margin)。进行任何期货交易之前,必须先存入初始保证金,其额度大约等于相关合约的每天最大价格跳动。期货部位结束后,初始保证金将退还给交易者。

大部分期货合约的初始保证金都不会超过基础资产价值的5%。初始保证金额度相对于基础资产价值来说很小,主要是因为期货交易中还有另一套安全措施——逐日结算(daily settlement 或 marking-to-market),即每个交易日结束时,交易账户都必须根据当天的收盘价进行结算,立即实现当天的盈亏。

假如某交易商根据每蒲式耳171美分的价格买进1张合约,假设合约的收盘价是每蒲式耳168美分,这意味着该交易商的损失为每蒲式耳3美分。1张合约代表5 000蒲式耳,故整张合约的损失为$150,这必须从初始保证金账户中扣除。当保证金下降到某种程度——维持保证金(maintenance margin)——交易者就必须补缴现金,让保证金的额度恢复到起始的水平。经纪商要求交易者补足保证金的程序称为追缴保证金(margin call)。交易者必须补缴的现金称为变动保证金(variation margin)。维持保证金通常设定为起始保证金的75%。举例来说,假定小麦合约的初始保证金为$1 400,而且交易商仅存入最低的初始保证金,维持保证金为$1 100。现在,他已经发生$150的损失,保证金账户的净值为$1 250。隔天,假定小麦价格又下跌4美分,造成$200的损失,这使得保证金账户的净值为$1 050,低于维持保证金的水平,意味着经纪商将要求交易商支付$350的变动保证金。变动保证金须以现金支付。

由于期货价格几乎每天都会发生变动,交易账户经常会发生盈亏,亏损需要支付变动保证金,获利交易者可以支取现金。每天根据市价进行结算保持、维持或变动保证金的措施,可以有效保障期货市场的有效运作。如果交易商交易账户发生损失,需要补缴保证金,但他不能或不愿意存入所需要补缴的现金,则经纪人有权结束相关的期货部位,将损失从起始保证金中扣减,然后退还余额。初始保证金仅需要用来满足应付每天的价格波动,任何的亏损都必须立即通过变动保证金补足。不论任何理由,只要没有补缴规定的变动保证金,期货部位就会被强制结束。

保证金系统的运作是由许多层次构成的,藉以衔接清算所与个别交易者。交易所的会员可以分为两大类:清算会员与非清算会员。清算会员(clearing member)是指交易所会员同时也是清算所会员。清算所仅与清算会员往来。所以,任何非清算会员都必须通过清算会员才能够进行交易的清算。清算会员持有的所有期货部位都必须存入保证金到清算所。

个人交易者可以通过清算会员或非清算会员进行期货交易，图 5-2 说明他的保证金如何流到清算所。在图中，A 交易者通过清算会员的经纪商进行交易。在这种情况下，A 交易者在经纪商存入保证金，然后该经纪商又在清算所存入保证金。图 5-2 还说明了另一种可能性，B 交易者是通过非清算会员的交易所会员经纪商进行交易，这家经纪商接受委托的所有交易都必须通过某家清算会员进行清算。在这种情况下，B 交易者在经纪商存入保证金，这家经纪商又在某清算会员处存入保证金，然后这个清算会员又在清算所存入保证金。

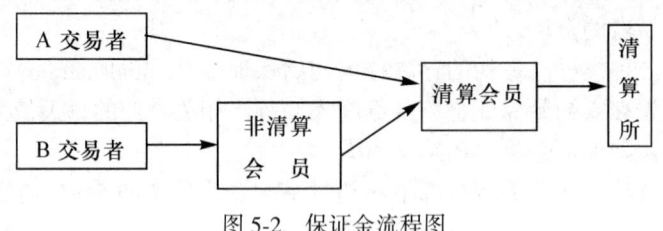

图 5-2 保证金流程图

（五）结束期货部位

期货合约可以通过三种方式来结束部位：交割（delivery）、冲销（offset）、期货转现货（exchange-for-physicals，EFP）。

1. 交割。在期货交易的早期阶段，大多数期货合约都规定交割必须采用现货商品进行交割。近年来，交易所引进一些现金结算（cash settlement）的期货合约。采用现金结算，当合约到期时，交易者仅需要利用现金结清部位的盈亏，不需要做现货交割（physical delivery）。不论是采用现货交割还是现金结算，都是在到期时结束期货合约。可是，很少期货合约会真正通过现货交割或现金结算的方式结束部位。

2. 冲销。大部分的期货合约都是通过冲销来结束部位。通过冲销完成期货合约的义务，交易者是将某特定期货合约的净部位恢复为 0。如 A 方支付 171 美分/蒲式耳的价格买进 1 张 9 月份的小麦期货，他有义务在 9 月份接受清算所交割 5 000 蒲式耳的小麦。如果这位交易者不想实际取得小麦而希望在 5 月 10 日结束部位，他可以再度进入期货市场通过对冲冲销原先的部位（参见表 5-1）。

表 5-1 对　　冲

	A 方的开仓部位	B 方
5 月 1 日	买进 1 张 9 月份小麦合约，价格为 171 美分/蒲式耳	卖出 1 张 9 月份小麦合约，价格为 171 美分/蒲式耳
	A 方的平仓部位	C 方
5 月 10 日	卖出 1 张 9 月份小麦合约，价格为 180 美分/蒲式耳	买进 1 张 9 月份小麦合约，价格为 180 美分/蒲式耳

对冲时，A 方卖出的合约必须完全对等于当初买进的合约。对冲交易与开仓交易之

间完全吻合，包括：交易商品、合约张数与到期月份。若非如此，A 方将承担新的合约义务而不是冲销原有的义务。

3. 期货转现货。交易者还可以通过期货转现货的方式完成期货合约的义务。在一笔 EFP 中，两位交易者同意同时交换某特定商品的现货与期货合约。例如，假定 A 方做多 1 张小麦合约而真的希望接受交割，这两位交易者同意现货小麦的价格，而且同意冲销彼此的对应期货合约。表 5-2 的上半部分显示双方的起始交易，A 方买进小麦合约而 B 方卖出小麦合约。然后，他们通知期货交易所，表示冲销期货合约的意愿。交易所核对他们的部位相互吻合之后，就取消他们的期货合约义务。

表 5-2　　　　　　　　　　　期货转现货的交易

EFP 之前	
A 方	B 方
做多一张小麦期货希望接受小麦现货交割	做空一张小麦期货希望交割现货小麦

EFP 交易	
A 方	B 方
同意向 B 方购买小麦而取消期货合约接受 B 方的小麦交割；支付价款	同意把小麦卖给 A 方而取消期货合约对 A 方进行小麦交割；收取价款
向交易所申报 EFP 交易；交易所调整账目而显示 A 方出场	向交易所申报 EFP 交易；交易所调整账目而显示 B 方出场

在这个例子中，最后的结果类似于冲销交易，因为两位交易者都各自完成期货合约的义务而退出市场。可是，EFP 在某些方面还是有别于冲销交易。第一，交易者实际交换现货商品。第二，期货合约的 EFP 交易并不发生在交易所之内。第三，双方私下决定价格与其他的交易条件。由于 EFP 交易并不发生在交易大厅，所以又称为场外交易（ex-pit transaction）。根据法律与交易所的规定，所有的期货交易都必须发生在交易大厅。但 EFP 是这项一般法则的例外。EFP 有时候也称为针对现货的交易（against actuals transactions 或 versus cash transactions）。

（六）期货市场与现货市场的比较评价

通过考察期货市场的运行机制，在有些方面已经对期货市场、现货市场和场外交易市场进行过初步的比较。表 5-3 对期货与现货市场的不同点进行了小结。

表 5-3　　　　　　　　　　　期货市场和现货市场的比较

期货市场	现货市场
合约标准化	所有交易内容均可协商
清算所对交易任一方的违约进行担保	存在交易对手的风险
任何时候都可以进行反向交易	由交易对方决定是否冲销头寸
需要满足每日保证金数额要求	对保证金没有强制性要求

续表

期货市场	现货市场
每日盈亏以现金结算	逐日结算利润仅反映在账面上
大多数合约以反方向交易了结头寸或以现金支付进行清算	交割形式一般为实物交割（某些衍生工具除外）

期货交易的诞生是金融市场上的一大创举，它极大地繁荣了金融市场。期货市场的优势可以归纳为四点：①流动性强；②清算高效；③具有杠杆效应。投资者可以利用市场价格变动来谋利而无需投入大量资金，也不受贷款额度的制约；④交易成本低。

期货交易也存在一些局限性，这些局限性大致可以归纳为三个方面：①欠缺灵活性；②有保证金负担。

当人们在考虑选择期货合约还是选择相应的场外交易产品时，必须对上述期货市场的优势和局限性加以通盘考虑，权衡比较之后再决定何种选择更适合自身的需要。

四、期货交易的报价

期货合约每天的价格资料，《华尔街日报》（*The Wall Street Journal*）是内容最完整和最方便的来源。报价采用图 5-3 所示的标准规格，报价发生的日期显示在最上端，报纸的发行日期是隔天。如标题所示，未平仓量的数据来自于报价资料日期的前一个营业日（图 5-3 仅列示了农产品与金属期货的价格，金融期货的报价将在后续章节介绍）。每种合约都分别列示商品名称、交易所、每张合约代表的基础资产数量以及报价单位。以图 5-3 中的第一种合约，即 CBOT 交易的玉米合约为例，每张合约代表 5 000 蒲式耳，报价单位是美分/蒲式耳。

对于每个交割月份的合约，报价资料都仅占一列。首先，列示最近到期的合约，也就是近月份合约（nearby contract）。其次，按照到期顺序列示其他到期月份的合约，即远月份或迟延月份合约（distant contracts 或 deferred contracts）。再次，栏的报价分别是合约在该交易日开盘价、最高价与最低价。

价格栏的次一个数据是结算价格（settlement price），这是该交易日收盘的结算价格。结算价格之后的栏目是变动量（change），是指报价当天结算价格与当前一营业日结算价格之间的价格变动量。其次两个栏位分别列示合约交易期间内的历史最高价与最低价。一些合约在整个交易历史中可能出现大幅度的价格波动。对于即将到期的月份合约来说，历史高价与历史低价之间的差值可能非常可观。如果合约刚挂牌不久，历史高、低价的差幅一般相对比较有限。

最后一栏显示未平仓量（open interest），这代表每个交割月份合约仍在外流通的数量。未平仓量是指目前具有交割义务的合约张数。期货合约距到期日越远，未平仓量相对越小。随着合约接近到期，未平仓量将增加。一般来说，最近月份交割的合约的未平仓量最大。可是，当近月份合约非常接近到期时，未平仓量也会减少，这是因为交易者要结束部位以避免进行实际交割。

FUTURES PRICES

Tuesday, April 23. 1996
Open Interest Reflects Previous Trading Day

GRAINS AND OILSEEDS

CORN(CBT) 5 000bu. ;cents per bu.

	Open	High	Low	Settle	Change	Lifetime High	Lifetime Low	Open Interest
May	473	479	469 $\frac{1}{2}$	478 $\frac{1}{2}$	+8 $\frac{1}{2}$	479	259 $\frac{1}{2}$	74.519
July	453	461	450	460 $\frac{1}{2}$	+10 $\frac{1}{4}$	461	254	163.163
Sept	371 $\frac{1}{2}$	375	369 $\frac{1}{2}$	373 $\frac{1}{2}$	+3 $\frac{3}{4}$	391	260	55.979
Dec	335 $\frac{1}{2}$	338	330	334	...	354	239	125.662
Mar97	341	342 $\frac{1}{2}$	336	339 $\frac{1}{2}$	− $\frac{1}{2}$	357	279 $\frac{1}{4}$	12.932
May	343	343	339	341 $\frac{1}{2}$	− $\frac{1}{2}$	356	306	1.229
July	343	343	339 $\frac{1}{2}$	340 $\frac{1}{2}$	− $\frac{3}{4}$	355	284	3.478
Dec	293	294	289	292 $\frac{1}{2}$	+ $\frac{1}{2}$	302	249 $\frac{3}{4}$	3.632

Est Vol 100 000; Vol Mn94 934; Open int440 594, • 8.850

METALS AND PETROLEUM

COPPER-HIGH(Cmx. Div. NYM) 25 000 16s. ;cents per 16.

	Open	High	Low	Settle	Change	Lifetime High	Lifetime Low	Open Interest
Apr	123.70	123.70	123.10	123.25	−.45	127.80	110.50	1.540
May	122.05	123.20	121.60	121.70	−1.05	126.00	107.00	16.250
June	121.70	121.70	120.90	120.60	−.65	122.00	109.00	1.274
July	120.10	120.60	119.50	119.50	−.65	122.90	105.50	16.174
Aug	118.80	118.80	118.30	118.30	−.70	119.50	108.00	565
Sept	118.30	118.30	117.00	117.20	−.75	121.00	105.25	3.885
Oct	116.40	116.40	116.40	116.10	−.65	119.00	108.00	492
Nov	115.00	115.00	115.00	115.50	−.65	116.30	107.00	362
Dec	114.70	114.70	113.80	114.00	−.65	118.80	106.00	5.772

Est Vol 13.000 Vol Mn 8.593; Open int 49 410, −282

图 5-3 FUTURES PRICES

资料来源:1996年4月24日《华尔街日报》。

图 5-3 中，每种合约的最下方还提供四个数据。第一个数据是某特定商品所有合约月份的估计成交量，第二个数据是前一天的实际成交量，第三个数据是所有合约月份的未平仓总量，最后一个数据是未平仓量相对于更前一天的变动量。

五、套期保值

（一）期货套期保值的基本原理

套期保值是通过一种暂时性、替代性的买卖活动来实现对另一种未来的实质性的交易对象的保值。更确切地说，可以理解为：买进（卖出）与现货市场上经营的基础资产数量相当、期限相近，但交易方向相反的期货合约，以期在未来某一时间通过卖出（买进）同样的期货合约来抵补这一基础资产因市场价格变动而带来的实际的价格风险。从这里可以看出，套期保值不是在期货市场上通过对期货进行保值，而是对期货的相应基础资产的现货进行保值。

套期保值者之所以能够利用期货交易对现货进行保值，其基本原理在于因为期货价格与现货价格受相同因素的影响，从而它们的变动方向是一致的。所以，人们只要在期货市场建立一种与其现货市场相反的部位，则在市场价格发生变动时，他必然在一个市场受损而在另一市场获利，以获利补受损，从而达到保值的目的。

（二）基差风险与最佳套期保值比率的确定

在期货交易中，基差是一个非常重要的观念。基差是某特定地点当前商品现货价格减去相同商品的期货合约价格。

$$基差 = 当前现货价格 - 期货价格。$$

我们考虑套期保值的资产与期货合约的基础资产一致的情况。一种基础资产的现货价格与期货价格，在期货合约到期之前，一般不会相等，基差可能为正值或负值，这就存在正基差和负基差。随着合约交割日的临近，基差会逐渐变小，最后变为 0，即现货价格与期货价格相等。当然，毫无疑问，在期货合约到期日基差肯定为 0，这个结论也称为价格收敛（convergence）。

当现货价格的增长大于期货价格的增长时，基差也随之增加，称为基差扩大；当期货价格的增长大于现货的价格增长时，基差减少，称为基差缩小。

完全的套期保值在现实生活中是极不现实的。事实上，我们可以预计期货合约的套期保值有不少是会有损失的，期货套期保值只是通过使结果更确定以减少风险。无论哪一种方式的套期保值，其本质都是利用期货的价差来弥补现货的价差。在不保值状况下，投资者面对并承担现货市场价格的波动；在保值状况下，投资者面对并承担的是两市场基差的波动。两市场间基差的变化，往往小于现货市场价差的波动。这样就可以利用期货降低风险，即以基差风险取代现货市场价差风险。

套期保值后，投资者所承担的是与基差相关的不确定性，这被称为基差风险（basis risk）。只有当基差为 0 时才可进行完全套期保值。现实中的大部分交易都是非完全套期保值，都面临着基差风险。而且，当需保值资产和所选择的期货合约的基础资产不一致时，基差风险更大。

套期保值所选用的期货合约是影响基差风险的一个关键因素。期货合约的选择通常包括两个方面：选择期货合约的基础资产和选择交割月份。

对于第一方面，通常要求期货合约的期货价格与打算保值的资产价格的相关性最好。对于交割月份的选择，一般说来，套期保值的到期日与合约交割月份之间的时间越长，基差风险越大。经验做法是：尽量选择最接近套期保值到期的那个交割月份，交割月份应选在稍迟于套期保值到期日的月份。之所以不选择当月交割合约，是因为交割月份的期货价格非常不稳定。同时，在交割月份中持有合约的多头套期保值者，还面临着不得不接受实物资产交割的风险，这会导致高成本且极不方便。

在设定用何种金融期货合约作为套期保值工具后，还必须确定用多少张这样的合约才能达到预期的套期保值目的，即套期保值比率的确定。套期保值比率（hedge ratio，HR）是指保值者持有期货合约的头寸大小与需要保值的基础资产大小之间的比率。套期保值比率实际上就是每一单位现货部位保值所建立的期货合约单位。保值者在套期保值中所使用的期货合约数和套期保值比率具有如下关系：

$$\text{套期保值中使用的期货合约数} = \text{套期保值比率} \times \frac{\text{现货部位的面值}}{\text{每张期货合约的面值}}$$

（三）风险最小化避险

套期保值比率经常被假定为1，下面要说明的是要想达到套期保值者的价格风险最小化的目的，套期保值比率为1并非最佳。

假定：S_1 为 t_1 时刻现货的价格；S_2 为 t_2 时刻现货的价格；F_1 为 t_1 时刻期货的价格；F_2 为 t_2 时刻期货的价格；h 为套期保值比率。则有：$\Delta S = S_2 - S_1$；$\Delta F = F_2 - F_1$。

假定交易商在 t_1 时刻进行对冲操作，在 t_2 时刻平仓。可以看出 ΔS 是套期保值期限内，现货价格的改变量，ΔF 是套期保值期限内期货价格的改变量。ΔS、ΔF 分别由于未来时间 t_2 时的现货价格 S_2 和期货价格 F_2 的不确定性而不确定。

对于一个空头套期保值者来说，在 t_1 时刻持有现货多头和期货空头，在 t_2 时刻，出售现货资产，同时进行期货平仓。在该期间保值者头寸的价格变化为：$h\Delta F - \Delta S$。

令 σ_s 是 ΔS 的标准差，σ_F 是 ΔF 的标准差，则 $\sigma_s^2 = \text{Var}\Delta S$，$\sigma_F^2 = \text{Var}\Delta F$，再用 ρ 表示 ΔS 和 ΔF 的相关系数，则 $\rho = \dfrac{\text{cov}(\Delta S, \Delta F)}{\sigma_s \cdot \sigma F}$，其中 cov$(\Delta S, \Delta F)$ 表示 ΔS 和 ΔF 的协方差。

考虑上面两种情况套期保值头寸价格变化的方差，显然 $\text{Var}(\Delta S - h\Delta F) = \text{Var}(h\Delta F - \Delta S)$，不妨用 V 表示，则：

$$\begin{aligned}
V &= \text{Var}(\Delta S - h\Delta F) \\
&= E[(\Delta S - h\Delta F) - E(\Delta S - h\Delta F)]^2 \\
&= E[(\Delta S - E\Delta S) - h(\Delta F - E\Delta F)]^2 \\
&= E[(\Delta S - E\Delta S)^2 + h^2 E(\Delta F - E\Delta F)]^2 - 2hE[(\Delta S - E\Delta S)(\Delta F - E\Delta F)]
\end{aligned}$$

$$= \mathrm{Var}\Delta S + h^2 \mathrm{Var}\Delta F - 2h\mathrm{Cov}(\Delta S, \Delta F)$$
$$= \sigma_S^2 + h^2 \sigma_F^2 - 2h\rho\sigma_S\sigma_F$$

从上面的最后一个等式来看，由于 σ_S、σ_F、ρ 是常数，因此 V 是 h 函数。现在我们来考虑 h 为何值时，价格变化的方差 V 最小（这也意味着价格风险最小）。

求 V 关于 h 的导数，得到：
$$\frac{\mathrm{d}V}{\mathrm{d}h} = 2h\sigma_F^2 - 2\rho\sigma_S\sigma_F$$

令 $\frac{\mathrm{d}V}{\mathrm{d}h} = 0$，得到 $h = \rho\frac{\sigma_S}{\sigma_F}$。

再求 V 关于 h 的二阶导数，得到：
$$\frac{\mathrm{d}^2 V}{\mathrm{d}h^2} = 2\sigma_F^2$$

注意到，$\frac{\mathrm{d}^2 V}{\mathrm{d}h^2} > 0$，由微积分知识我们知道，使 V 最小的 h 值为：$h^* = \rho \cdot \frac{\sigma_S}{\sigma_F}$，将 h^* 代替 V 的表达式中的 h，可得到 V 的最小值为：
$$V^* = (1-\rho^2)\sigma_S^2$$

由分析可见，最佳的套期保值比率等于 ΔS 和 ΔF 之间的相关系数乘以 ΔS 的标准差与 ΔF 的标准差的比率。

若 $\rho = 1$，$\sigma_S = \sigma_F$，则期货价格完全反映了现货价格，最佳的套期保值比率为 1。

若 $\rho = 1$，且 $\sigma_F = 2\sigma_S$，则最佳套期保值比率为 0.5。在这种情况下，期货价格变化总是等于现货价格变化的两倍。

从上面的分析我们还可以看到：当相关系数 $\rho = 1$，套期保值比率确定为 $\frac{\sigma_S}{\sigma_F}$，则有方差 $V = 0$。也就是说，这时完全消除了价格风险，做到了完全的套期保值。只要相关系数 $\rho < 1$，则无论我们确定怎样的套期保值比率，方差 V 总是满足：
$$V \geq (1-\rho^2)\sigma_S^2$$

由此可见，方差 V 不等于 0。这时没有完全消除价格风险，就是说没有做到完全的套期保值。

第二节 期货定价

像远期合约一样，期货合约也使它的交易者能按预定的价格在规定的到期日买卖某种资产，因而期货交易与远期交易表现出很多的相似之处。但与远期合约相比，期货合约有两个十分显著的特点：一是逐日盯市，期货合约的头寸每天都按照清算价格进行清算；二是保证金制度，交易双方都必须交纳保证金，而且由于价格的变化使交易者的保证金低于某一水平，交易者必须按时补齐到起始水平。因而，从现金流量的分布上分析，我们可以认为期货合约是由一连串的短期远期合约构成的。期货合约的独特特征使我们不能运用现金持有战略来复制期货合约,从而进行期货定价。

一、期货价格与远期价格相等

先假定无风险利率在合约的期限内保持不变,在这个假定条件下,通过下面的滚动投资策略分析的办法,我们可以得出远期价格与具有相同到期日的期货合约的期货价格相等的结论。

设有一期货合约,期限为 n 天,F_i 为第 i 天末($0<i<n$)的期货价格,定义 δ 为每日的无风险利率(设为常数)。考虑如下的滚动投资策略:

(1) 在第 0 日末(即合约之初)做一多头期货,投资者持仓量为 e^{δ};
(2) 在第 1 日末该期货合约多头的持仓量增至 $e^{2\delta}$;
(3) 在第 2 日末该持仓量增至 $e^{3\delta}$……依此类推,一直至第 $n-1$ 日将持仓量增至 $e^{n\delta}$ 为止。

将上述的投资策略总结为表 5-4。

表 5-4　　　　　　　　　　滚动投资策略

日期	0	1	2	…	$n-1$	n
期货价格	F_0	F_1	F_2	…	F_{n-1}	F_n
持仓量	e^{δ}	$e^{2\delta}$	$e^{3\delta}$	…	$e^{n\delta}$	0
盈亏	0	$(F_1-F_0)e^{\delta}$	$(F_2-F_1)e^{2\delta}$	…	$(F_{n-1}-F_{n-2})e^{(n-1)\delta}$	$(F_n-F_{n-1})e^{n\delta}$
计复利至第 n 日的盈亏	0	$(F_1-F_0)e^{n\delta}$	$(F_2-F_1)e^{n\delta}$	…	$(F_{n-1},F_{n-2})e^{n\delta}$	$(F_n-F_{n-1})e^{n\delta}$

从第 i 天的开始,投资者拥有期货合约的多头头寸 $e^{i\delta}$。第 i 天的利润(可能为负)为:

$$(F_i-F_{i-1})e^{i\delta}$$

假设第 i 天的利润值以风险利率 δ 计算复利直至第 n 天末。则它在第 n 天末的价值为:

$$(F_i-F_{i-1})e^{\delta} \cdot e^{(n-1)\delta} = (F_i-F_{i-1})e^{n\delta}$$

整个投资策略的第 n 日末的价值为:

$$\sum_{i=1}^{n}(F_i-F_{i-1})e^{n\delta}$$

而且由于 $\sum_{i=1}^{n}(F_i-F_{i-1})e^{n\delta}$

$=[(F_n-F_{n-1})+(F_{n-1}-F_{n-2})+\cdots+(F_1-F_0)]e^{n\delta}$

亦整个投资策略的第 n 日末的价值为:$(F_n-F_0)e^{n\delta}$。又由于 F_n 与到期日的基础资产的现货价格 S_T 相等,从而整个投资策略的最终价值为:$(S_T-F_0)e^{n\delta}$。

将资金 F_0 投资于无风险资产,并将这项投资与上述投资结合在一起,在期货合约的到期时刻 T,其收益为:

$$F_0 e^{n\delta} + (S_T - F_0) e^{n\delta} = S_T e^{n\delta}.$$

由于上述所有的多头期货头寸均不需要任何资金(这里以所有交易均不存在交易成本为前提),由此可见,上述投资组合的初始投入为 F_0,投资 F_0 能够在时刻 T 得到收益 $S_T e^{n\delta}$。

下面考虑另一种投资策略。假定在第 0 日末具有相同基础资产和相同到期日的远期合约的远期价格为 G_0,将 G_0 投资于无风险的金融资产,同时购买 $e^{n\delta}$ 个远期合约,则在 T 时刻该投资组合的收益为:

$$G_0 e^{n\delta} + (S_T - G_0) e^{n\delta} = S_T e^{n\delta}.$$

因此,对于上述两种投资策略,尽管是一个要求初始投入 F_0,而另一个要求初始投入 G_0,但两种投资在 T 时刻都得到了同样的收益 $S_T e^{n\delta}$。因此,在不存在无风险套利机会的假定条件下,必有:$F_0 = G_0$。换句说话,期货价格与远期价格是一致的。

前面是在无风险利率为常数的假定条件下,得到了两个交割日相同的期货合约和远期合约的价格是一致的结论。若放宽假定条件,设利率是一个已知的时间的函数,则结论同样成立。当然,分析更为复杂。

二、期货价格与远期价格不一致

当利率变化无法预测,在理论上,期货价格与远期价格是不一致的。为简化分析,我们考虑单利的两期经济情况(如图 5-4),这种分析同样适用于现实生活中的更长期限的问题。两段时间为 t_1 和 t_2。短期利率为 $i_s(1)$,长期利率为 $i_s(2)$,因为利率是随机变动的,故 $i_s(1) \neq i_s(2)$。因而,当前直接投资于 2 期与投资 1 期再展期投资 1 期的回报是不相同的。到 t_1 时,新的 (t_2-t_1) 段的利率为 $i_s(1,2)$,它是随机的,正是由于 $i_s(1, 2)$ 的不确定性使期货合约定价复杂于远期合约定价。

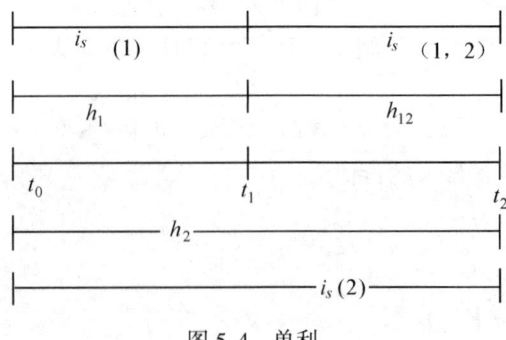

图 5-4 单利

假设远期合约与期货合约有相同的到期日 t_2,且到期日现货价格为 $S(2)$,两合约的现金流量情况如图 5-5 所示。

远期合约仅在 t_2 处有现金流量,而期货合约由于逐日盯市,在 t_1 与 t_2 处均有现金流量。

为比较这两份合约,我们考虑两种投资策略,初始投资额为 0。

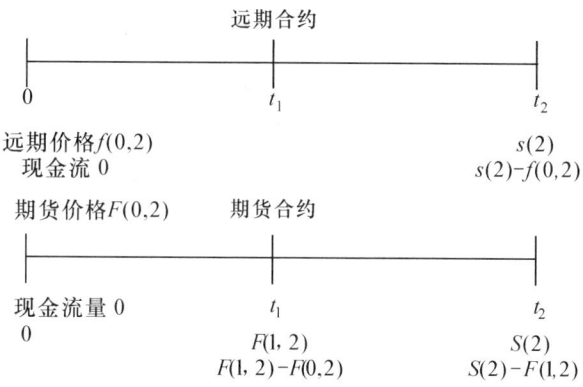

图 5-5 远期合约与期货合约现金流量

策略 1(远期合约):做远期多头,初始投资为 0,t_2 时远期合约的价值为 $s(2)-f(0,2)$。

策略 2(期货合约):做期货多头,到期日为 t_2。最初期货的价格为 $F(0,2)$。在时间 t_1,由于盯市,期货合约产生 $F(1,2)-F(0,2)$ 的现金流。如果该现金流为正,则可将之以无风险利率投资至 t_2;如果为负,将以无风险利率借贷。故在 t_2 时,该投资策略的总价值为:$S(2)-F(1,2)+[F(1,2)-F(0,2)]\times[1+i_s(1,2)h_{12}]$。其中的 h_{12} 为 t_2 与 t_1 之间的时间长度。上式可变为:

$$S(2)-F(0,2)+[F(1,2)-F(0,2)]\times i_s(1,2)h_{12}$$

将两策略进行比较,可以发现二者的不同在于时间 t_1。期货合约盯市产生现金流的利息收入或损失。在投资时,该利息由于 $i_s(1,2)$ 以及 $F(1,2)$ 的不确定而无法预知。并且,由此可知,期货合约较远期合约多一种风险,而这种风险既可能使其获利,也可能导致其亏损。

对远期合约求现值可得:

$$V[f(0,2),0]=PV_0[S(2)]-f(0,2)B(0,2)$$

对期货合约求现值可得:

$$V[F(0,2),0]=PV_0[S(2)]-F(0,2)B(0,2)\\+PV_0[(F(1,2)-F(0,2))i_s(1,2)h_{12}]$$

在投资时,两合约的价值均为 0,即:

$$0=PV_0[S(2)]-f(0,2)B(0,2)$$

$$0=PV_0[S(2)]-F(0,2)B(0,2)+PV_0[(F(1,2)-F(0,2))i_s(1,2)h_{12}]$$

可知:

$$f(0,2)=F(0,2)-[1+i_s(2)h_2]PV_0[(F(1,2)-F(0,2))i_s(1,2)h_{12}]$$

式中：h_2——时间 0 到时间 t_2 的时间长度。

$$B(0,2)=\frac{1}{1+i_s(2)h_2}$$

从上述公式中可知，远期合约的价值等于期货价格减去由于盯市产生的现金流利息的现值的调整数。

第三节　商品期货

一、商品风险

经济组织或单位受某些商品价格波动的影响时，就面临着商品风险。现在，作为商品的实物资产范围十分广泛，一般可分为以下几大类：

① 金属：黄金、铜、铝等；
② 农产品：小麦、黄豆、木材、牲畜等；
③ 能源产品：原油、天然气、天然石油产品和加工过的石油产品等；
④ 不动产。

任何经济单位只要和上述四类产品的生产和消费有关，而且数量巨大，那么就面临着商品风险。面临商品风险比较明显的行业有石油公司、航空、汽车制造以及食品加工等。除了比较明显的商品风险之外，有些商品风险具有不明显的间接效应，这种效应有时候也具有同等的危害性。例如，旅游观光业既不直接生产也不直接消费石油，但由于海外旅游费用中很重要的一项内容是飞机票，飞机票的价格又往往直接和航空燃料的成本有关，因此，该行业特别容易遭到油价波动的影响。石油价格的上涨最终会提高海外观光的成本而分流一部分客源，影响到海外旅游的收入。

有些公司在涉及商品风险时，可能会认为这种风险是不可避免的业务特征。从某种角度看，这种认识也是无可非议的，但正确应用商品衍生工具，尤其是商品期货，可以帮助这类公司在面临商品价格急剧波动时，减轻或减少由此造成的不利影响。

二、商品期货上市条件

当前，在世界各地期货交易所进行交易的商品约有百种，但是由于期货交易的特点，并不是所有的商品都适合期货交易，一般来说期货上市商品须具备以下条件：

1. 可以进行大量的买卖交易

期货上市要求有众多的买主和卖主，以便交易所能提供大量的买卖机会，形成具有竞争性的市场。若市场上只有买主或卖主，则价格的主动权只能被一方掌握，难以形成公正价格。

2. 价格多变，波动频繁

由于期货交易的目的是为了转移价格风险或从中谋利，所以没有价格风险的商品不必进行期货交易。越是价格波动频繁的商品，越适合于期货交易。对价格的任何人为的控制，也将限制期货交易市场的作用。

3. 商品的质量、等级、规格等可以明确划分

为了保证到期交割的实物商品符合期货合约中的等级质量规定，避免在货物标准方面发生纠纷，提高交割效率和透明度，要求进入期货市场交易的期货商品必须容易划分出质量等级。那些品种复杂、技术指标繁多、等级划分困难而且专业性很强的商品不宜做期货商品，如煤炭等。

4. 期货交易商品必须是可长期贮存和易于运输的商品

尽管期货交易的主要目的不在于实物交割，但是实物交割毕竟是交易的一个主要环节。从期货合约签订到实物交割要经过一定时期，所以期货商品必须是能够长期保存，不易变质同时适于运输的商品。但由于现代化储藏技术的发展和流通条件的改善，使一些易腐的生鲜食品，也具备了成为期货商品的可能性。

三、商品期货合约

商品期货的种类众多，不同的期货合约各不相同，但其基本内容还是相似的。我国郑州交易所于 1993 年 5 月 28 日推出了绿豆标准化期货合约，其规格如表 5-5 所示。

表 5-5　　　　　　　　　　郑州绿豆标准化期货合约

交易品种	绿豆
交易单位	10 吨
最小变动价位	每公斤 0.2 分
每日价格最大波动限制	每公斤不高于或低于上 1 交易日结算价 12 分
合约月份	1，3，5，7，9，11
交易时间	每周一至周五上午 9:00~11:30，下午 1:30~3:00（北京时间）
最后交易日	交割月最后营业日往回数第 7 个营业日
交割等级	中华人民共和国国家标准二等杂绿豆。绿豆替代品种差距，一级杂绿豆加 3%，三等杂绿豆减价 3%
交割地点	河南、河北、山东定点仓库
保证金	初始保证金占持仓合约总量的 5%
交易手续费	6 元/张

四、商品期货合约定价

下面我们考虑商品期货合约的定价问题。首先将商品区分为以下两类：①为投资目

的而由相当多的投资者持有的商品,如黄金、白银;②为消费目的而持有的商品。对于前一类商品,我们可以通过套利进行准确的期货合约定价;但对于后者,套利只能给出期货合约价格的上限。下面分别论述。

(一) 黄金和白银

黄金、白银是众多投资者所拥有的贵金属资产,如果不考虑存储成本,黄金和白银类似于无收益证券。设 S 表示黄金的现货价格,由上一章远期定价可知,期货价格 F 为:

$$F = S e^{r(T-t)}$$

存储成本可看做是负收益,设 V 为期货合约有效期间所有存储成本的现值,则期货价格 F 为:

$$F = (S+V) e^{r(T-t)}$$

若任何时刻的存储成本与商品价格成一定的比例,存储成本可看做是负的汇利收益率。在这种情况下,期货价格 F 调整为:

$$F = S e^{(r+\mu)(T-t)}$$

这里,μ 表示每年的存储成本与现货价格的比例。

例 5-1 假设有一个 1 年期的黄金期货,设黄金的存储成本为每年每盎司 3 美元,年底进行支付。如果黄金现货价格为 500 美元,无风险利率为 7%,则此处:

$$r = 0.07, \ S = 500, \ V = 3e^{-0.07} = 2.7975$$

则远期价格

$$F = (500 + 2.7975) e^{0.07} = 538.8$$

(二) 其他商品

对于持有目的不是为了投资的商品来说,上述公式需要重新考虑。

假设有 $F > (S+V) e^{r(T-t)}$,则套利者可采用如下策略:

第一,以无风险利率借金额为 $S+V$ 的资金,用来购买一单位的商品和支持存储成本。

第二,卖出一单位商品的期货合约。

若我们认为期货合约与远期合约相同,这必将在时刻 T 获得收益 $F - (S+V) e^{r(T-t)}$。对任何商品采用这套策略都没有问题,但许多套利者都这样操作时,S 将上涨,而 F 将会下跌,直到上述不等式不成立。因此,我们假设的不等式在高效市场不成立。我们再假设 $F < (S+V) e^{r(T-t)}$,利用这个不等式也可以发现套利机会,该策略与不付红利股票的远期合约在远期价格低时采用的套利策略相同。但是该策略在卖出商品时存储成本支付给了卖出商品的人,一般来说这是不可能的。

对于黄金和白银,我们知道投资者持有的目的仅仅是为了投资。当他们发现上述不等关系时,可以从以下策略中盈利。

其一:卖出商品,节约存储成本,以无风险利率将所得收入进行投资;

其二:购买期货合约。

相对于仅持有黄金和白银的投资者而言,以上策略在到期日的无风险利润为 $(S+V)$

$e^{r(T-t)}-F$。因此，上述不等式也不能在有效市场长期存在，可见上述两个不等式都不能长期存在，于是有 $F=(S+V)e^{r(T-t)}$。

对于持有目的主要不是投资的商品来说，以上讨论不再适用。个人或公司保留的库存是因为其有消费价值，并非投资价值。因此他们不会积极主动地出售商品购买期货合约，因为期货合约不能消费，因此 $F<(S+V)e^{r(T-t)}$ 可以长久存在下去，而 $F>(S+V)e^{r(T-t)}$ 不能长久成立，故有：

$$F \leq (S+V)e^{r(T-t)}$$

若存储成本用现货价格的比例 μ 来表示，则有：

$$F \leq Se^{(r+\mu)(T-t)}$$

(三) 便利收益

当 $F<Se^{(r+\mu)(T-t)}$ 时，商品使用者会认为持有实物的商品比持有期货合约更有吸引力。这些好处可包括：从暂时的当地商品短缺中获利或者具有维持生产线运行的能力，这些好处有时称为商品的便利收益（convenience yield）。如果存储成本可知，且现值为 u，便利收益 y 可定义为：

$$Fe^{y(T-t)}=(S+u)e^{r(T-t)}$$

若每单位的存储成本为现货价格的固定比例 μ，则 y 定义为：

$$Fe^{y(T-t)}=Se^{(r+\mu)(T-t)} \text{ 或 } F=Se^{(r+\mu-y)(T-t)}$$

便利收益简单地衡量了 $F \leq (S+V)e^{r(T-t)}$ 和 $F \leq Se^{(r+\mu)(T-t)}$ 中等式左边小于右边的程度。对于投资性资产，便利收益必为0，否则就会有套利机会。

便利收益反映了市场对未来商品可获得性的期望。在期货合约有效期间，商品短缺的可能性越大，便利收益越高。若商品使用者拥有大量的库存，则在不久的将来出现商品短缺的可能性就很小，从而便利收益会比较低。另一方面，较低的库存会导致较高的便利收益。

五、我国商品期货市场的发展及问题

中国作为享受期货市场"后发利益"的国家，在借鉴国外期货市场经验的基础上，于1990年组建了第一家引入期货市场机制的郑州粮食批发市场，短短几年时间走过了国外100多年发展的路程。中国期货市场从无到有、从小到大，经历了20世纪90年代初期的盲目大发展和1994年之后的规范整顿，中国期货交易步入了规范试点发展时期。当初各地纷纷盲目发展起来的50多家期货交易所，经清理整顿，到1998年年底只剩下14家作为试点的期货交易所，这些交易所全部实行会员制，总共拥有会员2 000多个，上市的期货标准合约品种有6大类40多个。1998年8月，国务院再次对我国期货市场进行规范、调整，经撤销、合并后保留3家期货交易所，12个期货上市交易品种。

几年来，中国期货市场在逐步规范整顿中取得了很大成效，取缔外盘交易、整顿期货经纪业、限制国有经济从事期货投机，投资者趋于理智，交易规模相对集中，期货市场已进入有序运行轨道，监督和管理为期货市场的发展创造了良好的外部条件。1997

年，期货市场运行平稳，恶性事件减少，但交易规模仍然下滑，期货行业一些深层次的矛盾逐步显现出来。期货市场的功能没有充分发挥，一些交易所交易合约、交易规则、交割规则设计不合理，实物交割受到限制，使期货市场与现货市场脱节，期货市场价格不能真实反映供求，交易者套期保值实现不了，违背了期货市场的客观规律，抑制了期货市场功能的发挥。交易所规模小，交易手续费高，期货交易成本大。一些交易所对期货市场交易风险控制不利，放纵投机大户炒作，客户入市不但不能套期保值，反而遭受巨大损失，也使得这些品种逐渐萎缩，交易量下降。交易品种少、重复，且多为一些小品种商品合约，市场投机猖獗。风险控制层次也不尽合理，交易所结算部对会员席位进行结算，会员不分经纪公司还是兼营机构或自营会员，在持仓量、交割量上不分大小，一律平等对待。同时，交易所要求客户一户一码，试图直接管理到客户。这种管理方式，不分层次，不分重点与一般，又不依靠经纪公司发挥其分担风险的作用，无法有力控制风险。

第四节 外汇期货

外汇期货合约是交易双方签订的协定，允许一方在将来某个既定的时间以约定的汇率从另一方买入一定数量的外汇。该合约在期货交易所进行交易，其过程与其他种类的期货合约是基本相同的。

20世纪70年代初期，随着布雷顿森林体系的崩溃，固定汇率制转为浮动汇率制，汇率变动不断给企业和个人在国际贸易和国际结算与支付中带来风险，回避和转嫁这种风险的愿望推动了金融创新，期货交易被引进金融领域。1972年芝加哥商品交易所（CME）建立了可进行外汇期货合约交易的国际货币市场（international monetary market）。外汇期货合约实际上是最早的金融期货合约，外汇期货合约的定价与远期外汇合约定价相同，此处不再介绍。

一、外汇期货合约的规格及报价

在芝加哥商品交易所（CME）的国际货币市场上交易的外汇期货合约一般包含以下规定：

第一，交割月份：1，3，4，6，7，9，10，12月和合约成立当月；

第二，每日价格变动限额：仅在开市时有，其余时间不进行限制；

第三，最后交易日：交割月第3个星期三前的第2个营业日；

第四，第1个交割日：交割月的第3个星期三；

第五，交易时间：上午7：20至下午2：00（当地时间）。

表5-6反映的是芝加哥商品交易所的有关情况。合约的规格是可以改变的，尤其是保证金及每日价格变动较为频繁，投资者应向交易所询问有关最新信息。

第五章 期货工具

表 5-6 外汇期货合约

外汇合约	合约规模	最小价格变动	保证金（初始/维持）
德国马克	125 000MD	$0.0001/DM＝$12.5	$1 620/$1 200
加拿大元	100 000CD	$0.0001/CD＝$10	$810/$600
瑞士法郎	125 000SF	$0.0001/SF＝$12.5	$2 295/$1 700
英镑	62 500BP	$0.0002/BP＝$12.5	$2 295/$1 700
日元	12 500 000JY	$0.000001/JY＝$12.5	$2 970/$2 200
澳元	100 000AD	$0.0001/AD＝$10	$1 215/$900

市场行情是每一个外汇期货交易参与者尤为关注的事情，外汇期货市场的报价方式与外汇现货市场的报价方式完全不同。表 5-7 是刊登在 1994 年 2 月 10 日《华尔街日报》上的外汇期货行情表。根据该表可以说明外汇期货的报价方式。

表 5-7 外汇期货市场的报价方式 交易日：1994 年 2 月 10 日

	Open	High	Low	Settle	Change	CURRENCY Lifetime		Open Interest
						High	Low	
JAPAN YEN（CME）－12.5 million yen；$per yen（.00）								
Mar.	.9212	.9295	.9182	.9232	＋.0023	.9930	.8700	78 755
June	.9255	.9326	.9255	.9267	＋.0025	.9945	.8540	6 988
Sept.	.9315	.9370	.9315	.9310	＋.0027	.9610	.8942	691
Est Vol. 31 481；Vol Tues. 20 888，open int. 86 434，－2 103								

首先，我们看表 5-7 的 JAPAN YEN（日元）那一行，货币日元后面的"CME"代表这种日元期货合约是在芝加哥商品交易所交易的期货合约；"12.5 million yen"代表这种合约的交易单位是 12 500 000 日元；紧接着后面的"$per yen"表示下面的数字是每 1 日元的美元数；在"$per yen"后面的括号内的".00"表示下面的日元期货行情中各个小数点已往后移了两位。例如，往下一行中的一个数字".9212"实际上是表示每 1 日元合 0.009212 美元。

其次，我们来说明行情表最上面的一行各项的含义。

"open"是开盘价，即某种期货合约当日第一笔交易的成交价格，或以接近开市价格变动幅度为基础的价格。在"open"下面的各个数字分别表示各种期货合约在当天（1994 年 2 月 9 日，当天报道前一天的行情）的开盘价格。

"high"与"low"分别表示各种期货合约当日交易的最高价和最低价。

"settle"是结算价格，又称为收盘价格（closing price）。即某种期货合约在当日收盘时成交的最后一笔交易的价格，或以接近收市价格变动幅度为基础的价格。

"change"是结算价格变动的净额（net change），即当日结算价格较前一个交易日结算价格增加（以"＋"表示）或减少（以"－"表示）的金额。不过结算价格的这种变动不得超过各期货合约的每日价格变动幅度限制的范围。

"lifetime"下面的"high"与"low"分别表示某一特定交收月份的期货合约，自开始交易起至当天为止所达到的最高与最低成交价格。

"open interest"为未平仓合约数。"未平仓合约"是指已成交但尚未作对冲交易或实物交割的期货。未平仓合约数指的是截至前一个交易日为止，买方（或卖方）持有的某种特定月份期货合约的未平仓合约的累计数量。由于每份未平仓的期货合约都既有买方，也有卖方，因此，计算未平仓合约数，只需统计买方与卖方中的任何一方的未平仓合约数即可。

最后，表中最后一行的4个数字分别表示当日估计成交量、前一交易日的实际成交量、各个月份期货合约的未平仓合约总数以及与前一交易日相比各个月份期货合约的未平仓合约总数之增减数。需要注意的是，此处的未平仓合约数（open int.）与前述的未平仓合约数不同。前述的未平仓合约数指的是某种货币的某个特定月份期货合约的未平仓合约数，而这里的未平仓合约数是指该种货币之各个月份期货合约的未平仓合约的总数。

在期货交易中，未平仓合约数及其增减变化是交易者或期货价格分析者预测期货价格走势的一个重要参考指标。未平仓合约数增加，大多数交易者预期期货价格将上升；反之，若未平仓合约数减少，则大多数交易者预期期货价格将下跌。

二、利用外汇期货套期保值

（一）利用多头套期保值

投资者看好某种外汇，预计其价格将上涨，这有可能导致以该币种为合同货币的进口商的损失，那么他可以买入该币种的期货合约进行保值（见表5-8）。

表5-8　　　　　　　　　　　多头外汇套期保值

日期	现货市场	期货市场
	7月1日，美国进口商签订合同以英镑计价买入20辆英国汽车，11月1日付款，价格为£ 35 000/辆，进口商担心英镑汇率上涨，需要付出更多美元。	
7月1日	即期汇率为 \$1.3190/£ 远期汇率为 \$1.3060/£ 20辆远期成本为： 20(35 000)(\$1.3060)= \$914 200	12月到期的英镑期货合约报价 \$1.278,则一张合约的价格为： 62 500(\$1.278)= \$79 875 买入11张合约
11月1日	即期汇率为 \$1 442,买入700 000英镑购买20辆车以美元计价的成本为： 700 000(\$1.442)= \$1 009 400	12月英镑合约报价为 \$1.4375,每一张合约价格为： 62 500(\$1.4375)= \$89 843.75 卖出11张合约

分析:汽车最终成本为:

$1 009 400 - $914 200 = $95 200

11($89 843.75)	期货合约卖出价
−11($79 875)	期货合约买入价
$109 656.25	期货合约获利

上两项相抵消则净损益为:

$109 656.25 - $95 200 = $14 456.25,

进口商实际支付了:$1 009 400 - $109 656.25 = $899 743.75。

(二)利用空头套期保值

当投资者预期在将来一定时点收回一笔现金流,而又担心该现金流的标价货币会贬值,那么他可考虑卖出相应币种的期货合约来保值(见表5-9)。

表5-9　　　　　　　　　　　空头外汇套期保值

6月29日,一个跨国公司拥有的英国子公司定于9月28日从其伦敦的账户上转移£10 000 000到其纽约银行的账户上。公司担心英镑在未来两个月中贬值,他可采取如下措施:

日期	现货市场	期货市场
6月29日	即期汇率为$1.362/£ 远期汇率为$1.3571/£ 资金的远期价值为: 10 000 000($1.375)=$13 750 000	12月到期的英镑期货合约报价$1.375 每合约价格为: 625 000($1.375)=$85 937.50 应卖合约数为:$\frac{10\,000\,000}{62\,500}=160$ 卖出160张期货合约
9月28日	即期汇率为$1.2375/£ £10 000 000可兑换美元为: 10 000 000($1.2375)=$12 375 000	12月英镑合约报价为$1.238 每合约价格为: 62 500($1.238)=$77 375 买入160张期货合约

分析:英镑标价的这笔资金到期时价值减少了:

$13 570 000 - $12 375 000 = 1 195 000

160($85 937.50)	期货合约卖价
−160($77 375)	期货合约买价
$1 370 000	期货合约获利

期货合约交易获利充分抵补了资金的兑换损失,获净收益为:

$1 370 000 - $1 195 000 = $175 000

公司实际获利为:

$12 375 000 + $1 370 000 = $13 745 000

第五节 利率期货

20 世纪 70 年代西方国家恶性通货膨胀以及后来金融管制的放松，使利率频繁变动，股票和其他证券的价格变幻莫测。1975 年 10 月，美国芝加哥期货交易所（CBOT）首次进行了利率的期货交易，利率期货合约是标的资产价格仅依赖于利率水平变动的期货合约。包含固定收入证券的期货一般指的都是利率期货，因为其合约价格受当前和未来利率的影响很大，特别是其合约定价与利率的期限结构相互联系，而后者又与远期利率的概念相联系。

一、即期利率与远期利率

n 年期即期利率是从今天开始计算并持续 n 年期限的投资的利率，考虑的投资是中间没有支付的"纯粹"的 n 年投资，这意味着所有的利息和本金在 n 年末支付给投资者。n 年期即期利率也指 n 年期零息票收益率（N-year zero coupon yield 或 pure-discount-security yield），该收益率正好是此种债券的到期收益率。一般来说，n 年投资的即期利率可通过下式求解 S_n。

$$P_n = \frac{M_n}{(1+S_n)^n}$$

式中：P_n——n 年期零息票券的即期市场价格；
M_n——债券到期时的价值。

对于到期期限较长的附息票债券，知道了 1 年期的即期利率 S_1（可通过广泛流通中的 1 年期贴现发行的国库券来求得），可计算出 2 年期的即期利率 S_2，只要求解下式：

$$P_2 = \frac{C_1}{(1+S_1)^1} + \frac{M_2}{(1+S_2)^2}$$

式中：C_1——债券第 1 年所付票息。

同理，可求出其他投资期限的即期利率，只要求解 S_n，

$$P_n = \frac{C_1}{1+S_1} + \frac{C_2}{(1+S_2)^2} + \frac{C_3}{(1+S_3)^3} + \cdots + \frac{M_n}{(1+S_n)^n}$$

这种方法称为息票剥离法（boot straping），其结果不一定与实际相符，但通常该差异可忽略不计。

远期利率是指隐含的将来时候的一定期限的利率。例如，投资者 2 年后收到的 1 美元也可进行两步贴现，首先确定其第 1 年末的价值，即 2 年后收到的 1 美元等于 1 年后收到的 $\$1/(1+f_{1,2})$，第二步再贴现求出 2 年后 1 美元的现值，即：

$$\frac{\$1/(1+f_{1,2})}{1+S_1}$$

整理后为：
$$(1+S_1)(1+f_{1,2}) = (1+S_2)^2$$

如图 5-6 所示，同理可推得 $n-1$ 年和 n 年的即期利率与 $n-1$ 年到 n 年间的远期利率的关系为：
$$(1+S_{n-1})^{n-1}(1+f_{n-1,n}) = (1+S_n)^n$$

此处我们隐含的假设是债券以 1 年为期进行付息，而一般国债是半年付息的，下面将要进行调整，但这种计算方法是通用的。

二、收益率曲线与利率期限结构

对于具有相同信用风险和不同期限的债券，描述其收益率与期限间关系的曲线称为收益率曲线。由于国债的信用风险极小，所以由国债收益率与期限来构建的收益率曲线充分反映了期限对收益率的影响。市场交易者谈到"收益率曲线"一般指的都是国债收益率曲线，收益率曲线表示的是附息票债券的收益率与其期限的关系。而利率期限结构描述零息票债券的收益率与其期限的关系。前面已提到过零息票债券的收益率实际等于即期利率。下面我们举例来说明利率期限结构的建立，仍采用前面介绍过的息票剥离法。

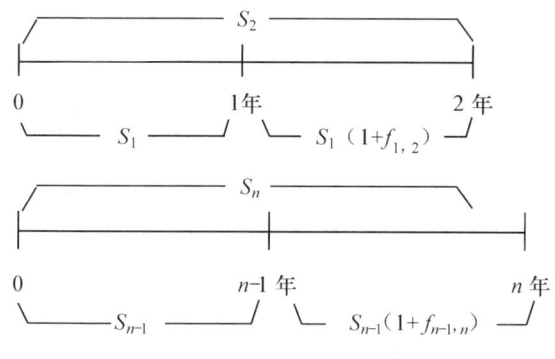

图 5-6 即期利率与远期利率

例 5-2 现假设有 10 种政府债券，其相关资料如表 5-10 所示。我们所依据的一个基本原理就是一个政府附息债券等价于一组零息票的政府债券的组合。表 5-10 中 6 月期的国库券到期收益率为 8%，同样，对于 1 年期的国库券，它的即期利率即为其到期收益率 8.3%。给出了这两个即期利率，我们就可计算出 1.5 年零息票债券的即期利率，1.5 年期的该种债券的价值等于持有此种债券的投资者在 1.5 年内收到的现金流的总现值，用来贴现的收益率即为此期间的即期利率。以 \$100 为面值，1.5 年内的现金流如下：

0.5 年　　　$0.085 \times \$100 \times 0.5 = \$4.25$
1.0 年　　　$0.085 \times \$100 \times 0.5 = \$4.25$

1.5 年   0.085×$100×0.5+100=104.25

表 5-10　　　　　　　　　**10 种债券的期限及到期收益率**

期限（年）	票息率	到期收益率	价格（$）
0.5	0.0000	0.080	96.15
1.00	0.0000	0.083	92.19
1.50	0.0850	0.089	99.45
2.00	0.0900	0.092	99.64
2.50	0.1100	0.094	103.49
3.00	0.0950	0.097	99.49
3.50	0.1000	0.100	100.00
4.00	0.1000	0.104	98.72
4.50	0.1150	0.106	103.16
5.00	0.0875	0.108	92.24

则现金流的现值为：

$$\frac{4.25}{(1+S_1)^1}+\frac{4.25}{(1+S_2)^2}+\frac{104.25}{(1+S_3)^3}$$

式中：S_1——6 月期即期利率的一半；

S_2——1 年期即期利率的一半；

S_3——1.5 年期即期利率的一半。

把 $S_1=0.04$，$S_2=0.0415$ 代入上式可得：

$$\frac{4.25}{(1.04)^1}+\frac{4.25}{(1.0415)^2}+\frac{104.25}{(1+S_3)^3}$$

因为现金流现值应等于其价格，假设该债券价格为 $99.45，则由 99.45=4.08654+3.91805+$\frac{104.25}{(1+S_3)^3}$ 式可解得：$S_3=0.04465$。

S_3 乘以 2 即为 1.5 年期的即期利率。同理由 S_3 可计算 2.0 年期的即期利率 S_4，假设 2 年期的国债价格为 $99.64，则由这两年的现金流可列出方程式求解 S_4：

　　　　　　0.5 年　　　0.090×$100×0.5=$4.50
　　　　　　1.0 年　　　0.090×$100×0.5=$4.50
　　　　　　1.5 年　　　0.090×$100×0.5=$4.50
　　　　　　2.0 年　　　0.090×$100×0.5+100=$104.50

$$99.64=\frac{4.50}{(1.04)^1}+\frac{4.50}{(1.0415)^2}+\frac{4.50}{(1.04465)^3}+\frac{104.5}{(1+S_4)^4}$$

则 $S_4=0.46235$，

那么，2年期即期利率为：
$$0.46235 \times 2 \times 100\% = 9.247\%$$
同理，n 个半年期的债券的即期利率为 S_n。
$$P_n = \frac{C^*}{(1+S_1)^1} + \frac{C^*}{(1+S_2)^2} + \frac{C^*}{(1+S_3)^3} + \cdots + \frac{C^* + 100}{(1+S_n)^n}$$

式中：C^*——面值为 \$100 的附息票债券每半年的票息；

P_n——n 个半年期的附息票债券的价格；

S_i，$i=1,2,3,\cdots,n-1$——已知的各个期限的即期利率。

则公式可变形为：
$$P_n = C^* \sum_{i=1}^{n-1} \frac{1}{(1+S_i)^i} + \frac{C^* + 100}{(1+S_n)^n}$$

解出 S_n 为：
$$S_n = \left[\frac{C^* + 100}{P_n - C^* \sum_{i=1}^{n-1} \frac{1}{(1+S_i)^i}} \right]^{\frac{1}{n}} - 1$$

由此，可得出零息票债券的不同期的理论即期利率（如表 5-11 所示），于是我们成功地构造了一个利率期限结构。

表 5-11　　　　　　　　　　　　　理论即期利率

期限（年）	到期收益率	理论即期利率
0.50	0.0800	0.08000
1.00	0.0830	0.08300
1.50	0.0890	0.08930
2.00	0.0920	0.09247
2.50	0.0940	0.09468
3.00	0.0970	0.09787
3.50	0.1000	0.10129
4.00	0.1040	0.10592
4.50	0.1060	0.10850
5.00	0.1080	0.11021

此处计算的 10 种债券期限都是依次相差半年，这有利于计算即期利率，但实际市场上的政府债券则没有这种巧合，而仅有 1，2，3，4，5，10，30 年期的债券，那么在计算时就可用线性插值法（linear interpolation）。

三、短期国债期货

短期国债期货合约的标的资产为 90 天的国库券，它以贴现的形式发行，投资者到期时得到相当于其面值的价值。期货合约到期日前，标的资产是期限长于 90 天的短期国债。例如，若期货合约在 160 天后到期，标的资产就是 250 天的国库券。假设现在为 0 时刻，合约期限为 T 年，作为标的资产的短期国债的到期期限为 T^* 年（$T^*-T=90/365$）。再假设到期日 T 与 T^* 的无风险复利率分别为 S_T 和 S_{T^*}，若合约标的面值为 \$100，其现值 V^* 为：$V^* = 100e^{-S_{T^*}T^*}$。

由于在此期间短期国债没有支付利息，由期货定价公式知：

$$F = V^* \cdot e^{S_T T} = 100e^{-S_{T^*}T^*} e^{S_T T} = 100e^{S_T T - S_{T^*}T^*}$$

在前面介绍即期利率与远期利率时，采用的是以年利率复利计算，若考虑以连续复利计算，则可推导一个有用的公式。

设 S_T 是 T 年期的即期利率，S_{T^*} 是 T^* 年期的即期利率，且 $T^* > T$，本金为 A，$\hat{S}$ 为 (T^*-T) 期间的远期利率，则下式成立：

$$A \cdot e^{S_T T} \cdot e^{\hat{S}(T^*-T)} = A e^{S_{T^*}T^*}$$

解得 $\hat{S}$ 为：$\hat{S} = \dfrac{S_{T^*}T^* - S_T T}{T^* - T}$

则可得：$F = 100e^{-\hat{S}(T^*-T)}$

该式表明，若交割日为 90 天的即期利率等于现在的远期利率，则短期国债期货合约的价格即为指数价格。若短期国债期货价格中隐含利率不同于短期国债本身所隐含的远期利率，就存在套利机会。假设 45 天短期国库券年利率为 10%，135 天期国库券年利率为 10.5%，还有 45 天到期的短期国债期货价格对应的隐含远期利率为 10.6%，且所有的利率均为连续复利率。由：$\hat{S}$ 计算公式可知，在 45 天到 135 天中，短期国债本身隐含的远期利率为：

$$\frac{135 \times 10.5 - 45 \times 10}{90} = 10.75\%$$

该结果高于短期国债期货价格中隐含的 10.6% 的远期利率。套利者在 45 天到 135 天的期限内以 10.6% 的利率借入资金，并按 10.75% 的利率进行投资。这可通过以下的策略来进行：①卖空期货合约；②以 10% 的年利率借入 45 天的资金；③将借入的资金按 10.5% 的利率进行 135 天的投资。

第一个交易确保在 45 天后能够卖出收益率为 10.6% 的短期国债，实际上，它将这一段时间的借款利率锁定为 10.6%。第二、第三个交易确保了这段时间内收益率为 10.75%。

若短期国债期货的隐含利率高于 10.75%，那么就可以采用如下的相反策略：①买入期货合约；②以 10.5% 的年利率借入期限为 135 天的资金；③将借入的资金以 10.0% 的利率进行为期 45 天的投资。

在验证短期国债市场是否存在套利机会时，交易者经常计算所谓的隐含回购利率（implied repo rate），它是与短期国债到期日相同的国债期货价格和比该短期国债的期限长 90 天的另一种短期国债价格隐含的短期国债利率。若隐含的再回购利率高于实际的短期国债利率，理论上就可以进行第一类套利操作。若前者低于后者，则可进行第二类套利。

短期国债的报价是以面值为 \$100 的国库券标价。假设 Y 为距到期日还有 n 天时间的短期国债的现货价格，其报价为：

$$\frac{360}{n}(100-Y)$$

这就是所谓的贴现率（discount rate）。它是短期国债提供的以年来计算的美元收益，用占面值的百分比来表示。对于一个 90 天的短期国债来说，若现货价格 Y 为 98，则报价为 8.00。

贴现率与短期国债获得的收益率并不相同。后者是以美元收益除以成本来计算的。在前面的例子中，报价为 8.00，收益率为 2/98，即每 90 天的收益率为 2.04%，换算成年收益率为：

$$\frac{2}{98} \times \frac{365}{90} = 0.0828 = 8.28\%$$

我们有时将这一收益率称为债券等价收益率（bond equivalent yield）。

90 天短期国债期货合约的规模为 \$1 000 000。短期国债期货的报价方法不同于短期国债本身的报价方法，需运用下列关系式进行计算：

短期国债期货报价：100-相应短期国债的报价

若 Z 为短期国债期货的报价，Y 为期货合约的现金价格，则：

$$Z = 100 - 4(100-Y) \text{ 或 } Y = 100 - 0.25(100-Z)$$

若交割的短期国债距到期日还有 89 天，上式中收到的价款的计算则不能用前面公式中的 0.25，而应将它换成 89/360 或 0.2472。若距到期日还有 91 天，则应改为 91/360，即 0.2528。

假定 140 天国债期货的年利率为 8%，230 天期国债期货的年利率为 8.25%，两者都使用连续复利，则 140 天到 230 天期间的远期利率为：

$$\frac{0.0825 \times 230 - 0.08 \times 140}{90} = 0.0864 = 8.64\%$$

由于 90 天为 0.2466，则在 140 天后交割的面值为 \$100 的 90 天期的短期国债期货的价格为：

$$100e^{-0.0864 \times 0.2466} = 97.89$$

它的报价为：$100 - 4 \times (100 - 97.89) = 91.56$

四、长期和中期国债期货

最普遍的长期利率期货合约是以 CBOT 交易的长期国债利率期货。该合约的标的债券是 8%息票率，15 年内不得回购的国债。但 CBOT 允许期限为 15 年以上，息票率不等于 8%的任何国债都可用来交割。

中期国债期货和 5 年期国债期货合约也在频繁交易，对于中期国债期货合约，有效期在 5~6 年和 10 年之间的任何国债都可进行交割。如同长期国债期货合约，还有一种方法调整空头方交割特定中期国债时可接受的价格,对于 5 年期国债期货合约来说,政府拍卖的任何中期国债都能进行交割。

(一) 中、长期国债期货的主要规定

1. 交易单位:美国长期国库券面值为 $100 000、息票率为 8% 的名义长期国库券作为合约标的进行交易
2. 交割月份:3 月、6 月、9 月、12 月
3. 交割日:又称到期日,为交割月份的任何工作日,由卖方选择
4. 报价:$100 面值报价
5. 最小价格波动额:1/32
6. 最初保证金:$3 000
7. 交易时间:8:15 至 16:10

(二) 长期国债的报价

国债价格以美元和 1/32 美元报出。所报的价格是面值为 100 美元债券的价格。因此,90-05 的报价意味着面值为 100 000 美元债券的报出价格为 90 156.25 美元。

报价与购买者所支付的现金价格并不相同,现金价格与报价间的关系为:

现金价格=报价+上一个付息日以来的累计利息

国债期货合约的报价与国债本身报价方式相同。

(三) 长期国债期货的转换因子

前面提到,空头方可交割不同于标的债券的国债,当交割时,需要进行转换,此处引进转换因子(convertible factor)。

转换因子 CF 的计算公式为:

$$CF = \left(\sum_{i=1}^{n} \frac{C}{1.04^i} + \frac{100}{1.04^n} \right) / 100$$

式中:C——每半年付息时收到的票息或每年收到的票息的一半;

n——付息的次数。

为便于计算,债券的有效期和距付息日的时间取整数。在此基础上,CBOT 给出了对应的换算表。如果取整数后债券的有效期为半年的倍数,我们假定第一次付息是在 6 个月后。

例 5-3 某一债券票息率为每年 14%,距到期日还有 20 年零 2 个月。为了计算转换因子,假定债券距到期日整整为 20 年。假定在 6 个月后第 1 次付息,按债券面值为 $100 来计算。假定年贴现率为 8%,每半年计复利 1 次(每 6 个月 4%),则债券的价值为:

$$\sum_{i=1}^{40} \frac{7}{1.04^i} + \frac{100}{1.04^{40}} = 159.38$$

由于债券面值为 $100 000,故转换因子为 1.5938。

考虑到债券应计利息的问题，下面给出更为复杂的长期国债期货转换因子的计算办法：

$$CF = \left\{ \frac{年利}{0.08} \times \frac{1.04^{剩余付息次数}-1}{1.04^{[剩余付息月数/6]}} + \frac{100}{1.04^{[剩余付息月数/6]}} - 年利 \times \frac{(6-从结算日至下一次付息日的月数)}{12} \right\} / 100$$

式中的"[ ]"表示取整。

例 5-4 某长期国债息票率为 12.75%，到期日为 2005 年，5 月 15 日，准备在 1986 年 9 月 20 日进行交割。

从 1986 年 9 月 20 日到 2005 年 5 月 15 日合计 18 年 8.5 个月，近似计算为 18 年 6 个月，代入上式得：

$$CF = \left[\frac{12.75}{0.08} \times \frac{1.04^{37}-1}{1.04^{222/6}} + \frac{100}{1.04^{222/6}} - 12.75 \times \frac{6-6}{12} \right] \div 100 = 145.46$$

由于债券面值为 $100，故转换因子为 1.4546。

（四）发票金额

发票金额是指空头方收到的款项。空头方报出的交割价格等于转换因子乘以期货报价。考虑累计利息，对交割每一个面值为 $100 的债券，我们给出如下关系：

发票金额=期货报价×交割债券的转换因子+交割债券的应计利息

每一个合约必须交割面值为 $100 000 的债券。假定报出的期货价格为 $90，所交割的债券的转换因子为 1.3800，在交割时每一面值为 $100 的债券的应计利息为 $3.00。当空头方交割债券时，交割每一面值为 $100 的债券，他收到的现金（交割时由多头方支付）为：

$$1.38 \times 90.00 + 3.00 = 127.20 \text{（美元）}$$

因此每一合约，期货合约空头方应交割面值为 $100 000 的债券，收到 $127 200 的现金。

（五）最便宜交割债券

在任何时候，大概有 30 种债券可用来交割 CBOT 的长期国债期货合约。考虑利息和到期日，它们之间的区别很大，空头方可选择交割最便宜的债券（cheapest-to-deliver bond）进行交割。由于空头方收到的价款即发票金额为：

期货报价×转换因子+应计利息

而购买债券的成本为：

债券的报价+应计利息

交割最便宜的债券能使下式的值最小：

债券的报价−期货报价×转换因子

例 5-5 空头方决定交割，打算在表 5-12 的三个债券中进行选择。假定现在期货报价为 93—04，即 93.125。交割每种债券的成本为：

债券 1：99.50−93.125×1.0382 = 2.82

债券 2：143.50−93.125×1.5188 = 2.06

债券 3：119.75−93.125×1.2615 = 2.27

因此，交割最便宜的是债券 2。

表 5-12　　　　　　　　　　可供交割的债券

债券	报价	转换因子
1	99−16	1.0382
2	148−16	1.5188
3	119−24	1.2615

通常，当收益率高于 8% 时，就转换因子制度而言，倾向于交割息票率较低、期限较长的债券。当收益率低于 8% 时，倾向于交割息票率较高、期限较短的债券。其次，当收益率曲线向上倾斜时，倾向于交割距到期日期限长的债券；而当收益率曲线向下倾斜时，倾向于交割期限较短的债券。最后，有些债券的售价高于其理论值。例如，低息票率债券和那些利息可以从本金中拆分的债券，在任何情况下，都不可能证明这些债券是交割最便宜的债券。

假定交割最便宜的债券和交割日期是已知的，长期国债期货合约则是这样一种期货合约，即该合约的标的资产可向其持有者提供已知的收益，由此可得该期货合约的理论价格。由前面的章节可知期货价格 F 与现货价格 S 的关系是：

$$F = (S-I)\,e^{r(T-t)}$$

式中：I——期货合约有效期内息票利息的现值；

T——期货合约的到期时刻；

t——现在的时刻；

r——在 t 和 T 期间内适用的无风险利率；

F——期货的现金价格；

S——债券的现金价格。

正确的计算过程如下：

第一，根据报价计算交割最便宜的债券的现金价格；

第二，运用上述公式根据债券的现金价格计算期货的现金价格；

第三，根据期货的现金价格计算出期货的报价；

第四，考虑到交割最便宜的债券和标准的 15 年期 8% 的债券的区别，将以上求得的期货报价除以转换因子。

例 5-6　某一国债期货合约，已知交割最便宜的债券的息票率为 12%，转换因子为 1.4000。假定 270 天后进行交割，债券息票每半年付息一次。如图 5-7 所示，上一次付息是在 60 天前，下一次付息是在 122 天后，再下一次付息是在 305 天后。利率期限结构曲线是水平的，年利率为 10%（连续复利）。假定当时债券的报价为 120 美元，债券的现金价格为报价加上从上一次付息至今的累计利息。因此，现金价格如下：

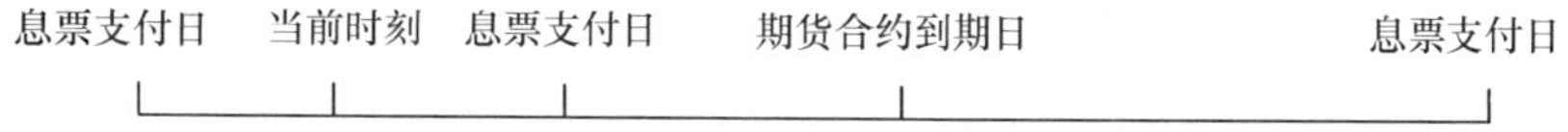

息票支付日　　当前时刻　　息票支付日　　　　期货合约到期日　　　　　　　　息票支付日

图 5-7

$$120+\frac{60}{182}\times 6 = 121.978$$

在 122 天后（=0.334 年）将会收到 \$6 的利息，则利息的现值为：

$$6e^{-0.3342\times 0.1} = 5.803$$

期货的现金价格：$(121.978-5.803)\times e^{0.1\times 0.7397} = 125.094$

期货合约还要持续 270 天（=0.7397），如果期货合约标的资产为 12% 的债券，则其期货的报价为：

$$125.094 - 6\times\frac{148}{183} = 120.242$$

事实上，期货合约是基于 8% 的标准债券的，而每一个 12% 的债券等同于 1.4000 个 8% 的标准债券。因此该标准期货合约的报价应为：

$$\frac{120.242}{1.4000} = 85.887$$

五、欧洲美元期货合约

欧洲美元期货合约在国际货币市场和伦敦国际金融期货交易所中进行广泛交易。欧洲美元（Eurodollar）是指存放在美国银行的海外分行或存放在外国银行的美元。欧洲美元利率是银行之间存放欧洲美元的利息率，也称为 3 个月期伦敦银行同业拆借利率（LIBOR）。欧洲美元的利率通常会高于相应期限的美国短期国债的利率。这是由于欧洲美元利率是商业存款利率而美国短期国债利率则是政府的借款利率。

表面上看，欧洲美元期货合约在结构上与短期国债期货合约一致。根据欧洲美元期货的报价计算一张该期货合约价值的公式与计算短期国债期货合约价值使用的公式一致。12 月份期货合约的报价为 94.47，相应的欧洲美元利率的报价为 5.53，因此一张合约的价格为：

$$10\,000\times[100-0.25(100-94.47)] = 986\,175\text{（美元）}$$

但是，短期国债期货合约与欧洲美元期货合约存在着一些重要的差别。对于短期国债期货合约来说，合约的价格在到期日收敛于 90 天期面值为 \$1 000 000 的美国短期国债的价格，并且如果持有合约到期，就会进行交割。而欧洲美元期货合约是在到期月的第 3 个星期三之前的第 2 个伦敦营业日用现金来结算的。最后的盯市使合约价格等于：$10\,000(100-0.25R)$。式中的 R 为当时报出的欧洲美元的利率。

欧洲美元利率的报价是按季度复利的 90 天欧洲美元存款的实际利率。它不是贴现率。因此，欧洲美元期货合约是基于利率的期货合约，而短期国债期货合约是基于短期国债价格的期货合约。

六、我国国债期货市场的发展及问题

1992年下半年，为紧缩过热的经济，中国人民银行两次提高储蓄存款利率，使国债市场遭到冲击，挫伤了投资者的积极性。为保护投资者利益，1992年12月28日，上海证交所首次推出12个品种的国债期货标准合约，其中包括3，6，9，12月份交割的3年期和5年期1992年国债，从此拉开了我国金融期货品种上市交易的序幕。随后，北京商品交易所、郑州商品交易所等十几家交易所陆续推出了国债期货。

由于受到国债现货市场及整个金融资本市场发展的限制，国债期货交易最初较为冷清。进入1995年，随着中国人民银行宣布对国债给予保值补贴，国债市场风云突变，人们对保值贴补率和贴息不同的估测影响国债期货市场的涨跌，而此时随着国债回购业务的开展，投资者可利用此项业务套取现金后再通过期货交易锁住价格以规避风险。然而，事实证明，国债期货市场逐步演化成超级机构运用巨资互相抗衡以攫取巨大投机利润的沃土。1995年2月23日发生的"327风波"，随后的"319风波"，以及各交易所发生的不正常的交易状况终于促使中国证监会于1995年5月18日发布《关于暂停国债期货交易试点的紧急通知》，结束了国债期货的试点。

国债期货市场促进了国债意识的普及，强化了国民投资国债的意识，促进了国债的流通，引导了国债价格向其合理水平的回归，有力地维护了国债的形象。此外，国债期货市场的存在为一部分需要进行套期保值的国债投资者在一定程度上规避了由于市场波动而导致的投资风险。最后，国债期货市场的存在为我国开展金融衍生品种的业务进行了有益的探索。

国债期货市场的健全发展应具备以下必要条件：①稳定的国债供给。国债现货市场是期货市场的根本保证，避免期货价格过度偏离现货价格，其基本做法是定期标售国债，定期标售除可以通过得标利率反映市场利率，还可给债券投资人的债券组合提供参考，起到有效配置资源的作用。②活跃的国债二级市场。若无充分的现货市场流动性支持，国债期货交易可能面临清淡的结局，或者完全沦为投机的市场。③非管制的利率。国债期货属于利率期货，其主要功能是套期保值和回避利率风险，利率变化除了受到社会、经济、政治等因素影响外，最主要是受中央银行货币政策和国债发行量的影响。对期货市场而言，利率波动越频繁，套期保值的需求越大。

目前国内通货膨胀压力减轻，国债发行规模自1991年至今持续增长，同时存贷款利率调整范围在不断拓宽，尤其是我国利率市场化进程的启动，以及以往国债期货交易积累下来的经验与教训使得国债期货成为当前极具开发潜力的金融期货品种。

第六节　股　指　期　货

股票指数期货合约保证在将来某时刻以既定价格向合约持有者提供既定的"指数"

所代表的金额。合约标的资产是股票价格指数,因此,指数期货的主要特点是以现金结算,而不进行实物交割。

股票价格变动风险分为系统风险和非系统风险。非系统风险可以通过证券组合多样化来分散,但股票分散化不能降低股市全面波动的影响。于是1982年2月,美国堪萨斯农产品交易所正式开办第一个股票指数期货,它以股票价格指数为标的,而股票价格指数是由成百上千的股票组成的参数,所以它基本消除了股价的不规则变动,仅反映股市走势,使大额投资者可专心应付系统风险。

一、股票指数

股票指数(stock index)反映了一个假想的股票组合的价值变化。每种股票的权重等于组合投资中该股票的比例,组合中股票的权重可以相同,也可随时间按某种方式调整。股票指数上升的百分比等于同一时间内组成该组合的所有股票总价值上升的百分比,股票指数通常不因派发现金红利而调整。

注意,如果假想组合中的股票保持不变,则组合中个股的权重就会保持不变;如果组合中某一股票的价格比其他股票上涨快,该股票的权重就会自动增加。由此可推出:如果设定组合中股票的权重为常数,则该组合每天都将发生变化;如果组合中某股票的价格上涨比别的股票快,则该股票的持有量就应减少以维持这个权重。

《华尔街日报》上常刊登的四个不同股票指数期货合约的报价,这些股票指数如下:

其一,S&P500(标准-普尔500)指数。在芝加哥商品交易所(CME)交易,该指数是一个包括500种股票的组合。在任一时间股票的权重为该股票的总市值(股价×流通的股票数)。该指数占纽约股票交易所全部上市公司股票总市值的80%。在芝加哥商品交易所交易的该指数期货合约价格为该指数乘以500。

其二,日经225股票平均指数。该指数是一个在东京股票交易所交易的225家最大公司股票的组合。权重为股票价格。在芝加哥商品交易所交易的该指数期货合约价格为指数乘以5。

其三,纽约股票交易所NYSE综合指数。该指数是一个在纽约股票交易所上市的所有股票组成的组合。权重为总市场价值。在纽约期货交易所交易的该指数期货合约的价格为指数乘以500。

其四,主要市场指数MMI。该指数是一个在纽约股票交易所上市的20只蓝筹股组成的组合。这些股票根据它们的价格来加权。为反映股票分割和股票红利的影响,还要对权重进行一些调整。一般情况下,MMI与广泛使用的道·琼斯工业平均指数相关性很好。道·琼斯工业平均指数也是包含相对较少的几种股票的组合。MMI期货合约在芝加哥期货交易所CBOT交易,该指数期货合约价格为指数乘以500。

由于股票指数期货合约采用现金交割,在最后一个交易日,所有合约是盯市的并且所有头寸必须轧平。大多数合约在最后一个交易日的结算价格通常是当天指数的收盘指数,但S&P500的结算价是次日的开盘指数。对于NYSE综合指数和MMI,最后一个交易日是交割月份的第 3 个星期五。对于 S&P500，是交割月份的第 3 个星期五之前的那个星期四。

二、主要股票指数期货合约

（一） 标准-普尔 500 指数期货 （S&P500）

交易单位：500 美元×S&P500 股价指数

交易地点：芝加哥商品交易所指数、期权市场（IOM）分部

最小变化价位：0.05 个指数点（每张合约 25 美元）

每日价格波动限制：在开盘期间内，成交价格不得高于或低于前一交易日结算价格 5 个指数点。如果主要期货合约的价格在开市后 10 分钟时达到此停板额，交易将暂停 2 分钟，然后按新的开盘价重新开盘

合约月份：3 月、6 月、9 月、12 月

交易时间：8：30—15：15（芝加哥时间）

最后交易日：最后结算价格确定日之前的那个营业日

交割方式：按最后结算价格以现金结算

最后结算价格：由合约月份第 3 个星期五报出的 S&P 股价指数的构成股票的开盘价格确定

（二） 纽约证券交易所综合指数期货 （NYSE）

交易单位：500 美元×NYSE 综合指数

交易地点：纽约期货交易所（NYFE）

最小变动价位：0.05 个指数点（每张合约 25 美元）

每日价格波动限制：无

合约月份：3 月、6 月、9 月、12 月

交易时间：9：30—16：15（纽约时间）

最后交易日：合约月份的第 3 个星期四，如果该日不是 NYFE 或 NYSE 的营业日，则最后交易日即为该日的前一个营业日

交割方式：合约到期时以现金结算

最后结算价格：由构成 NYSE 综合指数的所有上市股票在合约月份之第 3 个星期五的开盘价格，经特别计算求得

（三） 主要市场指数期货 （MMI）

交易单位：250 美元×主要市场指数

交易地点：芝加哥期货交易所（CBOT）

最小变动价位：0.05 个指数点（每张合约 12.50 美元）

每日价格波动限制：不高于前一交易日结算价格 80 个指数点，不低于前一交易日

结算价格 50 个指数点

合约月份：最初 3 个连续月份及紧接着的 3 个以 3 月、6 月、9 月、12 月循环的月份

交易时间：8：15—15：15（芝加哥时间）

最后交易日：合约月份的第 3 个星期五

交割方式：根据主要市场指数收盘价格实行逐日结算，并于最后交易日根据主要市场指数的收盘价格实现现金结算

（四）金融时报 100 种指数期货（FT-SEl00）

交易单位：25 英镑×金融时报 100 种指数

交易地点：伦敦国际金融期货交易所（LIFFE）

最小变动价位：0.5 个指数点（每张合约 12.5 美元）

合约月份：3 月、6 月、9 月、12 月

交易时间：8：35—16：10（伦敦时间）

最后交易日：交割月份第 3 个星期五的 10：30

交割日：最后交易日之后的第一个营业日

交割方式：以交易所交割结算价为基础的现金结算

交割结算价：最后交易日 10：10 至 10：30 之间金融时报 100 种指数的平均水平

（五）日经 225 指数期货

交易单位：1 000 日元×日经 225 指数

交易地点：日本大阪证券交易所

最小变动价位：10 个指数点（每张合约 10 000 日元）

每日价格波动限制：不高于或不低于前一交易日结算价格 3%

合约月份：3 月、6 月、9 月、12 月

交易时间：9：00—11：15；13：00—15：15（日本时间）。最后交易日比平时早 15 分钟收盘

最后交易日：结算日之前 3 个营业日

结算日：合约月份之第 10 个（或第 11 个）营业日

结算价格：最后交易日收盘时该指数的收盘价格

交割方式：按结算价格实行现金结算

（六）日经 225 指数期货

交易单位：1 000 日元×日经 225 指数

交易地点：新加坡国际货币交易所

合约月份：3 月、6 月、9 月、12 月

最小变动价位：5 个指数点（每合约 5 000 美元）

每日价格波动限制：无

交易时间：8：00—14：15（新加坡时间）
最后交易日：合约月份的第3个星期三
交割方式：现金结算

（七）香港恒生指数期货

交易单位：50港元×恒生指数
交易地点：香港期货交易所
最小变动价位：1个指数点（每张合约50港元）
每节价格波动限制：不高于或不低于上节收市指数500点，但现货月份除外
合约月份：现货月份，现货月份随后的一个月份以及最近期的两个季末月份
交易时间：周一至周五为交易日，每日分上、下节：10：00—12：30；14：30—15：45（香港时间）
最后交易：交割月最后第2个营业日
结算日：最后交易日之后的第1个营业日
结算方式：现金结算
最后结算价格：以最后交易日每5分钟报出的恒生指数的平均值去掉小数后的整数作为最后结算价格

三、股票指数期货的价格

大部分指数可看作支付红利的证券。这里的证券就是计算指数的股票组合，证券所付红利即为该组合的持有人收到的红利。通过近似计算，可认为红利是连续支付的。设 q 为红利收益率，由前面的内容可知，期货价格 F 为：

$$F = Se^{(r-q)(T-t)}$$

例 5-7 一个 S&P500 指数的 3 个月期期货合约。假设用来计算指数的股票的红利收益率为每年3%，指数现值为400，连续复利的无风险利率为每年8%。这里 $r=0.08$，$S=400$，$T-t=0.25$，$q=0.03$，期货价格 F 为：

$$F = 400e^{0.05 \times 0.25} = 405.03$$

实际上，计算指数的股票组合的红利收益率1年里每周都在变化。例如，纽约股票交易所的大部分股票是在每年2月份、5月份、8月份及11月份的第一周付红利的。q 值应代表合约有效期间的平均红利收益率。用来估计 q 的红利应是那些除息日在期货合约有效期之内的股票的红利。

若分析者对计算红利的收益率不感兴趣，他可以估计指数中股票组合将要收到的红利金额总数及其时间分布。这时股票指数可看成是已知收入的证券，公式 $F=(S-T)e^{r(T-t)}$ 可用来计算期货价格。这个方法对日本、德国、法国的指数很有效，因为这些国家里所有的股票都在相同的时间里付红利。

若期货价格大于支付红利证券的价格，即 $F>Se^{(r-q)(T-t)}$，可通过购买指数中的成分股票，同时卖出指数期货合约而获利。若 $F<Se^{(r-q)(T-t)}$，可通过相反操作，即卖出指数

中的成分股票，买进指数期货合约而获利。这些策略就是所谓的指数套利（index arbitrage）。当 $F<Se^{(r-q)(T-t)}$ 时，指数套利通常由拥有指数成分股票组合的养老基金来进行；而当 $F>Se^{(r-q)(T-t)}$ 时，指数套利操作则通常由拥有短期资金市场投资的公司来进行。对于一些包含较多股票的指数，指数套利有时通过交易数量相对较少的有代表性的股票来进行，这些代表性的股票的变动能较准确地反映指数的变动。指数套利经常采用程序交易（program trading）方法来进行，即通过一个计算机系统来进行交易。

公式 $F=Se^{(r-q)(T-t)}$ 对日经225指数的期货合约无效。设 S_F 代表日经225指数值，这是用日元衡量的组合的价值。而在芝加哥商品交易所 CME 交易的日经225指数期货合约的标的变量是价值为 $5S_F$ 美元值的变量，也就是说，期货合约的变量用日元计量，但却把它视为美元来处理。我们不可能投资于一个价值总是 $5S_F$ 美元的证券组合，最好的做法是投资于价值为 $5S_F$ 日元的组合，或者投资于价值为 $5QS_F$ 美元的组合，这里 Q 是指1日元的美元价值。因此，日经期货合约的标的变量是一个美元量，该变量不等于某个可交易证券的价格，因此无法通过套利讨论来推导理论上的价格，而需另辟蹊径。

四、利用指数期货对冲

指数期货能用来对冲一些高度分散化股票组合的风险。由资本资产定价模型可知股票组合的收益与市场收益之间的关系由参数 β 来描述，它是组合超出无风险利率的超额收益对市场超出无风险利率的超额收益进行回归得到的最优拟合直线的斜率。当 $\beta=1.0$ 时，股票组合的收益就反映了市场的收益；当 $\beta=2.0$ 时，股票组合的超额收益为市场超额收益的两倍；当 $\beta=0.5$ 时，股票组合的收益为市场收益的一半，依此类推。

假设希望对冲某股票组合在时间段（$T-t$）里的价值变动风险。

设：Δ_1：若投资于股票组合，在（$T-t$）内每美元的价值变动；

Δ_2：若投资于市场指数，在（$T-t$）内每美元的价值变动；

S：股票组合的现值；

F：一个期货合约的现值；

N：对冲股票组合时，最佳的卖空合约数量。

一个期货合约的价值为指数乘以500。若 S&P500 的期货价格为400，则合约价值：

$$400 \times 500 = 200\ 000\ （美元）$$

从 β 的定义，近似可得 $\Delta_1 = \alpha + \beta \Delta_2$，

这里的 α 为常数。在时间 t 到 T 间股票组合的价格变动为 $S\Delta_1$，或：$\alpha S + \beta S \Delta_2$。在此段时间里期货合约价格的变动近似为 $F\Delta_2$，即 $F\Delta_2$ = 期货合约价格变动。

所以，Δ_2 = 期货合约价格变动/F，

将 Δ_2 代入 $S\Delta_1 = \alpha S + \beta S \Delta_2$，可得：

$$S\Delta_1 = \alpha S \times \frac{\beta S}{F} \times 期货合约价格变动$$

从而组合价格变动中不确定部分近似为：

$$\beta \frac{S}{F} \times 期货合约价格变动$$

因此：$N = \beta \frac{S}{F}$

例 5-8 某公司想运用还有 4 个月有效期的 S&P500 指数期货合约来对冲某个价值为 \$2 100 000 的股票组合。当时的期货合约价格为 300，该组合的 β 值为 1.5。一个期货合约的价值为：

$$300 \times \$500 = \$150\,000$$

因而应卖出的期货合约的数量为：

$$1.5 \times \frac{2\,100\,000}{150\,000} = 21$$

有效的股票指数对冲将使对冲者的头寸近似以无风险利率增长。但投资者为什么要对冲合约以获利，而不选择卖掉组合然后将所得收入投资短期国债以取得相等收益呢？

一个可能的原因是：对冲者认为股票组合中的股票选择得很好，他可能对整个市场的表现很没有把握，但坚信股票组合中的股票会比市场随机选择的股票组合表现出色（在适当调整组合的 β 值后）。采用指数期货来对冲转移了市场波动的风险，仅使对冲者股票组合超过市场的部分收益暴露于市场风险当中。另一个可能的原因是：对冲者计划长期持有该组合，但在不确定的市场状况下短期内需要保护该头寸。若采用先卖掉组合，以后再买回的策略，可能会导致过高的交易费用。

运用指数期货能改变股票组合的 β 值。如上例，要将组合的 β 值从 1.5 减少到 0，需要 21 张合约；若要将 β 降到 1.0，则只需要卖出 21 张合约的 1/3，即 7 张合约即可；要将 β 值从 1.5 上升至 3.0，需要买 21 张合约。依此类推，一般来说，要将组合的 β 值变到 β^*，当 $\beta > \beta^*$ 时，应卖出 $(\beta - \beta^*)\frac{S}{F}$ 张合约，当 $\beta < \beta^*$ 时，应买入 $(\beta^* - \beta)\frac{S}{F}$ 张合约。

五、我国股票指数期货的发展及问题

我国首次开展股票指数期货交易是 1994 年 1 月海南证券交易中心推出的保证指数期货交易，共 6 个期货合约，包括深证综合指数当月、次月、隔月合约，每个合约单位为深证指数乘以 500 元，但还不到 1 个月，便被证监会责令停止交易，总共成交合约 111 手。

我国股指期货交易是在股票现货市场很不完善的情况下出现的。股市容量小，上市公司的业绩与股票价格经常发生背离，信息披露严重滞后、失真，股票交易行为主要是短期投机。此外，股票指数的设计还不完全合理，且易被大户联手操纵。股价指数是股市的温度计，股价指数若不能真实代表股票价格的波动情况，股指期货也就难以开展交

易。目前我国股价指数的计算方法不是用流通股总数作为权重,而是以发行股数作为权重,这种计算方法难以反映实际的股价变动。

股票指数期货有利于证券承销商对股票资产进行保值和回避风险,尤其是在中国加入 WTO,国外抢占中国指数资源,国内开放式基金设立等国际国内大背景下,开展股指期货交易,改变当前股市只能单向做多的状况已显得尤为迫切。当前,我国理论界和实务界正在积极探索在我国重开股指期货交易的可行性,并在积极创造和准备相关条件。股指期货交易在我国已经提上了议事日程。

第七节　期货工具综合配置分析

一、期货工具与现货工具的搭配

(一) 利率期货与现货的搭配

例 5-9　今天是 8 月 21 日,某位投资人持有面值 $100 000 000 的国库券,在 30 天之后的 9 月 20 日到期。当国库券到期之后,这位投资人打算继续投资 3 个月,可是,他担心到那时利率下跌,若是如此,他将被迫根据较低的利率进行再投资。9 月份国库券的期货收益率为 9.8%,这也是目前投资适用的利率,他认为这个利率相当不错,希望延长国库券投资的到期期间。如果现在买进 9 月份期货,到期接受交割,交割取得的国库券将在 12 月份到期。

目前的期货收益率是 9.8%,每张合约的交割价值是 $975 500。9 月 20 日,当现有的国库券到期时,投资人将取得 $100 000 000 的价款,足以用来接受 102.51 张期货合约的交割($100 000 000/ $975 500 = 102.51)。于是,这位投资人建立了如表 5-13 所示的部位。

表 5-13　　　　　　　　　　延长到期期间的交易

日期	现货市场	期货市场
8 月 21 日	持有 30 天期的国库券,面值 $100 000 000,希望将到期期间延长 90 天	买进 102 张 9 月份国库券期货合约,收益率为 9.8%
9 月 20 日	30 天期国库券到期,收取价款 $100 000 000,在货币市场投资 $499 000	接受 102 张 9 月份期货合约的交割,支付 $99 501 000
12 月 19 日	9 月份期货交割的国库券到期,价值为 $102 000 000	

8月21日，假定贴现收益率为9.8%，投资人持有价值$99 183 333的30天期国库券，进行如表5-13所示的交易。8月21日没有发生现金流量。当30天期国库券于9月份到期时，接受9月份国库券期货合约的交割，支付价款$99 501 000，剩余的$499 000投资于货币市场基金。假定3个月期的货币市场收益率是9.8%。12月份的时候，货币市场的投资将成长为$499 000+$499 000(0.098)(90/360)=$511 226。另外，9月份期货合约交割而取得的国库券到期，价值是$102 000 000。所以，12月份的总现金流入是$105 511 226，相对于8月31日持有的$99 183 333，这4个月期的投资贴现收益是9.8%。

许多既有的投资组合经常具有不理想的到期期间结构。举例来说，某家公司持有6个月期的国库券，但3个月之后需要资金。同理，某位投资人持有6个月期的国库券，但担心这些国库券到期之后将面临不确定的再投资利率，这位投资者或许希望1年的到期期间，他们都可以卖出6个月期国库券，重新架构到期期间。可是，现货市场的交易成本偏高，许多人都宁愿通过期货市场来调整投资的到期期间。

上面这位投资人通过期货市场与现货市场的同时运作成功地延长了到期期间，将利率锁定在9.8%。在这个例子中，由于假定利率曲线为水平状，所以期货收益率也恰好是即期收益率。可是，当通过期货合约延伸到期期间时，期货部位是锁定当时的期货收益率；当需要缩短国库券投资的到期期间时，只要放空相应的较短期间的国库券期货。

（二）股票指数期货与现货的搭配

例5-10 9月20日到期的股票指数期货合约的理论价值是$111.48，当前期货价格为$115.00。由于期货价格超过合理价值，指数套利者可以进行表5-14中的"现货-持有"策略。7月6日，交易者借入必要的资金买进指数分股，同时放空期货合约。在7月23日与8月12日，交易者将分别取得两只股票的股利，并且在期货合约到期之前，根据10%的利率投资股利收益。因此，当9月20日期货合约到期时，最后的期货结算价格将等于当时的现货股价指数，这可以套保期货与现货价格相互收敛，基差为0。

表5-14中的交易盈亏不会受到9月20日（期货到期日）的现货股价影响。本例中，假定到期现货价格不变，这一交易获利是$6.32。如果到期股价发生变动，在现货市场的现金流量中，仅有卖出股票的价款发生变动，但这方面的变动将被期货部位的额外盈亏冲销，因为期货指数会收敛到现货指数，交易的获利仍为$6.32。可以发现，这笔"现货-持有"套利交易的获利来自于期货价格与其理论价值之间的背离，这笔获利是无风险的，我们可以把这种关系表述为：

$$\text{短期无风险债务工具} = \text{股票} - \text{股价指数期货}$$

由此，我们可以推知：

$$\text{合成的国库券} = \text{股票} - \text{股价指数期货}$$
$$\text{合成股票组合} = \text{国库券} + \text{股价指数期货}$$

表 5-14　　　　　　　　　　　"现货—持有"的指数套利

日期	现货市场	期货市场
7月6日	借取 $199，期限为 76 天，利率 10% 买进 A 股票与 B 股票，总价款为 $199	放空 1 张 9 月份指数期货合约，价格为 115.00
7月23日	收取 A 股票的股利 $1.50，投资 59 天，利率为 10%	
8月12日	收取 B 股票的股利 $1.00，投资 39 天，利率为 10%	
	当期货合约到期时，股票可以假定为任何价格。为了方便起见，假定股价没有变动，因此，到期现货指数仍是 110.56	
9月20日	收回股利的投资 $1.52 与 $1.01，卖出 A、B 股票，价格分别为 $115 和 $84，资金流入的总金额为 $201.53，清偿借款 $203.20	期货合约到期时，期货指数将收敛于现货指数 110.56，期货部位获利 $7.99
	亏损：$1.67	获利：$7.99
	净获利：$7.99 − $1.67 = $6.32	

注：该指数的成分股仅为 A、B 股票。

(三) 外汇期货与现货的搭配

例 5-11　某家美国的小型进口商向日本工厂订购手表，这家日本厂商坚持要求支付日元货款，交货的时间在 7 个月之后，但手表的价格已固定为 ￥2 850/只，总共有 15 000 只手表，所以，该美国厂商 7 个月后必须支付 ￥42 750 000 的货款。表 5-15 显示了当前（4 月 11 日）的汇率报价，如果 4 月 11 日的期货价格可以视为未来汇率的预测量，美元似乎会对日元贬值。为避免美元下跌的风险，该进口商决定通过 12 月份交割的外汇期货合约规避交易风险。交易商进行如表 5-16 所示的操作。4 月 11 日，他预估需要 ￥42 750 000，当时的美元价值为 $178 396，未来美元价值预做为 $182 329，后者是根据 12 月份期货价格估计的。在期货市场，进口商买进 3 张 12 月份日元合约，价格为 0.004 265 $/￥。

表 5-15　　　　　　　　　　　$/￥汇率（4 月 11 日）

即期	0.004 173
6 月份期货	0.004 200
9 月份期货	0.004 237
12 月份期货	0.004 265

表 5-16 进口商避险

	现货市场	期货市场
4月11日	进口商预计11月需要¥42 750 000，目前的美元价值为 $178 396，11月份的估计价值为 $182 329	进口商买进3张12月份¥期货合约，价格0.004 265，总成本 $159 938
11月18日	手表交货：在即期市场根据0.004 273买进¥42 750 000，美元成本为 $182 671 现货市场的结果： 预期成本　　　$182 329 −实际成本−$182 671 　　　　　　− $342	在0.004 270价位卖出3张12月份合约，总价值为 $160 125 期货市场的结果： 获利 $187
	净损失：$155	

11月18日，手续交货，进口商在现货市场根据0.004 273的价格买进日元，实际支付的美元金额较预期成本高出 $342。取得日元之后，进口商冲销期货部位，由于日元期货价格仅上涨0.000 005，获利为 $187，这使得整个避险交易的净损失为 $155。如果未进行避险，损失将是现货市场的全部损失 $342。

本例实质上是进口商在进行多头套期保值，多头套期保值一般应用于在未来某日期将发生外汇支出的场合，如人们从国外进口商品、购买技术、出国旅游；跨国公司的母公司向其设在国外的子公司供应资金；投资者计划投资以及债务人到期偿还贷款等。与此相应的是空头套期保值，它是指在现货市场上处于多头地位的人在期货市场上做一笔相应的空头交易，以防止现有外汇资产遭受汇率变动而贬值的风险。空头套期保值一般应用于在未来某日期取得外汇收入的场合，如向国外出口商品、提供劳务、对外投资、到期收回贷款等，预期未来在外汇市场出售的行情走势，为避免外汇汇率波动可能造成的损失，先行于外汇期货市场卖出该种外币的期货合约，而于合约到期前再买进该合约。

本例中预计的交易时间是11月份，进口商选择12月份合约，主要是为了节省合约展延的佣金成本。而且，12月份合约是最接近风险发生时间的期货合约，11月份交货的时候，12月份合约应该相当接近即期价格。一般来说，期货合约的到期日迟于风险发生日1个月左右比较有利。

例子中避险的效率不很理想，原因主要有两点：第一，期货价格的变动量小于现货价格变动量，即基差风险。现货价格变动 $0.000 008/¥，期货价格变动 $0.000 005/¥。第二，未进行完全避险，仍存在风险暴露头寸，风险部位是¥42 750 000，每张日元合约代表¥12 500 000，故需 $\frac{\$42\ 750\ 000}{\$12\ 500\ 000}=3.42$ 张合约，非整数，本例中选用3张合约，故避险部位为¥37 500 000，未避险部位¥250 000。

二、期货工具与期货工具的搭配

(一) 利率期货与期货的搭配

例 5-12　1989 年 5 月某日，商人 A 认为短期利率将继续保持上升趋势，由此会对银行的收益产生较大的影响，因此推测美国短期国库券期货与欧洲美元期货的价差进一步扩大，该商人立即对 1989 年 9 月份的期货持有了该价差多头头寸，即购买美国短期国债期货的同时出售相同数量和同到期日的欧洲美元期货头寸（如表 5-17）。

表 5-17　　　　　　　　　　　国库券/欧洲美元价差交易收支

日期	期货市场
1989 年 5 月 17 日	放空 1 张 9 月份欧洲美元期货，IMM 指数为 90.29，买进 1 张 9 月份美国国库券期货，IMM 指数为 91.18
1989 年 8 月 14 日	回补 1 张 9 月份欧洲美元期货，IMM 指数为 89.91，卖出 1 张 9 月份国库券期货，IMM 指数为 91.07 损益： 　欧洲美元　　国库券 　　90.29　　　91.07 　−89.21　　 −91.18 　　0.38　　　−0.11 总获利：27bps× \$25 = \$675

同年 8 月某日，正如该商人预测的那样，传出了美国大银行收益恶化的消息，国库券/欧洲美元之间的价差扩大，A 商人感到时机已到，遂通过相反交易轧平了所持有的头寸。

上述国库券/欧洲美元之间的价差交易又称为 TED 价差交易，即将均为 3 个月期短期利率期货的美国短期国债期货与欧洲美元期货之间的价差视做价格，通过买卖谋取利差收益的交易。在两种期货均上市的 CME 市场中，TED 价差以其自己的标价经常上市交易。例如，当美国短期国债期货价格为 9 299~9 300、欧洲美元期货价格为 9 174~9 175 时，TED 价差的价格大致为 124~126（美国短期国债期货价格减欧洲美元期货价格）。

"T—Bill" 是美国财政部发行的短期国债，偿还风险几乎接近零；欧洲美元期货的基础资产是"欧洲美元"，是银行同业间存款，随时可能发生银行倒闭的风险，这种风险直接反映在美国短期国债和欧洲美元的利率差别上，亦即反映在期货价格差别上。从这个意义上讲，TED 价差交易就是针对美国政府与银行间的资信差别进行投机的交易。TED 价差主要受以下因素的影响：中央银行在外汇市场上的干预；资金抽逃现象；金融业信誉恐慌事件；美国短期国债供求关系；短期利率剧烈波动，收益率曲线发生变化。

如同 TED 价差交易一样，NOB 交易策略也是一种很基本普遍的投机策略。NOB 是针对中期公债期货与长期公债期货进行投机的价差交易，NOB 代表 notes over bonds。

（二）股票指数期货与期货的搭配

例 5-13 某基金经理人希望合成一张新的包括较少美国公司的股票指数期货合约。标准-普尔 500 指数的股票篮子包括了在 NYSE 上市的最大 500 家公司的股票，大约占了 NYSE 所有上市股票总市值的 80%（事实上它还包括一些在场外交易的股票，这里作简化处理）。而纽约证券交易所综合指数（composite index）则包括了在 NYSE 上市的全部大约 1 700 支股票。当前 S&P500 指数期货的价格为 360×500 = \$180 000，而 NYSE 综合指数的价格为 200×500 = \$100 000。该基金经理买进 9 份综合指数期货合约同时卖出 4 份 S&P500 指数期货合约，二者有相同的交割日，且价差比率为 0.444，则这笔交易建立了一份价值 \$180 000 的新合成指数期货合约的多头头寸，该指数期货合约的对应篮子股票包括了除组成 S&P500 指数的股票以外的所有构成 NYSE 综合指数的大约 1 200 支股票。

现货和债券能用来复合期货合约，同样，由两指数期货组成的加权价差交易（weighted spread）即价差比率不为 1 的价差交易也可以用来合成一种新的指数期货，这是指数基金的常用操作手法。如上例，两种指数期货，其中一个指数期货的篮子股票是另一指数篮子股票的子集，则这两种指数期货的价差交易可以用来合成不包括子集股票而由另一部分股票组成的新的指数期货合约。事实上，每份 NYSE 综合指数期货的价值 \$100 000 可分为两部分：①价值 \$80 000 的 S&P500 指数；②价值 \$20 000 的由 1 200 家较小公司股票组成的新指数。因此，9 份综合指数期货中包了价值 9×80 000 = \$720 000 的 S&P500 指数期货，而它可由 4 份卖空的 S&P500 指数期货合约对冲掉，4×180 000 = \$720 000，这样就建立了由 1 200 家较小公司股票组成的新指数期货的净多头头寸 9×20 000 = \$180 000。同样，在英国同时持有 FT-SE100 和 FT-SE Mid250 指数期货的多头头寸或空头头寸可以合成由最大的 350 家英国公司股票组成的指数期货合约，因为 FE-SE100 和 FT-SE Mid250 这两种指数对应的股票不存在重合部分，故不能合成由某一指数的子集构成的新股票指数期货合约。

上例中综合指数期货和 S&P500 指数期货的价差比率为 0.444，该比率可由公式 $\rho = \dfrac{PF_1}{F_s}$ 计算得出。式中 F_s 为 S&P500 指数期货的当前价格，即 \$180 000；F_1 为综合指数期货的当前价格，即为 100 000；P 为 S&P500 指数的股票价值在综合指数的股票价值中的占比，即 0.8。

（三）外汇期货与期货的搭配

例 5-14 某年 5 月 10 日，投资者根据 IMM 德国马克期货行情进行预测，市场行情如表 5-18 所示。

表 5-18　　　　　　　　　　**IMM 德国马克期货行情**

5 月 10 日：DEUTSCHE MARK（CEM）-12 500marks；$per mark

合约月份	结算价格	价差
6 月	0.5764	
9 月	0.5640	0.0124
12 月	0.5560	0.0080

由于 9 月份合约价格变化过大，超出了正常范围，投资者认为德国马克期货价格会上涨，且 9 月份合约涨幅会超过 12 月份合约涨幅，于是，投资者买进 9 月份德国马克期货合约，卖出 12 月份德国马克期货合约。到 9 月 1 日，德国马克期货价格变化如表 5-19 所示。

表 5-19　　　　　　　　　　**IMM 德国马克期货行情**

9 月 1 日：DEUTSCHE MARK（CME）-125 000 marks；$per mark

合约月份	结算价格	与 5 月 10 日价格相比涨幅大小
9 月	0.573 0	0.009 0
12 月	0.562 0	0.006 0

则该投资者在套汇交易中获利为每合约 125 000(0.009 0-0.006 0)= $375。

例子中通过买进近合约（nearly contract）、卖出远合约（far contract）来进行套汇赚取利润，这种策略又被称为牛市价差套汇（bull spread）。如果投资者预期价格上涨，且预期近合约价格涨幅将大于远合约价格涨幅，则应采用这种牛市价差套汇策略。与之相应的还有熊市价差套汇（bear spread），即投资者买进远合约同时卖出近合约。一般当投资者预测价格下跌，且近合约价格下跌幅度将大于远合约价格跌幅时，采用这种熊市价差套汇策略。

◎ 小结

本章主要介绍了期货工具的基本概念、期货工具的定价方法、几种典型的期货品种以及利用金融工程的工具综合配置思想介绍了期货工具与前面所讲的现货、远期及其自身的搭配组合交易策略。

第一节期货交易概述，主要介绍了期货交易的历史渊源、期货市场的基本功能、期货交易的特点以及期货交易与远期交易的比较。

第二节期货定价利用无套利组合复制思想，结合远期交易定价，介绍了期货工具的两种经典定价模型。由于期货合约是由一连串的短期远期合约构成的，在本节中不再重复期货与远期相同的定价公式，而把重点放在期货与远期定价的关系讨论上。

第三、四、五、六节讲述当前期货交易所的几大具体交易品种。主要围绕着各期货品种的具体特点、种类、合约、定价以及在我国的发展情况这些大问题展开。

第七节是期货工具与现货工具、远期工具及其自身的搭配策略问题，是金融工程配置思想创造性解决金融实际问题的突出表现。

◎ **重要概念**

期货　标准化合约　刻度　保证金　逐日结算　冲销　期货转现货
屏幕交易　未平仓量　基差　价差交易　便利收益　隐含回购利率
转换因子　发票金额　最便宜交割国债

◎ **思考题**

1. 期货市场有哪些基本功能？
2. 期货交易有哪些特点？
3. 期货交易保证金的种类有哪些？
4. 结束期货交易部位的方法有哪些？
5. 如何防范期货交易风险？
6. 试述对我国开展期货交易的思考。

◎ **参考书目与推荐阅读**

1. 叶永刚. 金融工程学. 大连：东北财经大学出版社，2002.
2. 约翰·马歇尔，维普尔·班塞尔. 金融工程. 宋逢明，朱宝宪，张涛伟，译. 北京：清华大学出版社，1998.
3. 洛伦兹·格利茨. 金融工程学. 唐旭，等，译. 北京：经济科学出版社，1998.
4. John C. Hull. Option, Futures and other Derivatives. South Western Cincinnati, 1996.
5. Julian Walmsley. The New Financial Instrument. John Wiley & Sons, 1998.
6. Robert Jarrow, Stuart Turnbull. Derivative Securities. South-Western College Publishing, 1996.

第六章 互换工具

◎ 学习目标

1. 金融互换交易的概念、产生和发展、特点和功能
2. 金融互换市场的发展，互换市场的参与者和报价方式
3. 互换定价的基本思想以及货币互换和利率互换的定价方法
4. 利率互换的概念、类别以及交易功能
5. 货币互换的概念、类别以及交易功能
6. 互换交易的综合配置分析

从现金流角度来看，与现货交易、远期交易一样，互换交易也是一种常用的线性金融衍生产品。自 20 世纪 80 年代产生以来，国际互换交易额以每年 3.5 万亿美元的速度增加，市场规模已十分可观。对于现代企业来讲，互换交易已成为融资和风险管理最有效的金融工具之一。本章首先介绍互换交易的产生、发展特点和交易的功能；再介绍互换的定价原理，并说明两种基本互换——利率互换和货币互换的定价方法；然后分别对互换交易的品种——利率互换、货币互换、信用违约互换和总收益互换进行分析；最后以现金流量图作为分析手段，讲述金融互换交易与其他交易的关系以及金融互换交易与其他工具（主要是前面几章涉及的现货交易和远期交易）的配置问题。

第一节 互换交易概述

一、金融互换的概念和原理

金融互换（financial swaps），也译为金融掉期，是交易双方依据预先约定的协议，

在未来的确定期限内，互相交换一系列现金流量或支付（比如本金、利息、价差等）的交易。互换交易双方通过签订互换协议保障双方的权利，约束双方的义务。因此，互换交易一般属于场外交易。

互换这种金融创新工具的理论基础是国际贸易中的比较利益理论，即一个国家，只要按照比较利益的思路参与国际分工和贸易都可以获得实际利益。这种思想在金融领域就产生了互换交易。假设有互换参与方 A 与 B，如果 A 在 I 领域（如固定利率贷款领域）有相对优势，B 在 II 领域（如浮动利率贷款领域）有相对优势，而 A 需要 II 领域中的金融产品，B 需要 I 领域中的金融产品，则他们可以按照比较利益理论，由 A 在 I 领域中为购买 B 需要的金融产品支付现金流，由 B 在 II 领域中为购买 A 需要的金融产品支付现金流，然后，互换得到各自需要的金融产品，并按事先的约定互换现金流，从而达到双赢的结果。

二、金融互换的产生与发展

（一）金融互换的产生

尽管人们对互换交易的发展历史看法不一，但有一点是共同的，即互换交易起源于 20 世纪 70 年代英国与美国企业之间安排的英镑与美元的平行贷款。

1. 平行贷款

20 世纪 70 年代初，由于国际收支恶化，英国因此实行了外汇管制，并采取了对外投资进行征税的办法，以惩罚资金外流。一些企业为了逃避外汇管制便采取了平行贷款（parallel loan）的对策。平行贷款涉及两个国家的母公司，其各自在国内向对方在境内的子公司提供与本币等值的贷款。例如，美国母公司向在其境内的英国子公司贷款，而英国的母公司向在其境内的美国子公司贷款，用于相互的投资，如图 6-1 所示。

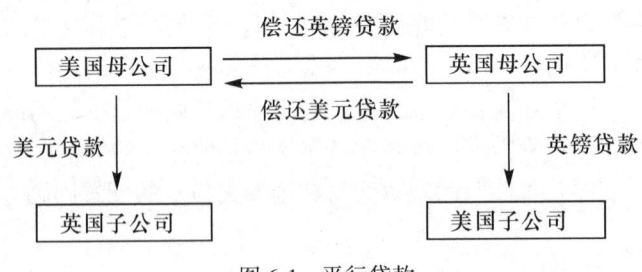

图 6-1 平行贷款

平行贷款中涉及两个单独的贷款合同，分别由两个不同的母公司各自贷款给对方设在本国境内的子公司。贷款由银行作为中介来完成，两个子公司的两笔贷款分别由其母公司提供担保。平行贷款的期限一般为 5~10 年，大多采用固定利率方式计息，按期每半年或一年相互向对方支付利息，到期各自将借款金额偿还给对方。两个子公司分别为当地注册的法人。由于平行贷款涉及两个单独的贷款合同，并分别具有法律效力，因此,若一方违约,另一方仍要执行合同,不得自行抵消。于是,为了降低违约风险,背对背贷款应运而生。

2. 背对背贷款

背对背贷款(back-to-back loan)是指两个国家的公司相互直接提供贷款,贷款的币种不同但币值相等,并且贷款的到期日相同,双方按期支付利息,到期各自向对方偿还借款金额。如图 6-2 所示。

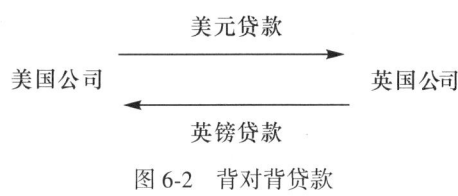

图 6-2　背对背贷款

背对背贷款与平行贷款在贷款结构上是不同的,效果却是相同的。结构的不同之处在于:它是两个公司之间直接提供贷款,双方只签订一个贷款合同。合同中规定,若一方违约导致另一方遭受损失,那么,另一方有权不偿还对它的贷款债务以抵消该损失,从而使双方的贷款风险降低。虽然两贷款的结构和文件不同,但都涉及同样的现金流,因此,其效果是相同的。

背对背贷款已非常接近现代货币互换。但就本质而言,背对背贷款毕竟是借贷行为,它在法律上产生新的资产与负债,双方互为对方的债权人和债务人;而货币互换则是不同货币间负债或资产的交换,是表外业务,不产生新的资产与负债,因而也就不会改变一个公司原有的资产与负债状况。

(二) 金融互换的形成

1. 货币互换的出现

虽然在 1977 年,英国公司和荷兰公司已经开始进行货币互换交易,但世界银行与 IBM 公司于 1981 年所进行的互换才真正使互换与国际资本市场融为一体。当时在索罗门兄弟公司的安排下,世界银行发行债券所筹集的 2.9 亿美元与 IBM 公司发行债券所筹集的德国马克和瑞士法郎进行了货币互换。

需要强调的是,互换只涉及一个互换协议。货币互换交易和背对背贷款的结构和文件虽然不同,但都涉及同样的现金流。

2. 利率互换的出现

第一例利率互换出现于 1982 年中期。学生贷款市场协会(Student Loan Marketing Association,又称 Sallie Mae)发行了中期固定利率债券,由投资银行作中介,将利息支付互换成 3 个月国债收益为标准的浮动利息支付。通过互换,Sallie Mae 获得了与其浮动利率资产更相匹配的负债现金流。利率互换自问世以来,其市场规模迅速增长,1985 年底未清偿利率互换名义本金是 170 亿美元,到 1997 年底这一数字上升为 22 291 亿美元。

3. 商品互换的出现

商品互换于 1987 年出现，那时已有许多美国银行监管者通过其合法性，在此之前，银行不允许直接参与商品及其相关期货及远期交易。1987 年货币审计署（the Office of the Comptroller of the Currency）允许 Chase Manhattan Banck 作为 Asian airline 和石油生产者的商品互换的中介者。不久，花旗银行也获准通过其外贸附属子公司参与商品互换交易。1990 年 2 月监管进一步放松，国民银行被允许使用交换贸易期货和期权对商品互换头寸保值。然而因为商品期货交易委员会（CFTC）对商品互换的观点的不确定性，许多商品互换在离岸市场活跃进行。1987 年 2 月 CFTC 对场外交易进行研究来识别该交易是否属于 CFTC 的管辖范围。1989 年 7 月，CFTC 签发一项商品互换不在其管辖范围内的声明，从此美国商品互换交易迅速发展。

4. 股权互换的出现

四种基础互换中，股权互换是最后出现的：1989 年 Bankers Trust 首次使用。股权互换主要是被用来替代在股票市场上的直接投资。基于国内外各种股票指数，股权互换呈现各种复杂形式。

三、金融互换的特点和功能

（一）金融互换的特点

总的来说互换交易的特点有：

1. 互换最主要的特点是可以暂时改变给定资产或负债的风险与收益的特征，而不必出售原始资产或负债。这对于流动性相对较差的资产负债来说很重要。

2. 互换交易是表外交易。所谓表外业务，是指那些不会引起资产负债表内业务发生变化，却可为商业银行带来业务收入或减少风险的中间业务。互换交易就是一种衍生金融工具的表外业务。

3. 互换交易可进行长期安排（2~20 年），期货、期权等交易则不可能，故在资产负债长期管理中，互换交易更为适用。

4. 互换交易货币种类较多。金融互换市场上大部分互换交易是以美元、英镑、德国马克、瑞士法郎、日元、荷兰盾、欧元（欧元流通后）、加拿大元或澳大利亚元等货币进行的。也有一些交易以其他货币进行，但是市场的流动性相对较小。

5. 互换金额较大。单个互换业务的额度通常在 500 万美元和 3 亿美元之间，有时也采用辛迪加式的互换进行较大数额的交易。此时，互换的一方是银团，它们通过互换金额的共同分担来减少单个银行所承担的风险。

6. 互换交易是场外交易，形式十分灵活，可以根据客户现金流量的实际情况做到"量体裁衣"。因为互换市场交易的不是交易所式的金融商品，互换交易的形式、金额、到期日等完全视客户需要而定，是一种按需定制的交易方式，只要互换双方愿意，从互换内容到互换形式都可以完全按需来设计，由此形成的互换交易可以完全满足客户的特定需求。因此互换交易比起交易所交易的其他金融工具来更适合投资者的需求。互换的对手方既可以选择交易额的大小，也可以选择期限的长短。互换交易的这种灵活性是期权期货市场所不具备的。

7. 交易成本低，流动性强，且具保密性。互换协议只需签订一次，就可以在以后若干年内进行多次交换支付。如果签订远期合约，这样的合约就必须签订多次。所以互换协议的交易成本较低。

标准合同的互换市场具有一定的流动性，其行情活跃，了结合同几乎没有困难，可以出售或中途废止等，市场的流动性一般强于远期合约。

在互换市场上，只有互换对手知道互换交易的具体详情，这种不公开化的交易有助于交易的保密性。

8. 无政府监管。从市场交易受管制的程度来看，在互换市场上，实际上不存在政府监管。而在期货等衍生工具市场上，或多或少都受到政府的管制。

（二）金融互换的功能

金融衍生工具之所以在短时间内获得迅猛发展，除了得益于客观经济环境的需要外，也是由它自身所特有的功能所决定的。具体来说，衍生金融工具具有如下主要功能：

1. 规避风险功能

风险是客观普遍存在的，金融衍生工具的出现，提供了新的风险管理手段。它能将风险集中、冲销或者重新分配，从而更好地满足不同投资者的不同需求，使其根据各种风险的大小和自己的偏好更有效地配置资金。例如，在利率频繁变动的市场环境中，只要利率敏感性资产和利率敏感性负债之间出现差额，就存在利率风险。从理论上讲，有针对性的调整资产负债结构，消除二者之间的差额可以消除利率风险，但实际操作中却受到金融监管、交易成本过高等种种条件的限制，不可能真正实现。如果运用远期利率协议、利率期货、利率互换等衍生工具，就可以在不调整资产负债结构的前提下，控制利率风险，同时满足流动性和盈利性的要求。这已经成为当今世界上主要的管理利率风险的方式之一。

2. 盈利功能

金融衍生工具的盈利包括交易本身的收入（投机收入、套利收入）和提供经纪人服务的收入。一方面，创立金融衍生工具的本意是为规避风险者提供一种避险的金融工具，但是金融衍生工具交易也为投机者创造了条件。由于金融衍生工具交易的杠杆作用，可使投机者能以较小的资金获得较大的利润（当然也可能是较大的亏损）。套取无风险利润是另一种投资类型。所谓无风险利润，就是不需要承担风险的利润。不同的市场之间有时会由于市场缺陷而出现一些暂时性的失衡，交易者利用这些失衡状态，在精确计算的基础上通过构造一系列交易，就可获得这种无风险的利润。例如，利用不同地点外汇市场上的汇差进行"套汇"交易，在外汇市场和货币市场间进行"套利"交易等。

另一方面，由于金融衍生工具的技术性极强，一般投资者很难把握。因此，商业银行、投资银行等凭借其高素质的专业人才、先进的技术设备，为投资者提供咨询、经纪服务，从中赚取手续费、佣金收入。金融衍生工具的交易由于不列入财务报表，潜亏潜赢都不影响财务指标，从而也避免了对交易者资信状况的影响。投资者可以不用增加资产总额就能增加收益,这种独特的盈利功能是吸引众多投资者的一大原因。对于被严格约束了资本充足率的银行来说,这无疑是极为重要的。

3. 筹资与投资管理手段

金融衍生工具的出现,使企业的筹资更为容易。各种针对具体客户实际情况设计的衍生金融工具可以帮助其更为便捷地筹措资金。金融衍生工具能够降低筹资成本。例如,企业可以利用货币互换和利率互换等业务,充分发挥各自的相对比较优势,大大节约筹资成本。利用金融衍生工具还可以转移筹资过程中的风险。再如,英国北海石油公司在北海开发新油田时需要筹措巨额资金,但由于风险太大而遭遇困难,后来正是由于利用利率互换锁定了成本,降低了风险,才顺利完成了筹资。此外,金融衍生工具还是调整投资组合的理想工具。由于衍生金融工具交易成本很低,且其交易的发生不计入资产负债表,这为企业的资产组合投资及适时调整提供了较大的便利。

4. 促进原生金融市场的发展

由于金融衍生工具具备以上功能,特别是避险功能,可以使投资者安全地参与原生工具市场的交易,增强了资本的流动性,对稳定、完善和发展原生金融工具市场具有重要作用。尽管新的资本一般并不来自于金融衍生工具市场,但衍生交易市场的风险转移机制明显促进了原生工具市场的效率的提高。例如1977年,纽约股票交易所的股票日交易量不过2 200万股,而推出股票指数期货后,交易量迅速达到1987年的日平均交易量1.63亿股。正如美国银行监管组织的一份联合报告所说:"没有对货币头寸进行管理的相关衍生市场,原生市场就不可能时刻正常运作,尽管某些衍生工具还存在一些问题。"

四、金融互换市场的发展

20世纪80年代初期以来,金融互换在较短时间内发展为具有多种样式的市场。按照时代背景、交易安排情况和交易量的大小,互换市场的演变和发展大致可分为以下五个阶段,如表6-1所示。

表6-1　　　　　　　　　　互换市场的发展阶段

时间	阶段	互换交易安排	互换交易品种	交易量
20世纪70年代	在各种管制环境下的套做(套利套汇)	从货币互换的前身——平行贷款发展到货币互换	平行贷款或背对背贷款	数量小
1980—1981年	在不同市场及不同价格情况下的套做 互换市场的萌芽阶段	银行为希望进行互换交易的各方牵线搭桥,通过签订协议成交	货币互换	数额小

续表

时间	阶段	互换交易安排	互换交易品种	交易量
1982—1983年	在不同市场及不同价格情况下的套做 互换市场的形成	银行直接参与互换交易，与互换双方分别签订协议成交；利率互换与互换交易者发行的欧洲债券相联系	货币互换、利率互换	200亿美元以上 1983年约为400亿美元
1984—1985年	标准化的互换，并以此为基础发展其他形式的互换 互换市场的迅速发展阶段	在标准化合同的基础上创造互换市场	利率互换、货币互换、交叉货币利率互换	1 000~2 000亿美元以上
1985年至今	发展了二级市场的成熟的互换市场	已经达成的互换协议将有机会再次被转让、拍卖	利率互换、货币互换、利率互换期权、可赎回互换、逆互换等	互换交易的金额仍在以每年数万亿美元的幅度增长

第一阶段，平行贷款虽然为本国居民提供了一种避免因汇率或利率上升而造成风险损失的工具，但这种贷款交易有其弱点，作为资产负债表的表内业务，平行贷款增加双方各自的负债额，并且，进行平行贷款必须签订两个协议分别成交，若其中一方不能如约清偿，另一方仍需继续履约支付债务。而货币互换交易能有效地避免平行贷款的不足之处：（1）货币互换是资产负债表外业务，它不会增加交易双方资产负债表上的资产额和负债额；（2）互换交易只需签订一份合同即可成交，若一方不能如约偿债，另一方也不再负有支付债务的义务。这样，互换交易在一定程度上避免了平行贷款中单份合同可能导致的信贷风险。因此，人们一般将货币互换看作是平行贷款的演变和发展。

第二阶段，互换市场的萌芽阶段。20世纪80年代初，人们逐渐认识到互换交易在低成本、高收益的资金融通方面的重要作用，以及如何利用互换交易进行投机获利的诀窍。同种货币浮动利率与固定利率、不同货币利率之间的差异，使得套利套汇成为可能，而互换交易为这种套做提供了机会和工具。即只要存在市场价格（指利率和汇率）的差异，就有套做机会，也就为互换交易创造了机会。在IBM与世界银行的货币互换产生1年之后，利率互换也正式产生。

第三阶段，真正的互换市场的形成。当互换这种新的金融工具出现后，紧接着的就是如何构造互换市场，提高互换交易的效率。在互换交易及其市场的发展初期，主要由一些发达国家的投资银行、证券公司、商业银行等充当互换中介机构，为各种交易者牵线搭桥，安排互换交易，这是一种效率较低的经营方式。随着互换市场的发展，信誉较好的互换最终使用者也开始独立地寻找互换者，迫使互换中介机构直接参与互换交易。中介机构以互换最终使用者的身份先与一个互换使用者直接签订互换合同，再寻找互换交易另一方配对，与之签订反方向的互换合同，以此完成整个互换交易，大大提高了互换交易的效率，促使互换形成了真正意义上的互换市场。与此同时，远期、期货、期权等各种避险保值措施的出现，使得消除未配对互换可能产生的利率或汇率风险成为可能，此阶段互换的交易量因此迅速增长达200亿美元以上。

第四阶段，互换市场在标准化下的进一步发展。互换交易和互换市场的效率提高后，互换交易的规范化和标准化又促进了互换市场的进一步发展。它使互换成为如期货合同那样的标准交易商品，人们可以获得互换的连续报价，一旦参与互换，成交将在瞬间完成。它解除了互换中介机构担心无法配平单个互换交易的后顾之忧，也提高了互换的流动性。并在此基础上，发展了其他种类的互换。这样，互换在20世纪80年代上半期得到飞速的发展，利率互换一经产生，便很快在整个互换市场中占有最大份额。目前，在整个互换市场上，利率互换的交易量约占互换交易总量的80%。所以，只有在利率互换产生以后，互换市场才有突飞猛进的发展。据不完全统计，1983年，互换的成交量约为400亿美元，1984年竟猛增到约1 000亿美元。

第五阶段，互换市场的成熟阶段。1985年后期，互换变得十分多样化，一些互换可以赎回或展期，另一些则可以被推迟。1985年互换的成交量又增加约2 000亿美元，并且还发展了二级互换市场，出现了逆互换、互换销售和主动终止，这标志着互换市场进入了成熟阶段。1987年互换的成交量从1985年的2 000亿美元增加到约4 000亿美元，1988年已超过10 000亿美元。至90年代，互换交易技术不断翻新，各种金融要素的重新捆绑和组合使得互换市场得以迅速发展，互换已不再仅限于由相互匹配吻合的交易双方组成对子来进行，而是通过与其他金融工具组合起来进行，如与即期、远期、长期外汇、债券、远期利率协议、短期利率期货、期权等结合起来进行。据统计，1989~1993年，全球互换交易量平均每年以30.3%的速度递增，略低于远期交易与期货的增长速度。到1996年年中，全球互换交易尚未结算的合同金额已达21万亿美元之巨，其中，利率互换占74%，货币互换占6%，利率期权（包括利率上限、利率下限、利率上下限、互换期权等产品的交易）占20%，仅利率互换和货币互换两项，国际互换交易协会（ISDA）成员们的市场交易量已达到16.88万亿美元。目前，互换交易的金额仍在以每年数万亿美元的幅度增长。1999年底，全球互换业务的签约金额已达到30万亿美元。互换是最成功的场外交易工具，互换合同涉及的主要币种是美元、日元和德国马克（指欧元产生前，下同）。

五、金融互换市场参与者与市场报价

（一）金融互换市场的参与者

总的来说，在互换市场的演变与发展过程中，互换市场上从事交易的人分为两大类：一类是互换最终使用者或直接用户，他们或从资产负债管理角度出发，通过互换交易改变资产负债的利率或货币形式；或是为了降低筹资成本，获得最大的收益；或是出于投机目的等积极地参与互换交易。另一类是互换中介机构，它是为互换最终使用者提供互换工具的金融机构。实际上,这些金融机构多是身兼两职,既是互换交易的直接使用者,又是互换中介。具体来说,金融互换市场的主要参与者有以下几种:

1. 政府

在互换市场上,政府常常利用互换市场开展利率风险管理业务,在自己的资产组合中,调整固定与浮动利率债务的比重。大多数有赤字的政府其大部分的债务融资是固定利率,而一些国际主权债券是浮动利率票据。欧洲及欧洲以外的许多政府利用互换市场将发行的固定利率债券从一种货币互换为另一种货币,或者将固定利率互换为浮动利率,从中获取更便宜的浮动利率资金。

2. 出口信贷机构

出口信贷机构提供价格有竞争力的融资以便扩大该国的出口。出口信贷机构在提供价格有竞争力的融资以便扩大该国出口的同时,往往利用互换降低借款成本,使资金来源多样化。通过信用套利过程节省下来的费用,分摊给当地借款人,这些借款人构成出口信贷机构的客户群。一些出口信贷机构特别是来自北欧国家的,一直是活跃在国际债券市场上的借款人,他们有些成功地创造了融资项目从而能够按优惠利率借款。互换市场使他们能够分散筹资渠道,使借款币种范围更广,再互换回他们所需要的货币。互换还使借款人能管理利率及货币风险。

3. 金融机构

使用互换市场的金融机构范围很广,包括保险公司、中央银行、储蓄银行、商业银行、商人银行、投资银行、存贷协会、房屋建筑协会、养老基金、保值基金与证券公司。世界上数以百计的商业银行与投资银行是互换市场的活跃分子,它们不仅为自己的账户,同时也代表自己的客户进行交易,既充当中介机构又充当造市商的角色。它们的主要做法有:用互换交换收益曲线、用互换对其资产与负债进行保值、通过资产互换组合和构造产品作为调整投资的方式以满足客户要求、用互换作为保值手段为客户提供量体裁衣式的投资以及在互换市场造市增加了市场的流动性等。

4. 大企业

许多大企业也是互换市场的活跃分子,它们用互换规避利率风险,并将资产与负债配对,其方式与银行大抵相同。也有一些公司用互换市场交换它们对利率的看法,并探寻信用套利的机会。

此外,互换市场还有其他参与者,它们包括各种交易协会、经纪人、系统卖方等。

(二) 金融互换市场报价

互换市场中的价格行情一般用支付的固定利率表示,典型的报价方法是比同期国债高出若干个点,该差额称作互换利基。例如,互换利差报价可能是"5年期国债加上72点"。浮动利率报价通常没有上浮点,即浮动利率定为与某个指标(如6个月LIBOR)相等。有时,报价采取固定利率和浮动利率综合方式,表示成LIBOR加上若干个点。但这属例外。

利率互换中的固定利率,称为"互换利息率"(swap coupon),经常是作为债券等同收益(BEY:bond-equivalent yield)或利息等同收益来报价的。债券等同收益以1年

365 天为计算基础。这种对计算日期的不同处理方法，使得 LIBOR 利率与互换利息率无法直接进行比较。为了对二者进行适当的比较，就必须先调整两种利率的报价天数。具体的调整方式如下：将 LIBOR 转换为 BEY 时，就将利率差异简单地乘以 $\frac{365}{360}$；将 BEY 转换为 LIBOR 时，就将利差乘以 $\frac{360}{365}$。只有当交易双方的支付频率一致时，即都是 1 季度、半年或 1 年支付一次，这种日期调整才是正确的。

互换中的浮动利率除了与 LIBOR 挂钩之外，还可与利率指数挂钩，或以观测到的短期利率或利率指数的平均数为基础。常用的利率有：存单、商业票据、短期国库券、联邦基金等的利率。但多数利率互换中使用的浮动利率还是以 LIBOR 为基础的。

货币互换的报价与利率互换非常相似。一个一定期限的货币互换通常以固定利率的绝对水平或在该货币的固定利率指数上加上一个差价对美元 3 月期或者 6 月期LIBOR 的形式进行报价。例如，澳元货币互换的报价可能是11%对美元 6 月期 LIBOR，或者是澳元债券加上 60 个基点的差价对美元 6 月期 LIBOR 平价。

按照互换市场管理交易惯例，互换卖出价格（买入价格）是指互换交易商在互换中愿意收入（支付）的固定利率，他们从买卖价差中赚取利润。在互换的报价中通用术语如图 6-3 所示。

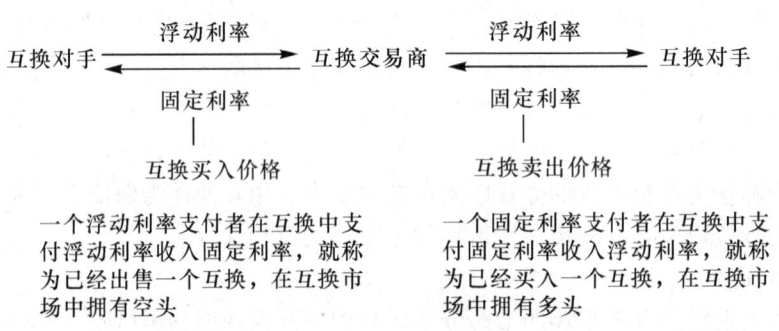

图 6-3　互换市场术语

第二节　互换定价

在这一节中，以互换交易最常见的形式——利率互换和货币互换为例，来说明互换交易的定价原理。在介绍之前，还是有必要先对互换定价的思想有基本的认识。

一、互换定价方法的概述

首先要说明的是，按惯例，互换定价是在给定某浮动利率水平的前提下对互换中固定利率定价，也就是说互换定价就是确定互换中固定利率。从大类上讲，互换定价的方法主要有两种：套利定价和零息票定价。下面分别进行介绍。

(一) 套利定价

套利定价的基本思想建立在比较成本优势理论的基础上。在不同的国际资本市场上利率各不相同，不同信用级别的融资者的筹资成本有很大差异。在这种环境中，为了节约融资成本就可以运用互换进行套利，即企业可以在利率较低的市场借入低成本资金，然后通过互换，将所筹资金的货币和利率基础换成自己所希望的种类。套利交易使得互换双方节约的成本从另一个角度看就是互换收益，如何将互换收益在各方进行分配就是套利定价方法所要解决的问题。不难看出，套利定价过程实际上就是进行套利的逆过程。

具体来看，套利定价的过程可以归纳为以下三个步骤：

1. 资料收集，确定各方在不同金融市场下的融资成本，建立融资成本矩阵。这样，互换双方的利息成本差异就可以通过识别相对比较优势来确定。

2. 确定各方的比较优势及互换总收益。首先对各方在不同市场的融资成本进行计算，对双方有关比较优势进行识别进而确定互换总收益，即计算互换节省的总成本。如果互换双方中一方在一市场占绝对比较优势，另一方在另一市场占绝对比较优势，则互换总收益是两个比较优势之和。如果互换双方中一方在两个市场上都占有绝对比较优势，另一方在两个市场都占绝对比较劣势，实际中通常也是这样的情况，则认为前者在绝对比较优势较大的市场占相对比较优势，后者在绝对比较劣势较小的市场占相对比较优势，且互换总收益等于两个比较优势之差。

3. 组织互换交易并为互换交易定价。在识别双方各具比较优势的市场后，便可以组织互换交易。各方可以在其具有比较优势的市场上筹资，然后通过互换，将所筹集资金的利率和货币转换成各自所希望的形式和种类。在考虑双方直接融资成本的基础上确定每一方互换价格的最高限额，从而划定了互换交易的定价范围。在定价范围内，互换双方在分享的基础上就可以确定互换的价格。

(二) 零息票互换定价

"零息票"这一术语来源于债券市场，是指一种无息券，投资者购买该种债券，在到期时收回票面值，在投资期间没有任何利息支付。零息票定价，是把互换现金流看作是买入一个债券，同时卖出另一个债券；或者把它看作是一系列远期合约的组合，用零息票债券利率计算贴现因子，以此计算互换现金流的现值，并根据套利理论使现金流入和流出的预期净现值相等来进行。这种定价方法在债券和远期合约定价中十分常见。

具体来说，零息票定价可以分为以下几个步骤：

1. 识别互换交易的现金流量。互换合约使交易双方可以在规定的时间间隔里相互交换支付某些规定的现金流量，识别互换的现金流量可以通过现金流量图完成。

2. 把一个具体的互换合约转换为一个债券组合或一个远期协议组合。互换合约可以转换为一个债券组合。以利率互换为例，设计这样一个债券组合：A公司以浮动利率发行债券筹集一部分资金，并同时将筹集到的资金投资于以固定利率计息的另一种债券；或者，A公司以固定利率发行债券筹集资金，并同时将筹集所得资金投资于以浮动利率计息的另一种债券。互换合约也是远期交易的组合。关于这个问题，将在第七节中给大家详细分析。

3. 运用已知的债券或远期合约的理论或定价原理对互换合约进行定价。首先用零息票率求贴现因子，及计算暗含的远期利率。然后求债券组合或远期合约组合的净现值，就可以对互换进行定价了。

下面我们将运用上面谈到的互换定价方法分别为利率互换交易和货币互换交易确定交易价格。为了方便问题的讨论和分析，我们作如下假设：（1）市场是完全的，不存在无风险套利利润；（2）投资者可进行实现其意愿的买空或卖空；（3）互换交易中不存在交易费用；（4）互换交易中不存在违约风险；（5）利率互换中有本金互换。

二、利率互换定价

（一）假定利率互换是债券的组合

假定有甲、乙两家公司，双方商定进行1 000万美元的利率互换，并且在利率互换到期后互相支付对方本金金额。按照协议规定，甲公司以6个月LIBOR的浮动利率借给乙公司1 000万美元，乙公司以年利率10%的固定利率借给甲公司1 000万美元，这相当于甲公司卖给乙公司1 000万美元的固定利率债券，并购买乙公司发行的1 000万美元的浮动利率债券。于是，利率互换的价值就等于这两种债券价值之差。用公式表示为：

$$V = P_1 - P_2 \tag{6.1}$$

式中：V—— 互换的价值；

P_1—— 固定利率债券价值；

P_2—— 浮动利率债券价值。

这样，互换价值的计算就转换成一个浮息债券和一个定息债券的计算。

假设在一利率互换交易中，在某一时间t_i（$1 \leq i \leq n$，n为结算日的次序数），乙公司收到定息C美元，并支付浮息给交易对手，F为互换所涉及的本金额。

首先，我们来看定息债券的定价，假定其面值为F，每半年的固定利息为C，只要知道与每一现金流相对应的折现率，我们就可以很容易地知道这一债券的价值。如果定义r_i为与到期日t_i相对应的贴现率，那么，

$$P_1 = \sum_{i=1}^{n} Ce^{-r_i t_i} + Fe^{-r_n t_n} \tag{6.2}$$

在债券估值中，贴现率的选取要反映现金流量的风险水平。对浮息债券而言，互换协议中的浮动利率实际上反映了未来现金流量的风险，因此可以以互换中的浮动利率作为浮息债券估息的贴现率。这样，浮息债券也就成为了面值发售债券（par yield bond）。如果t_1为现在距下一个结算日的时间，C^*为在下一个结算日t_1应付的利息，F为面值，则：

$$P_2 = Fe^{-r_1 t_1} + C^* e^{-r_1 t_1} \tag{6.3}$$

如果是收入定息，支付浮息，这一互换对其价值为 $V = P_1 - P_2$；如果是收入浮息，支付定息，那么 $V = P_2 - P_1$。注意，在互换刚刚生效和结束时，互换价值均为零，即 $V = 0$；在互换期限内，互换价值可正可负。

(二) 假定利率互换是一系列远期合约

不考虑违约风险，一个利率互换也可以分解为一系列远期合约，只是互换结算时所用的 LIBOR 为在结算日之前 6 个月时的 LIBOR，不是当日的 LIBOR。

假设 $\hat{R}_i'$ 为某一结算日 $i(i \geq 2)$ 之前 6 个月的远期利率。我们已知，一份多头远期合约的价值是当前远期价格与结算价格之差的现值，这样，对于收取固定利率利息、支付浮动利率利息的一方来说，与第 i 个结算日相对应的远期合约的价值为：

$$(C - 0.5\hat{R}_i' F) e^{-r_i t_i} \tag{6.4}$$

在最近的第 1 个结算日 t_1 时，该方付浮息 C^* 收到定息 C，则此现金流的现值为：

$$(C - C^*) e^{-r_1 t_1} \tag{6.5}$$

那么，其互换价值为：

$$(C - C^*) e^{-r_1 t_1} + \sum_{i=2}^{n} (C - 0.5\hat{R}_i' F) e^{-r_i t_i} \tag{6.6}$$

而对于收取浮动利率利息、支付固定利率利息的一方来说，其互换价值为：

$$(C^* - C) e^{-r_1 t_1} + \sum_{i=2}^{n} (0.5\hat{R}_i' F - C) e^{-r_i t_i} \tag{6.7}$$

(三) 利率互换定价举例

例 6-1 某公司支付 6 个月 LIBOR 利息收取 8% 的固定利率利息，本金为 1 亿美元，该互换的剩余期限为 1.25 年，3 个月期、9 个月期、15 个月期的相关贴现率分别为 10.0%、10.5%、11.0%，上个支付日的 6 个月 LIBOR 为 10.2%。计算得出，$C = 4$ 百万美元，$C^* = 5.1$ 百万美元，利用债券组合定价法，该互换价值为：

$$V = P_1 - P_2$$
$$= 4e^{-0.25 \times 0.1} + 4e^{-0.75 \times 0.105} + 104e^{-1.25 \times 0.11} - (5.1e^{-0.25 \times 0.1} + 100e^{-0.25 \times 0.1})$$
$$= -4.27(百万美元)$$

若该公司处于相反的市场头寸：支付固定利率利息，收取浮动利率利息，则互换的价值为 $V = P_2 - P_1 = 4.27$(百万美元)。

利用系列远期合约法，需要算连续复利：

$$\hat{R}_2 = \frac{r_2 t_2 - r_1 t_1}{t_2 - t_1} = \frac{0.75 \times 0.105 - 0.25 \times 0.10}{0.5} = 0.1075$$

$$\hat{R}_3 = \frac{r_3 t_3 - r_2 t_2}{t_3 - t_2} = \frac{1.25 \times 0.11 - 0.75 \times 0.105}{0.5} = 0.1175$$

将连续复利转换成半年复利 $\hat{R}_i' = 2(e^{\frac{\hat{R}_i}{2}} - 1)$，得：

$$\hat{R}'_2 = 2(e^{\frac{0.1075}{2}} - 1) = 0.1104, \quad \hat{R}'_3 = 2(e^{\frac{0.1175}{2}} - 1) = 0.1210$$

于是该互换价格为：

$$(4.0 - 5.1)e^{-0.25\times0.1} + (4 - 0.5\times0.1104\times100)e^{-0.105\times0.75}$$
$$+ (4 - 0.5\times0.1210\times100)e^{-0.11\times1.25} = -4.27(百万美元)$$

与债券组合法结果一致。

三、货币互换定价

在利率互换中，我们使用的是零息票定价方法，在货币互换中，该方法仍然可以使用。但为了使读者对互换定价有个完整和全面的认识，我们在货币互换中举例说明套利定价方法的应用。

例 6-2 假设甲公司能够以年利率 5.00%的固定利率得到 5 年期瑞士法郎筹资，同时它可以以年利率 10.75%的固定利率得到 5 年期美元筹资。相反，乙公司在美国名气更大，但在瑞士法郎市场上不为人所知。这样，乙公司得到 5 年其固定利率的瑞士法郎的年利率为 5.5%，得到 5 年期固定利率的美元利率为 11.00%。

按照套利定价方法的步骤，可以确定双方的融资成本差异，并列出融资成本矩阵，如表 6-2 所示。

表 6-2   甲、乙公司融资成员

	甲公司	乙公司	成本差异
固定利率瑞士法郎	5.00%	5.50%	0.50%
固定利率美元	10.75%	11.00%	0.25%

这里，甲公司想筹集美元资金，但具有筹集瑞士法郎的相对优势；乙公司想筹集瑞士法郎资金，但是具有筹集美元的相对优势。于是，甲公司筹集瑞士法郎资金，乙公司筹集美元资金，然后进行货币互换将本金和利息交换成希望的形式。通过货币互换所节约的总成本，即互换收益为：0.50%-0.25% = 0.25%。

然后就是根据双方讨价还价的能力及市场需求等因素确定互换总收益的分配，也就将互换交易所节省的总成本分摊到各方。双方分配的收益可能相等也可能不等。如果分配收益相等的话，即双方各得 0.125%，表 6-3 表示的就是这种情况。

表 6-3   互换的收益分配

	甲公司	乙公司
美元固定利率支付	10.625%	11.00%
美元固定利率收入		10.625%

续表

	甲公司	乙公司
瑞士法郎固定利率支付	5.00%	5.00%
瑞士法郎固定利率收入	5.00%	
净成本	10.625%	5.375%
直接融资成本	10.75%	5.50%
节省成本（互换收益）	0.125%	0.125%

确定的总收益的分配，实际上也就决定了互换的价格。在表 6-3 列示的这种情形下，互换价格为 10.625%（假定乙公司在互换中向甲公司支付 5.00% 的瑞士法郎利息，由于甲乙公司互换收益各为 0.125%，于是有（甲）5.00%-5.00%+10.75%-R=（乙）-5.00%+5.50%+11.00%-R=0.125%，可以得到 R 为 10.625%）。用同样的办法，我们可以确定双方定价的范围。对于甲公司，分配的收益可能区间为 [0, 0.25%]，所以固定利率可能范围为 [10.5%, 10.75%]。对于乙公司，分配的收益可能区间为 [0, 0.25%]，所以固定利率可能范围为 [10.5%, 10.75%]。可见，这个互换固定利率可行范围为 [10.5%, 10.75%]。

第三节 利率互换

一、利率互换的概念和主要类别

（一）利率互换的概念

利率互换产生于 1981 年初，是 20 世纪 80 年代以来国际借贷市场上高利率和利率多变环境下的产物。它是指交易双方在约定的一段时间内，根据双方签订的合同，在一笔名义本金数额的基础上交换具有不同性质的利率（浮动利率或者固定利率）款项的支付。其基本特征有：

1. 互换双方使用相同的货币。
2. 在互换整个期间没有本金的交换，只有利息的交换，但名义本金在互换中是计算利息的基础。
3. 最基本的利率互换是固定对浮动利率互换，即互换一方支付固定利率，另一方支付浮动利率。固定利率在互换开始时就已确定，在整个互换期间内保持不变；浮动利率在整个互换期间参照一个特定的市场等量利率确定，在每期前预先确定，到期偿付。

(二) 利率互换的主要类别

利率互换有三种主要类型：息票互换、基础互换和交叉货币利率互换。

1. 息票互换（coupon swap）

息票互换是同种货币的固定利率和浮动利率之间的互换，即交易的一方向另一方支付一系列固定利率的利息款项换取对方支付的一系列浮动利率的利息款项。从交易的另一方而言，则是支付一系列浮动利率的利息款项换取一系列固定利率的利息款项。这是利率互换中最基本也是最常见的交易方式，且双方不交换本金的现金流量。大多数息票互换都以美元计值，小额息票互换也有以英镑、瑞士法郎、德国马克、日元等货币计值的，但这种情况为数甚少。

2. 基础互换（basis swap）

基础利率互换是同种货币基于不同参考利率的浮动利率对浮动利率的利息互换，即以一种参考利率的浮动利率交换另一种参考利率的浮动利率。在基础利率互换交易中，交易双方分别支付和收取两种不同浮动利率的利息款项。两种浮动利率的利息额都是以同等数额名义本金为基础计算的。如3个月的美元伦敦银行同业拆放利率对美国商业票据混合利率进行核算。基础互换约占互换市场份额的1/10以上，且目前仍有相对的增长。绝大多数基础互换由已经介入两种息票交换之中的交易者使用。

3. 交叉货币利率互换（cross-currency interest rate swap）

交叉货币利率互换是不同货币的不同利率的互换，即一种货币的固定利率与另一种货币的浮动利率的交换，换言之，就是在一笔互换交易中，既有不同种货币（如日元对美元）的交换，又有不同利率（如固定利率对浮动利率）的交换。这种互换最典型的是美元浮动利率与非美元固定利率的交换，如浮动利率的3个月期美元与固定利率日元的互换。一些交易者把这种安排当作单一的交易来进行，而另一些交易者则把交叉货币与利率的组成区分开来。这种互换1984年开始于欧洲资本市场，也被称为"逆破腹"互换交易。

二、利率互换交易分析

（一）利率互换交易的举例

利率互换交易的产生一般基于以下情况：交易者所需要的利率支付方式的资产和负债很难得到；交易者在市场上筹借某种资金具有比较优势；根据对利率走势的判断和预测，希望得到浮动利率或者固定利率的贷款。下面通过一个例子介绍利率互换交易。

例6-3 假设有两家公司：甲公司和乙公司，且甲公司和乙公司之间相互比较了解（排除二者之间的违约风险），但在银行的资信记录上，甲公司要好于乙公司，因此银行提供给这两家公司贷款条件是不一样的。表6-4即是银行提供给甲、乙两公司的贷款条件。

表 6-4　　　　　　　　　　　　　　甲、乙公司贷款利率

	固定利率	浮动利率
甲公司	0.1	6 个月 LIBOR+0.30%
乙公司	0.112	6 个月 LIBOR+1.00%
借款成本差额	0.012	0.007

另外甲、乙公司都想借入期限为 5 年的 1 000 万美元的款项。乙公司想以固定利率借款，而甲公司想以浮动利率借款。在表 6-4 中，尽管从绝对量上看乙公司所付的利率无论在固定水平上，还是在浮动水平上都高于甲公司，但相对而言，它借入浮动利率时比甲公司多付 0.7%，而借入固定利率时比甲公司多付 1.20%。可见乙公司在借入浮动利率上有比较优势，而甲公司在借入固定利率上有比较优势。如果利用这两个比较优势，可以节约融资成本。

假设甲、乙双方选择了利率互换。即甲公司以每年 10% 的固定利率去借入期限 5 年的 1 000 万美元的资金，乙公司以每年 "6 个月的 LIBOR+1.00%" 的浮动利率借入期限为 5 年的 1 000 万美元资金。另一方面甲公司每年以 "6 个月的 LIBOR" 来向乙公司支付利息，乙公司每年以 9.95% 的固定利率来向甲公司支付利息。利率互换过程中的现金流量图如图 6-4、图 6-5、图 6-6 所示。

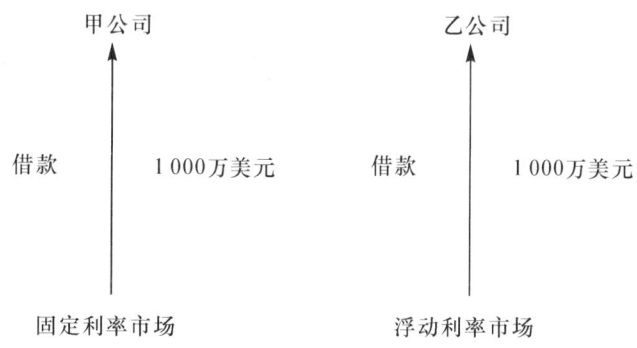

图 6-4　利率互换初始流量

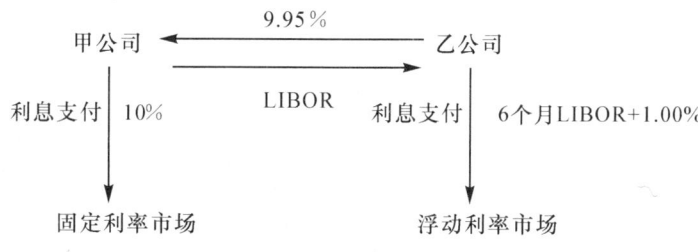

图 6-5　利率互换的利息支付流量

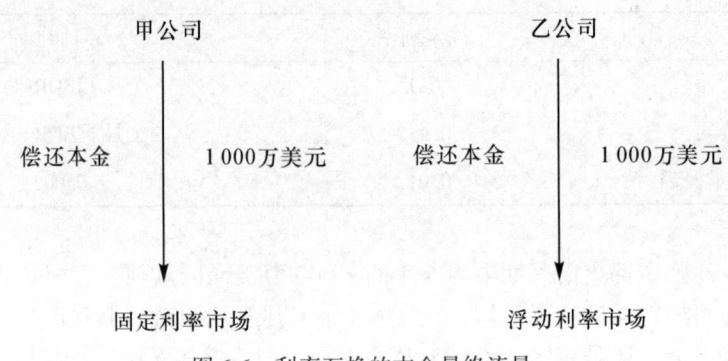

图 6-6　利率互换的本金最终流量

假定利率互换的利息支付从 1996 年 3 月 17 日开始,至 2000 年 3 月 17 日结束,那么表 6-5 就是 5 年期间整个利息支付的流量,即利率互换的现金流量。

表 6-5　　　　　　　　　　利率互换的流量表

	假设的 LIBOR	甲支付给乙（$）	甲从乙收入（$）
1996 年 3 月 17 日	9.0%	900 000	995 000
1997 年 3 月 17 日	10.0%	1 000 000	995 000
1998 年 3 月 17 日	8.0%	800 000	995 000
1999 年 3 月 17 日	9.0%	900 000	995 000
2000 年 3 月 17 日	11.0%	1 100 000	995 000

该利率互换交易的结果是:(1) 甲公司以 LIBOR+0.05% 的浮动利率筹集到了美元资金,节省成本 0.25%;(2) 乙公司以 10.95% 的固定利率筹集到了美元资金,也节省成本 0.25%,两家公司节省成本总额为 0.5%。见表 6-6 的甲公司与乙公司利率互换的净成本比较。

表 6-6　　　　　　　甲公司与乙公司利率互换的净成本比较

	甲公司	乙公司
固定利率支付	10.00%	9.95%
固定利率收入	9.95%	—
浮动利率支付	LIBOR	LIBOR+1.00%
浮动利率收入	—	LIBOR
净成本	LIBOR+0.05%	LIBOR+0.05%
直接融资成本	LIBOR+0.30%	11.20%
节省成本	0.25%	0.25%

(二) 利率互换交易的说明

1. 存在互换中介的交易。早期的利率互换主要在互换双方间进行，银行只以经纪人的身份安排互换。后来互换仓库技术开始流行，使得银行不仅能充当互换双方的中介，而且可以直接参与互换成为做市商。可以说，当今的互换绝大多数是由金融机构充当中介的互换。究其原因，一是由于金融机构本身亦可以其信用来降低交易双方的信用风险；二是金融机构因其信息多而能够提供更多的互换机会。

沿用上例，甲、乙两公司拟通过丙银行进行利率互换，假设总收益在三者间平均分配。在互换协议中规定：甲公司以 6 个月 LIBOR 的浮动利率向中介银行支付利息，并从中介银行收取 9.9% 的固定利息；乙公司以 10.0% 的固定利率向中介银行支付利息，并从中介银行收取 6 个月 LIBOR 的浮动利率，甲乙公司各得 0.2% 的收益，互换中介得 0.1%（如图 6-7）。

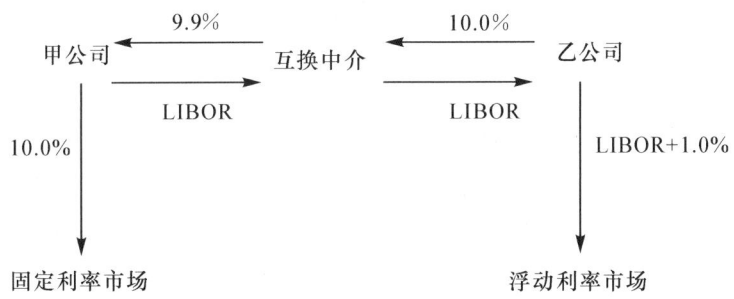

图 6-7 存在互换中介的利率互换

2. 利率互换的收益分配。在上例中互换节约的净成本在甲、乙或在甲、乙、中介银行之间的分配只是收益分配的一种方式。事实上互换套利机会是无穷多的，远远不是现在只能看得到的这一种互换套利机会。下面对利率互换的收益分配进行量化分析。

现假定甲公司按 10% 筹措到所需资金并将其互换给乙公司，即甲公司定期从乙公司收入 10%+x% 的固定利息，同时按 LIBOR +y% 向乙公司定期支付浮动利率利息；而乙公司按 LIBOR+0.5 的浮动利率筹措到相应的资金后互换给甲公司，即从甲公司定期收取 LIBOR +y% 的浮动利率利息，并支付 10%+x% 的固定利率利息给甲公司。由题设和实际经验可知 x 的取值范围一般为：0%<x%<1%，y 的取值范围一般为 -0.5%<y%<0.5%。那么有：甲公司的实际筹资成本为：(LIBOR+y%)+10%-(10%+x%)= LIBOR + y%-x%；而乙公司的实际筹资成本为：(LIBOR+1%)+(10%+x%)-(LIBOR+y%)= 11%+x%-y%。于是，我们可以假设甲公司的互换收益是乙公司互换收益的某个倍数，例如：甲公司的互换收益=k 倍乙公司的互换收益（K>1）。那么，我们有：

$$x\%-y\%+0.3\%=k(y\%-x\%+0.2\%),$$

即有：
$$(1+k)x\%-(1+k)y\%=0.2\%k-0.3\%$$
$$(1+k)(x\%-y\%)=0.2\%k-0.3\%$$

$$x\%-y\% = \frac{0.2\%k-0.3\%}{1+k}。$$

取不同的 k 值和 x 与 y 值，可以得到相应的互换套利机会。根据此式可知：互换套利机会是无穷多的。因此，互换所获得收益在双方的分配方式是多种多样的，有金融中介机构参与的互换交易其互换收益分配原理同无中介机构参与时是一样的，只不过是其互换交易所获收益会因为中介机构的参与、中介费用的产生而有所减少，收益在三方间进行分配。

三、利率互换的功能与应用

（一）利率互换的功能

自 20 世纪 80 年代初期以来，在较短的时间内互换业务已经发展成为具有多种形式的市场，特别是利率互换发展迅猛。利率互换业务之所以能迅速发展，原因之一是其独特的功能优势。其功能主要体现在如下诸方面：

1. 降低筹资成本。在利率互换中，客户能够获得低于市场固定利率或浮动利率的贷款。互换交易是基于比较优势而成立的，交易双方最终分配由比较优势而产生的全部利益是互换交易的主要动机。当一家企业或机构在某一市场具有筹资优势，而该市场与该企业或机构的所需不符时，仍可以利用具有比较优势的市场进行筹措再进行互换，而得到在另一个市场上的所需，从而降低了双方的实际筹资成本。

2. 利率风险的有效规避。①负债方面：在利率互换中，为避免利率上升带来的损失，有浮动利率负债的交易者就与负债数额相同的名义本金的固定利率互换，所收的浮动利率与原负债相抵，而仅支出固定利率，从而避免利率上升的风险；反之，利率下降时，有固定利率负债的交易者可将其互换成浮动利率，得以规避利率风险，使企业得以持盈保泰。②资产方面：一般在预期利率下降时，浮动利率资产持有者将其互换成固定利率，从而避免利率下降收益损失的风险；或在预期利率上升时，固定利率资产持有者将其互换成浮动利率，可以增加资产的收益。

3. 弥合不同金融工具间的缺口。在整个金融市场中，存在着各种各样的缺口，金融机构依靠日益丰富的金融商品提供中介服务，其目的便是创造一个平滑连续的融资空间，补平缺口和消除金融交易中的不连续性。例如发行形式间存在的差异、市场参与者信用级别的差异、市场准入资格的限制等，正是这些缺口的无处不在，奠定了互换交易发展的基础。从实质上来看，互换就是对不同融资工具的各种特征进行交换。利率互换可以将浮动利率负债换为固定利率负债，等于在浮动利率债券市场上筹措资金，而得到固定利率债券市场的效益，使固定债息债券与浮息债券之间的缺口被填平。

4. 增加资金筹措途径，进入受限制的市场。除了以传统融资方法取得资金外，由于受到进入某一特定市场限制的机构或信用级别较低的机构可以通过互换，得到与进入受限制或信用级别要求较高的市场的同样机会，增加了筹资者的资金取得途径，从而消除了业务限制、信用级别差异或不同资本市场间及各国外汇管制而引起的市场阻隔。

5. 资产负债管理的有效性增加。利率互换在对资产和负债利率暴露头寸进行有效操作中具有比利用货币市场和资本市场进行操作的优势,它可以不经过真实资金运动(利率互换是以名义本金为基础进行的)而对资产负债额及其利率期限结构进行表外重组。在负债的利率互换中,付固定利率相当于借入一笔名义固定利率债务,会延长负债利率期限;付浮动利率相当于借入一笔名义浮动利率债务,会缩短负债的利率期限。而在资产利率互换中,收固定利率等于占有一笔名义固定利率债权,会延长资产的利率期限;收浮动利率等于占有一笔名义浮动利率债权,会缩短资产的利率期限。此外,亦有利于未来现金流量的管理,使流入与流出相配合。

(二) 利率互换的应用

从利率互换的功能可以看出,其应用领域十分广泛。除了例 6-1 所提到的可以降低筹资成本,开辟新的融资渠道外,利率互换的生命力主要体现在资产负债管理领域。通过利率互换可以创造出固定利率或者浮动利率负债,从而锁定融资成本;通过利率互换也可以合成固定利率或者浮动利率资产,从而增加收益。下面我们将分别举例说明这几种情况。

1. 创造固定利率负债

当预期市场利率即将上升时,便可以通过利率互换,将浮动利率债务转换成固定利率负债,这样就能避免利率变动所带来的风险。

例 6-4 甲公司以 6 月期 LIBOR 借入一笔期限为 3 年的美元。公司财务主管担心市场利率即将上升,希望按现在的市场利率水平将资金成本固定下来。对于这笔为期 3 年、每半年付息一次的互换,该公司得到一个可以接受的报价 12.50%,于是,作为固定利率支付者,该公司完成了这笔利率互换交易。图 6-8 显示了这笔互换交易的现金流量。

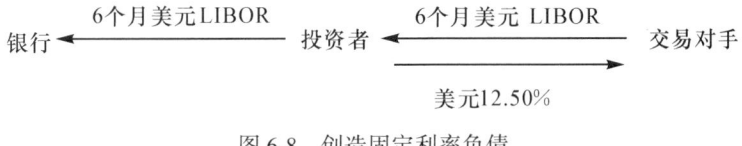

图 6-8 创造固定利率负债

通过该笔互换交易,公司成功地将浮动利率负债转化为 12.50% 的固定利率债务。

2. 创造浮动利率负债

如果预期市场利率不是上升而是下降,为了从利率下跌中得到好处,降低融资成本,便可以进行创造浮动利率的利率互换。沿用例 6-2,如果甲公司借入的是 12.00% 的固定利率美元债务,那么财务主管也可以进行一笔互换交易。图 6-9 显示了这笔互换交易的现金流量。可见,这次该公司作为固定利率 12.00% 的收入方进行交易,从而将固定利率负债转化成了浮动利率债务,有效避免了未来利率下降的风险。

3. 合成固定利率资产

投资者拥有浮动利率债券等资产后,除了信用风险外往往最担心利率风险令收益缩水。用利率互换可锁定收益,转换成固定利率的资产。

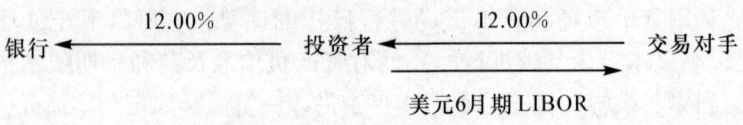

图 6-9 创造浮动利率负债

例 6-5 甲投资者持有某 5 年期美元债券,收益率为 6 个月美元 LIBOR+1.0%。浮动利率处于高位时,投资者的收益当然可观,但若市场利率走跌,投资者的收益将随之下降。为此他安排了一笔利率互换(如图 6-10),对资产收益进行保值锁定,即从互换交易对手收入固定利率 9%,同时向对手支付 6 个月美元 LIBOR+1.0%。这样,由于债券收益与互换交易中的支付利息相抵,无论市场利率下滑至何处,投资者仍能获得 9% 的实际收益率,起到了资产保值的作用。

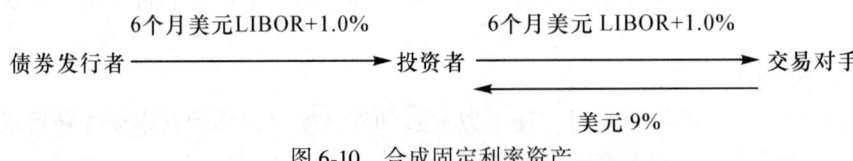

图 6-10 合成固定利率资产

4. 合成浮动利率资产

如果甲投资者拥有的是固定利率债券,一旦市场利率上升,投资者就会遭受损失。因此,利用创造浮动利率负债相同的原理,我们也可以合成浮动利率资产,如图 6-11。

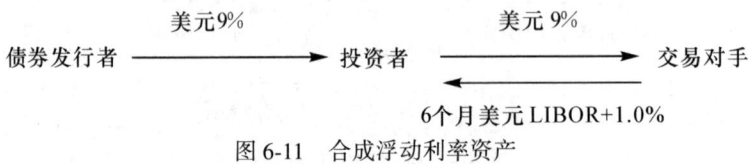

图 6-11 合成浮动利率资产

第四节 货币互换

一、货币互换的概念和主要类别

(一) 货币互换的概念

货币互换是指交换具体数量的两种货币的交易。交易双方根据所签合约的规定在一定时间内分期摊还本金及支付未还本金的利息。通常每种货币都带固定利率。货币互换一般以即期汇率为基础,两种互换货币之间存在的利率差,则按利率平价原理,由货币利率较低的一方向货币利率较高的一方定期贴补。其基本特征是:

1. 互换双方使用的货币不同。即货币互换中存在两种货币的本金金额。
2. 货币互换在到期日必须有本金的交换,而互换初始可以没有本金的交换。
3. 货币互换中的本金交换率依据当时的市场即期汇率确定。两种货币之间存在的利率差则按利息平价原理,由货币利率较低方向货币利率较高方定期贴补。
4. 互换双方可能都是固定利率,也可能都是浮动利率;或一方是固定利率,另一方是浮动利率。

(二) 货币互换的主要类别

1. 货币互换的基本类型

货币互换最基本的形式,是一个包含有现金流交换且遵循不同现金流决定其价值的规则的契约。因此可以创造出来的互换没有数量上的限制,只要包含上述要素即可。影响现金流的变量包括有:货币种类、即期利率、本金、互换的到期期限、两种货币借贷的成本以及潜在的利息支付率等。货币互换的形式有四种,以美元和欧元这两种货币为例,即美元和欧元的固定支付、浮动的美元支付和固定的欧元支付、固定的美元支付和浮动的欧元支付、浮动的美元和欧元支付。其中最常见的货币互换是固定利率对浮动利率的货币互换。尤其是一些信用评级欠佳的中小企业,因为很难取得长期资金,获取的长期资金的成本又很高,往往通过欧洲债券市场(euro bond market)发行短期浮动利率本票(floating rate note),再以货币互换的方式转换成长期固定利率的资金,这样可以节省融资成本。

2. 货币互换的特殊结构

(1) 双重货币互换。双重货币互换是伴随着双重货币债券的出现而产生的。双重货币债券是一种发行付息与清偿采用不同种类货币的债券。例如,瑞士法郎对美元的双重货币债券是以瑞士法郎发行并以瑞士法郎支付利息,但在债券到期时以美元还本的债券。投资于这种债券需承担很高的汇率风险。所以债券发行人常常通过制定较高的债息比率与清偿货币升值预期来吸引投资人。

双重货币互换是将债券的利息转换成为另一种与偿还本金相同的货币。在上例中发行者以互换的方式将美元利息成本转换为瑞士法郎利息成本,形成瑞士法郎的长期债务,这样可使发行人和投资者双方均能较好地对资金运用进行规划,规避汇率风险。严格说来,双重货币互换并非典型的货币互换形态,将它看作是远期外汇契约也许更为合适。

(2) 分期偿还互换。分期偿还互换是互换交易的本金在互换有效期内分期偿还的新型互换品种。每一个分期偿还名义本金的互换交易都可以被分解为一系列一次性的偿还名义本金的互换。

分期偿还互换的使用主要与资产和负债的分期结构有关,它的应用主要体现在资产管理和负债管理两个方面。在资产管理中,可以通过早期偿还条款将分期偿还的固定利率证券转化为浮动利率证券,或者运用分期偿还互换以产生与抵押担保证券或应收账款担保证券的预期偿还计划相对应的现金流,从而降低再投资风险。在负债管理中,分期偿还互换可以解决分期偿还债务中货币的利率和货币基础的转换。如在租赁交易中,承租人定期支付的款项包括本金和租期满后设备的残值分期款项以及利息,承租人可以通过分期偿还互换将其在经营业务中收入的款项与之相对应,从而将融资成本减小到最低程度。

(3)增长型互换、减弱型互换和滑道型互换。在这些新型互换中,名义本金不再固定不变,而是在互换期内按照预定方式变化。增长型互换名义本金开始时较小,而后随着时间的推移逐渐增大,它非常适合借款额在项目期限内逐渐增长的情形;减弱型互换的名义本金随着时间的推移由大变小,因此它比较适合以发行债券来融资的借款者规避风险;滑道型互换的名义本金则在互换期限内时而增加时而减少,很适合项目融资中初期借款逐渐增加,随着对承包者的阶段性支付的累积,借款额会逐渐减少的情形。

此外,还有许多以货币互换为基础衍生、演变而成的新型互换品种,比如说,由两个或两个以上的互换交易来达成货币互换目的汇拢互换、专门在离岸交易者之间交换不同现值、给定即期利率的现金流的离岸互换等。

二、货币互换交易的分析

(一)货币互换交易的举例

例 6-6 假如中国银行(甲方)和日本某家银行(乙方)在美元市场和瑞士法郎市场上的相对借款成本如表 6-7 所示。

表 6-7　　　　　　　　　　　　**借款成本表**

	美元市场	瑞士法郎市场
中国银行	10.0%	5.0%
日本银行	13.0%	6.0%
借款成本差额	3.0%	1.0%

下面进一步假定中国银行需求 1 亿美元的瑞士法郎,市场上的即期汇率为 1 美元=2 瑞士法郎,即中国银行需要 2 亿瑞士法郎;日本银行正好需要 1 亿美元。这里存在两种选择。第一种选择为中国银行以 5.0% 的利率直接到市场上去借瑞士法郎;而日本银行则以 13.0% 的利率到市场上去借美元。另一种选择是中国银行和日本银行之间进行货币互换交易。

货币互换的基本程序如图 6-12 所示。图 6-12 显示了货币互换的初始流量,即甲、乙两方分别在各自具有相对优势的市场上借款并交换;图 6-13 显示了双方利息支付的流量,假定该笔互换交易的期限为 5 年,其利息支付为每年支付一次;图 6-14 显示了货币互换的本金最终流量,即甲、乙双方相互偿还对方的本金,再分别还给市场。

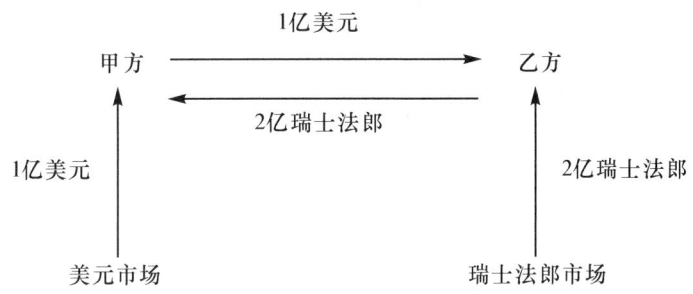

图 6-12　货币互换的初始现金流

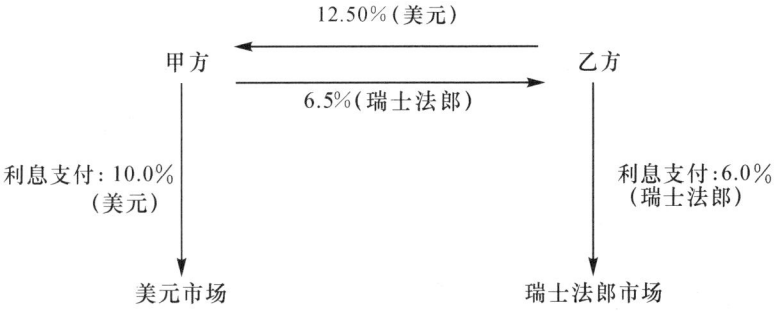

图 6-13　货币互换过程中的现金流量

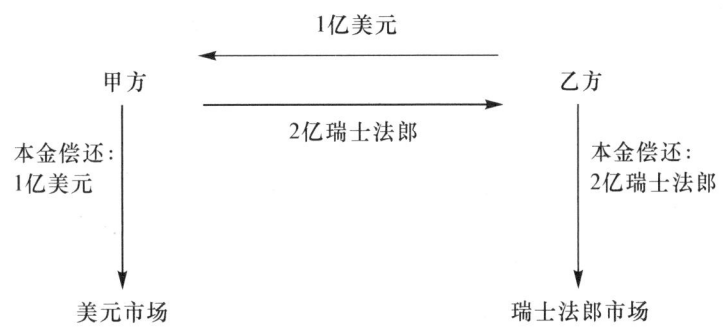

图 6-14　货币互换的本金最终现金流量

由表 6-7 知,中国银行在美元市场上借款具有相对优势,而日本银行在瑞士法郎市场上具有相对借款优势,所以,应由中国银行以 10.0% 的利率在美元市场上借美元,然后以 12.5% 的利率借给日本银行,同时,日本银行将以 6.0% 的利率在瑞士法郎市场上借到的瑞士法郎以 6.5% 的利率贷给中国银行。经过互换交易,(参照表 6-8) 中国银行借得瑞士法郎的实际成本为:10.0%−12.5%+6.5% = 4.0%,小于中国银行直接到市场上借款的成本 5.0%;日本银行借得美元的实际成本为:6.0%−6.5%+12.5% = 12.0%,同样也小于日本银行直接借美元的成本 13.0%。将交易双方经过互换交易节约的成本相加：(13.0%-12.0%) + (5.0%-4.0%) = 2.0%，这2.0%是由中国银行和日本银行在美元市场和瑞士法郎市场上借款成本的"差额之差"((13.0%-10.0%) - (6.0%-5.0%) = 2.0%)所客观决定的。

表6-8　　　　　　　　　　　　货币互换的现金流量表

中国银行	日本银行
美元市场	美元市场
支付：10.0%	支付：12.5%
收到：12.5%	直接借款：13.0%
收益：2.5%	收益：0.5%
瑞士法郎市场	瑞士法郎市场
支付：6.5%	支付：6.0%
直接借款：5.0%	收到：6.5%
亏损：1.5%	收益：0.5%
净收益：1.0%	净收益：1.0%

（二）货币互换交易的说明

1. 货币互换交易同样也可以引入互换中介，以增加互换市场的流动性并降低交易双方的信用风险。结合上例，引入互换中介后交易过程如图6-15所示。

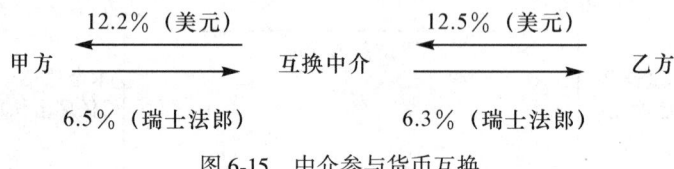

图6-15　中介参与货币互换

经过计算，在这笔交易中，中国银行获净收益0.7%，中介机构和日本银行所获净收益分别为0.5%和0.8%，三方净收益合计仍为2.0%。

2. 与利率互换一样，货币互换的套利机会也是无穷的，因此互换收益的分配也存在多种形式，但互换收益总和不会改变。结合上例看，如果中国银行支付给日本银行的瑞士法郎利率定为6.5%，那么日本银行支付给中国银行的美元利率的协议范围应该在11.5%与13.5%之间。低于或等于11.5%时，中国银行会受损或无利可图；高于或等于13.5%时，日本银行会受损或无利可图。如果日本银行支付给中国银行的美元利率定为12.5%，那么，同理可知，中国银行支付给日本银行的瑞士法郎利率的协议范围应该在5.5%与7.5%之间。不过，无论怎样分配，交易双方从本次货币互换交易中所取得的总收益（例证中的2.0%）是不会改变的。

三、货币互换交易与利率互换交易的比较

(一) 货币互换和利率互换的相同点

1. 与利率互换一样,货币互换的基础仍然是比较优势原理。
2. 无论是货币互换还是利率互换,都在其运行过程中表现出以下几个方面的优点:

(1) 无论何时需要预先支付,都必须出现在公司的账户上。互换通常不涉及现金的预先支付,对于现金匮乏的公司来说无疑是很有利的。

(2) 互换能够以最小的不利影响被反转。由于对市场走势的估计不可能完全准确,互换可能产生错误,但是互换通常比期权、利率上限、利率下限等衍生工具交易具有更大的灵活性。因此只要认真的监控,互换可以很容易被反转过来。

(3) 都可以避免汇率变动带来的风险。

(二) 货币互换和利率互换的区别

1. 本金在协议初期和末期的交换问题

在利率互换中,我们关心的仅仅是与涉及的名义本金相关的利息支付现金流的交换。在利率互换契约的初期,没有名义本金的交换。对于交易双方而言,两个名义本金的数额相同、币种一致。因此本金的交换成了多余的。然而对于货币互换而言,本金的交换就不再是无足轻重的了。名义本金的交换以市场汇率进行,而且在初期和在末期往往采用相同的交换率。

2. 交易的灵活性问题

利率互换通过调节公司借入单个种类的短期货币或是长期货币使公司取得比较优势。货币互换则是借助于一个货币种类和到期日的搭配矩阵达到相同的目的。因此它可以提供交易更大的灵活性。货币互换市场的成功和欧洲债券市场的成功是息息相关的。

3. 风险敞口

货币互换由于牵涉到本金在期初和期末的互换,交割风险(settlement risk)和信用风险(credit risk)较利息互换大。

公司必须保有能在货币互换期末交换名义本金的资金,而且名义本金的交换要按照预定的固定汇率来进行,因此预定汇率与市场汇率偏离得越远,潜在损失(或收益)就越大。同时这个潜在的风险暴露随着时间的推移也会增加(如图6-16所示)。契约期限越长,货币的市场汇率距离名义本金的预定汇率的变动范围就有可能越大。这也是货币互换契约包含的信用规则比普通利率互换多的原因。

四、货币互换的功能与应用

在第一节中,我们就介绍了金融互换交易功能,即降低筹资成本、规避风险、投融

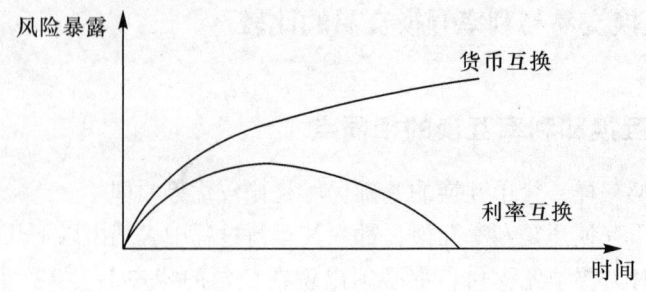

图 6-16 风险暴露随时间变化曲线

资管理等,现在,我们来看看这些功能具体到货币互换交易是如何发挥作用的。

(一) 降低筹资成本

如果交易者需要一种货币资本,可是自身只能以较劣的条件获得该货币,这时交易者可以举借利率条件较优的货币,再通过货币互换转换成自己需要的货币,从而达到降低筹资成本的目的。关于这一点,我们可以从例6-4中得到启示。

货币互换除了可通过获取比较利益使经营费用降低以外,还可以通过两种方式降低费用。第一,通过其在套期保值中的运用,可以改善借款者获取资金所依赖的信用条件。信用条件的改善有助于借款人借入更大数额的资金,并为其实现经济目标提供广泛的机会。第二,货币互换使公司能够避开税制和法规的各种限制,从而降低它们的经营费用。从这两方面取得的利益已被证明比通过比较利益的获取带来的费用降低更具吸引力。

(二) 规避汇率风险

风险是客观普遍存在的,金融衍生工具的出现,提供了新的风险管理手段。货币互换作为衍生金融工具的一种,主要在对付汇率风险领域发挥作用。

例 6-7 公司以美元为基础货币,该公司资产有多种货币面值,董事会格外关注以西班牙比索(ESP)为面值的资产,该资产占公司总资产20%。然而ESP资产的期限很长(10年),所以董事会担心任何即期利率的波动将导致收益波动性增加。总的来说公司共有ESP 1 200亿的资产没有对应的负债,大多数的负债以美元为面值。汇率为1USD=120ESP。为了使公司资产负债币种匹配,降低汇率风险,公司考虑通过在西班牙市场发行ESP债券归还USD债务来对外币暴露保值,然而该公司在西班牙不是很有名,发行ESP债务成本为ESP LIBOR+45bps。而通过一个货币互换,公司可以以较低成本达到同样目的。

互换内容如表6-9所示。

表 6-9 货币互换表

ESP 本金	ESP1 200 亿
USD 本金	USD10 亿
期限	10 年（与资产期限相匹配）
公司利息支付	ESP LIBOR+5bps
公司利息收入	USD LIBOR

在这个互换中公司合成了 ESP 债务，与公司现有的 ESP 资产相匹配，减少汇率风险（任何资产损失将被货币互换的收益抵消）。这样操作比直接发行 ESP 债务节省成本 4%。要注意到，本例是对现存的资产负债进行管理，没有产生新的现金流的必要，所以没有初始本金交换。

(三) 套利

在国际金融市场上，由于各国政府规定、税收结构和利率不尽相同，套利机会大量存在。以比较优势为基础的互换工具在这一领域的用途也颇为广泛。例如，一家跨国经营公司，麦克唐纳有很多连锁店。1990 年 2 月，该公司以较低利率在新西兰发行了 1 亿新元的债券，其中除 500 万新元用作当地连锁店的发展、2 500 万新元在外汇市场上兑换成美元作它用外，剩下的 8 000 万新元通过货币互换的方式被转入美国资金市场。在这份货币互换合约中，麦克唐纳公司以美国商业票据的浮动利率收取利息，由于该票据当时利率较高，因此，该公司获利颇丰。

上面说的是货币互换在资产领域中的应用。下面再看一下货币互换在负债领域是如何套利的。

例 6-8 一新西兰公司想通过发行 10 年期债券筹集 1 亿 NZD。新西兰国内市场该种债券利率是 NZD LIBOR+25bps。同时该公司也可以在澳大利亚以 7.5% 固定利率发行同样期限债券。即期汇率：1NZD = 0.9AUD。

此公司可以发行 0.9 亿 AUD，并进入一个 10 年期货币互换，收入 AUD7.5%，支付 NZD LIBOR+20bps。选择初始本金交换，交换率为 1NZD = 0.9AUD。

初始现金流如表 6-10 所示。

表 6-10 初始现金流表

发行债券	+AUD 0.9 亿
货币互换	−AUD 0.9 亿
	+NZD 1 亿
净现金流	+NZD 1 亿

定期利息收付如表 6-11 所示。

表 6-11　　　　　　　　　　　定期利息收付表

债券付息	−AUD 7.5%
货币互换利息收付	+AUD 7.5%
	−NZD LIBOR+20bps
净利息收付	−NZD LIBOR+20bps

到期现金流如表 6-12 所示。

表 6-12　　　　　　　　　　　到期现金流表

赎回债券	−AUD 0.9 亿
货币互换	+AUD 0.9 亿
	−NZD 1 亿
净利息收付	−NZD 1 亿

此例中，该公司用货币互换合成 NZD 负债，相当于以 NZD LIBOR+20bps 发行债券，筹集所需资金，比直接发行 NZD 债券节省成本 0.5%。

（四）套期保值

套期保值是进入衍生证券市场投资者的首要目标。套期保值的对象不仅是资产，而且也包括负债和成本。同样，还可以通过互换对资产和负债同时进行保值，不过在这种情况下需要为资产和负债分别做一笔互换。

由于全球一体化的不断加强，很多公司都产生了非本国货币的现金流（收入或支出），为了降低货币在将来升值或贬值的长期风险，通过与本国货币互换创造出该货币的反方向现金流，可以有效地抵消特定现金流的不利影响，对货币敞口头寸进行保值或投机。而且，在对中长期的有关风险提供防护方面，由于互换具有期限长、金额大、手续费低廉等特点，运用互换比运用远期或期货合约进行套期保值更为有效。

（五）资产、负债管理

货币互换同样可以用于管理现存的负债和资产，与利率互换不同的是，货币互换主要是对资产和负债的币种进行搭配。

（六）规避外币管制

货币互换的产生在一定程度上归功于外汇管制，因此，在当今仍有许多国家实行外汇管制的情况下，货币互换最原始的功能仍然可以发挥作用。

第五节　互换工具综合配置分析

在前几节，我们介绍了互换交易的产生、发展，功能和定价方法，并对两种基本形式的互换交易——利率互换和货币互换进行了详尽的分析，同时还使大家认识了伴随信用风险管理而出现的新的互换工具——信用违约互换和总收益互换。在这一节里，我们将分析互换交易的金融结构，辨析互换交易与其他金融工具如外汇掉期交易、远期利率协议、基础工具债券等之间的关系，并且运用金融工程的"积木思想"分析互换工具与现货工具、远期工具组合所构造的新衍生产品。

一、互换交易的现金流量分析

在本节的分析中，需要大量运用到现金流量图，因此，有必要将互换的基本种类——货币互换和利率互换的现金流量图表示出来。

图 6-17 反映的是利率互换交易中一方的现金流量情况。横线上方表示现金流入，横线下方表示现金流出。0, 1, 2, …, T 表示现金支付的日期。R_1、R_2 分别表示以固定利率和浮动利率按名义本金计算的货币利息。从图中可以看出，该交易者在每一清算日，收入 R_2 个单位的以浮动利率计息的现金流量，支出 R_1 个单位以固定利率计息的现金流量。

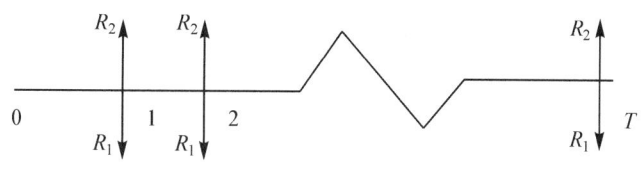

图 6-17　利率互换的现金流量图

如果交易者进行的不是利率互换，而是货币互换，则我们只需要在 0 期加上本金的互换，在 T 期加上本金的换回，便可以得到货币互换的现金流量图（图 6-18）。

图中 P_1 和 P_2 分别表示两种不同货币的本金，R_1、R_2 分别表示以不同的固定利率和上述本金计算的货币利息。

二、互换交易与其他金融工具的关系

（一）货币互换交易与外汇掉期交易的关系

外汇掉期交易（foreign exchang swap），也称掉期交易，指同时买卖相同币种、相同金额，不同交割日货币的外汇交易。掉期交易按照两笔交易的期限不同，可以划分为

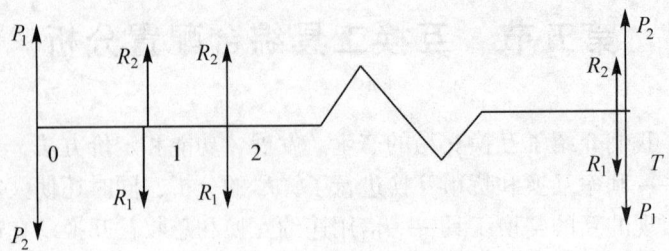

图 6-18 货币互换的现金流量图

即期对远期的掉期交易和远期对远期的掉期交易。前者由一笔即期交易和一笔远期交易构成，后者由两笔不同期限的远期交易构成。

例如，我国的一家进出口贸易公司需要一笔美元资金。它向开户银行借款，但开户银行吸收的存款为港元，一时难以满足其要求。在这种情况下，该银行可以在即期外汇市场上用港币买进美元，贷款给进出口贸易公司；同时，为了规避收回贷款偿还顾客存款时的汇价风险，该银行可在远期市场上对港元卖出美元，这便是一笔即期买美元远期卖美元的掉期交易。如果该银行不是现在需要这笔资金，而是 3 个月后需要这笔资金，那么，该银行可通过远期对远期的掉期交易来消除这里的汇价风险。

外汇掉期交易的现金流量图可由图 6-19 来反映。

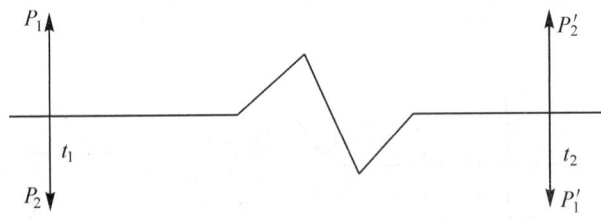

图 6-19 外汇掉期交易现金流量图

这里反映的是外汇掉期交易的某一方（假定为甲方）的现金流量情况。在这份合约中，甲方将在 t_1 时刻以 P_1/P_2 的价格用货币 2 购买货币 1，同时，在 t_2 时刻以 P'_1/P'_2 的价格出售货币 1 换回货币 2。

结合图 6-18 比较分析，我们发现货币互换合约与外汇掉期合约中的起点和终点的货币流向是一致的，起点都是接受货币 1，付出货币 2，终点都是接受货币 2，付出货币 1。不同的是，在货币互换合约中，起点和终点付出和接受的同种货币的流量相等；而在外汇掉期合约中，终点付出（或接受）的现金流量与起点接受（或付出）的同种现金流量不等。除此以外，我们还会发现在外汇掉期交易中没有货币互换交易中的一系列利息流量的支付。这说明货币互换交易和外汇掉期交易的功能和实质是一样的，只不过掉期交易用起点和终点同种货币现金流量的不等体现出货币互换交易中定期的利息支付。而这同种货币现金流量在不同时刻的差异，则是由不同时刻的两种货币的汇率不同所形成的掉期率（$P_1/P_2-P_1'/P_2'$）决定的。

(二) 利率互换与远期利率协议的关系

远期利率协议（forward rate agreements）是合同双方在名义本金（norminal principal）的基础上进行协议利率与参照利率差额支付的远期合约，就是使购买方在未来某一段时间内固定债务成本的场外衍生合约。协议利率为双方在合同中同意的固定利率，参照利率（reference rate）为合同结算日的市场利率（通常为 LIBOR）。远期利率协议（FRAs）是管理远期利率风险和调整利率不相匹配的会计项目的最新金融工具之一。远期利率协议的交易一方为避免利率上升的风险，交易的另一方则希望防范利率下跌的风险，双方就未来某个期限的一笔资金的使用事先商定一个利率。支付该协议利率者为买方，即是结算日收到对方支付市场利率的交易方；反之，收到该协议利率者为卖方。双方在结算日根据当天市场利率（通常是在结算日前两个营业日内使用伦敦同业拆放利率来决定结算日的市场利率）与协议利率结算利差，由利息金额大的一方支付一个利息差额现值给利息金额小的交易一方。

购买 FRA 相当于在利率互换中支付固定利率，出售 FRA 相当于在利率互换中收入固定利率。FRA 的价格受到收益曲线斜率的影响，因而反映了期货交易商与商品交易商所指的"持有成本"。同利率互换一样，远期利率协议的信用风险将随着交易对手的变化而变化，它无法知道最后的风险程度，一般银行对远期利率交易用名义本金的 5% 来测算其信用风险限额。期货的信用风险是极小的，几乎可以说没有信用风险。远期利率协议与互换交易一样，有一个标准化文件，即英国银行家协会远期利率协议（简称 FRABBA）。这样一个标准化文件，大大提高了交易的速度和质量，使得每一笔远期利率协议交易仅需一个电传确认即可成交。

远期利率协议同利率互换有很紧密的联系。事实上，一个利率互换可看成一系列远期利率协议（FRAs），而远期利率协议有时被认为是单一期限利率互换，关于这一点我们可以将利率互换的现金流量图进行分解得到，如图 6-20 所示。例如 3 年期的半年固定利率对浮动利率互换的现金流与同时签订 6 个期限为 6 个月的远期利率协议的现金流几乎一致。可以这样说，远期利率协议能替代利率互换，但一般把前者看作是后者的补充。

既然互换可以看作是一系列远期利率协议的组合，那么，人们为什么不选择远期合约，而要选择互换呢？这是因为，互换相对于多个远期合约而言，有其优点存在：一是互换的期限较长。远期合约和期货合约的期限一般比互换短。二是交易成本低。互换协议只需签订一次，就可以在以后若干年内进行多次交换支付。如果签订远期合约，这样的合约就必须签订多次。三是流动性强。互换市场的流动性一般强于远期合约。

利率互换和远期利率协议的相似性很容易让我们联想到货币互换和远期外汇交易的相似，事实的确如此。

(三) 互换交易和债券组合的关系

债券组合有很多种类，为了方便说明问题，这里的债券组合是这样设计的：甲公司以浮动利率发行债券筹集资金，同时将所筹集的资金投资于以固定利率计息的另一种债券；

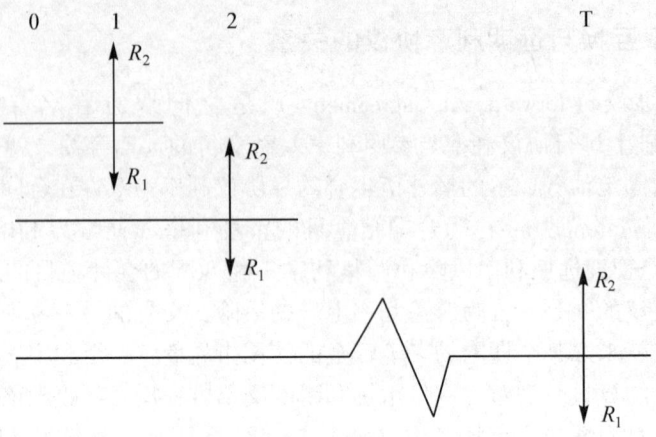

图 6-20 利率互换现金流量分解

或者甲公司以固定利率发行债券筹集资金，并将所筹集资金投资于以浮动利率计息的债券。这里用一种债券组合来说明问题。第一种债券组合的现金流量图如图 6-21 所示。

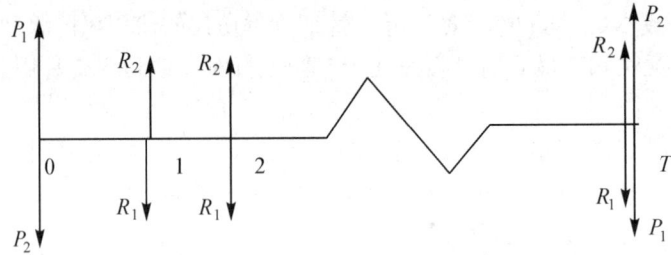

图 6-21 债券组合的现金流量图

由于初始发行债券所得和投资流出的现金流量相等，实际上在 0 时期没有现金流量，同理 T 时期也没有本金现金流量的发生。于是，我们可以将 0 期和 T 期的本金现金流量删除，并将该图与利率互换现金流量图进行比较。不难发现，这两张图几乎是一模一样，这就证明了我们在互换定价中所涉及的一个观点：互换合约可以看作一个债券组合。其实，这一点还可以从互换的产生基础——平行贷款和背对背贷款中得到启发。

（四）货币互换与我国的外汇质押人民币贷款业务的关系

外汇质押人民币贷款，是当前我国对人民币和外币的自由兑换进行严格管制下的一种创新业务，它指的是储户将一定数额的外汇定期存款作为质押，从开户行取得一定金额人民币的贷款方式。

由于当前我国仍然实行外汇管制，在国内外币不能直接充当支付手段，那么对于那些有多余外汇而又缺少人民币的企业，外汇质押人民币贷款无疑为其提供了一条将外币转化为人民币使用的途径。在这种方式下，企业只须到期偿还人民币的本金和利息，就可以在保留外汇存款，并且不牺牲存款利息的前提下，享有人民币资金的使用权。这种做法，比起企业将外币换成人民币使用后，当需要外币时，又用人民币换回外币的方法，不仅节约了企业的换汇成本，同时还规避了汇率风险。对于开户行来说，在稳定客户外汇存款的同时，还拓宽了银行的资产业务范围，为银行增加了收益。

我们讲过货币互换是一种债券组合，实际上，货币互换也是一种互利性的贷款方式。在货币互换中，可以认为，此方将货币贷给彼方，同时彼方又以另一种货币贷给此方。单从互换每一方来看就像是一种质押贷款，即此方以一种货币贷出，同时换回另一种货币做质押，彼方同样以一种货币做质押而得到另一种货币，并且交易双方各自以所借到的货币付息，以所贷出的货币收息。如果某一方发现对方到期不还款，便可取消自己对另一方以另一种货币表示的债务。

这就是上文所讲到的外汇质押人民币贷款的过程。只不过在外汇质押人民币贷款业务中，互换（也是互惠）的双方是银行和客户。客户将外汇存单作为质押存放在银行，同时银行将相应比例（人民银行规定为80%）的人民币款项贷给客户。存款是银行对客户的负债。因此，银行在向客户发放人民币贷款的同时，实际上客户也向银行提供了一笔外汇资金的融通。换句话说，银行和客户相对融资。这两笔资金方向相反，但大小不等（人民币资金只占80%）。这实际上就是一种货币互换。

需要说明的是，外汇质押人民币贷款是货币互换的变形。之所以说它是变形，是因为它表现出一些新特点，比如：（1）应用对象仅限于银行与在银行开立了外汇定期存款账户的个人与企业之间；（2）贷款期限比较短，一般在1年以内；（3）贷款币种限于外币与人民币；（4）交易仅限于银行与客户双方，尚未出现撮合交易的第三方——互换交易服务商（swap facilitators）。但可以肯定的是，外汇质押人民币贷款具备货币互换的基本特征。

三、互换交易和其他金融工具的配置

（一）远期互换——"互换"+"远期"

顾名思义，远期互换就是在互换交易中引入"远期"的概念，即互换的起始时间不是合约签订的时间，而是合约规定中的某个未来时间，而远期互换合约中的其他要素都与基本互换合约中的规定相同。如同在传统利率互换中一样，从事交易的一方通过远期互换既可以将浮动利率负债转换为固定利率负债（称为远期互换），也可以将固定利率负债转换为浮动利率负债（称为反向远期互换）。当然，远期互换的结构也同样适用于货币互换中。

一般而言，远期互换交易主要有以下几种用途：一是运用远期互换将未来某一时间开始的固定利率和汇率水平锁住，从而固定未来的融资成本；二是远期利率互换可以将现有的固定利率负债在未来某一时点转换为一个浮动利率负债，从而能够从未来的市场利率下降中获得好处，或者将现有的固定利率负债进行延期以满足不断变化的资产负债管理的需求；三是远期货币互换可以为可赎回外汇债券交易进行融资，并且还能够在不同的资本市场之间进行新证券套利。

例如，甲公司将在 3 年后购入一批机器设备，该设备以英镑计价，价格为 1 亿英镑。甲公司可以考虑从事一个 3 年期起始的 5 年期远期货币互换。在该交易中，甲公司支付英镑固定利率 7.75% 同时收入美元 6 个月的浮动利率 LIBOR，并且互换中使用美元与英镑 3 年期远期汇率为 1 英镑兑换 1.79 美元。这样就能锁住未来融资的利率成本以及英镑和美元之间的汇率水平。

又如，借款者甲公司通过从事一个 9 年期的美元互换交易，将其 9 年期的美元 LIBOR 浮动利率贷款转换为 9 年期固定利率为 7.75% 的融资。在完成上述互换交易后不久，市场上 7 年期和 9 年期利率差价不断扩大，从原来从事互换交易的 15 个基点增加到 45 个基点。这使得一个 7 年后起始的 2 年期互换利率达到 9.25%。这样，甲公司可以从事一个在 7 年后起始的 2 年期远期互换，并在该远期互换中收入 9.25% 并支付浮动利率，从而将原来融资中的第 8、9 年中为 150 个基点的利率优势进行转换。现用图 6-22 将两次的互换交易进行说明。

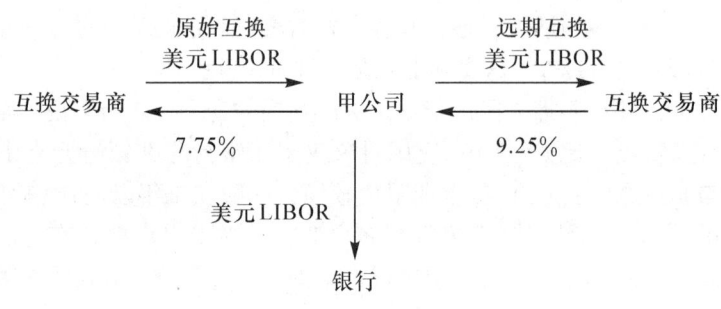

图 6-22　远期互换和原始互换

（二）线性外汇联系型互换——"利率互换" + "一系列远期外汇交易"

在线性外汇联系型互换中，固定利率的支付与某个确定的外汇汇率相联系，该外汇汇率的任何变动都会导致互换合约中固定利率支付或者收入的线性变化。线性外汇联系型互换一般用来进行混合套期保值。通过将外汇汇率与参与者的利率风险暴露结合在一起，任何不利的外汇汇率变动都会被利率变动的收益抵消，相反，任何外汇汇率变动收益也会抵消利率变动造成的损失。

例如，一家以美元为记账货币的公司有以澳元计价的应收账款，该公司担心澳元贬值造成损失。一般来讲，该公司会采用远期外汇合约为自己的外汇暴露进行保值。但是，该公司还有一笔以美元计价的浮动利率贷款，公司希望进行一笔利率互换将其转化为 3 年期的固定利率贷款。在这样的情况下，该公司就可以考虑使用线性外汇联系型互换。在互换中，公司同意支付固定的美元利率，但该利率与澳元在即期外汇市场上的表现相联系，同时收入浮动利率。如果澳元贬值，互换利率将下降；如果澳元升值，互换利率将上升。可见，澳元汇率变动造成的任何损益都会被互换利率的相应变动抵消。具体来说，澳元汇率贬值 10% 将导致互换中固定利率下降 10%，如果最初互换利率确定为9.00%，那么它现在将被调整为8.10%。互换中利率的重新设定将仅影响未进行的互换支付。

由此可见，线性的外汇联系型互换可以被看作一个传统的利率互换加上一系列的远期外汇合约，远期外汇合约中的损益将被滚动进入到互换下期的支付中。线性的外汇联系型互换的价格取决于外汇汇率变动的起始点。根据起始点的不同又有很多不同的线性的外汇联系型互换品种。外汇汇率的变动可以从一个浮动利率期间的开始计算到结束，或者每一个浮动利率期间都采用相同的起始汇率。对于前者，如果以到下一个利率调整期的远期外汇汇率作为起始点，那么互换利率将会与有着相同期限的传统利率互换的利率相同；如果不是以远期外汇汇率作为起始点，而是以即期外汇汇率或者某个事先确定的外汇汇率作为起始汇率，其互换利率将大大不同于传统利率互换中的利率。对于后面这种情况，外汇汇率的起始汇率被称作"在市场外"（off-market）。

值得注意的是，线性外汇联系型互换用外汇合约的损益抵消了利率互换的损益，因此它的使用也会遭到会计和税收管理部门的限制。

到这里，我们已经详细分析了互换产品本身的金融结构，它既可以看作是债券组合，也可以看成是远期交易组合；它和外汇掉期交易，我国开展的外汇质押人民币贷款业务都有很大程度的相似性；同时它还可以和我们在前面几个章节中讲到的远期交易进行组合构造新的金融品种。其实，在与其他工具搭配中，最有生命力的还是互换和期权的组合，这一点将在下一章期权交易综合配置中分析。

◎ 小结

金融互换，也译为金融掉期，是交易双方依据预先约定的协议，在未来的确定期限内，互相交换一系列现金流量或支付（比如本金、利息、价差等）的交易。这种产生于平行贷款和背对背贷款金融创新工具的理论基础是国际贸易中的比较利益理论。它具有规避风险、套利和进行投融资管理的功能。

从大类上讲，互换定价的方法主要有两种：套利定价和零息票定价。套利定价的基本思想建立在比较成本优势理论的基础上。套利定价方法所要解决的问题是分配通过互换交易双方节约的成本——互换收益。零息票定价则是把互换现金流看作是买入一个债券，同时卖出另一个债券；或者把它看作是一系列远期合约的组合，用零息票债券利率计算贴现因子，以此计算互换现金流的现值，并根据套利理论使现金流入和流出的预期净现值相等来确定价格的方法。

利率互换产生于1981年初，是指交易双方在约定的一段时间内，根据双方签订的合同，在一笔名义本金数额的基础上交换具有不同性质的利率（浮动利率或者固定利率）款项的支付。利率互换有三种主要类型：息票互换、基础互换和交叉货币利率互换。利率互换能够降低筹资成本、有效规避利率风险、增加资金筹措途径，并对资产负债进行有效管理。

货币互换是指交换具体数量的两种货币的交易。交易双方根据所签合约的规定在一定时间内分期摊还本金及支付未还本金的利息。货币互换的基本形式有四种，以美元和欧元这两种货币为例，即美元和欧元的固定支付、浮动的美元支付和固定的欧元支付、固定的美元支付和浮动的欧元支付、浮动的美元和欧元支付。货币互换具有降低筹资成本、规避汇率风险、逃避外汇管制、资产负债管理和套利等功能。

从现金流角度，互换交易与外汇掉期交易、远期利率协议、债券组合以及外汇质押人民币贷款业务具有很大的相似性。互换工具还可以和远期工具结合产生如远期互换和线性外汇联系互换等金融新产品。

◎ 重要概念

互换　平行贷款　背对背贷款　套利定价　零息票定价　利率互换
货币互换

◎ 思考题

1. 什么是金融互换？它具有哪些功能和特点？
2. 简述国际互换市场的发展阶段及其特点。
3. 互换定价的原理是什么？
4. 什么是利率互换和货币互换？了解它们的定价方法。
5. 说明互换交易与其他金融工具之间的关系，并举例说明互换工具和其他工具的配置情况。

◎ 练习题

1. 利用表 6-13 数据资料，确定一个 5 年期收入固定利率支付浮动利率的利率互换的价格。浮动利率使用 LIBOR 计价。

表 6-13

互换流量支付日（年）	国库券价格	欧洲美元存款市值
0.5	0.9772	0.9748
1	0.9539	0.9492
1.5	0.9302	0.9227
2	0.9063	0.896
2.5	0.8821	0.8687
3	0.8578	0.8413
3.5	0.8335	0.8136
4	0.8093	0.7857
4.5	0.7851	0.7577
5	0.7611	0.7302

2. 在一个货币互换中，互换甲方在名义本金 50 000 000 英镑的基础上收到 7.25% 的年利息，并且在名义本金 80 500 000 的美元的基础上支付固定利率。该互换的期限为 4 年，互换现金流每半年支付一次。英镑对美元的即期汇率为 1 英镑等于 1.609 5 美元。利用表 6-14 数据，确定该互换的价格。

表 6-14

	美元国库券价格	零息票无风险英镑债券价格
0.5	0.9772	0.9688
1	0.9539	0.9372
1.5	0.9302	0.9055
2	0.9063	0.8738
2.5	0.8821	0.8423
3	0.8578	0.8112
3.5	0.8335	0.7805
4	0.8093	0.7504

◎ 参考书目与推荐阅读

1. 约翰·赫尔. 期货、期权与衍生证券. 张陶伟, 译. 北京：华夏出版社, 1997.
2. 叶永刚. 金融工程学. 大连：东北财经大学出版社, 2002.
3. 于研. 金融互换交易. 上海：上海财经大学出版社, 1999.

第七章 期权工具

◎ 学习目标
1. 期权交易基本概念及原理
2. 期权价格与定价
3. 几种常见的期权
4. 期权综合配置方法

金融期权是在 20 世纪 70 年代以来的国际金融创新中发展起来的又一种新的衍生金融工具，自产生以来发展迅速，应用广泛，尤其是在金融风险管理中，它更是一种颇受投资者欢迎的套期保值的新型金融工具。

截至目前，我们所讨论的金融工具都具有一种共同的特性，即线性。这是因为使用前几种金融工具时多空双方都有相同的获得与亏损机会，这笔交易的期望值为 0，所以买卖双方都不需要预付对方一笔期初费用，而期权双方之间的对称性不再存在，买卖双方之间需要一笔预付的期初补偿金。

期权是变化最复杂的金融工具之一，它所具有的灵活性，创造了无限的机会，它与各种工具相配置，组合出具有各种特性的金融交易工具。各类期权本身也繁衍出一个庞大的复杂的家庭，而且期权经常隐藏在其他金融工具当中。

第一节 期权交易概述

期权交易由来已久，据记载，早在 17 世纪初的荷兰、18 世纪后期的美国都曾有过期权交易。它是由期货交易演化而来，并随着期货交易的发展得以发展和完善。

1973 年 4 月 26 日芝加哥期权交易所（CBOE）成立并推出了期权交易。20 世纪 80 年代以来，期权交易获得突飞猛进的发展，首先在场外交易市场上受到客户需求扩大的刺激，随后又受到世界各地有组织的交易所场内交易市场的推动，交易所从美国迅速扩大到世界各主要金融中心。世界各地金融期权合约的创新，把期权交易推上了新的历史阶段。

一、期权的定义和特点

（一）期权的定义

期权是指在未来一定时期可以买卖的权利，是买方向卖方支付一定数量的金额（指期权费）后拥有的在未来一段时间内（指美式期权）或未来某一特定日期（指欧式期权）以事先规定好的价格（指履约价格）向卖方购买或出售一定数量的特定标的物的权利，但不负有必须买进或卖出的义务。

期权的要素：期权费、执行价格、到期日、标的资产。期权费是期权的价格；执行价格（又称履约价格）是期权的买方行使权利时事先规定的标的物买卖价格；到期日即期权到期的日子；标的资产又称为基础资产，是指期权合约中买卖的那种特定商品。

（二）期权的特点

1. 期权交易的是一种买卖商品或合约的权利，而不是某种具体的商品或者合约本身；这种权利的交易有很强的时间限制性，必须在合约规定的到期日前或某特定的履约日行使，否则会失去这一权利。

2. 买卖双方享有的权利和义务不对称。期权买方有权在规定的时间内根据市场的行情变化来决定是否要行使权利；而期权的卖方则必须根据期权买方的决定来履行其相应的义务，一旦买方要求执行，卖方必须无条件地履行合约义务。不对称性还表现在风险和收益的不对称。买方承担的最大风险不过是期权费，而当其执行合约时，可能获得的收益是没有上限的；卖方与之对应，获得的最大收益不过是期权费，而当买方执行合约时，原则上，其可能遭受的损失却是无限的。

3. 保证金制度对双方的要求不同。由于权利和义务的不同，导致双方在保证金制度上的要求不一致。买方必须支付一定的代价即期权费作为其获得合约是否执行的选择权，卖方赋予的是履行合约的义务，他存在违约的风险，故要交纳一定的保证金。

4. 期权合约是一种零和博弈。买方的收益是卖方的损失，而买方的损失则是卖方的收益。而且，当市场有利于买方时，买方的收益是无限的，当市场不利于买方时，损失是有限的；相对应，卖方的亏损是无限的，盈利是有限的。

二、期权的分类

（一）根据期权交易买进和卖出性质可以分为看涨期权、看跌期权

看涨期权是指期权买入方按照一定的价格，在规定的期限内享有向期权卖方购入某

种商品或期货合约的权利，但不承担必须买进的义务。看涨期权又称"多头期权"、"延买权"或"买权"。投资者一般看好价格上升时购入看涨期权，而卖出者预期价格会下跌。

看跌期权指期权买方按照一定的价格，在规定的期限内享有向期权卖方出售商品或期货的权利，但不承担必须卖出的义务。看跌期权又称"空头期权"、"卖权"或"延卖权"。在看跌期权买卖中，买入看跌的投资者是看好价格将会下降，所以买入看跌期权；而卖出看跌期权方则预计价格会上升或不会下跌。

双向期权，又称"双重期权"，指期权购买方在向期权卖方支付一定的权利金后，获得在未来一定期限内根据合同约定的价格买进或卖出商品、期货的权利。投资者在同一时期内既买了看涨期权，又买了看跌期权，这种情况是在对未来价格确定不准时，而采取的一种投资策略。对于买入双向期权者来说，只要价格有波动，就可以从中行使权利获利，所以这种期权的期权费比前面两种要高。但一般而言，这种期权的卖出者坚信价格变化不会很大，所以才愿意卖出这种权利，获得一定的权利金收益。

（二）按履约时间规定分为欧式期权、美式期权

美式期权是指美式期权合同在到期日前的任何时候或在到期日都可以执行合同，结算日则是在履约日之后的一天或两天，大多数的美式期权合同允许持有者在交易日到履约日之间随时履约，但也有一些合同规定一段比较短的时间可以履约，如"到期日前两周"。

欧式期权是指欧式期权合同要求其持有者只能在到期日履行合同，结算日是履约后的一天或两天。

以上可以看出，两者主要的区别在于执行期限的不同。目前国内的外汇期权交易采用的都是欧式期权合同方式，不过国际上大多数的期权都采用美式期权。美式期权的优势在于可以在期限以内的任何时间执行，比欧式期权有优势，不过因为这样，以美式发行的期权通常价格会较高。

（三）根据交易场所分为场内期权、场外期权

场内期权交易是指在集中性的交易所内成交的期权交易。这种期权交易的期权合同都是标准化的，所有合同要素都由交易所制定，诸如交易数量、敲定价格、到期日和履约时间；只有交易所会员才有权成交，非会员不得直接参与。

场外期权交易是指在交易所外非集中性的交易所成交的期权交易。交易由买卖双方自行决定金额、交易期间、价格等合同内容，只要买卖双方同意即可。场外期权交易的主要优点是合同名义本金额大小及条件灵活，可依客户特殊需要而定，可以通过电话、电传等现代通讯设备来完成。

场内期权和场外期权各有优缺点。场内期权的最大优点是交易便利、成本低廉、交易者可随时通过反向交易来冲销其持有的部位，这是因为交易所具有高流动性和标准化的合约。但是标准化的合约另一个方面也限制了投资者根据自己的需要的选择权，而场外交易市场则更适用更有效。

(四) 根据合约标的资产的分类

根据合约权的资产可分为商品期权、股票期权、外汇期权、利率期权、指数期权、期货期权。

三、期权市场的交易机制

(一) 期权市场结构——基本上与期货市场相同，也是由买者、卖者、经纪公司、期权交易所和期权清算所或结算公司组成

买者和卖者即期权权利的买方和卖方。

期权清算所一般由一些经纪商出资组成。当买方要求履约时，清算所随机择出未平仓的卖方接受履约，倘若被选中的卖方违约，清算所将无条件地履行卖方义务。清算所的存在增强了期权市场的安全性。

(二) 标准化的期权合约

凡在交易所上市的期权合约都是标准化合约，其交易单位、最小变动价位、每日价格波动限制、敲定价格、合约月份、交易时间、最后交易日、履约日等都由交易所统一规定。

交易单位是由各交易所分别规定的，在不同交易所上市的即使是相同标的物的期货合约，其交易单位也不一定相同。

敲定价格是指期权合约被执行时，交易双方实际买卖基础资产的价格。当交易所准备上市某种期权合约时，将根据该合约的标的物最近的收盘价依某一特定形式确定一个中心敲定价格，然后再根据既定的幅度设定该中心敲定价格的上下各若干个级距的敲定价格。

权利期间：期权合约生效至合约到期的一段时间。交易所的期权合约的权利期间是标准化的，分 3 个周期，每个周期的起止月份是固定的，从而形成一个循环。比如，CBOE 的 3 个周期如下：

周期 I：1 月/4 月/7 月/10 月

周期 II：2 月/5 月/8 月/11 月

周期 III：3 月/6 月/9 月/12 月

(三) 保证金制度

期权的保证金制度作用与期货中的保证金制度是相同的。但是，期货交易者无论买方卖方都要交纳保证金以保证双方都履行合约；在期权交易中，只有卖方需要交纳保证金，因为买方没有必须履行的义务并且已经交纳期权费。期权的出售方必须在其保证金账户中保持一定数额的资金，因为需要保证当买方要求执行合约时防止卖方违约。

(四) 期权的交易过程

期权交易也是在交易所大厅内委托经纪人代为进行的,投资者本身不能进入交易所大厅。投资者决定交易后将指令传达给经纪商,指令包括买卖合约的种类、履约价、限价、期权类型(看涨看跌),然后经纪商将指令传达给交易所内,由跑递人传递给场内经纪人,而场内经纪人必须是交易所会员。这些人通过公开喊价的方式达成交易。交易一经谈妥双方记录在案,交易所核查无误后,即为成交,将有关记录报给清算所。第二天,期权的买方将其期权费通过清算所会员转交至清算所,清算所发出期权。卖方则将保证金交到清算所。

(五) 期权的结算

清算所充当买方和卖方的对立面,买方卖方不再发生直接的权利义务关系。期权清算所收到期权购买者的期权执行通知后,根据一套公正平等的准则选择清算所会员实施结算,清算所会员再依据同样的准则,选择期权卖方履行合约。

清算所的职责主要包括:

第一,确保保证金的充足。要求卖出者成交时交纳足额的保证金,每月清算出现亏损时要及时补足保证金。

第二,盈亏的计算。对于期权买者来说,其盈亏的计算考虑到履约价格和期权费;对于清算所而言,成交时的期权费是不必加入最后结算的,只在成交当日一次性结清,最后结算只考虑履约价格与到期日的期货或现货的价格。

第三,实施会员制和两级结算制度。

(六) 期权的对冲与履约

期权合约的解除方式有两种:对冲平仓和履行合约。

对冲平仓:买卖双方都可以通过对冲的方式实施履约。比如:对于看涨期权的购买者来说,他必须卖出一张同样内容的看涨期权合约才能对冲其手上的交易部位。相反,看涨期权的卖出者要平仓则要买入一张同样内容的看涨期权。

履行合约:一般有三种方式——交割、(股指)现金结算、期权转期货。一般来说,现货期权以敲定价格做实物交割;股票指数期权则依敲定价格与市场价格之差实行现金结算;买方也可以将期货期权转换为期货合约的方式履约(在期权合约规定的敲定价格水平获得一个相应的期货部位)。

第二节 期权定价

首先从内在价值和时间价值两个方面对期权价格进行深入解析,分析影响期权价值的主要因素,确定期权价格的基本边界,探讨美式期权是否需要提前执行的问题,从而画出期权价格曲线的基本形状,最后运用无套利分析的基本方法,推出看涨期权和看跌期权之间的平价关系。

在期权交易中，期权价格的决定是一个重要而复杂的核心问题。自1973年以来，许多专家和学者纷纷提出各自的期权定价模型，以说明期权价格的决定和变动。在这些模型中，最著名的模型主要有如下两个：一个是布莱克-舒尔茨模型（the Black-Scholes model），另一个则是二项式模型（the binominal model）。

一、期权的价格构成

尽管在现实的期权交易中，期权价格会受到多种因素的复杂影响，但从理论上说，期权价格都是由两个部分组成的：一是内在价值，二是时间价值。即期权价格＝期权内在价值+期权时间价值。

（一）期权的内在价值

期权的内在价值（intrinsic value）是指期权合约本身所具有的价值，也就是期权多方行使期权时可以获得的收益的现值。我们将在第八章中谈及这一概念。例如，如果股票XYZ的市场价格为每股60美元，而以该股票为标的资产的看涨期权协议价格为每股50美元，那么这一看涨期权的购买方只要执行此期权即可获得1 000美元〔(60-50)×100=1 000美元〕（股票期权通常为美式期权且一张期权合约的交易单位为100股股票）。这1 000美元的收益就是看涨期权的内在价值。

从例子中可以很明显地看到，一个期权合约有无内在价值以及内在价值的大小，取决于该期权执行价格与其标的资产市场价格之间的关系，即与期权是实值、虚值还是平价有很大的关系。具体来看，理解期权的内在价值，需要注意两个方面的问题：

其一，欧式期权和美式期权内在价值存在一定的差异。

由于欧式期权只能在到期日执行，所以在到期以前的任一时刻，欧式期权的内在价值应该是到期时该期权内在价值的现值。因此，对于欧式看涨期权来说，其内在价值为(S_T-X)的现值。其中，如果标的资产在期权存续期内没有现金收益，S_T的现值就是当前的市价(S)，而对于支付现金收益的资产来说，S_T的现值则为$S-D$，其中D表示在期权有效期内标的资产现金收益的现值。因此，无收益资产欧式看涨期权的内在价值等于$S-Xe^{-r(T-t)}$，而有收益资产欧式看涨期权的内在价值等于$S-D-Xe^{-r(T-t)}$。同样道理，无收益资产欧式看跌期权的内在价值都为$Xe^{-r(T-t)}-S$，有收益资产欧式看跌期权的内在价值都为$Xe^{-r(T-t)}+D-S$。

美式期权与欧式期权的最大区别在于其可以提前执行，因此，美式期权的内在价值就应该等于其即时执行的收益，而无需对X进行贴现。但是，我们在后文将证明，美式看涨期权当中，如果标的资产是没有现金收益的，在期权到期前提前行使无收益美式看涨期权是不明智的。因此无收益资产美式看涨期权价格等于欧式看涨期权价格，其内在价值也就等于$S-Xe^{-r(T-t)}$。另外，有收益资产美式看涨期权虽然有提前执行的可能，但可能性较小，因此一般认为其内在价值也等于$S-D-Xe^{-r(T-t)}$，即也等于相应的欧式看涨期权内在价值。对于美式看跌期权来说，由于提前执行有可能是合理的，因此其内在价值与欧式看跌期权不同。其中，无收益资产美式期权的内在价值等于 $X-S$，有收益资产美式期权的内在价值等于 $X+D-S$。

因此，欧式期权和美式期权内在价值的主要差异就在于贴现与否，但现实生活中常常不考虑贴现问题，而将它们视为相同，都采用美式期权即时执行的内在价值。

其二，期权的内在价值应大于或等于0。

将期权的内在价值与实值、虚值和平价等相联系，从理论上说，实值期权内在价值为正，虚值期权内在价值为负，而平价期权内在价值为零。但从实际来看，期权多头方是不会执行虚值期权（即标的资产市价低于协议价格的看涨期权和标的资产市价高于协议价格的看跌期权）的，因此内在价值至少等于零。

图7-1给出了期权内在价值的曲线。显然平价点随着欧式、美式期权和有无收益而变化。从图中我们可以进一步看出，在执行价格一定的时候，标的资产的市场价格就决定了期权内在价值的大小，例如对于看涨（看跌）期权来说，平价点及其左（右）侧的期权内在价值都为零，而平价点右（左）侧的期权内在价值则为正数，价格越高（低），内在价值越大。相反地，如果市场价格一定，期权的执行价格就决定了内在价值的大小。当执行价格提高（降低）时，图7-1（a）和（b）中的两条内在价值线都要向右（左）移动，也就意味着在同一市场价格水平上，看涨期权的内在价值减少（增大），而看跌期权的内在价值则相应地增大（减少）。

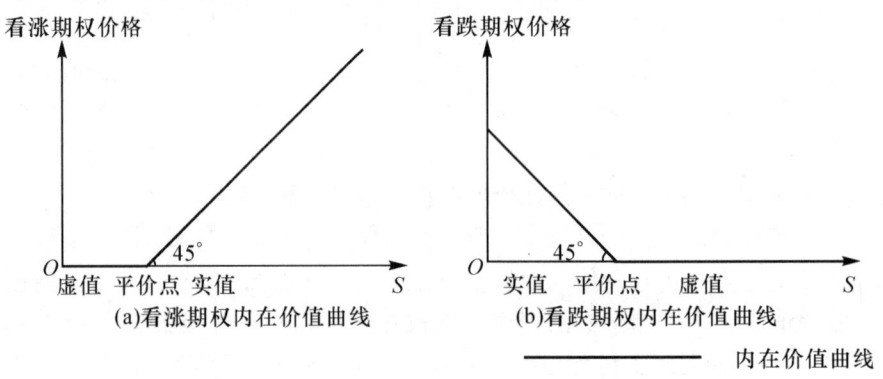

图7-1 期权内在价值曲线

（二）期权的时间价值

内在价值是决定期权价格的主要因素，但并非唯一的因素。在现实市场中，各种期权通常是以高于内在价值的价格交易的，平价期权和虚值期权在这一点上尤其明显：虽然这两类期权的内在价值为零，但在到期以前，它们总是以高于零的价格在买卖的。这是因为在期权价格中，还包含着一个重要的部分：期权的时间价值。

期权的时间价值（time value）是指在期权有效期内标的资产价格波动为期权持有者带来收益的可能性所隐含的价值。换句话说，期权的时间价值实质上是期权在其到期之前获利潜力的价值。我们知道，期权的买方通过支付期权费，获得了相应的权利，即（近于）无限的收益可能和有限的损失。这意味着标的资产价格发生同样的上升和下降，所带来的期权价值的变化是不对称的，这一不对称性，使得期权总价值超过了其内在价值。这就是期权时间价值的根本来源。

与内在价值不同，期权的时间价值通常不易直接计算，因此，它一般是用期权的总价值减去内在价值求得的。例如，某债券的市场价格目前为105美元，而以该债券为标的资产、执行价格为100美元的看涨期权则以6.5美元成交。那么，该看涨期权的内在价值为5美元（105美元-100美元），而它的时间价值则为1.5美元（6.5美元-5美元）。

影响期权时间价值大小的主要因素有：

1. 到期时间

由于期权时间价值代表到期之前期权带来收益的可能性，因此，一般来说距离到期的时间越长，期权时间价值越大。对于美式期权来说，这一点显然是肯定的；欧式期权由于只能在到期日执行，所以这一关系不一定成立，但总的来说其时间价值也是随着时间的延长而增大的。这意味着在一般情况下，期权的边际时间价值都是正的。

但是，我们应注意到，随着时间的延长，期权时间价值的增幅是递减的。这就是期权的边际时间价值递减规律。换句话说，对于到期日确定的期权来说，在其他条件不变时，随着时间的流逝，其时间价值的减小是递增的。这意味着，当时间流逝同样长度，期限长的期权的时间价值减小幅度将小于期限短的期权时间价值的减小幅度。这一点对组建和分析期权差期组合和对角组合是很重要的。

2. 标的资产价格的波动率

标的资产价格的波动率是指证券资产收益率单位时间内的标准差，因此，标的资产价格的波动率是用来衡量标的资产未来价格变动不确定性的指标。由于期权多头的最大亏损额仅限于期权价格，而最大盈利额则取决于执行期权时标的资产市场价格与协议价格的差额，因此波动率越大，无论是看涨期权还是看跌期权，期权的时间价值都应越大。

3. 内在价值

此外，期权的时间价值还受期权内在价值的影响。以无收益资产看涨期权为例，当 $S = Xe^{-r(T-t)}$ 时，期权的时间价值最大。当 $S - Xe^{-r(T-t)}$ 的绝对值增大时，期权的时间价值是递减的，如图7-2所示。

我们举个例子来说明期权内在价值与时间价值之间的关系。假设 A 股票（无红利）的市价为9.05元，A股票有两种看涨期权，其协议价格分别为 $X_1 = 10$ 元，$X_2 = 8$ 元，它们的有效期都是1年，1年期无风险利率为10%（连续复利）。这两种期权的内在价值分别为0和1.81元。那么这两种期权的时间价值哪个高呢？

假设这两种期权的时间价值相等，都等于2元，则第一种期权的价格为2元，第二种期权的价格为3.81元。为了比较这两种期权，假定1年后出现如下3种情况：

情况一：$S_T = 14$ 元。则期权持有者可从期权1中获利（$14 - 10 - 2e^{0.1}$）= 1.79元，可从期权2中获利（$14 - 8 - 3.81e^{0.1}$）= 1.79元。期权1获利金额等于期权2。

情况二：$S_T = 10$ 元。则期权1亏 $2e^{0.1} = 2.21$ 元，期权2也亏 $3.81e^{0.1} - 2 = 2.21$ 元。期权1亏损等于期权2。

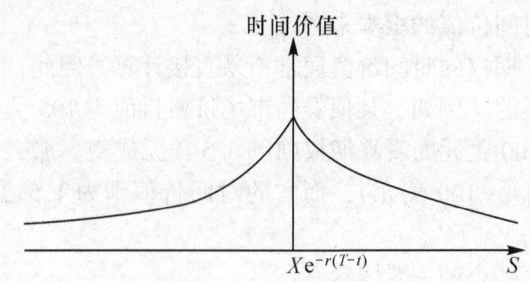

图 7-2 无收益资产看涨期权时间价值与 $(S-Xe^{-r(T-t)})$ 的关系

情况三：$S_T=8$ 元。则期权 1 亏 $2e^{0.1}=2.21$ 元，而期权 2 亏 $3.81\ e^{0.1}=4.21$ 元。期权 1 亏损少于期权 2。

由此可见，无论未来 A 股票价格是涨是跌还是平，期权 1 均优于或等于期权 2。显然，期权 1 的时间价值不应等于而应高于期权 2。

我们再来比较如下两种期权。$X_1=10$ 元，$X_3=12$ 元。其他条件与上例相同。显然，期权 1 的内在价值为 0，期权 3 的内在价值虽然也等于 0，但 $S-Xe^{-r(T-t)}$ 却等于 -1.81 元。通过同样的分析，我们也可以得出期权 1 的时间价值应高于期权 3 的结论。综合这三种期权，我们就可以得出无收益资产看涨期权的时间价值在 $S=Xe^{-r(T-t)}$ 点最大的结论。

通过同样的分析，我们还可以得出如下结论：有收益资产看涨期权的时间价值在 $S=D+Xe^{-r(T-t)}$ 点最大，而无收益资产欧式看跌期权的时间价值在 $S=Xe^{-r(T-t)}$ 点最大，有收益资产欧式看跌期权的时间价值在 $S=Xe^{-r(T-t)}-D$ 点最大，无收益资产美式看跌期权的时间价值在 $S=X$ 点最大，有收益资产美式看跌期权的时间价值在 $S=X-D$ 点最大。

二、期权价格的影响因素

期权价格既然由内在价值和时间价值两部分构成，则凡是影响内在价值和时间价值的因素，就是影响期权价格的因素。总的来看，期权价格的影响因素主要有 5 个，它们通过影响期权的内在价值和时间价值来影响期权的价格。

（一）标的资产的市场价格与期权的协议价格

标的资产的市场价格与期权的协议价格是影响期权价格最主要的因素，因为这两个价格及其相互关系不仅决定着内在价值，而且还进一步影响着时间价值。

由于看涨期权在执行时，其收益等于标的资产当时的市价与协议价格之差。因此，标的资产的价格越高、协议价格越低，看涨期权的价格就越高。

对于看跌期权而言，由于执行时其收益等于协议价格与标的资产市价的差额，因此，标的资产的价格越低、协议价格越高，看跌期权的价格就越高。

（二）期权的有效期

如前所述，对于美式期权而言，由于它可以在有效期内任何时间执行，有效期越长，期权多头获利机会就越大，而且有效期长的期权包含了有效期短的期权的所有执行机会，因此有效期越长，期权价格越高。

对于欧式期权而言，由于它只能在期末执行，有效期长的期权就不一定包含有效期短的期权的所有执行机会，这就使欧式期权的有效期与期权价格之间的关系显得较为复杂。例如，同一股票的两份欧式看涨期权，一个有效期为1个月，另一个有效期为2个月，假定在6周后标的股票将有大量红利支付，由于支付红利会使股价下降，在这种情况下，有效期短的期权价格甚至会大于有效期长的期权价格。

但在一般情况下（即剔除标的资产支付大量收益这一特殊情况），由于有效期越长，标的资产的风险就越大，空头亏损的风险也越大，因此即使是欧式期权，有效期越长，其期权价格也越高，即期权的边际时间价值（marginal time value）为正值。

另外，由于期权经常被作为避险保值的工具，而期权费则是保值者为了套期保值所支付的价格。所以，有效期越长，意味着保险时间越长，避险者所支付的保险费也应当越高。

(三) 标的资产价格的波动率

标的资产价格的波动率对期权价格具有重要的影响。"没有波动率，则期权就是多余的"。[①] 如前所述，波动率对期权价格的影响，是通过对时间价值的影响而实现的。波动率越大，则在期权到期时，标的资产市场价格涨跌达到实值期权的可能性也就越大，而如果出现虚值期权，期权多头方亏损有限。因此，无论是看涨期权还是看跌期权，其时间价值以及整个期权价格都随着标的资产价格波动率的增大而增大，随标的资产价格波动率的减小而降低。

值得注意的是，与决定和影响期权价格的其他因素不同，在期权定价时，标的资产价格在期权有效期内的波动率是一个未知数。因此，在期权定价时，要获得标的资产价格的波动率，只能通过近似估计得到。估计波动率的方法主要有两种：一是利用过去观察得到的标的资产价格波动的历史数据，用以估计未来价格的波动率，这一方法求得的波动率被称为"历史波动率"（history volatility）。另一种方法则是利用期权定价模型，设定波动率为未知数，将期权的市场价格和相应的各个参数代入，推算出波动率，这种被推算出来的波动率则被称为"隐含波动率"（implied volatility）。

(四) 无风险利率

影响期权价格的另一个重要因素是无风险利率，尤其是短期无风险利率。利率对期权价格的影响是比较复杂的，需要进行区别分析。不同的分析角度，结论各不相同。

首先，利率对期权价格的影响主要体现在对标的资产价格以及贴现率的影响上，这一影响又需要从两个方面加以探讨：

第一，从比较静态的角度考察，即比较不同利率水平下的两种均衡状态。如果状态1的无风险利率较高，则标的资产的预期收益率也应较高，这意味着对应于标的资产现

---

① Todd E. Petzel. Financial Futures and Options. New York: Quorum Books, 1989: 45.

在特定的市价（S），未来预期价格 [$E(S_T)$] 较高。同时由于贴现率较高，未来同样预期盈利的现值就较低。这两种效应都将减少看跌期权的价值。但对于看涨期权来说，前者将使期权价格上升，而后者将使期权价格下降。由于前者的效应大于后者，因此对应于较高的无风险利率，看涨期权的价格也较高。

第二，从动态的角度考察，即考察一个均衡被打破到另一个均衡的过程。在标的资产价格与利率呈负相关时（如股票、债券等），当无风险利率提高时，原有均衡被打破，为了使标的资产预期收益率提高，均衡过程通常是通过同时降低标的资产的期初价格和预期未来价格，只是前者的降幅更大来实现的，同时贴现率也随之上升。对于看涨期权来说，两种效应都将使期权价格下降，而对于看跌期权来说，前者效应为正，后者为负，由于前者效应通常大于后者，因此其净效应是看跌期权价格上升。

大家应注意到，从两个角度得到的结论刚好相反，因此我们在具体运用时要注意区别分析的角度，根据具体情况作全面的、深入的分析。

其次，换一个讨论的角度，如果就利率本身对期权价格的影响而言，利率的变动对看涨期权价格有正向的影响，而对看跌期权的价格有反向的影响。这种影响在股票期权中表现得尤其明显。因为对于买进股票的投资者而言，买进股票本身与买进以该股票为标的资产的看涨期权在某种程度上具有替代性，那么买进看涨期权相对节省的资金显然可以带来机会收益，因此看涨期权价格将随无风险利率上升而上涨；同样，买进看跌期权则和直接卖出股票具有一定的替代性，在利率较高的时候，投资者显然倾向于选择直接卖出股票，获得资金用于再投资而赚取较高的利息收益，而买入看跌期权却需要支付期权费，因此利率和看跌期权价格呈反向关系。

除了以上两个角度的分析，也有人从期权费机会成本的角度来分析利率对期权价格的影响。由于期权费是在期权交易初期以现金方式直接支付的，因而具有机会成本，而这一机会成本显然取决于利率的高低：当无风险利率较高时，期权价格机会成本较高，投资者将把资金从期权市场转移到其他市场，从而导致期权价格下降；反之，当无风险利率较低时，较低的机会成本显然将带来期权价格的上升。

总之，无风险利率对期权价格的影响是非常复杂的，在具体运用的时候，需要全面分析，并针对特殊情况，判断哪种影响更重要，从而得到相应的结论。

(五) 标的资产的收益

根据第八章的说明，标的资产分红是获得相应现金收益的时候，期权合约并不进行相应的调整。这样，标的资产进行分红付息，将减少标的资产的价格，这些收益将归标的资产的持有者所有，同时协议价格并未进行相应调整。因此在期权有效期内标的资产产生现金收益将使看涨期权价格下降，而使看跌期权价格上升。

由以上分析可知，决定和影响期权价格的因素很多，而且各因素对期权价格的影响也很复杂，既有影响方向的不同，又有影响程度的不同；各个影响因素之间，既有相互补充的关系，又有相互抵消的关系。表 7-1 对这些主要影响因素作了一个基本的总结。

表 7-1　　　　　　　　　影响期权价格的主要因素

变量	欧式看涨	欧式看跌	美式看涨	美式看跌
标的资产市场价格	+	−	+	−
期权协议价格	−	+	−	+
有效期	?	?	+	+
标的资产价格波动率	+	+	+	+
无风险利率	?	?	?	?
红利	−	+	−	+

注：+表示正向的影响，−表示反向的影响，? 则表示影响方向不一定。

三、期权价格的边界

为了推导出期权定价的精确公式，我们先要找出期权价格的上、下限。期权价值边界的确定最早是由 Merton 在 1973 年完成的①。他运用随机占优（stochastic dominance）的概念，提出了关于期权价格的基本理性条件，其基本思想如下：假设有两个投资组合 A 和 B，其投资报酬是不确定的。如果在给定的期限内，在任何情况下组合 A 的投资收益都不低于 B 的投资收益，则称组合 A 随机优于组合 B，那么理性投资者必然选择组合 A，因此组合 A 的价格必然高于组合 B 的价格。由此，Merton 得出期权价值非负的基本结论，即：

$$c \geq 0, \ C \geq 0, \ p \geq 0, \ P \geq 0$$

其中小写的 c 和 p 表示欧式期权价值，大写的 C 和 P 则表示美式期权价值。

这样，Merton 已经给出了期权价值的一个下限。以此为基础，我们进一步讨论确定期权边界的问题。

（一）期权价格的上限

1. 看涨期权价格的上限

在任何情况下，期权的价值都不会超过标的资产的价格。否则，套利者就可以通过买入标的资产并卖出期权来获取无风险利润。因此，对于美式和欧式看涨期权来说，标的资产价格都是看涨期权价格的上限：

$$c \leq S \text{ 和 } C \leq S \tag{7.1}$$

同前所述，S 代表标的资产价格。

2. 看跌期权价格的上限

由于美式看跌期权的多头执行期权得到的最高价值为协议价格（X），因此，美式看跌期权购买方所支付的价格（P）不应该超过上限 X：

---

① 参见 Robert Merton. Continuous-time finance（Revised Edition）. London：Basil Blackwell, 1992：255.

$$P \leq X \tag{7.2}$$

由于欧式看跌期权只能在到期日（T 时刻）执行，在 T 时刻，其最高价值为 X，因此，欧式看跌期权价格（p）不能超过 X 的现值：

$$p \leq Xe^{-r(T-t)} \tag{7.3}$$

其中，r 代表 T 时刻到期的无风险利率，t 代表现在时刻。

(二) 期权价格的下限

由于确定期权价格的下限较为复杂，这里先给出欧式期权价格的下限，并区分无收益与有收益标的资产两种情况。

1. 欧式看涨期权价格的下限

（1）无收益资产欧式看涨期权价格的下限

为了推导出期权价格下限，我们考虑如下两个组合：

组合 A：一份欧式看涨期权加上金额为 $Xe^{-r(T-t)}$ 的现金

组合 B：一单位标的资产

在组合 A 中，如果现金按无风险利率投资则在 T 时刻将变为 X，即等于协议价格，此时多头要不要执行看涨期权，取决于 T 时刻标的资产价格（S_T）是否大于 X。若 $S_T > X$，则执行看涨期权，组合 A 的价值为 S_T；若 $S_T \leq X$，则不执行看涨期权，组合 A 的价值为 X。因此，在 T 时刻，组合 A 的价值为：

$$\max(S_T, X)$$

而在 T 时刻，组合 B 的价值为 S_T。由于 $\max(S_T, X) \geq S_T$，因此，在 t 时刻组合 A 的价值也应大于或等于组合 B，即：

$$c + Xe^{-r(T-t)} \geq S$$
$$c \geq S - Xe^{-r(T-t)}$$

由于期权的价值一定为正，因此无收益资产欧式看涨期权价格下限为：

$$c \geq \max[S - Xe^{-r(T-t)}, 0] \tag{7.4}$$

（2）有收益资产欧式看涨期权价格的下限

我们只要将上述组合 A 的现金改为 $D + Xe^{-r(T-t)}$，其中 D 为期权有效期内资产收益的现值，并经过类似的推导，就可得出有收益资产欧式看涨期权价格的下限为：

$$c \geq \max[S - D - Xe^{-r(T-t)}, 0] \tag{7.5}$$

2. 欧式看跌期权价格的下限

（1）无收益资产欧式看跌期权价格的下限

考虑以下两种组合：

组合 C：一份欧式看跌期权加上一单位标的资产

组合 D：金额为 $Xe^{-r(T-t)}$ 的现金

在 T 时刻，如果 $S_T < X$，期权将被执行，组合 C 价值为 X；如果 $S_T > X$，期权将不被执行，组合 C 价值为 S_T，即在组合 C 的价值为：

$$\max(S_T, X)$$

假定组合 D 的现金以无风险利率投资，则在 T 时刻组合 D 的价值为 X。由于组合 C 的价值在 T 时刻大于或等于组合 D，因此组合 C 的价值在 t 时刻也应大于或等于组合 D，即：

$$p+S \geq Xe^{-r(T-t)}$$
$$p \geq Xe^{-r(T-t)} - S$$

由于期权价值一定为正，因此无收益资产欧式看跌期权价格下限为：

$$p \geq \max[Xe^{-r(T-t)} - S, 0] \tag{7.6}$$

（2）有收益资产欧式看跌期权价格的下限

我们只要将上述组合 D 的现金改为 $D+Xe^{-r(T-t)}$，就可得到有收益资产欧式看跌期权价格的下限为：

$$p \geq \max[D+Xe^{-r(T-t)} - S, 0] \tag{7.7}$$

从以上分析可以看出，欧式期权的下限实际上就是其内在价值。

四、期权平价关系

（一）欧式看涨期权与看跌期权之间的平价关系

1. 无收益资产的欧式期权

在标的资产没有收益的情况下，为了推导 c 和 p 之间的关系，我们考虑如下两个组合：

组合 A：一份欧式看涨期权加上金额为 $Xe^{-r(T-t)}$ 的现金

组合 B：一份有效期和协议价格与看涨期权相同的欧式看跌期权加上一单位标的资产

由于金额为 $Xe^{-r(T-t)}$ 的现金以无风险利率投资，期权到期时正好获得等于执行价格 X 的资金，因此在期权到期时，两个组合的价值均为 $\max(S_T, X)$。由于欧式期权不能提前执行，因此两组合在时刻 t 必须具有相等的价值，即：

$$c + Xe^{-r(T-t)} = p + S \tag{7.8}$$

这就是无收益资产欧式看涨期权与看跌期权之间的平价关系（parity）。它表明欧式看涨期权的价值可根据相同协议价格和到期日的欧式看跌期权的价值推导出来，反之亦然。

如果式（7.8）不成立，则存在无风险套利机会，套利活动将最终促使式（7.8）成立。

2. 有收益资产的欧式期权

在标的资产有收益的情况下，我们只要把前面的组合 A 中的现金改为 $D+Xe^{-r(T-t)}$，因为组合 B 中持有的标的资产还能够获得现金收益，D 即为这笔现金收益的现值。我们就可推导出有收益资产欧式看涨期权和看跌期权：

$$c + D + Xe^{-r(T-t)} = p + S \tag{7.9}$$

从看涨期权和看跌期权的平价关系中,我们可以对看涨期权和看跌期权的特性有更深入的了解。以看涨期权为例:

首先,有

$$c = p + S - Xe^{-r(T-t)} - D \tag{7.10}$$

也就是说在其他条件相同的情况下,如果红利的现值 D 增加,那么期权的价值会下跌。

其次,在没有红利的条件下,根据(7.10)有

$$c = p + S - Xe^{-r(T-t)} \tag{7.11}$$

因此看涨期权等价于借钱买入股票,并买入一个看跌期权来提供保险,和直接购买股票相比,看涨期权多头有两个优点:保险和可以利用杠杆效应。

对看跌期权也可以做类似的分析。

(二) 美式看涨期权和看跌期权之间的关系

1. 无收益资产的美式期权

由于 $P > p$,从式(7.8)中我们可得:

$$P > c + Xe^{-r(T-t)} - S$$

对于无收益资产看涨期权来说,由于 $c = C$,因此:

$$P > C + Xe^{-r(T-t)} - S$$

$$C - P < S - Xe^{-r(T-t)} \tag{7.12}$$

为了推导出 C 和 P 的更严密的关系,我们考虑以下两个组合:

组合 A:一份欧式看涨期权加上金额为 X 的现金

组合 B:一份美式看跌期权加上一单位标的资产

如果美式期权没有提前执行,则在 T 时刻组合 B 的价值为 $\max(S_T, X)$,而此时组合 A 的价值为 $\max(S_T, X) + Xe^{r(T-t)} - X$。因此组合 A 的价值大于组合 B。

如果美式期权在 τ 时刻提前执行,则在 τ 时刻,组合 B 的价值为 X,而此时组合 A 的价值大于或等于 $Xe^{r(\tau-t)}$。因此组合 A 的价值也大于组合 B。

这就是说,无论美式组合是否提前执行,组合 A 的价值都高于组合 B,因此在 t 时刻,组合 A 的价值也应高于组合 B,即:

$$c + X > P + S$$

由于 $c = C$,因此:

$$C + X > P + S$$

$$C - P > S - X$$

结合式(7.10),可得:

$$S - X < C - P < S - Xe^{-r(T-t)} \tag{7.13}$$

由于美式期权可能提前执行,因此我们得不到美式看涨期权和看跌期权的精确平价关系,但我们可以得出结论:无收益美式期权必须符合式(7.13)的不等式。

2. 有收益资产美式期权

同样，我们只要把组合 A 的现金改为 $D+X$，就可得到有收益资产美式期权必须遵守的不等式：

$$S-D-X<C-P<S-D-Xe^{-r(T-t)} \tag{7.14}$$

五、Black-Scholes 期权定价公式

在国际衍生金融市场的形成发展过程中，期权的合理定价是困扰投资者的一大难题。随着计算机、先进通信技术的应用，复杂期权定价公式的运用成为可能。在过去的 20 年中，投资者通过运用布莱克-舒尔茨期权定价模型，将这一抽象的数字公式转变成了大量的财富。

期权定价是所有金融应用领域数学上最复杂的问题之一。第一个完整的期权定价模型由 Fisher Black 和 Myron Scholes 创立并于 1973 年公之于世。B-S 期权定价模型发表的时间和芝加哥期权交易所正式挂牌交易标准化期权合约几乎同时。不久，得克萨斯仪器公司就推出了装有根据这一模型计算期权价值程序的计算器。现在，几乎所有从事期权交易的经纪人都持有各家公司出品的此类计算机，利用按照这一模型开发的程序对交易估价。这项工作对金融创新和各种新兴金融产品的面世起到了重大的推动作用。

（一）布莱克-舒尔茨模型的假设条件

1. 对卖空不存在障碍和限制
2. 交易成本与税收为零
3. 期权是欧式的
4. 不支付股票红利
5. 股票价格是连续的，即没有跳跃
6. 市场连续运作
7. 短期利率已知且固定
8. 股票价格是对数正态分布的

（二）Black 和 Scholes 根据诸多假设，得出了如下著名的欧式看涨期权定价公式：

$$c = SN(d_1) - Xe^{-r(T-t)} N(d_2)$$

$$d_1 = \frac{\ln(S/X) + (r+\sigma^2/2)(T-t)}{\sigma\sqrt{T-t}}$$

$$d_2 = \frac{\ln(S/X) + (r-\sigma^2/2)(T-t)}{\sigma\sqrt{T-t}} = d_1 - \sigma\sqrt{T-t}$$

其中：

c—欧式看涨期权的价格；
S—期权的标的股票的现行价格；

X——期权的敲定价格；

T——以年计期权的有效期限；

r——无风险年利率；

σ——标的股票价格的波动率；

$\ln(X)$——自然对数函数；

e——自然对数的底数；

$N(X)$——服从标准正态分布的随机变量X的概率分布函数，即$N(X)=P(x \leqslant X)$，$x \sim N(0,1)$。

例7-1 假设某种不支付红利股票的市价为50元，无风险利率为12%，该股票的年波动率为10%，求该股票协议价格为50元、期限1年的欧式看涨期权和看跌期权的价格。

在本题中，可以将相关参数表达如下：

$$S_t=50, X=50, r=0.12, \sigma=0.1, T=1。$$

计算过程分为三步：

第一步，先算出d_1和d_2。

$$d_1 = [\ln(50/50) + (0.12+0.01/2)*1] / [0.1*\text{sqrt}(1)] = 1.25$$

$$d_2 = d_1 - 0.1*\text{sqrt}(1) = 0.15$$

第二步，计算$N(d_1)$和$N(d_2)$。

$$N(d_1) = N(1.25) = 0.8944$$

$$N(d_2) = N(1.15) = 0.8749$$

第三步，将上述结果以及已知条件代入公式，这样，欧式看涨期权和看跌期权的价格分别为：

$$c = 50*0.8944 - 50*0.8749e^{-0.12*1} = 5.92（美元）$$

$$p = 50*(1-0.8749)e^{-0.12*1} - 50*(1-0.8944) = 0.27（美元）$$

在本例中，标的资产执行价格和市场价格正好相等，但是看涨期权的价格却与看跌期权的价格相差悬殊，其中的原因在于利率和到期期限对期权价格的影响。在本例中，利率高达12%，到期期限长达1年，在这种情况下，执行价格的现值将大大地降低。对于欧式看涨期权来说，这意味着内在价值的大幅上升，而对于欧式看跌期权来说，却意味着内在价值的大幅降低。因此，在计算了执行价格的现值以后，看涨期权是实值期权而看跌期权则是一个虚值期权。事实上，实际中的市场短期利率通常较低，期权到期期限一般不超过9个月，因此如果标的资产市场价格与执行价格相等，同样条件下的看涨期权价格和看跌期权价格一般比较接近。

六、二项式模型

Black-Scholes模型对欧式期权有精确的解析式，但对美式期权无精确的定价公式，不可能求出解的表达式，而且数学推导和求解过程在金融界较难接受和掌握。因此，接下来我们介绍应用范围更广的二项式模式。

一般来说，二项期权定价模型的基本假设是在每一时期股价的变动方向只有两个，即上升或下降。BOPM 的定价依据是期权在第一次买进时，能建立起一个零风险套头交易，或者说可以使用一个证券组合来模拟期权的价值，该证券组合在没有套利机会时应等于买权的价格；反之，如果存在套利机会，投资者则可以买两种产品中价格便宜者，卖出价格较高者，从而获得无风险收益，当然这种套利机会只会在极短的时间里存在。这一证券组合的主要功能是给出了买权的定价方法。与期货不同的是，期货的套头交易一旦建立就不用改变，而期权的套头交易则需不断调整，直至期权到期。

假定到期且只有两种可能，而且涨跌幅均为 10% 的假设都很粗略。修改为：在 T 分为很多小的时间间隔 Δt，而在每一个 Δt，股票价格变化由 S 到 Su 或 Sd。如果价格上扬概率为 p，那么下跌的概率为 $1-p$。

$$S \begin{array}{c} \nearrow^{p} Su \\ \searrow_{1-p} Sd \end{array}$$

由 Black-Scholes 方程可知：可以假定市场为风险中性，即股票预期收益率 μ 等于无风险利率 r，故有：

$$S^2 \begin{array}{c} \nearrow^{p} (Su)^2 \\ \searrow_{1-p} (Sd)^2 \end{array}$$

$$Se^{r\Delta t} = pSu + (1-p) Sd$$

即：
$$e^{r\Delta t} = pu + (1-p) d$$

又因股票价格变化符合布朗运动，从而：

$$\delta S \sim N(rS\Delta t, \sigma S \sqrt{\Delta t}) \Rightarrow D(S) = \sigma^2 S^2 \Delta t$$

利用 $D(S) = E(S^2) - (E(S))^2$，

$$E(S^2) = p(Su)^2 + (1-p)(Sd)^2$$
$$\Rightarrow \sigma^2 S^2 \Delta t$$
$$= p(Su)^2 + (1-p)(Sd)^2 - [pSu + (1-p)Sd]^2$$
$$\Rightarrow \sigma^2 \Delta t = pu^2 + (1-p)d^2 - [pu + (1-p)d]^2$$

又因为股价的上扬和下跌应满足：$ud = 1$，
可解得：

$$\begin{cases} u = e^{\sigma\sqrt{\delta t}} & (7.15) \\ d = e^{-\sigma\sqrt{\delta t}} & (7.16) \\ p = \dfrac{a-d}{u-d}, & (7.17) \end{cases}$$

其中：
$$a = e^{r\delta t}$$

结论：在相等的充分小的 Δt 时段内，无论开始时股票价格如何，由 (7.15) ~ (7.17) 所确定的 u，d 和 p 都是常数（即只与 Δt，σ，r 有关，而与 S 无关）。

第三节　外　汇　期　权

一、外汇期权的概念

外汇期权（foreign exchange options）也称为货币期权，指合约购买方在向出售方支付一定期权费后，所获得的在未来约定日期或一定时间内，按照规定汇率买进或者卖出一定数量外汇资产的选择权。1982年12月由美国费城证券交易所（PHIX）首先推出，美国的外汇期权交易主要集中在 PHIX 和 CBOE。参与者：跨国公司、跨国银行、本国银行、非银行金融公司、进出口商。

外汇期权是期权的一种，相对于股票期权、指数期权等其他种类的期权来说，外汇期权买卖的是外汇，即期权买方在向期权卖方支付相应期权费后获得一项权利，即期权买方在支付一定数额的期权费后，有权在约定的到期日按照双方事先约定的协定汇率和金额同期权卖方买卖约定的货币，同时权利的买方也有权不执行上述买卖合约。

二、外汇期权的类型

个人外汇期权业务实际是对一种权利的买卖，权利的买方有权在未来一定时间内按约定的汇率向权利的卖方买进或卖出约定数额的某种货币；同时权利的买方也有权不执行上述买卖合约，为个人投资者提供了从汇率变动中保值获利的灵活工具和机会，具体分为"买入期权"和"卖出期权"两种。

"买入期权"指客户根据自己对外汇汇率未来变动方向的判断，向银行支付一定金额的期权费后买入相应面值、期限和执行价格的外汇期权（看涨期权或看跌期权），期权到期时如果汇率变动对客户有利，则客户通过执行期权可获得较高收益；如果汇率变动对客户不利，则客户可选择不执行期权。

"卖出期权"则是客户在存入一笔定期存款的同时根据自己的判断向银行卖出一个外汇期权，客户除收入定期存款利息（扣除利息税）外还可得到一笔期权费。期权到期时，如果汇率变动对银行不利，则银行不行使期权，客户有可能获得高于定期存款利息的收益；如果汇率变动对银行有利，则银行行使期权，将客户的定期存款本金按协定汇率折成相对应的挂钩货币。

对于外汇期权来说，执行价格就是外汇期权的买方行使权利时事先规定的汇率。

执行价格是指期权的买方行使权利时事先规定的买卖价格。执行价格确定后，在期权合约规定的期限内，无论价格怎样波动，只要期权的买方要求执行该期权，期权的卖方就必须以此价格履行义务。如：期权买方买入了看涨期权，在期权合约的有效期内，若价格上涨，并且高于执行价格，则期权买方就有权以较低的执行价格买入期权合约规定数量的特定商品。而期权卖方也必须无条件地以较低的执行价格履行卖出义务。

外汇期权业务的优点在于可锁定未来汇率，提供外汇保值，客户有较好的灵活选择性，在汇率变动向有利方向发展时，也可从中获得盈利的机会。对于那些合同尚未最后确定的进出口业务具有很好的保值作用。期权的买方风险有限，仅限于期权费，获得的收益可能性无限大；卖方利润有限，仅限于期权费，风险无限。

第四节 利率期权

一、利率期权的概念

利率期权是一项关于利率变化的权利。买方支付一定金额的期权费后，就可以获得这项权利：在到期日按预先约定的利率，按一定的期限借入或贷出一定金额的货币。这样当市场利率向不利方向变化时，买方可固定其利率水平；当市场利率向有利方向变化时，买方可获得利率变化的好处。利率期权的卖方向买方收取期权费，同时承担相应的责任。

利率期权合约通常以政府短期、中期、长期债券，欧洲美元债券，大面额可转让存单等利率工具为标的物。利率期权是一项规避短期利率风险的有效工具。

二、常见的利率期权

借款人通过买入一项利率期权，可以在利率水平向不利方向变化时得到保护，而在利率水平向有利方向变化时得益。主要有两种形式：单期期权和多期期权。

（1）普通的单期期权：无论是欧式还是美式期权，一旦执行期权即宣告整个交易结束。一般期权的期限不超过1年。单期的利率期权含中、长期国债期权。

（2）多期期权：在期权的有效期内，买方具有多次执行期权的权利。实质上是一系列期限不同的期权组成的期权，其期限一般在1年以上。多期的利率期权主要有：利率的顶（cap）、底（floor）、套（collar）几种常见的利率期权，常见的主要有利率封顶、利率封底以及利率两头封。

1. 利率封顶

利率封顶（interest rate cap）又称"利率上限"，通常与利率掉期组合。客户同银行达成一项协议，指定某一种市场参考利率，同时确定一个利率上限水平。在此基础之上，利率封顶的卖出方向买入方承诺：在规定的期限内，如果市场参考利率高于协定的利率上限水平，卖方向买方支付市场利率高于利率上限的差额部分；如果市场参考利率低于或等于协定的利率上限水平，则卖方无任何支付义务。买方由于获得了上述权利，必须向卖方支付一定数额的期权费。

举例：某公司现有金额为美元1 000万，期限6个月，以LIBOR计息的浮动债务，公司既希望在市场利率降低时能享有低利率的好处，又想避免市场利率上涨时利息成本增加的风险。这时,公司支付一定的期权费,向银行买入 6 个月,协定利率为 5%的利率封顶。6 个月后,如果 LIBOR 上升为 6%(利率大于或等于 5%),公司选择行使该期权,即银行向公司支付市场利率和协议利率的差价(6%-5%=1%),公司有效地固定了其债务利息;如果 LIBOR 利率低于 5%,公司可选择不实施该权利,而以较低的市场利率支付债务利息。这样,对于买方,有效地控制了利率上升的风险,而卖方则收取一笔期权费。

利率封顶的期权费与利率上限水平和协议期限有关。相对而言,利率上限水平越高,期权费率越低;期限越短,期权费率也越低。

2. 利率封底

利率封底(interest rate floor)又称"利率下限",与利率封顶相反,利率封底是客户与银行达成一项协议,指定某一种市场参考利率,同时确定一个利率下限水平。在此基础上,利率封底的卖出方向买入方承诺:在规定的期限内,如果市场参考利率低于协定的利率下限水平,卖方向买方支付市场利率低于利率下限的差额部分;如果市场参考利率高于或等于协定的利率下限水平,则卖方无任何支付义务。买方由于获得了上述权利,必须向卖方支付一定数额的期权手续费。

3. 利率套

利率套(interest rate collar)又称"利率上下限",是将利率封顶和利率封底两种金融工具合成的产品。具体地说,购买一项利率两头封,就是在买进一项利率封顶的同时,卖出一项利率封底,以收入的期权费来部分抵消需要支出的期权费,达到既规避利率风险又降低费用成本的目的。卖出一项利率两头封,则是指在卖出一项利率封顶的同时,买入一项利率封底。当借款人预计市场利率会上涨时,可以考虑购买一项利率套。

第五节 股指期权

一、股指期权的概念

股指期权,又称作股票指数期权,是在股票指数期货合约的基础上产生的。期权购买者付给期权的出售方一笔期权费,以取得在未来某个时间或该时间之前,以某种价格水平,即股指水平买进或卖出某种股票指数合约的选择权。

第一份普通股指期权合约于 1983 年 3 月在芝加哥期权交易所出现。该期权的标的物是标准—普尔 100 种股票指数。随后,美国证券交易所和纽约证券交易所迅速引进了指数期权交易。指数期权以普通股股价指数作为标的,其价值决定于作为标的的股价指数的价值及其变化。股指期权必须用现金交割。清算的现金额度等于指数现值与敲定价格之差与该期权的乘数之积。

股指期权是一种基于股票价格指数的衍生产品,然而作为不同的衍生产品,两者产品性质有较大差异。股指期权买卖双方的权利义务关系和风险收益是不对称的,这将使交易风险放大,并对风险防控与交易、结算制度提出更高的要求。

例 7-2 某投资者买 9 月到期、协定价格为 140 的 NYSE 综合指数的看涨期权,期权费为 12.50 个点,3 个月后指数上涨 18 点,则盈利为:

$$\$2\,750 = 18 \times 500$$

成本为: $\$6\,250 = 12.50 \times 500$。

二、股指期权合约

在指数期权合约中,指数是由一篮子采样股票计算出来的,合约中真正的标的物是该篮采样股票所形成的投资组合,每种股票在投资组合中所占的比重,则依指数的计算方式而定。

在合约的设计上,一般以标的物的惯用单位来衡量,如 100 股股票,指数期权亦以此方式来定义合约的规格,但相当麻烦,因此通常以股票的总市值来定义合约规格,而总市值与指数有非常密切的关系,故一般以指数水准的一定倍数来计算。如 S&P100 有 100 种股票,其合约乘数为 100,当指数为 370 点时,则表示标的物为价值 $37 000 的采样股票。

现将美国市场上交易较活跃的 5 种股指期权的合约规格汇总成表 7-2。

表 7-2 　　　　　　　　　股票指数现货期权合约规格

合约	NYSE 综合指数期权	主要市场指数期权	S&P100 指数期权	S&P500 指数期权	价值线指数期权
交易所	NYFE	AMEX	CBOE	CBOE	KCBT
交易单位	指数×100 美元				
最小变动价位	小于或等于 3 时为 $\frac{1}{16}$(6.25 美元) 大于 3 时为 $\frac{1}{8}$(12.50 美元)		0.05(5 美元)		$\frac{1}{16}$ 或 $\frac{1}{8}$
合约月份	3 个近期的到期月份	3 个近期到期月份	4 个近期的到期月份	2 个近期月份加上 3 个连续的按 3、6、9、12 循环的月份	3 个近期月份加上 2 个按 3、6、12 循环的月份
期权类别	美式期权	美式期权	美式期权	美式期权	美式期权
敲定价格级距	$2\frac{1}{2}$ 或 5 点	5 点	5 点	5 点	5 点
每日价格波动限制	无	无	无	无	无
结算	现金结算				
交易时间	9:30—16:15(东部时间)				

资料来源:F. J. Fabozzi:The Hand Book of Stock Index Futures and Options,1989.

三、股票指数期权报价方式与行情表解读

表 7-3 是刊登在 1995 年 4 月 12 日《华尔街日报》上的芝加哥期权交易所 CBOE 股票指数期权行情表，它所报出的是 S&P500 种股票价格指数期权的价格。

表 7-3　　CBOE 标准—普尔 500 指数期权行情表

Exp.	Strike	Vol.	Last	Net Chg.	Open Lnt.
Apr.	380C	5	$97\frac{1}{4}$	$-\frac{3}{8}$	5
Apr.	380P	53	1/16	…	5 050
May	390P	129	$\frac{8}{16}$	$-\frac{1}{16}$	586
Jun.	395P	100	$\frac{7}{16}$	$-\frac{1}{16}$	318
May	400P	7	$\frac{1}{8}$	$-\frac{1}{16}$	5 619
May	405P	50	$\frac{3}{16}$	$-\frac{1}{16}$	1 505
May	410P	42	$\frac{1}{4}$	$-\frac{1}{8}$	3 789
Apr.	415P	2	$\frac{2}{16}$	$-\frac{1}{16}$	9 038
May.	415P	50	$\frac{5}{16}$	$-\frac{1}{16}$	1 321

自左边起，第一栏代表合约到期月份（到期日通常为每个月第 3 个星期五）；第二栏为期权敲定价格，C 和 P 分别表示看涨期权和看跌期权；第三栏为当天合约交易量；第四栏为合约结算价；第五栏为当日合约结算价相比前一天结算价的变化，符号"+"和"-"则分别表示高于或低于前一天的价格；最后一栏为有关期权合约的未平仓合约数。

第六节　股　票　期　权

股票期权是指买方在交付期权费后即取得在合约规定的到期日或到期日以前按协议价买入或卖出一定数量相关股票的权利。

一、几种股票期权

(一) 认股权证

认股权证,又称"认股证"或"权证",其英文名称为 Warrant。在证券市场上,Warrant 是指一种具有到期日及行使价或其他执行条件的金融衍生工具。根据美国证券交易所的定义,Warrant 是指一种以约定的价格和时间(或在权证协议里列明的一系列期间内分别以相应价格)购买或者出售标的资产的期权。

广义上,认股权证通常是指由发行人所发行的附有特定条件的一种有价证券。从法律角度分析,认股权证本质上为一权利契约,投资人以支付权利金购得权证后,有权于某一特定期间或到期日,按约定的价格(行使价),认购或沽出一定数量的标的资产(如股票、股指、黄金、外汇或商品等)。权证的交易实属一种期权的买卖。与所有期权一样,权证持有人在支付权利金后获得的是一种权利,而非义务,行使与否由权证持有人自主决定;而权证的发行人在权证持有人按规定提出履约要求之时,负有提供履约的义务,不得拒绝。简言之,权证是一项权利:投资人可于约定的期间或到期日,以约定的价格(而不论该标的资产市价如何)认购或沽出权证的标的资产。

认股权证通常既可由上市公司也可由专门的投资银行发行,权证所代表的权利包括对标的资产的买进(看涨)和卖出(看跌)两种期权。因此有时所称的认股证是广义的(即包括认购证和认沽证两种),但更多的仅指认购证;在香港地区往往指备兑认股证。

认股权证是金融市场中公司法人融通资金的一项重要商品,已经有 90 年以上的历史。随着时代的演进、管理法规与交易制度的日趋完备,认股权证交易目前在一些成熟资本市场已非常活跃。买卖认股权证的好处很多,其中包括:投资者只需付出买卖相关资产成本的一个百分比,即可从升市或跌市中取得获利机会;认股权证可提供杠杆式回报,与直接投资相关资产相比,认股权证提供的杠杆效应,在控制风险的前提下,让投资者有机会以较低成本争取较高回报;投资者可根据本身愿意承担的风险水平,选择价内权证、平价权证或价外权证;投资者可将潜在亏损限制于某一固定金额,也可随时在认股权证到期前将权证出售,以将亏损降至最低或获利回吐。

(二) 职工购股期权

持有这种权利的高级管理人员可以在规定时期内以股票期权的行权价格(exercise price)购买本公司股票,这个购买的过程称为行权(exercise)。在行权以前,股票期权持有人没有任何现金收益;行权过后,个人收益为行权价与行权日市场价之间的差价。高级管理人员可自行决定在任何时间出售行权所得股票。

经营者可以凭借这种权利按约定价格购买未来一定期限内公司股份的权利。实行股票期权制的目的,是要在公司人员与企业长期利益之间建立一种资本纽带,将个人命运与企业命运牢牢地捆在一起。世界上第一个股票期权计划 1952 年产生于美国,1974 年这个计划得到美国联邦和州政府的认可，随后股票期权制在美国开始迅速发展。据有关资料统计，20世纪90年代初，美国在全球排名前50位的大公司中，有80%的企业已向其高级经理人员实行经营者股票期权（ESO）的报酬制度，高收入中来源于ESO的比重越来越大。到1999年几乎100%的高科技公司、大约90%的上市公司都有股票期权计划。硅谷绝大部分企业采用经营者股票期权报酬制度，还采用员工持股制度，如微软公司等。股票期权的分配形式除美国外，在法国等国家中也较流行。

（三）可转换债券（convertible bonds）

允许投资者在特定的条件下将债券转换成发行债券公司的其他证券，通常是普通股或优先股。可转换债券综合了债务和股权的特征，因而被称作"混合证券"，是一种债券附加上期权的新型债券，债券持有人可以按约定的条件将债券转换成股票。转股权是投资者享有的，一般债券所没有的选择权。可转换债券在发行时就明确约定，债券持有人可按照发行时约定的价格将债券转换成公司的普通股票。如果债券持有人不想转换，则可以继续持有债券，直到偿还期满时收取本金和利息，或者在流通市场出售变现。如果持有人看好发债公司股票增值潜力，在宽限期之后可以行使转换权，按照预定转换价格将债券转换成股票，发债公司不得拒绝。正因为具有可转换性，可转换债券利率一般低于普通公司债券利率，企业发行可转换债券可以降低筹资成本。

二、股票期权合约

（一）股票期权的到期日

在美国，精确的时间是到期月第3个星期五之后紧随的那个星期六美国东部时间下午10:59。期权的最后交易日是到期月的第3个星期五。持有期权多头的投资者通常在这个星期五中部时间下午4:30之前给其经纪人发出执行期权的指示，经纪人在第2天中部时间下午10:59之前完成书面文件并报告交易所执行期权。

股票期权在1月份、2月份、3月份基础上循环。比如1月份的循环包括1、4、7、10月份这几个月份，其他同理可得。如果当期月份的到期日还未到达，则交易的期权合约包括当前月到期期权、下个月到期期权、当前月循环中的下两个到期月的期权；如果当前月份的到期日已过，则交易的期权包括下个月份到期期权、再下个月到期期权和该循环中的下两个到期期权。例如：某种股票期权处于1月份循环中，1月初，交易的期权到期月份为1、2、4、7月份，在1月份末，交易的期权到期月份为2、3、4、7月份，当某一期权到期时，开始交易另一期权。

（二）股票期权的执行价格

一般而言，股票期权的执行价格由交易所选定，具有这种执行价格的期权才能够执行。股票期权的执行价格变动间隔分别为2.5美元、5美元、10美元。交易所通常规定，当股票价格低于$25时，执行价格的变动间隔为$2.5；当股票价格高于$25但低于$200时，执行价格的变动为$5；当股票价格高于$200时，执行价格变动间隔为$10。

(三) 股票红利和股票分割

如果上市公司分派现金红利，则在除权日后公司股票期权的执行价格就减去红利，但无论是否派发现金红利，场内交易的期权通常不进行调整。

股票分割时，场内交易的期权要进行调整。股票分割时现有的股票被分割成更多的股票，但并不改变公司的股本和盈利能力，对公司的股东权益不产生影响。一般而言，n 对 m 的股票分割（即原来的 m 股分割为现在的 n 股）方式将会使股票价格降为侵害前股价的 m/n。期权合约中的相应条款应有所调整，以反映股票分割引起的股票价格的预期变化。在 n 对 m 股票分割后执行价格为原执行价格的 m/n，每一期期权合约所包含的股票数额增为原来的 n/m。如果股票价格按预期的那样低，则期权合约买卖双方的头寸将保持不变。

但公司若分派股票红利，股票期权则不进行调整。股票红利是公司向其现有股东送股，与股票分割类似，股票红利对公司资产和盈利能力均无影响。公司送股后，公司股价将会下降，期权合约中相应条款将有所调整，以反映送股带来的股票价格预期下降。

(四) 股票期权报价方式与行情表解读

表 7-4 是 1995 年 4 月 12 日《华尔街日报》上的芝加哥交易所股票期权行情表，它所报出的是前一天的一些交易活跃的股票期权价格。注意，这里所报出的价格是购买或出售一股股票的期权价格。由于一个期权合约的交易单位是 100 股股票，因此，每一个期权合约的购买成本为所列出价格的 100 倍，由于大多数期权的价格低于 \$10，有些期权的价格甚至低于 \$1，因此投资者不需要很多资金就可以进行期权交易。

表 7-4 中，自左边开始，第一栏为原始股票收盘价，第二栏为期权敲定价，第三栏为到期月份，到期日通常为每月第 3 个星期五，第四、五栏分别为看涨期权的交易量和结算价，第六、七栏分别为看跌期权的交易量及结算价。

表 7-4　　　　　　　　　　　　**CBOE 股票期权行情表**

Option	Strike	Exp.	-Call-		-put-	
			Vol.	Last	Vol.	Last
IBM	65	Apr.	30	$21\frac{3}{8}$	…	…
$87\frac{1}{8}$	70	Apr.	43	$17\frac{1}{8}$	…	…
$87\frac{1}{8}$	70	Jul.	5	$18\frac{5}{8}$	35	$\frac{3}{16}$
$87\frac{1}{8}$	75	Apr.	231	$12\frac{1}{8}$	…	…
$87\frac{1}{8}$	75	Jul.	45	$13\frac{3}{4}$	457	$\frac{3}{8}$
$87\frac{1}{8}$	75	Oct.	22	$14\frac{1}{4}$	179	$\frac{15}{16}$

第七节　期货期权

一、期货期权概述

期货期权是继 20 世纪 70 年代金融期货之后在 80 年代出现的又一次期货革命。1984 年 10 月，美国芝加哥期货交易所首次成功地将期权交易方式应用于政府长期国库券期货合约的买卖，从此产生了期货期权。相对于商品期货为现货商提供了规避风险的工具而言，期权交易为期货商提供了规避风险的工具。目前，国际期货市场上的大部分期货交易品种都引进了期权交易。

期货期权是对期货合约买卖权的交易，包括商品期货期权和金融期权。一般所说的期权通常是指现货期权，而期货期权则是指"期货合约的期权"，期货期权合约表示在到期日或之前，以协议价格购买或卖出一定数量的特定商品或资产期货合同。期货期权的基础是商品期货合同，期货期权合同实施时要求交易的不是期货合同所代表的商品，而是期货合同本身。如果执行的是一份期货看涨期权，持有者将获得该期货合约的多头头寸外加一笔数额等于当前期货价格减去执行价格的现金。如果执行的是一份期货看跌期权，持有者将获得该期货合约的空头头寸外加一笔数额等于执行价格减去期货当前价格的现金。鉴于此，期货期权在实施时很少交割期货合同，不过是由期货期权交易双方收付期货合同与期权的协议价格之间的差额引起的结算金额而已。

与现货期权相比，期货期权具有以下优点：

（1）资金使用效益高。由于交易商品是期货，因此在建立头寸时，是以差额支付保证金，在清算时以差额结账。从这个意义上讲，期货期权可以较少的资金完成交易，因而也就提高了资金的使用效益。

（2）交易方便。由于期货期权的交易商品已经标准化、统一化，具有较高的流动性，因此便于进行交易。

（3）信用风险小。由于期货期权交易通常是在交易所进行的，交易的对方是交易所清算机构，因而信用风险小。

与现货期权相比，期货期权也有明显的缺点，其最大的缺点是由于是在交易所进行交易，上市的商品种类有限，因而协议价格、期限等方面的交易条件不能自由决定。就优势而言，如果交易者在期货市场上做保值交易或投资交易时，配合使用期货期权交易，在降低期货市场的风险性的同时提高现货市场套期保值的成功率，而且还能增加盈利机会。

目前主要的品种有：利率期货期权、外汇期货期权、股指期货期权及商品期货期权合约。例如图 7-3。

合约数量	5 000 蒲式耳
可交付品级	No.2 黄色按面值，No.1 黄色相比合约价格加价 6 分，No.3 减价 6 分； No.3 黄豆仅当所有的因素符合 U.S. No.2 或者更好才可交付，除非是外国品种 见规则和监管部分第十章大豆期货
最小变动单位	1/4 分每蒲式耳（每张合约 12.5 美元）
报价	美分蒲式耳
合约月份	9，11，1，3，5，7，8
最后交易日	合约月份前 15 日的交易日
最后交割日	交割月的最后交易日后的第二个交易日
交易时间	开放式竞价：9:30a.m.~1:15p.m. 中心时段：周一至周五 电子：6:31p.m.~6:00a.m. 中心时段：周日至周五 到期合同的交易停止在最后交易日的中午
行情报价符号	开放式竞价：S 电子：ZS
每日价格限制	高于或低于前一日结算价每蒲式耳 50 分（每张合约 2 500）
保证金信息	在大豆期货的保证金要求上查找信息

合约数量	一张 5 000 蒲式耳 CBOT 大豆期货合约
最小价位变动	1/8 美分每蒲式耳（每张合同 6.25 美元）
执行价格间距	前两个月是每蒲式耳 10 分，后面其他是每蒲式耳 20 分。在交易的开始，可以是 5 个实值期权和 5 个虚值期权
合约月份	9，11，1，3，5，7，8
最后交易日	对于标准期权合约：先于大事期货合约第一个公告日至少两个交易日的最后的周五
到期日	未执行的大豆期货期权将会在最后交易日的 7:00p.m.
交易时间	开放式竞价：9:30a.m.~1:15p.m. 中心时段，周一至周五 电子：6:33p.m.~6:00a.m. 中心时段，周日至周五
行情报价符号	开放式报价：看涨期权 CZ，看跌期权 PZ 电子：OZS
每日价格限制	高于或低于前几日的结算价，50 分每蒲式耳（2 500 美元每蒲式耳），最后交易日限制被解除
保证金信息	在大豆期权的保证金要求上查找信息

图 7-3 期货期权合约——CBOT 大豆期货合约

二、以上面的大豆期货期权合约为例，解释相关条款

（一）最小变动价位

期货中，以 1/4 美分或 1/4 美分的整数倍出现，对于每张合约而言，代表（5 000×1/4 美分=）12.50 美元的变动。

在期货期权合约中，报价以 1/8 美分或 1/8 美分的整数倍出现，对于每张合约而

言,代表(5 000×1/8 美分=)6.25 美元的变动。

报价中出现的尾数是指 1/8(或 0.125)美分的倍数,510.6 表示的是 510+1/8×6=510.75 美分,14.3 表示的是 14+1/8×3=14.375 美分。显然,在大豆期货的报价尾数中,只可能出现 0、2、4、6 这几个数字,不可能出现其他数字。而在大豆期货期权的报价中,只可能出现 0 至 7 这几个数字,不可能出现其他数字。

(二) 合约月份

大豆期货合约的交割月份有 9 月、11 月、1 月、3 月、5 月、7 月、8 月,共计 7 个,这些期货合约都可以成为期货期权的基础资产。值得注意的是:期货期权的可交割月份不止 7 个。比如,CBOT 既有 5 月大豆期货期权合约也有 4 月大豆期货期权合约,这两个合约所针对的基础资产同样都是 5 月份的期货合约,差别仅仅在于两者的最后交易日或到期日不同。CBOT 将那些与期货月份具有一致的期权月份合约叫做"标准期权合约",否则就称为"系列期权合约"。比如,5 月大豆期货期权合约就是标准期权合约,4 月大豆期货期权合约就是系列期权合约。同样,11 月大豆期货期权合约就是标准期权合约,10 月大豆期货期权合约就是系列期权合约。

(三) 最后交易日

在期货交易中,最后交易日指的是该合约月份第 15 个日历日前一个交易日。比如,对 2006 年 5 月合约而言,由于第 15 个日历日是星期一,前一个交易日就是 5 月 12 日,对 2006 年 9 月合约而言,由于第 15 个日历日是星期六,前一个交易日就是 9 月 14 日。

在期货期权交易中,最后交易日的规定分两种情况:

标准期权合约的最后交易日规定;

系列期权合约的最后交易日规定。

从期货期权合约的最后交易日规定中可以看出,其最后交易日实际上比合约名义上的月份提前了 1 个月。比如,2006 年 5 月期货期权合约的最后交易日是 4 月 21 日,而期货合约的最后交易日是 5 月 12 日,中间实际上相差了大约 3 个星期。之所以这么做,是因为必须给期权交易者留下足够的时间来处理行使权利后手中持有的期货头寸。

(四) 执行价格的间距

执行价格是期权的特有名称。交易所规定:最近两个月份的期货期权合约以 10 美分为间隔,其余月份合约以 20 美分为间隔。

1. 对于新推出的远期期货期权合约,设置一个与上一交易日的期货结算价最接近的整数执行价,同时以此为基准,分别设置 5 个实值期权和 5 个虚值期权。比如,上一交易日的结算价为 625.4/蒲式耳,与其最接近的执行价为 620,同时推出的执行价还有 640,660,680,700,720,600,580,560,540,520。如此,共有 11 个执行价。如果上一交易日的期货结算价恰好在两个执行价中间,比如正好是 590(在 580 和 600 中间),怎么办?交易所对此的规定是取其中较大的值,即以 600 为基准执行价。

2. 不难想到,随着时间的推移,期货价格会变动,一旦期货价格有较大的变动,就可能打破上下各有 5 个执行价的现状。对此交易所通过适时增加新的执行价来解决。

3. 对于系列期权而言，由于推出时间即属于最近的两个期权月份，故一开始便以 10 美分为间隔。对于标准期权，随着时间推移进入最近两个期权月份时，开始增补。比如，2000 年 6 月 26 日，7 月期货期权合约已经在上一交易日到期没有了，9 月期货期权递补为第二个最近的合约，于是在该日开始增补。不难想到，随着时间推移，当期货价格有较大的涨跌幅时，执行价将会有很多很多。

4. 期权的执行

合约中规定，在期权到期之前任何时间，期权买方都有权执行，将期权头寸转为期货头寸。买方提出执行，必须在芝加哥时间下午 6：00 之前通知 CBOT 结算所。显然，这是典型的"美式期权"。

5. 合约到期

大豆期货期权合约的到期时间为最后交易日的下午 7：00。在此之前，由于对应的期货合约早已收盘，因而当日的期货结算价已经被确定下来。

（1）将执行价与期货结算价进行比较，对买方而言，凡是没有提出申请作废的实值期权将全部被自动执行，申请作废的交易者必须在下午 6：00 之前向清算公司提出。

（2）没有被执行的期权全部作废。

（3）鉴于种种原因，交易所有权对期货结算价进行调整。

6. 每日价幅限制

期货：前一交易日结算价上下 50 美分/蒲式耳（2 500 美元/合约），进入交割月无涨跌停板。现货月份没有限制（进入交割月前 2 个交易日开始取消限制）。

期权：前一交易日结算价上下 50 美分/蒲式耳（2 500 美元/合约），最后交易日取消限制。

三、股票指数期货期权概述

（一）股指期货期权

股票指数期权是在股票指数期货合约的基础上产生的。期权购买者付给期权的出售方一笔期权费，以取得在未来某个时间或该时间之前，以某种价格水平，即股指水平买进或卖出某种股票指数合约的选择权。第一份普通股指期权合约于 1983 年 3 月在芝加哥期权交易所出现。该期权的标的物是标准—普尔 100 种股票指数。随后，美国证券交易所和纽约证券交易所迅速引进了指数期权交易。指数期权以普通股股价指数作为标的，其价值决定于作为标的的股价指数的价值及其变化。股指期权必须用现金交割。清算的现金额度等于指数现值与敲定价格之差与该期权的乘数之积。

（二）影响股指期货期权价格的基本因素

主要有股指期货价格、执行价格、股指期货价格波动率、距离到期时的剩余时间和无风险利率。在期权的发展过程中，人们开发了很多模型对期权价值进行计算，其中以

BS 模型最有代表性，但由于模型只给出了理论上的价格参考，实际过程中由于价格波动性的估算差别及投资者的出价也会与理论价格有出入。

四、利率期货期权概述

利率期货期权在利率期货合约的基础上产生，同其他期权一样，期权购买者要给期权出售者一笔期权金，以取得在未来某个时间或该时间以前，以某种价格水平（利率）买进或卖出某项利率商品的权利。影响利率期货期权价格的主要因素有：敲定利率同现行利率之间的差额、期权合约到期日、某一对照利率的易变性，也就是参照利率在期权合约未到期期间的有关变动情况。

利率期权按运用可分为两大类：第一，交易最频繁的利率期货合约的期权；第二，银行同业市场之间提供的三种特殊期权：帽子期权、地面期权和领子期权。

与其他期权一样，期权购买者要给出售者一笔期权费。市场参与者可以根据不同的期权费选择相应的商定利率。商定利率是由 100 减去相应的利率计算出来的。由于有不同的商定利率，市场参与者可以选择溢价、平价或蚀价期权。溢价的含义是，如果在购买选择权下，则合约项下的市场价格高于期权的商定价格；如在卖出期权选择权下，则合约项下的市场价格低于期权的商定价格。平价意味着商定价格与市场价格相等，购买选择权或卖了选择权都一样；而蚀价则正好与溢价相反，其溢价、蚀价最终将表现在期权中期货价格的升降。

大部分期权合约期限与利率期货合约平行，其交易以期货合约到期前 2 个月最为活跃。在交易的最后一天，期权自动结算。商定价格与期货合约市场之间的差价分别逐一贷记到期权的购买者账上，或借记到期权出售者账上。如果商定价格与合约现行市价之间的差价是负的，则期权失效无任何价值，期权购买者损失期权费。

（一）利率期货期权特点

1. 利率期货期权的商定价格的表示方法是从 100 向下折扣，以指数的方式报价。

2. 利息是存款者的收益，所以当预期存款利率下跌时可买看涨利率期货期权，避免损失。

3. 利息是借款者的收益，所以当预期借款利率提高时可买看跌利率期货期权，避免损失。

4. 利率期货期权购买方式

（1）看涨利率期货期权购买

看涨利率期货期权的平价＝商定价格＋期权费，见图 7-4（利率看涨期权买者的盈亏曲线）。

例 7-3 某投资者在 9 月确信 3 个月后将收到 400 万美元，并打算将这笔资金投放于欧洲货币市场进行存款，9 月份欧洲美元存款利率为 10%，为防止利率下降，他购买 4 笔欧洲美元利率期货期权，商定价格为 90，期权费为 0.2。

如果利率下跌了，3 个月 LIBOR 为 8.5%，该投资者净收益为 13 000 美元，该存款者实际收益为 98 000 美元，实际收益率为 9.8%。

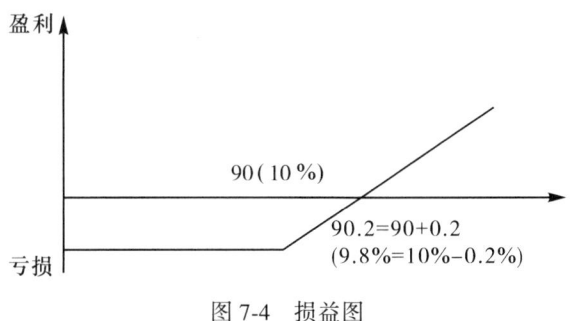

图 7-4 损益图

如果利率提高了 3 个月的 LIBOR 为 11%，该投资者放弃权利，直接以高利率存款，则存款实际收益为 10.8%。

（2）看跌利率期货期权购买

看跌利率期货期权的平价=商定价格-期权费，见图 7-5（利率看跌期权买者的盈亏曲线）。

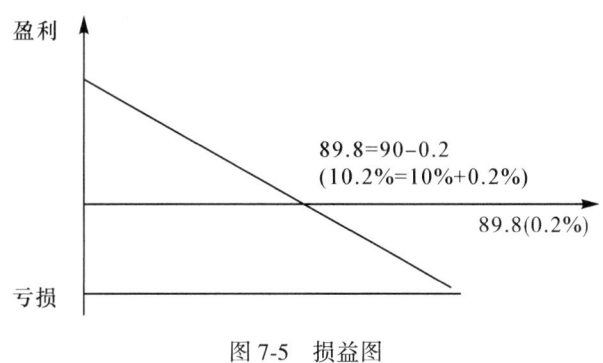

图 7-5 损益图

例 7-4 美国某公司在 6 月初做出在 9 月贷款 200 万美元的计划，为避免利率上升的风险，该公司购买两笔 9 月到期，期限为 3 个月的看跌期权，商定价格为 92.5，期权费为 0.25。

如果 3 个月 LIBOR 为 8.75%，则该公司获得收益为 5 000 美元。

借款净成本为 43 750 美元（借款净成本=总成本-期权收益），借款实际年利率为 7.75%。

如果 3 个月 LIBOR 为 6.75%，则该公司放弃权利，直接以低利率借入资金。借款实际年利率为 7%。

五、外汇期货期权概述

1984 年，外汇期货期权在芝加哥商品交易所（CME）的国际货币市场（IMM）登台上演。

外汇期货期权指期权买方有在期权到期日或以前执行或放弃执行以执行价格购入或售出标的外汇期货的权利。它与外汇期权的区别在于：外汇期货期权在执行时，买方将获得或交付标的外汇的期货合约，而不是获得或交付标的外汇本身。

外汇期货期权交易是指期权买方有权在到期日或之前，以协定的汇价购入或售出一定数量的某种外汇期货，即买入延买期权可使期权买方按协定价取得外汇期货的多头地位；买入延卖期权可使期权卖方按协定价建立外汇期货的空头地位。买方行使期货期权后的交割同于外汇期货交割，而与现汇期权不同的是，外汇期货期权的行使有效期均为美国式，即可以在到期日前任何时候行使。经营外汇期货期权主要有芝加哥国际货币市场和伦敦国际金融期货交易所两家。

外汇期货期权交易和股指期货期权交易不同。股指的标的物是各种股票价格的（不）加权平均值。股指期货期权的变化，不会直接影响其所包含的个别的股票的价格。而外汇期货期权不同，外汇期货期权的标的物是货币本身，所以外汇期货期权交易产生的外汇价格和汇率，将直接影响作为标的物的相关外汇的价格和汇率的走势。

第八节 奇异期权

一、奇异期权

一种比常规期权（标准的欧式或美式期权）更复杂的衍生证券，比如执行价格不是一个确定的数，而是一段时间内的平均资产价格的期权，或是在期权有效期内如果资产价格超过一定界限，期权就作废。

二、奇异期权的种类

（一）合同条件变更期权

改变标准期权的某些条件而形成的奇异期权。因标准期权合同条款的某些特征发生变化而产生的新型期权，主要包括障碍期权、梯形期权、棘轮期权、百慕大期权、两值期权、任选期权、资产交换期权等种类。它们的定价模型大多是标准期权定价模型的变形与延伸。

1. 百慕大期权——也叫非标准美式期权，允许期权在有效期内某些特定的日期执行。
2. 二进制期权、数字期权——支付为零或某一固定值。
3. 迟付或应急型期权——执行才付期权费，但期权内在价值大于零时必须执行。
4. 滞后期权——未来某时点有权接受另一期权，该期权协定价格等于当时标的资产之价格。

5. 选择期权——类似对敲：未来某时点决定看涨/跌。

(二) 路径依赖期权

这种期权的最终结算根据基础资产价格在一段时间内的变化路径来决定，而不仅仅根据基础资产到期时的价格来决定。这类期权的收益不仅取决于标的资产在到期日的价格，还取决于标的资产价格的变化路径，亚式期权、回望期权等品种都属于此类型。由于独有的路径依赖特征，使得此类期权的定价模型与标准期权相比呈现出较大的差异。

1. 亚式期权——以某一给定时段的标的资产价格的平均值作为结算价格。
2. 平均协定价格——以某一给定时段的标的资产价格的平均值作为协定价格。
3. 回顾期权——选择有效期内最有利的价格作为协定价格。
4. 棘轮期权——定期调整协定价格。
5. 阶梯式期权——与棘轮期权类似，但无论何时，只要标的资产的价格达到某一水平就可以重新确定协议价格。
6. 即报期权——由期权的买方自行决定，只要买方认为是最合适的价格，就可以即时报价，确定协定价格。
7. 障碍期权——设置障碍，它分为两种：失效期权和生效期权。前者当标的资产价格触及障碍水平时期权失效，后者则刚好相反。

(三) 多因素期权

这类期权的最终结算由两种或两种以上基础资产的价格来决定。这类期权的收益取决于两个或多个标的资产的价格变化，彩虹期权、篮子期权都是其典型代表。其定价不仅要考虑各个标的变量的变化规律，还需度量标的变量之间的相关程度。因此，多因素型期权的定价很难把握，至今仍没有令人满意的解决方法。

1. 彩虹期权——彩虹看涨期权的结算支付额由两种或两种以上的标的资产的最高价格决定；彩虹看跌期权的结算支付额由最低的一种来决定。
2. 一篮子期权——由一篮子标的资产价格的加权平均值来结算。
3. 价差期权——以两种基础资产之间的差价为标的资产的期权。
4. 数量调整期权——在进行结算时按一定的方式进行调整，一般适用于基础资产和期权分别以两种货币进行计值的情形。

第九节　期权工具综合配置分析

一、基本的期权交易

1. 单纯的买卖期权和合成期权与合成现货

2. 对敲交易：同价对敲、Strip、Strap、异价对敲
3. 价差交易：水平价差、垂直价差、蝶形价差
4. 期权套利：转换套利

二、基本的期权交易

1. 基本的期权交易——指最基本的使用方式：直接买或卖一份期权，重点是损益状况：

（1）看涨期权

多头损益：$\pi_1 = \max[0, S_T-X] - c$。

空头损益：$\pi_2 = c - \max[0, S_T-X]$。

图形分析：见图 7-6。

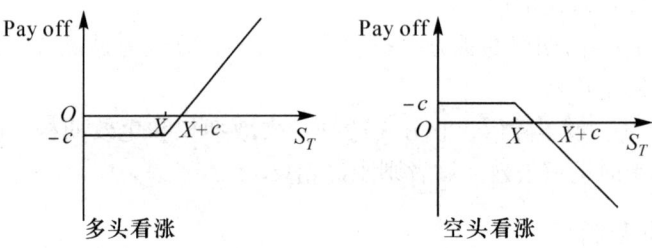

图 7-6　损益图

（2）看跌期权

多头损益：$\pi = \max[0, X-S_T] - p$

空头损益：$\pi_2 = p - \max[0, X-S_T]$

图形分析：见图 7-7。

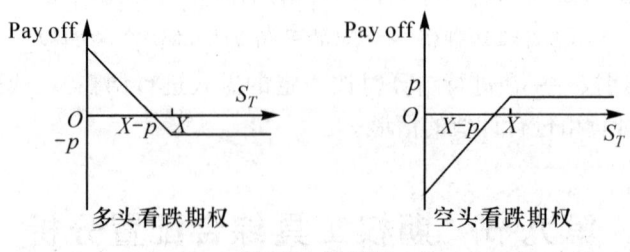

图 7-7　损益图

2. 合成期权与合成现货——由期权、现货合成其他的期权或现货：

合成期权——看涨、看跌两种（现货+期权）

合成现货——多头、空头两种（期权+期权）

合成期权：

策略：现货多头+看跌多头＝看涨多头

　　　现货空头+看涨多头＝看跌多头

（1）合成看涨

见图 7-8。

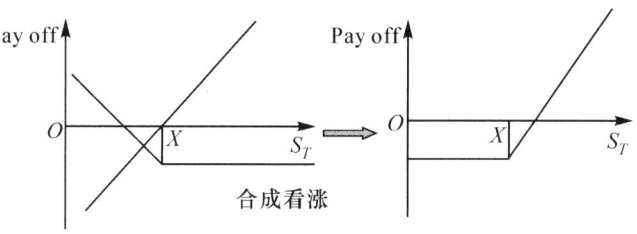

图 7-8　损益图

（2）合成看跌

见图 7-9。

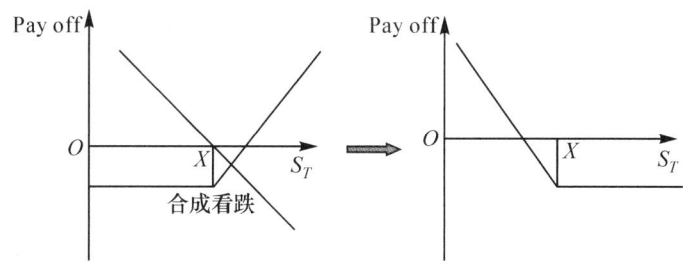

图 7-9　损益图

（3）合成现货

策略：看涨多头+看跌空头＝合成多头

　　　看涨空头+看跌多头＝合成空头

见图 7-10。

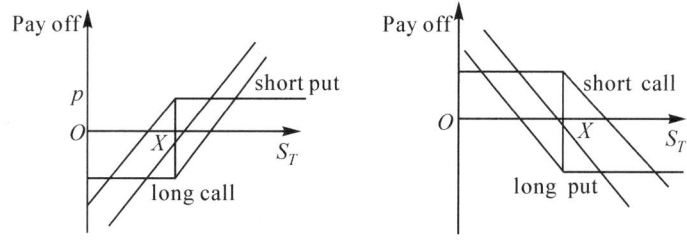

图 7-10　损益图

三、对敲交易

策略：同时买进或同时卖出看涨期权和看跌期权，其具体的分类为：
按买卖的价格分为同价对敲：协定价格相同。
异价对敲：协定价格不同。
按合约数量分为一般对敲：买卖数量相同；Strap：Call 多，Put 少；Strip：Put 多，Call 少。

1. 同价对敲

策略：买入或卖出到期日、协定价格均相同的看涨、跌期权，分为多头和空头

（1）多头

见图 7-11。

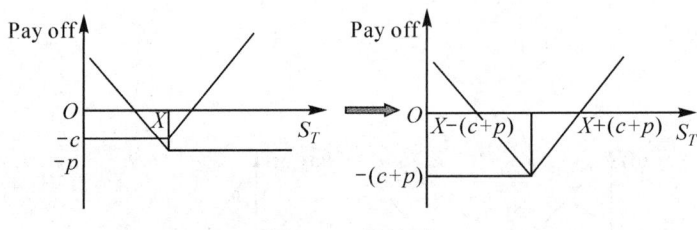

图 7-11　损益图

代数分析法：
根据对敲策略的含义，其期末损益为：

$$V_T = \max[0, S_T-X] - c + \max[0, X-S_T] - p$$

$$= \begin{cases} X-S_T-(c+p), & S_T<X \\ -c-p, & S_T=X \\ S_T-X-(c+p), & S_T>X \end{cases}$$

（2）空头

见图 7-12。

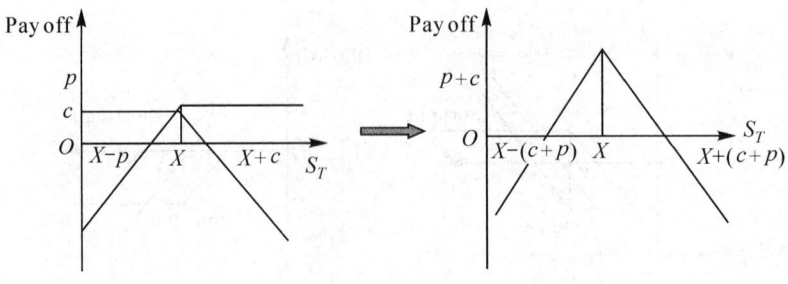

图 7-12　损益图

（3）Strap（看涨对敲）

策略：两份看涨、一份看跌。

损益图：见图 7-13。

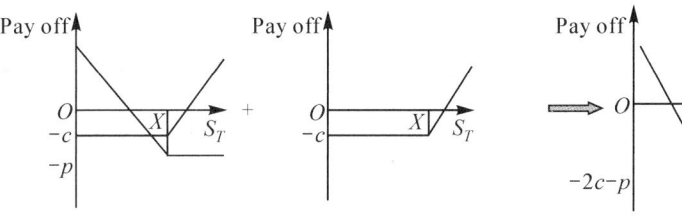

图 7-13　损益图

代数分析：

多头 strap 的期末损益：

$$V_T = 2\max[0, S_T-X] - 2c + \max[0, X-S_T] - p$$

$$= \begin{cases} X-S_T-(2c+p), & S_T<X \\ -2c-p, & S_T=X \\ 2S_T-2X-(2c+p), & S_T>X \end{cases}$$

（4）Strip（看跌对敲）

策略：两份看跌、一份看涨。

损益图：见图 7-14。

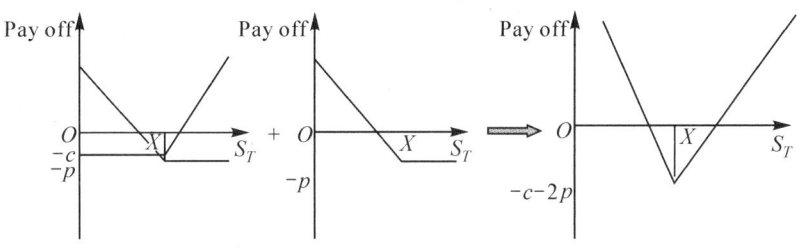

图 7-14　损益图

代数分析：

多头 strip 的期末损益：

$$V_T = \max[0, S_T-X] - c + 2\max[0, X-S_T] - 2p$$

$$= \begin{cases} 2X-2S_T-(c+2p), & S_T<X \\ -c-2p, & S_T=X \\ S_T-X-(c+2p), & S_T>X \end{cases}$$

2. 异价对敲

（1）多头

策略：买入到期日相同、协定价格不同的两种期权。
损益图：见图 7-15。

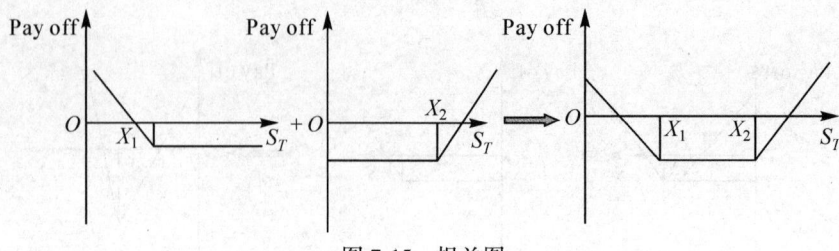

图 7-15　损益图

代数分析：
多头 strangle 的期末损益：
$$V_T = \max[0, S_T - X_2] - c + \max[0, X_1 - S_T] - p$$
$$= \begin{cases} X_1 - S_T - (c+p), & S_T \leq X_1 \\ -c-p, & X_1 < S_T < X_2 \\ S_T - X_2 - (c+p), & S_T \geq X_2 \end{cases}$$

（2）空头
策略：卖出到期日相同、协定价格不同的两种期权。
损益图：见图 7-16。

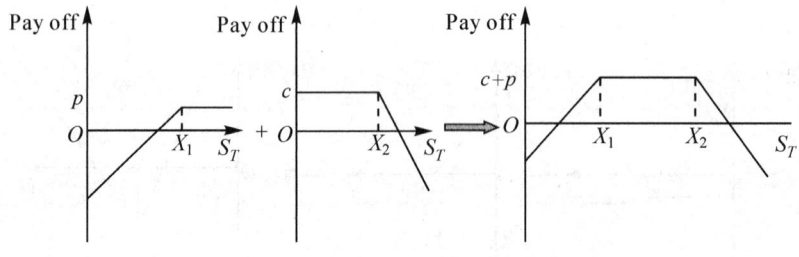

图 7-16　损益图

四、价差

差价期权（spreads）交易策略是指持有相同类型的两个或多个期权头寸（即两个或多个看涨期权，或者两个或多个看跌期权）。

垂直价差——除协定价格不同外，其他都相同
水平价差——除到期时间不同外，其他都相同
比率价差——买卖数量不同，分为比率价差（卖多买少）和反比率价差（买多卖少）
蝶式价差——多头蝶式价差：买入高低，卖出两份中间

空头碟形价差：卖出高低，买入两份中间

下面以垂直价差为例。

传统的行情表中，垂直方向列出的是不同协定价格的期权，水平方向列出的是不同到期日的期权，因此垂直价差意味着买卖出协定价格不同外其他均相同的策略。

分类：

垂直价差 $\begin{cases} 看涨价差：牛市看涨价差，熊市看涨价差 \\ 看跌价差：牛市看跌价差，熊市看跌价差 \end{cases}$

看涨价差：用看涨期权构造的价差

看跌价差：用看跌期权构造的价差

其主要类型有牛市差价组合、熊市差价组合、蝶式差价组合等。

（1）牛市差价期权

最普遍的差价期权类型为牛市差价期权（bull spreads）。这种期权可通过购买一个确定执行价格的股票看涨期权和出售一个相同股票的较高执行价格的股票看涨期权而得到。两个期权的到期日相同。牛市差价期权策略限制了投资者当股价上升时的潜在收益，同时该策略也限制了投资者当股价下降时的损失。这一策略可表述为投资者拥有一个执行价格为 X_1 的看涨期权，并且通过卖出一个执行价格为 X_2（$X_2>X_1$）的看涨期权而放弃了上升的潜在盈利。作为对放弃上升潜在收益的补偿，投资者获得了执行价格为 X_2 的期权费。有三种不同类型的牛市差价期权：

① 期初两个看涨期权均为虚值期权，指两个协议价格均比现货价格高。

② 期初一个看涨期权为实值期权，另一个看涨期权为虚值期权，指多头期权的协议价格比现货价格低，而空头期权的协议价格比现货价格高。

③ 期初两个看涨期权均为实值期权，指两个协议价格均比现货价格低。

牛市差价期权策略趋于保守，见图7-17。

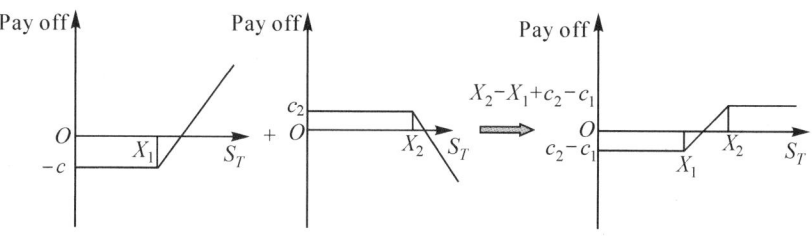

图7-17 损益图

代数分析法：

根据价差策略的含义，其期末损益为：

$$V_T = \max[0, S_T-X_1] - c_1 - \max[0, S_T-X_2] + c_2$$

$$= \begin{cases} c_2-c_1, & S_T \leq X_1 \\ S_T-X_1-c_1+c_2, & X_1 < S_T < X_2 \\ X_2-X_1+c_2-c_1, & S_T \geq X_2 \end{cases}$$

通过购买较低执行价格的看跌期权和出售较高执行价格的看跌期权也可以建立牛市差价期权。与用看涨期权建立的牛市差价期权不同，用看跌期权建立的牛市差价期权投资者开始会得到一个正的现金流（忽略保证金要求）。毫无疑问，用看跌期权建立的牛市差价期权的最终收益低于用看涨期权建立的牛市差价期权的最终收益。

（2）熊市差价期权

持有牛市差价期权的投资者预期股票价格上升，与此相反，持有熊市差价期权（bear spreads）的投资者预期股票价格下降。以看涨期权熊市价差组合为例，其损益见图 7-18。

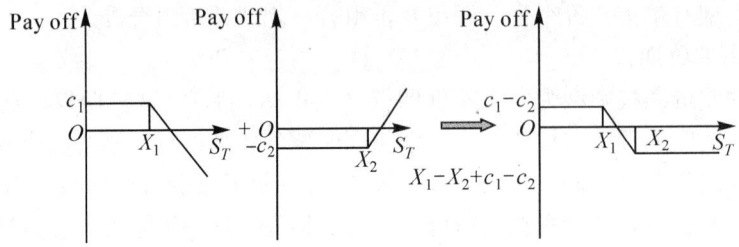

图 7-18　损益图

与牛市差价期权类似，熊市差价期权策略可通过购买某一执行价格的看涨期权并出售另一执行价格的看涨期权来构造。然而，在熊市差价期权策略中，所购买的期权的执行价格高于所卖出的期权的执行价格。与牛市差价期权类似，熊市差价期权同时限制了股价向有利方向变动时的潜在盈利和股价向不利方向变动时的损失。熊市差价期权可以不用看涨期权而仅用看跌期权来构造。投资者购买执行价格较高的看跌期权并出售执行价格较低的看跌期权。持有由看跌期权构造的熊市差价期权需要初始投资。本质上，投资者购买某一执行价格的看跌期权，并通过出售一个较低执行价格的看跌期权而放弃了一些潜在的盈利机会。作为对放弃盈利机会的补偿，投资者获得了出售期权的期权费。

（3）蝶式差价期权

蝶式差价期权（butterfly spresds）策略由三种不同执行价格的期权头寸组成。可通过如下方式构造：购买一个较低执行价格 X_1 的看涨期权，购买一个较高执行价格 X_3 的看涨期权，出售两个执行价格 X_2 的看涨期权，其中 X_2 为 X_1 与 X_3 的中间值。一般来说，X_2 非常接近股票的现价。该投资策略的损益如图 7-19 所示。

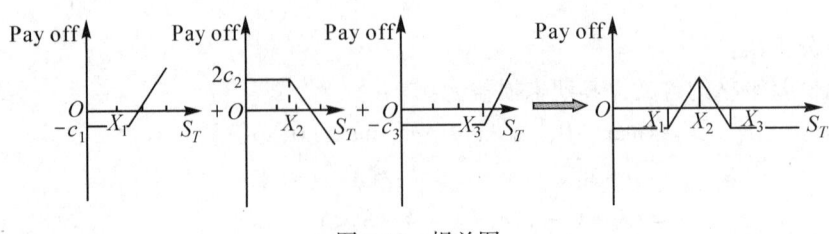

图 7-19　损益图

蝶式差价的期末损益：

$$V_T = \max[0, S_T-X_1] - c_1 - 2\max[0, S_T-X_2] + 2c_2 + \max[0, S_T-X_3] - c_3$$

$$= \begin{cases} 2c_2-c_1-c_3, & S_T \leq X_1 \\ S_T-X_1+2c_2-c_1-c_3, & X_1 < S_T < X_2 \\ -S_T+2X_2-X_1+2c_2-c_1-c_3, & X_2 < S_T < X_3 \\ 2X_2-X_1-X_3+2c_2-c_1-c_3, & S_T > X_3 \end{cases}$$

如果股票价格保持在 X_2 附近，运用该策略就会获利；如果股票价格在任何方向上有较大波动，会有少量损失。因此对于那些认为股票价格不可能发生较大波动的投资者来说，这是一个非常适当的策略，这一策略需要少量的初始投资。

假定某一股票的现价为 \$61。如果某个投资者认为在以后的 6 个月中股票价格不可能发生重大变化。假定 6 个月期看涨期权的市场价格如表 7-5 所示。

表 7-5 看涨期权价格

执行价格（￥）	看涨期权的价格（￥）
55	10
60	7
65	5

通过购买一个执行价格为 \$55 的看涨期权，购买一个执行价格为 \$65 的看涨期权，同时出售两个执行价格为 \$60 的看涨期权，投资者就可构造一个蝶式差价期权。构造这个蝶式差价期权的成本为 \$10+ \$5-（2× \$7）= \$1。如果在 6 个月后，股票价格高于 \$65 或低于 \$55，该策略的收益为 0，投资者的净损失为 \$1。如果股票价格在 \$56 和 \$64 之间，运用该策略就可获利。当 6 个月后股票价格为 \$60 时，就会得到最大的收益 \$5。也可运用看跌期权构造蝶式差价期权。投资者可购买一个执行价格较低的看跌期权，购买一个执行价格较高的看跌期权，同时出售两个中间执行价格的看跌期权，如图 7-19 所示。在本例中的蝶式差价期权也可通过如下方式构造：买入一个执行价格为 \$55 的看跌期权，买入一个执行价格为 \$65 的看跌期权，同时出售两个执行价格为 \$60 的看跌期权。如果以上所有的期权均为欧式期权，运用看跌期权构造的蝶式差价期权与运用看涨期权构造的蝶式差价期权完全一样。利用欧式看涨与看跌期权之间的平价关系可证明：在这两种情况下，初始投资也相同。

利用与以上较早描述的策略相反的操作可以卖空蝶式差价期权。出售执行价格为 X_1 与 X_3 的期权，购买 2 个执行价格为 X_2 的期权（X_2 为 X_1 与 X_3 的中值）。如果股票价格发生较大的变化，这个策略将获得一定的利润。

（4）对角差价期权

牛市、熊市和日历差价期权都可通过购买一个看涨期权同时出售另一个看涨期权来构造。在牛市和熊市差价期权两种情况下，两个看涨期权的执行价格不同而到期日相同；在日历差价期权情况下，两个看涨期权的执行价格相同而到期日不同。一个对角线差价期权中，两个看涨期权的执行价格和到期日都不相同。对角线差价期权有许多不同的种类，损益状态通常随相应的牛市或熊市差价期权损益状态的变化而变化。

五、组合期权

组合期权是一种期权交易策略，该期权策略包括同一种股票的看涨期权和看跌期权。下面将讨论所谓的跨式期权、条式（strips）期权、带式（straps）期权和宽跨式期权。

（1）跨式组合

损益图：见图 7-20。

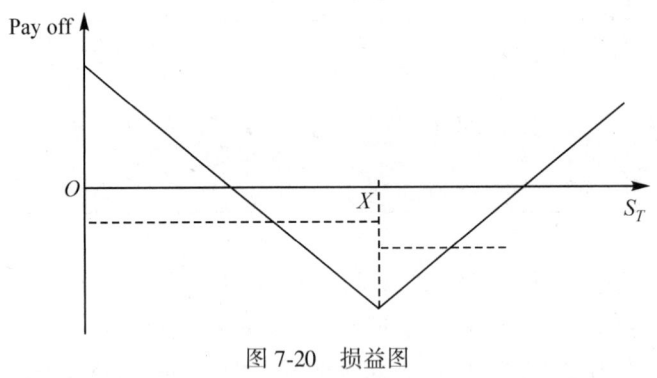

图 7-20　损益图

（2）条式及带式组合

损益图：见图 7-21。

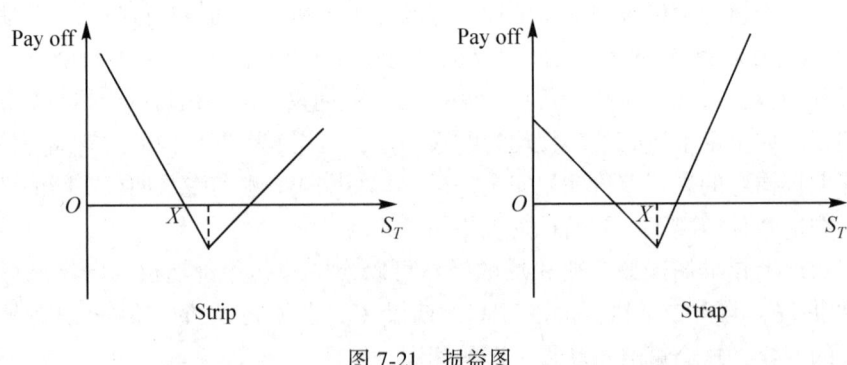

图 7-21　损益图

（3）宽跨式期权

组合期权策略中非常普遍的就是跨式期权（stradle）策略。同时买入具有相同执行价格、相同到期日、同种股票的看涨期权和看跌期权就可构造该策略。

其损益状态如图7-22所示，执行价格用 X 来表示。如果在期权到期日，股票价格非常接近执行价格，跨式期权就会发生损失。但是，如果股票价格在任何方向上有很大偏移时，就会有大量的利润。

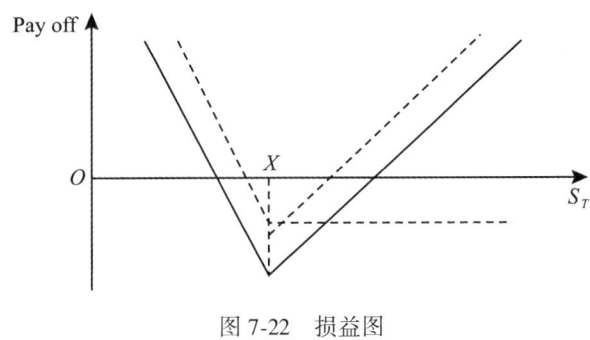

图7-22 损益图

当投资者预期股票价格会有重大变动，但不知其变动方向时，可应用跨式期权策略。假设某投资者认为某一股票的价格在3个月后将发生重大的变化，该股票的现行市场价值为$69。该投资者可通过同时购买到期期限为3个月，执行价格为$70的一个看涨期权和一个看跌期权来构造跨式期权。假定看涨期权的成本为$4，看跌期权的成本为$3。如果股票价格保持$69不变，我们很容易知道该策略的成本为$6（初始投资需要$7，此时看涨期权到期时价值为0，看跌期权到期时价值为$1）。如果到期时股票价格为$70，则会有$7的损失（这是可能发生的最坏情况）。但是，如果股票价格跳跃到$90，则该策略可获利$13；如果股票价格跌到$55，可获利$8，依此类推。

如果某公司被兼并收购时，进行该公司股票跨式期权策略操作似乎是很自然的事。如果兼并收购成功，可以预计股价会急剧上升。如果兼并收购不成功，可以预计股价会急剧下降。在实践中，情况则比较复杂。当预计股票价格会剧烈跳跃变化时，该股票的期权价格将远远高于那些预计价格变化很小的同类股票的期权价格。

六、套利

期货交易中，投资者一般都在从价格的涨跌中博取风险差价，也有一些投资者就不同月份期货的价差进行跨期套利，或者针对期货与现货的价差进行期现套利。有了期权，市场可供交易的合约多了，套利关系多了，套利机会和盈利模式也就更多了。大户、散户皆可为之，套利的原理其实并不复杂，就是利用具有同质性的不同商品、某种商品与其衍生品、同种商品的不同衍生品之间的价格相关性，当价格关系偏离正常范围时，投资者同时买入低估者，卖出高估者，就可锁定利润。套利是一种无风险的交易策略。下面结合期权模拟交易介绍几种套利交易模式。

1. 期权的套利——利用期权价格与现货或期货价格的不合理来套利。

(1) 转换套利：买入看跌期权，并卖出同执行价格的看涨期权，损益与卖出期货相同，因此称为合成期货空头。若合成期货空头的进场价高于期货市价，即可利用买入看跌期权、卖出看涨期权并做多期货，完成套利。这种交易策略被称为转换套利。

① 合成期货空头的看涨期权与看跌期权，执行价格必须相同。

② 计算合成期货空头进场价：执行价格+看涨期权权利金-看跌期权权利金（注：与合成多头的算法相同），然后与期货市价相比，判断有无套利空间。

③ 价格应是市场可以立即实现成交的价格。买入看跌期权依市场卖出价计算，卖出看涨期权依市场买入价计算。

(2) 逆向转换套利：买入看涨期权，并卖出同执行价格的看跌期权，损益与买入期货相同，因此称为合成期货多头。若合成期货多头的进场价低于期货市价，即可利用买入看涨期权、卖出看跌期权并放空期货，完成套利。这种交易策略被称为反转换套利。

① 合成期货多头的看涨期权与看跌期权，执行价格必须相同。

② 计算合成期货多头进场价：执行价格+看涨期权权利金-看跌期权权利金，然后与期货市价相比，判断有无套利空间。

③ 价格应是市场可以立即实现成交的价格，特别是期权流动性低，价差较大。所以买入看涨期权依市场卖出价计算，卖出看跌期权依市场买入价计算。

2. 期权的套期保值

期权的 Delta 用于衡量期权价格对标的资产市场价格变动的敏感度，它等于期权价格变化与标的资产价格变化的比率。用数学语言表示，期权的 Delta 值等于期权价格对标的资产价格的偏导数。显然，从几何上看，它是期权价格与标的资产价格关系曲线切线的斜率。

令 f 表示期权的价格，S 表示标的资产的价格，Δ 表示期权的 Delta，则：

$$\Delta = \frac{\partial f}{\partial S}$$

根据 Black-Scholes 期权定价公式 ($c = SN(d_1) - Xe^{-r(T-t)}N(d_2)$) 和相应的无收益资产欧式看跌期权定价公式 ($p = Xe^{-r(T-t)}N(-d_2) - SN(-d_1)$)，我们可以算出无收益资产看涨期权的 Delta 值为：

$$\Delta = N(d_1)$$

无收益资产欧式看跌期权的 Delta 值为：

$$\Delta = -N(-d_1) = N(d_1) - 1$$

其中 d_1 的定义与公式相同。

当期权更为复杂的时候，相应地，期权的 Delta 值也更为复杂。例如支付已知红利率 q（连续复利）的欧式看涨期权的 Delta 值为：

$$\Delta = e^{-q(T-t)} N(d_1)$$

根据累积标准正态分布函数的性质可知，$0<N(d_1)<1$，因此无收益资产看涨期权的 Δ 总是大于 0 小于 1；无收益资产欧式看跌期权的 Δ 则总是大于 −1 小于 0。反过来，作为无收益资产欧式看涨期权空头，其 Delta 值就总是大于 −1 小于 0；而无收益资产欧式看跌期权空头的 Δ 总是大于 0 小于 1。

从 d_1 定义可知，期权的 Δ 值取决于 S、r、σ 和 $T-t$，我们可知无收益资产看涨期权和欧式看跌期权的 Δ 值与标的资产价格的关系，如图 7-23（a）和（b）所示。

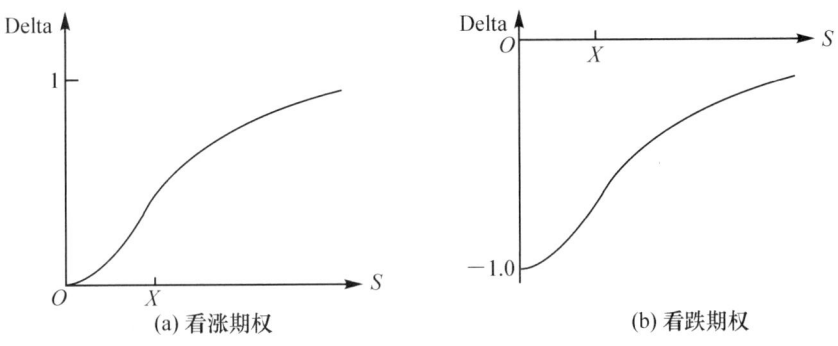

图 7-23　无收益资产看涨期权和看跌期权 Delta 值与标的资产价格的关系

从 $N(d_1)$ 函数的特征还可得出无收益资产看涨期权和欧式看跌期权在实值、平价和虚值三种状况下的 Δ 值与到期期限之间的关系，如图 7-24（a）和（b）所示。

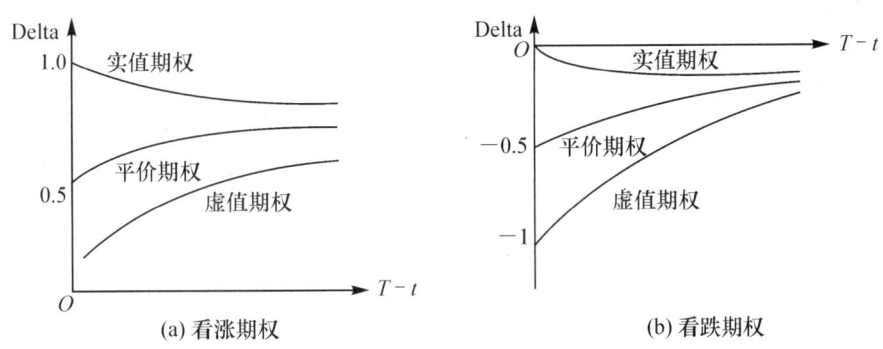

图 7-24　无收益资产看涨期权和欧式看跌期权 Delta 值与到期期限之间的关系

此外，无风险利率水平越高，无收益资产看涨期权和欧式看跌期权的 Δ 值也越高，如图 7-25（a）和（b）所示。

然而，标的资产价格波动率（σ）对期权 Δ 值的影响较难确定，它取决于无风险利率水平 S 与 X 的差距、期权有效期等因素。但可以肯定的是，对于较深度虚值的看涨期权和较深度实值的看跌期权来说，Δ 是 σ 的递增函数，其图形与图 7-25（a）和（b）相似。

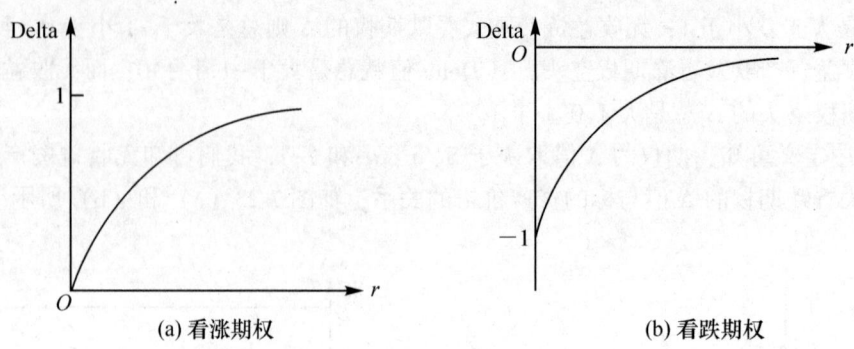

图 7-25 无收益资产看涨期权和欧式看跌期权 Delta 值与 r 之间的关系

◎ 小结

1. 金融期权是在 20 世纪 70 年代以来的国际金融创新中发展起来的新的衍生金融工具，其应用广泛，迅速成为一种颇受投资者欢迎的套期保值的新型金融工具。

2. 期权根据期权交易买进和卖出性质可以分为看涨期权和看跌期权；按履约时间规定分为欧式期权和美式期权；根据合约标的资产分为：商品期权、股票期权、外汇期权、利率期权、指数期权及期货期权等。

3. 从理论上说，期权价格由内在价值和时间价值两部分组成。在期权定价中，常用的模型包括布莱克-舒尔茨模型（The Black-Scholes Model）和二项式模型（The Binominal Model）。

4. 外汇期权（foreign exchange options）也称为货币期权，指合约购买方在向出售方支付一定期权费后，所获得的在未来约定日期或一定时间内，按照规定汇率买进或者卖出一定数量外汇资产的选择权。外汇期权业务的优点在于可锁定未来汇率，提供外汇保值，客户有较好的灵活选择性，在汇率变动向有利方向发展时，也可从中获得盈利的机会。

5. 利率期权是一项关于利率变化的权利。买方支付一定金额的期权费后，就可以获得这项权利：在到期日按预先约定的利率，按一定的期限借入或贷出一定金额的货币。常见的外汇期权主要有利率上限、利率下限以及利率上下限。

6. 股指期权，又称作股票指数期权，是在股票指数期货合约的基础上产生的。期权购买者付给期权的出售方一笔权费，以取得在未来某个时间或该时间之前，以某种价格水平，即股指水平买进或卖出某种股票指数合约的选择权。股指期权则是指买方在交付了期权费后即取得在合约规定的到期日或到期日以前按协议价买入或卖出一定数量相关股票的权利。

7. 期货期权是以期货合约为标的物的期权，即在到期日或之前，以协议价格购买或卖出一定数量的特定商品或资产的期货合约。

8. 期权可以和其他衍生金融工具组合在一起，产生各种各样的组合效果，解决现实中的金融和财务问题。

◎ 重要概念

期权　看涨期权　看跌期权　内在价值　期权时间价值　期权敏感性
对敲交易　期货期权　奇异期权

◎ 思考题

1. 期权交易有哪些特点?
2. 期权有哪些基本类型?
3. 期权价格的主要影响因素有哪些,与期权价格呈何种关系?
4. 何为期权平价关系?
5. 期权的价差交易有哪些主要种类?

◎ 参考书目与推荐阅读

1. 叶永刚. 金融工程学. 大连: 东北财经大学出版社, 2002.

2. Robert Jarrow, Stuart Turnbull. Derivative Securities. South-Western College Publishing, 1996.

第八章 混合工具

◎ 学习目标
  1. 混合工具的含义、主要类型
  2. 利率/汇率混合工具，利率/权益混合工具、货币/商品混合工具各自的特征
  3. 混合工具投资者与发行者的动机

本章讲述的混合工具是本书第二部分——"金融工具编"中最后要介绍的一种工具。之所以做这样的结构安排，是因为与其他金融工具相比，混合工具产生的时间更晚，而且现在仍在不断创新之中。在本章中，我们将首先介绍混合工具的概念、其产生与发展的过程以及混合工具的作用及定价，然后具体分析混合工具的各个种类，考察混合工具兴起的原因，最后介绍可转换债券这种混合工具在我国的应用。

第一节 混合工具概述

一、混合工具的概念

混合工具可以定义为将多种基本元素市场结合于其结构之中的证券。基本元素市场的定义是暂时性的，因为市场不断地向复杂程度高的方向演化，因此，无论在何时，对基本证券和混合工具的区分都会有些随意性和模糊性。

从本章内容出发，把基本元素证券定义为其业绩是由单一的变量决定的证券，即其回报可能基于利率、基于商品、基于权益或基于汇率，但只基于这些基本元素之一。例如，提供单一货币利率回报的纯债务工具是基本元素证券。同样，普通股股票也是基本

元素证券，因为其回报只由股票所代表权益利益的企业的业绩决定。

另一种定义基本元素证券并将其与混合工具相区别的依据是现存在的交易市场。一般说来，拥有一个有深度的交易市场、由许多市场参与者参与并在其中提供有效率的询价和报价的金融工具是基本元素工具。例如，美元简单利率互换是基本元素工具，这种互换市场广阔，在任意时间有数位交易商提供有效的询价和报价。同样，即使远期外汇合约可被描述为即期汇率和两种货币利率差的结合，仍然可看作是基本元素工具。表8-1分类列出了一些众所周知的混合工具和基本元素证券。

表8-1 基本元素证券和混合工具

基本元素证券	混合工具
① 5年期美元固定利率债券	① 5年期本金偿还为日元，利率为美元的固定利率债券
② 3年期美元买日元远期外汇合约	② 2年期浮动利率债券，赎回本金与标准普尔500指数价格挂钩
③ 标准普尔指数期货合约	③ 可转换债券，利率为德国马克，转换价格为美元

从以上定义和举例可以清楚地看出，混合工具和基本元素证券间的区别有点模糊不清，并会经常改变。当我们在复杂程度越来越高的市场中运作时，这一点是可以预想到的。在金融工具的复杂性不断增长的过程中，可以预见到明天的基本元素证券就是昨日的混合工具。无论怎么说，混合工具的准确定义并不重要，重要的是理解复杂的金融工具由相对的简单金融工具创造出来的过程——一个被称作金融工程的"模块构筑"的加工方法以及混合工具在市场中所扮演的角色。

在混合工具的领域，金融工程师的任务是创造具有新结构的证券，对新型证券适当地定价，帮助销售证券的发行者和投资者达成交易，并在最后实施交易。为了使混合工具有效，这方面的专家必须具备广博的专业知识，必须熟悉所有要用的基本元素市场的特征。金融工程师还必须理解各个市场间的关系，以及投资者和发行者的目的。这需要具备公司财务、国际资本市场、资产/负债管理、税收与会计准则以及各种相关领域的专业知识。最后，混合工具的专家应有能力执行交易的全过程。为了做好这件事，专家必须理解所有要用的基本元素市场的实际运作。

二、混合工具的产生与发展

混合工具的产生和发展过程可以布雷顿森林体系的崩溃作为分界点划分为两个阶段。

布雷顿森林体系崩溃以前的混合工具的诞生主要是由于单个权益证券价格和突发性事件造成的商品价格的不稳定性。

例如，19世纪50年代，爱里尔铁路公司为了筹集铁路建设资金而发行了一种混合工具——可转换债券，该种混合工具就是在标准的债务合约中加入了一个以股票为标的的看涨期权。1911年，美国照明电力公司第一次发行了附有认股权证的公司债券，与可转换债券不同的是，这种混合工具附带的认股权证是可以独立转让的，投资者通过认股权证购买股票，不以对发行公司的债权消失作为条件，因此发行者可以筹集更多的资金。除了上面的两种以标准债务合约加上股票衍生品种构成的混合工具外，这个阶段还产生了许多将标准债务与商品衍生工具组合而成的新品种。1863年，美国南部各州联盟发行了一种20年期的债券，这种债券以英镑和法郎表示，而且该债券的持有者可以在一定条件下将债券转化为棉花。又如，1920年兰德卡特科斯公司发行了一种以黄金为指数的债券，其本金的偿还直接与黄金价格相联系。通过提供给投资者一种稀少的黄金价格的远期合约，该公司的筹资成本大大降低。

布雷顿森林体系崩溃后，国际金融市场上的利率和汇率等基础资产的价格波动幅度增大，混合工具的创新发展进入到一个新的时期。

1973年，墨西哥国家石油公司发行一种附带远期石油合约的债券；1980年，阳光采矿公司发行了附带白银期权的债券；1981年，奥本海默经纪公司发行了一种本金偿还以纽约股票交易所的交易量为指数的债券；1988年，通货膨胀率指数关联票据和信用级别敏感票据出现；1991年，标准——普尔制药业股票指数关联票据和商品指数关联票据产生发展……目前，混合工具的创新浪潮仍在不断高涨。

三、混合工具的作用

（一）扩大资金来源，降低筹资成本

在资本市场上，证券发行者是资本的需求者，证券投资者是资本的供给者。发行者只有不断地进行风险、收益和流动性的创新创造产品组合——混合工具，才能激发投资者购买证券的需求，进而扩大自己的融资能力，获得创新溢价，降低自己的筹资成本。例如上文提到的墨西哥石油公司通过发行与石油商品相联系的债券减少了利率波动的风险。该债券的本金支付与石油价格相联系，做到同步升降，而石油的价格、物价与利率是成正比的；另一方面，作为债券，它的价格与市场利率成反向波动，两种作用综合的结果使得石油债券保持比较稳定的价格，减少了投资者的利率风险，也就降低了发行者所需要支付的风险溢价的筹资成本。又如，在企业的经营管理过程中，经理、股东和债权人之间的利益往往很难统一，由此产生了代理成本问题。一般来说，当企业的财务比率较高时，企业的股东可能出现对高风险的项目过度投资的倾向。因为高风险项目一旦成功，其高风险收益将全部由股东分享，债权人得到的仅是固定的利息收入，而万一项目失败，成本却由股东和债权人共同承担。可转换证券和附带认股权证的债券的发行，向债权人提供了将债权转换为股权的权力，企业经营管理者和股东实际上保证了债权人参与分配高风险投资项目带来的高收益，从而在一定程度上抑制了企业经营管理者和股东的投资冲动。债权的代理成本降低了，发行者的融资能力自然就增强了。再如，1985年菲利普莫里斯公司发行的票息由瑞士法郎支付，本金由美元偿付的双币债券，降低了投资者的汇率风险，增加了投资者的兴趣，也就扩大了融资规模。

(二) 利用税收与监管的不对称性

企业为了利用税收以及政府经济管理中的漏洞，也会创造一些混合工具，以享受额外的优惠。例如，利率可调整的可转换票据，这种债券的票息率由企业普通股的股息决定，而且债券可以随时按照当时股票的市场价格转化为普通股，使企业可以将股票的利息计入成本，抵免所得税。又如，美国财政部曾限制日本养老基金持有日本以外企业的发行非日元债券，于是企业发行包括日元计价的双币债券就可以绕开这一限制，而被日本养老基金持有，从而拓展了企业的融资渠道。

(三) 管理企业的经营风险

许多混合工具被用来管理和控制企业的经营风险。首先，有些混合工具能够降低融资成本及利息支付，这就降低了公司的财务风险。其次，有些混合工具能够使企业的现金流量相对稳定，减少企业经营的不确定性，从而降低企业的运营风险。例如，阳光矿业公司发行的白银指数关联债券，当白银价格下降时，尽管公司的销售收入减少，但公司支付给债券持有人的利息也减少了。又如，商品指数债券使得企业对投资者的利息支付与企业的营业收入、投资项目收益同步涨落，在企业经营状况不好时，减少企业的利息支出，稳定了企业营运资金流量，保证企业免受意外的销售量、产品价格等因素急剧波动的干扰。

四、混合工具的定价——分解法的应用

混合工具是由如普通的权益、债券、远期合约、期货和期权等基本证券所构成的，所以，将混合工具进行分解后，通过对这些基本证券的定价，可以计算相应的混合工具的价值，这就是分解法的基本思想。在介绍分解法定价之前，先介绍一些具体混合工具的分解。

(一) 混合工具的分解

1. 双重货币债券的分解

1984年以来，已经出现了多种多样的双重货币债券，涉及不同国家的货币组合。例如，1985年出现的面值为5 000的瑞士法郎债券，其利息用瑞士法郎支付，但其本金以2 800美元偿还。这种双重货币债券可以分解为到期日以5 000瑞士法郎支付本金的普通债券和以1美元兑换1.7857瑞士法郎的汇率买进2 800美元的远期外汇合同。其分解如图8-1所示。

2. 反向浮动利率票据

反向浮动利率票据由一次偿还本金的浮动利率票据和利率互换协议组成。假定开始有一个本金为P，息票支付为R的浮动利率票据。如果该浮动利率票据与一个名义本金也为P的利率互换协议组合，那么其结果的利息支付将是固定的，这样就可以构造出一种混合的固定利率票据，互换后的固定利率为r。然后，我们也可以构造出反向浮动

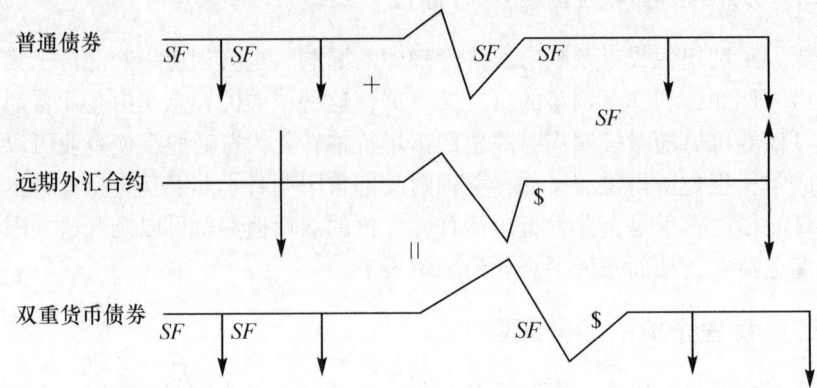

图 8-1 双重货币债券的分解

利率票据,即将浮动利率票据与一种名义本金为 $2P$ 的利率互换协议进行组合,这样组成的混合工具最后将支付的利率为 $2r-R$,其分解图示如图 8-2 所示。

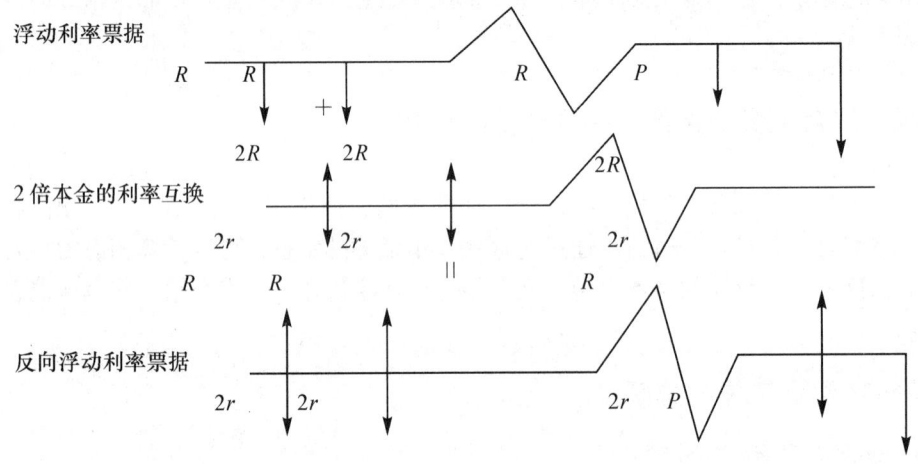

图 8-2 反向浮动利率票据的创造

3. 可调整收益的优先股

这种优先股所支付的股利按照季度进行调整以反映短期利率的变化。可调整收益的优先股可以分解为优先股和一种利率互换的组合,其中优先股的持有者支付一种利率,这种利率与优先股的利率相联系,收到一种浮动利率,如图 8-3 所示。

(二) 混合工具的定价

混合工具的定价是个非常复杂的问题,不同的证券结构有不同的定价方法。这里,以可回购债券和可回售债券为例,简单说明分解法在混合工具定价中的应用。

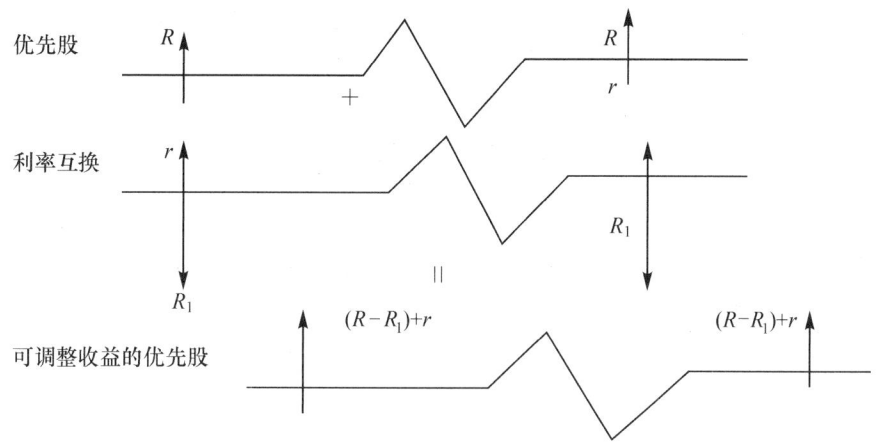

图 8-3 可调整收益的优先股的创造

运用分解法可得，可回购债券的价值等于一个相应的标准债券的价值减去以标准债券作为标的资产的买权的价值，可回售债券的价值等于一个相应的标准债券的价值加上以标准债券作为标的资产的卖权的价值。

根据期权定价的布莱克-舒尔茨模型，要对可回购债券和可回售债券定价，我们必须知道：（1）标准债券的现价；（2）公司确定的卖权和买权执行价格；（3）买权和卖权的执行时间；（4）债券价格波动的标准差；（5）无风险利率。关于标准债券的现价，如果公司有发行在外的债券，就可以取市场价格；如果没有可以参考的市场价格，就可以用传统的债券估值模型估算债券价格。由于公司往往规定在债券发行若干年后直到债券到期前都是可回购或者可回售的时间，因此，为了分析的方便一般规定期权的执行时间为期权可以执行日期和债券到期的中间时点。至于债券价格波动的标准差可以根据债券的历史表现计算确定。下面针对可回购债券和可回售债券分别举例，说明混合工具的定价过程（见例8-1、例8-2）。

1. 可回购债券的定价

例8-1 甲公司决定发行一种到期时间为8年、面值为1 000元、利率为10%的可回购债券，该公司规定，公司可以在4年后以1 000元的价格购回这批债券。经测算该公司债券价格的波动率为2%，公司债券的到期收益率为8%。假定无风险利率为6%。

根据传统的债券估值模型，将要发行可回购债券的相应标准债券的价格为：

$$\sum_{t=1}^{8}\frac{100}{(1+8\%)^t}+\frac{1\,000}{(1+8\%)^8}=574.66+540.26=1\,114.93(元)$$

根据前面的规定，公司将在第6(即(4+8)÷2)年行使回购权，到了第6年，上述标准债券的价值为：

$$\sum_{t=1}^{2}\frac{100}{(1+8\%)^t}+\frac{1\,000}{(1+8\%)^2}=178.33+857.34=1\,035.67(元)$$

其对应的现值为：

$$1\,035.67/1.4185=730.1(元)$$

整理一下已知的数据:$S = 730.1$;$X = 1\,000$;$r = 6\%$;$T = 6$;$\sigma = 2\%$。
根据布莱克-舒尔茨模型计算可回购债权中所包含的买权的价格为:

$$d_1 = 0.9518 \quad N(d_1) = 0.8249$$
$$d_2 = 0.9028 \quad N(d_2) = 0.8166$$
$$C_0 = SN(d_1) - Xe^{-rT}N(d_2) = 35.82(元)$$

因此,该公司的可回购债券的价值为 $1\,114.93 - 35.82 = 1\,079.11(元)$。

2. 可回售债券的定价

例 8-2 假定上述甲公司的其他条件不变,但是发行的是可回售的债券。根据布莱克-舒尔茨模型计算可回售债券中包含的卖权的价格为:

$$P_0 = Xe^{-rT}N(-d_2) - SN(-d_1) = 3.40(元)$$

因此,甲公司的可回售债券的价格为:

$$1\,114.93 + 3.40 = 1\,118.33(元)$$

第二节　混合工具的种类

泛泛而言,混合工具伸展到四个主要的基本元素,它们是利率市场、外汇市场、权益市场和商品市场。将这些市场中的任意两个或多个基本元素组合,可创造出一种混合工具。并且,每一个基本元素市场可被细分为更狭小的市场。例如,利率市场包括美元计值工具、日元计值工具、德国马克计值工具等;商品市场包括黄金、铜、小麦、牲畜市场等。将同一基本元素市场中的两个子集结合也可创造出混合工具。

以上定义的基本元素市场可以以多种不同方式组合,再对这些不同组合添加期权特性,实际上可以创造出无穷无尽的变形。创造一个典型的变形产品并把它投入买卖交易是非常复杂的,但又是受最基本的经济力量——供给和需求驱动的过程。在进一步研究之前,对混合工具的不同分类方式和衍生证券及混合工具的演化作一个比较好的图解,会对学习和掌握有所帮助。下面用表 8-2 和表 8-3 给出这些图解。

证券联系:进入其他市场的机会

表 8-2　　　　　　　　　　构筑混合工具的类型

货币相联系债券	商品相联系债券	权益相联系债券	收益率曲线相联系债券	利率相联系债券	证券组合重组

证券结构:相联系的支付类型

本金偿付相联系	息票支付相联系	本金偿付和息票支付都相联系

衍生方式:设置联系的方式

定位于期权	定位于期货	定位于远期	定位于互换

分销:销售方式

公开发行	私募	离岸发行

表 8-3　　衍生证券和混合工具的近期演化（可供选择的组成部分）

注：Currency swap	货币互换
Interest rate swap	利率互换
Interest rate swap trading	利率互换交易（指有互换交易商参与的利率互换）
Currency swap trading	货币互换交易（指有互换交易商参与的货币互换）
CMOs	抵押担保债券（Collateral Mortgage Obligations）
Interest rate Option swaps	利率期权互换
Auto loan-backed bonds	自动贷款支持债券
Harmless warrants	无损认购权
Japanese equity warrants	日本股权认购权
Currency option swaps	货币期权互换
Credit card-backed bonds	信用卡支持债券
FX bonds in U. S.	美国外汇债券
ICON	货币指数化期权票据（Indexed Currency Option Notes）
LYON	不定收益期权票据（Liquid Yeild Option Notes）
PERLS	本金与汇率相联系的债券（Principal Exchange Rate Linked Securities）
Spreads	价差期权
FX warrents	外汇认购权
Yield curve swaps	收益曲线互换
Equity-linked bonds	与股权相联系的债券
REALs	真实收益率债券（Real Yeild Securities）
FICO strips	附外汇购买权的债券
Commodity swaps	商品互换
Equity-linked bonds	与股权相联系的债券
Credit Rateing Sensitive Notes	信用评级敏感性票据
MultiPERLS	多元本金与汇率相联系的债券
Commodity bonds	商品（价格）挂钩债券
Commodity option swaps	商品期权互换

Commodity Indexed Notes	商品价格指数化票据
Interest Rate Principal Indexed Bonds	利率本金指数化债券
Portfolio Warrants	投资组合认购权
Equity indexed swaps	股权指数化互换

下面介绍几个具体的混合工具品种。

一、利率/汇率混合工具

利率与汇率混合的典型例子是双货币债券。双货币债券的最简单形式，是一种固定利率债券，其利息的支付以一种货币计值而本金的偿付以另一种货币计值。例如，考虑一个息票率为12%，按年以美元交付利息的5年期债券，到期日偿还的本金额为相当于1 197.60 澳元（AUD）的美元，在发行时这笔澳元相当于1 000 美元（USD）。表8-4给出了 USD/AUD 在不同汇率下投资者的总损益状况。

表 8-4　　　　　　　　　　双货币债券的总损益状况

到期日的 USD/AUD	USD 计值的偿还额价值	内部收益率
0.06	718.56	7.12%
0.70	838.32	9.32
0.80	958.08	11.33
0.90	1 077.84	13.20
1.00	1 197.60	14.93
1.20	1 437.13	18.10

二、利率/权益混合工具

利率/权益混合工具在证券的整体收益中结合了利率要素与权益要素。考虑一项美元计值的3年期债券，固定年利率为10%，按年付息，到期日偿还的价值与股指挂钩。例如，偿还价值是与到期日主要市场指数价值（MMI）挂钩，得到下列公式：

$$R_1 = \$1\ 000 + \left(1\ 000 \times \frac{MMI_m - MMI_0}{MMI_0}\right) \tag{8.1}$$

式中：R_1——到期日的偿还价值（美元）；MMI_0——发行时 MMI 的价值（假设价值为500）；MMI_m——到期日 MMI 的价值。

表8-5显示了到期日在 MMI 指数不同的价值时投资者的总损益状况。

表 8-5　　　　　　　　　　　　与权益相联系的债券的总收益

到期日主要市场指数价值	偿还价值	内部收益率
300.0	600.0	(3.86%)
400.0	800.0	3.57
500.0	1 000.00	10.00
600.0	1 200.0	15.72
700.0	1 400.0	20.90

由（8.1）式给出的与权益相联系的指数公式可加以修改，并创造出任意数量的各种可能性的变形。在本例中，当上升时总收益增加，下降时总收益减少。投资者也许想从市场上扬中获益，但不愿接受市场下挫的损失。换言之，投资者需要一个权益市场上的复合买权。这样的证券偿还公式，利用最大化函数，可以表示如下：

$$R_2 = \max\ (\$1\,000,\ R_1) \tag{8.2}$$

当其他条件不变时，我们不能期望设置了复合买权的第二种与权益的相联系的混合工具，提供和第一种与权益相联系的混合工具相同的息票率。原因很简单，期权成分（复合买权）提供了附加价值：我们在市场上扬时可获得与第一种变形相同的收益，但在市场下挫时不会遭受同样多的损失。不付出价值，我们无法获得价值。而这一付出的价值，最大的可能是采取降低息票率的形式。在这一问题中可能有几种进一步的变形。例如，投资者可能愿意放弃在指数上扬时获得收益。这时，偿还公式可由（8.1）式给出，这里的最小化函数是与最大化函数相反的函数。

$$R_3 = 1\,000 - \left(1\,000 \times \frac{MMI_m - MMI_0}{MMI_0}\right) \tag{8.3}$$

$$R_4 = \min\ (\$1\,000,\ R_3) \tag{8.4}$$

运用与上述相似的推理，很明显，这种金融工具的息票率将比第一种与权益相联系的混合工具的 10% 的息票率高。比例中，投资者可被看作是出售了一个复合买权。图 8-4 在假设这三种与权益相联系的混合证券持有至到期日的基础上，对比了它们的损益状况。损益状况以 MMI 价值为自变量来表达。

金融工程师普遍使用主要的市场指数作为权益相联系的混合工具的基础，因为这些指数的资本化程度很高，不停地处于变化之中。其他经济使用于同样目的的股票指数有标准普尔 500、日经 225、《金融时报》指数（FTSE）和德国股票指数（DAX）。

三、货币/商品混合工具

在货币/商品混合工具中，混合工具的总收益是某一汇率上的基本收益和某一品种（如原油）的价格上的基本收益的函数。例如，考虑一个 2 年期证券，其固定息票的年

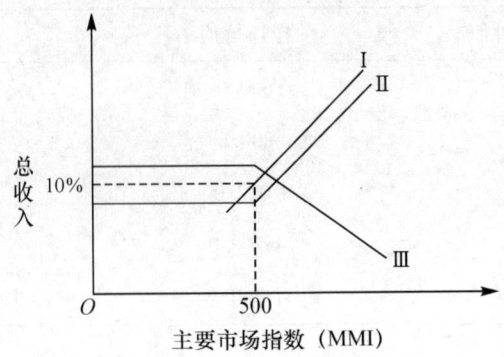

图 8-4 与权益相联系的债务型混合证券的损益状况比较

利率为9%，按年以美元支付，偿还的价值则如（8.5）式，按照原油价格进行指数化。

$$R_5 = \$1\ 000 + \left(1\ 000 \times \frac{P_m - P_0}{P_0}\right) \tag{8.5}$$

式中：P_m：到期日一桶原油的日元价格；P_0：发行日一桶原油的日元价格[假设$P_0 = (\$35 \times 132.00 \text{JPY/USD}) = \text{JPY}4\ 620$]。

表8-6描述了当JPY/USD汇率和原油价格在到期日变化时，总损益的状况。由于混合工具的收益由多种来源决定，除非我们只留一个来源变量，将所有其他收益来源的值设为常量，否则不可能画出二维的混合工具的损益状况图。图8-5说明了当JPY/USD汇率固定为132:1的常量时，原油价格变化对总收益的影响。图8-6则说明了当原油的美元价格固定为每桶35美元的常量时，JPY/USD汇率变化所产生的影响。

表 8-6　　　　　　　　　　货币/商品混合工具的损益回报

JPY/USD	每桶原油的美元价格	每桶原油的日元价格	偿还公式值（美元）	内部收益率
100.00	10.00	1 000	216.45	(39.96%)
120.00	30.00	3 600	779.22	(2.16%)
140.00	50.00	7 000	1515.15	31.27%
160.00	10.00	1 600	346.32	(29.29%)
180.00	30.00	5 400	1168.83	16.79%
200.00	50.00	10 000	2164.50	54.72%

正如其他混合工具的构造、商品、利率和汇率有基本元素可以有许多种不同的组合可能。我们当然还可以采用复合期权的成分创造出许许多多的混合工具。投资者可能会

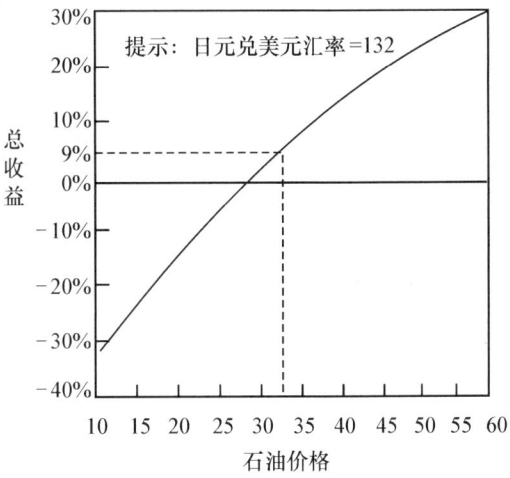

图 8-5　总收益状况：原油因素（货币/商品混合）

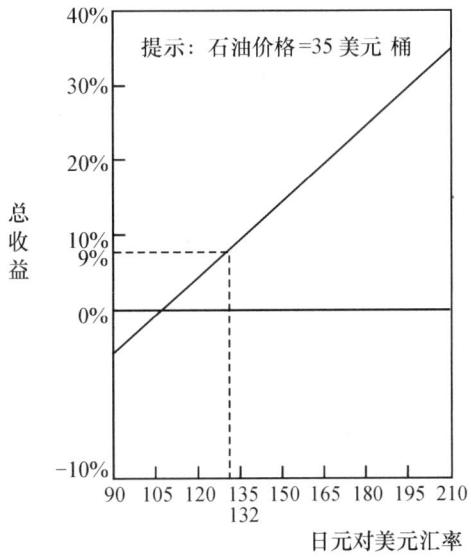

图 8-6　总收益：货币因素（货币/商品混合）

愿意出售原油价格上涨的潜在收益以换取更高的息票率，或者，他们可能会选择保留上涨的收益并接受较低的息票率。

第三节　混合工具兴起的原因分析

混合工具兴起的原因是多方面的，本节中，我们主要从混合工具投资者的动机和发行者的动机两个层面来分析这个问题。

一、投资者的动机

前面已经把混合工具定义为：它是将一个以上的基本元素市场组合到一个单一结构中的证券。我们对基本元素市场也作了定义，它们是具有高度流动性，有多个市场参与者介入的市场。根据我们给出的定义，投资者应该能够自己将基本元素市场组合起来创造出理想的混合工具。虽然这在理论上正确，但投资者经常倾向于面对完全成型的混合工具作投资选择。投资者倾向于组装好的混合证券是基于经典的"制作或购买"的决定。尽管投资者通过拼合各个组成成分自己来创造混合工具在技术上是可行的，但以成本效率最高的方式进行这样的操作并不一定是可能的。

1. 定价的有效率性

通过寻找合适的发行者，投资者可能以成本有效率的方式获得混合工具所要求的收益。所谓合适的发行者是指他们有自然的需求，在其资产负债表的负债一方创造出相反风险暴露头寸的发行者。投资者的风险暴露头寸则会出现在自己的资产负债表的资产一方。例如，一位投资者可能希望拥有一项偿还价值与原油价格挂钩的固定利率投资。同时，一位原油生产者可能愿意拥有一项本金偿还与原油价格挂钩的固定利率债务，原油即是归发行者所拥有的商品。通过设计混合工具，发行者和投资者的相反需求可能吻合而不必利用基本元素市场。这通常能导致比较有效率的定价和比较低的交易成本。

2. 监管/政策限制

由于监管限制或内部政策限制，某些投资者可能在创造混合工具时受到阻挠。例如，一家机构投资者希望投资于利率/权益混合证券，但他可能受到必须投资于AAA资信级别的政策限制。因此，如果能设计出可以作为AAA证券发行的混合工具，那将是适宜的。由投资者自己将基本元素成分组合起来创造出AAA级的混合投资的方案可能是不现实的，因为缺少有能力或有愿望提供所有必要元素的AAA级资信的合作对手。

3. 市场的准入

不是所有的投资者都能够完全进入全部的基本元素市场，或在不同市场中得到最有效率的定价。例如，许多零售型的投资者希望投资于其收益与股票市场挂钩的固定利率证券，但因为在进入股指期货市场方面有困难，从而无法自行创造出所需的混合投资证券。而且，即使能够进入这一市场，在他们所选择的投资规模上，可以获得的价格也未必有吸引力。这样，由能够完全进入各种基本元素市场的专业金融工程师所组装的混合工具，可能会成为较好的选择方案。

4. 市场的专门知识

最简单的说法是，混合工具由两个或多个基本元素证券组合而成。然而，这并不意味着创造混合工具就像把组成它的元素堆起来一样简单。对混合工具的组装和定价，经常需要对各种基本元素市场的高度专业知识，以及对各元素内部联系的经验和洞察，这些是金融工程师必需的技巧。投资者明白这种金融工程的专业知识不总是能从自己家里获得，因此，必须从市场购买，他们的做法是购买完全成型的混合工具。

5. 与单一对手交易的愿望

自己来组装混合工具的投资者必须与多家对手打交道。例如，一家对手提供货币组成部分，另一家提供利率部分，还有一家提供权益部分。投资者必须监督每一家的运作，并及时处理任何操作上的失误。反过来，已成型的混合证券，则只需对一种工具、一家对手进行监督，这就比较有效率，少浪费时间。

二、发行者的动机

发行者愿意发行混合工具有两大原因，最普遍的原因是利用市场中的套利机会来降低资金成本。例如，发行者可发行混合工具，同时对所含的各种风险暴露作套期保值。由此得到的净结果是一项纯借款，其成本比他用其他方式得来的低。举个例子，掉换就是利用了这一原则。掉换广泛地应用于将浮动利率债务转换为固定利率债务，将一种货币的债务转换为另一种货币的债务。

第二个原因是基于公司拥有的资产，创造出发行者所期望的负债头寸的风险暴露。例如，一家拥有原油资产的公司可能希望发行偿还价值取决于到期日的原油价格的债券，这样的负债可对公司所拥有的原油资产实现自然对冲的套期保值。下面我们从发行者的角度来考察。

1. 套利交易

在套利交易中，发行者的动机是直截了当的。所有与混合工具有关的风险暴露都应作套期保值，使得净结果成为发行者所希望的货币形式的简单借款。为了完成构筑债券发行和相关套期保值的工作，发行者需要从标准的资金成本中节省出一定数额。例如，假设一个资信等级为 AAA 级的发行者希望以浮动利率融资 5 年期 1 亿美元的资金，进一步假设公司可通过发行以美元计值、浮动利率为 LIBOR+20 个基本点的中期债券进行此项融资。然而，作为一种选择，公司可以出售一种双货币债券。债券以 1 亿美元发售（用日元但立即以现汇价格 140JPY/USD 兑换成美元），公司按年支付 12% 以美元计值的息票利息，偿还时按日元支付，最后应付数额与初始获取的数额相同。

为将固定利率借款转换为所希望的浮动利率借款，公司将做以固定利率换浮动利率的掉换，充当固定利率的接收方（浮动利率的支付方）。假设这样的掉换可以成立，需要企业以 LIBOR 换 12% 的利率，两者都是按年支付，同时，企业签订一项远期汇率为 140JPY/USD 的 5 年期远期汇率合约，以避免受到期日偿还日元时的汇率风险。这一混合工具在图 8-7 中描述。

请注意，企业以 LIBOR 为成本得到了所希望的 5 年期浮动利率融资，与直接以浮动利率借款相比，每年节省整整 20 个基本点。虽然 20 个基本点看上去不算很多，但当本金为 1 亿美元时，它相当于 5 年中每年节省 20 万美元。以 12% 为折现率，这一数额的现值约为 721 000 美元。

2. 无套利交易

在无套利交易中，发行者在交易时知道这将给企业带来某种风险暴露。发行者愿意接受这个风险暴露，因为它能对冲企业已有的相反的风险暴露。现存的风险暴露可能是

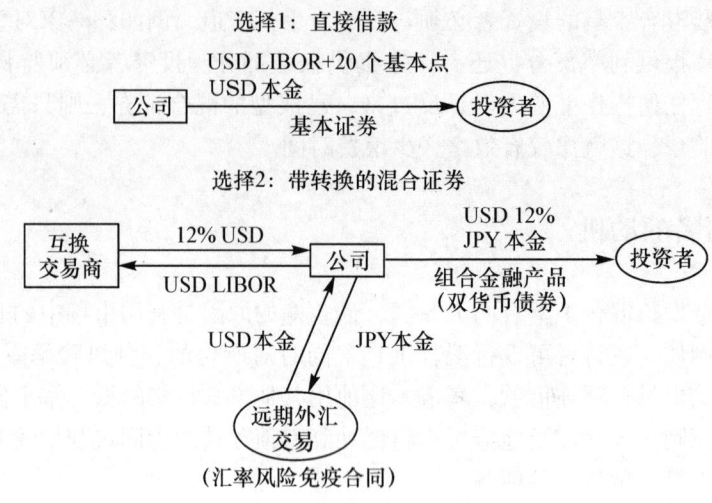

图 8-7 利用混合证券降低融资成本

企业所从事的业务所带来的,或是企业拥有的某种资产所造成的。例如,一家原油公司,正打算以固定利率作 5 年期借款。公司可以发行 5 年期的债券,每份 1 000 美元的债券其中 P_0 代表债券发行时的原油价格,P_m 代表债券到期时的原油价格,假设 P_0 为 20 美元。

投资者能从有风险的原油价格上扬中获益,同时没有价格下滑时的风险。表 8-7 提供了偿还额作为到期日原油价格的函数在损益状况中的几种选择值。

表 8-7   债券偿还额的几种选择的支付值

P_m	偿还金额
40.00	2 000
30.00	1 500
20.00	1 000
15.00	1 000
10.00	1 000

因为投资者只享受原油价格上扬的潜在收益,而不冒价格下滑的风险,可以设想,投资者将接受较低息票率的证券。从发行者的角度看,情况大不一样。在一开始,发行者获得了比直接发行债券所要求的利率更低的息票率,然而,由于原油公司拥有的原油是其资产的一部分,原油价格上升的好处抵消了他不得不在偿还时多支付给投资者的数额。

从发行者的角度，企业出售了一项抵偿的买权。一般来说，发行者可利用各种类型的资产，发行包含一种特别的风险暴露的混合工具。即使在发行者不拥有相反的风险暴露时，也有可能会愿意发行未对冲保值的证券。发行者可能会相信，原油价格已达顶峰，从而，未来价格下跌的可能性大。在这种情况下，发行者认定其借款所付的比较低的息票率的好处将多于未来价格上升的风险补偿。

◎ 小结

混合工具是将多种基本元素市场结合于其结构之中的证券。混合工具的产生和发展过程可以布雷顿森林体系的崩溃作为分界点划分为两个阶段。混合工具具有扩大资金来源，降低筹资成本；利用税收与监管的不对称性；管理企业的经营风险三大作用。混合工具是由如普通的权益、债券、远期合约、期货和期权等基本证券构成的，所以，将混合工具进行分解后，通过对这些基本证券的定价，可以计算相应的混合工具的价值。混合工具定价法的基本思想就是分解法。

泛泛而言，混合工具伸展到四个主要的基本元素，它们是利率市场、外汇市场、权益市场和商品市场。将这些市场中的任意两个或多个基本元素组合，可创造出一种混合工具。标准的混合工具包括：利率/汇率混合工具、利率/权益混合工具、货币/商品混合工具等。

混合工具兴起的原因是多方面的，本节中，我们主要从混合工具投资者的动机和发行者的动机两个层面来分析这个问题。由于定价的有效率性、监管/政策限制、市场的准入、市场的专门知识、与单一对手交易的愿望等方面的原因，投资者往往倾向于组装好的混合证券。而发行者愿意发行混合工具的两大原因是：利用市场中的套利机会来降低资金成本；基于公司拥有的资产，创造出发行者所期望的负债头寸的风险暴露。

◎ 重要概念

混合工具　分解法　双重货币债券　反向浮动利率票据
可调整收益的优先股　利率/汇率混合工具　利率/权益混合工具
货币/商品混合工具

◎ 思考题

1. 为什么基本证券和混合工具的区分都出现一定的随意性和模糊性？
2. 试分析布雷顿森林体系崩溃后对混合工具发展的影响。
3. 试举例说明混合工具在扩大资金来源，降低筹资成本上的作用。
4. 说明分解法在混合工具定价中的应用。
5. 简述混合工具的主要类型。

◎ 参考书目与推荐阅读

1. 叶永刚，郑康彬. 金融工程概论. 武汉：武汉大学出版社，2000.

2. Robert Jarrow, Stuart Turnbull. Derivative securities. South-Western College Publishing, 2000.

3. Kolb. R. The finacial derivative reader. Miami：Kolb Publish House, 1992.

4. Julian Walmsley. The new financial instrument. John Wiley & Sons, 1998.

5. Finacial derivatives：Actions needed to protect the finacial system. The U. S. General Accounting Office Report, 1994, 5.

第三编

金融风险

第九章 商品价格风险管理

◎ 学习目标

1. 商品价格风险及商品价格风险管理的含义
2. 用于商品价格风险管理的主要金融工具的特征
3. 商品价格风险管理中套期保值的原理、原则及其交易策略
4. 不同的金融工具在商品风险管理中的不同作用

在结束第二编——"金融工具"的学习后,我们进入新的一编——"金融风险"。在这编的开始部分,我们先介绍商品价格风险的管理,因为相对其他市场风险而言,商品价格风险是一种最基本,也是最为人熟悉的风险形式。

第一节 商品价格风险

我们在第五章第三节谈到,当投资者受到商品价格波动的影响时,商品价格风险就会产生。

商品价格风险在很多方面比货币风险或利率风险更广泛地存在,这也许可以解释为什么商品衍生工具比金融衍生工具问世早得多。1848年创立的芝加哥商品交易所(CBOT)交易的第一个衍生工具就是商品期货。而直到1972年才出现第一个金融期货合约。但现在,这些金融衍生工具占领了交易所交易的衍生工具市场。1992年,世界前20位交易所交易合约中只有两个是商品衍生工具——在NYMEX中交易的原油合约以及在CBOT中交易的玉米合约,它们分别排在交易量从大到小的第5名和第19名。

很多面临着商品风险的公司很可能都认为这种风险的存在是必需的而且是不可避免

的。例如，经营咖啡生意的公司认为它必须接受随世界咖啡价格波动导致的需求变化。在某种程度上，这可能是对的，但是正确使用商品衍生工具能有助于平稳并抵消商品价格不稳定所带来的一些最不利的影响。直到20世纪80年代末，可以使用的商品风险管理工具只有期货和期权。期货和期权的到期日种类有限，很少有超过1年的。尽管期货和期权提供了针对短期价格波动的保护措施，但是它们不能提供更长期限的保护。当然，公司可采用滚动式的期货套期保值，但这种方法只能固定一系列较短期限内的不同价格，这不同于在一个较长期限内固定单一价格。长期限的商品价格保护工具的缺乏是商品期货和商品期权至今没有广泛被使用的原因之一。但随着人们对以金融工程学来解决商品风险问题的兴趣越来越浓厚，很多新产品纷纷出现。在利率工具像互换、上下限互换权等成功推出的激励下，适合商品市场的相应产品已经开发出来。商品互换的使用增长稳定，商品上下限组合，甚至商品互换的期权也有了。

第二节　基于远期的商品价格风险管理

一、用商品远期交易管理商品价格风险管理的历史

早期制造商为了控制生产原料成本，会与供货商约定在一定期限之后以某一价格向供货商购买多少数量的原料，这种就是商品远期合约。根据历史资料记载，早在12世纪，欧洲的法兰德斯地区（注：即今天的比利时、荷兰）商人（Flemish Trader）即在市场中利用一种称为［de faire］的文件做商品的远期交易，文件中主要说明未来某特定时日买卖双方的交货内容，所以［de faire］可以说是远期合约的前身。

远期商品合约交易发展演变至今，因其在规避商品价格风险、发现商品价格、商品价格投机等方面的特殊功能，仍然在金融市场上发挥着重要的作用。现在人们对远期商品合约的定义是：一种在现在约定未来特定时日交易特定标的物的合约，合约的买方同意在未来约定时日，按约定价格支付一定金额，以交换卖方特定数量的商品。

二、利用商品远期交易管理商品价格风险的特点

利用商品远期交易管理商品价格风险的特点主要表现如下：

1. 商品远期合同交易的数量和交割时期等由交易双方自行决定，形式较灵活。

2. 与其他远期交易一样，商品远期交易没有公开而集中的交易市场，价格信息不容易获得。

3. 与商品期货不同，商品远期交易不通过交易所结算或结算所结算，交易双方不仅承担价格风险，还承担信用风险。

4. 期货交易的合约，在商品交割期到来之前的规定时间内可以多次转手，允许交

易双方在商品交割前通过反向买卖解除原合约的义务和责任，使买卖双方均能通过期货市场回避价格风险，而商品远期交易的合约在到期之前很难直接转手，无论生产或经营发生什么变化，到期合约必须按规定进行实际商品交割。

三、商品远期交易在商品价格风险管理中的具体应用

下面我们用农产品加工企业采用套期保值的策略为例，说明商品远期交易在商品价格风险管理中的具体应用（见例 9-1、例 9-2）。

例 9-1 湖北某食品加工厂近年来一直从事套期保值业务。2001 年 6 月初，农产品顺价销售已成定局，农产品现货价格在 3 520 元/吨，但是在传统现货市场有价无市，各供求单位都在观望，实际现货成交价格为 3 560 元/吨，且上扬趋势明显。这时联合商品交易市场农产品 7 月份交货价格为 3 600 元/吨，由于担心价格上涨，该厂以 3 620 元/吨的均价买入联合商品交易市场 7、9 月份交货的农产品 3 000 吨。到了 7 月份，由于政策性原因，农产品价格大幅上扬，于是该厂以 3 730 元/吨的均价在联合商品交易市场全部卖出，获利 33 万元。但在传统现货市场上，由于现货价也上涨到 90 元/吨，该厂在传统现货市场购买农产品 3 000 吨亏损约 27 万元，但是该厂在联合商品交易市场的盈利弥补了在传统现货市场的亏损。

例 9-2 2002 年底，南方某外贸公司，购买新农产品 1 万吨，为回避风险，该公司利用农产品在联合商品交易市场与传统现货市场价格变化趋势基本一致这一规律，在与东北一家企业签订合同时，坚持交货价格参照联合商品交易市场农产品价格，将 2001 年 9 月份的交货价格定为联合商品交易市场交货月为 9 月份当时的买卖成交价格。随后该公司又在联合商品交易市场申请成为交易商，并买入联合商品交易市场交货月为 9 月份的农产品 1 000 批，从而达到锁定成本，实现预期利润的目的。

总之，一般来说，对于加工商存在三种情况：

1. 在找到农产品供应商之前，对未来所需农产品可以在联合商品交易市场进行买入套期保值。如果以后找到农产品供应商，可将相应部分农产品平仓；如果至联合商品交易市场合约到期仍未找到农产品供应商，可以进行联合商品交易市场交割或将联合商品交易市场持仓平仓并在现货批发市场买入农产品。选用的方式以成本最低为准。

2. 已经找到农产品供应商，签订了远期合约但签订的是活价，即接交货时的现货价格进行交易。为防止未来价格上涨，需要进行买入套期保值，将联合商品交易市场平仓同时履行现货合同。此时，联合商品交易市场卖、现货买，方向相反。

3. 找到农产品供应商，签订了远期合约，而且已经确定了远期价格。此时由于已经消除了未来价格的不确定性，可以不进行联合商品交易市场交易。但如果签订远期合约时嫌价格过高或者防止交割月的价格下跌，可以卖出现货到期月的联合商品交易市场合约。到期，如果价格下跌，带来盈余，使农产品成本下降。如果现货交割时，价格不跌反而上涨，就会带来价格上涨的亏损，农产品成本上升。

第三节 基于期货的商品价格风险管理

一、用来管理商品价格风险的期货品种

商品期货是指标的物为实物商品的期货合约。商品期货历史悠久，种类繁多，主要包括农副产品、金属产品、能源产品等几大类。具体而言，农副产品约 20 种，包括玉米、大豆、小麦、稻谷、燕麦、大麦、黑麦、猪肚、活猪、活牛、小牛、大豆粉、大豆油、可可、咖啡、棉花、羊毛、糖、橙汁、菜籽油等，其中大豆、玉米、小麦被称为三大农产品期货。金属产品 9 种，包括金、银、铜、铝、铅、锌、镍、钯、铂。化工产品 5 种，有原油、取暖用油、无铅普通汽油、丙烷、天然橡胶。林业产品 2 种，有木材、夹板。

二、用商品期货管理商品价格风险的特点

商品期货交易是代表特定商品的"标准化合约"（即"期货合约"）的买卖。期货合约对商品的质量、规格、交货的时间、地点等都做统一的规定，唯一的变量是商品的价格。买卖者交纳一定的保证金后，按一定的规则就可通过商品期货交易所公开地竞价买卖。

一般来说，用商品期货管理商品价格风险具有以下特点：

1. 以小博大。只需交纳 2%~20% 的履约保证金就可控制 100% 的虚拟资金。
2. 交易便利。由于期货合约中主要因素如商品质量、交货地点等都已标准化，合约的互换性和流通性较高。
3. 信息公开，交易效率高。期货交易通过公开竞价的方式使交易者在平等的条件下公平竞争。同时，期货交易有固定的场所、程序和规则，运作高效。
4. 期货交易可以双向操作，简便、灵活。交纳保证金后即可买进或卖出期货合约，且只需用少数几个指令在数秒或数分钟内即可达成交易。当行情处于有利价位时再以相反的方向平仓或补仓出场。
5. 合约的履约有保证。期货交易达成后，须通过结算部门结算、确认，无需担心交易的履约问题。

三、商品期货在商品价格风险管理中的具体应用

商品期货交易是代表特定商品的"标准化合约"（即"期货合约"）的买卖。期货合约对商品的质量、规格、交货的时间、地点等都做统一的规定，唯一的变量是商品的价格。买卖者交纳一定的保证金后，按一定的规则就可通过商品期货交易所公开地竞价买

卖。商品期货历史悠久，种类繁多，主要包括农副产品、金属产品、能源产品等几大类。商品期货的主要功能之一就是用于规避商品价格风险，具体来说，又可以分为多头期货避险和空头期货避险。

（1）多头期货避险：（又称买入套期保值）是在期货市场中买入期货，以期货市场的多头部位来为现货市场的空头部位保值，以规避现货市场价格可能上涨的风险（见例9-3）。

例9-3 某食品加工企业计划3个月后购进100吨玉米，当时的玉米的现货价为每吨0.52万元，3个月后的玉米期货价为每吨0.54万元。该企业担心价格上涨，于是买入100吨玉米期货。到了3个月后，现货价果然上涨至每吨0.55万元，而期货价（到期）也为每吨0.55万元。由于该企业持有的是期货多头部位，于是卖出期货合约，每吨盈利0.01（即0.55-0.54=0.01）万元，同时，在现货市场上以0.55万元的价格购入100吨玉米，两个市场合计下来，玉米的实际购入价格为0.55-0.01=0.54万元。可以看出，这个价格就是3个月前该企业在期货市场上确定的价格。可见，通过多头期货避险策略，该企业有效地锁定了购货成本。

（2）空头期货避险：（又称卖出套期保值）是在期货市场出售期货，以期货市场上的空头部位来为现货市场的多头部位保值，以规避现货市场价格可能下跌的风险（见例9-4）。

例9-4 6月份某石油出口商与国外进口商签订9月份销售100万桶天然石油的合同，价格按9月份市价计算，当时的9月份石油期货价为每桶35美元。石油出口商担心价格下跌，于是卖出100万桶9月份的石油期货。9月份时，石油现货价和到期的9月份期货价格都跌至每桶32美元，该公司按市价卖出现货，每桶售价为32美元，又按每桶32美元的价格买进100万桶的9月份石油期货合约冲销其期货空头部位，每桶盈利3美元。现货、期货两个市场合计下来，石油的实际销售价格为32+3=35美元。可以看出，这个价格就是3个月前，该石油出口商在期货市场上确定的价格。可见，通过空头期货避险策略，该石油出口商锁定了石油销售价格，有效地防止了石油价格下跌的风险。

第四节 基于互换的商品价格风险管理

一、用商品互换管理商品价格风险的历史

商品互换（commodity swap）是一种特殊类型金融交易，交易双方为了管理商品价格风险，同意交换与商品价格有关的现金流。商品互换能使交易商和保值者消除商品风险头寸，同时创造货币市场头寸；或者，它们能在交易商和保值者不需要购买实际商品的情况下被用来创造商品风险头寸。结果是，保值者或交易商的商品市场风险由此转为货币市场风险，或货币市场风险由此转为商品市场风险。

商品互换于 1987 年出现，那时已有许多美国银行监管者通过其合法性，在此之前，银行不允许直接参与商品及其相关期货及远期交易。1987 年货币审计署（the Office of the Comptroller of the Currency）允许 Chase Manhattan Bank 作为 Asian airline 和石油生产者的商品互换的中介者。不久花旗银行也获准通过其外贸附属子公司参与商品互换交易。1990 年 2 月监管进一步放松，国民银行被允许使用交换贸易期货和期权对商品互换头寸保值。然而因为商品期货交易委员会（CFTC）对商品互换的观点的不确定性，许多商品互换在离岸市场活跃进行。1987 年 2 月 CFTC 对场外交易进行研究来确定该交易是否属于 CFTC 的管辖范围。1989 年 7 月，CFTC 申明商品互换不在其管辖范围内，从此美国商品互换交易迅速发展。

商品互换的最新发展是不动产和房地产互换、通货膨胀指数互换。在设计和推销关于困难贷款、信用质量、保险、税收甚至反污染信贷方面的互换及其他衍生工具都已经有所进展。第一笔房地产互换交易于 1993 年 1 月份成交，摩根·斯坦利作为双方的交易商。首先，一家大型美国养老基金同意对与不动产指数（property index）联系的款项支付（该指数被称为 Frank Russell-NCREIF 指数），以接受美元 LIBOR 作为回报，而另一方，一家中等规模人寿保险公司，支付 LIBOR 以获得与不动产联系的款项。养老基金的目的是实现对不动产转向股权的资产分配，但无需买卖相应的资产；房地产互换允许基金将不动产转化为 LIBOR。另一笔 LIBOR-股权互换也是由摩根·斯坦利交易的，完成了这一不动产到股权的转换。该笔交易标志着房地产互换市场发展的一个初始阶段，只是因为银行找出了两家合适的参与者安排背对背交易，这笔特别的交易才可行。不动产缺乏流动的市场以及估价上的主观性造成的潜在困难会妨碍其发展，至少在目前是这样的。通货膨胀指数互换可能更不为人知。它始创于英国，那里存在的一个与通胀指数相关的小型政府债券小型市场有可能提供套期保值，而当时私有化的公用事业公司可能是潜在的购买者。由于法律限制它们以当时的通货膨胀率上调价格，这些公用事业公司理所当然会作为指数支付方以获得固定收入流。通货膨胀指数上限是另一种可能性，但目前通货膨胀衍生工具市场还处于初始阶段。

二、用商品互换管理商品价格风险的特点

总的来说，用商品互换管理商品价格风险的特点有：

1. 商品互换是表外交易。所谓表外业务，是指那些不会引起资产负债表内业务发生变化，却可为商业银行带来业务收入或减少风险的中间业务。互换交易就是一种衍生金融工具的表外业务。

2. 商品互换属于场外交易，按非标准形式进行（目前有标准化趋势），具有灵活性适应于各种交易者的需要，但正是由于互换交易的非标准化方式，它的交易成本较高，谈判比较复杂，同时，违约风险也较大。

3. 运用商品互换管理商品价格风险时，商品本身并不进行交换。商品互换是以相应商品的一定名义上的数量为基础的。例如，每月 100 万桶石油，但这一数量仅仅用于计算互换支付款项的基础。如果在基准日石油即期价为 19.00 美元，对于 100 万桶石油

的名义数量,石油生产商将净获得 200 000 美元,而石油消费者将净支付 250 000 美元,和利率互换一样,定期支付一般是通过借贷方的净额来结算的。

三、商品互换在商品价格风险管理中的具体应用

商品互换有两种基本类型:固定价格与浮动价格的商品价格互换以及商品价格与利息的互换。下面将分别举例介绍。

(一) 固定价格与浮动价格的商品价格互换

固定价格与浮动价格的商品价格互换(fixed-for-floating commodity price swap)是指交易双方中,一方为一定数量的某种商品,按照每单位的固定价格定期对交易的另一方支付款项;另一方也为特定数量的某种商品,按照每单位的浮动价格向前一方付款,这里的浮动价格是某种商品价格指数,常见的商品价格指数有 GSCI (goldman sachs commodity index) 和 CRB (commodities research board index) 等。这种商品互换在结构上与固定对浮动利率互换相似,不同的是,这里的价格指数是商品价格指数。见例 9-5 说明。

例 9-5 一位石油开采者希望将他在以后 3 年内出售石油的价格固定下来,他每隔 6 个月在现货市场上按照当时的 WTI(WTI 是 WTI 粗油在某一时点上的现货价格,该价格通常是这段时间的平均价格)现货市场价格出售 100 万桶石油。另一石油精炼与化学药品制造商希望将他在以后 3 年内购买石油的价格固定下来,他每隔 6 个月按照当时的 WTI 现货市场价格购买 100 万桶石油。

为达到各自的目的,他们从事了一个石油价格互换,同时,又各自在现货市场上进行现货交易。互换条件是:规定石油数量:每年 200 万桶(即每半年 100 万桶);约定的固定价格指数:25.00 美元/桶;约定的石油价格指数:WTI 原油;期限:3 年;结算基础:以 WTI 现货价格为基础每半年进行一次现金结算。

图 9-1 和表 9-1 分别是这个例子的图示及现金流表。

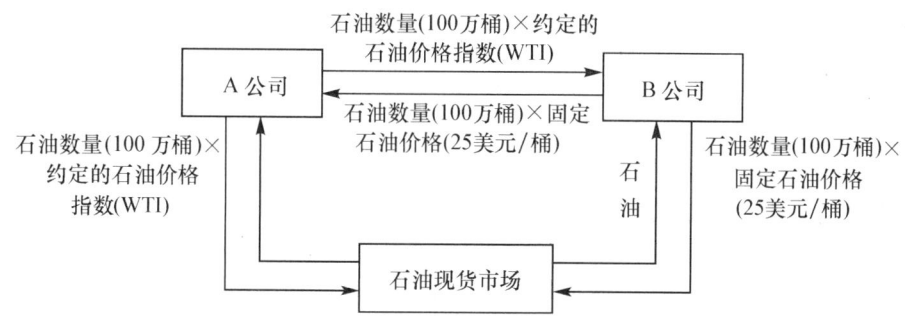

图 9-1 固定价格与浮动价格的石油价格互换

表 9-1　　　　　　　固定价格与浮动价格的石油价格互换现金流

	年数	WTI 价格（美元/桶）	从石油现货交易中收入的金额（美元/桶）	商品互换 收入（美元）	商品互换 支付（美元）	净现金流
石油开采者	0.5	WTI	+[1m×WTI]	+[1m×USD25]	−[1m×WTI]	+[1m×USD25]
	1.0	WTI	+[1m×WTI]	+[1m×USD25]	−[1m×WTI]	+[1m×USD25]
	1.5	WTI	+[1m×WTI]	+[1m×USD25]	−[1m×WTI]	+[1m×USD25]
	2.0	WTI	+[1m×WTI]	+[1m×USD25]	−[1m×WTI]	+[1m×USD25]
	2.5	WTI	+[1m×WTI]	+[1m×USD25]	−[1m×WTI]	+[1m×USD25]
	3.0	WTI	+[1m×WTI]	+[1m×USD25]	−[1m×WTI]	+[1m×USD25]
石油精炼商	0.5	WTI	−[1m×WTI]	+[1m×WTI]	−[1m×USD25]	−[1m×USD25]
	1.0	WTI	−[1m×WTI]	+[1m×WTI]	−[1m×USD25]	−[1m×USD25]
	1.5	WTI	−[1m×WTI]	+[1m×WTI]	−[1m×USD25]	−[1m×USD25]
	2.0	WTI	−[1m×WTI]	+[1m×WTI]	−[1m×USD25]	−[1m×USD25]
	2.5	WTI	−[1m×WTI]	+[1m×WTI]	−[1m×USD25]	−[1m×USD25]
	3.0	WTI	−[1m×WTI]	+[1m×WTI]	−[1m×USD25]	−[1m×USD25]

注：1. "+"表示现金流入，"−"表示现金流出。

2. "1m"表示 100 万桶。

从表 9-1 可以看到，石油价格互换交易使得石油开采者和石油精炼商将每 6 个月以 WTI 指数计价的 100 万桶石油（即每年生产或购买 200 万桶）价格锁在了 25 美元/桶的水平上。

固定价格与浮动价格的商品价格互换主要有以下特点：

1. 商品价格互换是一种金融交易，即在互换过程中，双方没有任何形式的商品交换。双方都在现货市场上进行着正常所需的（互换标的）商品买卖。商品价格互换交易完全独立于有形的基础现货交易之外。

2. 商品互换交易将有形商品的买卖与交易价格的锁定分离开来，这样做有利有弊。有利之处在于，买方能够锁住其从供应商那里买入商品的价格；不利之处在于，现货交易的价格有可能与商品互换交易中达成协议的商品价格指数不一致。

3. 互换交易的财务结算中是净额结算，互换对手之间的收支净差额由双方在每一个结算日结算。在互换交易中不存在中间现金流，而且不需要任何保证金。如在例 9-5 中，如果 WTI 价格指数高于协议固定价格，由石油开采者向精炼商支付 100 万×(WTI−25) 美元；反之，由石油精炼商向开采者支付 100 万×(25−WTI) 美元。

另外,本例是现货市场交易双方直接进行商品互换交易,实际上商品互换中同样可以引入互换经纪人,有中介机构的商品互换与有中介机构的利率、货币互换的结构是相似的。

(二) 商品价格与利息的互换

商品价格与利息的互换(commodity price-for-interest swap)是商品价格互换的变种,在这一交易中,互换双方达成协议,以某一商品的固定数量交换浮动利率付款。

一个商品价格与利息的互换交易的基础结构由三部分构成:1. 一个商品价格与利息互换。商品生产商同意向商品用户支付固定数量的某一商品,并从商品用户那里收入以协议本金额为基础的美元 LIBOR。2. 一个浮动利率借款。商品生产商借入美元 LIBOR 为利率基础的资金为其商品生产融资。3. 一个美元利率互换。商品用户从事一个美元利率互换以锁住其购买远期商品的美元成本。见图 9-2。

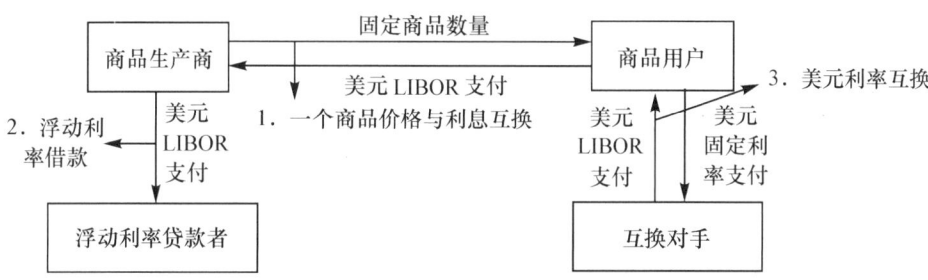

图 9-2 商品价格与利息互换交易结构——基础结构

在实际操作中,人们往往运用名义商品流而不是实际商品流。在这样的交易结构中,某一商品的固定数量被名义数量(以协议价格指数和商品数量为基础计算出来的美元数额)替代。此外,互换双方需要从事实物交易。见图 9-3。

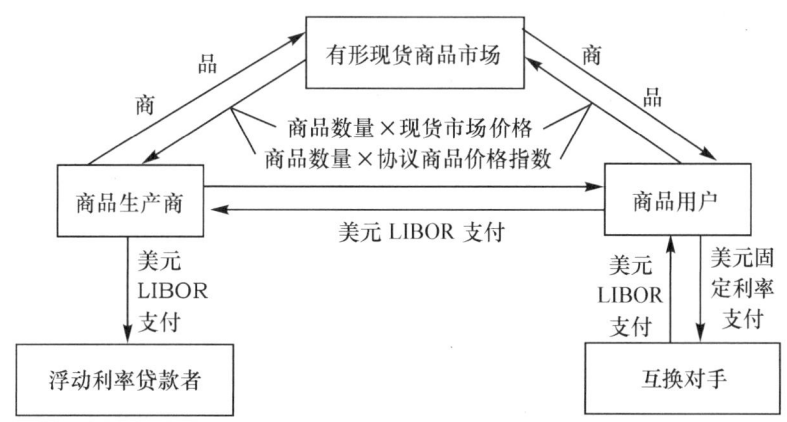

图 9-3 商品价格与利息互换交易结构——利用名义商品流的商品价格与利息互换

在实际操作中,可以将银行作为中介机构引入商品价格与利息的互换中,在这样的互换中,商品价格与利息的互换可以被分解为一系列的单独交易,因为从商品用户的角度看,该交易无异于固定价格与浮动价格的商品价格互换,见图9-4。

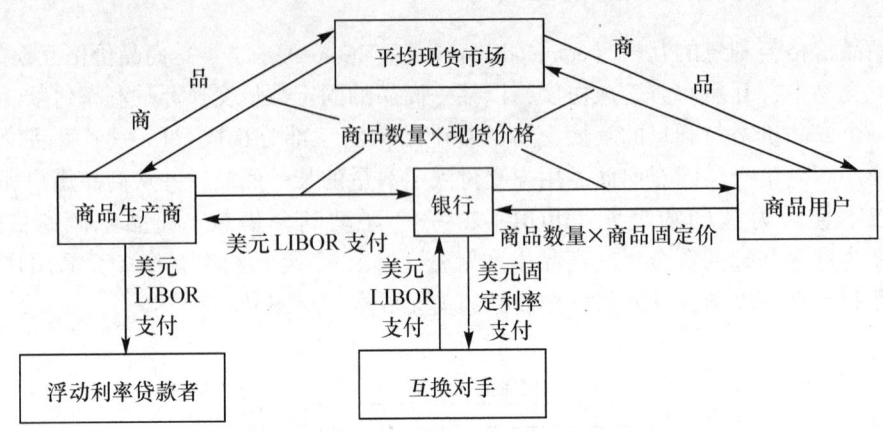

图9-4 商品价格与利息的互换交易结构——有银行作中介

下面对商品价格与利率互换的基础结构举例说明,见例9-6。

例9-6 假设一个石油商品价格与利率的互换交易中主要内容如下:

石油年固定数量:100万桶;石油固定价格:25美元/桶;期限:2年;结算:每半年结算一次;美元(2年期)固定利率互换中的利率:8.50%pa(半年结算一次);目前6月期LIBOR:8.25%pa(pa=per annual);交易中的名义本金额:石油数量×固定价格/两年互换利率=1 000 000×25/0.0850=294 117 647(美元)。

1. 交易初始现金流。见图9-5。

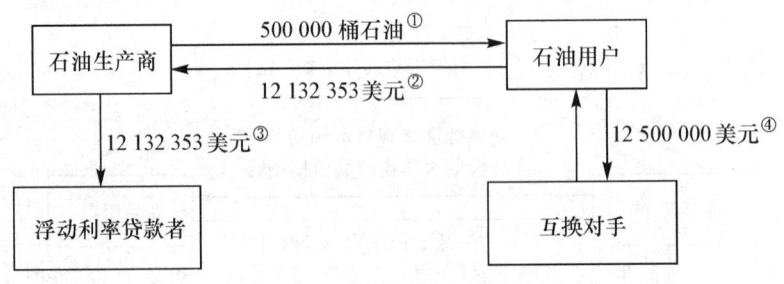

图9-5 交易初始现金流

2. 结算现金流

1) 如果美元LIBOR上升到10%pa。见图9-6。

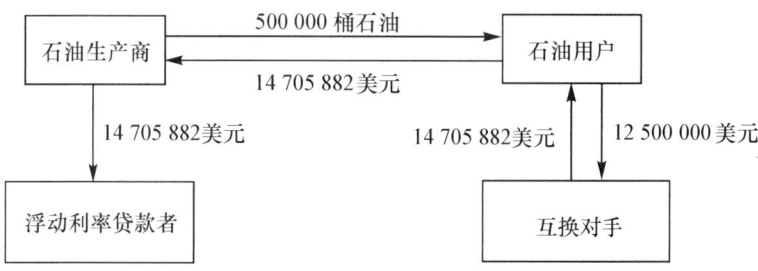

图 9-6 结算现金流⑤——如果美元 LIBOR 上升到 10%pa

注：①一年 100 万桶石油的一半。

②名义本金 294 117 647 美元×6 个月 LIBOR 8.25%pa 的结果。

③其计算与②相同，是石油生产商的债务支付（请注意，虽然其中涉及名义本金的计算，但这并不是说石油生产商所借入的为其协议数量石油生产进行的融资是名义本金）。

④ 名义本金 294 117 647 美元×6 个月 LIBOR 8.5%pa 的结果。

⑤ 所有计算方法与初始现金流的计算相同，但美元 LIBOR 水平在每隔半年调整之时往往高于或低于 8.50%pa，这便是以后每次结算时的不同之处。

2）如果美元 LIBOR 下降到 6%pa。见图 9-7。

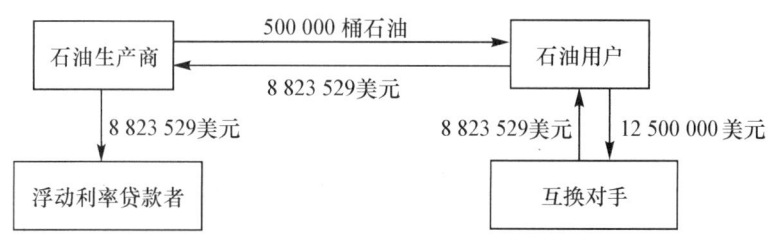

图 9-7 结算现金流——如果美元 LIBOR 上升到 6%pa

在这项互换交易中，商品用户以每桶 25 美元的协议价格锁住了在未来两年内每年将要购买的 100 万桶石油的价格。石油生产商已将其浮动利率美元债务转换为以商品计值的融资，即商品生产商可以用其商品收入款项来偿还美元浮动利率融资。如果利率上升，那么商品价格与利息的互换中收入的款项也将增加，这样商品生产商浮动利率融资由于利率上升所带来的成本的增加，将与其在互换交易中收入款项的增加相抵消。若利率下降，道理也是一样。

第五节 基于期权的商品价格风险管理

一、用商品期权管理商品价格风险的历史

18 世纪，在工业革命和运输贸易的刺激下，欧洲和美国相继出现了有组织的期权

交易，标的物以农产品为主，均采用场外交易方式。这就是最初的用商品期权规避商品价格风险的交易形式。

早期的商品期权缺乏严格的规范，投机盛行，在某种程度上制约了其避险功能的发挥。直至20世纪初，各国政府对期权交易加强了监管，使其得以持续、健康的发展。1973年，全世界第一个期权交易所——芝加哥期权交易所宣告成立，标志着现代意义上的期权交易的正式开始。

商品期权推出后，以其成本小、操作灵活、风险可控的特点，迅速得到了现货商和投资商的青睐，成为衍生品市场中的重要组成部分。以美国为例，芝加哥交易所是全球最大的农产品期货、期权交易所，自1982年以来陆续推出大豆、玉米、小麦等期权交易，为交易者提供了更多的商品价格风险保护形式。此后，很多的现货商改用期权代替期货进行保值交易，成本较低，方式灵活。由于期权交易的买方在支付少量的权利金后，不必随时追加支付保证金，即起到了规避风险的作用。一些规模较小的现货商、农场主以及对期货不太了解的企业更愿意利用商品期权来达到保值的目的。

二、用商品期权管理商品价格风险的特点

对于商品价格风险的套期保值者来说，期权交易具有投资少、收益大、降低风险、保有权利的作用。购买者只需支付一笔期权权利金，就可取得买入或卖出商品或期货合约的权利。一旦投资者预期与市场变化相一致时，即可获得可观收益；如果与预期相反，又可放弃行使权利，损失的只是权利金。在交易中，投资者的风险是固定的，但可能的潜在盈利却不受投资者限制。

对于期权的卖方而言，既可以进行保值，转嫁风险，避免损失，也可以获得一定收益。以生产厂商为例，企业卖出看涨期权，可以从收入的权利金降低库存成本。如果产品价格上扬，期权的买方势必要行使权利按约定的价格从企业购买产品，此时企业有义务按约交货。由于这时产品价格上扬，企业按原先价格交货必然有一定损失，但这时其库存产品同样可以按较高价格出售，所以，从整体上看有盈有亏，而一旦市场价格下降，该期权买方必然会放弃行使权利，此时企业可以用收入的权利金降低库存成本。

三、商品期权在商品价格风险管理中的具体应用

依照不同的标准，期权可以有多种划分形式。如果按照期权相关合约的买进和卖出性质划分，期权可以划分为看涨期权、看跌期权和双向期权。

看涨期权，指期权买入方按照一定的价格，在规定的期限内享有向期权卖方购入某种商品或期货合约的权利，但不负担必须买进的义务。看涨期权又称"多头期权"、"延买权"、"买权"。投资者一般看好价格上升时购入看涨期权，而卖出者预期价格会下跌。看跌期权指期权买方按照一定的价格，在规定的期限内享有向期权卖方出售商品或期货的权利，但不负担必须卖出的义务。看跌期权又称"空头期权"、"卖权"和"延卖权"。在看跌期权买卖中，买入看跌的投资者是看好价格将会下降，所以买入看

跌期权；而卖出看跌期权方则预计价格会上升或不会下跌。

双向期权，又称"双重期权"，指期权购买方在向期权卖方支付一定的权利金后，获得在未来一定期限内根据合同约定的价格买进或卖出商品、期货的权利。投资者在同一时期内既买了看涨期权，又买了看跌期权，这种情况是在对未来价格确定不准时而采取的一种投资策略。对于买入双向期权者来说，只要价格有波动，就可以从行使权利中获利。但一般而言，这种期权的卖出者坚信价格变化不会很大，所以才愿意卖出这种权利，获得一定的权利金收益。

标准商品期权合约的内容主要包括：

（1）交易标的。主要指交易商品的品质与单位，如成色为995的黄金，每手100盎司。

（2）当事人。包括期权的购买方与出售方，双方的权利义务关系一般不进入合约。

（3）权利金。期权买方支付给期权卖方以换取期权的费用。权利金是期权合约中唯一变化的量，其大小受很多因素的制约。其价格大小受该合约交易量、整个市场买卖成交量、商品自身价格走势及合约有效期等多种因素影响。

（4）约定价格。指买卖双方依据规定买卖商品的价格。约定价格通常由交易所规定。约定价格又称"敲定价格"、"协定价格"或"履约价格"。

（5）通知日。指期权买方在决定履行期权合同时，应在到期日前预先通知期权卖方，以便卖方能有充分时间做好履约准备。

（6）到期日。指期权合约双方当事人预先订立的期权买方可以行使期权的最终有效期。

（7）停板额。指期权合约每日价格波动幅度与上一交易日价格的限度。

（8）合约月份。买卖双方交付、接受实物以履行合约的月份。

（9）交易时间。指每天买卖期权合约的规定时间。

商品期权买卖交易程序大致有四个过程：一是准备阶段。当事人应该选择期权交易公司或期权经纪人公司及经纪人，收集资料，预测市场走势，并确定买卖期权及权利金。二是要约阶段。期权买方或当事人下达期权交易指令给经纪人公司和经纪人，由经纪人送达场内交易员进行交易，场内交易员按照期权买方或卖方的交易指令下单操作。三是定约阶段。一项期权合约的合法有效，必须以交易所内核定与清算中心结算、登记为前提，且期权买方应在结算之后立即支付权利金，而期权卖方也要立即在其保证金账户内存入相应数量的履约保证金和清算中心提出的追加保证金。四是平仓阶段。包括对冲平仓与履约平仓两种形式。期权买卖双方可以在期权有效期内，通过卖出相关期权的空头和买进相关期权的多头实现对冲平仓，期权买方还要在规定的履约日或到期日之前办理好相关交割手续。到此，交易程序结束。

困难贷款的衍生工具的一个例子是对于贷款组合的卖出期权，比如以60%的贷款面值为约定价格。如果贷款组合证明比约定价格更低，卖出期权持有者可以获得一笔支付款项，比如该款项等于组合现价与约定价格之间的差值。或者，可以构造互换使浮动方与贷款组合的情况相联系。其他的构造方法也被设想过。长期以来，所有保险公司都有抵消风险的愿望，于是产生了再保险市场。在芝加哥交易所创造出来的保险期货和期权,将价格与美国的赔付率(100 ratio)挂钩,提供了另一种解决方法,尽管这尚未有大的发展。

对商品衍生工具的潜在新应用是无止境的。正如这里列举的例子所表明的,从理论上说,只要有风险出现,就有可能设计出适合的衍生产品。一些衍生产品,如石油互换已经得到长足发展,而其他产品尚未达到关键的数量。实际的困难还有很多,不仅仅是找到能够被广泛接受的指数,还要能够对衍生产品进行套期保值,但是,如果银行发现了对某一特别设计的需求,那么就没有不可克服的困难。

第六节 商品价格风险管理策略分析

一、商品价格风险管理的基本原理——套期保值理论及其应用

(一) 套期保值的基本思想

1. 套期保值的概念。套期保值是指把期货市场当作转移价格风险的场所,利用期货合约作为将来的现货市场上买卖商品的临时替代物,对其现在买进准备以后售出的商品或对将来需要买进的商品的价格进行保险的交易活动。

2. 套期保值的基本特征。套期保值的基本做法是,在现货市场和期货市场对同一种类的商品同时进行数量相等但方向相反的买卖活动,即在买进或卖出实货的同时,在期货市场上卖出或买进同等数量的期货,经过一段时间,当价格变动使现货买卖出现盈亏时,可由期货交易上的亏盈来抵消或弥补,从而在"现"与"期"之间、近期和远期之间建立一种对冲机制,以使价格风险降低到最低限度。

3. 套期保值的逻辑原理。期货市场作为高度组织化、系统化的市场,能为投资者提供套期保值服务,满足其规避风险的需要。套期保值的经济原理:第一,期货价格与现货价格保持基本相同的走势,要涨都涨,要跌都跌。第二,当期货合约的交割期到来时,期货价格与现货价格相互靠拢,二者大致相等。套期之所以能够保值,是因为同一种特定商品的期货和现货的主要差异在于交货日期前后不一,而它们的价格,则受相同的经济因素和非经济因素的影响和制约,而且,期货合约到期必须进行实货交割的规定性,使现货价格与期货价格还具有趋合性,即当期货合约临近到期日时,两者价格的差异接近于零,否则就有套利的机会。因而,在到期日前,期货和现货价格具有高度的相关性。在相关的两个市场中,反向操作必然有相互冲销的效果。

(二) 套期保值的方法

1. 生产者的卖期保值。不论是向市场提供农副产品的农民,还是向市场提供铜、锡、铅、石油等基础原材料的企业,作为社会商品的供应者,为了保证其已经生产出来准备提供给市场或尚在生产过程中将来要向市场出售的商品的合理经济利润,以防止正

式出售时价格的可能下跌而遭受损失,均可以采用卖期保值的交易方式来减小价格风险,即在期货市场以卖主的身份售出数量相等的期货作为保值手段。

2. 经营者卖期保值。对于经营者来说,他所面临的市场风险是商品收购后尚未转售出去时,商品价格下跌,这将会使他的经营利润减少甚至发生亏损。为回避此类市场风险,经营者可采用卖期保值方式来进行价格保险。

3. 加工者的综合套期保值。对于加工者来说,市场风险来自买和卖两个方面。他既担心原材料价格上涨,又担心成品价格下跌,更怕原材料上升、成品价格下跌局面的同时出现。只要该加工者所需的材料及加工后的成品都可进入期货市场进行交易,那么他就可以利用期货市场进行综合套期保值,即对购进的原材料进行买期保值,对其产品进行卖期保值,就可解除他的后顾之忧,锁牢其加工利润,从而专心进行加工生产。

(三) 套期保值的作用

企业是社会经济的细胞,企业用其拥有或掌握的资源去生产经营什么、生产多少以及如何生产经营,不仅直接关系到企业本身的生产经济效益,而且还关系到社会资源的合理配置和社会经济效益的提高。而企业生产经营决策正确与否的关键,在于正确地把握市场供求状态,特别是正确掌握市场下一步的变动趋势。期货市场的建立,不仅能使企业通过期货市场获取未来市场的供求信息,提高企业生产经营决策的科学合理性,真正做到以需定产,而且为企业通过套期保值来规避市场价格风险提供了场所,在增进企业经济效益方面发挥着重要的作用。

(四) 套期保值的原则与策略

1. 为了更好地实现套期保值的目的,企业在进行套期保值交易时,必须遵循以下原则:

(1) 交易方向相反原则。指在做套期保值交易时,套期保值者必须同时或先后在现货市场上和期货市场上采取相反的买卖行动,即进行反向操作,在两个市场上处于相反的买卖位置。只有遵循交易方向相反原则,交易者才能取得在一个市场上亏损的同时在另一个市场上必定盈利的结果,从而才能用一个市场上的盈利去弥补另一个市场上的亏损,达到套期保值的目的。如果违反了交易方向相反原则,所做的期货交易就不能称作套期保值交易,不仅达不到规避价格风险的目的,反而增加了价格风险,其结果有可能是在两个市场上都亏损。

(2) 商品种类相同原则。指在做套期保值交易时,所选择的期货商品必须和套期保值者将在现货市场中买进或卖出的现货商品在种类上相同。只有商品种类相同,期货价格和现货价格之间才有可能形成密切的关系,才能在价格走势上保持大致相同,从而使得在两个市场上同时或前后采取反向买卖的行动取得效果。在做套期保值交易时,必须遵循商品种类相同原则,否则,所做的套期保值交易不仅不能达到规避价格风险的目的,反而会增加价格波动的风险。当然,由于期货商品具有特殊性,不是所有的商品都能进入期货市场,成为期货商品,这就为套期保值交易带来了一些困难。为解决这些困难,在期货交易的实践中,推出了"交叉套期保值交易"做法。所谓交叉套期保值,就是当套期保值者为其在现货市场上将要买进或卖出的现货商品进行套期保值时，若无相对应的该种商品的期货合约可用，就可选择另一种与该现货商品的种类不同但在价格走势上互相影响且大致相同的相关商品的期货合约来做套期保值交易。一般地，选择作为替代物的期货商品最好是该现货商品的替代商品，两种商品的相互替代性越强，套期保值交易的效果就会越好。

（3）商品数量相等原则。指在做套期保值交易时，所选用的期货合约上所载的商品的数量必须与交易者将要在现货市场上买进或卖出的商品数量相等。做套期保值交易之所以必须坚持商品数量相等的原则，是因为只有保持两个市场上买卖商品的数量相等，才能使一个市场上盈利额与另一个市场上的亏损额相等或接近。当然，结束套期保值时，两个市场上盈利额或亏损额的大小，还取决于当时的基差与开始做套期保值时的基差是否相等。在基差不变的情况下，两个市场上的亏损额和盈利额就取决于商品数量，只有当两个市场上买卖的数量相等时，两个市场的亏损额和盈利额才会相等，进而才能用盈利额完全弥补亏损额，达到完全规避价格风险的目的。当然，由于期货合约是标准化的，每张期货合约所代表的商品数量是固定不变的。但是，交易者在现货市场上买卖的商品数量却是各种各样的，这样，就使得在做套期保值交易时，有时很难使所买卖的期货商品数量等于现货市场上买卖的现货商品数量，这就给做套期保值交易带来了一定困难，并会影响套期保值交易效果。

（4）月份相同或相近原则。指在做套期保值交易时，所选用的期货合约的交割月份最好与交易者将来在现货市场上实际买进或卖出现货商品的时间相同或相近。在选用期货合约时，之所以必须遵循交割月份相同或相近原则，是因为两个市场上出现的亏损额和盈利额受两个市场上价格幅度的影响，只有使所选用的期货合约的交割月份和交易者决定在现货市场上实际买进或卖出现货商品的时间相同或相近，才能使期货价格和现货价格之间的联系更加紧密，增强套期保值效果。因为，随着期货合约交割期的到来，期货价格和现货价格会趋向一致。

2. 在套期保值交易中主要有两种基本的战术策略：

（1）卖出套期保值。是指生产者在未来的一定时期将收获一批实物，为了防止以后交货时实物价格下跌而遭受损失，就在期货市场上预售同样数量、同一交货期的期货合约（见例9-7）。

例9-7 某期货经纪有限公司一粮食企业客户于2001年年初在美国订购了20 000吨现货大豆后，因船期在1个月后才能到岸，于是动用保证金委托期货公司进行卖出套期保值操作。当时，2001年7月期货合约成交价位为2 280元/吨，于是便在该合约进行卖出保值（虚盘）。由于市场预期看空，7月期大豆期货率先下跌，到2001年2月底为止期价已跌破2 000元/吨，偏离了现货价格，该客户在当日平仓离场，经结算共盈利200余万元，相当于该企业全年净利润的70%。平仓后，期价大幅反弹，该客户又在价位较高的9月合约上进行套期保值。本次操作，前后历时不到1个月，期货交易不仅帮助客户实现了套期保值的目的，还起到了资金增值的功能，即套期保值的延伸功能——投资。

（2）买进套期保值。是指经营者在未来的一定时期必须消耗一批实物，为了防止以后购货时实物价格大幅上涨而遭受损失，就在期货市场上预先购入同样数量、同一交货期的期货合约（见例9-8）。

例9-8 1999年春节前因现货铝价持续上扬，供应趋紧的现象明显。而某有色金属经销厂将要在未来半年内持续购入铝锭完成原有的供货合同。为了防止价格持续上扬带来的损失，该厂在期货市场上开始买入期货铝。1999年3月9日上海期货交易所的6月份期铝价格为13 000元/吨，该厂以此价格买入上海6月期铝10手，到1999年4月30日，上海期铝价格已涨至14 000元/吨，该厂以14 000元/吨价格卖出10手，获利高达1 000元/吨，保障了其在现货市场上购入价格没有因价格持续走高而增加，使其生产经营得以顺利进行。

（五）进行套期保值的具体运作方式

下面，以一面粉加工商为例，说明在不同情况下企业进行套期保值的运作方式。

1. 企业组织生产时，必须垫付一定的生产流动资金，用来购进原材料以便组织生产。严格地说，从这部分原材料签订合同时就应该进行期货的卖出套期保值，对于一每月小麦用量2 000吨的面粉加工企业来说，假设其每两个月采购一次小麦共计4 000吨，当月用掉2 000吨，剩余2 000吨留作下月使用。为防止小麦在接下来的1个月内跌价，该企业可在期货市场卖出2 000吨小麦期货，进行套期保值。若麦价上涨，则现货盈利，期货亏损；若麦价下跌，则期货盈利，弥补现货亏损。可见，无论商品价格如何波动，通过套期保值都可以使企业规避市场风险。

2. 当企业产品滞销库存积压时，对超出正常备料部分的原材料数量，应及时在期货市场进行卖出保值。假设上述该企业小麦库存达到10 000吨，而正常库存大约为4 000吨，可在期货市场上将超额的6 000吨小麦开仓卖出。

3. 企业在资金紧张时，常常压缩购买原材料的数量，即出现销售量大于采购量的情况，这时该企业应在期货市场进行买入套期保值，买入量应控制在企业正常周转用料的水平。期货市场采取保证金制度，如小麦的保证金规定为合约总价值的5%，即在期货市场上以1 200元/吨买入4 000吨小麦需交保证金1 200×4 000×5%＝24万元。而在现货市场购买同样数量的小麦要交纳货款480万元。可见，通过期货市场的操作，既节约了资金又保证了生产。

4. 企业在卖断远期闭口销售合同时，应在期货市场买入相应原材料。如果在现货市场售出一定数量的面粉，为避免其原材料小麦价格上涨，从而增加生产成本，可在期货市场买入相应量的小麦。

5. 当库存量低于正常库存时，应当做买入保值。如果麦价处于高位或中位时，如期价高于1 500元/吨时，可做部分买入，保持低库存，维持正常生产；若麦价处于低位时，如期价低于900元/吨，可在期货市场大量买入，保持较高库存水平。

6. 当库存量高于正常库存时，应当做卖出保值。若麦价处于高位时，可卖出全部多余库存；当麦价处于低位时，可少量卖出，适量减少库存。

综上所述，粮食部门如能在期货保值这个基础上达成共识，以此避免现货市场波动带来的价格风险，稳定企业经营利润，整个粮食系统的各行业将受益匪浅。

二、不同金融工具对商品价格进行风险管理的综合分析

（一）商品期货的应用

在我国，随着改革开放的深化和社会主义市场经济模式的确立，期货市场成为继证券市场之后的又一新兴市场构件。期货交易所具有的发现价格、锁住成本、回避风险和以小博大的特性和功能正引起越来越多的企业和投资大众日益浓厚的兴趣。经过10年来的探索和实践，以1999年底国务院颁布的《期货交易管理暂行条例》为标志，我国期货市场已走向了规范化健康发展的道路。目前，全国共有3家期货交易所，170多家期货经纪公司，上市交易期货品种达10余种，不断前进的中国期货市场将为市场经济的进一步发展发挥积极作用。

商品期货价格与现货价格之间的关系比金融期货更易受到供求关系的影响。当商品的需求上涨时，就像冬季的供暖油，期货价格就会比现金买入并持有套利定价机制决定的还要高些。当供给大于需求，比如春季的活猪或夏季的供暖油，期货价格将下降，甚至可能比现货价格还低。后一种情况，即期货价格低于现货价格，被称为期货折价（baekwanlation），以便与经常使用的期货溢价（contango）市场相区别，在这个市场上，期货价格对现货价格是溢价。

虽然商品期货价与现货价之间的关系不如金融期货那么直观，但是这两个市场确实是联动的。如果现货市场价格上涨，那么商品期货价格也会上涨相似的数量。这说明商品期货，特别是高流动性的近期合约，可以成为相应商品的有效替代。虽然长期合约变动不会如此敏感，但这只是预期。现货价格的短期波动并不预示着价格的永久改变，因此短期合约能够及时应变而长期合约不会。但是，如果市场上有结构性的变化影响了对商品价格的长期期望值，那么长期合约也会相应地变动。相比于金融期货，商品期货市场存在较低的流动性和更大的差价。因此，对商品衍生工具进行套期保值成本较高，而且基差风险也更高。例如，做市商可以采取一套短期货合约对5年期石油互换进行套期保值，并连续在每笔期货合约到期时进行滚动套期保值。如果现货与期货之间的基差最终与互换被定价的估计不同，做市商遭受基差风险。

当做市商利用期货对商品互换进行交叉套期保值时，基差风险也会产生。例如，航空燃料互换协议能够以原油期货来套期保值，因为市场中没有航空燃料期货合约。原油和航空燃料价格走势相似，但两者之间的关系并不完全吻合，基差风险仍然存在。

（二）商品互换的应用

短期的商品互换可以通过这一连串期货合约来定价和套期保值。和利率互换一样，商品互换率是商品远期价格的加权平均，以零息票折现因子作为权数。为了对长期限的互定价格，由于没有合适的期货合约，做市商必须推断出商品远期价格曲线以便计算出商品期货价格，如果它仍存在的话。采用前面章节中介绍的方法，推选套期保值（stack hedge）措施就能对较长期限的互换进行套期保值。

商品互换的价格不但要考虑前面章节考察的问题，例如期货与敞口日期的不一致，而且还必须考虑到价差、基差风险，以及对变动保证金融资。但是，商品互换能定在一个足够吸引力的价位上，以对暴露于商品风险中的商品提供有效的成本风险管理办法。

（三）商品期权的应用

我们已经确认了利用商品期货作为相应商品价格替代的可行性，那么创造出其他商品衍生工具相对来说是容易的。商品期权可以通过标准的布莱克-舒尔茨或二项式模型定价，并且通过买卖数量为德尔塔倍的商品期货合约来进行动态套期保值。对商品上限、下限、上下限定价，正如前面解释的要将组成它们的一连串期权的期权费加总。在这一点上，商品衍生工具和相应的利率衍生工具非常相似。

对于将来一年内的单一商品交易价格可以利用商品期货固定，如果套期保值者希望在商品价格的相反运动中得到保护，但又能从有利的走势中继续得到收益，交易所或柜台商品期权可以解决这个问题。例如，某交易者在 1993 年 10 月 5 日分别以协定价格 \$17.00、\$18.00、\$19.00 和 \$20.00 买入 4 份不同的 NYMEX 买入期权，12 月份到期。我们可以画出以上 4 种期权套期保值的成本线，并与买方没有套期保值的结果比较。

通过比较，我们将发现，在前面章节中已经见过的货币期权和利率期权的图形有相同的特征。17 美元的价内买入期权显示了与期货套期保值相似的价格特征——在示例的大部分价格区间成本固定，但如果油价跌到 17 美元/桶以下，它有可能节省资金。另一方面，价外期权协定价格为 20 美元，它的盈亏图与没有进行套期保值的相似，它使得当石油价格低是有相当可观的节省，而一旦石油价格上升突破每桶 20 美元，它就只提供保护。和通常一样，协定价格在近价（near-the-money）的期权提供了两个极端间的折中。

（四）金融工具在商品价格风险管理中的综合应用

这里，以黄金供应商和黄金制品商如何转嫁市场价格风险来说明金融工具在商品价格风险管理中的综合应用。

黄金市场上的黄金供应商和制品商是有区别的。黄金供应商主要是黄金的开采企业或向市场批发销售黄金的银行和大金商，销售的黄金主要以金砖和份量比较大的金条为主；黄金制品商主要向市场批发和零售各种黄金制品，如份量较小的金条、金币和黄金首饰等。对黄金市场价格的变化，黄金供应商关心的是市场价格变化会影响其利润的大小；而黄金制品商关心的是黄金价格的变化会影响其生产成本的多少。如黄金供应商担心黄金价格下跌而减少其库存黄金的利润，而黄金制品商担心黄金价格上升而增加其黄金制品的成本。随着市场的发展，利用黄金市场上的交易工具，如期货、远期和期权交易，黄金供应商、生产者、黄金制造商等可以规避和转移价格波动风险。

1. 商品远期交易的运用

对黄金供应商和黄金制造商来说，进行期货交易的目的都是为了套期保值，不同的是前者怕市场上的黄金价格下跌，而后者怕金价上扬。黄金现货市场上，黄金的价格是瞬息万变的，不同时期、不同地点的金价都可能差别很大。例如，1997 年初，世界黄金的价格为366.55美元/盎司。到了同年7月7日,世界黄金价格跌到314.10美元/盎司,而到12月4日,金价仅为286.25美元/盎司。1年不到,市场金价跌了22%。这种变化,对任何一个缺乏准备的企业来说,都是毁灭性的。因此,在市场价格波动无法避免的情况下,通过远期交易可以有效保证企业的成交价格,避免因价格变化给企业的利润带来影响。

黄金供应商的策略。假如一个黄金供应商预计3个月后有1 000盎司的黄金可供出售。目前的市场价格为300美元/盎司,则折合现价为30万美元,而供应商担心3个月后市场价格会低于现价,于是他会在黄金期市场上找到一家有信誉的金商或银行卖出3个月1 000盎司的远期黄金,而远期黄金价格是由黄金即期价格、美元利率和黄金租赁利率所决定的。假设3个月美元利率和黄金租赁利率分别为年息6%和0.5%,则远期价格为300×[1+(6%-0.5)×90/360]=304.13美元/盎司。于是供应商会签订3个月后以304.13美元向金商出售1 000盎司的合同。如果3个月后果如供应商所预料的那样,金价大跌,变成了280美元/盎司,但是他手中的实物黄金价格不跌,仍能按照3个月前的合同以304.13美元/盎司的价格成交,成功避免了价格的影响。当然,如果价格变化与该黄金供应商预计的相反,涨到320美元/盎司,他也无法获取这部分因价格上涨而多得的利润。

2. 商品期权交易的运用

所谓期权交易,实际上就是"权利"买卖,这种"权利"是指持有人享有依照事先约定的价格买进或卖出某种产品或期货的权利。期权按买入和卖出的权利不同可以分为买入期权和卖出期权。期权的卖方在收取买方的期权费或称权利金(期权的价格premium)后有义务履行合约。影响期权价格的因素非常多,其中重要的有:行权价格与该商品价格的关系、期权的有效期市场的波动性、短期资金利率等。

运用期权工具,黄金供应商和制造商们既可以避免金价波动的风险,又不会损失获取额外利润的良机。如上例,该黄金供应商可以买入3个月后到期的约定价格为304美元/盎司的卖出期权,即其支付期权费后有权3个月后卖出期权的银行以304美元的价格卖出1 000盎司的黄金。如果到期时市场黄金价格低于304美元,该黄金供应商可以要求对方履行合约,即行权;而如果金价果真涨到320美元/盎司,该供应商必然放弃行权,而在市场上以320美元的价格抛出手中的实物黄金。同样,对于黄金制品商而言,如果担心金价上扬,可以买进一个1月期的买入期权,如果到期时金价高于约定价格,该企业可以要求履行;如果当时市场金价低于约定价格,企业则可以放弃这一天买入期权,而在市场上以更优惠的价格购入黄金。打个比方,购买期权就相当于去保险公司投保,期权费就相当于保费。当市场金价向不利于买方发展时,买方可以行权;但当市场价格利于买方时,买方可以以市场价格成交,而放弃行权。与期货交易方式相比,不难看出,期权买方盈利可能很大或无限,但风险却能锁定,最大损失就是购买期权的期权费,因此,利用期权方式避险,即使对行情判断失误,也可以将损失限定,为买方有效防范了黄金价格变动的风险。

从以上的分析不难看出,期权交易对买方而言,风险较小,损失有限,选择灵活是其优点。但也不能想当然地认为买黄金期权就一定好，而是要根据自身保值需要，结合市场行情，在专业投资机构的指导下，选择适合自己的保值方式。

◎ 小结

商品风险是受到商品价格波动的影响而造成损失的可能性。正确使用商品衍生工具能有助于平稳并抵消商品价格不稳定所带来的一些最不利的影响。直到20世纪80年代末，可以使用的商品风险管理工具只有期货和期权，但随着人们对以金融工程学来解决商品风险问题的兴趣越来越浓厚，很多新产品纷纷出现。

远期商品合约交易发展演变至今，因其在规避商品价格风险、发现商品价格、商品价格投机等方面的特殊功能，仍然在金融市场上发挥着重要的作用。现在人们对远期商品合约的定义是：一种在现在约定未来特定时日交易特定标的物的合约，合约的买方同意在未来约定时日，按约定价格支付一定金额，以交换卖方特定数量的商品。

商品期货交易是代表特定商品的"标准化合约"（即"期货合约"）的买卖。期货合约对商品的质量、规格、交货的时间、地点等都做统一的规定，唯一的变量是商品的价格。买卖者交纳一定的保证金后，按一定的规则就可通过商品期货交易所公开地竞价买卖。商品期货历史悠久，种类繁多，主要包括农副产品、金属产品、能源产品等几大类。商品期货的主要功能之一就是用于规避商品价格风险，具体来说，又可以分为多头期货避险和空头期货避险。

商品互换是交易双方为了管理商品价格风险，同意交换与商品价格有关的现金流。商品互换能使交易商和保值者消除商品风险头寸，同时创造货币市场头寸；或者，它们能在交易商和保值者不需要购买实际商品的情况下被用来创造商品风险头寸。结果是，保值者或交易商的商品市场风险由此转为货币市场风险，或货币市场风险由此转为商品市场风险。

对于商品价格风险的套期保值者来说，期权交易具有投资少、收益大、降低风险、保有权利的作用。购买者只需支付一笔期权权利金，就可取得买入或卖出商品或期货合约的权利。一旦投资者预期与市场变化相一致时，即可获得可观收益；如果与预期相反，又可放弃行使权利，而损失的只是权利金。在交易中，投资者的风险是固定的，但可能的潜在盈利却不受限制。

套期保值是指把期货市场当做转移价格风险的场所，利用期货合约作为将来的现货市场上买卖商品的临时替代物，对其现在买进准备以后售出的商品或对将来需要买进的商品的价格进行保险的交易活动。套期保值的基本做法是，在现货市场和期货市场对同一种类的商品同时进行数量相等但方向相反的买卖活动，即在买进或卖出现货的同时，在期货市场上卖出或买进同等数量的期货，经过一段时间，当价格变动使现货买卖出现盈亏时，可由期货交易上的亏盈来抵消或弥补，从而在"现"与"期"之间、近期和远期之间建立一种对冲机制，以使价格风险降低到最低限度。

◎ 重要概念

商品风险 远期商品交易 商品期货 商品期权 商品互换 套期保值
固定价格与浮动价格的商品价格互换 商品价格与利率的互换

◎ 思考题

1. 试述固定价格与浮动价格的商品价格互换与商品价格与利率的互换联系与区别。
2. 试述商品价格风险管理的基本套期保值。
3. 试述用商品期权管理商品价格风险的特点。
4. 试分析远期商品交易和商品互换交易在商品风险管理中的异同。

◎ 参考书目与推荐阅读

1. 叶永刚. 金融工程学. 大连：东北财经大学出版社，2002.
2. 江秀平. 金融衍生品基础知识. 北京：中国物价出版社，2001.
3. 李一智. 期货与期权教程. 北京：清华大学出版社，1999.
4. 金融衍生工具导论. 路透编，杨洋，向莉，译. 北京：北京大学出版社，2001.
5. J. Marshall, K. Kapner. The swaps market（2e）. Miami：Kolb Publi-shing，1993.
6. Robert Jarrow, Stuart Turnbull. Derivative securities. South-Western College Publishing，2000.
7. Jarrow R. J., Turnbull S. Derivative securities. South Western Cincinnati，1996.
8. Julian Walmsley. The new financial instrument. John Wiley & Sons，1998.

第十章 外汇风险管理

◎ 学习目标

1. 外汇风险的含义、类型、特征
2. 基于远期的金融工具配置与外汇风险管理
3. 基于期货的金融工具配置与外汇风险管理
4. 基于期权的金融工具配置与外汇风险管理
5. 基于互换的金融工具配置与外汇风险管理

第一节 外汇风险

外汇风险又称汇率风险,它是指汇率变动对外汇持有者或外汇经营者的外汇资产、负债和经营活动的影响。这种影响存在两种可能性,它可能给持有者或经营者造成损失,也可能给他们带来收益。在实际情况中,处在开放的宏观经济体系下的企业,不管其是否直接从事对外贸易、国际借贷、直接投资等对外活动,汇率变动都会对企业的生产经营活动产生直接或间接的影响。

外汇风险一般包括三个要素:本币、外币和时间,三者缺一不可。例如,我国企业和外国开展进出口业务,如果只用人民币结算,而不涉及货币兑换问题,也就不可能出现外汇风险。又如,某企业在同一天收入一笔外汇,并支出币种相同、金额相等的另一笔外汇,不存在时间间隔,因而也没有外汇风险。一笔应收或应付外币款项的时间结构对外汇风险有着直接影响。时间越长,在此期间汇率波动的可能性越大,外汇风险也相对越大;时间越短,在此期间汇率波动的可能性越小,外汇风险也相对越小。

一、外汇风险的类别

根据外汇风险的表现形式，可将其划分为三类：会计风险、交易风险与经济风险。

1. 会计风险

会计风险又称换算风险，是指汇率变动对企业财务报表上项目价值变动的影响。企业的外币资产负债收益和支出等通常都需要按一定的会计准则，将其转换为本币表示。显然，当汇率变动时，即使企业的外币资产或负债额没有发生变化，但在会计账目中，本币数目却也会发生相应的变动。

2. 交易风险

外汇交易风险是指汇率变动对企业交易过程中所发生的资金流量的影响。交易风险主要涉及以下范围：

（1）进出口过程中的外币收付。对进口者来说，它需要将本币或某种外币换成另外一种外币。对出口者来说，它需要将外币换成本币或将一种外币换成另一种外币。在这些兑换的过程中，如果汇价发生变化，势必对经营者造成影响。

（2）外币存款、借款人和贷款过程中涉及的货币兑换。对存款来说，如果存外币，一般需要将本币换成外币。到期取款时，往往要将外币换成本币或其他货币。对借款人来说，如果借外币，在用款时的汇率一般不同于还款时的汇率。对贷款来说，如果发放外币贷款，发放贷款时的汇率一般不同于收款时的汇率。

（3）投资中涉及的货币兑换。对投资者而言，在境外投资时，往往将本币换成外币，而等到汇回利润或收回投资时，需要将外币换成本币或其他货币。

3. 经济风险

经济风险指汇率变动对经营者所预期的未来现金流量的净现值的影响。

经济风险取决于企业产品所投入市场的竞争结构以及这些市场如果受汇率变动的影响。这种影响又取决于一系列经济因素，如产品的价格弹性、来自国外的竞争等。

4. 三种外汇风险的比较

三种外汇风险的比较情况如图 10-1 所示。

二、外汇风险测量

由于外汇风险有多种类型，因而在对其测量时所依据的标准及方法也大相径庭。

1. 会计风险测量

拥有外币业务的经营者无时无刻不面临着会计风险。其受险部分主要产生于企业及其海外机构所进行的外币计价交易及其所产生的外币现金债权债务。会计风险是通过资产负债表和利润表具体反映出来的，其大小完全取决于将外币资产、负债、收入与费用折算成本币时所选用的汇率。在货币折算时，可以选择历史汇率与现行汇率，前者指原

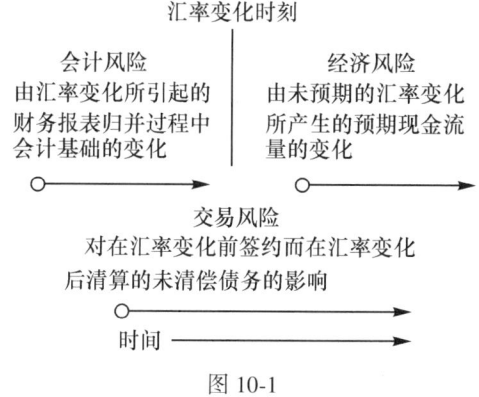

图 10-1

始交易发出时的汇率,后者指报表截止日期的市场汇率。

由于对会计科目所使用的汇率不同,所反映出来的会计风险也就不同。国际上使用的换算方法主要有以下四类:

(1) 全现行汇率法

全现行汇率法也叫现行汇率法,这种方法处理最为简单,即对资产负债表和损益表中所有项目均按现行汇率折算。该方法首先由英格兰和威尔士特许会计师协会和苏格兰特许会计师协会倡导,后来被英国公司广泛应用。采取这种方法时,如果公司的外币资产超过外币负债,那么外汇贬值必然导致损失,反之则获益。

(2) 短期、非短期法

这种方法将会计科目按期限来分类,一类为短期项目,一类为长期项目。短期项目指期限在一年或一年以内的科目,包括现金、应收账款和存货、应付账款等;长期项目则指期限在一年以上的科目,包括固定资产、流动负债等。短期项目按照现行汇率换算,长期项目则按照历史汇率换算。

(3) 货币、非货币法

该方法将资产和负债分为货币资产与负债和非货币资产与负债,对货币性资产和负债使用现行汇率,对非货币性资产和负债使用历史汇率折算。货币资产包括现金和应收账款,货币负债包括应付账款和长期债务。非货币资产包括存货和固定资产,非货币负债包括股本。

(4) 时态法

该方法与货币、非货币法很类似,两者的区别在于,时态法下,存货一般按历史汇率折算,但若它在资产负债表中是以市场价值计算的,则可用现行汇率折算。而货币、非货币法下,存货总以历史汇率折算。

尽管两者在内容上差不多,但其理论基础却不相同。货币、非货币法中折算汇率的选择基于资产和负债的类型,而时态法中则选择基于成本的估计方法按历史成本还是市场成本。表 10-1 是对上述四种方法的总结。

表 10-1　　　　　　　　　　不同换算方法下的汇率选择

科　　目	全现行汇率法	短期/非短期法	货币/非货币法	时　态　法
现金	C	C	C	C
应收账款	C	C	C	C
库存				
按成本算	C	C	H	H
按市场价算	C	C	H	C
投资				
按成本算	C	H	H	H
按市场价算	C	H	H	C
固定资产	C	H	H	H
其他资产	C	H	H	H
应付账款	C	C	C	C
长期债务	C	H	C	C
普通股股本	H	H	H	H

注：C——现行汇率；H——历史汇率。

在不同的会计制度下，同一资产负债表的折算结果可能不一致，甚至相差很大。但无论采用何种折算方法，会计风险的衡量在概念上都是一致的，都要在涉及外币资产和负债转换时，确定哪些项目采用现行汇率，哪些项目采用历史汇率。只有采用现行汇率折算的项目才认为是暴露的，而会计风险头寸仅指暴露资产和暴露负债的差额。

2. 交易风险测量

交易风险源于未了结的应收应付账款和债权债务。由于汇率变动，这些项目可能增加收入，也可能出现损失。测量交易风险时，首先需要确定哪些交易承担着交易风险，并掌握结算日与成交日汇率变化的幅度。

造成交易风险的交易类型有：

（1）买卖商品或劳务，合同金额以外币计价

例如，一家英国企业向美国出口产品，贷款为 200 万美元，同时从美国进口一批产品贷款为 164 万美元，双方约定 3 个月后以美元交付此两笔款项。此时，英国企业便产生了 36 万美元的外汇头寸，面临着美元贬值的风险。设买卖成交时 1 英镑 = 1.5 美元，3 个月后汇率没有改变，则英国企业可获得 24 万英镑，若美元贬值，贬值后汇率为 1 英镑 = 1.8 美元，则英国企业只能收到相当于 20 万英镑的款项，遭受损失 4 万英镑。

（2）借入或贷出外币资金

例如，一家企业在德国债券市场上发行 3 年期的债券 3 亿德国马克，债券到期时，企业拟定以美元换取马克偿还债务。此时企业产生 3 亿马克的外汇头寸，马克升值的风险。设发行债券时汇率 1 美元 = 3 马克，到期时汇率没有改变，则该企业所获得资金为 1 亿美元。若到期马克升值为 1 美元 = 2 马克，则需要支付 1.5 亿美元偿还债务。那么，仅本金支出，企业就多支付 5 000 万美元。

（3）成为未交割远期交易的一方

进行远期外汇买卖的目的，往往是为了防止或减轻由汇率波动所造成的损失。不过，也有出于投机目的的远期交易，结果造成投机者的暴露头寸，从而产生交易风险。

例如，一家企业预料美元汇率将下跌，于是在远期交易市场上做空，出售100万美元，3个月后交割。若90天之内，美元汇率果然下跌，企业就可低价买进同一数额交割日期相同的远期美元，到了交割日后便可取得投机利润。但如果在90天内美元汇率没有像预期那样下跌，或反而上升了，则企业将遭受损失。

3. 经济风险测量

会计风险和交易风险比较容易界定，而经济风险主要来自对经济的主观分析，受多种因素影响，一般来说测量难度较大。

经济风险可分为真实资产风险、金融资产风险和营业收入风险三个方面。

（1）真实资产风险

真实资产风险又称实际风险，与名义资产相对，指扣除了通货膨胀因素的资产。企业经济风险的大小取决于真实资产而非名义资产的变化，其计算方法为：

$$E_T = A_r(P_f - P_d - \Delta \mathrm{EX})$$

其中，E_T 为真实资产风险；A_r 为外币真实资产；P_f 为外币通货膨胀率；P_d 为本币通货膨胀率；$\Delta \mathrm{EX}$ 为外币贬值率。

在相对购买力平价成立的情况下，即 $P_f - P_d = \Delta \mathrm{EX}$，企业并未面临真实资产风险。若相对购买力平价不能成立，则企业面临真实资产风险；若 $P_f - P_d > \Delta \mathrm{EX}$，则为风险报酬；若 $P_f - P_d < \Delta \mathrm{EX}$，则为风险损失。

（2）金融资产风险

金融资产是投资于股票、债券、商业票据等金融工具上的资产。金融资产风险的计算方法为：

$$E_f = (A_f - D_f)(r_f - r_d - \Delta \mathrm{EX})$$

其中，E_f 为金融资产风险；A_f 为外币金融资产；D_f 为外币金融负债；r_f 为外币利率；r_d 为本币利率。

同样，在利率平价成立的条件下，企业不会面临金融资产风险。

（3）营业收入风险

$$E_o = R_f(\Delta R - \Delta \mathrm{EX})$$

其中，E_o 为外币营业收入；ΔR 为外币营业收入增长率。

（4）总的经济风险

$$E_t = E_T + E_f + E_o$$

第二节　基于远期的金融工具配置与外汇风险管理

远期交易是外汇风险管理中运用得最为广泛的金融工具之一。远期外汇交易的最大特点是以确定的汇率于日后交割清算。关于远期交易的避险策略在这里不再详述，本节主要讨论远期交易与其他金融工具的综合配置以及相关衍生产品的运用。

一、基于远期的金融工具配置与外汇风险管理

这两种交易其实就是掉期交易，也称调期交易或互换交易。其中，外汇掉期交易指同时买卖不同交割日货币的外汇交易。根据两笔交易的期限不同，可分为即期/远期掉期交易和远期/远期掉期交易。

例 10-1 某进出口贸易公司需要一笔美元资金，它向其开户银行借款，但开户行的存款为港元，一时难以满足要求。在这种情况下，该银行可以在即期外汇市场上用港元买进美元，贷放给贸易公司。同时，为了避免收回贷款偿还客户存款时的汇价风险，该银行可在远期市场上对港元卖出美元。若客户的存款期和贸易公司的借款期限均为 1 年，该银行的远期交易期限也应该为 1 年。1 年后，银行用收到的美元，按远期汇率换成港元，偿还客户的港元存款。这便是一笔即期买美元远期卖美元的掉期交易。

如果该贸易公司不是现在需要这笔资金，而是 3 个月后需要这笔美元资金，那么，该银行可通过远期/远期掉期交易来消除汇率风险。银行可用港元买入 3 个月期的美元，然后对港元卖出 1 年期的美元。3 个月后，银行用港元存款按 3 个月期的远期汇率买入美元，放款给贸易公司。1 年后，银行从贸易公司收回美元放款，然后，按照 1 年期的远期汇率，用美元买入港元，一次满足存户的提款要求。那么，这便是远期/远期的掉期交易。

二、提前+远期与推后+远期交易

提前即提前收付，指对某种货币提早付出或提早收入。推后即推后收付，指对某种货币推迟付出或推迟收入。这两种保值手段的运用可通过表 10-2 来说明。

表 10-2　　　　　　　　　　　　**提前推后策略**

保值手段	硬货币	软货币
应收款	推后	提前
应付款	提前	推后

从表中可以看出，对外币应收款来说，当它为硬货币，即该货币的汇率趋于上升时，经营者应采取推后的保值手段；当它为软货币时，应采取提前的保值手段。对于应付款来说，如果外币为硬货币时，经营者最好提前付出，若等到汇率上升后，势必支付更多的货币。

1. 提前+远期交易策略

提前+远期，指的是提前的保值手段与远期交易的综合交易。我们用图 10-2 加以说明。

图中横线以上的部分，说明某一经营单位拥有一笔 90 天期限的外币应收款。

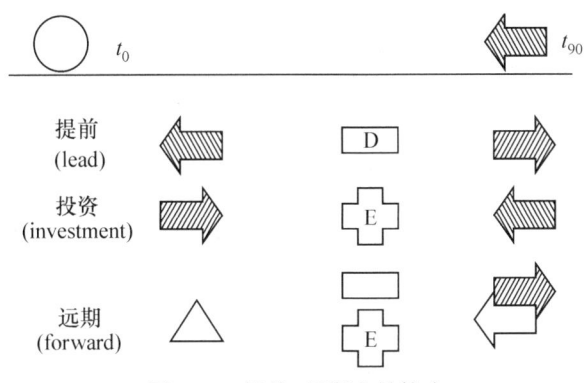

图 10-2　提前+远期交易策略

横线以下第一行表示提前收款的情况。箭头表示外币流量。第一个箭头期内，表示第 90 天的应收款在今天（t_0）收回；第二个箭头朝外，表示对 90 天期限应收款的抵消。既然该经营者今天收回了 90 天后到期的应收款，到第 90 天时，对方无需再支付了。中间的 ▭ 表示提前收款的成本为负。经营者提前 90 天收款，相当于向对方借入了一笔 90 天期限的资金，90 天以后，用应收款来偿还这笔借款。但提前收款者要支付相应的成本，大小等于对方在国内市场筹集这笔资金的成本。所以，负号表示提前收款者所支付的相当于借款利率的折扣率。负号中的"D"，表示外币的国内利率。

第二行表示将提前收回的外币款项投资，其期限与应收款项的期限一致。其收益率为该外币的境外利率。

第三行表示一笔远期交易。△表示即期汇率，负号与正号表示两种货币的境外利率，因为在国际外汇市场上，远期报价都是按照境外利率计算的，这里之所以要使用远期交易，是因为投资的外币款项仍存在汇率风险。如果到期时，外币汇率下浮，势必影响其收益。

单纯的提前收款不是已经达到避险的效果了吗？为什么还要运用外币投资与远期交易？这里涉及成本的问题。任何保值措施都会涉及成本或收益，那么究竟孰优孰劣？这就需要进行比较。单纯提前收款涉及的净成本或收益由外币的国内利率（负）和本币的国内利率（正）相加决定，因为提前收款要支付一定的成本，但同时又可将外币换成本币，在国内继续投资，期限为 90 天。而提前收款加远期的净成本收益为：

外币的国内利率（负）+本币的境外利率（正）+外币的境外利率（负）+本币的境外利率（正）。

因此，对于经营者来说，若后者比前者更有力，经营者则有可能选择后者，这就是金融工程思想。

2. 推后+远期交易策略

推后+远期指的是推后收付的保值手段与远期交易的综合运用（见图10-3）。

图中横线以上部分表示经营者今天应收一笔外币。如果经营者预计外币会升值，他有可能会推后收款。

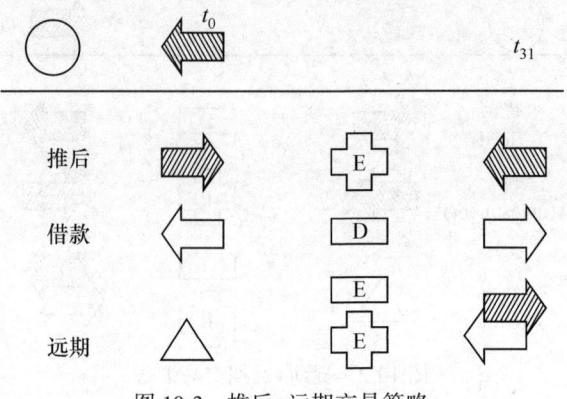

图 10-3 推后+远期交易策略

横线以下第一行表示将应收款推后收取，这相当于给对方一笔融通资金，因此，应得到一笔收益，正号表示这笔收益。横线以下第二行考虑本币情况。如果不使用推后收款的手段，经营者今天就可以得到一笔用外币换成的本币，但由于推后收款，经营者则损失与这笔资金相应的利息。第三行的远期交易用来对推迟的外币应收款保值。

读者可将这种情况与单纯推后作比较，分析其中的成本收益差别。

三、远期+担保交易

"远期+担保交易"是远期外汇交易同担保业务结合在一起的一种避险措施。

例 10-2 我国某一中外合资企业向我国一家经营外汇业务的银行申请办理用美元买入德国马克的 1 年期的远期外汇业务，该银行资金部在办理这笔远期外汇买卖业务时，担心该企业到期不能及时交割。由于资金部做的是代客买卖业务，如果客户不能及时提供交割资金，该部势必要拿出这笔资金来与国外的买卖对象交割。因此，资金部存在信用风险。

为了扩大该行的业务，保证资金部到期时无需担心该"三资"企业的支付能力，该行的信贷部向资金部担保，并出具保证文件。该文件表明，若该企业到期时不能提供美元交割，由信贷部给该企业提供同等数额的一笔美元贷款，以解燃眉之急。该信贷部之所以愿意为该企业担保，是因为该企业是信贷部的客户，而且，信贷部对该企业的经营状况非常了解，判断其不存在美元贷款的偿还问题。

于是，他们创造性地把远期交易担保业务与银行外汇贷款业务有机结合在一起，使各方均受益。

四、综合远期外汇协议

综合远期外汇协议是 20 世纪 80 年代末发展起来的一种表外业务，它实际上是资产负债表外的远期对远期外汇互换交易，但它与互换交易究竟有什么不同呢？我们通过例

10-3 来加以说明。

在分析举例之前，有必要对汇率协议和远期交易协议两个概念加以重申。这两种金融产品都属于 SAFE 家族，但二者在九三交割数额时会有所不同，也正是由于这种不同，才使得这两种金融工具各自所承担的保值功能出现了细微差别。

汇率协议针对的是最初签约时确定的合约远期差额与最终市场上的结算远期差之间的差额，所以，交割数额仅与一个变量有关，即随着交割日和到期之间的换汇汇率变化而变化。

而远期交易协议不仅涉及协议期内的换汇汇率，还与汇率变动绝对水平有关。换句话说，远期协议不仅与合同远期差额和远期估算差额之间的差额有关，还与完全汇率和即期结算汇率之间的差额有关。

例 10-3 在考虑各金融产品时，我们设定了两种不同情况加以对照分析。一种是即期汇率不变情况下的对比；另一种是即期汇率变动条件下的分析。

（1）假定初始的市场汇率与市场利率如表 10-3 所示。

表 10-3

	即期汇率	1 个月	4 个月	1×4 个月
美元德国马克汇率	1.8000	53/56	212/215	158/162
美元利率		6%	6.25%	6.3%
德国马克利率		9.625%	9.875%	9.88%

（2）再假定 1 个月后的市场汇率与利率如表 10-4 所示。

表 10-4

	情况一		情况二	
	即期汇率	3 个月	即期汇率	3 个月
美元德国马克汇率	1.8000	176/179	1.7000	166/169
美元利率		6%		6%
德国马克利率		10%		10%

注：情况二与情况一的利率相等，但即期汇率各不相同。

（3）假定一投资者预计 1×4（1 个月对 4 个月）美元和德国马克远期利差为 3.58%（9.88%～6.30%），但他估计该利差会进一步扩大，于是，投资者考虑以下几种策略：

一是在 1×4 远期对远期互换中用德国马克卖出买进美元；

二是卖出 1×4FXA；

三是卖出 1×4ERA。

在卖出买进 1×4 互换时，投资者是以 162 基点（215－53）买入远期美元。若两种货币之间的利差进一步扩大,那么远期美元升水就越多,投资者就可能以更高的升水出售这些远期美元。

在情况一和情况二下,1个月后利率之差果真进一步扩大了。在情况一下,3个月的换汇汇率变成176基点,赚14基点;在情况二下,变成166基点,赚4基点。基于点数变动的获利分别达1 400马克和400马克。

图10-4描述了每种情况下所产生的资金流动情况远期对远期互换所产生的利润状况。

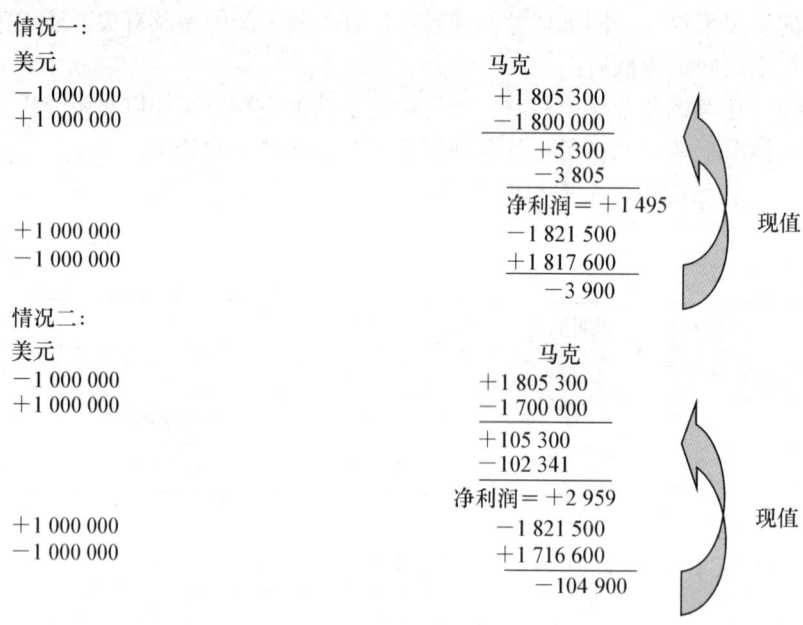

图10-4

图10-4还根据货币的时间价值原理,采用现值法计算出了实际的利润。在第一种情况下,最终净利润是1 495马克(与1 400马克比较),在第二种情况下,获得的最终利润为2 959马克(与400马克比较)。

在第二种情况下盈利如此之大的直接原因是即期汇率的变动。即期3个月互换交易包含了一种义务——买入即期美元和卖出3个月远期美元,这样做是为了1个月后对原先的远期对远期交易进行平仓。当美元大幅度下跌后,投资者3个月后所收到的马克也将会明显少于原先远期对远期交易中所售的马克。从图中可以发现,104 900马克的亏空几乎抵消即期账上105 300的盈利,净利润仅为400马克。然而,由于减少的104 900马克是在将来产生的,并且可以折现,这样这部分损失的影响就比原先小得多。另外,投资者还可考虑到105 300马克的盈利进行为期3个月的投资,3个月之后,再用来冲抵104 900马克的减少。因此无论采用哪种方法,如果把时间因素考虑进去的话,实际盈利将提高到2 959马克。

在这两种情况下,负的交割数额意味着买方支付给卖方的数额。由于投资者已经出售了 SAFE，那么这些负数值就代表投资者的利益。

在这两种情况下计算出来的远期交易协议结果与传统的现金市场上远期对远期互换所得的结果相同。FXA 利润的计算不仅要考虑到由于利率变动而引起的互换点数的变化，还要考虑对即期汇率的变化做出调整以及即期汇率变动对结算日和到期日资金流动的影响。

汇率协议的利润来自换汇汇率的变动。即期汇率的波动对于最后的影响要小得多，原因在于即期汇率对于换汇汇率的影响要小。

综上所述，当即期汇率不变时，FXA 和 ERA 的结果是一样的；但如果即期汇率发生变化，FXA 将包括即期外汇风险因素，其效果将与传统的现金市场远期对远期外汇互换效果相同。

五、远期+期权

期权是一种非常有趣而又富于变化的衍生工具，它本身就具有避险的功能，还可以与其他多种金融工具搭配、组合，从而达到更优的避险效果。

在这里，我们考察中断远期合约，或称有权退出的远期合约。这一概念指的是客户用一种远期交易打包，当市场汇率走向利于原始风险、而不利于远期合约的情况下，客户可中断原先的承诺。

这一概念的提出很自然，因为在套期保值之后，经营者遇到了有利于原始风险方向的市场变化，那么，经营者希望的是没有进行套期保值，否则就无利可图，中断远期合约就为解决这个问题提供了答案。

那么，如何构造一个中断远期合约呢？过程其实很简单，即银行卖给客户一份可以将远期交易反转的期权，但不直接收取期权费用，用这笔期权的成本，加上其他的融资成本，被计入到非市场的远期利率中去。我们用例 10-4 来说明这个原理。

例 10-4 德国某一公司需要 100 万美金，这家公司可以按市场价 1.7000 马克购买这些美元的远期，但是公司希望当美元下降到一定水平后能够将其卖掉。假定它选择 1.6000 马克作为中断价格，协定价格为 1.6000 马克的美元看跌期权价格为每美元 0.0332 马克，加上融资成本，则为 0.0347 马克，把这些因素综合起来，并将 0.0337 马克的期权费加到非市场远期汇率上去，我们就可以得到以下结果：公司以每美元 1.7347 马克购买 100 万美元，公司有权中断远期合约，而且在 9 个月时期内，美元下跌到 1.6 马克以下，公司即可在即期市场上购买美元。

不过公司必须以合约价 1.7347 马克买入美元。中断远期合约允许公司所做的事在中断价格上停止其承诺，在这里它实际上已损失了美元从 1.7347 马克下降到 1.6000 马克过程中的获利能力，这也是一种机会成本。可以推测，这家公司对结果是满意的。因为它可以按 1.7347 马克这个有保证的价格去购买美元，而且一旦美元降到中断价 1.6000 马克之下，中断远期合约又允许其从中获利。表 10-5 列出了中断价与偏离市场远期汇率的组合。

表 10-5

中断价格	远期汇率
1.7000	1.7707
1.6500	1.7502
1.6000	1.7347
1.5500	1.7233
1.5000	1.7152
2.0000	2.0125
1.0000	1.7000

中断价越高，则公司会越快地中断远期合约，并从美元下跌中获利。假如公司以更高于当前市场价格的远期汇率进行交易，那么上述好处也就被抵消了。比如，若中断价格被定在当前的远期汇率 1.7000 马克上，提供给公司的偏离市场的汇率将升为 1.7707 马克，提高了 4% 以上。设定的中断价格越低，该远期合约被中断的可能性也就越小，但公司能以一个更接近真实市场汇率的远期汇率进行交易。1.5000 马克的中断价格允许公司按 1.7152 马克的价格去执行交易，该价格比真实的远期汇率高不到 1%。

我们从图 10-5 能更清楚地看到这一点。在中断价格定为 1.000 马克的情况下，该合约被中断的机会无限小，因此公司在 1.7000 马克的实际远期汇率上交易。这个中断远期的盈亏线退化为完全的平直线状态，就像一个通畅的远期合约，在 2.0000 马克这个高的中断价格上，这个合约将几乎被中断，该公司将几乎不可避免的以市场即期汇率成交。因此，偏离市场的汇率被定得很高，但非常接近这个中断价格。

图 10-5 所列的各种状况实际上与通过一种简单看涨期权来套期保值完全等同，也就是说购买基础资产和购买一种看跌期权能创造出一种合成的看涨期权。

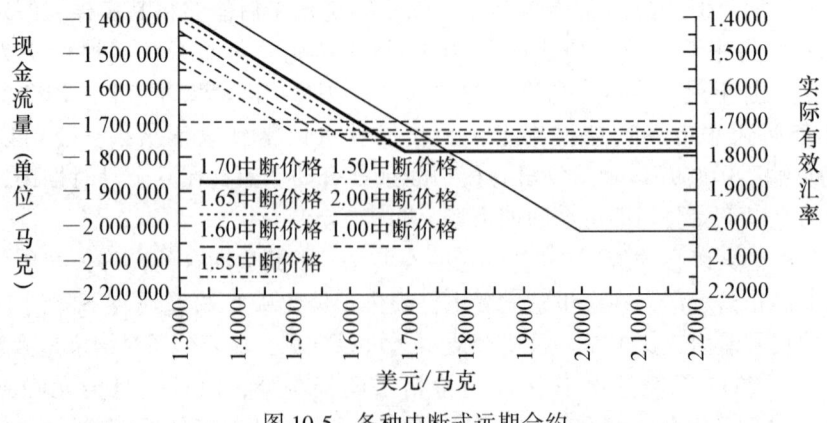

图 10-5 各种中断式远期合约

在中断远期和通过实际看涨期权保值之间的唯一区别,就在于期权费用的支付时间上。在中断远期的情况下,期权费实际上是事后支付,并在到期时附加到基础资产价格上去,因此可以再进行一次性质相当于1.7000/1.7707(马克)的中断远期交易,办法是通过让公司购买一份1.7000马克的看涨期权,以及将0.672马克的期权费进行投资或出借。

第三节 基于期货的金融工具配置与外汇风险管理

一、外汇期货交叉保值的基本策略

利用外汇期货进行套期保值的基本形式可分为两种:一是买入保值。指交易者先在外汇期货市场买入期货,以便将来在现汇市场买进现汇时不至于因价格上涨而给自己造成经济损失的一种保值形式。这种用外汇期货市场的盈利对冲现汇市场亏损的做法,可将远期价格固定在预定的水平上。买入套期保值是需要现汇而又担心价格上涨的客户常用的保值方法。二是卖出保值。是指交易者先在外汇期货市场上卖出期货,当现汇汇率下跌时以期货市场的盈利来弥补现汇市场的损失,从而达到保值目的的一种套期保值方式。和买入保值一样,卖出保值通过外汇期货交易用一个市场上的盈利弥补另一个市场上的亏损,从而将远期汇价固定在预定水平。卖出套期保值主要适用于未来某日将取得外汇收入的出口商,担心外汇贬值的情况。这里主要探讨外汇期货交叉保值的情况。

交叉保值是指交易者利用两笔市场上现有的不同币种外汇期货交易,买进一笔,卖出一笔,构造出市场上存在的一种外汇对另一种外币的期货交易,满足交易者特定的套期保值要求。

例10-5 日本某公司与德国进口商于5月1日签订合约,卖给该进口商一批药品,6月10日将收到一笔2 200 000德国马克的款项。签订协议时,德国马克、日元对美元的现汇价格分别为:0.7226美元/马克、0.00833美元/日元,则交叉汇率为0.01153马克/日元。该公司财务经理预测马克兑日元的汇率将下跌,公司6月10日才进账的德国马克应收款可能会因此蒙受损失,因此该公司财务经理决定对这笔应收款进行货币交叉保值。

具体做法:该公司委托其期货交易经纪人在期货市场上买进16份6月份日元期货合约,同时卖出16份6月份德国马克期货合约。

如果到了6月10日进行货款结算时,日元对美元汇率上升,马克兑美元汇率下跌。现货价格分别为0.00920美元/日元,0.7154美元/马克,交叉汇率为0.01286马克/日元。期货市场上6月份日元价格为0.00920美元/日元,6月份德国马克期货价格为0.7154美元/马克,该公司在现货市场和期货市场的损益情况如下:

现汇市场

时间	5月1日	6月10日
应收货款	2 200 000 马克	2 200 000 马克
即期汇价	0.7226 美元/马克	0.7154 美元/马克
	0.00833 美元/日元	0.00920 美元/日元
	0.01153 马克/日元	0.01286 马克/日元
折合成日元数	190 806 591 日元	171 073 094 日元

可见，由于德国马克的贬值，该公司在现汇市场上少收 19 733 497 日元应收款。

期货市场

日元期货：
5月1日买入日元期货合约价格　　0.00821 美元/日元
6月10日抛出日元期货合约价格　　0.00920 美元/日元
价格收益　　　　　　　　　　　　0.00099 美元/日元
16份合约利润总额　　　　　　　　198 000 美元，合 21 521 739.5 日元

德国马克期货：
5月1日卖出马克期货合约价格　　0.7253 美元/马克
6月10日买进马克期货合约价格　　0.7154 美元/马克
价格收益　　　　　　　　　　　　0.00099 美元/马克
16份合约利润总额　　　　　　　　1 980 美元，合 215 217 日元

该公司在期货市场上的总收益为 21 736 956.5 日元，期货市场上的盈利大大弥补了现汇市场的损失。在结算日，该公司日元综合收入为：

171 073 094+21 736 956.5 = 192 810 050.5 日元，与在5月1日出口时即付货款相比仅少收汇折合 2 003 460 日元。

如果在6月10日汇价变动恰好相反：德国马克相对于美元升值，日元相对于美元贬值，则该公司在现汇市场上将多收款项，而期货市场上日元期货和德国马克期货均将损失。但现汇市场和期货市场仍是反方向变动，其综合效果仍是将日元兑德国马克的交叉汇率固定在了预期水平，同样可以达到保值的效果。

利用现有外汇期货，构造出市场上不存在的外汇期货品种为我所用，交叉保值体现了金融工程的目的性、应用性和创造性。在此我们不仅是为了拓展读者对外汇期货交易实战策略的了解，更重要的是展示一种金融工程师特有的思维方式：创造性地运用金融工具和策略，来解决现实中面临的各种金融问题。金融工程师不仅要向客户提供一系列金融工具供其选择，更应当主动地按客户的具体需求对金融工具加以组合、创新。

现实中，使用外汇期货进行套期保值的还有：持有大量外汇资产和外汇头寸的银行、进行跨国证券投资的投资者、到期偿还外币贷款的债务人、母公司与子公司之

间存在资金往来的跨国公司以及出国旅游的个人等。由于其标的资产不同，面临的风险和要达到的目的也各有差异，不同客户在使用外汇期货进行套期保值时有不同的特殊要求。

就套期保值策略而言，一个合格的金融工程师不仅应当考虑客户所面临的外汇风险，也不能忽视特定资产的价格变动、利率变化等可能产生的损失，不仅能够选择或组合适当的外汇期货合约来满足客户要求，也可以灵活运用外汇远期、掉期、期权、利率互换、短期利率期货等外汇市场避险工具，达到最佳的工具配置效果。

二、期货+期权

外汇期货的期权交易将外汇期货交易与外汇期权交易熔于一炉，它是以外汇期货为对象的期权交易。行使这种期权，合约便成为外汇期货合约。

与外汇期货、外汇期权交易一样，外汇期货期权交易也是在今天便确定了今后交割的汇率。在期货交易中，这种预定的价格成为期货汇率；在远期交易中，称为远期汇率；在期权交易中，称为协定价格；在外汇期权交易中，这种价格也称为协定价格。

不同的是，在外汇期权交易中，行使期权时，其盈亏的计算是将市场上的即期汇率与协定价格进行比较；而在外汇期货期权交易中，行使期权时，是将市场上的期货价格与合约中预定的协定价格进行比较，来计算损益。因此，在这种交易中预定的协定价格，实际上就是今后行使期权时买卖期货的价格。这种预定的期货与行使期权时市场上的期货价格相比，通常会有差别。

例 10-6 一进口商在半年后需支付一笔日元贷款，而手中持有的是美元。如果美元对日元贬值，将存在汇率风险。

那么便可在此市场上做外汇期货期权交易。假定在这种交易中，将协定价格预定为 100 日元，等于 120 美分。后来日元果真升值，市场上 100 日元的即期价格为 140 美分，这时可以行使期货期权。

如果预定的协定价格为 120 美分，而现在市场上的期货价格为 140 美分，每 100 日元便赚取了 20 美分，这样一来，尽管在市场实际购入的价格是每 100 日元花了 140 美分，但扣除在期货期权交易中的 20 美分的收益，其综合价格仍为 120 美分。

如果只做外汇期货交易，也可以达到这个目的。当然，如果汇率上升，外汇期货价格等同于期货期权中的协定价格，市场的即期汇率等同于当时的期货价格，二者的作用是一样的。但如果日元汇率下跌，在期货交易的情况下，就必须在预定的汇率交割或在市场上对冲。而在期货期权交易时就可以不必这样做，不行使期权就可以。由于得到了这样一种选择的权利，在成交时就必须付出一笔期权费。

可见，外汇期货期权交易是一种比期货交易更复杂而且更灵活的金融工具，如果上述交易不与日元的保值业务相联系，外汇期货期权交易便成了一笔投机业务。通过这笔投机业务，投机者转去的是预定的期货价格与行使期权时期货价格之间的差额。

第四节 基于互换的金融工具配置与外汇风险管理

互换交易是指交易双方根据互换合同，按照事先约定的公式，交换未来各自债务流量的一种金融交易方式。货币互换是指在相同的利率水平下，对不同货币的债务进行调换的一种金融交易。

具体来说货币互换就是指在一定期限内将债务、资产从原来的货币转换为另一种货币。根据客户的需求可选择期初、期末是否需要进行本金互换。一般流程为：期初互相交换指定货币的本金（也可选择不交换），通常以即期汇价进行；期中互相交换指定倾向的利息，可以是固定利率与固定利率间交换、固定利率与浮动利率间的交换，也可以是浮动利率与浮动利率间的交换；期末互相交换指定货币的本金，以期初定下的汇价进行，方向与期初相反。货币互换的作用一是降低筹资成本，二是调整资产和负债的货币结构，三是互换可以用来完善市场。

设 A 公司和 B 公司通过金融市场分别筹措一笔德国马克贷款和美元贷款，而 A 公司和 B 公司需要的和到期能偿还的又分别是美元和德国马克，为了防止外汇风险，两家公司通过银行中介达成了一笔互换交易。

第一步，本金的初期互换。

A 公司通过银行按即期汇率以德国马克向 B 公司调换等值的美元。

第二步，利息的互换。

互换交易期间，交易双方按协定的，以未偿还本金额为基础，进行利息支付。即 A 公司按期向 B 公司支付美元利息便于 B 公司支付美元贷款利息并同时收取相应的德国马克利息，用于德国马克贷款利息的支付。

第三步，本金的再次互换。

在合约到期日，双方换回交易开始时互换的本金，便于贷款本金的支付。

货币互换出现的初衷是为了规避外汇管制，然而经过二十多年的发展，它的年交易量逐年攀升，2005 年货币互换合约名义本金额高达 8 万多亿美元，已经成为全球最主要的货币衍生产品之一。在此过程中，人们在实践中不断发掘货币互换的新用途，其中十分重要的一项就是为未来现金流规避外汇风险或锁定当前汇率。利用货币互换交易企业可以消除全部或部分因汇率波动引起的未来现金流的价值振荡从而对企业本身的价值造成影响。

货币互换在三个方面具有明显优势：首先，成本相对低。货币互换和其他货币衍生产品相比风险较低，因此银行在与企业进行货币互换交易时要求的风险溢价也低一些。国际市场上，银行等金融机构对货币互换的报价价差小，一般在 10 个基点以内，这样，企业为规避风险付出的成本就较低。其次，期限相对长。一般而言，货币远期合约和货币期权合约的到期期限从 7 天到 12 个月不等；货币互换合约的到期期限一般为 2 年到 10 年。从企业持续经营的角度来讲，货币互换能够帮助企业从一个更长的时期安排和规划它的未来现金流避险。第三，能够更好的满足企业的特定避险需求。货币互换是一种场外衍生产品,在交易条件的灵活性上,它优于其他货币衍生产品。这一点表现在企业可以就期初或期末是否交换本金、利息支付频率和方式向交易对手银行提出具体要求。总的来说,货币互换是一种灵活的、低成本的管理中长期外汇风险的场外交易货币衍生产品。

另外,由 ISDA(国际互换和衍生产品协会)制定的一系列相关标准文本为货币互换协议的达成提供了极大的方便,只需要交易双方确定如币种、本金额、互换利率及期限等一些具体交易条件,使得货币互换交易和其他货币衍生产品如外汇远期、外汇期货等的交易一样方便。就我国来说,四大国有商业银行均为 ISDA 的基本会员(ISDA Primary Member),国内其他许多金融机构如交通银行、招商银行、国家开发银行以及众多外资银行分行也是 ISDA 的会员,这为货币互换在国内的开展和推广创造了条件。2005 年 8 月 2 日,中国人民银行发布了《关于扩大外汇指定银行对客户远期结售汇业务和开办人民币与外币掉期业务有关问题的通知》,批准外汇指定银行开办人民币与外币调期业务,从而为国内企业参与货币互换交易提供服务和便利。总体上说,我国发展货币互换的条件已经基本具备,只待银行的大力推广和宣传以及更多的企业参与进来成为货币互换的使用者。

第五节 基于期权的外汇风险管理

一、期权工具的基本保值策略

1. 期权避险策略的特点

假定德国某进口商需要 3 个月后支付美元,那么他有以下三种保值选择:
①以 1.7500EM/USD 的远期汇率买 3 个月远期外汇合约;
②买进 3 个月的美元看涨期权;
③卖出 3 个月的美元看跌期权。
下面分别讨论后两种交易策略下对到期日相同、不同协定价格的期权的选择,并与第一种策略进行比较。

(1) 买进看涨期权

表 10-6 列出了与远期汇率比较,分别处于损价、平价、溢价状态的美元看涨期权,并进行了盈亏分析。

表 10-6　　　　　　　　　　买进看涨期权的选择

	期权一	期权二	期权三
协定价格	1.7700	1.7500	1.7300
期权费	0.0120	0.0250	0.0320

续表

	期权一	期权二	期权三
远期损益	OTM-F	ATM-F	ITM-F
最不利实际汇率	1.7820	1.7750	1.7620
潜在不利差额	0.0320	0.0250	0.0120
时间价值	0.0120	0.0250	0.0120
期权溢价	0.0200	0	0
盈亏平衡点	1.7380	1.7250	1.7180

最不利实际利率是指当执行外汇期权时，可能面临的最不利于期权持有者的实际汇率。当即期汇率大于或等于该汇率时，持有者选择行使期权，将汇率固定在协定汇率水平，所以，最不利价格等于协定汇率 K 加上期权费 P。与远期合约比较，外汇期权在履约时会产生潜在不利差额，这是由于期权合约的成本（期权费）中包括了期权价格波动带来的盈利可能，即期权的时间价值，还有溢价期权协定价格走出远期价格的部分。

外汇期权与远期交易两种合约的盈亏平衡点发生在期权没有履约的时候，在即期市场买进美元，即期汇率等于当初的远期汇率减去所支付的期权费。此时外汇期权交易的成本为即期汇率加期权费，与远期交易成本相等。当汇率低于盈亏平衡汇率时，持有者放弃执行期权，在即期市场直接购入美元，净收益为正；当汇率介于盈亏平衡汇率与最不利汇率之间时，持有者仍然不行使期权，但此时净收益由零转负。

期权的溢价程度的增幅大于相应的期权费增幅，而且看涨期权的溢价程度越大，履约的可能性就越大，所以溢价越大的期权效益越大，不过一旦得以履约，损价大的外汇期权支付的成本也是最高的。对损价期权而言，即期汇率趋势看好时，损价期权损价的程度越深，期权费越低，期权履约的可能性越小，越可能以即期汇率在市场上直接交易。综上所述，当市场趋势等因素有利于外汇期权发行时，就选择溢价看涨期权，且溢价越多的期权性质越类似于远期合约，实际汇率也越接近远期汇率；当市场趋势等因素有利于放弃外汇期权时，应选择损价看涨期权，且损价越多的期权越类似于即期合约，其实际汇率也只略逊于即期汇率。平价看涨期权是否履约的可能性各占一半，比较类似于即期合约与远期合约之间的折中情况。

（2）卖出看跌期权

对于需要在未来买进美元的保值者，即可以通过买进美元看涨期权保值，也能销售美元看跌期权，用销售期权的期权费收益来降低购买美元的成本。期权基本策略中的卖出看跌期权，希望持有者不执行期权，从而赚取期权费，而这里的卖出看跌期权套期保值策略，美元的看跌期权卖方以保值而不是以盈利为目的，此时卖方对市场趋势的判断与买方相同，即卖方将在对美元市场走势看跌时卖出美元看跌期权，并希望买方执行期权。期权专访既不能因美元贬值而以更低价格买入美元，也不愿美元升值时期权被放弃执行，从而净赚一笔期权费。看跌期权的出售者的唯一目的是将未来购买美元的汇率固定在某一水平，防止汇率上升的不利风险，同时尽可能降低成本。

在相同的市场条件下，看跌期权卖方也面临着从到期日时间、协定价格不同的外汇期权中进行选择的问题。表 10-7 列出了损价、平价、溢价的美元看跌期权卖方的损益情况，并与买进美元的远期合约进行了比较。

表 10-7　　　　　　　　　　　　　卖出看跌期权的选择

	远期合约汇率 1.7500DEM/USD		
	期权一	期权二	期权三
协定价格	1.7700	1.7500	1.7300
期权费	0.0310	0.0250	0.0110
远期损益	OTM-F	ATM-F	ITM-F
最不利实际汇率	1.7390	1.7250	1.7190
潜在不利差额	0.0110	0.0250	0.0310
时间价值	0.0110	0.0250	0.0110
期权溢价	0	0	0.0200
盈亏平衡点	1.7810	1.7750	1.7610

对于出售方而言，最有利实际汇率是指期权买方发行合约时，期权卖方按协定价格买进美元并取得期权费收益，此时美元贬值到协定价格之下，所以，期权卖方最有利实际汇率为协定价格减去期权费。对出售方而言，最不利的情况是美元大幅升值，而期权未被执行，期权卖方被迫以较高的即期汇率买进美元，所以，最不利实际汇率等于到期日的即期汇率减去期权费。

与期初远期汇率相比，销售美元看跌期权的实际汇率具有潜在有利差额，这是由于期权执行者获得潜在盈利可能，期权卖方必须得到承担这部分潜在价格变动的报酬，此外还有溢价期权的溢价部分。

当期权未被执行时，期权卖方在即期市场购入美元，支付成本为到期日即期汇率减去期权费，所以，销售美元看涨期权与远期合约的盈亏平衡即期汇率为其远期汇率加上期权费。当汇率高于盈亏平衡汇率时或汇率介于最有利汇率与盈亏平衡汇率之间时，期权买方放弃执行期权，期权卖方在现汇市场高价购入美元，且美元升值越多，期权专访的损失越大，其损失额为到期日即期汇率减去期权费部分。

如果市场向有利于看跌期权卖方的方向发展，期权被执行，期权卖方会选择溢价期权，且销售的期权溢价程度越高，期权卖方的美元购入成本越低；如果市场汇率向不利于看跌期权卖方的方向变动，期权持有者不会执行，期权卖方最理想的策略是买进远期合约而不使用外汇期权。单纯就销售期权的选择来看，最有利的策略是选择损益最多的期权，以取得最多的期权费收益。

2. 期权的实例分析

外汇期权相对于零成本的远期合约，通常是一种次优选择，但是，期权交易的不对称性和套期保值的灵活性使其备受企业财务经理和交易商青睐；外汇期权的期权费固定了期权买方汇率行情不利的风险，可以对外汇资产或头寸的不利风险进行有效保值；外汇期权买方无必须履约的义务,对于可能发生但不一定实现的资产或收益的最理想的保值。此外,外汇期权不必逐日结算,到期前无现金流产生,而且能够为客户提供一系列的协定汇价,种种优点使得外汇期权成为了实际运作中优于期汇和外汇期货的保值避险方式。它既可以单独用于保值,也可同远期交易或期货交易结合起来达到综合保值及盈利的目的。

例 10-7 对进口商应付货款进行保值。

6月薪日美国某进口商从德国购进某种商品,按合同规定,美国公司将在9月份支付一笔金额为 12 500 000 德国马克的货款。巨额的马克应付债务使美国公司面临着巨大的外汇风险,为了防止马克升值带来的不利影响,该公司的财务主管决定对这一潜在的汇兑风险进行保值。

当时外汇市场上的即期汇率为 0.6885USD/DEM,财务主管不能肯定德国马克汇率将向哪个方向变动。如果采用期汇或外汇期货保值,虽然可以固定马克债务的美元成本,达到保值目的,但无法在汇率向有利方向变动时获取好处,进一步降低支付成本。采用外汇期权保值,当马克向不利方向变动时,可以执行期权,将最大成本固定在一定水平,而当马克向有利方向变动时,放弃执行期权,可以以更有利的即期汇率购入马克,降低支付成本。因此,该公司财务主管选择买进外汇看涨期权来保值。

6月2日,该公司购进 200 份客户定制的 3 个月马克看涨欧式期权,标准金额为每份合约 62 500 马克,协定价格为 0.6583DEM/USD。每份合约的期权费支出额为 1.36 美分,200 份合约的总保值成本合计为 170 000 美元(62 500DEM×0.0136USD×200)。

在外汇期权策略一节中曾提到看涨期权买方最不利汇率即最大成本价格为协定价格与期权费支出之和,即 0.6583+0.0136=0.6719DEM/USD 与期初市场汇率 0.6685DEM/USD 十分接近,较好地发挥了保值作用。

3 个月后期权到期,若马克升值,市场汇率低于 0.6583DEM/USD 时,该公司行使期权,按协定汇率支付美元,购入马克,总支付成本为 12 500 000×(0.6583+0.0136)= 8 398 750 美元。

若期权到期日马克贬值,市场汇率高于 0.6583DEM/USD,该公司将放弃行使期权,直接在即期市场购进所需马克,总支付金额小于 8 398 750 美元。

二、期权的对称组合策略

对称,在金融工程学中指的是用正反两个方向的力量将风险管理限制在一定范围,从而使保值成本最小化的金融工具。具体来说,期权的对称组合指通过购买一种类型的期权先限制汇率向下变动的风险,同时卖出另外一种相反类型的期权以限制汇率向上变动的风险。这两种期权一般都是损价期权,它们在当前价格的上下一定幅度内,使套期保值不起作用。

例 10-8 假设有一家德国公司 9 个月后要支付 100 万美元,美元的即期汇率为 1 美元=1.6634 德国马克,9 个月的远期汇率为 1 美元=1.7000 德国马克,德国马克和美元 9 月期的利率分别是 6% 和 3%,公司估计美元汇率会在 1.4000 德国马克与 2.1000 德国马克之间波动。

在进行套期保值时，公司希望做到：①在美元升值的情况下避免受到太大损失；②若美元汇率下跌，能从中获利；③在美元汇率向不利方向变动时，应该获得足够程度的保护，同时使保值成本最小化。

而我们采用三种不同的期权对称组合。这三种对称都在1.8马克的水平设立了上限，而它们的下限分别设在1.4000马克至1.6000马克之间。在每一种情况中，公司是通过购买协定价格为1.8000马克的100万美元看涨期权，以及卖出相应的以下限价格为协定价格的100万美元看跌期权，来构成相应的对称结构。图10-6列出了各种对称情况。

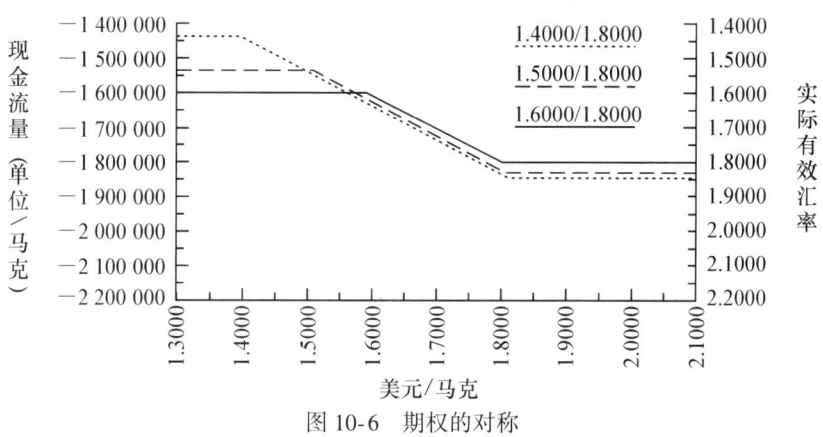

图10-6 期权的对称

从图中可以看出，三种对称有相同的形状：中间一段为斜线，两边则是水平直线。斜线部分与初始的风险相对应，在美元贬值时费用较低，在美元升值时费用较高，唯一的区别在于需要支付的净费用不同。有关各种情况的费用净值参见表10-8。

表10-8 对称的净费用

对称范围	支出+收到-期权费（单位马克）			
	看涨	看跌	净值	净利息
1.4000/1.8000	+36 700	-5 700	+31 000	+32 400
1.5000/1.8000	+36 700	-14 500	+22 200	+23 200
1.6000/1.8000	+36 700	-33.200	+3 500	+3 700

值得注意的是1.6000/1.8000这一对称期权，因为它在卖出看跌期权所收到的期权费，几乎与其买入看涨期权支付的期权费相等，把费用相抵之后只有3 700马克。这一较小的净期权费意味着这一对称的斜线部分与基本风险暴露的差距仅为3 700马克，而另外两种对称组合的净费用要略高一些。作为对它们额外成本的补偿，保值的下限被定在较低的协定价格水平，这可以使该公司在美元下跌时在总成本上获得更高的节省。

通过这个例子我们知道，当一个客户来询问对称的报价时，他应该对以下三个要素作出说明：①上限的协定价格；②下限的协定价格；③要支付的净期权费。这三个要素紧密相连，若给定基础资产的价格水平、利息率及波动率水平，确定上述两项便可自动决定第三项的情况。一家公司往往给出上限执行价格和净费用水平，而让银行制定下限执行价格水平。上限执行价格水平通常与公司可接受的财务风险水平相一致，且净费用水平通常指定为0，从而构造出一个零成本的套期保值。

表10-9列出了零成本对称期权的几种不同下限水平，而图10-7则画出了这些对称的盈亏曲线。

表 10-9　　　　　　　　零成本对称期权的下限水平

上限水平	下限水平
1.8000	1.6133
1.9000	1.5382
2.0000	1.4738
2.1000	1.4193

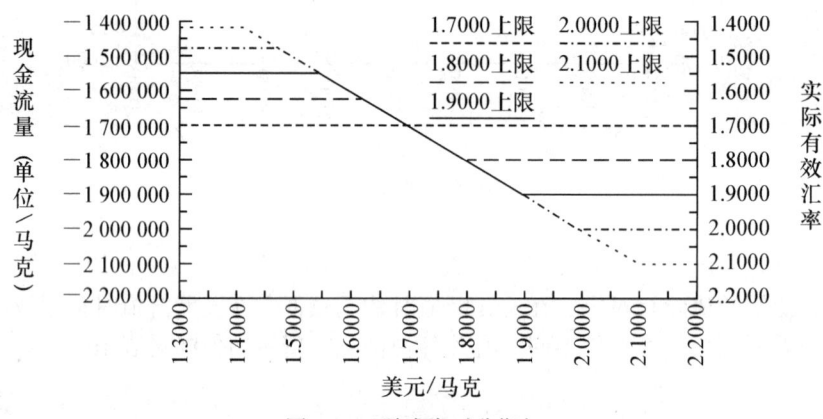

图 10-7　零成本对称期权

从图中，我们可以看到这些对称的盈亏情况具有连续性。一种极端的情况是1.7000马克的上限导致一条完全平直的盈亏曲线，这与购买100万美元的9个月远期进行保值是相同的，其原因在于1.7000马克的上限是一种两平的远期汇率，所以为了构造一个零成本的对称期权，其下限水平也为0。以相同的协定价格买入看涨期权和卖出看跌期权构成了一个合成的对称的资产的多头，因此，在这种特殊的情况下零成本的对称期权相当于一种简单的远期合约。

另一种情况是2.1000马克的上限所产生的盈亏线是一条与未保值的风险暴露完全相同的斜线，将上限水平定得如此之高，意味着下限水平必须降低到1.4193马克的水平，才能构造出一零成本的对称期权，除非美元的价格变动突破这一范围，两种期权在到期时均为虚值，所以该期权保值相当于不存在，这就使得100万美元的债券实际上并未加以保护。

除极端情况外,零成本对称在最大费用与最小费用之间可有不同的选择。例如,若使用 1.52822/1.9000 的期权,德国公司购入 100 万美元的最高成本为 190 万马克,而最低成本为 15 382 000 马克。

应该说,零成本对称期权这种产品对公司来说是很有吸引力的。首先,当汇率变动时,它能为公司的标的资产提供保护,而且,它可以从汇率的有利变动中获得,最后,这种产品是免费的。

三、回廊式期权

我们已经知道,对称期权的盈亏状况图由中间的斜线部分和两边的水平线组成,而回廊式期权则恰恰相反,中间为水平线,两边为斜线。对称期权的目的是在一个确定的范围内允许风险存在,但消除该范围以外的风险;而回廊式期权则是在一定汇率变化幅度内消除风险,但对此范围之外的风险不予保护。对称期权构造方式为:通过购买期权来获得所需要的保护,然后卖出同一种类型的、虚值程度更高的期权,以便把不需要保护的部分售出。

为了说明回廊式期权的运作,我们来考察这样的三种期权,它们具有不同的协定价格及标的资产的数量。表 10-10 列出了每组期权的组成,并用一个简单的平价看涨期权来与之比较。

表 10-10　　　　　　　　　　　回廊式期权的净费用

	购买的看涨期权	出售的看涨期权	净期权费	净期权费加利息
回廊式期权	1.6000	1.8184	95.700	100.000
	1.7000	1.9000	47.000	49.100
	1.7000	2.0000		

通常情况下构造一个零成本的回廊式期权是不可能的,因为卖出的期权往往比买入的期权虚值程度更高。不过,有两种方式可以构造出实际成本为零的回廊式期权。一种方法是调整卖出虚值期权的执行价格,使所获得的期权费与买入的实值期权的时间价值相同,然后,使所支付的净期权费等于这个实值期权的内在价值。假如该期权最终被执行,付出的总额将等于最初的远期价格。这样,该期权保值策略的实际成本就为零了。表 10-10 就列出了风险大于原有的风险暴露,从而使潜在的损失加倍,因此这种方法必须慎用。

图 10-8 画出了表中的三种回廊式期权,并将其与买入协定价格为 1.7000 马克平价期权的基本策略相比较。为了提供进一步参考,该图还画出了原始风险的斜线,以及有 1.7000 马克价买入美元的远期合约进行无风险保值时的水平线。

从图中可以看出,每一种回廊式期权的形状都是:中间部分为一条水平线,两边为两条斜线。1.6000/1.8184 马克的回廊式期权的水平部分为该德国公司提供了以固定价格 1.7000 马克买入 100 万美元的确定性,只要到期时美元的价格在两个执行价格之间,这与使用远期合约所能固定下来的买入价相等。如果美元价格降至 1.6000 马克以下,公司开始获利,而且若美元的价格降为 1.4000 马克,即比远期价格 1.7000 马克下降 30 个百分点,公司将节省 200 000 德国马克。不过,若到期时美元汇率高于 1.8184 马克,这个回廊就不再提供保护了。美元汇率升得越高,这家公司所支付的马克就越多。当然,这家公司的损失比不进行套期保值要小,因为只有美元价格超过 1.8184 马克时,公司才开始有损失。

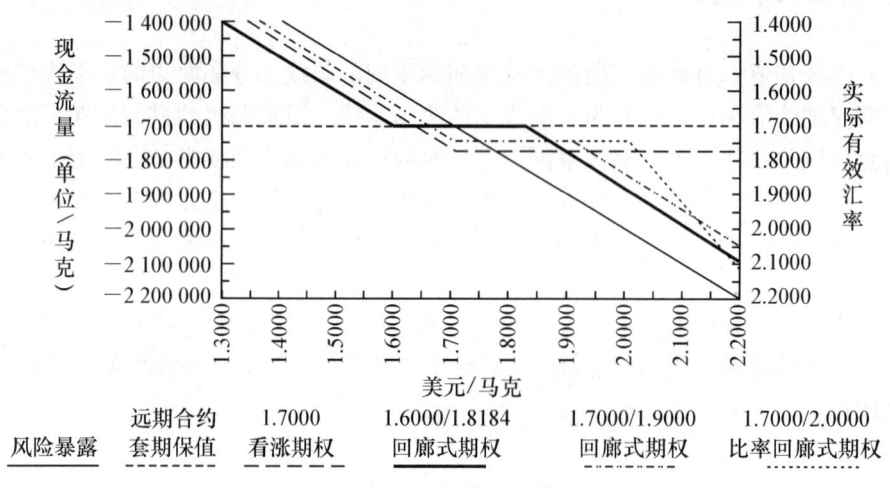

图 10-8　回廊式期权的例子

第二个例子是使用实值程度较小的期权来构造回廊。若到期时的美元汇率处于 1.7000 与 1.9000 马克之间时,则该期权可以提供一个无风险的区间,使得该公司能够以实际成本 1.7491 马克买入美元,仅仅高于远期汇率 1.7000 马克的水平。与第一种回廊式期权相比,1.7000/1.9000 马克的方案在开始时的支出比第一种方案的一半还要少,除了 1.6500/1.8700 马克之间的区域以外,对于大部分的美元汇率而言,该策略要优于第一种策略。

最后的例子是一个使用协定价格为 1.7000 马克和 2.0000 马克的看涨期权来构造的比率回廊式期权,只不过卖出看涨期权的标的资产规模不是 100 万美元,而是 100 万美元的 1.75 倍。之所以这样设计,是为了使支出的净期权费与上一例相等,即均为 47 000马克,尽管被出售的看涨期权要便宜一些。这种做法的优点是创造了一个更大的范围,公司的美元成本在这个范围内保持不变。在这个例子中,这家公司将支付与上例相同的固定价格 1.7491 马克,但是保值范围扩大了,从 1.7000 至 2.0000 马克。其不利后果是,一旦美元超过上限协定价格,其损失就开始迅速增加,这就是比率杠杆效应。不过,这种比率式期权只有在美元价格 2.1350 马克时才比前一例子中的情况更差,并且只有在美元价格超过 2.3350 马克时才比不进行保值结果更差,而这些情况发生的可能性很小。

第六节 外汇风险管理的策略分析

一、主要的三种外汇风险管理策略

(一) 完全抵补策略

即采取各种措施消除外汇敞口额,固定预期收益或固定成本,以达到避险的目的。对银行或企业来说,就是对于持有的外汇头寸,进行全部抛补。一般情况下,采用这种策略比较稳妥,尤其是对于实力单薄、涉外经验不足、市场信息不灵敏、汇率波动幅度大等情况。

(二) 部分抵补策略

即采取措施清除部分敞口金额,保留部分受险金额,试图留下部分赚钱的机会,当然也留下了部分赔钱的可能。

(三) 完全不抵补策略

即任由外汇敞口金额暴露在外汇风险之中,这种情况适合于汇率波幅不大、外汇业务量小的情况。在面对低风险、高收益、外汇汇率看涨时,企业也容易选择这种策略。

二、金融工具抵补

尽管国际工程承包中外汇风险的避险措施多种多样,不同的项目有不同的对策选择,不同的公司有不同的惯用策略,但归纳起来,常用的外汇风险规避方案是金融工具抵补。用金融工具实现资金的套期保值是规避外汇风险的常用策略,主要包括期货合同、远期合约、货币市场、货币期权、货币掉期等方式。其中,期货合同与远期合约套期保值比较相似,只是远期合约更适合于大额交易、更为便利,因此,许多公司主要利用远期市场抵补外汇风险。下面以实例分析外汇风险的规避方案,为国际工程承包企业提供策略选择的思路。

例10-9 A公司为国际工程承包企业,签订了一份某国的建筑工程承包合同,合同金额为1 000万美元。工程将于1年后完工收汇,A公司的资本成本是10%。

1. 外汇市场的有关报价资料

(1) 即期汇率:1USD=7.8RMB;1年期远期汇率:1USD=7.55RMB。

(2) 1年期美元贷款利率:6%;1年期美元投资利率:4%;1年期人民币贷款利率:5%;1年期人民币投资利率:3%。

(3) 1年期美元卖出期权的执行价为7.65元,每美元的期权费用为0.15元。

(4) A公司预测1年后即期汇率的期望水平为：1USD=7.6RMB。

2. A公司可选择方案与分析

A公司现有四种方案可供选择：

(1) 远期合约套期保值

A公司可以现在与银行达成远期合约，按1年期远期汇率（1USD=7.55RMB）卖出1 000万美元远期。1年后，A公司将收到的1 000万美元进行远期合约交割，从银行那里收到7 550万元人民币。A公司因此而用外汇市场抵补了此项收入的外汇风险。

(2) 货币市场套期保值

如果A公司选择货币市场来抵补，可以现在借入943.40万美元（1 000÷1.06），然后按即期汇率（1USD=7.8RMB）换成人民币7 358.52万元，而用1年后收到的工程款来偿还美元贷款的本息和。

(3) 卖出期权套期保值

如果A公司选择期权市场来抵补，现在可购买金额为1 000万美元的看跌期权，期权合同总成本150万元（1 000×0.15）。1年后，A公司收到1 000万美元工程款时，如果汇率低于7.65元/美元，行使期权合约，按协定汇率卖掉美元，得到7 650万元，收入减去期权成本，净收入为7 500万元人民币；若1年后汇率高于7.65元/美元，则不需执行期权合约。这虽然比远期和货币市场保值的结果要差，但期权抵补结果没有上限。当然，是否选择期权方式，取决于公司对收益和风险的权衡。

(4) 不采取保值措施

A公司也可以选择自己承担外汇风险的方案。根据它对将来汇率的预测，A公司期望1年后收到7 600万美元，但这一数目是带有风险的。如果1年后的即期汇率低于7.6元/美元，A公司将面临更多的汇兑损失，从而使项目的实际利润有很大的不确定性。

通过以上分析可以看出，远期合约和货币市场套期保值可以使企业彻底避免人民币升值带来的收入不确定性，虽然同不保值的期望收入水平相比，其结果可能更低，但在人民币升值压力仍然很大、各种不确定性因素众多的情况下，企业对主要承包工程款项进行套期保值，对稳定其经营管理无疑具有重大的意义。远期合约与货币市场二者间的选择，取决于两种方式最终收入结果的预期和资金利用的投资回报率。如果企业不能确定未来外币现金流量是否发生或何时发生（如在投标竞争时不知是否能够中标），那么期权合约是最好的选择，因为它具有更大的灵活性，可以避免期望现金流未实现时，其他套期保值方式本身造成的外汇敞口。此外，企业也可以使用外汇掉期等其他金融工具来规避外汇风险。

◎ 小结

1. 首先介绍了外汇风险的含义、类型、特征。外汇风险是指汇率变动对外汇持有者或外汇经营者的外汇资产、负债和经营活动的影响。一般分为三类会计风险、交易风险与经济风险。

2. 举例介绍了如何运用远期的金融工具配置进行外汇风险管理。
3. 举例介绍了如何运用期货的金融工具配置进行外汇风险管理。
4. 举例介绍了如何运用期权的金融工具配置进行外汇风险管理。
5. 举例介绍了如何运用互换的金融工具配置进行外汇风险管理。
6. 综合应用各种金融工具及策略进行外汇风险管理。

◎ 重要概念

外汇风险　外汇风险管理的策略

◎ 思考题

1. 如何运用远期工具管理外汇风险？
2. 如何运用期货工具管理外汇风险？
3. 如何运用期权工具管理外汇风险？
4. 如何运用互换工具管理外汇风险？

◎ 参考书目与推荐阅读

1. 叶永刚. 金融工程学. 大连：东北财经大学出版社. 2002.
2. 荀厚平，李硕. 国际工程承包企业外汇风险管理策略. 国际经济合作，2007，5.

第十一章 利率风险管理

◎ 学习目标
1. 利率风险的含义
2. 利率风险的度量方法
3. 基于远期的利率风险管理方法
4. 基于期货的利率风险管理方法
5. 基于互换的利率风险管理方法
6. 基于期权的利率风险管理方法
7. 利率风险管理策略

早在18世纪末和19世纪初就已经出现利率风险的概念，但是真正现代意义上的利率风险的出现则较晚，而现代形式的利率风险度量方法最早出现于20世纪中期。随着资本市场的有效化，利率风险逐渐成为金融市场上的主要风险。实际上，在金融市场比较发达的今天，利率风险仍是最主要的市场风险。

所谓利率风险是指由于市场利率的变化而使得资产的回报率变得更低或负债变得更为巨大的一种风险。利率风险仅仅对利率敏感型资产和利率敏感型负债产生作用，它直接影响利差，从而影响年报盈利。

在前面的章节中我们介绍了一些主要的现货和衍生工具，这些衍生工具都可以用来进行利率风险管理。本章我们重点讨论利率风险管理问题。我们首先从利率的概念出发分析对利率产生影响的诸多因素；然后给出利率风险的定义，利率风险度量的方法；最后我们在第二编介绍的金融工具的基础上讨论如何利用衍生工具进行利率风险的管理，并讨论一般的利率风险管理的策略。

第一节 利率风险

一、利率及利率水平的确定

在讨论利率风险的管理问题之前,我们有必要先回顾利率的概念,以及关于利率水平确定的有关理论。

所谓利率通常有两个含义:一是指利息率,是指借贷关系中,借贷期内借方所支付的利息与借贷的本金之比,利率通常用百分比表示;另一个含义是指"到期回报率",主要指由债券的价格、期限和支付的现金流而计算出来的回报率。前者侧重于银行的借贷,后者则侧重于投资。本章的风险管理应该更加注重后者。

从利率水平的角度来看,影响利率水平的因素很多,综合起来可以分为两个大的方面:宏观因素和微观因素。宏观因素主要指影响利率水平的宏观经济环境,它包括可贷资金的供给和需求的货币政策和财政政策等。微观因素则主要指从微观的角度来看影响利率水平的因素,主要有两个方面:利率的风险结构和利率的期限结构。下面主要分析这些微观因素。

1. 利率的风险结构

人们通常将债券(尤其是国库券)看作是无风险证券,其实,债券是有风险的,尤其是公司债券往往具有违约风险,此外不同期限的债券具有不同的流动性。这些风险在债券所承诺支付的利率中反映出来,不同的债券因为具有不同的风险而需要不同的风险溢价(premium)进行补偿,从而导致不同的利率水平。这种不同的风险所对应的利率水平即是利率的风险结构。构成利率风险结构的因素有:债券的违约风险、流动性风险和税收待遇。

(1)违约风险

违约是指债券发行人在债券到期日不能完全履行其支付利息或本金的承诺。债券发行人违约的可能即是违约风险。不同的债券具有不同的违约风险,一般认为一些国家的国库券(如中国和美国)是无违约风险的债券。而公司债券则大多具有违约风险,而且不同的债券的违约风险不同,这种风险可以通过不同的信用评级反映出来。标准-普尔公司和穆迪公司对世界上许多公司进行评级。公司的级别越高,债券的违约风险越低,所支付的利率也就越低;反之,公司级别越低,债券的违约风险越高,必须支付较高的利率才能吸引投资者购买。

在其他条件相同的情形下,具有违约风险的债券与没有违约风险的债券的到期收益率之差即是风险溢价,正是因为风险溢价的不同才导致不同级别的债券具有不同的收益率。狭义的利率风险结构正是指这种不同信用风险与到期收益率之间的对应关系。

(2)债券的流动性

影响债券利率高低的另一个因素是债券的流动性。一般地,债券的流动性是指在需要时能够以低廉的成本迅速变现的可能性。债券的流动性越高，交易成本越低，持有该债券的风险越低，因此其利率也越低；反之，债券的流动性越低，交易成本越高，投资于该债券的风险越高，利率也越高。从美国市场看，国库券交易最广，流动性很强，其利率相对较低；而公司债券的交易量小，急于出手时费用较高，所以流动性较差，所支付的利率也最高。因此各种债券在利率上的差异往往同时反映了违约风险和流动性风险的差异。因流动性不同而产生的利率差异称为流动性溢价。

（3）所得税因素

所得税因素往往也是决定利率水平的一个很重要的因素。在美国，因为国库券和市政债券具有不同的税收规定，因此所支付的利率也不同。一般地，一些市政债券因为免交联邦所得税，因此所支付的利率低于国库券，而且市政债券的流动性也低于国库券。尽管如此，考虑到税后收入，人们还是愿意持有市政债券。

2. 利率的期限结构

利率的期限结构描述的是债券的到期期限与到期收益率之间的关系。通常考虑的是无违约风险的债券的到期收益率或即期利率与到期期限的关系。到期收益率与到期期限的关系称为收益曲线，即期利率与到期期限曲线称为利率期限结构。通常对这两种曲线不加区分。

收益曲线或利率期限结构是其他债券定价的基础，因此，关于利率期限结构的理论十分重要，通常有预期理论、市场分割理论和流动性偏好理论。有关理论可以参照相关书籍，在此不加介绍。从收益曲线来看，通常有三种情况（如图11-1所示）：

（1）收益曲线向下倾斜，短期利率高于长期利率；

（2）收益曲线呈水平状，短期利率与长期利率相等；

（3）收益曲线向上倾斜，短期利率低于长期利率。

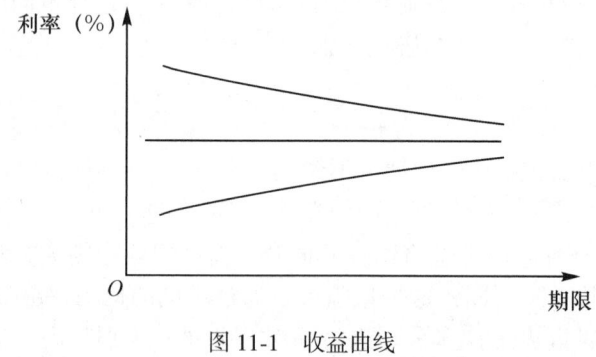

图 11-1　收益曲线

二、利率风险的含义

利率风险是指由于利率的变动而对某个经济实体的收入或净资产价值的潜在的影响。当某些经济实体表内外资产负债的本金和利息的现金流的期限不相匹配时，利率的波动就有可能给经济实体带来亏损，也就是出现了利率风险。利率风险的大小可以看作是利率波动的大小、方向和不匹配头寸的数量和期限的函数。

与外汇风险、股票风险等其他市场风险一样,利率的波动在可能产生亏损的同时也可能带来收益。投资者可以充分利用对自己有利的利率变动,从而增加本单位的收入和实现资产价值的增值或减少债务负担。当然,我们考虑的利率风险主要是指利率波动给投资者带来损失的可能性,并将利率风险分为两个要素:

1. 投资风险

投资风险也称为价格风险,是指由于利率的变动引起表内和表外的以固定利率计息的资产与负债的市场价值发生变化的风险。由于利率和以固定利率计算利息的金融资产的价格成反比关系,当利率上升时,金融资产的市场价格会有所下降。

2. 收入风险

收入风险是指贷款利率发生不完全对称的变动,引起投资收入发生损失的风险。收入风险的实质是一个"缺口"问题。所谓缺口就是利率敏感性资产和利率敏感性负债的差额。

三、利率风险的度量

利率风险的度量是风险管理的开端,也是风险管理的一个重要环节。"利率风险衡量的精髓在于了解金融机构目前的利率风险状况并合理地评估其绩效。"[1] 利率风险的度量方法也经历了一个从简单到复杂的发展过程,这里介绍的是一些常见的度量方法。

(一) 缺口分析法

所谓缺口分析法即用风险暴露的缺口来衡量风险暴露的程度,主要有敏感性缺口和持续期缺口法。

1. 利率的敏感性缺口分析

利率的敏感性缺口分析是商业银行进行资产负债管理的基础。商业银行将其资产负债表中的相应项目分为利率敏感性资产与负债和非利率敏感性资产与负债,如银行生息资产、存款和货币市场借款等都是利率敏感性资产与负债,银行将定期对这些敏感性资产与负债进行重新定价。如何区分资产负债是否为利率敏感性,表 11-1 给出了一些例子。

表 11-1　可重新定价银行资产与负债和不可重新定价银行资产与负债举例[2]

可重新定价资产	可重新定价负债	不可重新定价资产	不可重新定价负债
1. 政府与个人借款者发行的短期证券(即将到期)	1. 货币市场借款(如联邦基金或 RR 借款)	1. 银行库存现金与在央行的存款(法定准备金)	1. 活期存款账户(无息或利率固定)

---

[1] 安东尼·G. 科因,等. 利率风险的控制与管理. 唐旭,等,译. 北京:经济科学出版社,1999:53.

[2] 资料来源:彼得 S. 罗斯. 商业银行管理. 刘园,等,译. 北京:机械工业出版社,2001.

可重新定价资产	可重新定价负债	不可重新定价资产	不可重新定价负债
2. 银行向借款者提供的短期贷款（即将到期）	2. 短期储蓄账户	2. 银行向借款者提供的长期固定利率贷款	2. 长期储蓄和退休金账户
3. 可变利率（浮动利率或可调整利率）的贷款与证券	3. 货币市场存款（其利率每几天调整一次）	3. 长期固定利率证券	3. 银行股东的股本资产
	4. 可变利率（浮动利率或可调整利率）存款	4. 银行建筑物、设备与其他非盈利性资产	

我们将这些资产和负债称为利率敏感性资产和利率敏感性负债，两者之差即为缺口。

利率敏感性缺口＝利率敏感性资产－利率敏感性负债

对于商业银行来说，如果每一计划期内（天、周、月等）的利率敏感性资产超过需要重新定价的利率敏感性负债量，则称银行存在正缺口或资产敏感性缺口。即：

资产敏感性（正）缺口＝利率敏感性资产－利率敏感性负债＞0

如果银行处于资产敏感性（正）缺口，则市场利率上升将给银行带来盈利；反之，利率下降则对其产生亏损。

同样，如果在计划期内银行利率敏感性负债大于利率敏感性资产，则称银行存在负缺口或负债敏感性缺口。即：

负债敏感性（负）缺口＝利率敏感性资产－利率敏感性负债＜0

类似地，利率下降将给资产敏感性（正）缺口带来盈利，利率上升则对其产生亏损。

2. 持续期缺口分析

（1）单笔资产或单笔负债的持续期

持续期是一种用来衡量银行未来现金流量（如银行预期从贷款与证券所获得的现金流入量或银行支付给储户的利息流出量）的平均期限。实际上，持续期衡量的是用来补偿投资所需资金的平均时间。持续期的具体计算方法是以银行未来现金流的现值占所有现金流现值的百分比作为权重，对相应现金流进行加权平均而得到。公式为：

$$D = \frac{\sum_{t=1}^{n} \frac{CF_t}{(1+y/m)^t} \times \frac{t}{m}}{\sum_{t=1}^{n} \frac{CF_t}{(1+y/m)^t}} = \sum_{t=1}^{n} \omega(t) \times \frac{t}{m} \quad (11.1)$$

其中，D 表示以年为单位表示的持续期；t 表示现金流发生的时期，单位为年；CF_t 表示 t 时发生的现金流；y 是从计算时看金融工具的到期收益率；m 为该金融工具现金流一年支付的次数；$\omega(t)$ 为第 t 时期现金流的现值占整个现金流现值的百分比，即：

$$\omega(t) = \frac{CF_t}{(1+y/m)^t} \bigg/ \sum_{t=1}^{n} \frac{CF_t}{(1+y/m)^t}$$

实际上,公式中的分母是等于金融工具的市场价值(价格),所以公式可以改为:

$$D = \frac{\sum_{t=1}^{n} \frac{CF_t}{(1+y/m)^t} \times \frac{t}{m}}{\text{目前的市场价值或价格}} \tag{11.2}$$

进一步的分析表明,持续期度量的是金融工具的价格对到期收益率的敏感性。也就是说,持续期反映了单位到期收益率的变化所引起金融工具价格的变化量。

例 11-1 假设某银行贷款期限为 5 年,每年的利率为 10%,贷款票面价值(平价)是 10 000 元,它同样也是该笔贷款目前的市场价值(价格),因此该贷款目前的到期收益率为 10%,则该笔贷款的持续期为:

$$D = \frac{\sum_{t=1}^{5} \frac{1\,000}{(1+10\%)^t} \times t + \frac{10\,000}{(1+10\%)^5} \times 5}{\sum_{t=1}^{5} \frac{1\,000}{(1+10\%)^t} + \frac{10\,000}{(1+10\%)^5}} = \frac{41\,698.7}{10\,000} = 4.17 \text{ 年}$$

(2) 多笔资产或负债的持续期

多笔资产(或负债)形成一个资产(或负债)组合。如果这笔资产由 N 笔资产组成,这 N 笔资产的价值(价格)和持续期分别为 V_i 和 D_i ($i=1, 2, \cdots, N$),组合的价值和持续期分别为 V_p 和 D_p:

$$V_p = V_1 + V_2 + \cdots + V_N$$
$$D_p = \omega_1 D_1 + \omega_2 D_2 + \cdots + \omega_N D_N \tag{11.3}$$

其中, $\omega_i = V_i/V_p$ ($i=1, 2, \cdots, N$) 为每一笔资产占所有资产的比例。按上述方法可以计算分别资产和负债的持续期 D_A 和 D_L。

(3) 资产负债的持续期缺口

持续期缺口定义为资产与负债的持续期之差,用公式表示为:

$$\text{持续期缺口} = \bar{\omega}_A D_A^* - \omega_L D_L^* \tag{11.4}$$

其中 $\omega_A = V_A/(V_A+V_L)$, $\omega_L = V_L/(V_A+V_L)$。D_A^* 和 D_L^* 分别为修正的资产和负债持续期,其定义为:

$$D^* = \frac{D}{1+i} \tag{11.5}$$

类似地,可以定义正、负持续期缺口如下:

正持续期缺口=加权的资产持续期(修正值)-加权的负债持续期(修正值)>0
负持续期缺口=加权的资产持续期(修正值)-加权的负债持续期(修正值)<0

(4) 原理

持续期缺口之所以能够对利率风险进行度量,是因为持续期与贷款的价值的变化满足一定的关系。由持续期的定义和贷款价值估算公式容易推出,贷款的价值变化率与持续期、利率变化率之间有下列关系:

$$\frac{\Delta V}{V} \approx -D \times \frac{\Delta i}{1+i}$$

进一步，我们可以计算银行股本（净值）的市场价值的变动为：

$$\Delta NW = \Delta A - \Delta L$$

其中 ΔNW 表示净市场价值的变化；ΔA 表示总资产的变化；ΔL 表示总负债的变化。

$$\Delta NW = \left[-D_A \times \frac{\Delta i}{1+i} \times A \right] - \left[-D_L \times \frac{\Delta i}{1+i} \times L \right]$$

例 11-2 假设某银行资产的平均持续期为 3 年，负债的平均持续期为 2 年，总资产为 1.2 亿元，总负债为 1 亿元，原始利率为 10%，但突然上升为 12%，则：

$$\text{银行净价值的变化量} = \left[-3 \times \frac{2\%}{1+10\%} \times 1.2 \right] - \left[-2 \times \frac{2\%}{1+10\%} \times 1 \right]$$

$$= -0.0291 \text{（亿元）}$$

此时，银行面临巨大损失。

（二） VaR 方法

1. 定义与含义

VaR 是在值风险（value at risk）的简称，该方法由 JP Morgan 公司率先提出并于 1997 年公开。按 JP Morgan 的定义："VaR 度量的是在给定时间段、以给定的概率，金融工具组合价值的最大潜在的变化。VaR 回答这样一个问题：在给定时段，以概率 $x\%$ 我们可能损失多少。"用公式表示为：

$$\Pr(\Delta V > \text{VaR}) = 1 - c \tag{11.6}$$

其中，ΔV 表示组合价值在长度为 t 时间内的变化；c 表示置信水平（一般选择置信水平为 95%）。其实质是度量一定时间段内，以一定的可能性某种风险带来的最大亏损。

利用 VaR 计算利率风险实际上是估算在一定的可能性下利率的最坏变动所产生的最大可能的损失，其具体方法可以概括为四个步骤：

第一步：由盯市确定组合的现期价值，表示为 V_0；

第二步：定义未来组合价值 V_1，$V_1 = V_0 e^r$，r 表示组合的收益率，按连续复利计算；

第三步：估计一个交易日组合的收益率的一个界限，表示为 $\hat{r}$，使实际收益率小于它的概率低于 5%，即：

$$\Pr(r < \hat{r}) = 5\%$$

第四步：用记号 $\hat{V}_1$ 表示组合未来最坏的情形下的价值，$\hat{V}_1 = V_0 e^{\hat{r}}$，由此得：

$$\text{VaR} = V_0 - \hat{V}_1 = V_0(1 - e^{\hat{r}}) \tag{11.7}$$

注：①对于交易期限比较短时，$\hat{r}$ 很小，因此有 $1 - e^{\hat{r}} \approx \hat{r}$，从而

$$\text{VaR} \approx V_0 \hat{r}$$

②由以上步骤不难看出，计算 VaR 的关键是收益率的概率分布，一般情形下计算 $\hat{r}$ 比较困难，但对特殊的分布——正态分布很容易。正态分布下的 VaR 的计算可参见相

关资料，这里不再展开。

2. 计算 VaR 需要事先明确量

计算 VaR 需要事先明确三个量：时间范围的选择、概率水平的选择和概率分布的选择。

（1）时间范围的选择

时间范围的选择具有主观性，也就是时间长度的选择由银行根据自身情况主观决定，它与银行或金融机构的业务种类和所分析的资产组合类型有关。对于交易组合主要投资于高流动性货币的银行，最好选择 1 天时间段。对于需按季度调节组合并报告业绩的银行来说，90 天是较合适的。理想的情况是，时间范围与组合定期清算所需的最长时间相一致。对于交易额较大的银行和金融机构来说，一般根据资产负债表内的金融资产的重要性，按日对其资产组合进行有效的逐日结算（market-to-market）。

没有必要计算每个时间段的 VaR 值，如果银行的资产组合没有发生变化，根据一套被禁用但仍被普遍使用的假设，t 天的 VaR 大致等于 $\sqrt{t}$ 乘以用 1 天的 VaR。

例如，如果按 95% 的置信水平计算出给定组合 1 天的 VaR 是 100 万美元，则同一组合 10 天（置信水平相同）的 VaR 就是 \$100 万× ≈ \$100 万×3.16 ≈ \$316 万。

（2）概率水平的选择

概率水平的选择取决于风险管理系统如何解释 VaR。有的风险管理经理将 5% 的损失概率视为"极端情形"，有的则将其定为 1% 的概率。金融监管当局为了保证金融系统的稳定性，往往要求金融机构设置较高的置信水平。巴塞尔委员会 1997 年底生效的资本充足性条款中要求的置信度为 99%。表 11-2 列出了一些著名的银行和机构的概率选择水平供参考。

表 11-2　　　　　　　　　各机构选用的置信水平

机构名称	置信水平（%）
银行信托公司	99
花旗银行	95.4
J.P 摩根银行	95
美洲银行	95
美孚石油公司	99.7

（3）收益率的概率分布（密度）函数的选择

计算 VaR，要求收益率的概率密度函数为已知，或可由已知的分布推导出来。最常用的分布是正态分布。正态分布假设大大简化了 VaR 的计算过程，因此很多情况下人们都用此假设，但实证表明正态假设并不符合实际。

第二节　基于远期的利率风险管理

因为远期合约能够将未来的价格固定下来，因此，它能够用来进行利率风险管理。

这种远期主要是一般的远期和远期利率协议（FRA）。

1. 普通的远期利率合同

普通的远期利率合同是指由交易双方根据各自的需要而签订的一种合同，合约的规模、期限和价格由双方共同商定，因此用来进行利率风险管理时具有很强的灵活性。但是，作为一种场外交易产品，一方面具有一定的信用风险，另一方面可能具有较低的流动性和较高的交易成本。因为合约在到期之时能否兑现完全看双方是否信守合同，同时合同也不能进行转让，考虑到这些因素，合约的报价一般高于标准的远期合约。

2. 远期利率协议（FRA）

在前面第四章中我们介绍了远期利率协议。在国际金融市场上，这种远期合约普遍用来进行利率风险管理。尽管它是一种场外交易产品，但它又是一种较为标准化的产品。早在1985年，英国银行家协会就公布了远期利率协议的标准条款，即"FRABBA条款"。这一条款为伦敦银行界所有同业间远期利率协议交易的标准条款。

利用远期利率协议进行利率风险管理时涉及两个方面的问题：（1）远期协议的期限的选择。一般地，远期协议的期限有3个月、6个月和1年期的合约。当然，现在市场上也存在一年期以上的远期利率协议；（2）合约标的物的选择，即参考利率的选择。通常我们需要选择那些与暴露的风险相关性强而且不太容易被操纵的有明显定义的利率作为参考利率。

利用远期利率协议进行利率风险管理时通常又分为两种情况：

第一种情形是利率风险的暴露与远期利率协议的参考利率高度相关，而且涉及的期限与某种远期利率协议标准合约正好相吻合，则可以通过直接利用远期利率协议进行利率风险管理。例如一家美国银行需要发放一笔3个月以后开始的100万美元、期限为6个月的贷款，银行客户要求现在就要确定利率。为了做成这笔交易，银行一方面要向其客户给出利率的承诺，另一方面需要锁定其融资成本。假定银行向某一远期利率协议交易商联系，当时的6个月即期利率的LIBOR报价为8.25%，交易商的报价为3×9的LIBOR为8.32%，银行向客户报出3个月后开始的期限为6个月的贷款利率为8.82%，客户表示接受。这样银行通过与远期利率交易商签订远期利率对其利率风险进行全面保值，并获得50个基本点的收益作为所承担的信用风险的补偿。在这个例子中，之所以远期利率协议能取到很好的保值效果，是因为银行在3个月后可以在货币市场上以6个月的LIBOR利率进行融资，这一利率又正好与远期利率协议的参考利率是同一利率。

第二种情形是投资者所面临的利率风险在期限上与标准的远期利率协议的期限不一致，或者使用的利率与参考利率存在一定的差异，此时可以做出如下选择：

①运用最接近的标准远期利率协议进行套期保值，此时要承担剩余的基差风险，但风险不会很大。

②运用标准FRA合约保值，同时对剩余的基差风险进行管理。

③运用场外交易市场上非标准FRA合约保值，与一些金融机构签订远期协议。这种方法的优点是可以对合约作调整，使其与面临的利率风险相适应，从而获得比较好的保值效果。

例11-3 某一家德国公司，1992年11月，该公司的财务主管在编制公司1993年的预算时，预计在 1993 年的 5 月到 11 月有季节性借款需求，平均余额为 500 万马克。

从当时的经济形势看，即期市场上的收益率曲线向上倾斜，远期利率协议的市场价格递减，这些都预示着德国的利率在下一年度将存在大幅下跌的可能性。公司财务主管不能肯定利率是否下跌，以及如果下跌，是否会下跌到隐含的远期利率所隐含的水平。因此，公司决定通过购买 FRA 来锁定 6 月期的远期利率。其具体交易及相关信息概括为表 11-3。

表 11-3

名义本金	500 万（马克）
固定日期	1993 年 5 月 18 日，星期二
成交日期	1992 年 11 月 18 日，星期三
清算日期	1993 年 5 月 20 日，星期四
当前日期	1992 年 11 月 20 日，星期五
最后日期	1993 年 11 月 22 日，星期一
合约利率	7.23%
合约期限	186 天

假定在 1993 年 5 月 18 日，德国马克的 LIBOR 为 7.63%，这一水平于 1992 年 11 月的 8.68% 确有下降，但没有跌破 7.23%，这证明财务主管的预期是正确的。在 1993 年 5 月 20 日支付的清算额为 9 941.43 马克，其计算公式为：

$$\frac{(0.0763-0.0723)\times 5\,000\,000}{(360/186)+0.0763}=9\,941.43（马克）$$

如果公司按 7.00% 的利率将清算所得进行投资能获得额外的利息 359.55 马克，到最后的到期日时，从远期利率协议所获得的总收益为 10 300.98 马克，同时假定在 5 月 18 日，该公司可以以 LIBOR+30bp 的利率（即 7.93%）借入 500 万马克，借款协议在 5 月 20 日签订，并于 186 天后的 11 月 22 日进行偿付，在最后到期日的现金流量的计算留作习题。

第三节　基于期货的利率风险管理

我们在第五章中介绍了利率期货合约，从理论上讲所有的利率期货合约都可以用来进行利率风险管理，但通常用来进行利率风险管理的期货合约是短期利率期货和中长期债券期货，而且短期利率期货主要用于短期利率风险管理，中长期债券期货则用于对债券组合的利率风险进行管理。利用期货进行套期保值时涉及两方面的问题：一个是期限的选择问题，另一个是期货合约数量的选择问题，即套头比的确定。

期限的选择要求期货的期限尽量与被保风险接近,而且风险暴露的期限比期货的期限短。对于暴露的期限较长的风险,进行展期保值,即:购买一个近期的期货,期货快到时卖出原来的期货并买入新的期货,如此买卖,从而达到保值的目的。期货合约数量的选择就是套头比的选择问题。下面我们分别从短期利率期货的应用和中长期债券期货的保值策略两个方面来介绍。

一、短期利率期货的应用

在使用短期期货合约套期保值时,最关键的问题是套期保值比率的确定,所以本节重点介绍这一比率的确定。因为套期保值比率的计算比较复杂,并且依据不同的方法所得到的结果也略有不同,这里我们介绍洛伦兹·格利茨的方法,并从两个方面来探讨优化保值。

1. 对套期保值比率的调整

在期货保值中,首先需要计算套期保值比率(简记为 HR),即要决定应买入或卖出多少份期货合约,才能使保值后资产组合中的总值与基础资产风险相匹配。

为了比较精确地对套期保值比率进行调整,就需要考虑五个方面的因素:受险本金、清算金额、风险期限、保证金流量和风险基差。其中,前两项因素是最重要的,设计期货合约套期保值策略时必须把这两个因素考虑进去。其余的因素在构造巨额或精密的保值时才有必要考虑。根据这一点,我们可把 HR 定义为两个部分:

$$HR = HR_{基本} \times HR_{高级} \quad (11.8)$$

其中,HR 表示最终保值比率;$HR_{基本}$ 表示调整风险本金与风险期的保值比率的成分;$HR_{高级}$ 表示调整风险基础、清算金额和保证金流量的保值比率的成分。上述两种比率还可以进一步分解:

$$HR_{基本} = HR_{本金} \times HR_{期限} \quad (11.9)$$
$$HR_{高级} = HR_{基差} \times HR_{清算} \times HR_{保证金} \quad (11.10)$$

其中,$HR_{本金}$ 表示由受险本金所确定的部分;$HR_{期限}$ 表示由风险暴露期限所确定的部分;$HR_{基差}$ 表示由风险基差所确定的部分;$HR_{清算}$ 表示由结算金额所确定的部分;$HR_{保证金}$ 表示由保证金所确定的部分。套期保值比率各个成分的计算方法如下。

(1)受险本金

受险本金所确定的部分的计算最容易,它是风险本金额与期货合约名义本金间的比率,即:

$$HR_{本金} = \frac{基本风险暴露的本金}{期货合约的名义本金} \quad (11.11)$$

比如,若基本风险暴露为 5 000 万美元的借款,且准备用 3 个月欧洲美元期货合约来保值,该合约的名义本金为 100 美元,因此 $HR_{本金}$ 即为 50。

(2)风险期限

本部分也可以直接计算,即基本风险的风险时期与期货合约下保证金的存放期限之间的比率,即:

$$\mathrm{HR}_{期限} = \frac{基本风险所包含的期限}{期货合约下保证金的存放期限} \tag{11.12}$$

值得注意的是这里的保证金存放期限与当前到期货合约到期日的一段时间无关，而是作为合约的一部分明确规定的一个固定期限。比如，如果一年期的借款承诺由 3 个月期的欧洲货币期货合约来保值，该固定期间当然为 3 个月，因而 $\mathrm{HR}_{期限}$ 就为 4。

（3）风险基差

所谓基差风险是指由于暴露利率风险的资产与期货合约的标的资产不同而产生的风险。实际上，几乎所有的期货合约都以 3 个月的 LIBOR 为标的，其中最常用的是欧洲美元、欧洲日元、欧洲马克和 3 个月期英镑的期货合约。也有少数的几种例外情况，比较重要的有在芝加哥交易所（CBOT）交易的 30 天联邦资金合约和芝加哥商品交易所（CME）交易的 1 个月期的 LIBOR 合约，但这些合约的交易额都较为有限。

至于美元以外的其他货币，可选择的品种就局限于各自的 3 个月期合约，而期限很短的美元合约则因流动性相对较低而实际上被排除在选择范围以外。如果基本风险暴露与上述某种货币的 3 个月联系在一起，就不会产生问题，但许多情况下风险暴露有所不同。比如，借款是同银行利率或优惠相关联的；借款或投资是与商业票据利率相关联的；借款计价货币中没有利率期货合约。

当借款或投资的利率与期货合约的利率不相同时，为了精确地计算由此产生的基差风险，需要对两种利率进行线性回归，其回归系数（通常用 β 表示）就是风险基差套期比率，即：

$$\mathrm{HR}_{基差} = \beta \tag{11.13}$$

（4）清算金额

由清算金额而确定的套期保值比率的计算比较复杂，这里我们只是给出其计算公式，而没有给出公式的推导过程：

$$\mathrm{HR}_{清算} = \frac{1}{t\left(\dfrac{B}{D} + 1 - \dfrac{FP}{100}\right)} \tag{11.14a}$$

其中，t 表示期货合约的名义长度；B 表示按日计算惯例（如美元为 360 天，英镑为 365 天）；D 表示期货合约的实际天数；FP 表示当前期货合约的价格。如果保值计划在合约到期日之前进行对冲，则适用的公式为：

$$\mathrm{HR}_{清算} = \frac{1}{t\left[\dfrac{B}{D} + \left(1 - \dfrac{FP}{100}\right)\left(1 + \dfrac{T}{D}\right)\right]} \tag{11.14b}$$

其中，T 表示期货平仓日至到期日之间的天数；其他符号的含义与前面相同。

（5）保证金流量

因为利用期货进行套期保值必须进行逐日"盯市"，因此，随着保证金流量的变化必定产生一定的风险。考虑到保证金流量的变化，在进行套期保值时必须适当选择规模，因此它对套期保值比率的确定也起一定的作用。这里我们仍然不加证明地给出计算公式：

$$\text{HR}_{\text{保证金}} = \cfrac{1}{\left[1 + \cfrac{i}{2}\cfrac{(D_H-1)}{B}\right]} \tag{11.15}$$

其中，i 为短期借款或筹资的利率；D_H 为保值期的天数。

例 11-4 利用调整后的套期保值比率进行期货合约套期保值。

A 基金管理公司经营的一个基金都以英镑来计值。1992 年 10 月 5 日，A 公司考虑它的该英镑基金的经营策略。在 1993 年 3 月 15 日（星期一）将收到到期的投资收入 25 万英镑，打算将其投资于 6 月期的短期存款中。根据该公司与一家主要银行的协定，A 公司可以在整个存款期内获得比存款前两个工作日的银行基准利率低 25 个基本点的利率。但英国利率在近期内的变动引起了 A 公司的关注。就在两周以前，英镑被挤出了欧洲汇率机制，基准利率也下调了 1%，从 10% 降到 9%。在期货市场上，12 月合同已经被扣去半点，来年 3 月合同再被扣去半点。但 A 公司相信，随着英镑摆脱欧洲汇率机制的约束，英国利率的下调比率将比期货市场的预期更大更快。于是 A 公司决定运用 LIFFE 的欧洲英镑期货来保值，并根据表 11-4 中具体条件计算恰当的保值比率：

表 11-4

当前日期：1992 年 10 月 5 日星期一	当前基准利率：9%
存款确定日：1993 年 3 月 1 日星期四	当前期货价值（1993 年 3 月合同）：92.05
存款起息日：1993 年 9 月 15 日星期一	保值期：157 天
存款到期日：1993 年 9 月 15 日星期三	存款期：184 天
存款额：25 000 000	期货到期日：1993 年 3 月 17 日星期三
合同额：500 000	期货期限（1993 年 3 月合同）：91 天

回归方程： BASE = 0.05 + 0.9889×EURO
（基准利率） （欧洲英镑利率）

这样，A 公司可以计算出下列保值比率，见表 11-5。

表 11-5

$\text{HR}_{\text{本金}} = 50.0000$	$\text{HR}_{\text{基本}} = 101.1000$
$\text{HR}_{\text{期限}} = 2.0220$	$\text{HR}_{\text{高级}} = 0.9509$
$\text{HR}_{\text{基差}} = 0.9889$	$\text{HR} = 96.1360$
$\text{HR}_{\text{清算}} = 0.9779$	
$\text{HR}_{\text{保证金}} = 0.9832$	

因此，A 公司以 92.05 的价格购买了 96 份 1993 年 3 月的欧洲英镑合同，并在生息券中存款 £120 000 作为初始保证金（在这以后保证金要求已有变化）。期货价格为 7.95% 表明基准利率应为 7.81%，并表明 A 公司的投资利率应为 7.56%。

2. 叠加式保值与平列式保值

在确定需要买卖多少份期货合约后，就应确定需用哪一种保值合约，这取决于两个因素：特定期货市场的流动性与基础金融资产面临的风险期限。

针对这两点，有两种策略，叠加式保值与平列式保值。叠加式保值，顾名思义，就是采用一组具有相同到期日的期货合约。选用的合约是在基础资产风险利率确定之后最先到期的那一种。买入一份到期日早于利率决定日的合约是没有意义的，因为为了保持相应的保护，该头寸需要向后进行滚转。

平列式保值，则是运用一组期货合约来尽可能地覆盖基本风险所包含的期间，这一系列期货合约中的第一份合约仍应在基本风险确定后到期，而这一系列合约中最后一份合约所包含的期间一般应延伸至基本风险到期日之后。

叠加式保值比较容易操作，因为只需要进行几种合同的交易，缺陷在于导致了另一种基础风险。运用3月份期货合约来为6月份利率保值的依据是假设3月份和6月份利率同步变动，若假设正确，则保值效果不错；若假设有误，则叠加式保值不够完美。

平列式保值之所以能把这种特定的基础风险降低到最小程度，是因为一组平列的期货可以结合起来构成一个单一的远期利率。如果用$f_1, f_2, \cdots, f_n$分别表示平列式保值中几个连续期货合约各自代表的远期利率，那么当整个平列组合期限不超过1年时，该项保值的单一远期利率 fstrip 可由下式给出：

$$1 + ntf_{\text{strip}} = (1 + tf_1) \times (1 + tf_2) \times \cdots \times (1 + tf_n) \quad (11.16a)$$

如果期限超过1年，则有：

$$(1 + f_{\text{strip}})^{nt} = (1 + tf_1) \times (1 + tf_2) \times \cdots \times (1 + tf_n) \quad (11.16b)$$

其中，f_{strip}表示平列式期货保值利率；f_n表示第n个期货合约所代表的利率；n表示平列组合使用的合约数；t表示期货合约的名义长度。

二、中长期债券期货的保值策略

对债券的组合进行套期保值，往往会使用债券期货合约。在前面的相关章节中，已经知道了债券期货合约是如何追随最便宜交割债券变动的，这样，我们可以设计一种简单而有效的工具，对只包含最便宜交割债券的组合进行套期保值，其中卖出期货合约的名义价值应等于转换因子乘以需保值债券的面值。

然而，实际中投资者将持有一个高度分散化的债券组合，这种组合可通过债券期货合约成功地进行套期保值，但在设计套期保值策略时须分为两个阶段进行：

第一，确定需保值债券与最便宜交割债券之间价格的相对波动率；

第二，确定最便宜交割债券与债券期货合约之间价格的相对波动率。

那么，对持有目标债券进行套期保值时所需的期货合约数为：

$$N = \frac{\text{NOM}_{\text{TGT}}}{\text{NOM}_{\text{FUT}}} \times \text{RV}_{\text{TGT} \to \text{CTD}} \times \text{RV}_{\text{CTD} \to \text{FUT}} \quad (11.17)$$

其中，NOM_{TGT}表示目标债券的名义价值；NOM_{FUT}表示期货合约的名义价值；$\text{RV}_{\text{TGT} \to \text{CTD}}$表示需保值债券与最便宜交割债券间价格的相对波动率；$\text{RV}_{\text{CTD} \to \text{FUT}}$表示最便宜交割债券与期货合约间价格波动率。

对于第一阶段，假定目标债券和最便宜交割债券均依据同一收益率曲线定价，那么可用两种债券的修正久期来计算$\text{RV}_{\text{TGT} \to \text{CTD}}$，根据修正久期的定义：

$$\Delta P = -\text{MD} \times P \times \Delta i \quad (11.18)$$

其中：ΔP——债券价格变动；

MD——修正久期；

P——债券价格；

Δi——利率变动。

那么，由此式可得目标债券相对波动率的计算公式：

$$\mathrm{RV}_{\mathrm{TGT}\to\mathrm{CTD}} = \frac{\Delta P_{\mathrm{TGT}}}{\Delta P_{\mathrm{CTD}}} \times \frac{\mathrm{MD}_{\mathrm{TGT}} \times P_{\mathrm{TGT}}}{\mathrm{MD}_{\mathrm{CTD}} \times P_{\mathrm{CTD}}} \qquad (11.19)$$

其中：$\mathrm{MD}_{\mathrm{TGT}}$——目标债券的修正久期；

$\mathrm{MD}_{\mathrm{CTD}}$——最便宜交割债券的修正久期；

P_{TGT}——目标债券价格；

P_{CTD}——最便宜交割债券价格。

第二阶段计算更为简便，根据最便宜交割债券价格与期货价格的关系：

$$\mathrm{RV}_{\mathrm{TGT}\to\mathrm{FUT}} = \frac{\Delta P_{\mathrm{CTD}}}{\Delta \mathrm{FP}} \approx \mathrm{CF}_{\mathrm{CTD}} \qquad (11.20)$$

其中：$\Delta \mathrm{FP}$——债券期货合约价格变动；

ΔP_{CTD}——最便宜交割债券价格变动；

$\mathrm{CF}_{\mathrm{CTD}}$——转换因子。

为了对这种方法加以说明，表11-6中列出了一个包含6种不同美国国债券的组合在1992年10月5日的各项具体内容。该面值总额为1亿美元的债券组合在1992年10月的市场价值要略高于1.2亿美元。在该债券组合的6种债券中，只有两种可以在国债期货合约中进行交割，且这两种债券均不是最便宜交割的债券。实际上，最便宜交割债券是2016年2月到期的利率为9.25%的债券，其在1992年10月5日的定价为121-00，收益率为7.35%，且该债券的转换因子为1.1298，修正久期为10.52年。

表11-6　　使用债券期货合约对债券组合进行避险

债券	名义本金（百万美元）	1992年10月5日 价格	1992年10月5日 收益（%）	1993年2月22日 价格	1993年2月22日 收益（%）	修正后的久期	相对波动率	合约数量
$6\frac{3}{8}$Jul99	12	103-12	5.76	103-29	5.63	5.40	0.4382	59.4
$13\frac{1}{8}$May01	16	146-03	6.13	145-16	6.01	5.61	0.6435	116.3
$6\frac{3}{8}$Aug02	22	101-02	6.22	101-21	6.13	7.20	0.5709	141.9
$9\frac{3}{8}$Feb06	8	122-26	6.74	125-08	6.46	8.08	0.7789	70.4
$11\frac{1}{4}$Feb15	24	143-07	7.30	147-26	6.96	10.03	1.1274	305.7
$7\frac{1}{4}$Aug22	18	98-28	7.34	102-25	7.02	11.94	0.9271	188.5
合计	100							882

第四节 基于互换的利率风险管理

我们在利用远期和期货对利率风险进行管理时,通常只能对单一的现金流所暴露的风险进行管理。对于那些具有多个现金流的资产或负债,通过单一的远期或期货难以对其进行管理。从前面的知识我们知道,互换实质上是一序列到期期限不同的远期合约的组合,因此互换正好是针对一序列现金流所暴露的利率风险的管理。

按洛伦兹·格利茨的观点①,应用互换的利率风险管理主要可分为两种:一种是资产相关互换,它主要用来对资产所暴露的利率风险进行管理,目的是要改变投资者收入所产生的现金流量的特征;另一种负债相关互换,它是因为借款人想改变其现金流量。从某种意义上说,这种分类有些牵强,因为进行互换的债务工具对于发行者来说是债务,而对于持有债券的投资者来说又是资产。上面的分类主要是以互换交易的主导方为标准进行的。

一、负债相关互换

通常将负债相关的互换分为四种情况:浮动利率对固定利率的互换、固定利率对浮动利率的互换、固定利率对浮动利率对固定利率的互换以及交叉货币浮动利率对浮动利率的互换,此外,还有非标准互换利率。

(一)浮动利率对固定利率的互换

利用互换进行利率风险管理的一种最为简单而又常见的方法是将一笔借款融资从浮动利率转化成固定利率,这样就消除了利率的变动所产生的风险。

例 11-5 某公司最近按 6 月期 LIBOR+80bp 的浮动利率借入一笔为期 3 年的款项,公司财务主管担心利率会上升,因此希望依据当前的利率水平将资金成本固定下来。公司从互换市场上得到为期 3 年、每半年付息一次的互换的报价,该报价为 3 年期每半年以 7.04%~7.46%交换 LIBOR,该公司作为固定利率支付者签订了该互换合约。公司签订互换协议后的现金流量可用图 11-2 表示出来,从这个现金流量图中可清楚地看到该互换协议有效地将 LIBOR+80bp 的浮动利率债务转化为 8.26%的固定利率债务,虽然这使公司无法从利率下跌中受益,但却可以消除利率上升而产生亏损的风险。

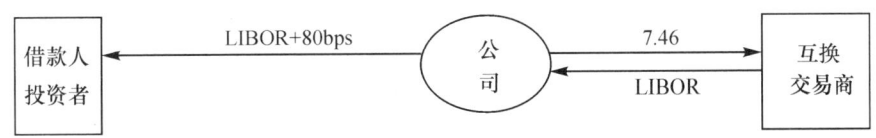

图 11-2 浮动利率对固定利率的互换

---

① 参见经济科学出版社出版的洛伦兹·格利茨的《金融工程学》中译本。

(二) 固定利率对浮动利率的互换

与上述方法相反的例子是将融资从固定利率转变成浮动利率，尽管这种方式是较为少见的，但在特殊情形下可能会产生这种需求，同时在这里我们举个例子来介绍如何利用互换完成这一转换。

例 11-6 某一公司发行了一笔 7 年期债务，并承诺按 9.75%固定的息票率每年付息一次。这种固定利率借债的主要目的是避免利率波动所产生的亏损，同时从当时的情形看该公司认为利率不大可能下跌。但两年之后，原来的预期被证明是错误的：市场利率大幅度下跌。收益率曲线变得向上倾斜而且很陡直，其中 6 个月的 LIBOR 为 4.5%，12 个月的 LIBOR 为 6%，两年期的互换利率约为 6%，五年期的互换利率约为 7%。财务主管想利用目前利率较低的有利机会，并根据 LIBOR 12 个月期统一利率得到为期 5 年、每年付息一次的互换报价为 6.95%~7.50%。如果该公司签订了一份 5 年期收入、固定利率为 6.95%的年度互换合约，则可以将其债务转变为利率为 LIBOR+280bp 的浮动利率债务（见图 11-3）。由于 1 年期 LIBOR 为 5%，所以借款成本将从 9.75%降至仅为 7.80%，从而大大降低借款成本。

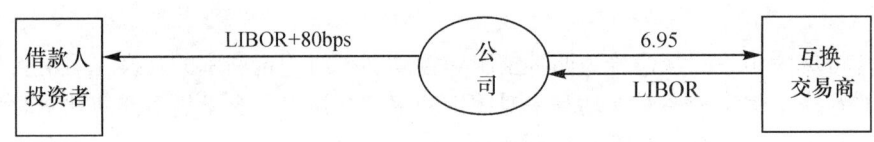

图 11-3　固定利率对浮动利率的互换

这一策略存在的问题是该公司现在进行互换后要承受利率上升的风险。上斜且陡直的收益率曲线意味着 5 年后的 12 个月期的利率将达到 9.5%。在此情况下，按照 LIBOR+80bp 的利率借将使实际利率提高到 12.3%，远远高出原先 9.75%的利率水平。因此这笔互换交易可以在初期节约 1.95%，但在将来会造成损失，而且利率如像远期收益率曲线所示的那样上升的话，这种损失还会更大。如果公司决定进行这一负债相关互换，这表明公司相信利率不会像收益率曲线所示的那样急剧上升。

(三) 固定利率对浮动利率对固定利率的互换

在对一笔负债安排了互换以后，公司的财务主管同样可以再安排一次互换，原因可能是借款人的需求发生了变化，或者是对未来的判断有所改变，还有就是想从市场利率的变动中获利。

例 11-7 某一公司两年前按 8.5%的固定利率借入一笔为期 5 年的资金，同时做一笔互换，按 6 个月 LIBOR 付息，以 8.26%收息互换之后，该公司债务的有效利率是 6 个月期 LIBOR+39bp 的浮动利率。假设互换利率现已下降，为期 3 年、每半年付息一次的互换报价现为 5.80%~5.85%。该公司现在可以再转回固定利率，从目前低利率中获得好处。如果该公司进行第二次为期 3 年的互换，按 5.85%的固定利率付息，按 6 个月期 LIBOR 收息,那么整个互换结构的净成本是 6.24% 的固定债务利率(如图 11-4 所示),与最初 8.65% 的固定借款利率相比节约了 2.41%,也就是两个互换利率的差额。

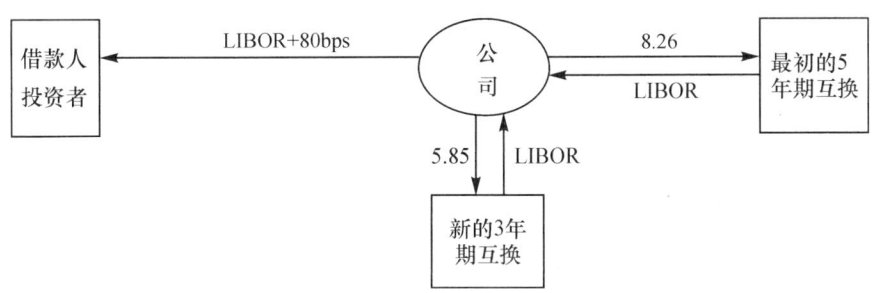

图 11-4 固定利率对浮动利率对固定利率的互换

(四)交叉货币浮动利率对浮动利率的互换

对于一些大公司,尤其是跨国公司来说,往往能够在不同国家的资本市场上以不同币种借款,这就开创了多种融资渠道,而且由于有了利率互换与交叉货币互换,可以把从最便宜的市场上获得的融资转换成想要的币种与形式。

例 11-8 一家英国的跨国公司正计划发行新债,它发现既可以按 8.20% 的固定利率发行 10 年期的英镑债券,也可以按 6 月期 LIBOR+12bp 发行相同期限的美元浮动利率债券。10 年期英镑利率互换为 8.02%~8.07% 对 6 个月期的 LIBOR,美元利率互换的报价为 7.55%~7.65%,而英镑对美元的交叉货币基差互换的报价为 6 个月期英镑 LIBOR−5bp/LIBOR−16bp 对 6 月期美元 LIBOR。该公司现有的风险要求按浮动利率借入英镑资金,有两种选择:

其一,按 8.20% 的固定利率借入英镑,然后运用英镑利率互换成浮动利率,这种方法的筹资成本为 LIBOR+18bp。

其二,运用交叉货币互换。该公司没有运用基本的基差互换,而是签订了一份非常标准化的交叉货币互换协议,即按英镑 LIBOR+11bp 付息,按美元 LIBOR+12bp 收息。这一构造恰好与该公司浮动利率的美元融资相吻合,从而保证了美元现金流量的净值为 0,剩余的债务只是按 LIBOR+11bp 支付英镑,比起第一种选择节约了 7bp。图 11-5 明示了这两种方法。

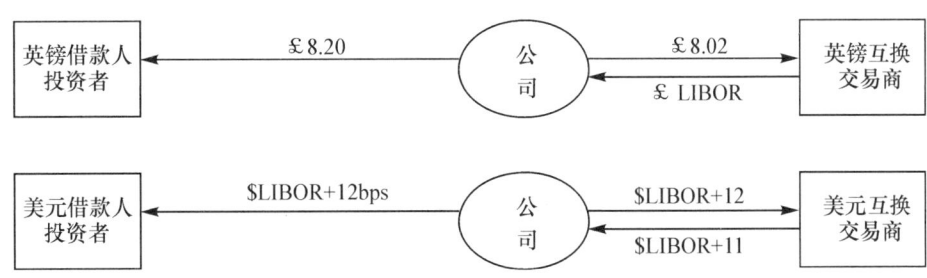

图 11-5 交叉货币浮动利率对浮动利率的互换

二、资产相关互换

与负债相关的利率互换类似，资产相关的互换也可以有四种，这里主要以浮动利率对固定利率的互换和固定利率对浮动利率对固定利率互换两种为例。

（一）浮动利率对固定利率

如果很多借款人倾向于发行浮动利率票据，而许多投资者需要的却是固定收入的有价证券。此时，通过运用浮动利率对固定利率的互换便可以很容易地满足这种多方需求。

例 11-9 一家养老基金的证券管理人可能已经购买了 7 年期的、按 6 个月 LIBOR+43bps 付息的优级浮动利率债券，但希望把现金流量互换成固定收益流量。如果该期限的互换报价为 7.55%~7.60%，那么该构造将带来 7.98% 的固定收益（如图 11-6 所示）。

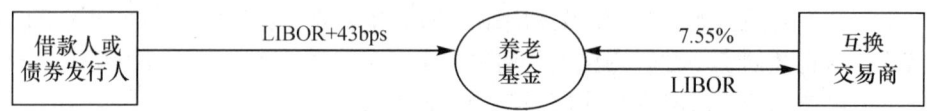

图 11-6　资产相关的浮动利率对固定利率的互换

（二）固定利率对浮动利率对固定利率

每一种负债相关互换都有一种与之相应的资产相关互换。图 11-7 显示了某公司的动态保值策略，该公司发行了固定利率债务，将其互换成浮动利率债务，然后在利率下跌时又互换成固定利率债务。投资者也可以采用动态证券组合管理技巧。

例 11-10 一个投资者持有一种 5 年期利率固定为 6.55% 的债券，但他认为利率将上升。若 5 年期互换的报价为 6.22%~6.28% 对 6 个月期的 LIBOR，该投资者可以构造一个按 LIBOR+27bp 付息的合成浮动利率结构。两年以后，利率确已上升，而 3 年期的互换报价为 7.85%~7.92% 对 6 月期的 LIBOR。通过一个反向互换，该投资者可以构造一种按 8.12% 付息的新的合成固定利率结构，增加的 1.57% 收益就是两笔互换固定利率的差额（如图 11-7 所示）。

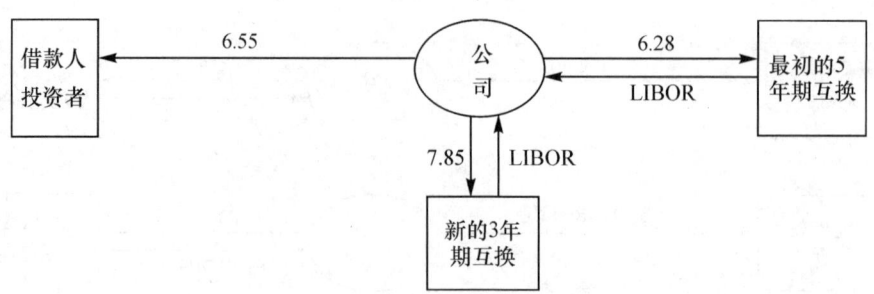

图 11-7　资产相关的固定利率对浮动利率对固定利率的互换

三、非标准互换

以上介绍的都是标准的互换合约,实际上还可以根据客户的特殊需求进行量身定做,而且这种定做互换合约的可能性几乎是无限的,可以根据互换双方的特定需要对各种互换加以修正。下面的例子考察了某一个特定公司的需求状况,以及如何通过构造一种合成的互换产品来满足这一需要。

例 11-11 A 公司目前负有 5 000 美元最初期限为 5 年、利率为 12.25%的固定利率债务。3 年前签订了这项借款协议后,利率下降了 2%~3%。那么,A 公司的竞争者目前能够以约 10%的利率借入 5 年期的资金,而 A 公司每年则有 5 000×0.02=100 万美元的额外利息负担,极其不利。另外,当这项借款协议到期时,A 公司还需要一笔为期 3 年的融资,公司担心那时利率又会上升。

于是,A 公司要求银行设计一份互换合约,该互换应能同时达到以下两个目标:

① 现有融资在余下两年内的成本应降至 11%;
② 两年以后按 LIBOR+25bp 借入浮动利率资金的利息成本也要限定在 11%以内。

图 11-8 的左边一栏表示了 A 公司债务的现金流量,右边一栏则表示了互换必须达到的目标。在头两年里,A 公司通过互换支付固定利率 F%,收到固定利率 12.25%。只要 F 低于 11%,第一个目标便可实现。在余下的 3 年中,A 公司根据互换仍然支付 F%,但这一次可以收到 LIBOR+25bp,这样就达到了第二个目标。

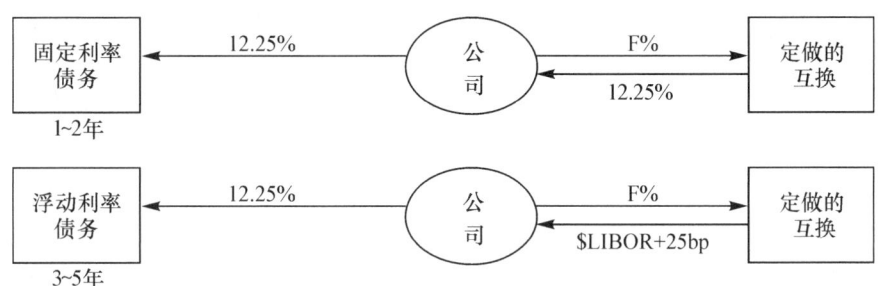

图 11-8 非标准利率互换

第五节 基于期权的利率风险管理[①]

前面我们在利用远期、期货和互换进行利率风险管理时,通过相应的产品和策略将利率锁定在一定的水平上,这种处理方法可以完全或部分地消除风险。但是利用远期、期货和互换进行风险管理的策略,在消除风险的同时也失去了获利的机会,因为任何风

---

① 本部分的例子和图表部分来自:洛伦兹·格利茨. 金融工程学. 唐旭,等,译. 北京:经济科学出版社,1999.

险都表现为两面性：在有可能产生亏损的同时也具有产生收益的可能性。而远期、期货和互换通常将利率锁定在某一固定水平上，从而在消除了不利的变动可能的同时也消除了有利的变动。如何既能规避风险又保留获利的机会，期权则正好适应这一需求。

根据银行的风险暴露程度和自身经营特点，对不同的期权进行选择。对于期限比较短的风险，可以采用远期期权和期货期权进行套期保值；对于期限长于一年以上的风险暴露，可用利率的上限、下限、对称、共享的上限等进行套期保值。本节将探讨如何采用以期权为基础的金融工具来防范利率风险。这一类工具既能防止不利结果，同时还保留了有利结果出现的可能性。因此，期权工具往往还能与其他工具进行组合、搭配，形成更有效的避险工具。

鉴于期权在外汇风险、利率风险和股票风险管理中运用的普遍性，我们在论述中尽量避免重复。首先介绍短期利率风险的管理工具：利率保证和利率期货期权，他们都是用来对单一的现金流的风险进行管理；然后介绍利率的上限和利率的下限，以及利率的对称，共享的上限等，这些都是用来管理多期风险暴露的工具。

一、利率保证

远期利率协议（FRA）将未来某一指定时期的一种特定利率固定下来，那么以远期利率协议为标的的期权，通常称作"利率保证"。它可以使期权持有者获得在以下两者间的选择权：① 一个特定的利率；② 到时的市场利率。

为了避免利率的上升而产生亏损，借款者可以买一份远期利率协议的看涨期权，该期权的协定价格是一个特定的利率。如果利率水平最终高于这一利率水平（也称为执行利率），那么借款者可以行使期权按协定价格购买远期，并利用远期利率协议限定借款成本的上限。如果利率水平最终低于执行利率，那么借款者就可以放弃执行期权，而直接以市场利率借款。同理，作为投资者或贷款方可以运用卖方期权来保证最低的投资利率水平。

例 11-12 假设某家公司需要借入一笔 6 个月期的资金。一种选择是买一份 6×12 远期利率协议，其利率水平定为 8%。6 个月后，由于该公司已购入 FRA，无论利率到时如何变动，公司的利率都不会受影响，它将以 8% 的 6 个月 LIBOR 借款。另一种选择就是公司买入一份以 8% 利率水平作为执行利率的远期利率协议的看涨期权。在支付了期权费用之后，公司可以根据 6 个月后市场利率的变化而调整对策。如果利率到期时高于 8%，公司行使期权并买入 FRA，保证以 8% 的利率借入资金；反之，如果利率到期时低于 8%，公司就不执行期权，按市场利率借款。可见，利率保证既可以使公司不遭受利率上涨带来的损失，又可以使公司保留以低于或等于 8% 的利率借款的可能性。

在利用利率保证时，一个重要的问题是远期利率协议期权的价格，即期权费。期权费是利用利率保证进行风险管理的成本，价格的确定可以用期权定价公式来计算，在此我们不对定价问题进行讨论，而是以一个例子来进行说明。

表 11-7 列出了当 6 月期市场利率和 6×12 远期利率协议均为 8% 时利率保证的价格。买方和卖方期权均对 6 个月期的利率水平进行了担保：买入期权保证了利率水平上限，

而卖方期权则确保了利率水平的下限。从表中可以看出执行利率为 7% 至 9%，买方、卖方期权的 6 个月和年度的期权费。比如，7.5% 的买方期权费为名义本金数额的 32 个基点。

表 11-7

协 定 价 格	买权（借款者的保证）		买权（投资者的保证）	
	实际价格	每年价格	实际价格	每年价格
7.0	51	102	4.5	9
7.5	32	64	8.5	17
8.0	16	32	16	32
8.5	9.5		33	65
9.0	6.5	13	53	106

注：所有期权报价均用基本点表示。

由于协定价格是以年度为基础报价的，这样，如果以年为基础考察这些数据更易于理解这些期权费。以 7% 的利率作为协定价格的买方期权是一种非常有利可图的期权，最终所有 102 个基点都是期权的内在价值。从表面上看，我们很可能认为当远期利率为 8% 时，该期权的内在价值是 100 个基点，因为 7% 的协定价格与 8% 的远期利率正好相差 100 个基点。实际上，该买方期权的内在价值为 92.5 个基点。因为期权费是期初支付的，而且在利率保证下，最终的期权支付通常要进行贴现，这一点类似于远期利率协议下要对结算金额总值进行贴现。当买方期权以 7% 的利率作为协定价格时，100 点的名义内在价值必须以保证期 6 个月的远期利率 8% 加以贴现，然后再以现金市场 8% 的利率进行 6 个月期的贴现，直到期权到期为止，这样就得到 92.5 的期权内在价值，从而时间价值为 9.5 基点。

当买方期权的协定利率提高时，期权费会逐步下降；而卖方期权的期权费则会随着协定利率的提高而上升。道理很简单，因为买方期权表示的是以协定价格借款的权利，当利率提高时，借款成本增加了，相应期权费就应减少；而卖方期权表示以协定价格进行投资的权利，当利率提高时，投资回报也随之增加。

最后，我们分析一下利率保证的盈亏图。图 11-9 画出了市场利率下的实际借款成本，并表明了 5 个不同协定价格下的利率保证盈亏图。在每一种利率水平上，实际借款成本已根据预先支付的期权费用加以贴现调整。比如，协定价格为 7% 的买方期权，期权费为 102 基点，其借款成本初看起来为 8.20%，但实际借款成本最高可达到 8.10%。为了进行比较，图中还画出了合约利率为 8% 的远期利率协议保值曲线固定在 8% 的水平线以及没有任何保值的曲线（过原点的 45°直线）。

采用 FRA 保值，借款人固定了借款利率，无论出现什么结果，借款人都以 8% 利率借款，那么其结果自然是 8% 的水平线。与利率保证相比较，在市场利率高于 7% 的协定价格水平时，FRA 与溢价的利率保证具有类似的保值效果。但当市场利率跌至 7% 以

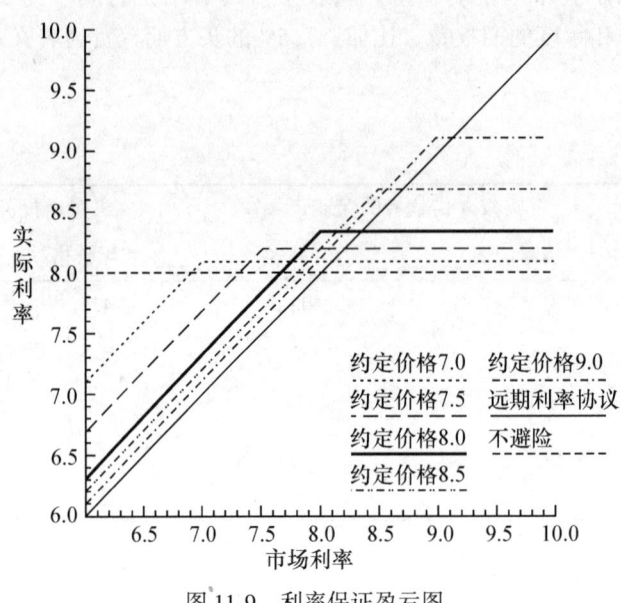

图 11-9 利率保证盈亏图

下，利率保证显然比 FRA 具有优势。借款人不采用任何保值手段，其借款成本随市场利率变化而变化，利率低，借款成本小；利率高，借款成本大。我们比较协定价格为9%的利率保证，只要市场利率在9%以下，这一品种就没有保值功能，只有当市场利率超过9%时，该品种才对利率进行封顶，可见，当市场利率小于9%时，利率保证工具与不进行保值没有什么区别。在上述两种情况之间，不同协定价格的利率保证提供的是不同的保值与获利的结果，即在期权费、利率上涨时的保值程度、利率下跌时的获利能力等方面追求平衡。

二、利率期货的期权

利率期货的期权是指在将来特定日期，以协定价格买卖利率期货的权利。利率期货的期权通常有短期利率期货期权和长期利率期货期权。前者的主要上市品种有欧洲美元利率期货和美国国库券期货期权。就市场规模和流动性而言，欧洲美元是最具有代表性的交易商品。这是因为：一方面欧洲美元现货市场基础深厚；另一方面欧洲美元期货交易活跃。而美国国库券期货期权的主要产品是美国中长期国债期货期权。

不同于普通的利率权，利率期货的期权有如下优势：一是期货在资金效益方面占优。现货交易的期权执行后，无论是交易本身还是为清算头寸而进行的相反交易，都需要大量的资金。而期货交易，在设立头寸时采用保证金方式，而且清算时以差额结算，所以可以较少资金完成交易。二是由于期货期权的交易已标准化、统一化，具有较高的流动性，因此易于进行交易。三是现货期权的大宗买卖是以零售方式在交易双方间进行的，因此有发生信用风险的可能性。与此相反，在交易所进行的期货期权则不存在信用风险。因为前者买卖双方签订合同时仅凭商业信誉作为担保,后者的交易双方是交易所的清算机构,而且交易所要求期权卖方支付保证金并逐日清算。

但利率期货期权也有不足之处:(1)若资金效益向相反方向转化时,损失的可能性也很大。(2)由于在交易所进行交易,上市的商品种类有限,协定价格、期限等方面的交易条件不能自由决定。

为了了解期货期权的交易,我们以欧洲美元期货期权的交易策略为例来进行分析。

例 11-13 某公司拟于 1 个月后的 9 月中旬借入美元资金 100 万美元,期限为 3 个月。为在利率上升时能够限定资金筹措成本,同时在利率下降时又能够获得低利率收益,于是购入一份 9 个月期欧洲美元利率期货的看跌期权。看跌期权购入时的市场行情如表 11-8 所示。

表 11-8

3 个月的欧洲美元利率	9.0%
协定价格	91.00
期权费	0.1
9 月期欧洲美元期货价格	91.30

通过期货期权进行套期保值时,最高的资金成本为 9.10%。(100-91+0.1)。9 个月期的期货价格是 91.30(8.70%),因此期货套期保值的做法是有利的,但那样的话,当利率下跌时就无法筹措到有利的资金了。

一个月后,利率上升到 10%,该公司行使期权,以 91.00 的协定价格出售数量为一份合约的 9 个月期期货。与此同时,以 90.00 的实际价格水平买回一份合约的期货。通过上述买卖,实际筹资成本变为 9.10%。

① 期权费用:1×10×25 = \$250;
② 3 个月欧洲美元筹措成本:\$1 000 000×10%×91/360 = \$25 000;
③ 利率期货买卖收益:(91.00-90.00)×100×1×25 = \$2 500;

从而成本为 250+25 000 = \$22 750。

将成本换成年利率为

$$\frac{22\ 750}{1\ 000\ 000} \times \frac{360}{90} \times 100 = 9.10\%$$

可见,通过行使期权,固定了资金筹措成本的上限。

反之,如果利率明显下降时,若放弃该项期权,以低成本筹措资金,就可以获得利率下降幅度减去 0.1% 的那份益处。

三、上限和下限

上述利率保证和期货期权都是针对的一个单期的利率风险,对于多个期限不同的利率风险暴露，要么购买一序列的期权组合，要么购买多期的利率期权。购买组合期权的最大缺点是成本高，风险大。因此，多期期权产品在利率风险管理中作用十分明显。这些多期期权是指本书第七章第四节所介绍的利率封顶、利率封底和利率的套，我们也称之为利率的上下限、利率的回廊及其派生产品。

表11-9给出了利率和变动性的期限结构，我们可以计算出一组在不同执行利率条件下有代表性的上限和下限期权费，而表11-10小结了这些上限和下限期权费的计算结果。

表 11-9　　　　　　　　　　　利率和波动性的期限结构

时间（年）	互换利率（%）	零息票率（%）	远期利率（%）	波动性
0.5	3.25	3.25		
1.0	3.50	3.53	3.75	15
1.5	3.69	3.73	4.07	14
2.0	3.88	3.92	4.46	14
2.5	4.02	4.08	4.64	13
3.0	4.17	4.23	4.95	13
3.5	4.31	4.39	5.26	12
4.0	4.46	4.55	5.59	12
4.5	4.60	4.71	5.91	12
5.0	4.75	4.87	6.25	12

表 11-10　　　　　　　　　　　上限与下限期权费的例子

		上限协定利率				下限协定利率		
		4%	5%	6%	7%	4%	4.5%	5%
一次性期权费	2年	43	7	—	—	66	137	222
	3年	121	33	7	—	74	158	266
	5年	413	191	80	31	79	174	303
	7年	892	535	310	175	80	178	314
分期支付的期权费	2年	22	3	—	—	35	72	116
	3年	43	12	2	—	26	56	95
	5年	93	43	18	7	18	39	68
	7年	151	91	53	30	14	30	53

注：表中报价均以基本点表示。

例如，假定某家公司准备借入一笔资金，使用期限为 5 年。借款的利率根据当期的 LIBOR 每隔 6 个月调整一次。图 11-10 表明了使用协定价格分别为 4%、5%、6% 和 7% 的 5 年期上限时公司的实际借款利率，每一种上限的期权费在表 11-10 中列出。为了便于比较，图 11-10 中还画出了使用纯粹的利率互换或者完全不保值的直线图。

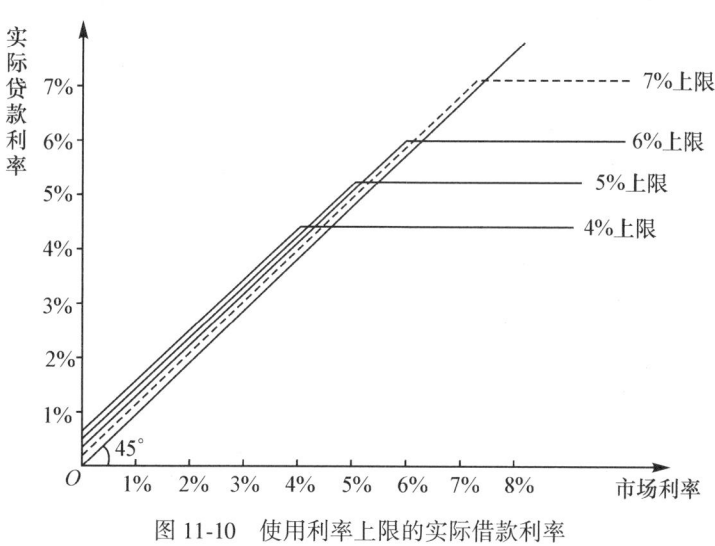

图 11-10　使用利率上限的实际借款利率

下面分别来考察几种不同的策略：

（1）溢价最高的上限是协定价格为 4% 的品种，曲线的形状非常平坦，几乎与互换曲线（水平线）的特点完全相同。这样的品种可以把最大的借款成本锁定在一定的利率水平上，不论市场利率上涨多高，实际借款利率不受影响。但若市场利率走低，借款人也就很难获利了。虽然这一上限的期权费最高，为每年 93 个基点，但其中的主要部分是内在价值，并且在所考察的不同协定价格中，大部分的平列式期权期满时都为溢价。因此，上限的实际成本很低，最大的实际借款成本有可能始终小于 4.84%，我们可以通过下述方法计算出来。最坏的情况是第一期结束后高层利率高于 4%，但此时每一平列式期权到期时都可能溢价，从而把实际借款成本限定在上限 4.93% 的水平上，即 4% 的协定价格加上 93 个基点的上限期权费，但借款初期利率已被固定为 3.25%，和 4% 相比，省下了 75 个基点，将 75 个基点分摊到贷款的 10 个时期中，大约节省了 9 个基点（考虑贴现因素）。因此，净最大成本为 4.93%−0.09%＝4.84%。

（2）损价最严重的上限。它实际类似于完全不保值的情况。以协定价格 7% 的上限为例，一次性支付的期权费很少，只等于每年 7 个基点，因此它基本不起保值作用。只有当市场利率至少上涨 17 个基点，平列式期权到期时才会溢价，即使市场年利率上涨 50 个基点，这一品种的上限也只在后几个利率期内开始获利。

（3）从协定价格 4% 的上限到协定价格为 7% 的上限，也就是从几乎完全的保值到几乎没有保值，其图形的连续性特点与单纯的期权保值策略是相同的，只不过上限图形是曲线，而期权盈亏图是直线，其原因在于上限产品的多期间性质。

四、对称、分享上限和回廊

我们还可以构造上限的相关组合,其中,有些产品在外汇风险管理中有所论述。其实,在一个市场开发出的金融产品完全可以运用到其他金融市场上,尤其是像期权这种灵活的产品。

1) 对称

所谓对称是 collar 的一种汉语翻译,也有译作利率的套。如第七章所述,为了节约成本,往往通过构造利率的对称来管理风险。表 11-11 是一些利率对称标价的例子。

表 11-11　　　　　　　　　　对称标价的例子

	为特定对称支付的净费用				成本为零的下限水平		
	3.5%下限 5%上限	4%下限 5%上限	4%下限 6%上限	4.5%下限 6%上限	5% 上限	6%上限	7%上限
2 年	-11	-60	-66	-136	3.33%	3.12%	2.79%
3 年	13	-41	-67	-151	3.65%	3.32%	3.15%
5 年	171	113	1	-94	4.58%	4.01%	3.62%
7 年	514	445	230	131	—	4.99%	4.48%

表的左半边一组对称,上限和下限的水平均已事先给定,表中的数据为必须支付的净期权费。表的右半边所列示的是一组零成本(无风险)对称,上限和零成本对称的期权费已预先确定,下限的水平作为一个未定变量加以处理。

在大多数情况下,公司采用期权的对称组合时,一般不喜欢在预付的期权费和可能收取的期权费之间加以平衡,而愿意购买一个零成本的对称。表 11-11 的右半边表示的是一组零成本对称,其中下限的利率水平针对每一种相应的上限已进行过调整,其目的是为了使售出的 3 年期零成本对称以 3.65% 的协定价格卖出下限。显然,上限溢价越多,卖出的下限利率水平也越高,只有这样才能收取足够多的期权费来加以平衡,其结果必然使下限溢价越多。

根据表 11-11 中右半边列出的 3 个 5 年期零成本对称的数据可做出图 11-11。

从图中可看出对称的两个显著特征:① 期权的最大成本和最小成本都已被限定。② 有连续变化的特征。一种极端情形是协定价格为 3.62%~7% 的对称,非常类似于 45°线表示的不保值情形。另一种极端情形是协定价格为 4.58%~5% 的对称,类似于水平线表示的互换情形。

2) 分享上限

所谓分享上限顾名思义就是一方面购买一个上限,将利率封顶,同时又将利率低于上限时的好处与交易商进行分享。其实质是以同样的协定利率买入上限和出售下限,这种做法就不同于零成本对称时需对下限利率进行调整使期权费收支平衡。表 11-12 列出

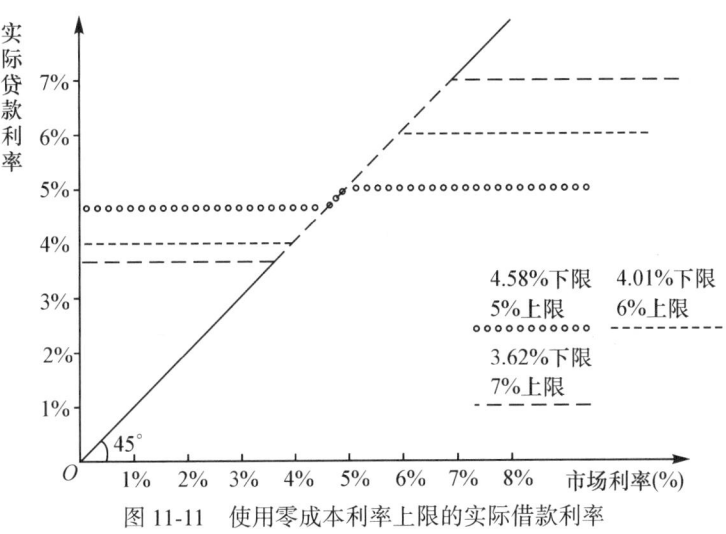

图 11-11 使用零成本利率上限的实际借款利率

了一些有关不同协定价格的分享上限和分享利率的报价。

表 11-12 分享上限的报价

上限/下限协定利率	上限价格	下限价格	上限金额	下限金额	上限/下限价格比率	分享率
5%	191	303	1 000 000	630 363	0.63	37%
5.5%	125	459	1 000 000	272 331	0.27	73%
6%	80	637	1 000 000	125 589	0.13	87%
7%	31	1 034	1 000 000	29 981	0.03	97%

表中所列的第一行数据，当 LIBOR 上涨超过 5% 时，分享上限将会对借款方的利息成本加以封顶。同时，若市场利率下跌到 5% 以下时，借款方又可分享到所节约的 37% 的利息成本，而且，分享期权可使借方无需多支付期权费。如果一个时期 6 个月 LIBOR 为 6%，借款者只要以 5% 的 LIBOR 为基础付息。如果 LIBOR 是 4%，借款者支付 4.63%。这是因为市场利率与期权协定价格相差 100 个基点，其中 37% 即 37 个基点为借款方的分享利率，借款方实际支付利率为 5%-0.37%=4.63%。

图 11-12 揭示了分享上限的这种特点。首先，这些曲线与前面的图形也很相似。在分享利率从 37% 到 97% 的范围内，一种极端是 37% 的分享期权，它接近于互换；另一种极端情形是 97% 的分享期权，它则类似于不保值策略；介于二者之间的是一些中间情形。与零成本对称比较，零成本对称限定了实际借款成本的上限和下限，但同时它又可以使借款方从市场利率下跌中获得利益。分享上限期权则仅仅限定了借款方实际借款利率（成本）的上限，一旦市场利率下跌，则具有无限获利的能力。当然，借款方也只能节约一定比例的利息成本支出。

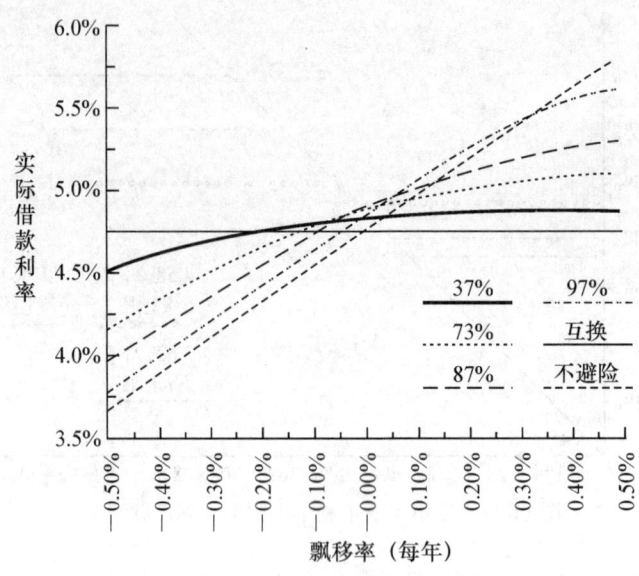

图 11-12 使用分享上限的实际借款利率

3）回廊

回廊一般是通过买入一定协定价格的上限同时出售一个更高协定价格的上限来组成。例如，买入一个5%的5年期上限并卖出一个6%的5年期上限，其结果可降低111个基点的期权费付出，这一笔期权费的节约大概占协定价格为5%的上限费用的40%左右。只有当市场利率大幅度上涨时，借款方才不得不履行6%的上限，但即便如此，在5%上限的收入也可使实际借款成本减少1%。

回廊实质上是一种垂直价差期权。借款者的另一策略就是使用水平价差期权，就是买入一个上限同时出售一个上限，执行利率相同，但期限不同。例如，假定借款者预测未来的市场利率变化将按照远期利率的走势变化，因而，他认为6月期利率水平3年后最终会上涨到5%以上。他买入一份协定价格为5%的5年期上限，期权费成本为191个基点，但同时卖出3年期相同约定价格的上限，收入33个基点，这样净期权费降至158个基点，节约了17%的期权费。若市场利率确如所预期的那样变化，那么在头3年内，两份合约都不会给借款方带来其他成本支出，也就是说在较短期的上限期权有效期内，借款者不必担心任何现金流出的风险，而他还能从最初的现金流入中获益。

从另一个角度看，水平型回廊就是一个延迟起动上限（deferred-start cap）。因为在前3年里，期限较长的上限与期限较短的上限头寸恰好轧平，只留下了另一个两个的上限。应该说，这个例子充分运用了金融工程技术来构造期权组合品种，从而更好地满足了借款者的需求。

五、其他多期期权

除了上述的利率上限、下限、利率的对称、利率上限的分享和利率回廊之外，还可以构造一些更为复杂的用于多期利率风险管理的期权，主要有上限期权和互换期权。

上限期权是以上限为标的的期权合约，而互换期权则是以利率互换为标的的。有关的产品及其使用的条件可以参见洛伦兹·格利茨著的《金融工程学》，本书在此不做介绍。

第六节 利率风险管理策略分析

一、传统的管理方法——资产负债管理

资产负债管理方法是基于利率风险度量中缺口分析方法而进行的管理方法。缺口分析法分利率敏感性缺口和基于久期缺口两种，相应的风险管理方法也有两种。

（一）银行利率敏感性缺口管理

利率敏感性缺口管理分为积极的缺口管理和消极的缺口管理。

（1）积极的缺口管理。是指一些银行根据其对自身利率预测结果的自信程度而确定缺口的管理方法，如果银行确信其对未来利率的预测是准确的，他将依据其预测结果来确定其利率敏感性缺口是资产敏感型还是负债敏感型。

例如银行管理者们坚信利率会下降到目前的计划水平之下，他将可能使其利率敏感性负债超过其利率敏感性资产。如果利率确实如其预测地下降，则负债成本的减少量将会超过其资产收入的减少量，从而银行的净利息收益率上升。其管理方法如表 11-13 所示。

表 11-13 积极的利率敏感性缺口管理

利率预期变化（管理预测）	最佳的利率敏感性缺口状态	积极管理最可取措施
市场利率上升	正缺口	增加利率敏感性资产
		减少利率敏感性负债
市场利率下降	负缺口	减少利率敏感性资产
		增加利率敏感性负债

（2）消极的利率敏感性缺口管理。它是一种纯防范性的缺口管理策略，其方法是使利率敏感性缺口近似为零，从而尽量降低银行预期的净利息收入变化。在这种情形下，因为利率敏感性缺口近似为零，因此利率的波动对资产和负债所产生的作用相互抵消，从而减小银行未来的损益的不确定性。其管理思想如下表 11-14 所示。

表 11-14　　　　　消极的利率敏感性缺口管理——缩小缺口

正缺口	风险	可能的管理对策
利率敏感性资产>利率敏感性负债（资产敏感型）	利率下降时发生损失因为银行净利息收益率下降	1. 听之任之（利率可能升高或稳定） 2. 延长资产期限或缩短负债期限 3. 增加利率敏感性负债或减少利率敏感性资产
负缺口	风险	可能的管理对策
利率敏感性资产<利率敏感性负债（负债敏感型）	利率上升时发生损失因为银行净利息收益率下降	1. 听之任之（利率可能下降或稳定） 2. 缩短资产期限或延长负债期限 3. 减少利率敏感性负债或增加利率敏感性资产

（二）利用久期进行套期保值防范利率风险

类似于利率敏感性缺口管理方法，久期缺口管理方法也有积极与消极管理之分：
（1）积极的管理方法及其可能的后果见表 11-15。

表 11-15

预期利率变动	管理行动	可能后果
利率上升	减少 D_A，增大 D_L（接近负久期缺口）	净值增加（若管理者的利率预期正确）
利率下降	增大 D_A，减少 D_L（接近负久期缺口）	净值增加（若管理者的利率预期正确）

（2）消极的管理方法：调整银行的资产负债比例，使其久期缺口为零，即满足下式：

$$\text{银行资产（按人民币计值）组合的久期} = \text{按人民币价值加权的银行负债组合的久期} \times \frac{\text{总负值}}{\text{总资产}} \qquad (11.21)$$

二、基于 VaR 的管理

基于 VaR 的风险管理有两层意义：一是基于度量的风险暴露程度而选择适当的风险管理措施，二是根据巴塞尔协议的提取资本准备金的需求，计算银行风险暴露的状况。

基于 VaR 的风险管理的具体方法为：

第一步：确定风险暴露的类型并度量风险暴露的程度；

第二步：选择风险管理的策略。风险管理策略包括风险回避、风险转移、风险保留等。风险回避是对其风险暴露的部分进行处理，尽量使其风险暴露接近零。风险转移则是通过衍生产品对其进行套期保值，从而达到转移风险的目的。风险保留是对暴露的风险不进行处理，听之任之。

◎ 小结

本章首先分析了影响利率水平的一些因素，尤其是微观因素，同时给出了利率风险的含义，以及利率风险的度量方法。从影响利率水平的微观因素来看，主要有利率的风险结构和利率的期限结构。他们分别从违约风险、流动性风险和税收因素以及到期期限等多个方面对利率水平产生影响。从利率风险的度量方法上看，有传统的缺口分析法和现代的 VaR 方法。缺口分析法主要是度量资产负债表表内和表外的利率风险暴露，而 VaR 则从潜在的亏损的角度来对利率风险进行度量。

本章的侧重点是分析如何利用金融工具尤其是金融衍生工具进行利率风险管理。不同的金融衍生工具因为具有不同的特性，因此可以用不同的方式来对利率风险进行管理。利率远期、利率期货、普通的利率期权、利率远期期权和利率期货期权通常可以用来对单个的现金流所暴露的利率风险进行管理。而利率互换和多期利率期权如利率的上限、下限和利率的对称、回廊和分享的上限等可以用来对期限在一年以上、具有多个现金流所暴露的利率风险进行管理。

最后介绍了利率风险的管理策略。利率风险管理策略包括消极的管理策略和积极的管理策略。消极的管理策略通常假定资本市场是有效的，在进行风险管理时只能消极地适应市场，并构造保守的组合，使组合的价值尽量不受利率的任何变动的影响；而积极的管理策略则建立在市场并非总是有效的观念之上的，在进行风险管理时积极地对利率的未来走势进行预测，在预测的基础上采取相应的管理策略，尽量在规避风险的同时获取更多的利润。

◎ 重要概念

利率风险　利率的风险结构　利率的期限结构　VaR　利率远期协议
套期保值比率　利率互换　交叉货币的利率互换　利率上限　利率下限
利率的对称　利率的回廊

◎ 思考题

1. 什么叫利率？影响利率的因素有哪些？
2. 什么是利率风险？利率风险的一般度量方法有哪些？
3. 什么是 VaR？它度量的利率风险的含义是什么？
4. 如何利用远期合约进行利率风险管理？
5. 如何利用期货合约进行利率风险管理？
6. 试比较利用远期合约和期货合约进行利率风险管理的优缺点。

7. 如何利用利率互换协议进行利率风险管理？
8. 试比较利用远期和互换进行利率风险管理。
9. 如何利用期权进行利率风险管理？
10. 利率风险管理有哪些策略？

◎ **练习题**

计算例 11-3 中最后到期日（1993 年 11 月 22 日）的各种现金流，包括借款的净成本和实际借款利率。

◎ **参考书目与推荐阅读**

1. [美] 约翰．马歇尔．金融工程．宋蓬明，等，译．北京：清华大学出版社，1998.

2. 叶永刚等．金融工程概论．武汉：武汉大学出版社，2000.

3. [英] 洛伦兹．格利茨．金融工程学．唐旭，等，译．北京：经济科学出版社，1998.

4. 安东尼·G. 科因，等．利率风险的控制与管理．唐旭，等，译．北京：经济科学出版社，1999.

5. [美] 彼得 S. 罗斯．商业银行管理．刘园，等，译．北京：机械工业出版社，2001.

第十二章 股票价格风险管理

◎ 学习目标

1. 熟悉如何利用各类衍生工具来管理股票价格风险
2. 通过远期、期货和期权工具在风险管理中的运用来加深对衍生工具的理解和认识
3. 掌握远期交易的有关基本概念及远期工具定价的一般原理和方法
4. 理解期货和期权等有关交易策略

股票价格风险管理是市场风险管理中的重要组成部分，互换、期货和期权等衍生工具品种在股票价格风险管理中有着广泛的应用，其中股指期货和股票期权是管理股票资产组合和单支股票价格风险的重要工具。下面首先研究股票价格风险的识别和度量问题，在此基础上分别运用互换、期货和期权等对股票价格风险进行管理，并且介绍不同交易策略对风险和收益的影响，最后对互换、期货和期权等三种工具的综合运用进行分析，由此形成完整的包括风险识别、度量和管理三个主要环节的股票价格风险管理过程。

第一节 股票价格风险

本节首先对股票价格风险的有关基本概念和定价理论进行了阐述，然后对股票价格风险进行分类，在此基础上探讨股票价格风险的度量问题。

一、股票价格风险的有关概念

（一）股票收益和股票收益率

股票收益是衡量投资效果的重要指标，也是研究股票价格确定和股票价格风险管理

的基础。股票投资通常可以获得现金红利和资本利得两部分。现金红利指投资者按照其持股比例从公司获得的股息。资本利得是由于所持有的股票在价格上升时带来的资本增值,资本利得一般在投资者卖出股票时获取。

股票收益可以用股票收益率进行量化:

$$R_{it} = \frac{P_{it} - P_{i,t-1} + D_{it}}{P_{i,t-1}} \tag{12.1}$$

式中 R_{it} 为第 t 期的股票收益; P_{it} 和 $P_{i,t-1}$ 分别为 t 期和 $t-1$ 期股票价格; D_{it} 为股利。对于多期的股票收益率有两种计算方式,一种采取几何平均,另一种采取算术平均,分别见式(12.2)和式(12.3),其中 G 和 $\bar{R}$ 分别为采取几何平均和算术平均求得的多期收益率。

$$G = \left[\prod_{t=1}^{T} (1 + R_{it}) \right]^{1/T} - 1 \tag{12.2}$$

$$\bar{R} = \frac{1}{T} \sum_{t=1}^{T} R_{it} \tag{12.3}$$

在考虑通货膨胀因素的情况下,上述所求得的收益率均为名义收益率。在衡量实际投资效果时往往要剔除通货膨胀的影响,考虑投资的实际效果,由此要将名义收益率调整为实际收益率。令 R_{it}^r 为投资的实际收益率, Ω_t 为通货膨胀率,则有:

$$R_{it}^r = \frac{1 + R_{it}}{1 + \Omega_t} \tag{12.4}$$

(二) 股票价格的决定

股票价格的决定是现代投资理论的核心内容。目前关于股票价格的模型主要有资本资产定价模型和套利定价模型两大类。

1. 资本资产定价模型(CAPM 模型)

由于资本资产定价模型在股票预期收益率和资产风险大小之间建立了精确的数量关系,从而为股票投资奠定了理论基础。CAPM 的假设条件包括:不考虑交易成本、税收;完全竞争的市场;对称的信息;存在无风险资产;借入或贷出资金的利率相等;投资者根据收益和风险进行决策;投资期为单期等。

CAPM 模型的基本公式为:

$$E(r_i) = r_f + \beta_i (E(r_M - r_f)), \quad \beta_i = \mathrm{Cov}(r_i, r_M) / \sigma(r_M)^2$$

式中: $E(r_i)$ ——股票的预期收益率;

r_f ——无风险利率;

$E(r_M)$ ——市场的预期收益率;

β_i ——股票的 β 系数,表明股票和市场协方差大小的指标。

2. 套利定价模型(APT 模型)

由于 CAPM 模型有严格的假设条件,并且是单因素模型,也就是说该模型只考虑了市场风险因素,忽视了影响股票价格波动的其他因素,而套利定价模型是多因素模型,可以考虑实际 GDP、利率、通货膨胀率等因素对股票价格的影响,由此对股票收益的确定和股票的定价也更加精确。

套利定价模型的基本公式为：

$$E(r_i) = rf + \sum_{i=1}^{k} \beta_i K_i$$

式中：$E(r_i)$——股票的预期收益率；

rf——无风险利率；

K_i——影响股票价格和收益率的基本因素；

β_i——该股票对因素 K 的敏感程度。

3. CAPM 模型和 APT 模型的比较

CAPM 模型和 APT 模型的根本区别在于 APT 模型强调无套利均衡原则。CAPM 模型基于收益和风险达到平衡后的均衡市场，而 APT 模型强调通过投机者的套利行为来排除无风险套利机会从而达到市场的均衡，由此 APT 模型要求较少的关于市场的条件。另一方面 APT 模型只要求建立充分分散化的组合，而不需要构造全市场组合，由此 APT 模型具有较大的适用性。

应该看到 CAPM 模型和单因素的 APM 模型是等价的。CAPM 模型要求建立一个市场组合，而单因素的 APM 模型利用一个在实际上与理论的有风险市场组合完全正相关的综合指数来代替实际不存在的市场组合，由此在实际运用中具有较大的适用性。

（三）股票价格风险

风险是投资预期现金流的不确定性导致对投资者的影响，与收益一起成为股票投资的核心要素。相应股票价格风险是指股票价格波动对投资者带来损失的可能性。依据影响股票价格波动因素的不同，股票价格风险可以分为系统性风险和非系统性风险。由于风险性质的不同，相应要使用不同的方法进行管理。

二、股票价格风险的构成

（一）单个股票的风险

单个股票的价格风险可以分解为系统性风险和非系统性风险两类。由于系统性风险和非系统性风险对股票价格的影响方式不同，相应对股票风险管理的方式和工具也有差异。

1. 系统性风险

系统性风险是股票市场波动对所有单个股票的影响，由于影响程度的不同，不同股票的波动幅度也不同。如 1997 年东南亚金融危机几乎使所有在香港证券交易所上市的股票都大幅下跌。由于系统性风险不能通过投资组合来进行规避，由此要进行补偿。系统性风险可以分为市场风险、利率风险、购买力风险、国家风险和外汇风险等。

（1）市场风险。市场风险是指由于直接影响股票市场的内外因素改变和市场形势变化给投资者带来损失的可能性。根据引起市场变化的不同因素，市场风险可以分为宏观经济风险、社会政治风险与预期风险。宏观经济风险是由于经济的周期性波动、宏观经济政策以及国际经济因素的变化给股票投资者可能带来的损失。预期风险是指基于投资者对政治、经济、社会事件变化所作出的判断和反应，而这种反应决定了投资者的投资行为。当投资者的信心动摇时会过度抛售股票，带来股票的大幅下跌。

（2）购买力风险。又称为通货膨胀风险，是指由于物价上涨、货币贬值而使投资者遭受损失的可能性。股票的收益率可以分为名义收益率和实际收益率，其中实际收益率等于名义收益率减去通货膨胀率。当通货膨胀率变大而名义收益率不变时会降低股票的实际收益率。

（3）利率风险。是指利率波动对股票收益的潜在影响。一般而言，利率上升时股票价格会下降；反之，利率下降时股价会上升。利率相当于股票投资的机会成本，利率上升时会降低股票投资的吸引力，从而压低股价，促使股票收益率上升。

（4）国家风险和外汇风险。当投资国际性市场时，投资者面临国家风险和汇率风险。国家风险指由于东道国的政治局势、经济政策会对投资者的收益带来影响。汇率风险指汇率波动对投资者本金和利润汇回的影响，当汇率下跌时会使本金和收益减少。

2. 非系统性风险

非系统性风险是指某些个别因素对某支单个股票损失影响的可能性。非系统性风险可以通过分散投资来进行规避。如持有多只股票，当有些股票因为股息减少时股价下降，另一些股票因为股息增长而股价上升，这样多只股票的升降可以使风险彼此冲销，减轻股票波动的程度。由于非系统性风险可以通过投资组合进行规避，因此该部分风险不能要求收益。具体而言，非系统性风险包括经营风险、违约风险和流动性风险等方面。

（1）经营风险。经营风险指企业内部经营管理和外部经营环境方面的原因造成企业收入变动的可能性。其中内部经营管理造成的风险称为管理风险；由外部环境造成的风险称为环境风险，通常管理风险的大小与管理者的知识水平、经验阅历和决策能力有关。

（2）违约风险。是指企业由于财务状况不佳而不能对某一股票按期支付对外债务而给投资者带来的风险。由于违约对企业信用带来极大的损害，会造成投资者卖出股票，从而得到股票价格下跌。

（3）流动性风险。是指由于资产变现困难而造成投资者收益变化的可能性。如果股票的流动性较差，在投资者变现股票时会发生较大的成本，由此可能改变投资者投资的损益状况。

（二）股票投资组合的风险

系统性风险和非系统性风险的分类也适合股票投资组合。随着组合中股票个数的增加，组合的风险将逐步降低。但股票个数达到一定数量后，继续增加股票个数，组合的风险将不会继续下降，而维持在市场风险的水平，也就是说非系统性风险都已经被分散化，剩下来的是不能分散掉的系统性风险因素，如图12-1所示。研究表明，在投资组合中使用12至18个股票，将达到消除非系统性风险的效果。

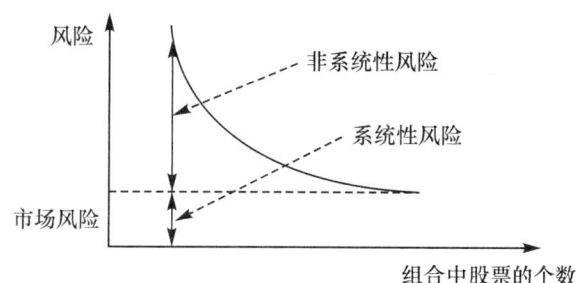

图 12-1　股票投资组合的分散化效果

三、股票价格风险的度量

在对股票价格风险的性质和成因进行分析后，还要进行股票价格风险的度量，目前主要有两种方法对股票价格风险进行度量。

（一）总体风险的度量

度量股票价格风险的指标有股票价格的范围、半方差和标准差等，其中标准差是衡量股票风险的常用指标。在利用标准差（σ）进行度量时，σ 值越大，则风险越大，反之越小。

1. 单个股票标准差的确定

假设期初股票价格已知，而期末股价有 N 种结果，则该期收益率可以表示为 X_1，X_2，…，X_N，N 种结果的概念分别为 P_1，P_2，…，P_N，则计算公式是：

$$E(\tilde{X}) = \sum P_i X_i \tag{12.5}$$

$$\sigma = \sqrt{E[\tilde{X} - E(\tilde{X})]^2} \tag{12.6}$$

假设某公司当前每股价格为 25 元，表 12-1 中列出了期末股票的可能价格。

表 12-1　　　　　　　　　　　　　某公司股票在期末的价格

概率（P_i）	每股期末价格（元）	收益率（r_i）
0.1	20	-20%
0.2	22.5	-10%
0.4	25	0
0.2	30	20%
0.1	40	60%
合计为 1.0		

则相应的收益和风险分别为：$E(\tilde{r}) = 6\%$， $\sigma = 21.54\%$

2. 股票投资组合标准差的确定

假设存在 n 种风险资产，其收益分别为 $\tilde{r}_1, \tilde{r}_2, \cdots, \tilde{r}_n$，标准差分别为 $\sigma_1, \sigma_2, \cdots, \sigma_n$，投资者的初始财富 W_0 按照比例 $\omega_1, \omega_2, \cdots, \omega_n$ 投资相应的风险资产，则该投资组合的收益和风险可以由下述公式得到：

$$\bar{r}_p = \sum_{i=1}^{n} \omega_i \tilde{r}_i \tag{12.7}$$

$$\sigma_p = \sqrt{\sum_{i=1}^{n}\sum_{j=1}^{n} \omega_i \omega_j \sigma_{ij}} \tag{12.8}$$

其中，σ_{ij} 为股票 i 与股票 j 的协方差。

组合的标准差还可以写成：

$$\sigma_p = \sqrt{\sum_{i=1}^{n} \omega_i^2 \sigma_i^2 + 2\sum_{i=1}^{n}\sum_{j=1}^{i} \omega_i \omega_j \sigma_i \sigma_j \rho_{ij}} \tag{12.9}$$

其中，σ_i 为标准差；ρ_{ij} 为股票 i 与股票 j 之间的相关系数。

式（12.9）根号中前一部分由单个股票的方差组成，即为非系统性风险，后一部分由股票的协方差组成，为系统性风险。在组合所含股票个数足够多时非系统性风险将趋向于零。

(二) 系统性风险的度量

由于非系统性风险可以通过投资组合进行分散，由此在风险衡量和管理中要特别关注系统性风险，通常用 β 系数来衡量系统性风险。β 系数可以根据股票收益率和市场的收益率之间的关系根据式（12.10）进行回归得到。

回归的表达式为：

$$R_{it} = \alpha + \beta_{it} R_{Mt} + \varepsilon \tag{12.10}$$

其中，R_{it} 为单个股票或股票投资组合的收益率，R_{Mt} 为市场的收益率。

一般而言，β 系数小于 1 的股票是防守性股票，β 系数大于 1 的股票为进攻型股票。如某支股票的 β 系数为 1.5，意味着股票市场上升 10%，则该股票会上升 15%。而另一支股票的 β 系数为 0.5，则该股票上升的幅度为 5%，由此前一支股票的风险大于后一支股票。

第二节 基于互换的股票价格风险管理

股票互换通过互换将股票市场和债券市场结合起来，不仅广泛地用于比较复杂的股票组合结构中，以较低成本来进行投资组合的风险管理，而且可以实现在其他条件下无法达到的投资目标，是互换市场的重要创新之一。本节首先介绍股票互换的有关概念和理论，然后研究股票互换在股票风险管理中的应用。

一、股票互换的基本概念和特点

股票互换是指交易双方按照协议在一定期间内,一方根据某个股票价格指数收益对交易对手进行支付,同时获得确定的利率水平(固定或浮动)的收入。与利率互换和汇率互换相类似,交易双方的支付只是以名义本金为基础进行核算,而并不发生实际的本金交换,在交割时双方进行差额清算。目前在股票互换中使用较多的股票价格指数主要有 S&P500、FT100 和 Nikkei 指数。

股票互换具有以下特点。首先,交易成本较低。由于现货头寸的交易会带来交易成本,但股票互换不发生实际的股票买卖,可以较大程度地降低交易成本,提高交易的灵活性,便于投资者进行股票风险管理。其次,股票互换与股票现货投资相比具有较好的流动性。对于特定市场和股票,由于受到交易制度和市场环境的限制,大额股票交易往往造成股票价格较大波动。对于股票互换而言,由于不涉及现货资产的买卖,而且在场外市场上进行,因此不受到市场环境的影响,受到管制的程度也较低,从而为参与者提供参与股票市场的一个较好途径。第三,股票互换产生的效果与股票指数变动幅度一致,投资者参与股票互换和投资股票的现金流特征相同。最后,股票互换在场外交易进行。采取场外交易的方式一方面可以降低交易成本,投资者可以根据股票现货头寸进行套期保值,另一方面也对投资者的参与提出了较高的信用要求,信用等级不高的部分投资者较难参与。

二、股票互换定价的基本理论

(一)股票互换定价的基本思路

同其他类型的互换一样,股票互换在期初价值应为零,由此股票互换的定价实际上是寻找对应于股票指数使互换价值为零的固定利率或浮动利率的价差。与利率互换定价相比,股票互换定价更为困难,原因首先在于较难在利率和股票收益之间建立确定的套利关系;其次很多股票指数并没有远期市场,由此较难通过类似于短期利率和长期利率的关系来导出远期利率的思路进行股票互换的定价。

目前股票互换定价一般采取股票指数隐含远期收益法。基本思路是根据股票指数期货的理论平价寻找股票指数的短期和长期隐含远期收益率,然后将隐含收益率视同利率互换中的浮动利率,最后根据利率互换定价公式得出对应的使期初股票互换价值为零的固定利率。

(二)股票互换定价的方法

由于股票指数对浮动利率的互换定价比较复杂,下面就股票指数对固定利率的互换来介绍股票互换的定价。所谓股票指数对固定利率的互换,即交易一方按照股票指数的收益率支出一定金额,而按照固定利率收入相应金额。股票指数对固定利率互换的定价可以分两步进行。

1. 股票指数的隐含远期收益率的确定

根据期货的定价公式计算股票指数的隐含远期收益率：

$$F_{t,T} = I_0(1 + r_t - D) \tag{12.11}$$

式中，$F_{t,T}$ 是股票指数期货在 t 时点的价格；I_0 是股票指数目前的价值；r_t 为隐含的指数远期收益率；D 为分红派息率。

2. 固定利率的确定

根据互换价值在期初为零的关系计算股票指数对固定利率互换中的固定汇率：

$$V_t = (\bar{r} - r_t)N \tag{12.12}$$

式中，V_t 是股票互换在 t 时点的价值；N 是名义本金；r_t 为隐含的指数远期收益率；$\bar{r}$ 是固定利率。

将各个时点的股票互换的现金流折现到期初，可以得到股票互换在期初的价值：

$$V_0 = \sum_{t=1}^{N} \mathrm{PV}[(\bar{r} - r_t)N] \tag{12.13}$$

由于期初互换价值为零，可以得到 V_0 为零，由此根据式（12.13）可以得出固定利率 $\bar{r}$。

三、利用股票互换进行股票价格风险管理

利用股票互换进行风险管理的思路是将股票组合的收益通过互换转变为固定收入资产的收益，通过改变现金流的性质和方式，从而来管理股票价格风险。由于股票互换在场外进行，投资者可以通过现货头寸的需要构造相应的股票互换品种，从而可以利用股票互换进行风险管理的范围相当广泛，包括市场指数、行业指数、股票投资组合和单个股票。下面分几个主要品种进行介绍。

（一）一般的股票互换

典型的股票互换是构造与股票现货资产呈相反方向的股票互换结构。例如投资者持有走势与 S&P500 指数一致的股票组合，由于担心股票组合在未来一年内下跌，投资者可以进行股票互换交易，付出股票组合的收益，获得以 LIBOR 为标准的浮动利率或某一固定利率的收益，名义本金与股票组合现货的价值一致。通过此项交易，投资者将股票组合的收益风险交换给交易对方，而获得比较稳定或风险较小的利息收入，从而管理股票价格风险。

例 12-1 投资者持有与 S&P500 指数走势相同的股票投资组合，价值为 10 000 美元。由于预期未来一年内股票投资组合价值会下跌，投资者准备使用股价指数对固定利率的股票互换对股票投资组合现货进行套期保值，该股票互换规定投资者支出股票指数的收益，而收到 4% 的固定利率收入。假设在一年后股票指数的收益率低于 4%，则投资者可以获得稳定的 4% 的收益，从而消除了投资风险，反之如股票指数收益率高于 4%，投资者仍然收到 4% 的收益，由此遭受到部分损失。

通过例 12-1 的分析可以看到，通过股票互换可以管理股票价格风险，但由于在互换中设定了固定利率，相应也控制了投资者的收益水平。当市场的走势与投资者预期不符合时，投资者可能会丧失部分收益。

（二）股票基点互换

类似于利率的基点互换，股票基点互换的交易双方在互换期限内的支付由两个不同指数来确定，如一方按照 S&P500 指数，另一方按照 Nikkei 指数进行支付。此种互换可以满足交易双方对不同的股票组合进行套期保值。

（三）非指数股票互换

在非指数股票互换品种中，以股票指数收益率为基础进行支付的一方所依托的是特殊的股票组合或单个股票，而不是某一股票指数。此种股票互换可以针对投资者现货的特征来进行股票或股票组合的套期保值。

（四）混合指数股票互换

在混合指数股票互换中，以股票指数收益率为基础进行支付的一方所依托的是两个或两个以上的股票指数，如投资者支付 S&P500 和 FT100 等两个指数的平均收益率，而获得按照 LIBOR 的浮动利息支付。

第三节　基于期货的股票价格风险管理

可以进行股票价格风险管理的期货品种有股指期货和股票期货两大类，其中股票期货品种推出较晚，涉及的股票也比较有限。与股票互换相比，股指期货和股票期权是标准化的金融产品，采取场内交易的方式，并且采取每日盯市制度和保证金制度，因此对参与者的信用等级要求较低，市场具有较好的流通性。

就股指期货和股票期货的使用范围而言，股票期货主要用来管理单个股票的风险，而股指期货的使用范围则相当广泛，可以用来管理单个股票价格风险和股票投资组合的风险。从管理单个股票价格风险效果来看，股票期货可以规避单个股票的全部风险，效果较好，而使用股指期货只能管理单个股票的系统性风险，由此使用股指期货对单个股票进行风险管理存在较差套期保值风险的问题。而对股票投资组合而言，只能使用股指期货来进行风险管理，由于投资组合与股票指数的构成存在差异，在利用股指期货时也要重视较差套期保值风险。

一、股指期货

根据投资者对现货头寸的部位不同，使用股指期货进行股票价格风险管理存在不同的策略。不同策略构造的现金流方式不同，因而对现货头寸的保值效果也不同。下面以股票投资组合套期保值为例来分析股指期货的使用策略。

(一) 空头套期保值

当投资持有股票投资组合现货时,为了避免股票价格下跌风险,投资者可以使用股票指数期货为股票投资组合进行保值。此时投资者可以卖出一定数量的股指期货合约,当股票价格下降时可以通过现货和期货的损益相互抵消来控制风险。

例12-2 投资者于3月1日在现货市场构造一投资组合,价值为5 000 000英镑,当时FT-SE100指数为1 380,并且假设该股票投资组合的波动幅度与FT-SE100指数走势一致。为防止股票价格下跌造成损失,该投资者决定用6月份到期的FT-SE100指数合约对现货进行空头套期保值,3月1日该期货价格为160英镑。此时投资者需要卖出的合约数为5 000 000/(25×160×10)=125张,其中25为合约中交易单位的乘数。

假如到4月1日,FT-SE100指数跌至1 300,那么投资者持有股票现货价值将减少289 855英镑,同时FT-SE指数期货的价格也跌至114点,投资者平仓其期货头寸,获利为289 855英镑〔(160-114)×250×125〕,若忽略交易成本,投资者可以实现完全套期保值。

(二) 多头套期保值

当投资者确定在未来某个时点要购买股票投资组合时,为避免股票价格上升,从而导致未来的购买成本上升,投资者可以通过购买股指期货来固定未来的投资成本,从而消除股票价格变动的风险。

例12-3 5月1日,投资者预计在6月30日可以收到1 000 000美元来进行股票A和B的股票投资组合投资。如果在6月30日股票价格上涨,则该时点购买股票的数量会减少,为避免未来的购买成本上升,决定使用MMI做多头的套期保值。假设在5月1日,股票A的价格为15元,股票B的价格为25元,则投资者可以分别买A股票和B股票25 000股,并且MMI期货价格为368美元,则该投资者应买的期货合约份数为1 000 000/(368×250)=11份。

6月30日,A、B公司股票上涨,其中A股票上涨至18美元,B股票上涨到30美元,那么各购买股票25 000股则需支付1 200 000美元,即多支付200 000美元。在未进行套期保值的情况下,则需多支出成本为200 000美元。在进行套期保值的情况下,由于MMI期货价格已升至448美元,此时卖出11份期货合约,可获利220 000美元〔(448-368)×250×11〕,在支出多余成本的情况下,还可盈利20 000美元。

要指出的是虽然上述两个例子进行了完全的套期保值,但实际操作过程并不能达到这样的效果。原因在于投资者持有的股票和股票指数所包含的股票未必有完全相同的价格波动性,另一方面现货价格与期货价格未必有完全相同的价格变动幅度,存在一定的风险。

(三) 交叉套期保值

在前面论述的多头套期保值和空头套期保值的例子中,假设股票投资组合的构成与股指期货的标的指数构成相同。如果股票投资组合的现货和股票指数的构成不同或者利用股指期货对单个股票进行套期保值时,这种套期保值策略称为交叉套期保值。在进行交叉套期保值的情况下,虽然股票投资组合或股票和选取的股指期货存在较大相关性,但并不能实现完全的套期保值效果,存在交叉套期保值风险。值得注意的是交叉套期保值风险与基差风险不同,在交割日交叉套期保值风险仍然存在。

在进行交叉套期保值时要计算套期保值比率。由于交叉套期保值风险存在,在计算套期保值比率时要使交叉套期保值风险最小化,相应所得到的套期保值率称为风险最小化套期保值率。风险最小化套期保值比率的计算公式为:

$$b = \frac{\sigma_{fs}}{\sigma_f^2} = \frac{\rho_{fs}\sigma_s}{\sigma_f} \tag{12.14}$$

式中:σ_{fs} 为股票或股票组合与股价指数的协方差;ρ_{fs} 为股票或股票组合与股价指数的相关系数;协方差和 σ_f 分别为股票或股票组合和股票指数的标准差。

例 12-4 某投资者仅拥有 A 公司的股票,市场价值为 10 000 000 英镑,但他仍希望在从目前到 9 月 5 日这段时间内,通过 FT-SE100 指数期货对其进行套期保值。该投资者估计他所持有的股票与 9 月 5 日到期的期货价格之间的相关系数为+0.8。投资者持有股票现货价格的标准差为 1 440 000 英镑,期货合约的价格标准差为 10 000 英镑。故风险最小化套期保值比率为:

$$b = (0.08 \times 12\ 000) / 100 = 96$$

假设该投资者持有 1 个单位股票,则需要卖出 96 张($X_s \times b = 1 \times 96$)。FT-SE100 期货 FT-SE100 指数为 2 600 点,相对于的现值为 96×2 600×25 = 5 850 000 英镑。

(四) 其他套期保值策略

1. 使用单个股指期货对多个股票进行套期保值

当投资者持有几种不同性质风险的股票现货时,可以用同一股指期货合约对不同的股票进行套期保值。在使用风险最小化的套期保值比率时,可以对各个股票要求的套期保值率分别计算,然后在此基础上进行加总得出综合的套期保值比率。原因在于股票组合与期货价格之间的协方差可由各个单支股票与期货价格之间的协方差加总,即:

$$\sigma_{fs} = w_1\sigma_{1f} + w_2\sigma_{2f} + \cdots + w_i\sigma_{if} \tag{12.15}$$

式中,w_i 为市场权重;σ_{if} 为第 i 个股票与股票指数之间的协方差。

由此,股票组合的风险最小化套期保值比率为:

$$b = w_1\sigma_{1f}/\sigma_f^2 + w_2\sigma_{2f}/\sigma_f^2 + \cdots + w_n\sigma_{nf}/\sigma_f^2 = \sum b_i w_i \tag{12.16}$$

式中,b_i 为第 i 种股票的风险最小化套期保值比率。

例 12-5 某投资者拥有 A、B、C、D 四只股票,想通过期货合约对其进行套期保值,FT-SE100 指数为 2 667 点,一个单位的股票组合的现值为 2 667×25 = 66 675 英镑,方差与权重数见表 12-2。

表 12-2　　　　　　　　　　　　　四个股票的有关数据

股票名称	现值（英镑）	σ_{fs}（英镑）	w_i	b	$w_i b_i$
A	10 000 000	6 000	0.1	1.2	0.12
B	20 000 000	5 000	0.2	1.0	0.20
C	30 000 000	4 000	0.3	0.8	0.24
D	40 000 000	3 000	0.4	0.6	0.24
总计	100 000 000	-	1.0	-	0.80

2. 使用多个股指期货品种对单一投资组合进行套期保值

对于同一投资组合，不仅可以用单一股票指数期货进行套期保值，也可采取一系列指数期货进行套期保值。比如在美国，可以采取 S&P500、NYSE 指数、MMI 指数等。采取这种复合套期保值方式，可以进一步降低风险。

考虑两种期货合约的情况，两种期货合约分别为 v 和 w，则风险最小化套期保值率 b_v 和 b_w 分别为：

$$b_v = -X_v/X_s = (\sigma_{sv}\sigma_w^2 - \sigma_{sw}\sigma_{vw})/(\sigma_v^2\sigma_w^2 - \sigma_{vw}^2) \qquad (12.17)$$

$$b_w = -X_w/X_s = (\sigma_{sw}\sigma_v^2 - \sigma_{sv}\sigma_{vw})/(\sigma_v^2\sigma_w^2 - \sigma_{vw}^2) \qquad (12.18)$$

式中，b_v 和 b_w 分别是利用股指期货 v 和 w 的风险最小化套期保值率；σ_{vw}、σ_{sv} 和 σ_{sw} 分别为彼此间的协方差；σ_v^2 和 σ_w^2 分别为股票指数 v 和 w 的方差；X_v 和 X_w 分别为期货合约的数量；X_s 为要保值的现货资产数量。

例 12-6　基金经理想通过 S&P500 以及 NYSE 综合指数对股票投资组合现货进行套期保值，现货价值为 100 000 000 美元。S&P500 指数与股票组合的相关系数为 0.7，NYSE 指数与股票组合的相关系数为 0.7，S&P500 指数与 NYSE 指数的相关系数为 0.9。S&P500 指数和 NYSE 指数对应的现货价值分别为 200 000 美元和 120 000 美元，则使用 S&P500 需要使用 500 个单位进行套期保值，使用 NYSE00 需要使用 833 个单位进行套期保值。S&P500、NYSE 和股票投资组合现货的标准差分别为 6 000 美元、3 000 美元和 8 000 美元。

根据 $\sigma_{ab}=\rho_{ab}\sigma_a\sigma_b$，所有单位的 S&P 指数与股票投资组合的现货的协方差为 33 600 000 美元，S&P 指数与 NYSE 指数的协方差为 16 200 000 美元，NYSE 指数和股票投资组合现货的协方差为 16 800 000 美元。因此有：

① 仅用 S&P500 指数期货的情况下，$b = \dfrac{\sigma_{fs}}{\sigma_f^2} = \dfrac{33.6}{36} = 0.9333$，所以需要 500×0.9333 = 466.65 份合约。

② 仅用 S&P500 指数期货的情况下，$b = \dfrac{\sigma_{fs}}{\sigma_f^2} = \dfrac{16.8}{9} = 1.8667$，所以需要 833×1.8667 = 1 572 份合约。

③ 使用 S&P500 指数期货和 NYSE 指数期货进行复合套期保值的情况下，

$$b_{S\&P} = (33.6 \times 9 - 16.8 \times 16.2)/(36 \times 9 - 16.2^2) = 0.4912,$$
$$b_{NYSE} = (16.8 \times 36 - 33.6 \times 16.2)/(36 \times 9 - 16.2^2) = 0.9825,$$

需要的 S&P 指数期货为 500×0.4912=245.6 份合约,需要 NYSE 指数期货为 833×0.9825=818 份合约。

3. 尾部套期保值

当考虑股指期货的逐日盯市制度时,则保证金变动部分的利息支出也应该包括在内,由此存在着尾部风险(tail risk)。

(1) 考虑当日尾部因子的情况

具体而言,当期货价格变化时,为维持保证金水平,就会产生保证金的收支变化,而这一部分多余的支出在交割日存在时间价值。如果借贷利率相同的情况下,期货价格在 t 至 $t+1$ 时刻的变化对套期保值结束日($t+k$)现金流的影响为 $(F_{t+1}-F_t)(1+i)^{k-1}$。

由此,在 $t+k$ 时刻,所获收益为:
$$P_{t+b}^d = X_s[S_{t+1} - S_t + D_{t+k}^* - b(F_{t+1} - F_t)(1+i)^{k-1}]$$

式中,F_t 为期货价格;S_t 为现货价格;D_t 为股息;X_s 为要保值的现货资产数量。

风险最小化套期保值比率为:$b = (\sigma_{fs}/\sigma_f^2)/[1/(1+i)^{k-1}]$

每日尾部因子(tail factor):$\Phi^d = 1/(1+i)^{k-1}$ (12.19)

可知,当考虑尾部因子时,套期保值比率的数值会相应减小。参见表12-3。

表 12-3   **不同利率下每日尾部因子**

k	年利率			
	5%	10%	20%	30%
10	0.9988	0.9977	0.9955	0.9936
20	0.9975	0.9951	0.9905	0.9864
50	0.9935	0.9873	0.9758	0.9654
100	0.9869	0.9745	0.9517	0.9313
150	0.9803	0.9618	0.9282	0.8984
200	0.9737	0.9494	0.9053	0.8867
250	0.9673	0.9370	0.8830	0.8361
300	0.9608	0.9249	0.8612	0.8066

例 12-7 某投资者利用 FT-SE100 期货空头套期保值,套期保值比率为 0.56,卖出合约数为 560 份,若年利率为 10%,考虑每日尾部保值因素后,$\Phi^d = 1/(1+i)^{k-1} = 1/(1+0.000261)^{64} = 0.9834$,故 $b = 0.56 \times 0.9834 = 0.5507$,由此应该卖出合约数 551 份,比先前少了 9 份。

(2) 考虑单一尾部因子的情况

在使用当日尾部因子的情况下,需要每天对套期保值状况进行平衡,这样会提高交易成本,因此有必要计算 t 时刻至 $t+k$ 时刻的单一套期保值的尾部因子。

t 至 $t+k$ 时刻这段时间内再套期保值所获得的收益 P_{t+k} 为:

$$P_{t+k} = X_s[S_{t+1} - S_t + S_{t+2} - S_{t+1} + \cdots + D_{t+k}^*]X_f[(1+i)^{k-1} \times (F_{t+1} - F_t) \\ + (i+1)^{k-2} \times (F_{t+2} - F_{t+1}) + \cdots + (F_{t+k} - F_{t+k-1})]$$

假设期货价格 F_t、现货价格 S_t 及其之间的变化无相关性，而且股息 D_t 确定，每日期货价格与现货价格方差为常量，X_f 为期货合约的数量，X_s 为要保值的现货资产数量，则：

$$\mathrm{Var}(P_{t+k}) = X_s^2[k\sigma_s^2 + b^2\sigma_f^2\Phi - 2b\sigma_{fs}\Psi]$$

其中：

$$\Psi = (1+i)^{k-1} + (1+i)^{k-2} + \cdots + 1 = [(1+i)^k - 1]/i$$

$$\Phi = (1+i)^{2(k-1)} + (1+i)^{2(k-2)} + (1+i)^{2(k-3)} + \cdots + 1 = \frac{[(1+i)^{2k} - 1]}{i(2+i)}$$

则

$$b = (\sigma_{fs}/\sigma_f^2)(\Psi/\Phi)$$

单一尾部因子为

$$\Phi^s = (\Psi/\Phi) = \frac{[(1+i)^k - 1](2+i)}{(1+i)^{2k} - 1} \quad (12.20)$$

参见表 12-4。

表 12-4 不同利率下单一尾部因子

k	年利率			
	5%	10%	20%	30%
10	0.9994	0.9988	0.9978	0.9968
20	0.9987	0.9975	0.9953	0.9932
50	0.9967	0.9936	0.9878	0.9824
100	0.9934	0.9871	0.9753	0.9644
150	0.9900	0.9805	0.9628	0.9465
200	0.9867	0.9740	0.9503	0.9286
250	0.9834	0.9675	0.9378	0.9107
300	0.9800	0.9610	0.9254	0.8929

例 12-8 若投资者想用单一尾部因子，则：

$$\Phi^s = (\Psi/\Phi) = \frac{[(1+i)^k - 1](2+i)}{(1+i)^{2k} - 1} = \frac{(1.000261^{65} - 1) \times 2.000261}{1.000261^{130} - 1}$$

$$= 0.9916$$

因此最小套期保值比率 $b = 0.56 \times 0.9916 = 0.5553$。因此该投资者需要卖出 555 份合约，比采取每日尾部因子的情况下多出 4 份。

二、股票期货

（一）股票期货简介

单一股票期货（single stock future）简称股票期货，是以某一特定的单个股票作为标的物的交易合约。尽管 20 世纪 80 年代中期开始出现股票期货交易，但直到 90 年代末期交易才逐渐活跃，交易量开始明显增加。到 1999 年底，全世界有 8 个国家或地区开展单一股票期货交易，包括澳大利亚、墨西哥、瑞典和中国香港等地区，交易量为 200 万张，涉及 200 家公司的股票。2001 年 1 月 29 日 LIFFEE 推出以全球 25 家知名公司股票为标的的大单股票交易（称为"全球性股票期货"）标志着股票期货市场的崛起，由此股票期货交易进入大发展时期。由于期货合约设计优越、避险效果好、交易成本低，因此受到市场欢迎，成为交易所成长性最好的产品。

（二）股票期货的结算和交割

股票期货合约到期时一般采取现金结算的方式，协定价格和结算价格之差乘以合同乘数可得出交易双方的盈亏金额。结算价格采取最后交易日标的股票在现货市场每 5 分钟最高买入及最低卖出价的中间价格的平均值的计算方式。股票期货交易采取"做市商"制度，做市商在指定的差价范围内同时报出买入价和卖出价，从而保证市场的流动性。

（三）股票期货的策略

类似于股指期货品种，利用股票期货进行单个股票的价格风险管理的策略也包括多头套期保值、空头套期保值和交叉套期保值等方面。持有现货多头的投资者可以进行空头套期保值，持有现货空头的投资者可以进行多头套期保值，从而来控制股票价格风险。从期货与现货品种的匹配程度和保值效果来看，股票期货的效率要高于股指期货。当然股票期货也不能实现完全的套期保值，原因在于股票期货的交割月份固定并且有限，而股票现货交易时间分布在整个交易时间，由此在股票现货和期货之间形成时间差，从而影响到保值效果。

三、关于期货品种基差风险的管理

根据期货交易的套期保值的基本原理，期货价格和现货价格应保持基本的相同趋势，即基差风险趋于零。但在实际交易过程中存在衍生产品和现货不同或到期日不一致等因素，基差风险常常不趋于零，基差的大小与正负直接关系到套期保值的效果和交易者的市场风险，因此基差风险是套期保值交易过程中风险管理的重点。

基差风险的影响因素比较复杂，主要有现货的持有成本、期货合约的剩余期限、现货的供求状况以及现货价格和期货价格运动的相关程度。一般持有成本越高，期货合约的剩余期限越长、预期现货和期货价格变化越剧烈，则基差风险越大。

管理基差风险的关键在于选择合适的衍生产品，其中包括两个主要方面：一是选择以现货商品为标的的金融衍生工具产品，二是当衍生产品标的和股票现货不同时选择两者间价格变化相关性较高的衍生工具。为了达到最佳的保值效果，应同时确定合适的保值率。对于期货类衍生工具的保值率确定，应该考虑到股票现货的价格波动性、期货合约价格的波动性和两者间波动的相关系数。一般情况下，股票现货的到期日与期货合约的到期日相差越远，其基差风险越大，因此期货合约的交割月份往往选择迟于股票现货到期的第一个期货合约交割月份。

第四节 基于期权的股票风险管理

使用股票互换和股指期货、股票期货进行股票价格的风险管理,可以较好地达到保值效果,但另一方面也锁定了投资者的盈利空间。由于股票期权和股指期权给予持有者的是权益而不是义务,因此不仅可以用来管理投资者的股价风险,而且持有者还能获得股票价格波动带来的收益,由此期权品种可以达到更好的效果。下面将介绍进行股票价格风险管理的有关品种和使用策略。

一、股票期权

就投资者的头寸而言,可以将其分为两类,其中一类为持有股票现货的多头,另一类是不持有股票的空头。无论是现货的空头还是多头,投资者都可以利用有关的期权品种来管理股票价格风险或降低未来的购买成本。下面主要讨论在预测股票价格上涨的情况下可以使用的期权品种以及有关的交易策略:

(一)股票期权的品种

在预测股票价格上涨的情况下,可以使用以下股票期权品种:

1. 看涨期权

看涨期权可以使买方从标的股票价格上涨的过程之中获利,同时防范股票下跌的风险。股票期权可以分为损价、平价和溢价期权三类。

例 12-9 某公司股票目前价格为 100 点,两个月的平价期权的价格为 4.5 点,两个月的损价期权的价格为 1 点。下面讨论使用三种不同投资策略及其损益,并且股票数量为 1 000 股。

(1)买入股票;

(2)买入协定价格为 100 的看涨期权(平价看涨期权);

(3)买入协定价格为 110 的看涨期权(损价看涨期权)。

由于期权 δ 值的影响,除了溢价期权以外,期权价值的变化总是小于标的资产股票价格变动的影响。如该股票价格上涨 10 个点,相应两种期权的价值分别上涨 7.5 个点和 4 个点。如该股票下跌 10 个点,相应两种期权的价值分别下跌 3.5 个点和 1 个点。

从三种投资策略的损益情况来看,如果股票价格变动范围为 -10% 至 10%,则平价期权的变化范围是 -78% 至 167%,损价期权的变化范围为 -100% 至 400%,可以看到损价期权可以带来的利润最大,但是风险也最大,见图 12-2 所示。

2. 牛市价差期权

价差期权由一种期权的多头和同类期权的空头组合构造而成,只是多头和空头的协定价格或期限有所不同。价差可以分为垂直价差、水平价差和对角价差。在垂直价差

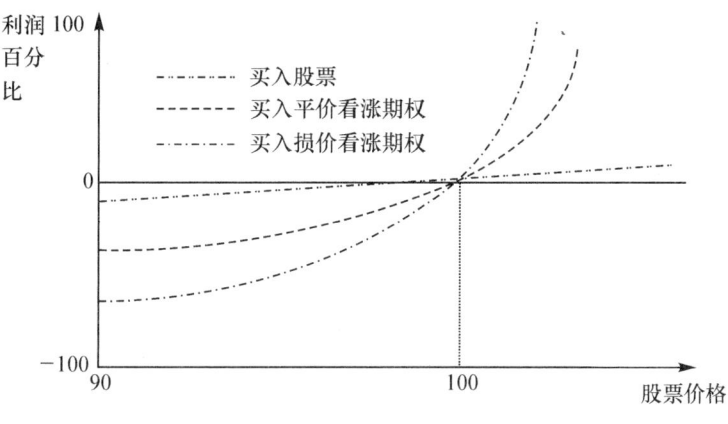

图 12-2　关于买入期权策略的盈亏分析

中，如果买入的期权的协定价格低于卖出的期权的协定价格，则这两类期权的组合即为牛市价差。投资者将在两个协定价格构成的价格区间内获利。

牛市价差期权与看涨期权的区别在于其成本较低，其原因在于出售较高协定价格的看涨期权所得到的期权费可以抵消一部分买进较低协定价格的看涨期权所支付的期权费。但是，当标的资产的价格上涨高于较高的协定价格时，牛市价差期权的买方将丧失进一步获利的机会，如图 12-3 所示。

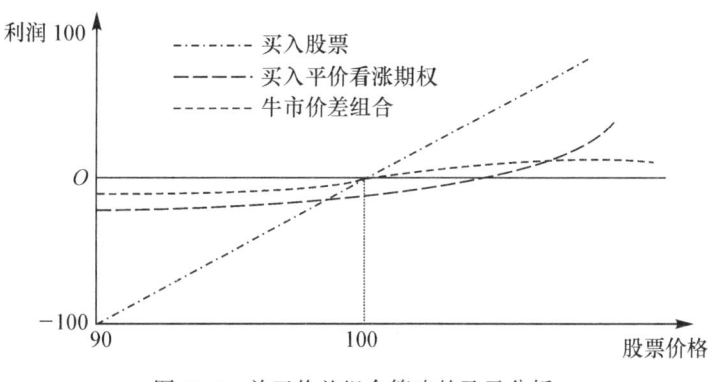

图 12-3　关于价差组合策略的盈亏分析

3. 存款和期权的组合

存款和期权的组合是指投资者将大部分资金投资于无风险存款，同时用小部分资金购买股票期权，通常比例是 90∶10，即投资 90% 的资金于存款，而投资 10% 资金于股票期权。存款和期权组合的投资策略是比较保守的投资策略，当股票价格变化与预期不一致时投资者不会受到较大的损失，如图 12-4 所示。

使用上述三种期权品种，与直接买卖股票相比，具有以下特点：首先，期权面临的风险是有限的。其次，期权具有杠杆作用，损价越多的期权，潜在的获利空间越大。第

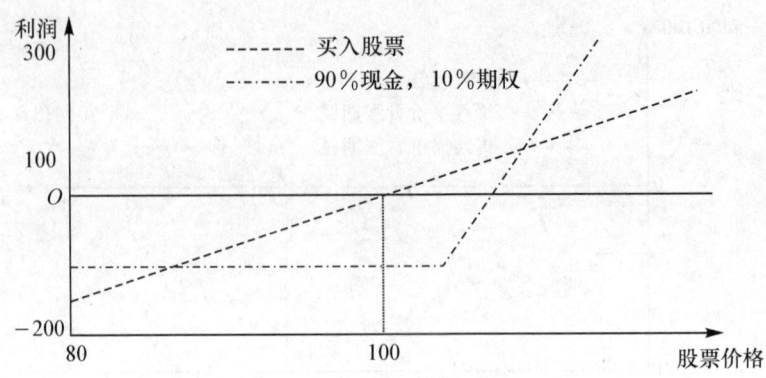

图 12-4 关于存款和期权组合策略的盈亏分析

三,期权具有利润加速效应,即利润上升的幅度高于股票上升的幅度。最后,期权为投资者进行远期股票交易提供了机会。

(二)股票期权的使用策略

根据侧重点不同,股票期权的使用策略包括收益增加策略和保值策略两类。其中收益增加策略主要是在预期股票价格保持稳定时用来提高收益,一般包括获得期权费和设立资产增值的上限两个方面,而保值策略是指在支付一定期权费的情况下设立资产价值的下限。

1. 收益增加策略

收益增加策略的主要特点在于提高投资者持有股票的收益,该类策略包括以下几种:

(1)出售抛补看涨期权的策略

卖出抛补看涨期权是指持有股票现货的投资者出售以该种股票为标的的股票期权。

例 12-10 某公司股票目前价格为 100 点,投资者持有 10 000 股该公司股票。该投资者预测该股票在未来几个月内不会上涨,由此出售两个月的平价期权的价格,每股的期权收入为 4.5 点。在期权到期时,会出现三种不同的情形,分别有不同的损益状况:

情形一:该股票价格不发生变化,期权到期时无价值,投资者获得 5 点的期权费,由此提高了投资收益。

情形二:该股票价格上涨,到期时按协定价格 100 点交割所持有的股票。每股 5 点的期权费收入意味着投资者实际上以 105 点交割该股票。

情形三:该股票价格下跌,期权到期时无价值,投资者获得 5 点的期权费可以在一定程度上抵消股票下跌带来的损失。

从上述三种情形可以看到,出售抛补看涨期权可以在股票价格上升时形成一种有保证的获利价格,而股票价格下跌时在一定程度上抵补下跌造成的亏损。应该指出的是出售抛补看涨期权不能为投资者提供完全的保值,是在损失一部分价格上涨时获利机会的前提下提高了股票价格稳定或下跌情况下的资产价值,如图 12-5 所示。

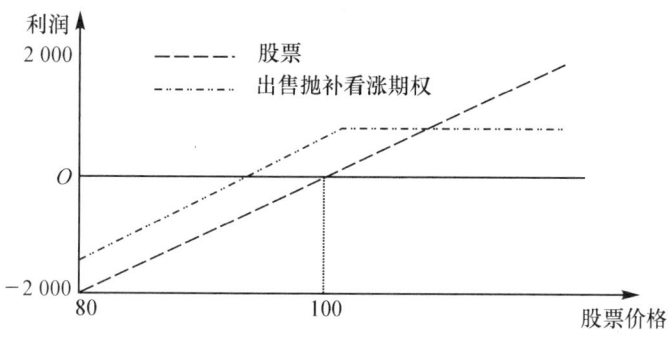

图 12-5　关于出售抛补看涨期权策略的盈亏分析

（2）按比例出售抛补看涨期权的策略

此种策略是在前一种投资策略的基础上进行一定调整，其差别在于出售的看涨期权与所持有的股票成一定比例。在此策略下，期权费较少，但当股票价格上涨超过协定价格时，投资者由于仍然持有部分股票而获得股票增值带来的收益。

（3）出售裸式看跌期权的策略

前两种策略的基本特点是投资者持有股票，并且对股票价格有上涨的基本预期。在此种情况下，由于持有股票会发生一定的成本，如融资成本和交易成本，因此投资者可以出售裸式看跌期权。

假设某股票目前价格为100点，该投资者预测该股票在未来几个月内有上涨趋势，由此出售两个月的平价看跌期权的价格，每股的期权费收入为3.5点。在期权到期时，会出现三种不同的情形，分别有不同的损益状况（如图12-6所示）：

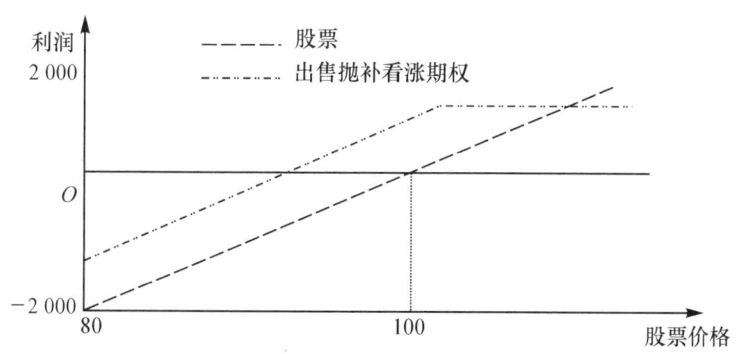

图 12-6　关于出售裸式看跌期权策略的盈亏分析

情形一：该股票价格不发生变化，期权到期时无价值，投资者获得3.5点的期权费，由此提高了投资收益。

情形二：该股票价格上涨，到期时期权无价值，投资者获得3.5点的期权费。投资者也可以以期权费收入补贴按实际购进股票的成本。

情形三：该股票价格下跌，期权到期时被执行，投资者以96.5点的价格买入该股票。

（4）按比例出售裸式看跌期权的策略

此种策略是在前一种投资策略的基础上进行一定调整，其差别在于出售的看涨期权与所持有的股票成一定比例。在此策略下卖出部分其所持有的股票，同时卖出看跌期权，此时期权费较少，但当股票价格低于协定价格时，投资者由于仍然持有部分股票而获得股票增值带来的收益。

2. 保值策略

（1）买入看跌期权的策略

买入看跌期权是传统的股票保值方法。买入平价或损价的看跌期权可以确定某种价格下限。如果股票价格跌破下限，则投资者可以行使卖出股票的权利，以协定价格出售股票。当股票价格上涨时投资者可以通过持有股票现货来获取收益。采取看跌期权策略的缺陷在于要支付期权费，由此在一定程度上会抵消股票价格上涨时带来的收益，如图12-7所示。

（2）变现股票并买入看涨期权的策略

在此种策略下，投资者将所持有的股票变现，同时进行无风险投资，另一方面买入看涨期权，当股票价格上涨，可以分享股票上涨带来的收益，当股票下跌时投资者不会遭受损失，从而使投资者受到保护。

（3）封顶保底策略

在此种策略下，投资者出售协定价格高于市场价格的看涨期权，同时买进看跌期权，由此通过看涨期权构造了股票价格的上限，通过看跌期权设置了股票价格的下限。两个期权的协定价格的水平决定于投资者希望保护的股价变动的范围、获利程度以及期权费金额。

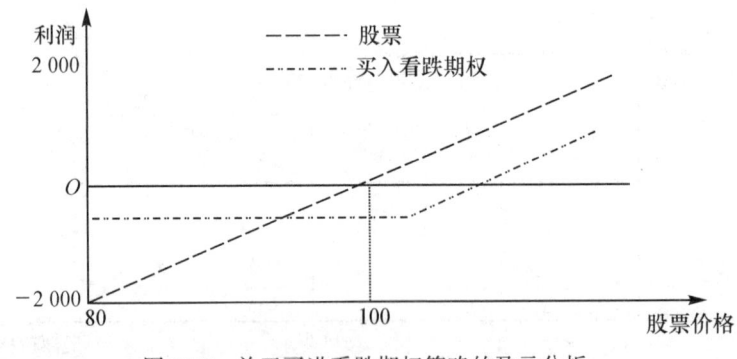

图12-7　关于买进看跌期权策略的盈亏分析

二、股票指数期权

（一）股票指数期权的类别

股票指数期权与一般的期权区别在于以股票指数作为标的。股票指数期权有两大类,分别是以股票指数本身作为标的和以股票指数期货作为标的资产。以股票指数为标的的期权,在到期时采取现金结算的方式,如S&P500股票指数期权。以股票指数期货作为标的的期权,在期权到期时可以转换成相应的期货合约,如FTSE100指数期货期权。

股票指数期权和股票指数期货期权的成本有一定差异。对于欧式期权,两类期权的费用相同。对于美式期权,两类期权的费用不同。在美式期权的情况下,对于看涨期权,指数期货期权的价格要高于指数期权,对于看跌期权,指数期货期权的价格要低于指数期权。价格产生差异的原因在于指数期货的成交价一般要高于即期指数价格,因此对于同样的协定价格的指数期货要比指数期权溢价更多。

(二)股票指数期权的使用策略

利用指数期权或指数期货期权可以进行套期保值和投机。从理论上看,股票指数期权的交易策略与股票期权的交易策略基本相同,股票期权的有关交易策略对于股票指数期权也可以实施,只是股票指数期权的标的资产为股票指数或股票指数期货。如果希望在股票价格上升的情况下盈利,而在股票价格下跌的情况下止损,则可以利用看涨期权或牛市看跌价差组合来达到目的。在持有股票现货的情况下,可以采取指数期权或指数期货期权来构造上限、下限、对称或其他金融组合来进行保值和增值。

例12-11 假定当前时间为1993年2月22日,S&P500指数为435.25。投资者对美国股市的后市持乐观态度,认为股市在两个月内将上涨5%~10%,然后回落到原水平。由于该投资者不想短期持有股票组合以避免发生交易成本,又不想承担股市下跌带来的风险,由此不能使用股指期货品种。在此种情况下,该投资者决定使用4月份S&P500指数期权来构造牛市看涨价差结构。

(1)第一阶段:投资组合的建立

2月22日的交易状况

买入50份4月份440S&P指数看涨期权合约,期权费每份为5.5;

卖出50份4月份445S&P指数看跌期权合约,期权费每份为1.25。

如每一指数点为100美元,则投资支出即净期权费为(5.5-1.25)×50×100=21 250美元。

(2)第二阶段:投资组合的结清

策略一:在期权到期前结清

3月16日的交易状况

由于当日股票指数已上升到451.37,并且较前几日有所下跌,因此该投资者决定提前结清头寸,以获取利润。

卖出50份4月份440S&P指数看涨期权合约,期权费每份为15;

买进50份4月份445S&P指数看跌期权合约,期权费每份为4.75。

则投资收入为(15-4.75)×50×100=51 250美元。由于投资者初始投资为21 250美元,则利润为30 000美元。

策略二:持有投资组合到期

在到期日，如果股票指数超过 455，则可以获得的最大利润为 53 750 美元；如果股票指数低于 440，则给投资者造成最大损失，损失额为 21 250 美元。

策略三：在到期前采取滚动价差策略

3 月 16 日的交易状况

卖出 50 份 4 月份 440S&P 指数看涨期权合约，期权费每份为 15；

买进 100 份 4 月份 455S&P 指数看涨期权合约，期权费每份为 4.75；

卖出 50 份 4 月份 460S&P 指数看涨期权合约，期权费每份为 3.125。

进行上述交易，获得期权费收入为 43 125 美元，少于第一种策略产生的 51 250 美元，所获得的利润也相应减少。但投资者通过此种交易构造了 455～460 的牛市价差区域，使其在股指上升到 455～460 区域时也能获利，由此扩大了获利空间。

(三) 股票指数期权份数的确定

股票指数期权份数的确定在一定程度上取决于股票指数与被保值的现货头寸之间的相关性，也就是 β 系数的问题。前面分析表明 β 系数是表示股票或股票组合与股票指数之间关系的指标，可以通过对股票或股票组合的收益与股票指数的收益率之间进行回归得到。当 β 系数得到后，套期保值所需的股票指数期权的份数就可以精确地计算得到。

例 12-12 假设股票投资组合现货头寸为 26 000 000 英镑，要采取 FTSE100 指数进行保值，股票投资组合的 β 系数为 1.24，每一指数点价值为 10 英镑。若 FT-SE100 指数的现值为 3 045，则套期保值的份数为：

$$26\ 000\ 000 / (10 \times 3\ 045) = 854 (份)$$

考虑 β 系数，则所需的期权份数调整为 $854 \times 1.24 = 1\ 059$ 份。

第五节 股票价格风险管理策略分析

通过对股票互换、期货和期权对股票风险管理的研究可以看到，不同的工具都可以在一定程度上达到管理价格风险的目标。但是由于交易方式和策略的不同，相应达到的效果和套期保值的效率也不同，下面对其差异进行综合分析。

对于股票互换而言，由于属于非标准化协议，可以根据股票现货风险暴露的头寸、暴露的时间来签订，通过将浮动股票价格与固定的现金流进行转换，从而使股票风险暴露进行比较好的管理。当股票现货或股票投资组合与股票互换吻合时，则股票互换可以提供比较理想的套期保值效果。

对于股票期货和股指期货，在进行风险管理时涉及期限选择和期货合约数量确定两方面的问题。期限的选择要求期货的期限尽量与要保值的风险接近，而且风险暴露的期限比期货的期限短。对于暴露的期限较长的风险，进行展期保值，即购买一个近期的期货，期货快到时卖出原来的期货并买入新的期货，从而达到保值的目的。期货合约数量的选择就是套头比的选择问题。

对于股票期权和股指期权以及认股权证、可转换债券等含有期权特征的品种，投资者可以根据股票或股票投资组合现货头寸的特点，对不同的期权品种进行选择。对于期限比较短的风险，可以采用期权和期货期权，对于期限长于一年以上的风险暴露，可以使用认股权证和可转换债券。

◎ 小结

1. 股票投资收益和风险是股票投资的两个基本因素。

2. 股票价格的决定是股票投资理论的核心内容，目前关于股票价格的模型主要有资本资产定价模型和套利定价模型两大类。

3. 股票价格风险可以分为系统性风险和非系统性风险。非系统性风险可以通过投资组合进行分散化。股票价格风险可以用标准差进行度量，系统性风险用 β 系数进行度量。

4. 股票互换具有交易成本较低、流动性较好、现金流与股票指数变动幅度一致和在场外交易进行的特点。股票互换的定价一般采取股票指数隐含远期收益法。进行股票价格风险管理的股票互换品种有一般的股票互换、股票基点互换、非指数股票互换和混合指数股票互换等。

5. 进行股票价格风险管理的期货品种有股指期货和股票期货两大类。就股票投资组合的现货头寸而言，交易策略包括空头套期保值、多头套期保值、交叉套期保值和其他交易策略。在使用期货品种进行套期保值时要进行套期保值因子的计算，而且要注意基差风险和交叉套期保值风险。

6. 股票期权、股票指数期权和认股权证以及可转换债券等可以用来管理股票价格风险。股票期权和股票指数期权的品种和交易策略包括看涨期权、看跌期权、牛市价差期权、存款和期权的组合等。由于期权的灵活性较高，可以用来实现包括风险管理和收益等组合目标。

7. 通过对股票互换、期货和期权对股票风险管理的研究可以看到，虽然不同的工具都可以在一定程度上达到管理价格风险的目标，但不同的交易策略导致的现金流特征不同，因而可以满足不同的现货头寸的套期保值需求。

◎ 重要概念

股票收益　股票价格风险　系统性风险　非系统性风险 β 系数　股票互换
股票基点互换　非指数股票互换　混合指数股票互换　股票期货　股指期货
交叉套期保值　风险最小化套期保值率　每日尾部因子　单一尾部因子
基差风险　交叉套期保值风险　看涨期权　看跌期权　股票期权
牛市价差期权　封顶保底策略

◎ 思考题

1. 讨论系统性风险和非系统性风险对股票投资收益的影响。
2. 分析在使用股票互换进行套期保值前后的股票现货资产的现金流结构。
3. 根据投资者的股票现货头寸构造相应的股票期货或股指期货的交易策略。
4. 辨析每日尾部因子和单一尾部因子,并且说明在尾部套期保值中的作用。
5. 比较股票互换、股票期货、股指期货、股票期权和股指期权在股价风险管理中的差异。

◎ 练习题

1. 设目前S&P500指数为650.25,假设投资者预期股市在未来半年内会上涨5%~15%,但又不愿承担股票现货投资下跌的风险。试问投资者可以采用哪些交易策略,并作图表示不同的交易策略的损益和风险状况。

2. 假设投资者的股票组合现货头寸为30 000 000英镑,要采取FT-SE100指数期货进行保值,股票投资组合的β系数为1.5,每一指数点价值为10英镑。若FT-SE100指数的现值为3 045,计算需要FT-SE100指数期货的份数。

◎ 参考书目与推荐阅读

1. 叶永刚. 金融工程概论. 武汉:武汉大学出版社,2000.
2. 叶永刚. 衍生金融工具概论. 武汉:武汉大学出版社,2000.
3. 叶永刚. 远期结售汇——人民币兑外汇远期市场研究. 武汉:武汉大学出版社,2000.
4. 门明. 金融工程学. 北京:对外经济贸易大学出版社,2000.
5. 吴信如,潘英丽. 金融工程学. 上海:立信会计出版社,2000.
6. [英] 洛伦兹·格利茨. 金融工程学. 唐旭,等,译. 北京:经济科学出版社,1998.
7. [美] 约翰·马歇尔,维普尔·班塞尔. 金融工程. 宋逢明,等,译. 北京:清华大学出版社,1998.

第十三章 信用风险管理

◎ 学习目标
1. 信用风险概念及度量
2. 信用风险管理
3. 信用衍生工具的应用

信用风险是金融交易普遍面临的主要风险之一。信用风险管理不力，可能直接导致微观经济主体遭受经济损失，甚至破产倒闭，如果信用风险没有得到有效控制，还可能逐渐积累，日益膨胀，随着信用风险的影响范围从局部扩展到全局，甚至可能会酿成信用危机，将一国金融系统、国民经济乃至全球经济拖入泥淖。为此，金融理论界和实务部门都孜孜不倦地探求着有效的信用风险管理方法。本章首先剖析信用风险的生成机理与度量方法；其次介绍信用风险的各种管理策略，并重点介绍信用衍生工具在信用风险管理中的应用。

第一节 信用风险的产生与度量

一、信用风险的产生

信用风险是交易对手或债务人不能正常履行合约或信用品质发生变化而导致交易另一方或债权人遭受损失的可能性。狭义的信用风险仅指交易对手或债务人到期不履行合约义务的违约风险（default risk）；广义的信用风险还包括由于交易对手或债务人信用品质变化的不确定性所引起的信用价差风险（credit spread risk）。即使合约并未到期，如果交易对手或债务人信用品质恶化,信用价差(信用风险溢价)随之上升,标的资产或合约的实际价值也将因此下降,从而使交易另一方或债权人面临潜在的损失。

信用风险在经济活动中普遍存在。银行作为贷款人,可能因为借款人客观上丧失偿债能力或主观上缺乏还款意愿而受损。债券投资者可能因为债券发行人财务状况恶化等客观原因或主观原因到期无法获得本息兑付。当贷款债务人或债券发行人资信状况下降时,银行或债券投资者还面临资产贬值的可能。此外,以赊销方式出售商品或劳务的工商企业也面临买方不按期偿付货款或劳务费的风险。而且,信用风险并不仅仅存在于以银行信用、债券信用或商业信用为基础的债权债务关系中,经济合约通常都面临潜在的交易对手违约风险。

不过,银行业所面临的信用风险尤其突出。作为信用中介,商业银行最主要的风险无疑是信用风险。表内授信是信用风险最为集中的银行业务。银行的各类贷款(包括票据贴现)直接处于信用风险暴露之中,同时,银行所持有的各类债券①也包含着固有的信用风险,债券发行人到期可能无法兑付债券,或是到期前因发行人信用降级导致债券贬值。

信用风险不仅渗透于银行的表内资产业务,也蕴含于表外业务之中。

银行开办的表外授信业务主要有担保和承诺两大类,虽然两类业务均不直接在银行与客户或第三方之间形成债权债务关系,但这些或有债权或债务项目有可能在未来转变成表内项目,故而银行也承担了一定信用风险。在担保业务中,如果客户信用质量恶化以至不能履约,银行有义务代其对第三方履行债务或承担赔偿责任。在贷款承诺业务中,银行与客户订立契约时虽无资金贷出,一旦客户在合约期限内提出融资请求,银行应兑现承诺,向客户提供资金,此时表外信贷承诺即转化为表内贷款业务,银行由此就将直面借款人的信用风险。

衍生金融交易是现代银行从事的一类重要的表外活动,银行作为交易一方,面临着交易对手不履行合约义务的风险。在远期和期货交易中,必有一方盈利一方亏损,银行不论以买方或卖方的身份参与交易,都面临对手因亏损而恶意违约或无力履约的风险。期权交易同样也是此盈彼亏的零和游戏,不过交易双方承担的信用风险并不平衡。银行通常作为期权买方,面临期权卖方不履行义务的风险,而期权卖方则不需顾虑信用风险问题。互换交易可以设计成互利互惠的正和游戏,但并不意味着参与者无信用风险之忧。由于互换交易时间跨度较长,若某一方发现自己判断有误,市场利率或汇率变化趋向对其不利,就可能产生违约倾向。假定 A 银行与 B 银行达成利率互换交易,A 银行为浮动利率支付方,B 银行为固定利率支付方。在合约开始生效之日,对交易双方来说互换合约的净现值都是零。如果协议生效不久市场利率便上升了,A 银行将遭受损失,而 B 银行将获得收益,若此时 A 银行拒绝履约,则 B 银行将受到损失。如果银行是作为中介机构分别与互换双方签约,向双方收取互换现金流并转交另一方,则需承担其中任一方的违约风险,若一方违约,银行不能以此为理由而撤销与另一方的约定,仍须继续履约。虽然金融期货和场内期权交易有保证金制度作为信用支撑,而且清算机构也可

---

① 中央政府发行的国债通常被认为无违约风险,但并不是绝对的。

以提供信用担保①,银行承受的信用风险有限,但场外衍生交易缺乏类似的保障机制,银行所负荷的信用风险可能较高。

综上所述,信用风险在银行各项业务中普遍存在,不过,各类业务的风险暴露部位又不尽相同。表外或有项目还存在因信用风险暴露规模的不确定性而产生敞口风险②。在贷款承诺业务中,敞口风险源于借款人未来信贷需求的不确定性,在信贷额度内,客户实际借取的款项可多可少,也可能最终并无借款需求。在担保业务中,敞口风险源于被保证人未来偿付债务的实际能力的不确定性,若被保证人部分偿付债务,则银行只需承担债务余额;若被保证人完全丧失清偿能力,银行须全额代偿。在金融衍生交易中,敞口风险源于银行因参与交易而拥有的或有权益大小的不确定性,它与合约标的资产的市场价格或标的市场指标的变化趋势密切相关。

如果银行从事业务活动的交易对手或债务人是国外金融机构、跨国公司、外国政府等境外经济实体,还会面临信用风险的特殊形式——国家风险。国家风险的具体成因可分为政治因素和经济因素。经济因素包括国际收支状况、经济发展态势、经济政策、管制措施等;政治因素包括政治体制、政权更迭、民族、种族、宗教、劳工政策、社会安定性、对外政策、国际关系等。这些因素的不确定性都可能造成境外实体不能履约。

二、信用风险的度量

(一) 专家评定

所谓专家评定,是指对贷款信用风险的评定主要依赖于信贷专家的专业技能、主观判断和对某些关键因素的权衡。西方银行业在长期的信贷业务实践中总结出了若干基本审贷原则,作为信用风险的评判基准。除了被信贷专家们普遍认同的6C原则外,银行界还提出了5W原则、5P原则和CAMPARI优质贷款法则。这些审贷原则都将借款申请人的主观还款意愿和客观支付能力作为审查重点。信贷专家依据这些基本原则,通过与客户面谈、信用调查和现场参观收集信用评估所需信息,并据此对借款人进行财务分析和非财务分析,从而对借款申请人的资信状况进行评定。

专家评定制度不可避免地存在一些缺陷:(1)需要相当数量的信用分析人员,且审查程序过于繁琐;(2)主要依赖定性分析,有相当强的主观性;(3)信用评价缺乏一致性;(4)各项衡量指标的重要性排序不明确。

---

① 清算机构充当所有交易者的交易对手,即作为所有买方的卖方和所有卖方的买方,其职责是负责衍生工具的清算,确保合约到期交割或在未到期前平仓,从而将交易所衍生合约的信用风险集中于自身。同时,清算机构通过建立保证金制度、最低资本金要求、逐日盯市结算等措施,控制衍生交易的信用风险。

② 承诺业务与衍生交易的敞口风险本身并不归属于信用风险,但关系到银行信用风险暴露的大小。

(二) 信用评分

美国学者 Altman 于 1968 年提出信用评分法,其基本思路是从众多财务比率中提取出最能反映企业综合经营和信用状况的若干比率,分别给定这些比率在综合评价中应占的比重,然后确定标准比率,并与实际比率比较,评出每项指标的得分,最后评出总分。

该方法涉及三个关键环节:一是选择财务比率,二是各比率的权重分配,三是临界值的确定。Altman 选取了 5 个变量,这些变量是:(X_1) 营运资本/总资产、(X_2) 留存收益/总资产、(X_3) 税息前利润/总资产、(X_4) 权益市场值/总债务账面值和(X_5) 销售收入/总资产,并将这五个变量组成 Z 值计分模型。这是一个区分破产与非破产企业的判断函数,其公式如下:

$$Z = 1.2X_1 + 1.4X_2 + 3.3X_3 + 0.6X_4 + 0.999X_5 \quad (13.1)$$

Altman 设定了判别函数的临界值,破产上限值为 1.81,此极限值以下为破产区域;非破产下限值为 2.99,其上为非破产区域;中间是灰色区域。银行通过计算 Z 值,看借款人落在哪一段区域,由此预测该企业经营状态,并作出信贷决策。

信用评分模型的优点是由于量化而相对客观,但也存在以下不足:(1) 判别函数是线性的,因而不能充分描述各因素与违约间的非线性关系;(2) 基于历史财务数据,其评价结果可能滞后于借款人信用品质的实际变化;(3) 未将非财务指标纳入其中;(4) 对企业信用品质的区分比较粗略。

(三) 信用评级

20 世纪 70 年代后,商业银行开始建立内部信用评级体系,对客户信用状况进行总体评价。银行内部信用风险评级一般都会包括以下内容:

(1) 行业分析。通过行业竞争状况、行业现金流量特征、行业周期性等指标,评价企业所处行业的整体风险。

(2) 财务分析。主要包括资产负债项目分析、财务比率分析和现金流分析三种方法,所分析的结果按照一定的权重给出总评价,据此判断借款人偿债能力。

(3) 经营管理分析。评估的重点包括企业领导者的经验能力、管理风格和管理层的延续性、保护贷款人利益的态度,以及特殊事件影响下的应变能力。

(4) 信用历史记录考察。通过调查客户过去的借贷行为了解其借贷习惯、还款能力和道德品质。

银行将上述反映企业资信状况的关键要素纳入评级指标体系中,并对每项指标赋予标准分值和相应的权重。银行根据企业的实际情况逐项评分,根据各项得分的加权之和评定企业的资信等级。

信用风险评级的优点在于:综合考虑各方面因素,对评级对象作出的风险评价较为全面;对客户信用品质给予较为细致的区分,并用级别标识直观表示风险含量的高低。不过,传统的主要基于财务数据的信用评级也存在一些缺陷:(1) 主要依据财务报表和关于企业的其他相关记录进行评级,属于静态分析;(2) 用离散的信用等级变化描述信用质量,加之采用的信用评价技术缺乏精密性,只是对风险的近似估计,因而对信用风险的量化还不够精确。

(四) 现代信用风险度量模型

20世纪90年代以来,西方国家开发出若干各具特色的信用风险度量模型,有代表性的模型主要是KMV公司的KMV模型、J.P摩根的信用度量模型(Creditmetrics)、麦肯锡公司的宏观模拟模型、瑞士信贷银行的信用风险附加模型(Creditrisk$^+$)、Altman死亡率模型等。根据对信用事件的界定,可将这些模型归为盯住市场模型与违约模型。盯住市场模型(MTM)将借款人信用品质的变化作为信用事件,其主要特点是盯住借款人信用等级变动对贷款(债券)价值的影响。违约模型(DM)只关注违约事件,侧重于考察预期违约损失和未预料到的违约损失。

1. KMV模型

KMV公司将债权看作债权人向借款公司股东出售的对企业价值的看跌期权(卖权),期权标的是公司资产,执行价格是企业的债务价值。企业所有者实际上相当于购买了一项违约或不违约的选择权,当借款企业资产的市场价值超出企业的负债时,企业有动力偿还债务;如果企业资产的市场价值低于其负债水平,企业的所有者将选择违约,将资产转交给债权人处置。

在图13-1中,B点表示债务价值。若期末企业资产价值下降到其债务价值以下,企业将对其债务违约,而债权人就会遭受损失,最为极端的情况是本息尽失。如果资产价值高于债务价值,则债权人可获得固定的本息。由此图可看出,债权人的收益分布曲线类似看跌期权卖方的盈亏分布曲线。基于此,KMV公司的信用风险分析着重于看跌期权可能被执行的概率,也即预期违约概率(EDF)。违约概率取决于债务到期时企业价值低于债务价值的可能性。

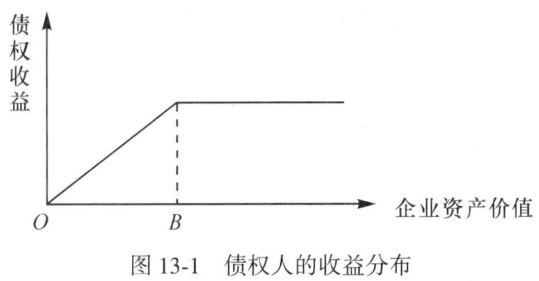

图13-1 债权人的收益分布

由于企业资产的市场价值难以直接观测,KMV公司采用期权定价的原理来推算借款企业资产价值及其波动性。企业股东所持有的股权可看作是对企业资产价值的看涨期权①,根据期权定价理论,股权价值的公式是:

---

① 股东购买企业股票,相当于买进了对企业价值的看涨期权,执行价格同样是企业债务价值,执行期限为企业债务的期限。

$$\overline{E} = f(A, \sigma_A, \overline{B}, \overline{r}, \overline{\tau}) \tag{13.2}$$

式中，E 是股权价值；A 是资产市场价值；σ_A 是资产价值波动性；B 是负债价值；r 是无风险借贷利率；τ 是时间范围。

企业股权价值波动性 σ_E 与企业资产价值波动性 σ_A 之间存在理论上的关系：

$$\overline{\sigma_E} = g(\sigma_A) \tag{13.3}$$

在上面两个公式中，已知变量有：E 可直接观察得到；σ_e 可由历史数据估算出；B 指公司的违约实施点或违约触发点，为已知常数；τ 一般设定为 1 年；r 可直接观察得到。资产价值 A 及其波动性 σ_A 是未知数。将两个等式联立，可求出这两个未知数。

计算出 A 和 σ_A 的值之后，就可以据此计算企业的违约距离。假定公司未来资产价值围绕其现值呈正态分布，均值为 A，标准差为 σ_A，可利用下面的公式计算公司在一年内或 $t=0$ 时（现在）距违约触发点的距离，其公式为：

$$违约距离 = \frac{A - B}{\sigma_A} \tag{13.4}$$

KMV 公司利用历史经验数据求 EDF 的经验值，假设违约距离为 $2\sigma_A$，则经验 EDF 的计算公式为：

$$经验\ EDF = \frac{违约距离为 2\sigma_A 的一年内违约的企业数目}{违约距离为 2\sigma_A 的企业总数}$$

KMV 模型的突出优点在于它是动态模型，基于对企业股票价格变化的分析估算 EDF，因而对违约概率的预测更具有前瞻性，被视为"向前看"的方法。KMV 模型在解决实际问题方面的不足主要表现为：仅着重于违约预测，忽视了企业信用品质的渐进变化；未考虑信息不对称情况下的道德风险。KMV 模型能否适用于发展中国家的新兴股票市场也有待印证。

2. 信用度量模型（creditmetrics）

该模型旨在提供一个进行 VaR 估值的框架，即在给定时段内和给定的置信区间内，信贷资产可能发生的最大价值损失。运用信用度量模型测量贷款信用风险可分为单笔贷款风险测算和贷款组合风险测算：

（1）单笔贷款信用风险测算

第一步，求出借款人的期末信用等级转移概率。假定借款人最初的信用等级已知，一年后有 8 种可能的信用状态，即从 AAA 级—D 级（违约），则一年后借款人由初始信用等级转移到其他信用等级的概率称为信用等级转移概率。不同初始等级借款人向所有可能等级转移的概率汇集起来构成一个 8×8 转移概率矩阵。转移概率利用历史数据求得。

第二步，估算未来不同等级下的贷款远期价值。贷款的理论市值随信用等级变化而变化。若信用等级下降，贷款现金流量的信用风险溢价就会上升，贷款价值（未来各期现金流折现值之和）下降。若信用升级，则信用风险溢价下降，贷款价值上升。

第三步，得出贷款价值的实际分布。将不同等级的年末贷款价值与转移概率结合，即得到贷款价值在年末非正态的实际分布。

第四步,计算贷款的 VaR 值。首先,计算贷款价值的均值,即:贷款未来价值的均值 = $\sum$ 未来不同等级下贷款价值×等级转移概率。接着,计算贷款价值的标准差。最后,求出 VaR 值。它等于在一定的置信度水平上,年末可能的贷款价值与贷款预期价值间的差距。

(2) 贷款组合信用风险测算

J. P 摩根将单项资产模型加以延展,使之成为组合风险计量模型。

为了便于理解,我们假设组合由两笔贷款形成,估算组合 VaR 值的具体步骤如下:

第一步,求出两笔贷款的联合信用等级转移概率矩阵。首先,将借款公司资产价值波动性与借款人信用等级变化相联系。假定企业资产价值变化幅度达到一定程度时其信用等级就会改变,由此得到等级转移与企业资产价值变化间的映射关系;其后,计算两企业资产价值的相关系数;然后,将相关系数代入两企业资产价值的联合正态分布密度函数中,计算两借款人资产价值波动范围分别在一定区域内的联合概率,该概率即等于同资产价值变动区域相对应的两借款人未来信用等级状态的联合转移概率。两贷款组合应得到一个 8×8 的联合转移概率矩阵。

第二步,求出在不同信用状态下贷款组合的市场价值。求出单笔贷款在未来每种信用状态下的价值,再将组合中每笔贷款价值加总即得到组合的价值,最终得出一个 8×8 贷款组合价值矩阵。

第三步,求出贷款组合价值的均值与方差。运算中可运用以下公式:

$$贷款组合价值的均值 = \sum_{i=1}^{64} P_i V_i \tag{13.5}$$

$$贷款组合价值的方差 = \sum_{i=1}^{64} P_i (V_i - 均值)^2 \tag{13.6}$$

式中,P_i 是第 i 种可能的联合转移概率;V_i 是第 i 种可能的组合价值。

第四步,求出贷款组合基于实际分布或正态分布的 VaR 值。已知贷款组合在不同信用状态下的价值及相应的联合转移概率,可得到组合价值的实际分布,利用联合转移概率矩阵和贷款组合价值矩阵可以估出贷款组合在实际分布下的 VaR 值。例如,贷款组合 VaR 值=组合均值−给定置信度水平上第 1 年末可能的组合价值,若假定组合价值服从正态分布,则 99% 置信度上的 VaR 值为 2.33×组合价值标准差。

信用度量模型是盯住贷款理论市值变动的多状态模型,能够更为精细地计量信用风险的变化和损失值。不过,该模型利用历史数据度量信用风险,仍然属于"向后看"的风险度量方法,此外,在实际应用中以债券评级等级转移概率近似替代贷款转移概率,难免存在偏差。

3. 信贷组合观点模型(loan portfolio view,又称宏观模拟模型)

信用度量模型假定等级转移概率在经济周期不同阶段间是稳定的,然而等级转移对经济周期是比较敏感的。为修正这个偏差,麦肯锡公司提出宏观模拟方法(信贷组合观点),试图将宏观因素与转移概率间关系模型化,求解基于宏观条件的转移概率模拟值,以有条件转移矩阵取代基于历史数据的无条件转移矩阵,以便求出对经济周期敏感的 VaR 值。

4. 信用风险附加模型（creditrisk$^+$）

瑞士信贷银行的 creditrisk$^+$ 借鉴了财产火险精算理论。每处房屋遭遇火灾是独立的小概率事件，同样可假定大规模信贷组合中每笔贷款的违约概率较小且违约事件相互独立，因此组合中发生违约事件的次数近似于泊松分布。房屋失火的损毁程度可能差别很大，贷款的违约损失程度同样很不确定，由于逐笔度量损失程度较困难，可按贷款风险暴露将信贷组合划分为若干频段（次级组合），以降低不精确性。将不同频段的损失分布加总，可得到贷款组合的损失分布。

5. 死亡率模型（mortality rate model）

阿尔特曼（Altman）借鉴寿险精算的思想，对各等级债券的死亡率和损失率作了专门研究，并利用其构建的信用计分模型寻找债券与贷款间的对应关系，间接估算贷款的损失值。

第二节　信用风险的管理策略

信用风险的承受者可以针对其面临的信用风险的特征和水平采取各种风险管理策略，以便控制信用风险，消除或减少其不利影响。信用风险管理的基本策略有以下几种：

一、信用风险的预防策略

信用风险的预防策略，是指在风险尚未导致损失之前，经济主体采用一定的防范性措施，以防止损失实际发生或将损失控制在可承受的范围以内。"预防"是信用风险管理的传统方法。

银行可以建立严格的贷款调查、审查、审批和贷后管理制度，以便防范信用风险。银行受理客户的借款申请后，对借款申请材料的真实性以及申请人的信用品质等情况进行全面调查。对于企业客户，银行的调查内容主要包括：借款人主体资格，主要是指企业的法律地位、行为能力；企业财务状况，包括资产负债结构、财务指标水平、现金流量变化；企业生产经营情况，包括厂房设备状况、生产规划、生产能力、存货控制、销售情况以及产品开发能力；企业领导人素质，如道德品质、经营管理能力、团队协作精神；企业的信用记录等。对于个人客户，银行需要了解其道德品质、工作能力、家庭情况，核实其收入水平、教育程度和职业资格，并收集其信用历史资料。在搜集、整理信息的基础上，调查人员根据银行的贷款标准对客户的借款申请进行初步评估。其后，信贷调查部门将初审合格的客户推荐给贷款审查部门，后者对调查部门呈报的客户资料、调查报告以及初审意见作进一步核查与评定。贷款审查人员履行两项基本职能：首先是规范性审查，确定贷款是否符合国家的产业政策和法律法规以及银行的信贷政策；其次是技术性审查，复审核实有关数据、资料的真实性，判断信贷调查人员使用的客户信用评价和贷款项目评估方法是否正确、取值标准是否准确，并对贷款风险进行复测。贷款审查部门对其权限范围内的贷款进行审批，对于大额贷款和风险较大的疑难贷款，则需报经贷款审查委员会集体讨论并得出最终意见。贷款发放后，银行还须跟踪检查借款人执行贷款合同的情况，并设立风险预警指标体系，监测贷款质量，分析各种风险因素的动态变化。一旦发现问题，银行可及时采取措施，防止潜在的信用风险导致现实损失。

债券投资者可以利用信用评级对债券的质量进行评价，从而判别并预防信用风险。评级机构将债券发行人的信用状况和偿债能力进行分析、评估，并将其结果公诸于众，作为投资者确定资金投向的关键参考指标。投资者可比较各种债券的等级，根据债券的风险等级判断与其匹配的收益率，以降低投资风险。

二、信用风险的规避策略

所谓规避策略，指经济主体根据一定原则，采取一定措施避开信用风险。规避与预防有类似之处，二者都可使经济主体事先减少或避免风险可能引起的损失。不过，预防较为主动，在积极进取的同时争取预先控制风险，而规避则较为消极保守，在避开风险的同时，或许也就放弃了获取较多收益的可能性。

例如，当投资者在选择债券时，尽可能选择高等级债券，放弃低等级的高收益债券。有些银行在发放贷款时，倾向于发放短期的、以商品买卖为基础的自偿性流动资金贷款，对融资规模巨大、投资回收期长的固定资产项目贷款采取十分谨慎的态度，虽然这类贷款项目往往也可能有较高的预期投资收益。对于那些银行不熟悉的高风险客户，鉴于银行面临的信息不对称问题比较严重，银行大多遵从信贷配给思想，对此类借款申请予以回绝，以规避风险。

三、信用风险的分散策略

通过持有多样化的资产组合来分散风险也是一种常用的信用风险管理策略。如果组合中各项资产发生违约事件的相关系数小于1，资产组合的信用风险就会小于单项资产信用风险的加权平均数，因此，经济主体需要寻找彼此之间相关关系较弱或负相关的资产加以组合，在不影响收益的前提下尽可能地降低风险，从而形成有效的资产组合。

投资基金的一个重要功能就是将分散的小额投资汇聚成巨额资金，对多种债券进行组合，以充分地分散风险，为基金持有者获得稳定的投资收益提供了可靠保证。

银行在信贷管理中，也可以利用分散化的原理降低信用风险。首先，银行可以成立信贷限额制度，在事前主动形成分散化的信贷组合。银行针对单个借款人或某行业、地区、国家设定贷款限额并进行监控，避免对单一客户或关联客户群以及特定行业、地区、国家的信贷风险暴露过于集中，或事后对现存组合进行分散化处理。如果某客户贷款需求量十分巨大，超出银行对客户的有限信贷承诺，多家银行还可组成贷款辛迪加向借款人提供贷款，以分摊风险。其次，银行还可以对其持有的信贷组合进行调整，在事后形成多样化的信贷组合。银行可通过贷款二级市场上的直接交易，卖出过度集中的信用风险，买进合适的风险暴露。不过，由于贷款具有非标准化的特性，对贷款买卖形成一定障碍。证券化技术将缺乏流动性、非标准化的贷款转换成为可转让的、标准化的证券，为银行调整信贷组合提供了极大便利。银行将贷款分类评估、选择组配，形成特定的或滚动的基础资产组合，并以其产生的现金流为担保在市场上发行证券，从而将过度集中的信用风险向众多投资者分散转移。

四、信用风险的转嫁策略

风险转嫁是指经济主体通过各种合法手段将其承受的风险转移给其他经济主体。资产多样化只能降低经济主体承担的非系统风险，对系统风险则无能为力，但经济主体可以寻找适当的途径将其转移出去。

经济主体可以向保险公司投保，以支付保险费为代价，将信用风险转嫁给保险公司。出口信贷保险是信用风险保险中较有代表性的品种。出口信贷是为了促进商品出口，在政府支持下，由本国银行向本国出口商或外国出口商提供的中长期信贷。由于出口信贷风险较大，许多国家都通过政策性进出口银行或委托保险公司对其提供保险。若借款人无力还贷，由保险公司给予赔偿。有些国家为了促进国内房地产开发，对期限较长的住房贷款也提供保险。例如，美国政府在20世纪30年代经济危机之后建立了联邦住宅管理局（FHA），为符合承保标准的合格住宅抵押贷款提供保险。事实上，保险同时也提供了一种风险分散机制。保险公司将众多投保人交纳的保险费集中起来，在其中少数人发生保险事件时用于对他们的损失进行赔偿，实际上就是将不可确知的风险在众多投保人中进行了分散。

经济主体还可以通过设定保证担保，将其承受的信用风险向第三方转移。担保即保证人根据某项交易中一方的申请，为申请人向交易另一方出具履约保证，承诺当申请人不能履约时，由其按照约定履行债务或承担责任的行为。银行在发放贷款时，经常会要求借款人以第三方信用作为还款保证。若借款人在贷款到期时不能偿还全部贷款本息，则保证人必须代为清偿。

五、信用风险的对冲策略

经济主体可以通过进行金融衍生交易，对冲其现货交易面临的风险。经济主体所从事的现货交易与衍生交易的收益彼此之间呈负相关，当其中一种交易亏损时，另一种交易将获得盈利，从而实现盈亏相抵。

信用风险曾经被认为是难以对冲的风险，金融衍生工具仅适于对冲汇率、利率以及证券价格未来波动的市场风险。20世纪90年代初，信用衍生工具问世，突破了衍生工具的传统应用范围，使人们对冲信用风险的构想成为现实，从而为经济主体提供了管理信用风险的全新思路。基于衍生工具的基本构造原理，结合信用风险的特性，金融界已开发出信用违约互换、总收益互换、信用价差期权、信用联系票据等多种信用衍生工具。银行主体既可利用信用衍生工具对单项贷款风险暴露进行保值，也可对冲贷款组合过度集中的风险。本章第三节将介绍信用衍生工具在信用风险管理中的应用。

六、信用风险的补偿策略

风险补偿具有双重含义。一重含义是指经济主体在风险损失发生前,通过金融交易的价格补偿,获得风险回报。

投资者可以预先在金融资产的定价中充分考虑信用风险因素,通过加价来索取风险回报。国债由于以国家税收作为担保,被视为无风险资产,故而国债利率水平较低,成为其他金融资产定价的基准。由资信等级较高的金融机构发行的金融债券或信誉卓著的大公司发行的公司债券及商业票据,其利率水平也不会很高。而当投资者投资于高风险的债券时,就相应要求得到包含信用风险回报在内的较高的收益率,作为对其承担高风险的补偿。银行在贷款定价中,也可以遵照这一原则。对于那些信用等级较高,而且与银行保持长期合作关系的优良客户,银行可以给予优惠利率。而对于信用等级低于一定级别的客户,银行可以在优惠利率的基础上进行上浮。

风险补偿的另一重含义是指经济主体在风险损失发生后,通过抵押、质押、保证、保险等方式获得外部补偿,或是提取损失准备金作为内部补偿。

银行在发放贷款时,经常要求借款人以其自有财产或第三方财产作为抵押品或质押品,当贷款到期而借款人无力履行还款义务时,银行有权处理抵押品或质押品,并优先受偿,以处理所得抵偿贷款本息。除了物的担保外,银行也可以要求以第三方信用作为还款保证,一旦贷款到期而债务人不履行还本付息的义务,银行可以要求保证人代为履行偿债义务,从而为其损失求得补偿。涉及第三方担保同时也是对风险的转嫁。保险是一种对风险的转嫁,同时也是对风险的补偿。当经济主体在参与金融交易的过程中因风险因素而受到现实损失后,若事先已经投保,则保险公司应予赔偿,经济主体由此即可减少或免于损失。

由于贷款损失不可能完全避免,银行还需要设立坏账准备金来冲销坏账损失,以缓解对银行造成的冲击。银行可以对贷款余额的一定比例提取普通准备金,还可以根据贷款的风险含量,对风险较高的贷款提取特别准备金。

上述每种策略都各具利弊。在信用风险管理的实践中,经济主体应根据风险暴露的性质、特征、风险水平等因素,按照成本最低和效率最高的原则选择适宜的风险管理策略,也即一方面尽可能减少风险管理的交易成本、执行成本和机会成本,另一方面最大限度地减少或消除自身面临的风险。为此,经济主体需要估计风险管理策略的净成本或净收益,以便作出最优选择。经济主体也可以将多种可供选择的策略配合运用,优势互补,从而达到最有效地管理信用风险的目的。

第三节 信用衍生工具在信用风险管理中的应用

信用衍生工具(credit derivatives)是价值基于参考实体信用品质变化的金融衍生交易合约,其核心功能是将信用风险与基础金融资产的其他风险相剥离,并将其向交易对手转移。

一、信用衍生工具的品种

西方金融界对信用衍生工具的讨论始于20世纪90年代初。1993年，信孚银行尝试发行了一种与贷款信用品质相关联的债券，成为信用衍生品交易的开端。信用衍生工具一经问世就不断创新，演化出各具特色的多个变种，这些品种在合约的驱动因素、交易结构、结算方式等方面都各具特色。

(一) 信用违约互换

1. 信用违约互换的交易结构与合约要素

信用违约互换（credit default swap）是目前使用最为普遍的信用衍生产品。在信用违约互换交易中，欲规避信用风险的保护买方向保护卖方支付费用，作为卖方承担参考资产信用风险的报酬，卖方承诺如果合约到期前发生规定的信用事件，就对买方进行偿付。信用违约互换的基本交易结构如图13-2所示。

违约互换与保险有相似之处，故保护买方向卖方支付的信用风险保护费用通常也被称为保险费。不过，二者又有所不同。如果信用事件发生，保护买方就可以得到赔偿，不管信用事件是否实际上对其造成损失，而被保险方必须在遭受损失后才能获得赔偿。

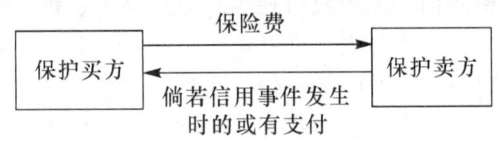

图13-2 信用违约互换的交易结构

1997年，国际互换与衍生产品协会（International Swaps and Derivatives Association，简称ISDA）颁布信用互换交易的确认书，成为信用违约互换文件的标准文本。信用违约互换合约通常包括以下要素：

（1）参考实体

参考实体（reference entity）是贷款的借款人或债券的发行人，既可以是主权实体（国家），也可是非主权实体（企业、个人或其他组织）。风险保护买方通常是参考实体的债权人①。

（2）参考债务

参考债务（reference obligation）是指参考实体的特定债务，也即违约互换的基础资产。参考债务一般是买方对参考实体的贷款或买方持有的参考实体发行的债券，买方希望出售参考债务的风险，卖方则意欲购买参考债务的风险。

（3）保险费（保护价格）

---

① 买方也可以与参考实体不存在债权债务关系，而是卖空参考实体信用度的投机者。

保护买方通常在合同期限内向卖方定期支付保险费，也可在交易开始时一次性支付保险费。卖方所收取的费用取决于多种因素：一是保护期限，保护期限越长，保险费就越高，因为参考实体发生意外的可能性相应上升；二是参考实体的违约概率，参考实体违约的可能性越大，卖方收取的费用越高；三是保护卖方的信用等级，保护卖方信用等级越高，索取的保险价格也越高，买方为得到可靠的信用保护，也愿意支付更多的保险费；四是参考债务与保护卖方信用度的相关性关系，如果参考实体与保护卖方发生违约事件的可能性是高度正相关，则买方向卖方购买保护就是毫无意义的；五是参考债务的预期返回价值（残值），参考债务的预期残值越低，卖方对买方的或有支付款项就越多，信用互换的价格也越高。影响残值的因素包括债务类型（优先或次级债务）、抵押品变现力等。

（4）保护期限

交易双方须明确互换交易的有效期限。在此期间内，只要合约规定的条件得到满足，卖方就有义务履行对买方的支付承诺。保护期限既可以等于参考债务的到期期限，也可以短于这一期限。

（5）支付条件

支付条件是保护卖方对买方进行或有支付的确认条件。如果在合约到期前参考实体或其有关债务发生合约中规定的信用事件，满足支付条件，则买方即可向卖方要求偿付。因此，确定支付条件的核心就是界定"信用事件"。在违约互换合约中，交易双方往往规定支付条件包括多项信用事件，如不能支付、破产、合并、交叉加速到期与交叉违约、降级、拒付、重组等。

不能支付是指参考实体无力支付债务。不能支付作为违约的直接体现，是买方所关心的最重要的信用事件。不能支付事件可能会附加一个"支付要求"，仅当参考实体的拒付金额超过支付要求时，买方才会向卖方索偿，因此支付要求相当于触发或有支付的门槛，以免由于极其微小的违约行为导致或有支付的启动。

破产是指参考实体因无法偿付债务而宣告终止业务，破产同样也表示参考实体丧失了清偿力。市场上广泛使用的破产事件定义取自 ISDA1992 年颁布的《多种货币跨国界主合约》。不过，如果参考实体是一个主权国家，而国家不会在法律上破产，就需要引进新的信用事件概念。

合并事件的定义也是基于 ISDA1992 年颁布的《多种货币跨国界主合约》，若参考实体与另一实体合并，而合并后的实体实力弱于合并前的表现，则信用事件成立。

交叉加速到期与交叉违约的共同之处在于，二者都不是指参考债务出现了违约事件，而是按照债务合约的约定，如果参考实体的其他债务出现加速到期或违约，则参考债务也视同为加速到期或违约。此时，认定信用事件所凭据的引致债务并不是参考债务，而是参考实体对其他债权人的债务。

降级一般是指参考债务或参考实体的信用级别下降到交易双方一致确认的某一信用等级以下[①]。为保证级别鉴定的权威性，交易双方要选择合适的评级机构。由于评级机

---

① 特定的降级债务（downgrade obligation）也可以不是参考债务。

构的长期评级结果在反映参考资信状况恶化方面存在时滞,保护买方通常更加关注短期评级结果。

重组是指参考债务发生延期、豁免或其他重组安排。重组的界定是目前争议的热点问题。美国信用衍生市场倾向于不承认重组是或有支付的触发事件,而以伦敦为中心的欧洲市场认为应该将重组作为信用事件,结果出现了双重市场规则。为解决市场争端,ISDA 在 2001 年着手对合约术语重新定义,ISDA 新规则仍将债务重组列为信用事件,但限制了符合触发或有支付事件的债务重组类型。

拒付是指参考实体整体或部分否认、反对或拒绝支付债务。拒付与无力支付在性质上存在区别,拒绝支付可能是主观原因,而无力支付则可能源于客观原因。

为简化对信用事件的界定,交易双方可以在合约中引入实质性条款,检验参考债务的价值是否发生了实质变化,以便灵活地定义信用事件。实质性条款分为两类:一是价格实质性条款,分为适用于浮动利率参考债务的条款和固定利率参考债务的条款;二是价差实质性条款。二者都是将参考债务的市场价格或信用价差与一定的基准比照,以检验参考实体资信品质的变化是否足以触发或有支付。

除了信用事件的界定之外,"公告信息"也是支付条件的一项构成要素①。要求启动或有支付的交易方必须引证公开发布的信息来证实信用事件的发生,以避免交易双方对信用事件发生争议。交易双方需明确公告信息的来源,以保证公告信息来源可靠,排除主观臆测。公告信息一般不包括交易方提供给公众的公开信息,而应来自具有公信力的第三方,并通过社会普遍承认的渠道加以公告。

此外,信用互换合约还会就"通知事宜"作出规定,也即当信用事件发生时,至少一方应发出相应通知。通知包括信用事件通知和公告信息通知,前者是关于信用事件发生或存在的详细情况的通知,后者是发布公告信息的通知。交易双方需注意两个问题:一是约定通知的发送时间;二是约定哪一方有权发布通知。若双方都有权发布通知,则合约具备互换的特点;若只有一方有权(通常是买方)发布通知,则该违约互换类似期权②。卖方之所以会主动通知信用事件,目的是避免事件状况的进一步恶化导致其对买方的支付增加。

(6) 结算条款

一旦支付条件得到满足,双方须履行结算条款。信用违约互换主要有两种结算方式。

一是实物结算(physical settlement)。一旦支付条件满足,买方即将其持有的、可交割的资产移交给卖方,卖方则向买方支付与资产面值相当的金额。买方通常将参考债务交给卖方,这种运作机制最容易理解:买方移交已违约或受侵害的参考债务,收回参考债务面值,从而恢复信用事件出现前的资产头寸。除参考债务外,可交割资产还可以是参考实体的其他债务,这使交易双方在交割资产的选择上有更大的灵活性。不过,违约互换合约要求交割资产必须是参考实体的债务,且与参考债务处于平等地位,此外对

---

① 支付条款中也可以不包括公告信息。
② 有人因此称信用违约互换为信用违约期权(credit default put)。

币种、偿还方式、有效期限等也有限制。实物结算金额一般相当于买方持有的债券（贷款）面值，有时根据参考价格进行调整，以便反映在信用违约互换的交易日与生效日之间的较长时段内参考债务价格的可能变化。

二是现金结算（cash settlement）。支付条件满足后，卖方对买方支付现金，但双方不交割债务工具。现金结算金额反映信用事件发生前后参考债务的价值变化。如果参考信用是银行贷款，赔付金额通常等于贷款未收回部分及相关费用。如果参考债务是债券，则赔付金额通常是债券原始价格与期终价格的差额。期终价格是事件发生后参考债务的价值，也即参考债务的残值。期终价格一般通过某种形式的投票机制得以确定，通常由多个交易商应邀提供报价，以其中最高的或平均的报价（依合约条款而定）作为期终价格。

在理论上，现金结算与实物结算的经济结果是相同的。现金结算可以不必涉及参考资产的实际转移，不过，现金结算方式一般需要在信用事件发生后确定期终价格，双方可能因此发生争议，加之债务工具发生违约后，可能因缺乏市场流动性而无法对其估价，故而违约互换交易大多采用实物结算，以避免价格发现机制不健全所导致的问题。

除上述两种结算方式外，交易双方还可采用数字结算（digital settlement），即交易双方事先商定信用事件发生时的支付金额。使用这种结算方式，保护买方不需要将参考债务移交给卖方，因而也可将其视作一种特殊的现金结算。数字结算的好处在于交易双方在合约开始之前即就参考债务可能发生的价值缩水达成一致，如果支付条件得到满足，卖方即可直接支付事前约定的金额而不必对债务估价，不过，交易双方也面临对参考债务贬值程度高估或低估的风险。

2. 信用违约互换的品种

交易者可根据信用风险管理的实际需要设计各种违约互换结构。

（1）单一信用违约互换

单一信用违约互换（single-name default swap）以某参考实体的特定债务为参考资产。一旦该参考实体或参考债务发生规定的信用事件，卖方即对买方支付，合约也告终止。

经济主体可以利用单一违约互换对其贷款或债券的信用风险暴露进行保值。假设 A 银行持有 B 国 1995 年 1 月 10 日发行的面值 100 元的 10 年期政府债券，为避免该国偿债能力可能下降所造成的损失，A 银行与 C 银行于 2000 年 8 月 22 日达成信用违约互换合约，以 B 国政府为参考实体，以该笔政府债券为参考债务，合约名义本金为 20 000 000 元，保护期限为 3 年，A 银行每半年向 B 银行支付保险费，费率为名义本金的 52 个基点/年。合约采用现金结算方式，若在合约到期日前发生规定的信用事件，满足支付条件，卖方应在规定时间内将结算金额支付给买方，现金结算金额等于名义本金额×（100%−期终价格[①]）。2003 年 2 月 5 日，B 国宣布无力按期偿付债券利息和到期偿还本金。根据合约规定，在 5 个被认可的交易商对参考债券的报价中取其最高值作为期终价格，假设期终价格确定为 50 元，则 C 银行应向 A 银行支付 10 000 000 元。A 银行将债

[①] 这里的期终价格是百分数，即信用事件发生后债券的市值与面值的比率。

券在市场上以 50 元的价格出售后，可得到10 000 000元，加上从 C 银行得到的偿付，A 银行可以收回债券的全部面值。

银行也可安排两个反向操作的单一违约互换实现信贷组合收益中性分散化。例如，信贷组合中某大客户贷款占比过高，银行可以为这项信用敞口购买违约保护，同时出售一个针对与其现有信贷组合弱违约相关或负违约相关的另一参考实体的信用保护，使购买保护所费成本与出售保护所得收入抵冲，既降低了组合风险，又不减少预期收益。

银行还可以利用单一违约互换"释放"信贷限额。假定银行想对某客户提供信贷便利，但客户的贷款需求超出了银行对该客户设定的限额，银行可达成以该客户为参考实体、名义金额等于贷款的超限额部分的违约互换，覆盖额外的信用暴露。

（2）信用篮子违约互换

信用篮子违约互换（credit basket swap）是以一篮子多项贷款组合为参考，银行可为基础篮子选择不同的信用暴露覆盖率，譬如：

①多重违约篮子（multiple default baskets）

多重违约篮子可设计成对篮子中可能发生的任意数量的违约事件提供保护。当篮子中出现第一项违约事件后，合约不会终止，对于后来发生的关于篮子中参考贷款的信用事件，在违约互换项下卖方将对买方给予额外的支付。如果合约提供对所有参考贷款的保护，则保护买方就将基础贷款组合的全部信用风险转移给卖方，篮子信用违约互换所保值的信用违约数量将等于参考贷款数量。多重违约篮子不同于一系列单一违约互换的总和，双方只需就一套合约文件谈判，可节省交易成本。

②第一违约篮子（first-to-default baskets）

在篮子中任何一个参考实体发生第一件信用事件后，合约就告终止，卖方承担的暴露以第一违约为限，并据此对买方支付。第一违约篮子交易所提供的信用保护的价格取决于篮子里参考贷款的数量及参考贷款的相关性和这些参考贷款的违约概率。如果参考贷款违约相关性较低，这种交易结构就是低成本高效率的保值工具。

③第一损失篮子（first-loss baskets）

银行保留信贷组合的部分风险暴露（第一损失），将剩余暴露（第二损失）转移给保护卖方，若组合的违约损失超过约定金额，卖方向买方偿付。银行通过限定损失上限减少保护成本，而不是对全部潜在暴露保值。保护买方的保留部分越大，组合越分散化，第二损失也即未预期到的意外损失的可能性就越小，违约互换的保护价格就越低。

（二）总收益互换

总收益互换（total return swap）的交易双方分别作为参考债务总收益的付出方与收入方。总收益付出方将参考债务在合约期限内的现金流（利息及费用收入等）支付给收入方，收入方向付出方支付浮动利率（通常以 LIBOR 为基准利率），合约到期时，若参考资产价值升值，总收益收入方从付出方处获得价值升水，否则向付出方赔付贬值损失。若合约到期前发生信用事件，合约即告终止，付出方得到收入方偿付的参考资产初始价值扣除预期挽回部分（残值）后的差额。总收益互换的交易结构见图 13-3。

假定 A 银行与 B 公司达成一项总收益互换，参考资产是交易活跃的 C 公司固定利

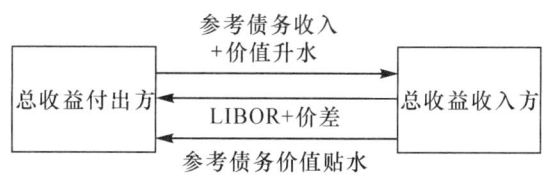

图 13-3 总收益互换的交易结构

率债券。双方首先需要商定参考资产的初始价值、合约名义金额、互换期限、基准利率。A 银行承诺在每个计息期期末将债券利息支付给 B 公司，B 公司则同意按 6 个月 LIBOR 加上加息率对 A 银行定期支付浮动利息。实际上，如同其他类型的互换交易，双方是按净差额支付，也即一方向另一方作净支付。合约到期时，双方对参考资产重新估值。如果参考债券增值（最终价值>初始价值），B 公司得到二者的差额；如果参考债券贬值，B 公司需向 A 银行支付二者差额。到合约期末，B 公司得到的现金流总量就是参考债券利息加债券资本增值或损失。

总收益收入方持有对基础参考债务的"合成多头"，因为收入方可以得到与基础资产的实际持有者相同的现金流。在信用违约互换中，保护买方只是将下部风险转移给对手，而保留从参考资产价值增值中获利的权利，而总收益互换的收入方得到参考资产的全部风险与收益。借助总收益互换对参考资产风险—收益的复制功能，收入方相当于按一定的融资成本（即支付给付出方的利率）"借入"资金购买信贷资产的收益流，从而有效地在其投资中利用了财务杠杆。总收益互换的期限一般短于基础信贷的期限，收入方只需支付短期利率，即可得到长期贷款的当期利息收益。如果付出方能够以较低成本筹集信贷资金，或能得到收入方所不能获得的税收或会计利益，还可以将其融资优势或特殊利益以较低的互换利率的形式部分转移给收入方。

总收益支付方持有参考债务的"合成空头"，某种程度上相当于出售了参考债务，而实际上参考债务仍旧保留在支付方的资产负债表上。

构建总收益互换交易结构的成本较高，这意味着通常只有当所要保护的信用暴露具有巨大价值时才相对经济。此外，总收益互换包含有利率风险因素，而信用违约互换的交易标的是纯粹的信用风险，剥离了参考债务收益对利率波动的敏感性因素。

（三）信用价差期权

信用价差期权（credit spread options）是基于某一特定信用价差变化情况的期权合约，期权买方向卖方支付一定数额的期权费，从而获得在未来按预先确定的信用价差（即敲定价格）购买或出售参考债务的权利。信用价差期权分为看跌期权和看涨期权，看跌期权的买方有权以事先约定的信用价差出售基础资产，看涨期权的买方则有权按事先约定的信用价差购买基础资产。信用价差期权通常不进行实物交割，双方只是进行差额结算。期权卖方对买方的或有支付取决于参考资产与无风险政府债券间信用价差（信用风险溢价）的变化方向和变动幅度。

以信用价差看跌期权为例。若参考贷款或债券的债务人信用等级下降，则其信用价差将随之变宽，如果期权到期日的信用价差高于执行价差，看跌期权的卖方对买方进行支付。卖方的支付额＝名义本金金额×持续期×（指标信用价差−执行价差）。

假如 A 银行持有 B 公司发行的债券。A 银行担心 B 公司债券信用等级可能下降，从而导致信用价差加宽，使债券贬值，而 C 则认为 B 公司资信状况将会得到改善，于是 A 银行与 C 在 1994 年 11 月 14 日达成信用价差期权交易，合约名义本金金额为 1 000 万美元，基础资产为 2023 年 12 月 31 日到期的 B 公司债券，以认购收益率为 6.25%的 2023 年 8 月到期的美国国库券作为计算信用价差的参照，指标信用价差为基础资产的净买价（即除去应计利息和未计利息的净买价）减去执行日期两天前的作为参照的美国国库券认购收益率，执行价差为 2.05%，执行日期为 1995 年 11 月 14 日，持续期为 8，期权费为名义本金的 1.25%。若到期日的指标信用价差为 3%（或 300 个基点），则卖方向买方支付金额为：

$$1\,000\,万 \times 8 \times (3\% - 2.05\%) = 760\,000\,美元$$

本质上，信用价差看跌期权是以信用价差变宽作为一个"信用事件"的违约互换，但与信用违约互换和总收益互换不同，交易双方不必界定特定信用事件——或有支付的触发仅仅取决于信用价差的变化情况，而不需考虑信用价差变动的原因。由此一来，期权买卖双方不会因界定信用事件的内含以及确认特定信用事件是否实际发生而产生争议，不过，信用价差期权的交易技术相对比较复杂。

（四）信用关联票据

信用关联票据（credit-linked note，简称 CLN）是嵌入信用违约互换的结构化票据。保护买方（通常是银行）与 CLN 发行人（一般是特设机构，即 SPV）达成以单项参考债务或一篮子参考债务为基础的违约互换交易，保护买方向发行人支付保险费，然后，发行人向投资者发行 CLN，并对其支付利息，其中包括保护买方支付的保险费。若参考债务人没有违约，投资者在票据到期时收回票据面值（本金）。一旦参考贷款发生信用事件，发行人即停止向投资者支付票据利息，一方面向保护买方偿付，另一方面将票据面值扣除对保护买方的偿付后的余额（参考债务残值）返还给投资者。CLN 的交易结构如图 13-4 所示。

假如一家银行与 SPV 达成信用违约互换交易，向 SPV 支付 50 个基点的保险费，为其持有的 100 万元贷款购买风险保护。SPV 向投资者发行面值为 100 元的 10 000 份 CLN。由于 SPV 的融资利率为 LIBOR−10 个基点，故票据利率为 LIBOR−10+50＝LIBOR+40。若基础参考贷款发生违约，残值为 75 元，则 SPV 向保护买方支付 25 万元，同时向投资者每张票据返还 75 元。

作为融合了信用衍生交易的证券化品种，CLN 是对传统结构化金融工具的改良，同时又保留了证券化的一些传统特征。

与传统证券化相比，CLN 是复制参考债务信用风险的合成投资工具，它只是将贷款的信用风险转移给投资者，同时贷款仍然保留在银行的资产负债表上，因此不需要办理转让贷款的法律手续。

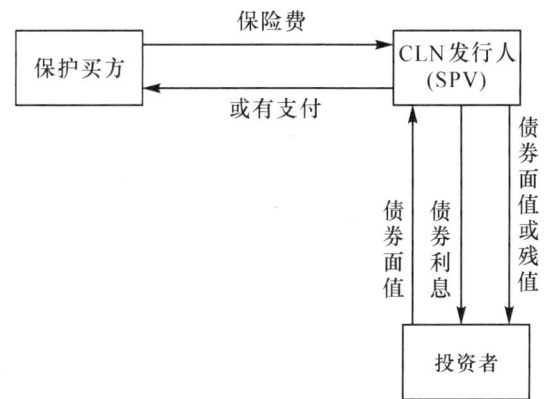

图 13-4 CLN 的交易结构

与其他类型的信用衍生品相比，CLN 别具特色。CLN 对于保护买方的吸引力在于，它是要求投资者提供资金的信用衍生工具，因而不存在交易对手风险。由于投资者在购买 CLN 时已支付了票据面值，当违约发生时，发行人只需返还低于面值的残值即可。信用违约互换的保护卖方则没有预先提供资金作为履约担保，当信用事件发生后，保护买方面临着保护卖方不履行支付承诺的可能。总收益互换由于包含现金流双向运动，因此交易双方都面临对手风险。CLN 对于投资者也有特殊的好处，有些投资者受到约束不能涉足衍生交易，CLN 能够为他们提供一条参与信用衍生交易的渠道。例如，某基金委托契约只允许基金投资于 AAA 级债券，而 CLN 的发行人通常是具有 AAA 等级的特设机构，故其发行的票据在基金可以购买的范围之内。此外，CLN 的流动性相对较好。信用违约互换一般是非交易性的双边合约，投资者通常要执行一项反向的互换交易以抵消其头寸。CLN 则是一项可交易的工具，能够像其他债券那样方便地出售。

20 世纪 90 年代后半期，从 CLN 的基本结构中演化出更为复杂的混合产品，即所谓的合成抵押债务证券（synthetic collateralized debt obligation），这些新型的合成证券化产品将证券化重组现金流的分层技术与信用衍生工具相结合，它们通常包含以许多捆绑在一起的参考信用为基础的一揽子违约互换，参考信用组合的合成暴露被分成若干份额，反映不同的风险等级，以吸引具有不同风险态度的投资者。

（五）违约指数合约

违约指数合约由破产指数（国内或某一地区的破产数量）驱动，若到期日指数高于合约起始时指数，合约买方可得到补偿。

1998 年 11 月，芝加哥期货交易所（CME）推出第一个场内交易的信用衍生产品，即美国季度破产指数衍生产品。破产指数衍生产品可以是期货，也可以是期权，都是基于 CME 季度破产指数（CME QBI）产生的。该指数是合约到期日前三个月在美国新登记的破产数。交易者购买该合约后，若在到期日 QBI 高于订立合约时的指数，合约买方就可获得偿付，合同金额等于指数乘以 1 000 美元。

银行可以利用违约指数合约对其持有的大规模信贷组合进行管理，以规避经济低落导致普遍的个人或企业破产造成的信贷损失，缓解信用环境恶化的系统风险可能造成的冲击。而且，由于违约指数是公开可得的参照基准，寻求风险保护的银行并不具有相对于交易对手的信息优势，从而可以避免信用风险出售中交易双方信息不对称导致的逆向选择问题。

二、信用衍生工具的功能

（一）信用衍生工具作为风险管理手段的优越性

长期以来，从事信贷业务的银行、赊销商品的企业、持有债券组合的投资基金等信用风险的承受者主要通过担保、保险、资产出售、资产证券化等方式将信用风险转移给其他经济主体，或是对预期风险损失保留准备金作为补偿。信用衍生工具使债权人可以对信用风险进行灵活便捷的保值，不啻为信用风险管理方法的革命。与传统的信用风险管理手段相比，信用衍生工具的优越性表现在以下几个方面：

1. 提高信用风险市场交易的效率

贷款的合约要素标准化程度较低，债权出售方不容易寻找到合适的交易对手，使债权直接买卖受到较大限制。证券化技术将贷款转化成为可交易的、标准化的证券，为债权人转移风险提供了便利，不过，原始债权人出于破产隔离等目的，通常首先将债权资产转让给专事资产证券化的特设机构，再由其基于基础资产的现金流发行证券，因而可能涉及繁琐的法律程序。再者，证券化的理想资产相对标准化的住房抵押贷款、汽车贷款，工商贷款的证券化比较困难。

信用衍生工具是单纯针对信用风险、独立于参考债务的合约，债权人可以与各类交易对手达成信用衍生合约，迅速便捷地出售其不愿承载的信用风险。信用风险交易摆脱了贷款本身缺乏流动性的束缚，简化了法律手续，节约了交易成本。

2. 解决信用风险转让与维持客户关系的悖论

债务人对银行公开出售贷款比较敏感，担心会影响自己的市场信誉度。如果债权人意欲向第三方转让债权，就不得不顾虑由此可能对客户关系产生的负面影响。而且，贷款合同附带着银行与客户间的"隐性契约"，银行承诺对客户提供资金支持，客户考虑优先购买银行的其他产品和服务，贷款成为维系客户关系的支撑点。如果银行出售贷款以减持风险暴露，可能面临客户关系流失。出于维持客户关系的考虑，银行被迫继续持有风险暴露，从而面临"信贷悖论"的两难困境。

信用衍生工具将参考资产的信用风险独立出来作为一种"商品"在市场上买卖，债权人利用信用衍生工具进行表外交易，保留资产而出售其信用风险，从而将客户关系管理与信用风险管理分离开来，既达到风险转移的目的，又不会对有价值的客户关系产生消极影响。

3. 扩展对信用风险的保护范围

担保和保险等传统的信用风险转移工具仅针对违约风险，而信用衍生工具则将债务重组、企业并购、信用降级、信用价差加宽等信用事件也纳入保护范围，如果这些标志债务人信用品质下降的事件发生，即使未发生违约，保护卖方也对买方进行支付。此外，传统风险管理工具只能着眼于特定债务人的特殊风险，而盯住破产数量的违约指数产品还可以对冲债权组合面临的系统性违约风险。可见，信用衍生工具能够覆盖包括违约风险和信用价差风险在内的各种信用风险形式，甚至可以用于对系统性信用风险进行免疫，从而最大限度地为风险承受者提供保护。

4. 提供重塑信用风险敞口的机会

债权出售和证券化由于涉及债权转让，一般适用于债权（组合）的整体风险转移，而不是对债权（组合）中的局部风险暴露进行有选择的特别处理①。信用衍生工具独立于参考资产，有较大的设计弹性空间，其名义金额、期限等无需与参考资产完全一致，因而在重新构造信用风险方面具有常规的信用风险管理工具不可比拟的灵活性。债权人可以量身定制信用衍生合约，对基础资产的信用风险进行再设计，以调整其面临的信用风险敞口。债权人既可以对冲单项债权资产包含的部分信用风险，又可以为债权组合设计不同程度的信用保护覆盖率，譬如为组合中任意一项或多项资产可能发生的违约损失购买保护，或是为组合所能承受的损失水平设定上限。银行还可虚拟地卖空与自身面临的信用暴露具有类似特征的其他债务工具的信用风险为信贷组合保值，而不必实际持有该债务工具。同时，银行也可作为信用衍生工具的投资者，购买与自身偏好匹配的合成信用暴露，以实现信贷组合风险构成的多样化。

5. 提供动态的信用风险补偿手段

贷款损失储备是静态的风险管理手段，债权人在预计未来损失的基础上确定并保持准备金水平。信用衍生工具则是动态地盯住参考债务人信用品质，保护卖方对买方的或有支付取决于债务人信用度的实际变化，相当于提供了及时跟进的债权损失储备，又不需占用大量流动资金。

（二）信用衍生工具对金融市场的贡献

信用衍生工具作为有效的信用风险管理手段，不仅能够促进资金借贷、商业信用、债券融资等现货交易的顺利运作，而且对金融市场的安全与效率也具有独特的意义。

1. 建立合理的信用风险分担机制

如果信用风险市场缺乏发达的二级市场，势必导致信用风险过度集中于银行业，致使金融市场风险配置失衡。信用衍生交易则是将信用风险在出售方与购买方之间再配置的有效方式。一方面，信用衍生工具的投资者可以获得在信贷市场上由于各种原因（与目标客户未建立密切关系、进入特定市场存在困难、分支网络的地域限制等）难以得到的信用暴露，而且不必因持有和管理信贷资产而承担相应成本；另一方面，风险出售银行可以与风险买方分享其在特定领域的客户关系、信用评价和管理的比较优势，同时又不必承担过度集中的风险。

---

① 贷款证券化虽然可按偿付优先顺序对基础贷款组合的现金流进行风险分层，但难以对组合中的风险暴露做更为细致的分解和重塑。

通过信用衍生交易的风险分担机制，商业银行可以建立"购买—重新包装—出售信用风险"的业务模式，突出其作为信用风险评估和监控专家的市场定位，而风险则最终由各类交易对手分担，从而使金融市场信用风险配置格局得到优化。

2. 完善信用风险的价格发现机制

信用衍生工具将所有形式的信用风险置于一个共同的交易平台上，尤其是使债券市场和贷款市场在信用风险定价方面连接起来，并允许市场参与者对不同的市场进行套利，因而能够使信用风险定价更加有效率。在此之前，贷款市场和企业债券市场是相互独立的，对于同一个债务人的信用风险，两个市场可能会有不同的评价。信用衍生交易在原本割裂的两个市场间发挥着桥梁的沟通作用，使信用风险定价在一体化的市场系统中完成，从而能够形成对信用信息更为敏感的均衡价格。

3. 建立有效的信用风险缓冲机制

信用经济能够推动储蓄向投资的转化，但其负面效应是建立起庞大而脆弱的债务链。一旦债务链断裂，即可能演变为严重的债务危机并引发经济震荡，进而导致地区、国家甚至全球经济衰退，同时，新兴产业会因为融资困难而不能获得发展机会。信用衍生工具为信用风险的二级交易提供了极大便利，并在此过程中实现风险的重新分配，使风险向愿意而且能够承受风险的主体转移，从而为信用经济提供有效的风险缓冲器。

首先，缓解信用环境急剧恶化的冲击，熨平经济波动。高流动性、信用硬约束的存款负债和低流动性、信用软约束的信贷资产之间的不对称问题是造成银行业屡陷困境的根源。利用衍生工具对信用敞口的保值功能，银行业能够充分发挥其资金和业务优势，对经济发展提供信贷支持，同时也方便进行风险调整，使原先由其独立承受的巨大风险分散由众多机构共担，降低债务危机引致银行危机的几率，保持经济平稳运行。

其次，鼓励对高新科技产业的融资支持，推动产业结构优化。高新技术企业的风险难以测定，往往又缺乏抵押财产作为还款担保。凭借信用衍生工具的风险保障，银行将愿意对信用等级不高但有成长潜力的新兴产业和中小企业提供资金支持，使新兴科技产业的高增长潜力和低融资能力之间的资金供求缺口在一定程度上得到弥合。

三、信用衍生工具市场的现状与前景

信用衍生工具正日益成为重要的风险管理手段，虽然其市场规模与其他衍生工具相比还不大，但其成长速度却令人瞩目。自 20 世纪 90 年代后期开始，信用衍生市场成长步伐明显加快，尤其是 2000 年以来更呈爆发之势。据英国银行家协会（BBA）估计，1997 年末，全球信用衍生市场的未清偿合约名义金额仅为 1 700 亿美元，而 1998 年猛增至 3 500 亿美元，1999 年持续增加到 5 860 亿美元，2000 年上升至 8 930 亿美元，2001 年达到 11 890 亿美元，2002 年几乎比上一年翻番，上升到 19 520 亿美元。信用衍生市场急速扩张的主要推动力是经济主体的信用风险压力加大。近年来，世界经济政治形势复杂多变，信用环境动荡不定，债权人的风险态度趋于谨慎，风险容忍度下降，在此背景下，信用衍生工具在风险管理舞台上迅速崭露头角。

在区域市场的发育程度方面，欧洲信用衍生市场比美国市场更加活跃，究其原因，一方面是由于欧洲各国的法律制度各有不同，跨越国境出售贷款，即使是在欧盟内部，可能也是极为复杂的，而且还可能需要取得借款人的同意。利用信用衍生工具，银行可以在任何地方出售风险，避免了跨国交易的复杂性；另一方面则是因为欧元逐渐成为统一货币，人们的关注从汇率风险转向信用风险。目前，伦敦已经成为全球信用衍生市场的中心。

在产品结构方面，单一信用违约互换一直是最受欢迎的信用衍生工具，占有将近一半的市场份额。同时，合成 CDO 的比重在近年大幅度增加，2001 年占市场份额的 22%，其他产品则没能在市场份额中超过 8%。

在信用衍生市场参与者构成方面，商业银行作为最主要的风险保值者，在市场上占支配地位。其中，大银行占有信用衍生交易的很大比率。投资银行作为信用衍生工具的造市者，为市场提供了流动性。对于保险公司、对冲基金来说，信用衍生工具提供了一种投资工具，这些机构通过购买信用暴露使自己的投资组合多样化。此外，工商企业也开始尝试使用信用衍生工具管理信用风险。随着信用衍生市场参与者数量的不断增多，类型日益丰富，市场的广度和深度都得到了提高。

不过，成长之中的信用衍生市场现在仍处于幼年期，还存在一些阻碍其成长的现实问题，如合约术语定义的标准化、市场的透明度和流动性，以及信用衍生产品的精确定价、会计处理、监管待遇等。但是，信用衍生工具蕴含着巨大的潜力，有望在将来成为信用风险管理的重要手段。

◎ 小结

1. 信用风险是交易对手或债务人不能正常履行合约或信用品质发生变化而导致交易另一方或债权人遭受损失的可能性。狭义的信用风险仅指违约风险，广义的信用风险还包括信用价差风险。

2. 传统信用风险评估技术主要是专家评定、信用评分、信用评级。现代信用风险度量模型主要有 KMV 模型、信用度量模型、麦肯锡宏观模拟模型、信用风险附加模型、Altman 死亡率模型等。

3. 信用风险管理的基本策略包括预防策略、规避策略、分散策略、转嫁策略、对冲策略、补偿策略。经济主体应按照成本最低和效率最高的原则选择适宜的风险管理策略，也可将多种策略配合使用。

4. 信用衍生工具是价值基于参考实体信用品质变化的金融衍生交易合约，其核心功能是将信用风险与基础金融资产的其他风险剥离，并使之向交易对手转移。

5. 信用违约互换是使用最为普遍的信用衍生品，包括参考实体、参考债务、保护期限、支付条件、结算条款等合约要素。信用违约互换可分为单一信用违约互换和信用篮子违约互换。

6. 总收益互换的交易标的是参考债务的总收益，包括参考债务的现金流以及价值增值。信用价差期权是基于信用价差变化情况的期权合约，期权买方向卖方支付期权费，获得在未来按预先确定的信用价差（即敲定价格）买卖参考债务的权利。信用关联票据是嵌入信用违约互换的结构化票据。违约指数合约由破产指数驱动。

7. 信用衍生工具在风险管理中的优越性包括：提高信用风险市场交易的效率、解决信用风险转让与维持客户关系的悖论、扩展对信用风险的保护范围、提供重塑信用风险敞口的机会、提供动态的信用风险补偿手段。

8. 信用衍生工具对金融市场的贡献在于，有助于建立合理的信用风险分担机制、完善信用风险的价格发现机制、建立有效的信用风险缓冲机制。

◎ 重要概念

违约风险　信用价差风险　KMV 模型　信用度量模型　预防策略　规避策略　分散策略　转嫁策略　对冲策略　补偿策略　信用衍生工具　信用违约互换　总收益互换　信用价差期权　信用关联票据　违约指数合约

◎ 思考题

1. 怎样全面地理解信用风险的内涵？

2. 在经济活动中，信用风险是如何生成的？表现为哪些形式？分析商业银行、非银行金融机构、工商企业和个人的信用风险暴露部位，并比较它们的特点。

3. 信用风险的承受者可以采取哪些策略管理信用风险？这些策略的基本思路有何差异？

4. 信用衍生工具是一种创新型金融衍生产品，它与传统金融衍生工具的关键区别是什么？

5. 如果某个优质客户信贷需求量超出了银行对其设定的信贷限额，银行应怎样设计信用违约互换合约来对冲风险暴露？如果银行发现自己持有的信贷组合风险集中度过高，如何构造篮子信用违约互换，对信贷组合进行保值？

6. 比较信用衍生工具不同品种的交易结构。

7. 银行可以通过设置担保、出售贷款、贷款证券化或提取坏账准备金等手段来管理信用风险，相比之下，信用衍生工具的优点体现在何处？

◎ 参考书目与推荐阅读

1. 约翰·B. 考埃特，等. 演进着的信用风险管理. 北京：机械工业出版社，2001.

2. 安东尼·桑德斯. 信用风险度量：风险估值的新方法与其他范式. 北京：机械工业出版社，2001.

3. 伊斯雷尔·尼尔肯. 实用信用衍生工具. 北京：机械工业出版社，2002.

4. Timothy W. Koch, S. Scott MacDonald. Bank Management (Forth Edition). The Dryden Press, Harcourt College Publishers, 2000.

5. 唐纳德·R. 弗雷泽，等. 商业银行业务——对风险的管理. 北京：中国金融出版社, 2002.

6. 施兵超, 杨文泽. 金融风险管理. 上海: 上海财经大学出版社, 1999.

7. Michel Crouhy et al. A comparative analysis of current credit risk models. Journal of Banking & Finance, 2002, 24.

8. Edward I. Altman et al. Credit risk measurement: Development over the last 20 years. Journal of Banking & Finance, 1998, 21.

9. Jose A. Lopez et al. Evaluating credit risk models. Journal of Banking & Finance, 2000, 24.

10. Jonathan Batten et al. A perspective on credit derivatives. International Review of Financial Analysis, 2002, 11.

11. Gregory R. Du. ee et al. Credit derivatives in banking: Useful tools for managing risk. Journal of Monetary Economics, 2001, 48.

12. Robert S. Neal. Credit derivatives: New financial instruments for controlling credit risk. Economic Review (Federal Reverse Bank of Kansas City), 1996, 81 (2).

13. Frank S. Skinner et al. An empirical analysis of credit default swaps. International Review of Financial Analysis, 2002, 11.

14. Paul Van der Maas. Active loan portfolio management through the use of credit derivatives. Balance Sheet, 2001.

15. David Gaines, Kevin Kane. An introduction to credit derivatives. Commercial Lending Review, Winter 1998/1999.

16. Sunil G Hirani et al. Challenges and opportunities for the credit derivatives market. Journal of Lending & Credit Risk Management, 1999, 12/2000, 1.

17. Angus Foote. Coping with credit risk in a climate of default. Corporate Finance, 2001, 11.

18. Michael Mackenzie. Credit derivatives gain acceptance. Wall Street Journal, 2002, 11 (6).

19. Alissa Schmelkin. Preferred issues: credit derivatives get their chance to shine. American Banker, 2001, 12 (17).

20. Michael Mackenzie. Credit derivatives survive a series of stress tests as demand for the hedging instruments grows. Wall Street Journal, 2002, 1 (21).

21. Natasha Beck. Credit derivatives: New methods for risk management. Australian CPA, 2000, 3.

22. John Hitchins et al. Credit derivatives: Regulating in the jungle. Balance Sheet, 2002.

23. Mairin Burns. Europeans lead in credit derivatives, including new CDO. The Investment Dealers' Digest, 2001, 5 (21).

24. Maria Nordone. Hedging your bets on credit risk. Corporate Finance, 2001, 8.

25. John D Finnerty. Total return swaps. Financier, 2000.

26. Moorad Choudhry. Trading credit spreads: The case for a specialized exchange-traded

credit futures contract. Derivatives Use, Trading & Regulation, 2002.

27. 约翰·B. 考埃特, 等. 演进着的信用风险管理. 北京: 机械工业出版社, 2001.

28. 安东尼·桑德斯. 信用风险度量: 风险估值的新方法与其他范式. 北京: 机械工业出版社, 2001.

29. 伊斯雷尔·尼尔肯. 实用信用衍生工具. 北京: 机械工业出版社, 2002.

30. Timothy W. Koch, S. Scott MacDonald. Bank management (forth edition). The Dryden Press, Harcourt College Publishers, 2000.

31. Michel Crouhy et al. A comparative analysis of current credit risk models. Journal of Banking & Finance, 2002, 24.

32. Edward I. Altman et al. Credit risk measurement: Development over the last 20 years. Journal of Banking & Finance, 1998, 21.

33. Jonathan Batten et al. A perspective on credit derivatives. International Review of Financial Analysis, 2002, 11.

34. Gregory R. Du. ee et al. Credit derivatives in banking: Useful tools for managing risk. Journal of Monetary Economics, 2001, 48.

第十四章 金融工程的应用——操作风险管理

◎ 学习目标

1. 了解操作风险的内涵、特征、分类及度量方法
2. 掌握保险这一重要风险管理工具在操作风险管理中的具体运用
3. 掌握保险对资本准备金的替代计量

长期以来，风险管理主要局限于信用风险和市场风险，随着金融机构业务的扩张以及业务流程的日益复杂，金融机构大量的损失发生在信用风险、市场风险和流动性风险以外的领域，从而使得操作风险作为涵盖其他各种风险的集合概念逐渐引起人们的关注。2001年巴塞尔金融机构监管委员会发布的新资本协议，率先明确地将操作风险的衡量和管理纳入金融机构的风险管理框架之中，并且要求金融机构为操作风险配置相应的资本金水平。这标志着操作风险已经成为国际金融机构全面风险管理框架的重要组成部分。本章主要论述了操作风险的内涵、特征、分类和衡量，以及保险作为风险管理的重要工具，如何在操作风险管理中进行具体应用。

第一节 操作风险概述

一、操作风险的内涵

按照巴塞尔委员会的定义，金融机构操作风险是指由于不完善或者失灵的内部控制、人为的错误、系统失灵以及外部事件等给金融机构带来直接或间接损失的可能性。它涵盖了金融机构内部很大范围的一部分风险，成为不可界定的残值风险范畴，许多新

的风险会不断归并其中,但战略风险、名誉风险、组织风险不包括在操作风险中。

长期以来,由于金融机构缺乏应有的关注和在这方面的实践经验,对操作风险的度量乃至对操作风险管理工具的研究在国际金融界还是个相对陌生的领域。但从全球范围来看,操作风险已经给不少金融机构造成了相当严重的损失,并已明显大于市场风险和信用风险,因此操作风险管理在国际范围内成为日趋重要的领域之一。

二、操作风险的特征分析

金融机构在其经营过程中面临的风险主要有信用风险、市场风险、操作风险等。与信用风险、市场风险相比,操作风险具有显著的不同之处:

1. 除了风暴等自然灾害以及一些不可测的意外事件外,操作风险大多是在金融机构可控范围内的内生风险,而信用风险和市场风险则不然,它们更多的是一种外生风险。

2. 对于信用风险和市场风险来说,存在风险与报酬的一一对应关系,但这种关系并不一定适用于操作风险,因为金融机构不能保证长时间、持续地获得收益,而且操作风险损失在大多数情况下与收益的产生没有必然联系。

3. 操作风险包括许多不同的种类,如控制风险、信息技术风险、欺诈风险以及法律和商誉风险等。这些风险使其成为一个很难界定的残值风险范畴,许多新的风险还会不断归并其中。

三、操作风险的分类

对操作风险进行分类的一个主要目的是在对操作风险进行管理时,能针对不同的操作风险提供不同的管理方式。操作风险的分类采取的是一种逐步深入的方式,主要有四个步骤:

首先,依据引起操作风险的风险因素对操作风险进行最初的分类,形成如下四类风险:

(1)人员/关系风险:由雇员的故意或非故意行为引发的损失风险;由金融机构与客户、股东、第三方或监管者的关系或契约造成的损失。

(2)内部控制风险:来自于错误的交易、客户账户结算和每日商业运作过程中的损失。

(3)信息技术系统风险:来自于商业混乱或信息技术系统失灵的损失。

(4)外部行为/物质资产风险:由第三方行为导致的损失风险,包括外部欺诈、非法侵占财产以及规则变化而引发的损失。

其次,在此基础上,对每一因素下所包括的事件类型加以区分。比如,人员/关系风险包括内部行为、职业行为和商业行为等。

再次,划分每一事件类型中所包含的具体事件的种类。比如,内部行为事件类型中又包含未授权行为或错误的交易行为、盗窃和欺诈、内部计算机犯罪等具体事件;职业行为事件类型中包含职业事务、歧视性事件、工作场所安全等具体事件。

最后，列出每一具体事件种类下的具体行为。例如内部计算机犯罪这一具体事件下的具体行为有窃取信息、黑客、数据操纵、网页错误、密码错误及防火墙瘫痪等，未授权行为事件下的具体行为包括未报告交易、未授权交易、提前运作、市场操纵以及超过限额交易等。

详细的操作风险分类参见附表一：操作风险分类与所适用的保险形式。

四、操作风险度量

目前操作风险度量呈现出模型化的趋势，有迹象表明这种趋势还会得到进一步加强，然而由于操作风险本身的特性，这些模型并不能像信用风险和市场风险的度量模型那样能够对风险进行精确地度量。实际上，将操作风险量化并为之配置监管资本的本质目的在于促使金融机构对操作风险给予足够的重视，从而加强操作风险管理。

（一）操作风险度量模型的比较分析

目前，操作风险度量模型正在讨论和发展之中，在《新巴塞尔协议》的指引下还会不断出现一些新的度量模型，而且只要符合巴塞尔委员会的一般标准，这些模型就会被批准使用。按照巴塞尔委员会的归纳，演进中的操作风险度量模型可以划分为三类，即基本指标法、标准化方法和高级衡量法，其中高级衡量法又包括内部衡量法、损失分布法、极值理论模型、积分卡法以及其他一些新的高级衡量法。模型的分类及比较如表14-1所示，本章选取基本指标法、标准化方法、内部衡量法、损失分布法和极值理论模型进行详细对比阐述。

表 14-1 操作风险度量模型分类比较

度量模型	基本指标法	标准化方法	高级衡量法				
			内部衡量法	损失分布法	极值理论模型	积分卡法	其他
业务类别和事故类型	单一业务类别	多个业务类别（8个）	多个业务类别、多个事故类型				
		由监管机构统一划定	金融机构自主划定				
结构	$\sum\{系数 \times 风险暴露指标\}$						
使用的参数	单一的风险暴露指标（EI）	多个 EI PE LGE RPI	使用损失频率和损失幅度的概率分布来估计操作风险的在险价值（VaR）				
	监管机构统一划定						
监管资本	高	较高	较低				

373

1. 基本指标法（basic indicator approach）

基本指标法将单一的风险暴露指标与一个固定的百分比（α）相乘得出监管资本要求。目前建议使用总收入（GI）作为这一指标，因而监管资本为：

$$K_{BIA} = GI \cdot \alpha \tag{14.1}$$

巴塞尔委员会经过多次数据收集和分析（QIS1-3），认为基本指标法下的操作风险监管资本应达到现行最小监管资本的12%，在此基础上，α应设在17%~20%之间。

基本指标法简单易行，但正是由于其过于简单，使用这种方法计算出的监管资本一般较高。特别是由于各金融机构使用统一的α，这样具有不同风险特征和风险管理状况的金融机构每单位的总收入被要求配置相同的监管资本，使得操作风险管理优劣奖惩机制不能自动发挥作用，因而巴塞尔委员会并不鼓励金融机构使用这一方法，认为该方法仅适用于一些业务范围较少的小金融机构。

2. 标准化方法（standardised approach）

在标准化方法下，金融机构业务被划分为8个业务类别①，每个业务类别的监管资本就是该类别的风险暴露指标与其β乘子的积。总监管资本要求就是各业务类别监管资本的加总，即：

$$K_{SA} = \sum_{i=1}^{8} EI_i \beta_i \tag{14.2}$$

其中，EI_i为i类别的风险暴露指标，目前建议统一使用总收入（分类别计算）作为这一指标；β_i为i类别的风险乘子，由巴塞尔委员会统一确定。同基本指标法一样，标准化方法下操作风险监管资本也要达到最小监管资本的12%。

与基本指标法相比，标准化方法对业务类别进行了区分，反映了不同业务类别风险特征的差异（β_i不同）。但是，即使在同一业务类别，不同的事故类型所导致的操作风险损失是截然不同的，标准化方法却没有对不同的事故类型加以区分。此外，与基本指标法一样，该方法下监管资本的计算并不直接与损失数据相连，而且也不能反映各个金融机构自身的操作风险损失特征，有较大的局限性。

3. 内部衡量法（internal measurement approach）

内部衡量法在标准化方法的基础上进一步对每个业务类别划分了7个事故类型②，对于每个业务类别/事故类型进行组合（共56个组合），金融机构被允许使用自己的损失数据来计算该组合的期望损失值（EL）。监管资本则由期望损失（损失分布的均值）和非预期的损失（损失分布的尾部）的关系来确定：如果二者之间呈线性关系，则监管资本为：

$$K_{IMA} = \sum_i \sum_j \gamma_{i,j} EL_{i,j} \tag{14.3}$$

其中，i代表业务类别；j代表事故类型；$\gamma_{i,j}$是将i业务类别/j事故类型组合的期

---

① 8个业务类别为：公司融资、交易和销售、零售金融机构、商业金融机构、支付和结算、代理服务和监理、资产管理、零售经纪。

② 7个事故类型为：内部欺诈、外部欺诈、雇佣行为和职场安全、顾客、产品和商业行为、对实物资产的损坏、商业中断和系统失灵、执行、派送和过程管理。

望损失 $EL_{i,j}$ 转化为监管资本的参数。$\gamma_{i,j}$ 通常由巴塞尔委员会使用行业整体数据在一定的置信水平下（99%或99.9%等）、针对一定期间予以确定，反映了监管资本要覆盖最大可能损失的监管思想（期望损失与非期望损失的加总）。当然，目前也有建议认为 $\gamma_{i,j}$ 应由金融机构自己决定，但要得到巴塞尔委员会的批准。

如果二者之间并不具有线性关系，则监管资本为：

$$K_{\text{IMA}} = \sum_i \sum_j \lambda_{i,j} \text{EL}_{i,j} \text{RPI}_{i,j} \qquad (14.4)$$

其中，$\text{RPI}_{i,j}$ 为风险特征指数（risk profile index）；$\lambda_{i,j}$ 为常数。多数情况下，EL 和 UL（非预期损失）之间并不具有线性关系。实际上，EL 和 UL 之间的关系依赖于诸多因素，如交易量的分布、损失频率、损失幅度的分布等，而这些分布又是金融机构内部风险控制环境的函数。举例来说，对于损失频率这一随机变量，其标准差较小的金融机构，UL 和 EL 之间的比率也应较小。为此，巴塞尔委员会建议使用 RPI 来调整监管资本。具体来讲，对于风险呈现厚尾分布的金融机构，其 RPI 大于 1；而对于薄尾分布（less fat tail）的金融机构，其 RPI 应小于 1。

有的学者（Toshihiko Mori 和 Eiji Harada，2001）建议使用 $(1+A/\sqrt{n})$ 代替 RPI，即监管资本为：

$$K_{\text{IMA}} = \sum_i \sum_j \lambda_{i,j} \text{EL}_{i,j} (1 + A_{i,j} / \sqrt{n_{i,j}}) \qquad (14.5)$$

其中，$A_{i,j}$ 是针对每个业务类别/事故类型组合的常数，一定程度上反映该组合损失幅度的大小；$n_{i,j}$ 代表该组合中操作风险事故的数量。之所以使用 $1/\sqrt{n_{i,j}}$ 作为调整因子，是因为对于相同的 $\text{EL}_{i,j}$，事故发生频率越低，风险也就越大。$\text{EL}_{i,j}$，$n_{i,j}$ 可从损失数据中直接得出，$\lambda_{i,j}$ 和 $A_{i,j}$ 要通过多元回归分析得到。

然而 $\lambda_{i,j}$ 和 $A_{i,j}$ 的求解事实上是很困难的，为了减少变量个数，可令

$$A_{i,j} = a_i \frac{\sigma_{i,j}}{u_{i,j}}$$

其中，a_i 为常数；$\sigma_{i,j}$、$u_{i,j}$ 分别为 (i,j) 业务类别/事故类型组合的损失幅度（量）的标准差和均值，其计算既可以使用金融机构内部数据，也可以使用行业整体数据。这样，式（14.5）可写为：

$$K_{\text{IMA}} = \sum_i \sum_j \lambda_{i,j} \text{EL}_{i,j} (1 + a_i \frac{\sigma_{i,j}}{u_{i,j}} / \sqrt{n_{i,j}}) \qquad (14.6)$$

一个重要的问题是，式（14.3）～式（14.6）中的 $\text{EL}_{i,j}$ 如何计算。一般认为

$$\text{EL} = \text{EL} \cdot \text{ELR} = \text{EI} \cdot \text{PE} \cdot \text{LGE} \qquad (14.7)$$

其中，EI 为风险暴露指标，它应与每个业务类别的操作风险损失具有显著的正相关关系；ELR 为期望损失比率；PE 为一定期间损失事故发生的概率；LGE 为给定损失事故发生的前提下的损失比率。显然，$\text{ELR} = \text{PE} \cdot \text{LGE}$。

PE 和 LGE 的估计要求使用大量的金融机构内部数据来近似计算，但金融机构却面临着历史损失数据积累不足的问题。特别是对于内部控制较好的大金融机构来讲，其损失数据更少。这就要求借助行业整体数据来弥补金融机构自身参数估计的不足。例如，

对于 PE 的估计，可由监管机构确定统一的权重（w），有：

$$PE = w \cdot PE_{(内部)} + (1-w) \cdot PE_{(行业)}$$

此外，还可通过情景分析，结合金融机构实际风险控制情况的变化对参数进行适当调整。

总之，内部衡量法与前两个模型相比最大的特点在于金融机构可以使用自身的损失数据来计算监管资本，监管资本的大小能随金融机构操作风险管理和损失特征的不同而有所不同。内部衡量法中的监管资本是通过假设非预期损失与期望损失之间具有稳定的关系（线性或非线性）而得出，这不同于前两种模型直接用风险暴露指标（总收入）作为损失数据的近似替代，并且假设风险暴露指标与最大可能损失之间有线性关系的做法。内部衡量法对操作风险的计量更有针对性、更为准确。但是，它不顾期望损失的大小以及相同大小的期望损失的各个组成部分即损失频率、损失幅度等的不同组合方式，一概假设期望损失与非预期损失之间具有稳定的关系，而这事实上并不符合损失分布的具体特征，这是内部衡量法较大的局限。

4. 损失分布法（loss distribution approach）

在损失分布法下，金融机构针对每个业务类别/风险类型估计操作风险损失在一定期间（比如一年）内的概率分布。同内部衡量法一样，这种概率分布的估计建立在对操作风险事故发生频率和损失幅度的估计之上，但损失分布法的特别之处在于需要估计出二者所服从的具体概率分布。这通常需要使用蒙特卡罗模拟等方法或者事先假设具体的概率分布形式，比如假设损失次数服从泊松分布，损失幅度服从对数正态分布等。在一定置信水平下（如99%），操作风险损失分布 $F(x)$ 的在险价值（VaR）直接度量了最大可能损失。见图 14-1。

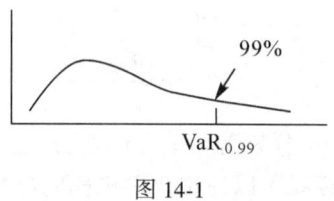

图 14-1

例如，假设 X_1，X_2，…为表示操作风险损失的独立同分布的随机变量，则其分布函数为：

$$F(x) = P\{X_i \leq x\} \leq q \tag{14.8}$$

其中，q 为一定的置信水平，一般假定 $0.95 < q < 1$。给定 q，对于分布函数 $F(x)$，则可确定其 VaR 值，即：

$$VaR_q = F^{-1}(q) \tag{14.9}$$

其中，F^{-1} 为分布函数 F 的反函数。相应地，监管资本要求就是每个业务类别/事故类型组合 VaR 值的简单加总。

损失分布法不同于内部衡量法之处在于，一方面在损失分布法下，金融机构可自主划定自己的业务类别/事故类型组合；另一方面它通过计算 VaR 直接衡量非预期的损失,而不是通过假设非预期损失与期望损失之间的关系而得到。这样,操作风险的损失分布就能随期望损失以及期望损失的各个组成部分不同的组合方式的变化而变化,而不用再假设期望损失与非预期损失之间具有稳定的关系,也就是说,损失分布法具有更强的风险敏感性,$\gamma_{i,j}$的计算就不必要了。但是,损失分布法并没有考虑各个业务类别/事故类型之间的相关性,而且业务类别和事故类型由金融机构自主决定也产生了一个缺乏可比性的问题,该方法较高的内部数据和估计方法的要求也给采用这种方法的金融机构提出了较大挑战。

5. 极值理论模型(extreme value theory)

操作风险的极值理论模型是专门用来衡量操作风险损失分布的尾部即损失极值的方法,它通过推导超过一定临界水平的操作风险损失的具体分布函数,得出一定置信水平下VaR的估计值和超过临界水平损失的期望值,并以此作为提取操作风险监管资本的参照。

我们仍然沿用损失分布法下的假定,但避免假设损失服从具体的分布函数。式(14.9)给出了VaR的表达式,我们将超过VaR_q的极值损失的期望值记为ES_q,即

$$\text{ES}_q = E\{X/X > \text{VaR}_q\} \tag{14.10}$$

极值理论模型的目标就是求得VaR_q和ES_q的估计值,并以此为参照提取监管资本。为此,我们引入广义Pareto分布(GPD)函数,即

$$G_{\xi,\beta}(x) = \begin{cases} 1-(1+\xi x/\beta)^{-1/\xi}, & \xi \neq 0 \\ 1-\exp(-x/\beta), & \xi = 0 \end{cases} \tag{14.11}$$

($\xi \geq 0$时,$\beta > 0$,$x \geq 0$;$\xi < 0$时,$0 \leq x \leq -\beta/\xi$)

可见,当$\xi > 0$时,GPD是厚尾分布的。根据Pichands-Balkema-Dehaan定理,有:

$$\lim_{u \to x_0} \sup_{0 \leq y < x_0 - u} |F_u(y) - G_{\xi,\beta(u)}(y)| = 0$$

其中,$F_u(y) = P\{x - u \leq y/x > u\}$,$(0 \leq y < x_0 - u)$,为超过$u$这一临界水平(由各金融机构根据自身特点确定)的过量损失所服从的分布;x_0为操作风险损失分布函数的右端点,我们允许任意大的损失存在(如正态分布或t分布的右端点),即$x_0 \leq \infty$。该定理为过量损失定义了一个近似分布,即对过量损失y,有:

$$F_u(y) \approx G_{\xi,\beta}(y) \tag{14.12}$$

这样,不论操作风险过量损失实际上服从何种分布,我们都可以用广义Pareto分布函数做近似,从而解决了判断损失服从何种分布的困扰,避免了具体假设的不准确性。

在有充足的历史数据的基础上,利用最大似然估计,易得ξ,β的估计值$\hat{\xi}$,$\hat{\beta}$。对于$x > u$,令$x = u + y$,可得出$F(x)$的近似分布为:

$$F(x) = (1 - F(u))G_{\xi,\beta}(x - u) + F(u) \tag{14.13}$$

用$\dfrac{n - N_u}{n}$替换$F(u)$①,其中,n是操作风险损失总次数,N_u是损失超过u的次数。

---

① 假定u的选取使得有足够多的超过u的观察值。之所以不用这种方法直接估计$F(x)$,是因为在损失分布的尾部观察值较少时,这种方法非常不可靠。

将之代入式 (14.13), 并使用式 (14.11), 有:

$$\hat{F}(x) = 1 - \frac{N_u}{n}\left(1+\hat{\xi}\frac{x-u}{\hat{\beta}}\right)^{-1/\hat{\xi}} \tag{14.14}$$

因而,如果给定一定的置信水平 q ($q>F(u)$),求 $\hat{F}(x)$ 的反函数,易得:

$$\hat{VaR}_q = u + \frac{\hat{\beta}}{\hat{\xi}}\left(\left(\frac{n}{N_u}(1-q)\right)^{-\hat{\xi}} - 1\right) \tag{14.15}$$

当 $\xi<1$ 时,$E\{(x-VaR_q)/x>VaR_q\} = [\beta+\xi(VaR_q-u)]/(1-\xi)$,联立式 (14.12) 有

$$\hat{ES}_q = \frac{\hat{VaR}_q}{1-\hat{\xi}} + \frac{\hat{\beta}-\hat{\xi}u}{1-\hat{\xi}} \tag{14.16}$$

$\hat{VaR}_q$ 和 $\hat{ES}_q$ 的置信区间都能在一定置信水平下给出。这样,金融机构操作风险尾部损失的期望值就可以明确确定,以此来准备监管资本能较好地防备极端操作风险损失。极值理论模型的最大特点在于它直接处理损失分布的尾部,且它没有对损失数据预先假设任何分布,而是直接利用数据本身说话。这与损失分布法需要假设或模拟具体的损失分布形式不同,而且损失分布法并没有对可能超过 VaR 的操作风险损失给出任何预测。但极值理论模型也有其自身的不足,例如模型中有较多的参数要估计,难以有充足的数据满足统计要求;临界水平 u 的确定难度较大,因为只有在高临界水平上模型才适用,但较高的 u 值又使得过量损失数据较少,等等。

(二) 操作风险度量模型的选择

综上所述,基本指标法、标准化方法、内部衡量法、损失分布法以及极值理论方法作为操作风险度量模型都能够给金融机构操作风险管理过程提供一种可以参照的标准,但这些方法又各有特点,将各个模型的特点与金融机构自身的操作风险实际状况相结合应该是选择具体衡量模型的立足点。具体而言,基本指标法一般适用于中小金融机构,操作简单但过于呆板;标准化方法计算出来的风险资本金较高,往往超过了必要的风险准备,过于保守;损失分布法和极值理论方法对数据要求过高,而且对数据连续或离散的要求在现实中都很难完全满足,对估计参数的设定也有一定的任意性,很多假设情况下得出的结论往往适用性较差。而内部衡量法能很好地结合绝大多数金融机构自身业务状况(如业务规模、范围、业务类别等),对风险的衡量有较强的针对性,所以现阶段金融机构应着重考虑对该方法的操作要求,并在现有条件下不断熟悉、完善该操作方法的具体过程,不断积累操作性风险衡量的经验,为将来采用精度更高、灵敏度更强的度量模型,例如损失分布法以及极值理论方法做准备。

第二节 金融工程在操作风险管理中的应用

由于对操作风险的认识尚处于初步阶段,操作风险管理技术与工具也仍在探索之

中。目前，金融机构操作风险管理主要依赖于完善的内部控制以及保险这一金融工具。在此，我们主要阐述如何应用保险这一风险管理工具进行有效的操作风险管理。

一、保险在操作风险管理中的应用

《新巴塞尔资本协议》对作为金融机构操作风险管理工具的保险给予了相当的关注与阐释。实际上，长期以来保险一直是金融机构风险管理的重要工具。对于金融机构来说，可进行操作风险管理的保险产品有很多。

操作风险依据不同的标准可以划分为不同的种类，针对不同种类的操作风险会有不同的保险产品与之相对应（参见附表一：操作风险分类及所适用的保险形式），其中包括一揽子保险、错误与遗漏保险、经理与高级管理人员责任险、商业综合责任保险、财产保险、雇员行为责任保险、未授权交易保险，以及计算机犯罪保险与电子保险等，不同的保险产品有着不同的保障范围（参见附表二：适用于操作风险管理的主要保险产品一览表）。

传统的保险产品（20世纪80年代、90年代初期），如金融机构一揽子保险、错误与遗漏保险和经理与高级职员责任险等，已经被实践证明是比较成熟的保险产品，而且得到了广泛的运用。

（1）一揽子保险（blanket bond, BB），主要承保的是金融机构内部盗窃和欺诈、内部计算机犯罪以及外部欺诈风险。具体而言，金融机构内部盗窃和欺诈，包括信用欺诈、盗窃、贪污、贿赂、逃税、资产的非法占有、恶意的资产破坏、未授权的资金转移、内部交易损失等风险；内部计算机犯罪行为，包括了窃取信息、数据操纵、防火墙瘫痪、码错误、网页错误等。

（2）错误与遗漏保险（errors and omissions policy, EO），承保的则是无法为客户提供专业服务或在提供服务过程中出现过失的风险，被保险人包括金融机构附属机构、经理、高级职员以及一般雇员等。

（3）经理与高级管理人员责任险（directors & officers liability policy, DO），承保的是金融机构经理与高级管理人员操纵市场、洗钱、未对敏感信息进行披露、不当利用重要信息等行为而给金融机构造成潜在损失的风险。至于金融机构的财产保险（property insurance policy）、营业中断保险（business interruption policy）、商业综合责任保险（commercial general liability policy）、以及雇员行为责任保险（employment practices liability）实际上也都属于传统保险产品的范畴。

自20世纪90年代中期至今，承保人、经纪人与金融机构一起合作研究开发了诸多新的保险保障产品，诸如未授权交易保险、电子保险等。未授权交易保险（unauthorized trading policy），主要承保的风险包括未报告的交易、未授权的交易、超过限额的交易风险等。未授权交易，指的是那些不在金融机构允许的业务范围之内，或是与未被赞成的一方所从事的交易，且该项交易被隐瞒未报，或是被错误地记录在案。

近几十年以来，各种金融机构业务网和国际互联网获得了迅猛的发展，使金融机构的职能、业务结构、业务流程、业务模式和组织架构等，发生了一系列根本性的变化。

建立在电子计算机、通信和信息技术基础之上的电子网络系统，在推动金融机构业务发展的同时，也给金融机构的管理带来了新的风险。电子网络技术风险就是指，金融机构在营运过程中，由于运用计算机和网络，客观或人为地造成金融机构损失的可能性，其特征为：高技术性、高隐蔽性、高破坏性。电子网络技术风险如果按其风险载体划分，可以分为：（1）客观风险，即主要由电子设备自身的脆弱性造成的风险，具体表现在硬件性能差、软件可靠性低、通信线路故障等造成的风险，不同金融机构技术规范不一致造成金融机构间进行交易时所产生的风险，计算机病毒、网络安全漏洞所产生的风险，以及法律风险等；（2）人为风险，首先表现为有目的的利用计算机从事犯罪活动而引发的风险；其次，是由于金融机构内部从业人员对计算机与网络知识缺乏或使用操作不规范所造成的风险，包括口令保护不严、用户权限分配紊乱、对数据包加密程度不高以及对交易主体合法性缺乏严格认证等。对于金融机构业务电子化所带来的操作风险，保险方面相应的反应就是电子保险（electronic insurance policy）及计算机犯罪保险（computer crime policy）等保险产品的发展。

今后，非物质性事件所导致的金融机构业务中断、金融机构内部机密、金融机构商誉、金融机构知识产权等风险，也可以被纳入到金融机构操作风险保险的承保范围中来。并且随着新的操作风险的出现，以及人们对操作风险认识的加深，操作风险保险也表现出这样一种发展趋势：金融机构操作风险保险承保范围进一步扩大；新出现的操作风险将不断被纳入保险的考虑范畴。此外，随着对金融机构操作风险保障范围的扩大，保险所发挥的资本准备金替代作用也将不断增强。

二、保险对资本准备金的替代计量

我们将保险作为降低操作风险的重要管理工具，但是如何通过一种计量方法来衡量由于保险的引进而产生的资本准备金的替代呢？在第一节中提出的几种计算资本准备金的方法都是与引进保险之前金融机构的意外损失相关的。在将保险引入金融机构操作风险管理之后，需要对那些计量方法进行适当的调整，将保险对于降低金融机构操作风险所产生的作用考虑进来，它们要能够满足巴塞尔委员会在度量方法的精确度、灵活度和风险灵敏度等方面所提出的要求，并且要与先前的计量方法保持一定的连续性和公平性。下面将介绍几种引入保险后所产生的资本准备金替代的计量方法，并对其给予基本评价：

如果用 K_g 表示运用保险之前的资本准备金要求，K_n 表示引入保险之后的净资本准备金，引入保险后的资本准备金差额就等于保险引起的资本准备金的替代 K_{RT}，即 $K_{RT} = K_g - K_n$。

（一）基本指标法（basic index approach，BIA）

基本指标法是通过单一的度量整个金融机构风险暴露的指标来配置操作风险所需资本的方法。基本指标法中有两种具体计量方法：保费法与限额法。保费法中，对保险产品的资本准备金替代的计算基于金融机构为标准保单所支付的总保费。计算风险转移产品所引起的资本准备金（KRT），公式为：KRT=$P^{\star} \times \lambda$，其中 $P^{\star}=P\times[1-(P/保单限额)]$。式中 P 为合格保单名义保费；λ 是巴塞尔委员会预设的一个百分数。引入总保费这个指标的原因在于，保费与在保险人和被保险人之间转移的风险量是直接相关的；而在限额法中，资本准备金的计量则是基于预期损失与保单限额和相应保费的差额，公式为：KRT = $\sum_{P\in 保险单}(L_P - P_P)\times CB_P \times CR_P$。其中 L_P 是保单限额；P_P 是保费；CB_P 是保单补偿宽度因子；CR_P 是保单信用风险因子。

（二）标准化法（standardized approach，SA）

标准化法所提供的两种计量保险的资本准备金替代（KRT）的方法与上面基本指标法所介绍的那两种方法是一样的，不同之处在于，这时对资本准备金的计算是在加总所有业务范围的资本准备金之后。监管者通过与各行业部门的讨论，将金融机构的业务活动分解成不同的业务单位和业务领域，使得每一个金融机构将自身的业务结构对应到监管框架中。在这种分解过程中，每一个业务单位都有几个不同的业务领域。每一个业务领域，监管者都会规定一个能充分体现该业务规模和风险特性的指标，这样单个业务领域的操作风险资本要求就可以通过各指标与另一个固定百分比的乘积得出。整个金融机构的操作风险资本要求就是将各个业务领域的风险资本要求加总。在现有数据基础和最小监管资本的约束下，这个百分比一般定为20%。标准化方法成为商业金融机构从基本指标法向内部衡量法转移的一种过渡安排，它使商业金融机构在各业务类别的基础上衡量操作风险前进了一步。

（三）内部衡量法（internal measurement approach，IMA）

巴塞尔委员会允许金融机构有更多的灵活性使用比较高级的建模方法，包括内部衡量法和损失分布法在内，来计算操作风险资本要求。

在保费法中，引入保险前的资本准备金为 $K_g = \mathrm{EL}\times\Gamma$，资本准备金替代为 KRT = $\mathrm{ELR}\times\Gamma\mathrm{RT}$，引入保险后净资本准备金就是 $K_n = K_g - \mathrm{KRT}$。这里 EL 和 ELR_k 是基于金融机构的特定数据，分别代表了总预期损失和通过保险产生的预期损失的减少；Γ 和 $\Gamma\mathrm{RT}$ 是监管方面预先设定的建立在行业范围内的数据。每个风险等级 k 的资本准备金 KRT_k 由下式给出：$\mathrm{KRT}_k = \Gamma\mathrm{RT}_k \times \mathrm{ELR}_k$。总的资本准备金等于所有风险部门的简单加总。

在限额法中，资本准备金的计算基于保单限额。如果补偿与风险部门（k）是按1：1配比的，那么资本准备金是补偿不可预期损失限额的一部分。如果损失补偿与风险部门并不是完全配比的，那么将引进一个补偿宽度因子（CB）以调整剩余风险。每个风险类型 k 的资本准备金替代 KRT_k 由下式给出：

总体损失风险 $\mathrm{KRT}_k = (L_{\mathrm{agg},k} - P_k)\times CR_k$

单个损失风险 $\mathrm{KRT}_k = \left(\min\left[\sqrt{\bar{N}_k}\, l_{\mathrm{ee},k};\ L_{\mathrm{agg},k}\right] - \frac{1}{\sqrt{\bar{N}_k}}P_k\right)\times CR_k$

其中，Lagg 表示保单总限额；lee 表示单个损失的限额；P 是年度保费；$\bar{N}_k$ 是平均（预期）有关损失数；CR_k 是信用削减因子。总的资本准备金等于所有风险部门资本准备金的简单加总。

这种方法的优点在于：(1) 不需要度量额外的 Γ 因子；(2) 直接反映了保险对于损失分布影响。其缺陷在于，如果损失补偿与风险部门并不是完全配比的，则需要引入一个补偿宽度因子。

内部衡量法是计量保险的资本准备金替代的高级方法之一，它在精确度、灵敏度与复杂度等方面对金融机构的数据采集、积累、识别、分析，损失数据库以及操作风险管理模型的建立等方面提出了较严格的要求。与忽略各业务之间相关性对总风险资本影响的标准法相比较，内部衡量法计算出的总风险资本则反映了由于业务相关性带来的所需资本的减少。

（四）损失分布法（loss distribution approach, LDA）

损失分布法是金融机构内部衡量法的更高级形式，它使用金融机构内部数据，为每个业务类别和风险类型估计两个随机变量——损失程度和损失概率的概率分布，金融机构基于操作风险损失在未来时期内的可能分布来估计资本准备金。

在引入保险前后，损失分布法计算资本准备金的公式为：引入保险前总的资本准备金要求：$K_g = F_{\text{agg}}^{-1}(0.99) - \text{EL}$，引入保险后净资本准备金要求：$K_n = F_{\text{agg}}^{\text{net}-1}(0.99) - \text{EL}$，其差额即为金融机构操作风险管理中保险的资本准备金替代。其中 $F_{\text{agg}}(x)$ 是在无保险情况下，与基于总损失的操作风险相对应的总体损失分布；$F_{\text{agg}}^{\text{net}}(x)$ 是在引进保险后，金融机构自留的风险损失分布。这种方法的目的在于通过将特定的保险计划与总体损失分布联合起来，确定引入保险后的净损失分布 $F_{\text{agg}}^{\text{net}}$。为了确定这个净损失分布 $F_{\text{agg}}^{\text{net}}(x)$，首先要确定总体损失分布的随机变量 S_{agg}，它服从 $F_{\text{agg}}(x)$ 分布；接着，从总体损失量中减去保险补偿（基于相应的保单限额和自留额），这样得到一个引入保险后的相对应的随机变量 $S_{\text{agg}}^{\text{post}}$；从净总体损失分布中减去净预期损失就可以得到净资本准备金要求。

一般认为损失分布法在增加敏感性上有明显的优势，它与内部衡量法相比有两个不同点：(1) 它的目标是直接评估不可预期损失，而不是通过预期损失与不可预期损失的联系来计算不可预期损失；(2) 金融机构自身决定每个业务类别的结构和风险类型，不需要监管当局确定一个 Γ 值。因而，损失分布法的优点在于，可以对金融机构的风险进行相当精确的反映，包括引入保险后对降低风险的影响。但是，它要求金融机构建立精确的模型，积累详实的数据库。通过将金融机构的保险计划与其总损失分布合并在一起，可以在通过保险进行风险转移从而降低损失程度的基础上形成一个修正的净损失分布。

三、存在的局限性问题

对于损失频率较低但损失幅度较大的操作风险是难以预测、量化及分配资本的，因此保险作为操作风险的转移机制具有极大的可行性。但值得注意的是，保险在金融机构操作风险管理中的应用也存在局限性：

其一，金融机构需要度量操作风险，确定保费是否合理，而且只能投保有限形式的操作风险；

其二，保险公司需要收集损失资料，对金融机构业务可能有一定的参与，从而增加了交易成本；

其三，保险定价同样要以损失数据库作为基础，从理论上看，金融机构凭借信息优势，根据自身的历史损失资料计算资本分配，有可能比保费精确，此外，如果保险公司考虑保险所带来的道德风险而提高保费，无疑保险的成本会更高。

总之，保险作为操作风险管理工具，其使用范围应主要局限于操作风险中的外部风险，对于内部风险，可以更多地采用其他措施如金融机构内部控制机制进行有效管理。

◎ 小结

从全球发展趋势看，日趋增多的诉讼、迅速调整的法律和监管体系、新经济模式（如网络银行、电子贸易等）的出现、更为复杂的交易工具和交易战略、技术系统的可靠性、交易量的提高、监管要求的日趋严格等都增大了金融机构面临的操作风险，并且近年来国际金融领域发生了一系列操作风险导致的金融机构巨额损失，因此国际金融界日益关注操作风险的管理。首先，本章从操作风险的定义开始，明确了操作风险是由于不完善或者失灵的内部控制、人为的错误、系统失灵以及外部事件等给金融机构带来直接或间接损失的可能性；其次，指出操作风险所具有的特征，即内生风险属性、风险损失与收益的不对应性以及残值风险属性等；再次，阐述了操作风险进行分类的四个步骤及其依据因素，并比较分析了基本指标法、标准化法、内部衡量法、损失分布法、极值理论法等操作风险度量模型；最后，主要阐述了保险这一风险管理工具在操作风险管理中的应用，针对不同类型的操作风险提供了相应的保险产品，同时鉴于保险所具有的风险转移作用，本章也定量分析了保险对资本准备金的替代。

◎ 重要概念

操作风险　一揽子保险　未授权交易保险

◎ 思考题

1. 与信用风险和市场风险相比较，操作风险具有哪些不同的特征？
2. 针对以下操作风险，应采取哪些保险产品进行风险管理？
   未授权交易　恶意的资产破坏　洗钱　产品缺陷
   计算机病毒　隐瞒损失　不准确的外部报告

◎ 参考书目与推荐阅读

1. Basel Committee. The new basel capital accord. January 2001.

2. Basel Committee. Operational risk management. January 2001.

3. Federal Reserve Bank of Boston. Operational risk and the new basel capital accord. November15, 2001.

4. Oliver. Assessing and managing operational risk, Wharton Financial Institutions Center 2001. 4.

5. Junji Hiwatashi. Solutions on measuring operational risk. Capital Markets News, September 2002.

6. Toshihiko Mori, Eiji Harada. Internal measurement approach to operational risk capital charge(discuss paper).http://www. bis. org.

7. Working paper on the regulatory treatment of operational risk. http://www. bis. org.

8. Consultative document:Operational risk. January 2001. http://www. bis. org.

9. Alexander J. Mcneil. Extreme value theory for risk managers.

10. Jach L. King. Operational risk:EVT models. http://www. genoauk. com.

11. The quantitative impact study for operational risk(1-3).http://www. bis. org.

12. An internal model for operational risk computation. http://www. risklab-madrid. uam. es.

附表一　操作风险分类及所适用的保险形式

事件类型分类（初始标准）	事件类型分类（标准1）	类别（标准2）	具体行为（标准3）	结果类别				
				资产贬值	追索权丧失	复原费用	法律责任	资产损害
人员/关系风险 定义：由雇员的故意或非故意行为引发的损失或金融机构与股东、客户、第三方或监管者的关系契约造成的损失。	内部行为 定义：由以下行为引发的损失：(1) 欺诈行为 (2) 侵占财产或规避管理 (3) 法律或金融政策 (4) 歧视性事件	未授权行为或错误的行为	未报告的交易	UT	UT			
			未授权的交易	UT	UT			
			故意错误表明身份	UT	UT			
			内部交易	UT	UT			
			提前运作	UT	UT			
			市场操纵				EO/DO	
			超过限额的交易	UT	UT			
		盗窃和欺诈	欺诈/信用欺诈	BB	BB	BB	BB	
			敲诈/贪污/盗窃	BB	BB	BB	BB	
			资产的非法占有	BB	BB	BB	BB	
			恶意的资产破坏	BB	BB	BB	BB	P
			伪造	BB	BB	BB	BB	
			空头支票	BB	BB	BB	BB	
			走私	BB	BB	BB	BB	
			逃税	BB	BB	BB	BB	
			贿赂	BB	BB	BB	BB	

续表

事件类型分类（初始标准）	事件类型分类（标准1）	类别（标准2）	具体行为（标准3）	结果类别				
				资产贬值	追索权丧失	复原费用	法律责任	资产损害
人员/关系风险 定义：由雇员的故意或非故意行为引发的损失风险；由金融机构与客户、股东、第三方或监管者的关系契约造成的损失。	内部行为 定义：由以下行为引发的损失 (1) 欺诈行为 (2) 侵占财产或规避管理 (3) 法律或金融政策 (4) 歧视性事件	盗窃和欺诈	内部交易			EO	EO	
			未授权的资金转移	BB	BB	BB	BB	
			电子欺诈	BB	BB	BB	BB	
			洗钱				EO/DO	
		计算机犯罪（内部）	窃取信息	BB	BB	BI	BB	P
			黑客	BB	BB	BI	BB	
			数据操纵	BB	BB	BI	BB	
			网页错误	BB	BB	BI	BB	
			密码错误		BB	BI	BB	
			防火墙瘫痪	BB		BI	BB	
	雇佣行为和工作场所安全 定义：由以下行为引发的损失 (1) 与职业安全、健康或法令不一致 (2) 对个人伤害索赔的支付 (3) 歧视性事件	雇员关系	赔偿、救济金问题			BI	EPL	
			有组织的工人运动			BI	EPL	
			对立的环境			BI	EPL	
			错误的限制			BI	EPL	
			骚乱			BI	EPL	P
			诽谤/中伤			BI	EPL	
			雇员患病			BI	EPL	
			不恰当的解雇			BI	EPL	

续表

事件类型分类（初始标准）	事件类型分类（标准1）	类别（标准2）	具体行为（标准3）	结果类别			
				资产贬值	追索权丧失	复原费用	法律责任	资产损害
人员/关系风险 定义：由雇员的故意行为或非故意行为引发的损失，或是由金融机构与客户、股东、第三方或监管者的关系造成契约损失。	雇佣行为和工作场所安全 定义：由以下行为引发的损失 (1) 与职业行为、健康或安全法令不一致 (2) 对个人伤害索赔的支付 (3) 歧视性事件	环境安全一员工及第三方	一般责任			CGL	CGL	
			员工健康安全规则			WC	WC	
			员工赔偿—损害赔偿			WC	WC	
			员工赔偿—医疗赔偿			WC	WC	
			雇员的意外事故			WC	WC	
			污染			WC	WC	
			在一般性操作中对第三方造成的损害			WC	WC	
		差别歧视	性别歧视			EPL	EPL	
			种族歧视			EPL	EPL	
			年龄歧视			EPL	EPL	
			宗教歧视			EPL	EPL	
			民族歧视			EPL	EPL	
			其他歧视			EPL	EPL	
	客户、产品和商业行为 定义：由以下行为引发的损失 (1) 由于疏忽而未能尽到对特定客户的职业义务 (2) 由于产品的本质或设计引起的损失	适当性，泄露和信用	违约			EO/DO	PIP/DO	
			零散客户泄露信息			EO/DO	EO/DO	
			私人关系破裂			EO/DO	EO/DO	
			倾销			EO/DO	EO/DO	
			非法利用秘密信息			EO/DO	EO/DO	
			账户混乱			EO/DO	EO/DO	
			借方义务			EO/DO	EO/DO	
			合同破裂			EO/DO	EO/DO	
			疏忽的建议			EO/DO	EO/DO	
			隐瞒损失			EO/DO	EO/DO	

续表

事件类型分类（初始标准）	事件类型分类（标准1）	类别（标准2）	具体行为（标准3）	结果类别				
				资产贬值	追索权丧失	复原费用	法律责任	资产损害
人员/关系风险 定义：由雇员或故意或非故意的损失引发的损失；是由金融机构与客户、第三方、股东、监管者的关系契约造成的损失	客户、产品和商业行为 定义：由以下行为而引发的损失 （1）由于疏忽而未能尽到对特定客户的职业义务 （2）由于产品的本质或设计引起的损失	适当性、披露和信用	未对敏感问题进行披露			EO/DO	EO/DO	
			不当利用重要信息			EO/DO	EO/DO	
			未经准许获取账户的有关信息			EO/DO	EO/DO	
		不恰当的商业或市场行为	反托拉斯			DO	DO	
			不适当的交易/市场行为			DO	DO	
			市场操纵			DO	DO	
			内部交易			DO	DO	
			无执照行为			DO	DO	
			洗钱			EO/DO	EO/DO	
			经理或高级管理人员的疏忽			EO/DO	EO/DO	
			错误和遗漏			EO/DO	EO/DO	
			不恰当的广告			EO/DO	EO/DO	
			版权侵害			EO/DO	EO/DO	
			职业疏忽			EO/DO	EO/DO	
			并购			EO	EO	
			销售歧视			EO	EO	
			诽谤			EO/DO	EO/DO	
		产品瑕疵	产品缺陷			EO/DO	EO/DO	
			样品错误			EO/DO	EO/DO	
		客户选择与信息披露	客户调查的失败			EO	EO	
			超过客户的披露限制			EO	EO	
		咨询行为	对咨询行为的争议			EO	EO	
			对咨询服务的否定			EO	EO	

第十四章 金融工程的应用——操作风险管理

续表

事件类型分类（初始标准）	事件类型分类（标准1）	类别（标准2）	具体行为（标准3）	资产贬值	追索权丧失	复原费用	法律责任	资产损害
内部控制 定义：来自于错误的交易、客户结算和日常商业运作过程中的损失	执行、传递和过程管理 定义：由下列行为引发的损失 (1) 失败的交易过程或执行过程管理 (2) 因交易对方和卖方导致的关系损失	交易机会的捕捉，执行和保持	传达错误			EO	EO	
			数据的输入、维护或下载错误			EO	EO	
			逾期或未承担责任			EO	EO	
			制度操作失误			EO	EO	
			会计错误			EO	EO	
			其他任务执行失误			EO	EO	
			传递错误			EO	EO	
		监督和报告	管理错误			EO	EO	
			参考数据的维护			DO	DO	
			未履行强制性的报告义务			DO	DO	
			不准确的外部报告			EO	EO	
		客户和文档	缺乏客户允许			EO	EO	
			缺乏法律文件			EO	EO	
		客户账户管理	未经允许获取账户信息			EO	EO	
			不正确的客户记录			EO	EO	
			因疏忽造成的客户资产损失			EO	EO	
		交易对方	交易对方的错误行为			EO	EO	
			与交易对方的争端			EO	EO	
		卖方和供应商	外包			EO	EO	
			卖方争端			EO	EO	

续表

事件类型分类（初始标准）	事件类型分类（标准1）	类别（标准2）	具体行为（标准3）	结果类别				
				资产贬值	追索权丧失	复原费用	法律责任	资产损害
系统 定义：来自业务混乱或系统失灵的损失	IT和设备 定义：来自于业务混乱或系统失灵的损失	系统	硬件瘫痪			EI	EI	P
			软件瘫痪			EI	EI	
			电视会议失灵			EI	EI	P
			设备故障		EI	EI	EI	P
			DOS		EI	EO	EO	P
			备份错误			EO	EO	P
			程序错误			EO	EO	P
			人为错误			EI		P
			卖方的服务系统的毁坏			EI	EI	P
			不兼容的软件			EI	EI	P
			计算机错误			EI	EI	
			计算机病毒			EI	EI	P
			UPS失灵			EI	EI	
			电话故障			EI	EI	
			传真故障			EI	EI	
			网络故障			EI	EI	

续表

事件类型分类（初始标准）	事件类型分类（标准1）	类别（标准2）	具体行为（标准3）	结果 类 别				
				资产贬值	追索权丧失	复原费用	法律责任	资产损害
外部行为及物质资产 定义：由第三方行为导致的损失风险，包括外部欺诈、物质财产的损失、一些能影响市场行为的规则变化	资产损失 定义：由于自然灾害或其他事件引起的资产损失	物质资产损害	暴风雨					P
			飓风					P
			冰雹					P
			霜					P
			洪水					P
			地震/火山爆发					P
			山崩					P
			雪崩/火灾/爆炸					P
			闪电					P
			电压过大					P
			机器瘫痪					P
			恐怖活动					P
			炸弹威胁					P
			航天器/船舶/卫星碰撞					P
		政治	战争					
			征用					
			罢工					
			政府行为					P

续表

事件类型分类（初始标准）	事件类型分类（标准1）	类别（标准2）	具体行为（标准3）	结果类别				
				资产贬值	追索权丧失	复原费用	法律责任	资产损害
外部行为及物质资产 定义：由第三方行为导致的损失风险，包括外部欺诈、物质财产的损失、一些能影响市场行为的规则变化	外部行为 定义：由于第三方的故意欺诈、非法侵占财产以及规避法律而引发的损失	外部欺诈	敲诈/贪污/盗窃	BB	BB	BB	BB	
			伪造	BB	BB	BB	BB	
			空头支票	BB	BB	BB	BB	
			走私	BB	BB	BB	BB	
			贿赂	BB	BB	BB	BB	
			非法侵占财产	BB	BB	BB	BB	
			欺诈/信用欺诈	BB	BB	BB	BB	
		计算机犯罪（外部行为）	窃取信息	CC	CC	BI	CC	
			黑客	CC	CC		CC	
			数据操纵	CC	CC		CC	
			网页错误	CC	CC		CC	
			密码不准确	CC	CC		CC	
			防火墙瘫痪	CC	CC	BI	CC	

对表格中的字母作如下解释：

BB（Blanket Bond）：一揽子保险

BI（Business Interruption Policy）：营业中断保险

CC（Computer Crime Policy）：计算机犯罪保险

CGL（Commercial General Liability Policy）：商业综合责任保险

DO（Director & Officers Liability Policy）：经理及高层管理人员责任保险

EI（Electronic Insurance Policy）：电子保险

EO（Errors & Omissions Policy）：错误与遗漏保险

EPL（Employment Practice Liability Policy）：雇员行为责任保险

P（Property Insurance Policy）：财产保险

UT（Unauthorized Trading Policy）：未授权交易保险

WC（Workers Compensation Policy）：工人伤害保险

附表二 适用于操作风险管理的主要保险产品一览表

保险产品	主要保障范围
一揽子保险（BB）	a）雇员不诚实或欺诈行为所引起的直接财务损失； b）现金或有价证券在经营场所或运送过程中失窃引起的直接财务损失； c）支票、有价证券以及签名的伪造与改动引起的直接财务损失。
计算机犯罪保险（CC）	a）电子数据的改动、毁坏或伪造引起的直接财务损失； b）计算机程序的变动所引起的直接财务损失； c）计算机病毒引起的直接财务损失； d）电话、电报汇款中错误指令引起的直接财务损失。
未授权交易保险（UT）	交易者进行未授权交易引起的直接财务损失。
财产保险（P）	由于火灾、雷电、爆炸、碰撞等自然灾害引起的被保人财产损失。
营业中断保险（BI）	由于火灾、雷电、爆炸、碰撞等自然灾害导致的营业中断而引起的被保人利润减少或成本增加。
错误与遗漏保险（EO）	为客户提供金融服务过程中雇员行为导致的责任和财务损失。
商业综合责任保险（CGL）	a）营业过程中发生的事故对第三者造成身体伤害的法律责任； b）营业过程中发生的事故对第三者造成物质损失的责任。
雇员行为责任保险（EPL）	由于歧视、骚乱等错误的雇员行为所引发的法律责任。
经理及高层管理人员责任保险（DO）	由于经理及高层管理人员的错误行为诸如误报、管理不善或疏忽遗漏等所引起的法律责任。
电子保险（EI）	由被保人与网络相关的电子行为包括诽谤、中伤、版权侵犯等所引起的法律责任。

第四编

宏观金融工程

第十五章 宏观资产负债表

◎ 学习目标

1. 基于资产负债表的宏观金融风险分析。
2. 或有权益方法的基本理论。
3. 基于或有权益资产负债表的宏观金融风险分析。
4. 各部门之间的风险传导路径。

宏观资产负债表分析是使用微观金融风险管理的理论和方法来研究宏观层面的金融风险。将宏观金融风险理解为资产价值的变化,通过刻画资产价值在市场条件变化下的反应来测度风险,通过调整资产价值变动程度来管理宏观金融风险。宏观金融风险的或有权益分析(CCA)则建立在宏观资产负债表分析的基础之上,引入了市场对资产价格的影响,是对宏观资产负债表分析的有力补充。或有权益方法在利用资产负债表对部门间风险传导机制进行定性分析的基础上,可以对风险传导进行定量分析,具有创新性的意义。本章首先介绍资产负债表风险分析方法,比较资产负债表所体现出的存量分析与流量分析,进而引入或有权益的概念,构建或有权益分析的理论框架,具体阐述或有权益分析工具——或有资产负债表的编制方法,并阐明各部门之间基于或有资产负债表的风险传导路径。最后对宏观金融风险定量分析方法进行总结。

第一节 宏观金融风险的资产负债表分析

20 世纪 70 年代末,货币危机理论开始形成比较完善的理论体系,其中第三代货币危机模型对资产负债表效应的分析是资产负债表方法产生的基础。与传统的流量分析方法不同,资产负债表分析方法注重对主要部门的资产负债表存量信息和资产负债表头寸的分析。各个部门的资产负债表项目之间存在相互联系,因此该方法也为研究部门间风险的传导奠定了基础,并且为后续或有权益资产负债表分析方法提供了可行思路。

国家资产负债表是衡量一个国家金融脆弱性的重要手段。国家资产负债表的构成可以决定一个国家是否能够有效地隔离全球金融波动对其造成的影响,也反映了一个宏观经济政策的有效性。这里首先对金融危机的定义做出界定。根据 Raymond Goldsmith 的解释,金融危机是全部或大部分金融指标(短期利率、资产、价格、商业破产数等)的急剧、短暂和超周期的恶化;但根据 Allen(2002)的定义,金融危机是指债券持有者对整个国家,包括其中的企业、银行部门的偿债能力失去信心而造成的对该国资产需求的急剧减少。由此可以看出,Goldsmith 的定义偏重于金融危机爆发时的症状描述,而 Allen 的定义偏重于对金融危机爆发原因的阐述。由于 Allen 的定义更符合资产负债表方法的分析需求,所以本书对金融危机的界定采用的是 Allen(2002)的定义。

运用资产负债表方法来分析金融危机问题有两点优势:第一,根据我们对金融危机的定义,实际上金融危机的爆发是一个投资者对一国金融资产存量的持有意愿问题,一旦投资者失去信心,不论是由于一国经济的基本面问题还是心理素质问题,伴随而来的都是一系列的金融危机症状——大量资本流出、本币贬值、经常账户逆差、经济衰退。第二,一国经济的复苏或者摆脱金融危机的能力主要取决于国家资产负债表的构成,即该国资产和债务的存量。国家总资产负债表中的外债和持有的短期对外资产对一国的金融稳定性至关重要,同样经济体的微观组成部分——银行、企业、政府的资产负债表对我们分析金融危机的起源、传导有着更加重要的作用。

一、部门资产负债表和国家资产负债表

首先,本书将一个经济体分成四个主要的部门,每个部门都有其各自的资产负债表。这四个部门为:公共部门(包括中央银行和政府)、企业部门、金融部门、家户部门,每个部门之间都有债券和债务的相互持有,也包括该部门对国外的债券和债务。但是将四部门合成国家资产负债表的时候,国内的债权和债务头寸被抵消了,仅仅剩下非家户部门的对外资产负债表。

国家资产负债表可以显示面对外部冲击时潜在的危机爆发程度,但是不能解释这种危机的产生原因。部门资产负债表提供了隐藏在国家资产负债表背后的更多信息,某一部门资产负债表的脆弱性可能导致整个国家的危机产生,尽管这种风险并没有在国家资产负债表中反映出来,一个重要的例子就是家户部门间的外币债务。

二、资产负债表风险分析

衡量资产负债表脆弱性时有四种主要的风险,也成为四种错配,即期限错配、货币错配、资本结构错配、清偿力风险。期限和货币错配产生风险敞口,例如期限错配导致利率风险敞口,货币错配导致汇率风险敞口;资本结构错配主要指资产负债表中债务和股权融资的比率关系,这种结构性错配将会导致国家抵御其他风险造成损失的能力出现

问题；以上三种错配最终会导致国家清偿力问题的出现，当然清偿力风险不仅仅是这三种错配引起的。下面分别说明这四种错配。

（一）期限错配

期限错配是由于资产和负债期限的不匹配造成的，期限错配会导致两种风险。第一种是可能导致债务展期风险，即无法通过债务展期来偿还债务，而必须使用现金偿还。第二种是产生利率风险，即债务者承担的利息支付由于利率变动而增加的风险。对于金融部门这样一种借短贷长的部门，这种利率风险尤为明显，短期债务与市场利率联系紧密，而长期投资的资产收益率可能为固定的，在市场利率上升的条件下，融资成本变高，而相应收益并没有得到提高，这样就导致了金融部门资产收益的减少。这种情况无论是对本币资产债务还是外币资产债务都同样适用。例如，一个债务者的短期外币债务超过了其流动性外币资产，尽管总的外币债务可能等于总外币资产，但是期限错配依然存在。

期限错配在当今的金融危机中发挥着非常重要的作用。在大多数情况下，期限错配表现为一种展期风险，即一国的短期外债远远大于其外汇储备，这种短期的外债压力在某些国家是由于短期政府债务形成的，例如在墨西哥、俄罗斯、土耳其、阿根廷等国；在另外一些国家，这种压力是由于银行系统造成的，例如在韩国、泰国、巴西等国。从俄罗斯、土耳其、阿根廷等国，我们可以明显看到危机发生前政府短期债券的利率急速上升，反映出这些国家发生债务违约的可能性。

（二）货币错配

货币错配的风险是由于资产和负债所使用的货币不一致所造成的。例如，债务是外币标示的，而资产主要是本币标示的，这种情况下，本币无论是名义价值还是实际价值，一旦发生严重贬值将会导致本国资产的严重损失，因为名义外币资产不变，而本币贬值，那么偿还相同本金的外币债务需要付出的本币更多了。这种货币错配风险在新兴市场经济中更为明显，因为新兴市场中的机构——公共部门、企业和银行——经常不能从非居民甚至是居民手中借到本币资金。因此，为了获得投资资金，新兴市场经济国家必须要承担货币错配风险，而且任何一个部门想要规避掉本部门的货币错配风险，只会将这种风险传导到该国的其他部门中去。举个例子说明，如果银行部门借入了大量外币，然后将这些外币贷给了企业部门，那么从银行的资产负债表上来看，它的货币风险已被降低，但是企业部门的货币错配风险增加了，特别是当借入外币资产的企业不是一个大量的净出口商的话，一旦本币贬值，这个企业很有可能偿还不起银行的贷款。

对于净外债国家来说，本币贬值的直接影响就是一种财富效应，因为相对于资产来说，债务规模变得太大了。更进一步说，货币错配可以导致资本流动，从而给国家的外汇储备带来压力。为了避免贬值给净外债国带来的不利影响，通常这样的债务国都会选择买入更多的外币资产，这也就是为什么债务国在盯住汇率制崩溃前后，对保值工具有一个非常强烈的需求。

20世纪90年代以来发生的绝大多数金融危机都与货币错配有关。在墨西哥、巴西、土耳其、阿根廷和俄罗斯，政府部门的货币错配问题很严重；在韩国、泰国、印度尼西亚，金融、企业和家户部门的货币错配非常严重。在这些发生过严重金融危机的国家，固定汇率制通常被认为是造成大量货币错配风险积累的一个重要原因。

（三）资本结构错配

资本结构错配所导致的风险来自过分依赖债务融资，股东权益是吸收损失的最后一道防线，是防止企业破产的缓冲器。在公司金融中，我们使用成本-收益方法详细比较了股权融资和债权融资的优劣，这里主要强调债权融资的风险更大：股权融资的成本是状态变量，也就是说在企业表现不好时，股息支付可以减少，而无论企业经营是否良好，债权融资成本不变，因为利息在债权融资之前就已经确定好了，那么在企业经营不佳时，债务成本对于企业来说无疑是雪上加霜。所以，过度依赖债权融资，特别是短期债务融资，不仅导致资本结构错配，也会造成期限错配。其实，资本结构错配可能就是由于错误的公司治理方法、税收政策、监管导向等多方面因素造成的。

韩国和泰国的金融危机就是过分依赖债权融资的典型例子。韩国政府在1997年以前严格限制境外直接投资，而鼓励外资以债务的形式进入；在泰国，税收政策严重地偏向了债务融资。这样就导致这两个国家的债产负债比率居高不下，特别是在金融危机爆发前。在银行和金融部门中，资本结构错配表现为资本充足率严重不足，远远低于巴塞尔资本协议规定的8%的要求。在这种情况下，当流动性风险和货币错配风险发生时，这种风险可以表现为资产市场价值的下跌、贷款呆账增加、外币头寸的损失、存款减少等，然而用于吸收这些损失的资本非常有限，因此银行破产的概率大大上升。

（四）清偿力风险

清偿力风险是指企业的资产不足以偿付债务时产生的风险，也就是说企业净值可能为负的风险。清偿力风险不仅和前面的三种错配风险密切相关，也和其他许多因素存在紧密的联系。

三、资产负债表分析方法和流量方法的比较

（一）资产负债表所体现的存量分析

资产负债表是反映企业某一特定日期资产、负债、所有者权益等财务状况的会计报表，在宏观金融风险的分析框架中，国家资产负债表被定义为反映一个国家在某一特定日期资产、负债、所有者权益等财务状况的会计报表，无论是在微观层面还是在宏观层面，资产负债表反映的都是经济主体在某一特定日期的资产、负债以及所有者权益的存量。具体到国家的各个部门，我们可以分别针对公共部门、金融部门、企业部门和家户部门的资产负债表进行存量分析。

1. 公共部门的存量分析

公共部门包括政府和中央银行，其资产负债表中资产方的存量指标包括国际储备、

税收和收入的现值以及其他公共资产（公共股权、土地、矿产资源、货币发行垄断的价值等），权益方的存量指标包括政府支出现值（包括担保和社会保险等）、本币债务、外币债务、金融担保、基础货币。对公共部门资产负债表的存量分析主要是针对其国际储备和外债之间的关系，识别出公共部门与债务相关的脆弱性。如 Allen（2004）分析了阿根廷、乌拉圭、土耳其、巴西、秘鲁和黎巴嫩等新兴国家的公共部门、金融部门和非金融私有部门的资产负债表，识别出其中与债务相关的脆弱性。

2. 金融部门的存量分析

金融部门资产负债表中资产方的存量指标包括贷款、其他金融资产和公共部门提供的金融担保，权益方的存量指标包括存款负债、其他负债和所有者权益。针对金融部门高资产负债率的特点，对金融部门资产负债表的存量分析主要是使用各种违约概率模型来度量金融部门的违约概率。利用或有权益分析方法（CCA）[①]，金融部门的权益部分包括债务和股权（主要是银行），我们可以将金融部门的权益看作是其部门总资产的或有权益，运用看涨期权将其模型化；而政府给予金融部门的金融担保则可以看作或有资产，运用看跌期权将其模型化（Gray、Merton、Bodie，2003）。

3. 企业部门的存量分析

企业部门资产负债表中资产方的存量指标包括企业资产，权益方的存量指标包括债务和股权。资产负债表的存量分析方法在企业部门的运用起源较早，Merton（1974）提出了公司债务价值可以利用期权定价理论进行计算，随后，Moody's KMV 公司将该思想运用到上市公司，开发出计算上市公司违约概率的评级模型。Sobehart、Keenan（2001），Grosbie、Bohn（2002），Gray（2002），Gray、Merton、Bodie（2003），Merxe、Garry（2003）等都以 Merton 的思想作为基础开发出各种违约概率模型。其中，Gray、Merton、Bodie（2003）提出将或有权益分析方法和资产负债表分析方法相结合，建立企业部门整体或有权益资产负债表，并以此为基础分析企业部门整体的风险。

4. 家户部门的存量分析

家户部门资产负债表中资产方的存量指标包括实物资产和金融资产，实物资产主要以房产为主，金融资产包括现金、储蓄存款、股票、债券等；权益方的存量指标包括贷款和净资产。对家户部门进行存量分析的研究较少，原因主要有两点：一是家户部门的金融风险问题并不是十分突出，因为家户部门在整个国家金融体系中属于比较稳定的部门，因此受到关注的程度较低；二是家户部门的个体数量庞大，分散程度高，数据收集和整理工作的难度限制了相关研究的发展。但是，对家户部门的风险分析仍然具有重要意义，因为该部门在国家整体资产中所占份额较大，而且家户部门与金融部门的借贷关系，以及其持有基础货币而与公共部门的关系都直接或间接地影响到了其他部门和国家整体的金融稳定性。家户部门具有其自身的特点，其资产负债表项目较为简单，资产的市场价值可以直接由各个项目的市场现值数据得到。Jan Willem van den End（2005）以 MfRisk 模型为基础，基于 Merton 框架计算了荷兰家户部门的违约概率和违约损失，并对比金融部门所显示出来的风险信息，分析了部门间的相互联系和影响。

---

① 或有权益分析方法在下一节中会有具体介绍。

(二) 资产负债表所体现的流量分析

资产负债表所体现的流量分析主要为两张资产负债表之差，具体包括两个方面：其一是两个不同时点资产负债表之差，这是损益表所体现的内容，如公共部门国际储备的增量、税收和收入的现值的增量、金融部门贷款的增量、存款负债的增量等；其二是在同一时点上账面价值的资产负债表和市场价值的资产负债表之差，账面价值的资产负债表只反映资产、负债的历史状况，市场价值的资产负债表将每天的市场信息反映到资产负债表中，这体现出对损益的预测。这种预测分为两种情况：一种是正的预测，即出现收益的预测，另一种是负的预测，即发生损失的预测。我们关心的是负的预测，即由于资产负债价值的下降所引发风险的大小。总而言之，用资产负债表方法对宏观金融风险进行分析，反映了对流量的预期，使静态方法动态化了。

(三) 资产负债表所体现的存量分析与流量分析之间的关系

尽管资产负债表方法将分析的重点集中在资产和负债的存量上，但这种方法仍然体现了存量分析与流量分析的关系：第一，资产或负债的存量是过去流量累加的结果；第二，我们运用资产负债表方法得到的部门或国家的清偿能力是通过将未来现金流的现值与当前债务存量的大小进行比较得到的；第三，在进行金融危机的分析中，我们将存量指标和流量指标有机地结合在了一起。

但资产负债表方法在分析的角度上与传统的流量分析存在着显著的不同，这主要体现在三方面：第一，我们运用不同资产负债表的对比来研究流量的变化；第二，运用资产负债表方法，我们可以发现危机过程中资产价格的"超调"效应；第三，通过分析资产负债表效应分析总供给和总需求的影响因素；第四，资产负债表方法能够很好地描述风险在部门间的传导。

第二节 或有权益方法的理论基础

或有权益（contingent claims）是指那些将来的支付取决于另一种资产的金融资产。最典型的或有权益是期权，即在特定的时间以特定的价格买卖某种资产的权利。或有权益分析方法（CCA）以期权定价思想作为其理论基石。Black 和 Scholes（1973）和 Merton（1974）认为期权定价原理可以对公司债务进行定价。其主要思想是将各种公司债务，如公司债券、认股权证等都视为基于公司资产的期权，而公司的全部权益则可以看作是期权组合。看涨期权和看跌期权的价值可以利用 Black 和 Scholes（1973）期权定价的方法进行计算。其中看跌期权可以理解为一种金融担保，当企业破产，即企业资产价值下降到违约点以下时，债权人保证吸收超过股本的损失。这种担保责任既可以由债权人承担，也可以由第三方如政府或担保公司来承担。或有权益资产负债表是将风险因素反映在传统的会计资产负债表中，从而形成的能够反映资产和权益市场价值的资产负债表。或有权益资产负债表分析的本质是分析在连续时间条件下，或有权益的价值是如何受到标的变量价值影响的。

一、权益市场价值与资本市场价值

以单个企业为例,为了将传统的会计资产负债表转化为能够反映市场信息的或有权益资产负债表,我们必须将风险因素考虑进去。资产负债表中的资产价值通常具有不可观测性,无法在市场上观测到资产的市场价值。若该企业为上市企业,权益(包括债券和股权)的市场价值相对较容易获得,因此,我们可以先确定权益方的市场价值,然后建立权益(股权或债权)市场价值与资产市场价值之间的关系,从而得到资产的市场价值。

二、或有权益分析的核心问题

(一)或有权益

或有权益指的是这样一种金融资产——它的未来收益依赖于其他资产的价值。最初的或有权益是期权的代名词。

1. 企业债权、股权具有或有权益性质

Merton(1974)提出企业价值等于企业资本结构中各种证券价值的总和,即企业的各种权益(如优先债、次级债、普通股等)都可以视为基于企业价值的期权组合;企业债权可以看作一个无风险债券减去一个基于企业资产的看跌期权,企业股权可以看作一个基于企业资产的看涨期权,如图 15-1 所示。

看涨期权和看跌期权的价值可以利用 Black 和 Scholes(1973)期权定价的方法进行计算(这种看跌期权可以理解为一种金融担保,当企业破产时债权人保证吸收超过股本的损失。这种担保责任既可以由债权人承担,也可以由第三方如政府或担保公司来承担)。

2. 公共部门给予金融部门的担保具有或有权益性质

公共部门对商业银行贷款以及货币市场的债务予以担保。对商业银行贷款担保是支持私营企业发展的一个重要手段。担保为贷款者提供了一种安慰,特别是在承担的风险和贷款额都较大的情况下,但是它同时也加大了公共部门的债务负担。虽然这些债务不需要立即偿付,但是需要合理的会计核算和管理。如果这些担保额较大却又没有被有效记录并管理,那么一旦违约发生,所导致的支付行为就影响到公共部门的预算。因此,对贷款的担保可以看作看跌期权,当然也可以用期权定价理论对其定价(Ashoka Mody、Dilip K. Patro,1996)。

(二)确定股权价值与资产价值的关系

Black 和 Scholes(1973)在期权定价公式的应用中指出,在给定条件下,股权可以看成一种看涨期权。考虑一家企业通过发行普通股票和纯贴现债券筹集资金形成资产,

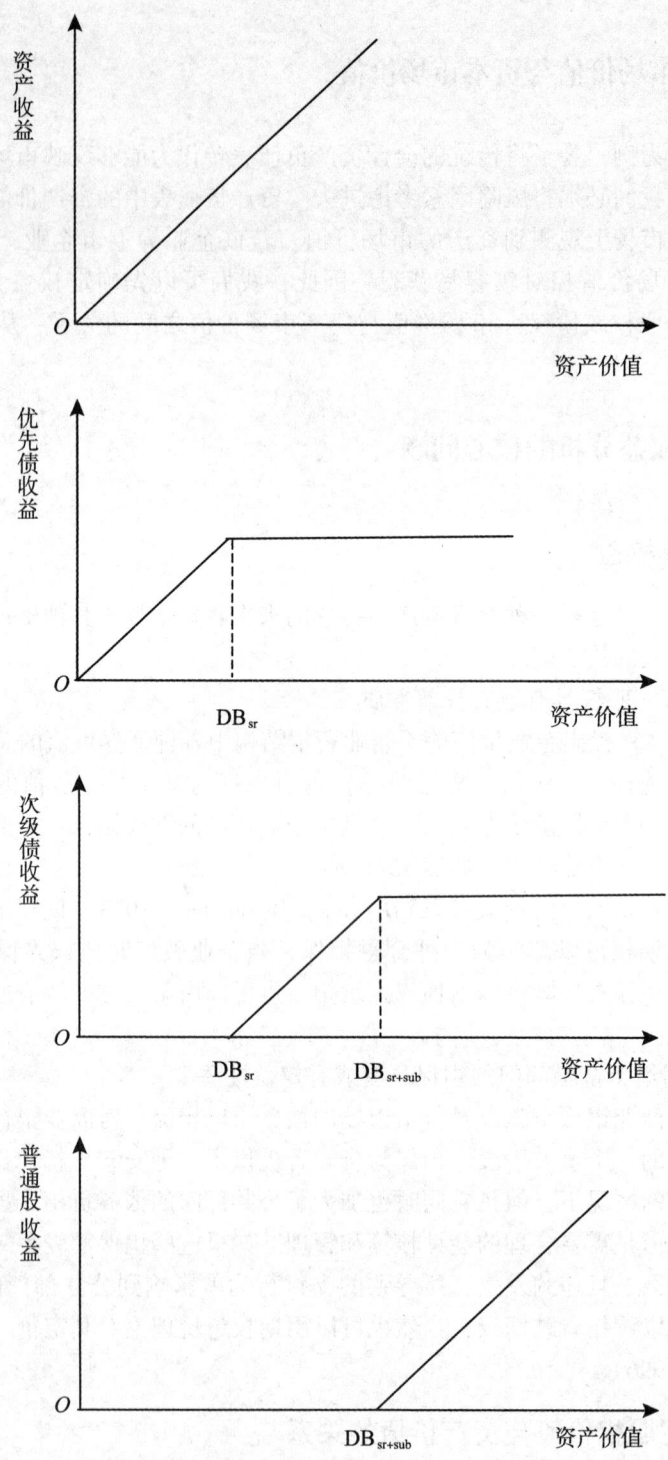

图 15-1 企业债券收益、股权收益与企业资产价值的关系

债券的期限为 10 年，到期一次还本付息，不包含任何其他特殊条款。假定该企业在 10 年后将其所有资产卖出用于偿还债务及利息，如果还有剩余，将其剩余资产以红利的方式向股东进行支付。在这些假定条件下，该企业的股东相当于拥有一个以该企业总资产为标的资产、以债券面值为执行价格、期限为 10 年的欧式看涨期权。事实上，债权人拥有企业的资产，他们给了股东买回资产的权利。该企业普通股在第 10 年底的价值将等于企业总资产的价值减去债券面值的差（如果该差大于零，即股东有剩余索偿权；如果该差小于零，即股东承担有限责任）。符合此现金流特征的金融工具恰恰是欧式看涨期权。

（三）确定企业债券价值与资产价值的关系

Merton（1974）从本质上研究了风险债务的价值问题。他指出，债券的价值从根本上取决于三个因素：一是无风险债务（政府债务或高级别企业债券）所要求的回报率；二是债券所包含的限制条款（如到期日、息票率、是否能赎回等）；三是企业不能满足这些限制条款的概率（即违约概率）。前两个因素往往与特定企业无关，真正影响风险债券价值的是其违约概率的变化。

沿着这一思路，Merton（1974）运用 Black 和 Scholes（1973）的思想解决了企业风险债务定价的问题。假定企业有两类权益：一类是单一的、相同级别的债务；另一类是剩余要求权，即股权。债券所规定的条款与前一个例子相同。在这些假定条件下，企业风险债务的价值等于企业资产的市场价值减去企业股权的市场价值，由于企业股权的市场价值可以看作基于企业资产的看涨期权，因此，企业风险债务的价值可以看作基于企业资产的看跌期权。

现代的或有权益分析框架将 Merton（1974）、Merton（1977）中关于风险债务的定价模型和存款保险的定价模型进行了扩展。Gray、Merton、Bodie（2002）认为，任何形式的债权（贷款、债券等）都满足如下公式：

风险债务的价值+违约担保=无风险债务的价值

或者等价的：

风险债务的价值=无风险债务的价值−违约担保

企业融资时对企业资产价值的要求：企业总资产的市场价值等于权益的市场价值加上债务的市场价值，如果企业总资产价值下降到到期债务账面价值以下，就会发生违约事件，因此，债务的账面价值相当于违约点。如果该债务被一种特定资产所担保，那么，这个违约担保可以被视为一个以担保资产为标的资产，执行价格等于债务账面价值的看跌期权。由于债权人不得不承担债务违约后的损失，因此，债权人实际提供了一个隐含的担保。在实际中更常见的是第三方担保，如政府对银行存款债务的担保。

权益价值与资产负债的关系可以用表 15-1 表示。

表 15-1　　　　　　　　　权益价值与资产负债的关系

总 资 产	总权益和总负债
资产	所有者权益（基于公司资产的看涨期权价值）
	负债（债务的无违约价值−看跌期权的价值）

三、或有权益的定价理论

根据前一部分得到的企业资产价值与企业权益价值之间的关系，我们可以利用 Black-Scholes 期权定价公式推导出企业或有权益的定价公式。

$$E = V_A N(d_1) - DBe^{-r_f t} N(d_2) \tag{15.1a}$$

$$d_1 = \frac{\ln\left(\dfrac{V_A}{DB}\right) + \left(r_f + \dfrac{1}{2}\sigma_A^2\right)t}{\sigma_A \sqrt{t}} \tag{15.1b}$$

$$d_2 = d_1 - \sigma_A \sqrt{t} \tag{15.1c}$$

其中：

V_A——企业部门的资产市场价值；

E——企业部门的股权市场价值；

DB——企业部门的违约点（即负债账面价值，直接从会计的资产负债表中读取数据）；

r_f——无风险利率；

t——剩余偿债期限（年）；

$N(d)$——标准正态分布的累计概率分布函数；

σ_A——企业部门的资产波动率，也即资产收益率的标准差。

四、对或有权益资产负债表分析理论的评价

或有权益资产负债表分析的理论基础是 Black 和 Scholes（1973）的期权定价技术以及 Merton（1974）关于该技术在企业风险债券定价中的应用。这一理论使得风险管理技术建立在了更为科学的基础上。从微观方面看，这两篇文献从理论上说明了企业资产与企业或有权益之间的关系，并从技术层面上解决了企业或有权益定价的问题；从宏观方面看，该理论实际上在宏观金融风险与微观金融风险之间架起了一座桥梁，使我们可以将微观领域中使用的风险管理的一整套方法推广到宏观金融风险管理中。尽管如此，该理论仍存在需要完善的地方。

（一）期权定价理论的前提假设条件在现实中往往难以满足

1. 期权定价理论要求资产不存在交易成本、税收，资产可以被无限细分，这在现

实当中无法满足;

2. 期权定价理论要求借贷市场上存、贷利率相等,即不存在存贷差,这显然与实际情况不相符。

3. 期权定价理论要求市场允许卖空,这一约束条件在许多发达国家市场是具备的,但是在我国证券市场上卖空交易还是处于起始阶段,卖空存在较多约束;

4. 期权定价理论要求资产在市场上是连续交易的,这显然也不能被满足。

(二) 定期付息企业债券的定价问题

定期付息企业债券的定价问题不同于贴现债券的定价问题,后者属于到期一次还本付息,在债券存续期内不存在任何现金流的支付,违约只发生在到期日。前者则不同,发行定期付息企业债券的企业要向债权人定期支付利息,如果企业无法向债权人支付利息,该企业将被视为违约,企业一旦选择违约,后面各期的利息都将被视为违约,事实上,这是一个复合期权定价问题(Merton,1974)。

(三) 宏观行业、部门资产负债表确定的问题

时间已经证明,或有权益资产负债表分析可以很好地应用到单个企业风险权益的定价中去,但将这一方法整体推广到宏观层面(如将行业、部门看成一个大企业去研究其风险问题)确实是一个在理论上和方法上都必须去全面思考的问题。Gapen、Gray、Cheng 和 Xiao(2005)通过仔细比较企业与主权国家资产方和负债方各项资产负债后指出,在企业风险与主权风险之间存在许多相似性,这意味着我们将这种方法从微观领域推广到宏观领域中是可能的。

第三节　宏观金融风险的或有权益资产负债表分析

一、或有权益分析方法

或有权益分析方法是假定任何金融实体的资产价值都是波动的,且对于这些资产的索偿价值根据其资产的优先级的不同而具有不同的风险。债权是较高级别的权益,股权是较低级别的权益。金融实体偿债的顺序是先偿付债券后偿付股权。由于金融实体存在资不抵债而违约的风险,因此债务就是风险性债务。当总资产价值下滑时,风险性负债价值随之下滑,负债的信用溢价则上升。

风险性债务的价值是由两个部分组成的,一个是债务的无违约价值(债务的本金加利息),另一个是预期损失部分。预期损失可以看作是隐含的看跌期权,此看跌期权的价值受金融实体的资产价值、资产价值的波动率、债务的无违约价值和事件的影响。资产价值的波动率越高,意味着资产不能够满足较高级别债务支付的概率就越大。因此,高的资产价值的波动率意味着存在较高的预期损失和较低的风险债务。风险性债务

的价值大小即是债务的无违约价值减去这个看跌期权的价值之差。股权是基于金融实体资产价值的看涨期权，其价值也受到上述几个因素的影响。

Gray（2002）首次提出宏观金融的或有权益分析方法。宏观金融的或有权益分析方法仍旧是运用可直接观察到的变量（比如公司资本结构中证券的价值）的变化值去推断无法直接观察到的变量（比如公司的资产价值）的变化值。

或有权益分析基于以下 3 个基本原则。
（1）负债的市场价值由资产的市场价值推导出来；
（2）负债可划分为不同的优先级别；
（3）资产价值服从随机过程（以企业为例，企业资产价值 V 由随机微分方程可知 $dV=(\alpha V-C)+\sigma V dz$，其中 C 为单位时间对权益持有者的支付，dz 为标准 Guass-Wiener 过程）。

这里以上市公司为例来进行分析。将公司股权看作基于公司资产价值的看跌期权，其价值为

$$E=\max(A-DB,0) \qquad (15.2)$$

其中：A 为公司资产价值，DB 为公司无违约的债务价值。

由（15.2）式可见，公司股票价值和公司资产价值之间的关系——可交易的股票价值的变化可通过这个关系影响公司资产市场价值的变化。

对公司的债券的价值为

$$D=\min(A,DB)=DB-\max(DB-A,0) \qquad (15.3)$$

由于 $A=D+E$，将 E 和 D 代换可得

$$A=DB-\max(DB-A,0)+\max(A-DB,0) \qquad (15.4)$$

以上公式的运用过程为：（1）将可观察到的股权市场价值和违约点代入看涨期权公式得到公司资产的市场价值；（2）将公司资产市场价值和违约点代入看跌期权公式得到隐含的风险债务的市场价值。

二、或有权益分析工具——或有权益资产负债表

（一）传统资产负债表与或有权益资产负债表

1997 年亚洲金融危机爆发之后，产生并发展了以资产负债表分析为重要特征的危机模型，一些学者称之为第三代货币危机模型。许多学者和机构纷纷应用这种分析方法得出了丰富的研究成果，如 Blejer（1998）、Gray（1999）、Krugman（1999）、Pesenti（1999a，1999b）、Dornbush（2001）、Jeanne（2001）、Gilchrist（2000）、Cavallo（2002）、Allen（2002，2004）、Lima（2006）等都在这方面做了深入研究，其中 Allen 等（2002）的研究是对资产负债表分析方法最全面的总结，具有十分重要的意义。

这种以资产负债表为分析工具的方法不同于传统的流量分析方法，它注重的是对国家各个部门的资产负债表存量信息和资产负债头寸的分析。其重点考察某一时点资产和权益的存量，对于传统流量模型是一个补充。

资产负债表分析方法对数据的要求更为具体。国际货币基金组织（IMF）为此专门对其成员国提出了向公众公布经济和金融数据的标准，制定了《货币与金融统计手册》，分金融部门、政府部门、非金融性公司部门以及私人部门等四大门类识别、划分和记录了金融资产负债的存量和流量信息，为评估金融稳定性提供了数据基础。

但是资产负债表分析方法也有缺陷。会计报表只是记载旧有的数据，它的资产项、负债项和权益项只能够体现账面价值的改变，而没有考虑到资产价值存在波动性。外界风险因素的变化势必会对现金流、价格和流动性造成冲击，最后往往都会转化为信用风险。当资产价值下跌到不足以偿付债务的账面价值时，违约已然发生，届时再反映到资产负债表上为时已晚。从这个视角上看，资产负债表往往表达的信息是不完备的，因此以资产负债表为分析工具的方法本身就存在风险。

尽管使用资产负债表分析方法去度量各会计科目对风险的暴露存在缺陷，但是由于资产负债表分析方法将国家部门划分为公共部门（包括中央银行）、金融部门（主要成分是银行部门）和非金融部门（企业和家庭），并且认识到国家各个部门的资产负债表项目之间存在相关性，因此，该方法对于研究国家部门间的风险传导机制是有借鉴意义的。

为此，只需要编织一种不同于传统的现金流量表及资产负债表的"新资产负债表"——保留资产负债表的会计信息，保留它对国家部门的划分及风险传导的思维框架，而调整它的会计科目，添加市场信息，使之能够面向未来对损失作出估计，并能够度量各科目项对风险的暴露，又可以作结构化分析，即运用 Merton（1973，1974）方法，编制一套国家部门的或有权益资产负债表。

（二）单个企业、金融机构、家庭的或有权益资产负债表的编制

依据 Merton（1973，1974）方法，易于编制单个企业、金融机构或者家庭的或有权益资产负债表，如表 15-2 至表 15-4 所示。

表 15-2　　　　　　　　　　企业甲的或有权益资产负债表

总 资 产	负债和权益
企业资产	向银行乙借款（Loan）
	企业股东权益

表 15-3　　　　　　　　　　银行乙的或有权益资产负债表

总 资 产	负债和权益
给企业甲贷款（+Loan）	存款
金融担保（+Guarantee）	金融机构股东权益

表 15-4　　　　　　　　　　　权益价值与资产负债的关系

总资产	负债和权益
家庭收入 其他资产	高级负债 次级负债 初级债务

(三) 国家部门的或有权益资产负债表的编制

Gray 等（2002）运用或有权益分析方法提出并编制了一套国家各部门的或有权益资产负债表。其编制的理论基础是：任何一个经济部门都可以被看作是由一套内部之间存在关联的"资产—负债—担保"的投资组合，而一个国家或地区的经济部门之间也可以被视为这样的组合。将所有的部门划分为四类——公共部门（包括政府部门及中央银行）、金融部门、非金融企业部门和家户部门。公共部门、金融部门、企业部门、家户部门也都可以被视为看涨期权或看跌期权来分析。这种方法使用了一个近似的处理，即：将适用于分析单独一家企业的或有权益方法主观地默认为也适用于分析由若干个企业加总而成的企业部门——同样是参照将一家企业的负债看成是其企业资产的或有权益的处理方法，同样将企业部门的总负债视为企业部门总资产的或有权益，同样对金融部门、家户部门的处理方式是将单个金融机构、单个家庭加总处理。比较精确的模型应该是先对每一家企业或金融机构分别做或有权益分析模型，而后再将它们组合起来加总成为部门的投资组合。

但是，这种加总方法毕竟抓住了部门的风险特质这一关键因素，因此这种部门的或有权益资产负债表的编制安排是可行的。按照这个分析框架，一个国家或地区的四部门的或有权益资产负债表编制如表 15-5 至表 15-8 所示。

表 15-5　　　　　　　　　　　企业部门或有权益资产负债表

总资产	负债和权益
企业资产	负债（无违约价值——隐含看跌期权） 股东权益（企业部门资产的隐含看涨期权）

表 15-6　　　　　　　　　　　金融部门或有权益资产负债表

总资产	负债和权益
贷款和其他资产 金融担保（隐含看跌期权）	负债（无违约价值——隐含看跌期权） 股东权益（金融部门资产的隐含看涨期权）

表 15-7　　　　　　　　　　　　公共部门或有权益资产负债表

总 资 产	负债和权益
国家外汇储备 净财政资产 其他公共资产	金融担保（隐含看跌期权） 外债（无违约价值——隐含看跌期权） 内债及基础货币（公共部门资产的隐含看涨期权）

表 15-8　　　　　　　　　　　　家户部门或有权益资产负债表

总 资 产	负债和权益
家户部门收入 其他资产 （含：公共部门的隐含看涨期权）	优先债务 次级债务 初级债务

（四）各部门或有权益资产负债表的科目——以公共部门为例

公共部门的或有权益资产负债表由政府和中央银行资产负债表合并之后再作经济价值调整而得到。其资产项为外汇储备、净财政盈余以及铸币税收入。负债项有对金融部门大型（有价值）国有企业的金融担保、外币负债以及基础货币和本币负债。

比较传统的资产负债表，公共部门的或有权益资产负债表的负债项中明晰了各科目的隐含期权性质（或有权益性质），体现出了市场信息对于各指标的冲击。所有会计科目统一换算成外币价值，这样做只是为了方便分析，并不影响研究结论。比如发达国家拥有"硬通货"，因此可以本币计价；新型市场国家将本币转换为外币硬通货计价更便利（Gray，2002）。

（五）用股权市场价值揭示隐含的资产市场价值、资产波动率——以企业部门为例

使用 Black-Scholes 期权定价公式估算资产市场价值和资产波动率（Gapen 等，2005）。为了简便起见，所需的资产项和负债项数值统一采用美元计值，这样做并不会改变或有权益分析方法的研究结构及结论（Gapen 等，2005）。

上一节我们得到了企业或有权益的定价公式 $E = V_A N(d_1) - DBe^{-rt} N(d_2)$。在方程（15.1）中，$E$ 和 DB 是可知的（常将短期外债与长期外债的 1/2 之和作为违约点）。而 σ_A 和 σ_{DCL}（σ_{DCL} 为企业部门的波动率，即企业部门股权的标准差）之间的关系为（Hull，1993）

$$E = \frac{\sigma_A}{\sigma_{DCL}} V_A N(d_1) \tag{15.5}$$

σ_{DCL}可以通过历史数据推算出来,因此,解联立方程组方程(15.1)和(15.5)可以得出V_A和σ_A。

三、四部门或有权益资产负债表之间的关系

若研究仅仅局限于单一部门本身,则不能完整地估计其部门的脆弱性。将各部门的或有权益资产负债表结合起来分析就会发现,企业部门、金融部门、公共部门和家户部门之间是相互关联的,四部门间或有资产与负债的相关性如图15-2所示。

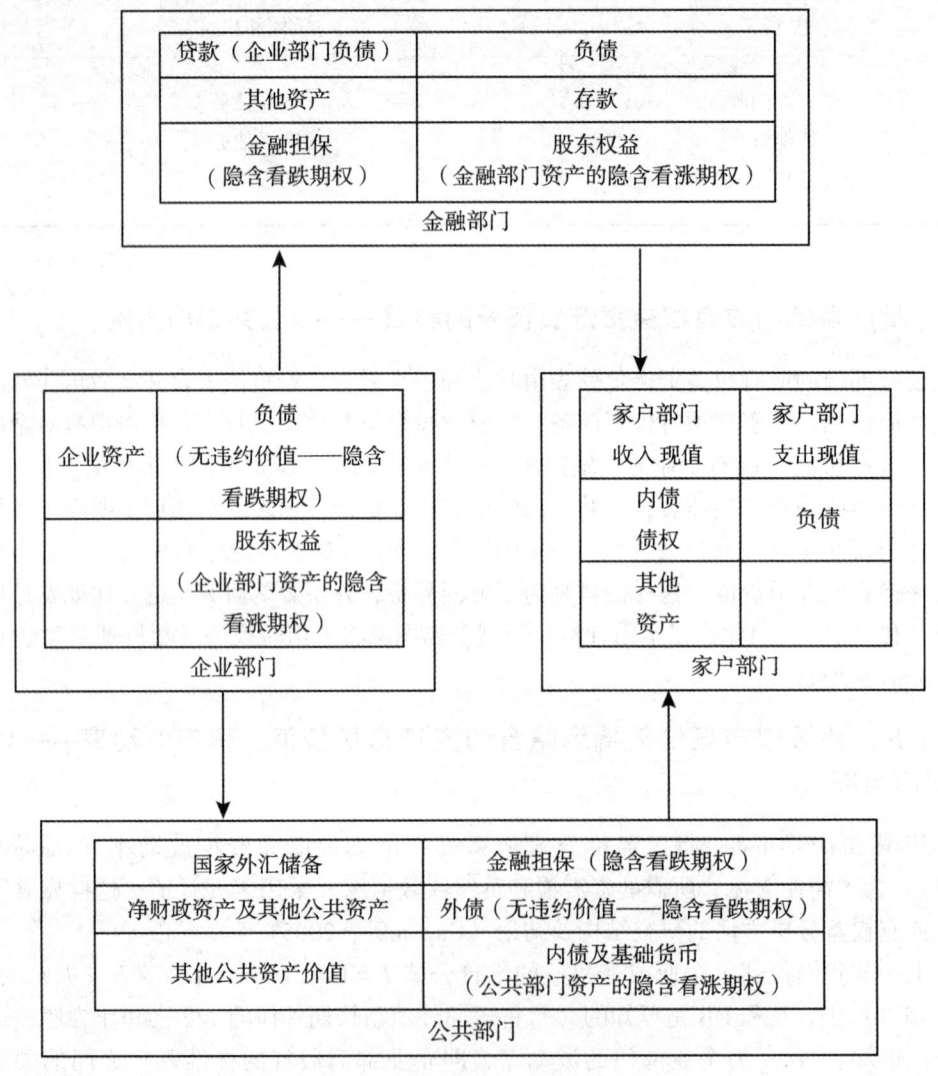

图15-2 四部门间或有资产与负债的相关性

(一) 企业部门与金融部门之间的关系

假设金融部门（银行）的资产项之一为其给企业的贷款，金融部门与企业部门之间就存在着一个买卖期权的关系。企业部门的负债就是当企业资产价值发生波动，其负债的价值也随之波动，势必也波及金融部门的资产项。

(二) 金融部门与公共部门之间的关系

金融部门的资产中有很大一部分是公共部门的负债，这是两个部门的直接联系。此外，金融部门的资产项中有一项来自公共部门对其所作的"金融担保"，这种"金融担保"也是一种看跌期权。由此公共部门与金融部门之间的内在联系也就形成了。

(三) 家户部门与公共部门之间的关系

一国的本币和其内债如同本国家户部门持有的对国家资产的潜在或有权益，可以比拟为企业部门发行的股份（Jan Willem van den End，2005）。就本国的家户部门持有本币债权而言，当公共部门的资产受到来自汇率或者财政的冲击而波动时，公共部门会采取措施予以调整，比如，要么任凭通货膨胀发生，要么发行更多的新债，甚至于强制性地重新安排其负债结构（Gray，2002），这些都会波及本国家户部门持有的债权价值。

(四) 家户部门与金融部门之间的关系

金融部门的负债方中有很大一部分是属于家户部门的资产，而家户部门的绝大部分负债也是属于金融部门资产的，家户部门和金融部门的负债价值分别和对方的资产价值有着直接的联系。

此外，家户部门和企业部门、企业部门和公共部门之间也都存在着类似的联系，这些联系使得风险在部门之间进行传导，联系的方式则决定了风险是不断放大还是不断收敛，进而反映了整个经济体系的自我调节能力和稳定性。

四、各部门之间的风险传导

由于企业部门、金融部门、公共部门和家户部门之间是相互关联的，此部门资产价值的变化能够波及彼部门——反之亦然。因此，我们在研究某个部门的风险时，应该同时研究多个部门的风险，并分析风险在部门间的传导机制，而不是孤立地考察单个部门的风险状况。四部门间基本的风险传导链条如图15-3所示。

这里以企业部门—金融部门—公共部门之间的链条为例进行简要的分析。

1. 风险从企业部门发生，传导至金融部门（银行），涉及公共部门。在外界冲击的影响下，例如股市下跌，抑或受到其他风险因素的冲击，企业部门资产价值随之下跌了，接踵而至的是企业负债市场价值的下跌，这通过信贷路径将波及金融部门（银行）。

2. 风险从金融部门（银行）发生，涉及公共部门。金融部门资产的违约点或坏账

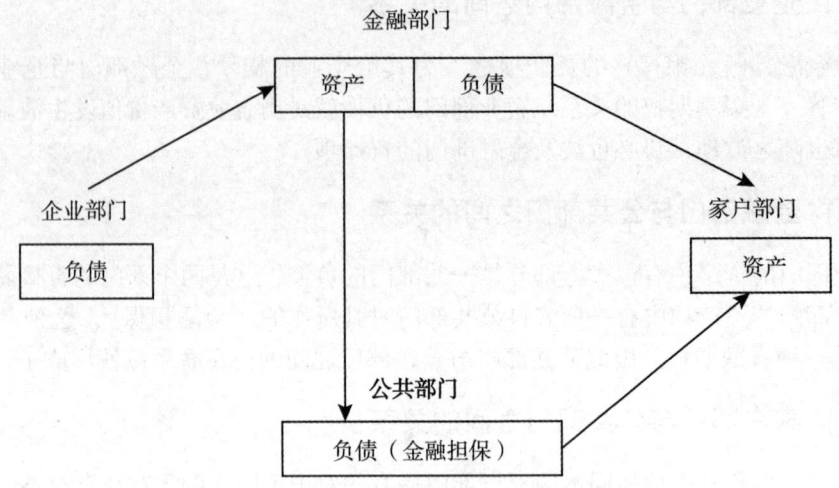

图 15-3 四部门间基本的风险传导链条

率上升,将会造成其资产市场价值的下跌,甚至可能造成更大的存款挤兑风险,这个风险通过来自公共部门的担保传导至公共部门,进而促使政府隐性担保价值升高,增加公共部门的负债水平。这条路径表明,企业部门资产价值下跌,最终造成了政府部门对银行部门的或有负债非线性上升。

五、宏观金融风险定量分析方法的比较

1. 关于金融稳定性评价方法,传统宏观经济学主要是临界分析,分析何时可能发生危机,而不能评价现实的金融安全问题;而或有权益资产负债表方法通过存量数据及现实市场信息可以得到目前市场对一国信用风险状况的评价,通过违约距离、违约概率等指标的精确描述,可以定量比较一国金融风险的大小或金融稳定性状况。

2. 资产负债表风险是理解信用风险和违约概率的关键。未来资产价值的不确定性变化和债务及其利息支付的确定性是信用风险产生的根本因素,一旦资产价值不能满足债务及其利息的支付,违约就发生了。一个外部冲击,无论是利率变化、汇率变化或者是资本流动,所有风险最终在金融危机中都转化为信用风险。但是,传统的宏观经济学由于在假设中排除了国家违约的可能性,所以不能很好地研究一国金融脆弱性,而金融脆弱性的一个主要指标就是违约概率。

3. 传统宏观经济学基于账面和流量分析,无法反映风险暴露,正如 Merton(1999)所指出的:与传统部门分析结合在一起,国家风险暴露分析能给我们关于国家未来变化的重要信息。这些信息是不能通过标准的国家会计账户状况、国家资产负债表或者国家收入和现金状况分析得到的。也就是说,这些信息是不能通过准确列出资产价值、交易金额或资本流动来分析得到的,尽管这些数据可能都是盯市价值,但是没有任何一个风

险分析经理能够仅仅通过账面资产负债表和现金流量表就能分析出某个上市企业的风险大小,用传统宏观经济学方法分析国家风险存在无法克服的困难。传统宏观经济学方法的一个重要缺陷就是没有考虑资产的波动率,当我们将或有权益资产负债表中的资产波动率设为零时,隐含的看涨和看跌期权价值为零,那么这时就同传统宏观经济学的流量分析一样,资产价值变化等于债务账面价值变化。所以,传统流量分析方法可以看成是或有权益资产负债表方法的一个特例,即传统流量分析就是或有权益资产负债表方法在资产波动率为零时的情景。

4. 或有权益资产负债表方法结合了市场参与者"向前看"的信息,即包含了市场参与者对于这个市场的预期,这就克服了会计账户"向后看"分析的缺陷,同时也避免了利用未来现金流贴现方法计算市场价值时使用风险调整后的贴现率的较大误差估计。

5. 或有权益资产负债表方法可以进行情景分析、敏感性分析和蒙特卡罗模拟。情景分析有助于政策制定者了解不利的经济冲击对宏观金融稳定的冲击程度,例如资本外流、汇率贬值或者经济增长减缓。蒙特卡罗模拟可以得到风险指标的概率分布以及置信区间,由于存在模拟方法,可以对潜在的市场环境进行评价,这就提供了一个全面的风险分析框架,政策制定者就可以利用这些工具设计和实现风险缓释技术来降低资产负债表的风险。

6. 资产负债表方法强调了部门资产负债表分析,这比使用宏观经济指标有更多的优势,更容易从微观层面说明风险的起源和传导途径。但是资产负债表方法并没有使用数学方法说明部门间的风险传导,只是根据危机发生的途径来描述其在部门之间的传导过程,而无法用数学语言刻画风险在部门间具体的传导情况。例如,企业部门资产的市场价值迅速减少导致银行部门资产的市场价值减少这一过程,到底企业部门资产的市场价值减少对银行部门资产的市场价值减少是放大过程还是同等减少的过程无法说明;而在或有权益资产负债表方法中,这一切迎刃而解,因为在CCA方法中,部门间是有联系的,这个联系就是隐含的期权合约。例如,银行给企业的贷款有一个隐含的看跌期权关系,一旦企业破产,看跌期权执行;政府给银行一个担保,这个担保实质上也是一个隐含期权,不过在很多国家这个期权是免费的,随着银行资产的市场价值下跌,这个担保的价值会越来越大。根据期权定价公式,这些关系都是可以精确度量出来的。所以,或有权益资产负债表方法在解释风险传导路径上有着无可比拟的优势。

7. 使用或有权益资产负债表方法分析风险暴露比其他方法在风险控制和风险转移上有更多的优势,其主要体现在两个方面:一方面,它给出了部门间价值和风险暴露之间的内在联系。了解这些价值和风险暴露之间的内在联系使得管理者能更清楚掌握危机来临前的环境变化以及在这种危机条件下潜在的连锁反应。这样,管理者就可以选择一个最好的途径来控制和处理危机。另一方面,或有权益资产负债表方法直接与风险管理策略吻合。例如,对担保的管理策略实际上就是通过控制看跌期权的价值来达到某一政策目的。

◎ 小结

宏观资产负债表是进行宏观金融风险分析的一个关键性平台，其中的国家资产负债表和部门资产负债表反映了经济总体在某一时点上的资产和负债的总规模与结构，提供该经济总体所有的财富、总体经济实力和经济效益等方面的重要信息，可以为经济政策的制定提供依据。衡量资产负债表的脆弱性时主要有四种风险，即期限错配、货币错配、资本结构错配和清偿力风险。通过衡量宏观资产负债表的脆弱性问题，我们能够对宏观金融风险进行分析。资产负债表分析是一种存量分析，将不同时期的资产负债表进行比较分析，可将静态的分析动态化，也即资产负债表所体现出的流量分析。

或有权益是指未来收益取决于其他资产价值的金融资产，或有权益分析方法（CCA）是在期权定价理论的基础上，结合宏观资产负债表研究形成的宏观金融风险分析方法。或有权益资产负债表分析的本质是分析在连续时间条件下，或有权益的价值是如何受到标的变量价值影响的。本章以传统的资产负债表为基础，构建国家四部门的或有权益资产负债表，分析了部门间的风险传导机制，并以此来分析整个国家面临的宏观金融风险。

CCA方法运用可观察到的资产负债表和金融市场的数据构建了一个违约风险度量模型，充分考虑了资产价值和负债价值波动率的重要性，采用的是非线性估计方法，其显示的结果具有一定的前瞻性。值得注意的是，CCA方法未考虑表外信息，计算得到的是风险中性概率，因此我们必须将其转化为真实的期望违约概率。

◎ 重要概念

国家资产负债表　部门资产负债表　期限错配　货币错配　资本结构错配
清偿力风险　或有权益　资产市场价值　权益市场价值　或有权益定价理论
或有权益分析方法　或有权益资产负债表　风险传导

◎ 思考题

1. 衡量资产负债表脆弱性的主要风险有哪些？请简要阐述这几种风险。
2. 在或有权益分析框架下，阐述企业股权价值与资产价值之间的关系。
3. 在或有权益分析框架下，阐述企业债权价值与资产价值之间的关系。
4. 编制或有权益资产负债表时，我们通常可以通过公开信息得到企业的股权市场价值，那么如何得到企业资产市场价值和负债市场价值？
5. 试分析四部门之间基于或有权益资产负债表的风险传导路径。
6. 试编制中国四部门资产负债表，以及中国企业部门或有权益资产负债表。

◎ 参考书目与推荐阅读

1. 约翰·马歇尔,维普尔·班赛尔. 金融工程. 宋逢明,朱宝光,张陶伟,译. 北京:清华大学出版社,1998.
2. 陈忠阳. 金融风险分析与管理研究——市场和机构的理论、模型与技术. 北京:中国人民大学出版社,2001.
3. 叶永刚,宋凌峰,张培,等. 宏观金融工程:理论卷. 北京:高等教育出版社,2011.
4. 李扬,张晓晶,常欣,等. 中国国家资产负债表. 北京:中国社会科学出版社,2013.
5. Galitz L. Financial Engineering——Tools and Techniques to Manage Financial Risk. London:Pitman Publishing,1995.
6. Penza P,Bansal V. Measuring Market Risk with Value at Risk. San Francisco:Wiley,2000.
7. Duffie D. Dynamic Asset Pricing Theory. 3rd ed. New Jersey:Princeton University Press,2001.
8. Crosbie J,Bohn J. Modeling Default Risk. San Francisco:KMV LCC,2002.
9. Philippe Jorion. Value at Risk:The New Benchmark for Managing Financial Risk. 3rd ed. New York:McGraw Hill,2006.
10. Gray D,Malone S. Macrofinancial Risk Analysis. Chichester:John Wiley & Sons Ltd,2008.

第十六章 宏观经济资本管理

◎ 学习目标

1. 了解宏观经济资本概念。
2. 掌握基于或有权益资产表的宏观 VaR 方法度量宏观经济资本的大小。
3. 掌握基于风险指标和基于风险贡献率等宏观经济资本配置方法。
4. 掌握基于金融稳定基金的风险管理模式。
5. 掌握基于宏观 ROE 指标的宏观经济资本绩效考核方法。

第一节 宏观经济资本概论

21 世纪第一个十年相继爆发的美国次贷危机、迪拜债务危机、希腊债务危机等，对世界经济造成重创，2015 年中期我国的股市动荡等，都凸显出度量和管理宏观金融风险的重要性。

一、宏观金融风险管理和宏观经济资本

一般来说，风险是未来结果和预期相比出现差异的可能性。宏观金融风险的定义主要分两类：第一类将宏观金融风险等同于金融系统性风险；第二类将宏观金融风险和系统性风险进行区分，从宏观经济的角度来区分风险。本章将宏观金融风险定义为经济体系中主要部门资产的内在价值在未来一定时期所体现出的不确定性。从本质上看，金融危机就是由于部门乃至国家的资产价值因为利率、汇率以及资本流动受到冲击，最终引发的。那么，量化及管理宏观金融风险存在如下四种方法：指标体系分析法、构造计量模型、基于市场信息进行分析和基于资产负债表的 VaR 方法。

1. 指标体系分析法

它是由国际货币基金组织（IMF）和世界银行于1999年提出的金融部门评估项目（FSAP）。监管宏观金融风险的评估体系分为三个层面：第一为宏观审慎性监管，通过FSI监控指标对非银行金融机构和银行监管；第二是利用利率及信贷分布，对私人部门的信贷、部门平衡表、货币政策、私人和政府的负债结构进行分析；第三是对资本成本、生产率和工资增长、实际汇率、外汇增长、宏观经济政策指标等进行监控，通过宏观经济状况来反映宏观金融风险。

2. 构造计量模型

具有代表性的是线性模型和向量自回归模型。使用计量方法能提出反映宏观金融风险的指标，比如危机发生的概率和损失发生的程度等，并且能度量和预测宏观金融风险发生的趋势，但不能对相关因素导致宏观金融风险的内在机制和风险发生过程进行研究。

3. 基于市场信息进行分析

一是波动率指标。首先获得国家资产组合的波动性，以组合的波动性指标度量宏观金融风险。二是结构性方法，利用或有权益方法从市场信息中构造风险指标。

4. 基于资产负债表的 VaR 方法

VaR（Value at Risk），又称为在险值。它表示一定期间内给定置信水平下资产组合的最大损失，在商业银行风险管理、证券投资组合风险管理、金融监管和机构绩效评价方法上有重要的应用。宏观 VaR 方法可以研究部门资产在一定置信水平下的最大损失，用于计算部门的风险准备金。现有的宏观 VaR 方法主要集中于中央银行和公共部门的风险分析，基本思想是编制中央银行和公共部门的资产负债表，用折现的方法构造投资组合的市场价值，用组合价值的波动率计算中央银行的在险值。

前一章分析了宏观资产负债表理论。使用宏观资产负债表和宏观或有资产负债表的相关数据和指标，可以构建宏观金融风险的指标体系，并在宏观压力测试和蒙特卡罗模拟的基础上，确定宏观金融风险的安全区域，从而进行宏观金融风险管理。或有权益资产负债表的构建科学、客观地度量了宏观资产的风险值，还构建了包含宏观风险指标的宏观经济考核体系。

从宏观金融工程研究的基本框架来看，宏观资产负债表是宏观金融工程研究的直接对象，宏观经济资本是研究的主要内容。宏观经济资本就是将微观经济资本的研究方法运用到宏观金融层面，分析和度量部门、区域、国家的金融风险，确定国家、区域和部门应该持有的风险储备额，将金融资源在各部门间进行分配，提高金融资源的使用效率。

经济运行中的风险主要体现在公共部门、金融部门、企业部门和家户部门，各个部门为了防范金融风险建立了相应的风险准备基金。宏观经济资本的直接表现形式就是部门的风险准备基金，主要包括以下四个方面。

1. 金融部门稳定基金

（1）存款保险基金

存款保险基金通过承诺存款人在银行破产时给予约定的存款本息，防范存款人的资金损失风险。它通过诸多金融机构根据一定的费率计算得出巨大基金,作为存款人损失补偿的准备。

从国际范围来看,大部分存款保险基金由银行和政府共同提供资金。如美国联邦存款保险公司(FDIC)的资金来源就是美国政府的初始投资加上投资银行的保险费;智利的存款保险基金的资金则全部来源于政府。

2014年10月,国务院颁布《存款保险条例》,自2015年5月1日正式实施,我国的存款保险制度得以建立。由商业银行、农村合作银行、农村信用社等投保机构缴纳保费等方式缴纳保费作为基金,以防范金融风险,保障存款人的存款安全。

(2) 保险保障基金

国际上,保险保障基金一般由保险行业监管者发起,由各保险公司出资成立。保险保障基金的资金来源一般是会员公司以缴费或纳税的方式筹集,目的是防范保险公司无偿付时,保险投保人获得赔付的权利得以保障。

2004年8月,中国保监会相关部门制定《保险保障基金管理办法》,于当年10月30日正式公布。2008年,中国保险保障基金有限责任公司正式成立,负责资金的筹集、管理和使用。保险保障基金来源于保险公司依法缴纳的资金,依法从破产保险公司的清算财产中获得受偿收入、捐赠等其他合法收入。

(3) 股市平准基金

股市平准基金由政府相关机构负责设立,在股票市场上逆大盘指数方向做操作,减少市场波动,稳定金融市场。欧美国家干预股市的现象非常少见,但是在部分亚洲国家和地区,例如中国香港和中国台湾,都有股市平准基金。股指平准基金的资金来源主要为银行、证券公司、保险公司等金融机构的出资。

2015年6月,中国股市出现大幅下跌,中国证券金融股份有限公司(以下简称"证金公司")成立并"救市",在一定程度上减少了市场的波动,起到类似股市平准基金的作用。中国目前的股市平准基金还没有成立,未来证金公司可能会在一段时间内扮演着股市平准基金的角色。

(4) 证券投资者保护基金

证券投资者保护基金的来源和使用类似于股市平准基金,不同的是,当投资者因券商破产、关闭等情况遭受损失时,可以从证券投资者保护基金中获得赔偿,弥补损失。

国外投资者保护基金一般有两种模式:一是成立独立的投资者保护公司,如美国、英国、德国等;二是证券交易所或者证券业协会等自发发起成立的基金,如加拿大、澳大利亚和中国香港。

2. 企业部门稳定基金

企业部门稳定基金是根据行业划分的专项稳定基金,不同行业根据行业风险特征向该行业所有企业收取一定比例的风险基金成立,用于行业系统性风险暴露时的资本补偿。一般成立企业部门稳定基金的行业多为系统性风险较大并且容易对宏观经济产生较大影响的行业,如房地产、石油、钢铁、煤炭等。其中,石油价格稳定基金是较为常见的行业稳定基金,很多石油进口国,如智利、喀麦隆、秘鲁等都成立有石油行业稳定基金,用以减少石油价格波动对行业的冲击。

中国已经成为世界第二大能源消费国,在国际油价和大宗商品价格波动不断的国际形势下,成立相关行业的稳定基金,有助于规避市场价格风险,减少行业企业的损失,有助于经济的稳定。

3. 公共部门稳定基金

(1) 财政稳定基金

财政稳定基金的目的是保障政府预算的长期稳定性。财政稳定基金的资金来源多为资源价格超过基准价格的收入,如挪威、委内瑞拉的宏观经济稳定基金就是来源于石油价格超过 5 年平均油价的超额收入。财政稳定基金由中央银行或者财政部管理,可以用来偿还外债,弥补一般预算赤字等。

2007 年,时任国务院总理温家宝提出从当年超收的财政收入中提取一部分作为中央预算调节基金,用以保证中央预算的持续性和稳定性。

(2) 汇率稳定基金

汇率稳定基金通过外汇储备的管理和运作,达到管理汇率风险的功能。汇率稳定基金资金来源于外汇、黄金、IMF 的特别提款权,由央行和财政部负责管理。美国的汇率稳定基金、英国的外汇平衡账户、欧盟的外汇储备金等都是较为典型的汇率稳定基金。

中国还没有成立汇率稳定基金,但中国人民银行的外汇储备在一定程度上充当了汇率稳定基金的作用。

4. 家户部门稳定基金

(1) 养老保险基金

养老保险基金是为了补偿家户部门中的个人当丧失劳动能力造成了经济上的损失成立的,资金来源一般为用工单位的缴纳金、国家专项投入、个人缴纳金等。从管理模式来看,分为政府管理、基金会管理、基金公司管理三种模式。

中国的养老保险基金由国家、企业、个人三方出资,国家社保机构负责管理。

(2) 医疗保险基金

医疗保险基金设立的目的是为了防范居民由于健康原因造成经济上的损失,资金来源于国家、企业或者个人。国际上,医疗保险基金一般以税收筹集,还有部分国家采用专项社保税筹资。

中国的医疗保险基金由统筹基金和个人账户组成,个人缴纳的基金纳入个人账户,企业缴纳的资金一部分纳入个人账户,一部分纳入社会统筹。

(3) 失业保险制度

失业保险制度分为两类:一类是强制性失业保险制度,如英国;另一类是非强制性失业保险制度,人们可以自由选择是否参加,代表性国家有丹麦。

中国的失业保险制度是强制性的,资金来源于单位、个人和国家,用以补贴失业人员在失业期间的基本生活。

二、宏观经济资本的概念

若将微观经济资本的概念引入到宏观风险管理中,则宏观经济资本可以看作经济体中的主要部门为抵御风险而设置的风险准备。因此，宏观风险管理的思路即为度量宏观金融风险的大小，建立部门风险准备金，和分配宏观经济资本。

下面从微观经济资本的概念出发，延伸得到宏观经济资本概念的定义。

(一) 微观经济资本的概念

微观经济资本（即经济资本）是为了抵御金融机构的非预期损失，由金融机构内部风险计量模型测算的非预期损失等额的资本需求，是一种虚拟的资本，它反映的是银行对于内部及市场的风险管理需求。它有以下四个特征：

(1) 经济资本是用来保证金融机构远离金融风险导致的挤兑临界线，保证金融机构清偿能力和履行客户承诺的最低资本限额；

(2) 经济资本是金融机构的市场风险、信用风险和操作风险总和的"一般等价物"；

(3) 经济资本的度量和时间区间及置信水平密切相关，可以通过一定的风险管理技术（如 VaR）计算出来；

(4) 经济资本是一种虚拟资本。

(二) 宏观经济资本的概念

在微观金融层面，经济资本有抵御金融风险和分配金融资源的功能；在宏观金融层面，经济资本用于抵御国家和部门整体的宏观金融风险，并通过经济资本在各个部门之间合理分配提高金融资源使用效率。

由微观经济资本概念的延伸，我们将宏观经济资本定义为国家和主要经济部门为防范和抵御宏观金融风险而提供的风险准备。它具有以下四个特征：

(1) 宏观经济资本是保证经济体远离金融风险应该持有的最低资本水平；

(2) 宏观经济资本可以充当经济体风险的"一般等价物"；

(3) 宏观经济资本在数量上不是损失的分布，而是资产价值的分布；

(4) 宏观 VaR 度量的宏观经济资本与一定的时间区间和置信水平挂钩。

(三) 宏观经济资本和微观经济资本的联系和区别

宏观经济资本在概念、度量和功能上，都将微观经济资本扩展到宏观领域，是经济资本在宏观层面的延伸。它们在以下三个方面存在明显的区别：

(1) 研究对象不同。微观经济资本的研究针对以商业银行为代表的金融中介机构，属于个体概念；宏观经济资本研究国家和区域层面的经济、金融风险，包括国家经济四部门面临的金融风险及其各部门之间的传导。

(2) 资本金表现形式不同。微观经济资本资本金一般表现为金融机构的风险储备，宏观经济资本资本金一般表现为四大部门的风险准备基金；

(3) 目的不同。微观经济资本侧重于银行或保险公司的内部资本管理，以经济资本这一基于 RAROC 的理念精确地量化所面临的风险，计算所需要的资本，目的是最大化企业的利益，最小化企业的损失；宏观经济资本预防宏观的系统性风险，并不考虑利益最大化需求，目的是防范金融风险，维护金融稳定，维护人民群众财产安全等。

三、宏观经济资本研究框架

宏观经济资本研究的总体框架包括宏观在险值方法研究、宏观经济资本度量、宏观经济资本的配置、宏观经济资本与风险管理、宏观经济增长和宏观经济资本的绩效评价等方面，如图 16-1 所示。宏观经济资本的度量主要运用宏观在险值研究方法，给出宏观经济资本度量的一般数理模型，是宏观经济资本研究的核心。宏观经济资本要求与之对应的新的宏观风险管理体系，而金融稳定基金则是宏观风险管理的实体形式；宏观经济资本与经济增长以 EVA 作为经济增长的目标，分析了宏观经济资本与地区的经济增长之间的实证关系；宏观经济资本绩效评价是对整个宏观经济资本之于经济体运行的作用的评价与考核。

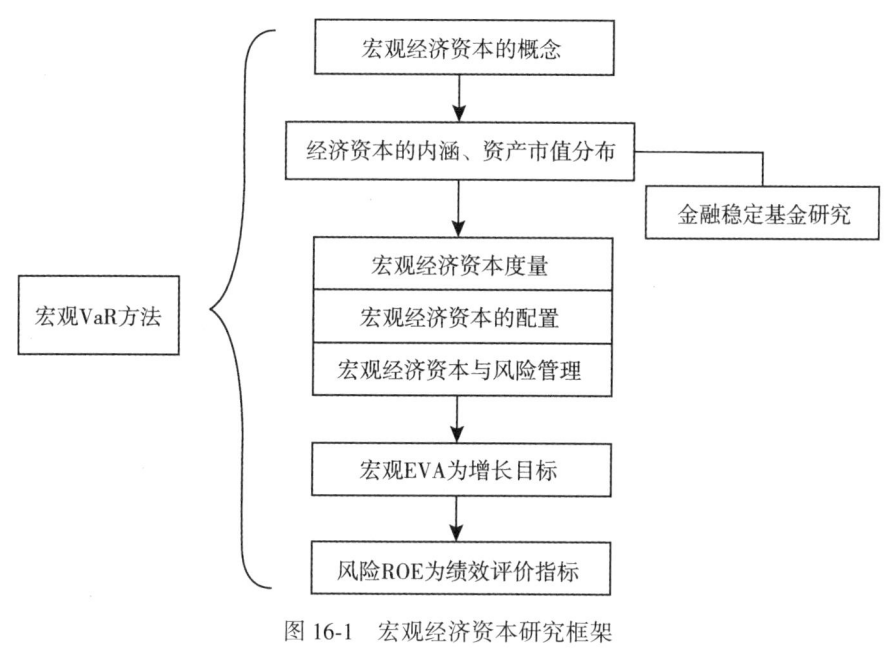

图 16-1　宏观经济资本研究框架

第二节　宏观经济资本度量

宏观经济资本在数量上显示为保障一个部门或国家安全运营所需要的资本准备，对于宏观经济资本的研究，首先要解决的问题就是宏观经济资本的度量。

经济资本的度量方法一般分为两类，一类是通过构造损失概率分布来估计损失（如 VaR、Tail VaR、破产概率等）；另一类是通过求解违约期权的价值来确定经济资本的大小。

经济资本的数额可以由一定的时间区间和概率下，公司确保其资产负债表维持清偿能力所必需的资本数量来确定。由此可知，计算在险值（VaR）是经济资本度量的主要方法之一，即经济资本等于在险值减去预期损失，核心是构造损失的分布；运用违约期权定价方法度量经济资本主要运用于保险业。以 Sherris（2004）的研究为例，该例构造反映资产负债公允价值的资产负债表，总经济资本等于违约期权价值加上盈余（即资产减去负债），如何确定违约期权价值是此方法的核心问题。

宏观经济资本度量的方法和微观经济资本（即经济资本）的方法基本相同，这里对宏观经济资本的度量方法重点介绍宏观在险值（VaR）方法。

一、VaR 方法

（一）VaR 的基本原理

1. VaR 的定义

VaR（Value at Risk）又称在险值，是指在一定置信度下，某金融资产在一段时间的最大可能损失。从宏观层面来看，宏观 VaR 指一定时期国家、区域或部门金融资产或资产组合在一定置信度水平下遭受的最大可能损失值。宏观 VaR 的应用主要体现在三个方面：一是 GDP 的 VaR 值，它是指一定时期内和一定置信水平下，GDP 对目标水平的最大偏离；二是四部门 VaR 值计算，用以度量公共部门、金融部门、企业部门和家户部门的资产在一定时期内和一定的置信水平下对目标水平的偏离值；三是区域 VaR 值计算，各个地理区域的资产在一定时期内和一定的置信水平下的最大损失。

2. VaR 的基本原理

VaR 的思想在于在给定的概率和持有期下，计算资产组合的最大可能损失。VaR 方法的最大优点在于可以对不同来源的风险都用精确的数值来度量，从而可以对不同市场、不同金融产品的风险进行横向比较。VaR 的计算公式为：

$$P(\Delta p < \text{VaR}) = \alpha$$

其中：Δp 为证券投资组合在一定持有期的损失，α 为置信度。

特别地，当资产收益服从均值为 μ，标准差为 δ 的正态分布时，有：

$$P(\Delta p < \text{VaR}) = P\left(\frac{\Delta p - \mu}{\delta} < \frac{\text{VaR} - \mu}{\delta}\right) = \phi\left(\frac{\text{VaR} - \mu}{\delta}\right) = \alpha$$

计算得：

$$\text{VaR} = \mu + \delta \phi^{-1}(\alpha)$$

（二）VaR 的计算方法

VaR 计算的方法大体分为三类：参数法、非参数法和半参数法。

1. 参数法

（1）方差-协方差法

假设投资组合收益率等于组合内资产收益率的线性组合，那么在资产服从正态分布

下,投资组合的在险值如下:

$$VaR = -\alpha\sigma W$$

其中:σ是投资组合标准差,可以由组合的方差-协方差矩阵Σ表示。

因此,已知资产的分布,利用资产收益的历史数据,计算组合的方差-协方差矩阵得到标准差,再计算一定置信水平下的分位点,代入公式,可以得到 VaR 值。

(2) EWMA 方法

EWMA 方法假设投资收益率服从均值为μ、标准差为δ的正态分布,$VaR = \mu + \delta\phi^{-1}(\alpha)$,其中,$\phi^{-1}$是标准正态分布函数的反函数。EWMA 方法认为标准差δ是时变的,应当根据历史数据距离当前时间的远近赋予不同的权重,距现在越近权重越大。

$$\delta_t^2 = \lambda\delta_{t-1}^2 + (1-\lambda)r_{t-1}^2$$

其中:λ代表衰减因子,一般采用均方根最小的λ值代替。

(3) GARCH 模型

GARCH 模型指广义自回归条件异方差模型。GARCH 模型度量 VaR 的思路为先用 GARCH 模型计算出市场因子的收益率波动性,代入在险值的计算公式,得出资产的在险值。

计算步骤为:先使用对数收益率序列和 GARCH 模型拟合残差:

$$r_t = \mu + \varepsilon_t$$

$$\delta_t^2 = \omega + \sum_{i=1}^{q}\alpha_i\varepsilon_{t-i}^2 + \sum_{i=1}^{p}\beta_i\delta_{t-i}^2$$

假设r_t服从均值为μ、标准差为δ的正态分布,所以 $VaR = z_\alpha\delta_t\sqrt{k}$。

(4) 极值法

极值法分为阈值法和峰值法。阈值法,即事先确定一个阈值μ,超过μ的数据分布近似广义帕累托分布,通过尾部指标大于 0 确定分布参数阈值后得到在险值。峰值法,即取每段数据的极大值,得到的序列近似服从广义极值分布,同时要求尾部指标大于 0 刻画厚尾性,再根据分布求出一定置信水平下的分位数,从而求出在险值。

2. 非参数法

(1) 历史模拟法

历史模拟法的步骤为:将估计样本中的收益率按从小到大的顺序进行排序,用样本数乘以相应的左尾概率,将此数对应的收益率作为在险值的估计值。

$$\int_{R^*}^{+\infty}f(R)\mathrm{d}w = P(R > R^*) = \alpha$$

其中:R表示收益率,R^*表示在险值收益率的估计值,α为置信水平。

(2) 蒙特卡罗模拟法

资产价格满足随机过程,通过蒙特卡罗模拟,得到组合的多个可能值,根据大数定理可知,当模拟次数足够多,模拟的组合价值将接近组合的真实分布,从而可以根据该分布计算出在险值。具体实现步骤如下:

步骤一:确定随机变量分布和随机过程,估计相应参数;

步骤二:生成伪随机序列ε_i,使用随机过程求出S_{t+1}, S_{t+2}, $\cdots$, S_{t+n};

步骤三：在价格序列下估计组合价值 $P_{t+n} = P_T$；

步骤四：重复步骤二和步骤三，得到组合价值的概率分布，在一定置信度下结合分位数可算出在险值。

3. 半参数法

半参数法是参数法和非参数法的混合体，具体做法是用参数法计算样本条件标准差，用非参数法计算样本分布的分位数，以二者的乘积计算在险值。主要实现步骤如下：

第一步，建立收益率时间序列的 EGARCH 模型，进行模型的参数估计，得到收益率的条件标准差；

第二步，将收益率从小到大排列，利用历史模拟法或蒙特卡罗模拟法找出期限为 1 天的 VaR 值，得到分位点 Z_α；

第三步，求出收益条件标准差和分位点，利用公式 $VaR(r) = \omega_0 z_\alpha \delta_t \sqrt{k}$ 计算出在险值。

（三）VaR 基本检验方法

VaR 模型估计出的在险值和实际的风险水平可能存在一定出入，因此需要对 VaR 的结果进行检验，比较 VaR 模型的有效性和准确性。

1. 正态性检验

VaR 模型在估计时，一般假定资产价格服从正态分布，因此需要检验收益分布是否服从正态分布，从而评价 VaR 模型是否有效。一般采用峰度和偏度来检验是否满足正态分布，偏度检验分布的不对称性，峰度检验分布的厚尾性。

2. 模型准确性检验

（1）区间预测法

VaR 模型估计其实就是在给定概率下损益概率密度函数变化在左尾分布的预测，则可知在全样本区间时可以不考虑每点的信息。考察模型的准确定性可以采用 LR 检验法。

（2）方差检验法

该方法是比较 VaR 模型的方差和实际方差，即 VaR 平均的波动性和实际波动性的比较，来判断 VaR 模型的有效性。假设收益率分布为正态分布，通过 F 检验比较方差差异是否显著，即可监测出模型是否有效。此时用于检验的 F 统计量的值为：

$$F_{n-1,n-1} = \frac{VaR\left(\dfrac{P}{L}\right)}{\left(\dfrac{VaR}{k^2}\right)^2}$$

（3）超额损失大小检验法

假设收益率服从某一分布，计算极端事件（尾部事件）发生时的期望损失，比较期望损失和实际损失的差异判断 VaR 模型是否有效。对于收益率正态分布，期望尾部损失为：

$$E\left(R_t \mid R_t < -\alpha\sigma_t\right) = \frac{-\sigma_t f(\alpha)}{F(\alpha)}$$

其中：$F(\alpha)$ 是正态分布函数，$f(\alpha)$ 是正态分布密度函数，α 为置信水平。

二、宏观 VaR 方法

宏观 VaR 方法根据或有权益资产负债表计算而来，用于测度宏观金融风险。它意味着在一定时间和约定的置信水平下宏观资产的最大可能损失。

我们以国家金融资产的 VaR 值为例讲解宏观 VaR 值的计算。国家金融资产的损失超过 VaR 值的概率为约定水平，表示为：

$$P\{\Delta \widetilde{P}(\Delta t, \Delta \widetilde{x}) \leqslant -\text{VaR}\} = c$$

其中：$\widetilde{x}$ 为利率、汇率等宏观金融风险因素，c 代表置信水平，Δt 为样本区间。$\Delta \widetilde{P}(\Delta t, \Delta \widetilde{x})$ 代表国家金融资产的损失函数。

设 W^* 为阈值，代表在指定置信水平 c 下资产价值的边界值，设 $E(W)$ 代表金融资产组合价值的期望，则

$$\text{VaR} = E(W) - W^*$$

其中：计算 $c = \int_w^\infty f(w)\mathrm{d}w$ 可以得到阈值 W^*。

注意，这里的预期损失指的是损失的统计平均值，它代表了国家金融资产组合损失的期望值。意外损失即超额损失，是指损失额超过平均损失额的部分，即受险价值。

三、宏观经济资本的度量

宏观经济资本度量的理论基础是或有权益资产负债表理论和宏观 VaR 方法。或有权益资产负债表理论将权益市值和资产市值建立联系，使宏观资本度量建立在资产的市场价值之上，宏观 VaR 方法可以用来计算宏观风险的 VaR 值，从而得到宏观经济资本的数值大小。

（一）宏观经济资本度量方法

宏观经济资本的度量需要用到宏观 VaR 方法，宏观 VaR 值代表了在一定置信水平下处于风险暴露中的资产规模。在实际度量中，金融部门和企业部门的权益市值容易获取，利用或有权益理论可以得到资产市场的大小和资产市值分布，从而计算 VaR 值；但是家户部门和公共部门的权益市值无法直接得到，因此各个部门宏观经济资本的度量方法存在差异。

1. 金融部门和企业部门宏观经济资本的度量方法

（1）利用或有权益分析方法计算资产市值和资产市值波动率

权益市值和波动率，与资产市值和波动率之间的关系如下

$$S\sigma_s = J\sigma_J \frac{\partial J}{\partial S} = J\sigma_J N(d_1)$$

其中：J 和 σ_J 分别代表权益市场价值和波动率；S 和 σ_s 代表资产的市场价值和波动率。

（2）确定资产价值分布

根据或有权益分析理论，权益是以资产市场价值作为标的的看涨期权，资产的市场价值（标的资产）服从对数正态分布。如果将资产损失定义为资产的市场价值低于其账面价值的部分，在给定账面价值的情况下，资产市场价值越低，则损失越大。

（3）计算宏观 VaR

根据资产价值的分布，得到资产价值的平均值和给定置信水平下资产市值的最小值，两者之差为宏观在险值，其数值大小即为宏观经济资本的规模。如图 16-2 所示。

宏观经济资本＝宏观在险值＝资产平均价值−资产市值最小值

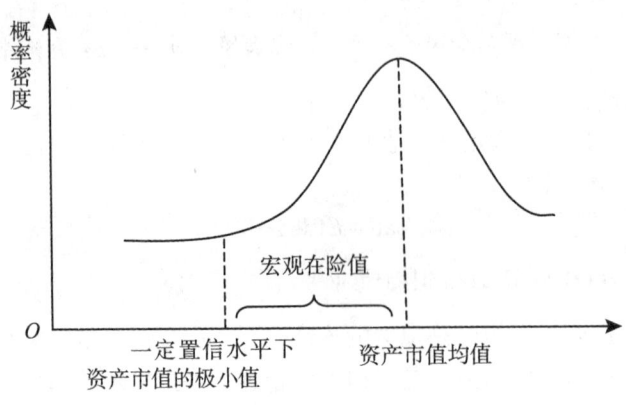

图 16-2　宏观资产 VaR 值

2. 公共部门和家户部门宏观经济资本度量方法

公共部门和家户部门的权益市值无法直接得到，因此可以估计这两个部门的资产市值分布，从而计算宏观 VaR 值的大小来度量宏观经济资本的大小。

（二）宏观经济资本度量的基本层次

宏观经济资本的度量可以有不同的层次，其中部门宏观经济资本度量从国民经济四大部门（公共部门、家户部门、金融部门、企业部门）分别度量；行业经济资本度量对重点行业的宏观经济资本进行度量；风险类别的经济资本则分别度量宏观信用风险、市场风险的经济资本。对以上分角度划分的经济资本度量的值进行分析处理和加总可以得到国家总体的经济资本。

第三节　宏观经济资本配置

经济资本的配置分为微观经济资本配置和宏观经济资本配置两个方面。微观经济资本配置是将有限的资本资源在金融机构和企业范围内分配给各业务部门、单位和产品项目，从而最优化配置资源，管理和抵御金融风险。宏观经济资本配置的对象是各种风险准备金，配置的内容是将风险准备金在各经济部门或者区域间进行合理分配。

一、宏观经济资本配置的内涵与思路

（一）宏观经济资本配置的内涵

宏观经济资本配置就是将宏观经济资本在部门、产业和区域间进行合理调配，其分配的对象是宏观经济资本，具体表现为社会风险准备金或者社会金融稳定基金。

宏观经济资本配置包含初始经济资本配置和危机中的经济资本调整两个方面。其中，危机中的经济资本调整是指金融机构中风险准备金不足时，部门间风险准备金再调剂，这种调剂可以是指令性的，也可以是市场化的。一般来说，宏观经济资本配置具有以下特点：

1. 没有统一机构来实施

微观金融风险管理中，从金融机构总体出发，研究金融机构的市场风险、信用风险、操作风险，计算总体风险，并用经济资本进行抵补，并分配到各个部门或者业务单元。就宏观金融风险而言，虽然央行可以对国家整体宏观金融风险进行监测，但是银行、证券、保险、企业等的风险又是分行业监管的，各部门、行业的风险准备金由不同的部门进行管理，并没有统一的机构来实施。

2. 计划和市场相结合

宏观经济资本的配置中，政府将风险准备金在部门之间进行无偿划拨，例如政府动用外汇储备注资金融机构，就是风险准备金从公共部门到金融部门的转移，这属于计划机制的范畴；但是，在经济资本的分配中，政府对各个部门设立指导性目标，并引导部门风险储备的积累，实现资本在部门间的合理分配，这就属于市场机制的范畴。

3. 不同部门的分配存在差异

国民经济体系从性质上可以划分为金融部门、企业部门、家户部门、公共部门，其中金融部门和企业部门属于实际的产业部门，家户部门属于消费部门，公共部门属于监管部门，不具有经营性质。因此，家户部门和公共部门宏观经济资本的配置应遵循风险贡献的原则，不能实行风险和收益相结合的方式。金融部门和企业部门可以适当遵循收益和风险结合的原则，将部门的 RAROC 值与本部门的平均社会收益率相比较，超出部分越多，则分配更多的经济资本。

（二）宏观经济资本配置的基本思路

1. 配置对象

理论上说，宏观经济资本配置的对象是社会整体的风险准备，但是现实中，社会整体的风险准备的概念并没有提出和实现，但是企业部门、金融部门、家户部门、公共部门都有对应的风险保障基金的概念，如图16-3所示。

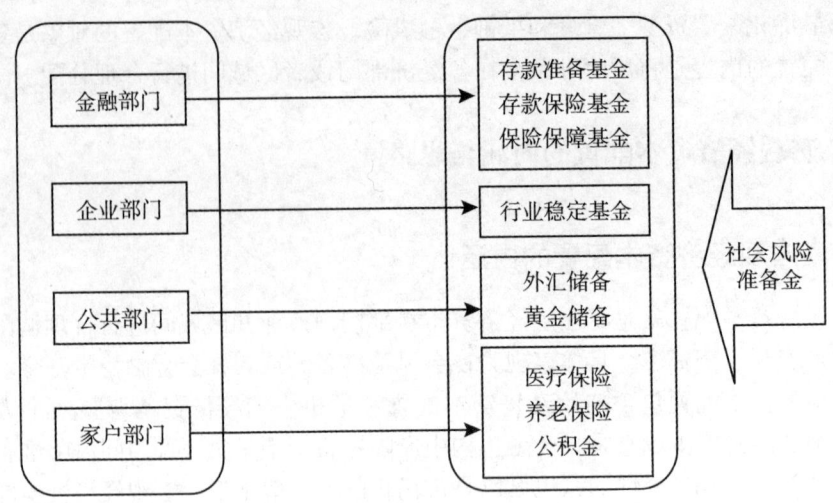

图 16-3 宏观经济资本配置示意图

2. 配置结构

宏观经济资本配置的依据是经济体系的划分，经济体系从横向划分可以分为金融部门、企业部门、公共部门和家户部门，纵向上划分为国家、区域、省份等。部门和区域之间风险是相互传递的，因此部门和区域间的宏观经济资本配置也是相互依赖的。

对于部门机构而言，金融部门就可以划分为银行业、证券业、保险业、信托业等子部门，企业部门可以按行业划分子部门，公共部门分为财政和中央银行两个部门，等等。区域还可以划分成小区域，如省可以划分为地级市，地级市再细分为区县，等等。不同区域和部门的主导产业、风险特征等存在差异，宏观经济资本配置的重点也就不同。

3. 配置技术

宏观经济资本配置的技术主要为基于风险贡献的经济资本分配，技术路线为首先确定合适的风险指标，计算不同部门和区域对总体的风险贡献，按贡献率进行分配。这里使用的风险指标为预期损失的在险值，配置技术是边际分配方法。边际分配方法可以通过部门或区域增量 VaR 来度量部门或区域的资产变化对整体风险的贡献程度。

4. 初始配置和再配置

初始配置指的是单个部门、产业或区域按其部门对整体的风险贡献分配宏观经济资本总额，在风险准备金积累时，确定各部门、产业或区域合理的宏观经济资本结构。

再配置指的是当出现部门、产业、区域等的系统性风险时，本部门、产业或区域出现风险准备不足时，可以从其他部门、产业或区域调配资金，从而防控风险。调配的来源主要是公共部门和中央，从公共部门或者中央向企业部门、金融部门、家户部门或者地方调拨资金。

二、宏观经济资本配置的方法

由于金融部门、企业部门和公共部门、家户部门的风险性质存在差异,这里以金融部门和企业部门的角度出发,讲解宏观经济资本配置的技术方法。

(一) 风险指标

宏观经济资本配置的指标同宏观经济资本度量的指标基本相同,均采用预期损失的 VaR 值,首先根据或有权益分析方法计算金融部门和企业部门的资产市值及波动率,然后根据资产价值的对数正态分布假设,得到资产价值的 VaR 值,它等于资产市值的均值减去指定显著性水平下分位数。

预期损失的 VaR 值的经济含义为,假设显著性水平为 5%,则预期损失的 VaR 代表 5%显著性水平下资产的市场价值恢复到均值水平时的风险准备,是当资产价值下跌到一个较低水平后恢复到目标水平时需要追加的资金数额。

(二) 基于风险贡献的宏观经济资本配置方法

基于风险贡献的宏观经济资本配置是通过计算各区域或部门对整体风险的贡献率,来确定各部门或区域的宏观经济资本的规模。该方法需要考虑各部门、区域间风险的相关性,和各部门、区域实际风险承担程度。

例如,从区域来看,企业部门可以划分为东中西部,用 A、B、C 表示,组合用 P 表示。首先用或有权益方法和蒙特卡罗模拟法构造 ABC 相应的预期损失 L_A,L_B,L_C,则有

$$RC_A = \frac{UL_A(UL_A + UL_B\rho_{AB} + UL_C\rho_{AC})}{UL_P}, M_A = \frac{RC_A}{UL_P}$$

$$RC_B = \frac{UL_B(UL_B + UL_B\rho_{AB} + UL_C\rho_{BC})}{UL_P}, M_A = \frac{RC_B}{UL_P}$$

$$RC_C = \frac{UL_C(UL_C + UL_B\rho_{CB} + UL_C\rho_{AC})}{UL_P}, M_A = \frac{RC_C}{UL_P}$$

其中:RC_A,RC_B,RC_C 代表资产 A、B、C 对组合整体的风险贡献,则,M_A,M_B,M_C 即按照风险贡献度经济资本配置的比例。

该方法可以用于一般性分析当中,企业部门可以划分为三个子企业部门,同样可采用上述分析方法,也可以研究不同产业对企业部门的风险贡献程度。对于金融部门而言,可以研究银行、证券、保险等子部门对金融部门整体的风险贡献率,等等。

(三) 宏观经济资本分配技术

在研究部门之间的风险相关性时,一般用边际分析的方法构造分配指标。具有代表性的方法有比例分配方法和边际宏观经济资本分配方法。

1. 比例分配方法

国家或地区的经济体系可以划分为金融部门、企业部门、公共部门和家户部门，如果计算出单个部门的预期损失的 VaR，那么就可以计算单个部门 VaR 占四部门 VaR 值之和的比重 M。该比重即为各部门风险对国家或地区整体宏观金融风险的贡献程度，也就是宏观经济资本对各部门的分配比例，该比重计算公式为

$$M = \frac{部门\ VaR}{四部门\ VaR\ 之和}$$

2. 部门（区域）增量 VaR 分配方法

计算四部门中某部门的增量 VaR，来度量各部门资产损益对国家整体资产的风险贡献比例程度。部门增量 VaR 和部门增量 VaR 之和的比值，来度量各部门资产变化对整体资产的风险贡献程度，计算公式为

$$M = \frac{部门增量\ VaR}{部门增量\ VaR\ 之和}$$

3. 部门（区域）边际 VaR 分配方法

部门（区域）资产 p 的边际 VaR 定义为将 p 从总资产中扣除所导致的国家宏观 VaR 的变化，用于测算加入或剔除该部门（区域）的资产对国家整体资产 VaR 的影响，计算公式为

$$边际\ VaR(p) = VaR(P) - VaR(P-p)$$

部门配置结构即可表示为各部门（区域）边际 VaR 占部门（边际）VaR 之和的比重，计算公式为

$$M = \frac{部门边际\ VaR}{部门边际\ VaR\ 之和}$$

第四节 宏观经济资本与风险管理

美国次贷危机和欧美债务危机以来，世界各国都加强了对宏观金融风险的防范与监控，风险管理的技术也不断更新与成熟。本节将宏观经济资本作为宏观金融风险管理的核心工具，提供一系列管控宏观金融风险的思路与方法。

一、宏观经济资本与风险管理框架

目前，经济资本管理主要针对金融机构的信用风险、市场风险和操作风险，宏观经济资本管理是对微观经济资本的延伸和拓展，核心是对宏观金融风险的模型化和数量化，从而提供与风险相匹配的风险准备，防范金融风险的发生。基于宏观经济资本的风险管理模式如图 16-4 所示。

第一部分是宏观经济资本管理体系。从管理目标、管理机构、管理工具、管理内容

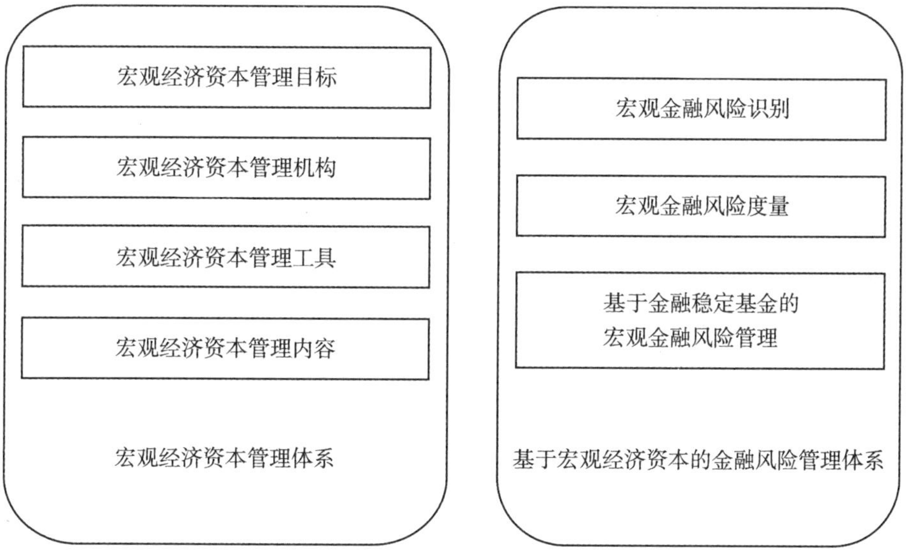

第十六章　宏观经济资本管理

图 16-4　宏观经济资本与风险管理框架

四个方面入手。其中宏观经济资本管理的目标是控制风险和创造价值；从管理机构而言，我国尚未有功能完善的部门对宏观经济资本进行管理；宏观经济资本管理的工具是金融稳定基金；宏观经济资本管理的内容包括宏观经济资本度量、宏观经济资本配置和宏观经济资本绩效评价三个方面。

第二部分是基于宏观经济资本的风险管理模式。首先需要识别影响宏观金融的因素，然后根据或有权益资产负债表结合宏观 VaR 方法对风险大小进行量化，最后，提出基于金融稳定基金的宏观金融风险管理方法。

二、宏观经济资本管理体系

（一）管理目标

宏观经济资本管理的目标有两个层次：控制风险和创造价值。

近些年频繁爆发的区域性金融风险体现了金融体系固有的内在脆弱性。微观经济机构的流动性不足、资产质量下降都会导致金融风险的累积，最终导致系统性金融风险的产生。以宏观经济资本为基础的宏观金融风险管理办法是从宏观上对金融风险进行识别，建立相应的风险准备，然后进行宏观经济资本的配置和再配置，防止风险的扩大和蔓延。

对于价值创造的度量，可以宏观经济利润来度量，反映经济价值的增加，例如宏观经济增加值指标（EVA）；还可以用投资利润转化的绩效考核指标来衡量，反映资本效率，如风险调整的资本收益（RAROC）。

(二) 管理机构

随着金融自由化和混业经营的发展，大型的金融控股集团，如平安集团、中信集团、光大集团等，不断出现，分业监管的管理模式面临着挑战，必须建立一个完善的机构进行资本管理。

(三) 管理工具

金融稳定基金是宏观经济资本管理的主要工具。金融稳定基金是和宏观经济资本等额的风险准备，例如金融部门的稳定基金有存款保险基金、保险保障基金、股市平准基金、证券投资者保护基金等，这就建立起了金融机构防范系统性宏观风险的防火墙，一方面对存款人、投资者、投保者的利益进行切实保护，另一方面对部门之间风险的传导建立隔离机制，防止风险的传染和累积。

(四) 管理内容

宏观经济资本管理体系的内容包含三个方面——宏观经济资本度量、宏观经济资本配置和宏观经济资本绩效评价。

宏观经济资本将宏观金融风险量化，使用的方法为或有权益资产负债表方法和宏观VaR法，计算出的宏观VaR值就是一定置信水平下资产市值的风险暴露规模，风险准备与其等值。宏观VaR的层次从横向上可以划分为金融部门VaR、企业部门VaR、家户部门VaR、公共部门VaR，从纵向上划分为国家VaR、东中西三大区域的VaR、省VaR、市VaR、县VaR等。得到部门VaR的情况下，可以计算国家VaR，但是需要考虑部门之间的相关性，否则直接加总得到的国家VaR会大于真实值。

宏观经济资本配置是一个自上而下的过程，它有两个层次的含义：一是宏观经济资本在金融部门、企业部门、家户部门、公共部门之间的横向配置，二是宏观经济资本在国家、区域、省、市、县的纵向配置，同时在部门与部门之间、区域与区域之间建立起隔离机制，防止风险的累计和相互传染。在横向分配过程中，由于不同部门的风险特质不同，分配的原则也就不一样，金融部门和企业部门采用的是风险和收益相结合的方式，家户部门和公共部门采用的是风险贡献的方式。配置的方法中最具代表性的是比例分配方法，还有边际分配方法。宏观经济资本的配置还可以分为初始配置和再配置两个方面，其中再配置指的是当部门或区域发生风险时宏观经济资本在部门和区域之间的转移，转移的方向通常是公共部门向其他部门转移、中央向地方转移，转移的方法分为政府指令式转移和市场化转移，其中市场化转移通常按照风险与收益结合的原则（如风险调整资本收益率，即RAROC）调度宏观经济资本。

宏观经济资本绩效评价的核心是两个指标：经济增加值（EVA）和风险调整资本收益率（RAROC）。如果部门或者区域的风险调整资本收益率低于社会平均水平，宏观经济资本就必须重新配置，该部门或者区域超额的宏观经济资本转移到资本收益率更高的部门里去。

三、基于宏观经济资本的风险管理模式

(一) 基于宏观经济资本的金融风险识别

经济学中,金融风险指的是收益的不确定性,即收益可能出现的正收益、负收益(损失)或者无收益等各种结果的不确定性。就损失而言,损失可以划分为预期损失、非预期损失和异常损失。

基于宏观经济资本的金融风险识别是从宏观资产价值的波动出发,通常宏观资产价值波动越大,带来的损失或收益的可能性越大,金融风险越显著,要求的风险准备也就越多。

(二) 基于宏观经济资本的金融风险度量

基于宏观经济资本的金融风险度量主要是衡量宏观资产市值的波动大小,主要方法为基于不同区域或部门等不同经济主体的资产负债表和或有权益资产负债表。就账面价值资产负债表而言,可以从期限错配、资本结构错配、货币错配等方面度量部门的风险状况;就或有权益资产负债表而言,可以构建违约距离、违约概率、信用溢价、资产市值波动率等指标来度量违约风险和清偿力风险。通过宏观资产市值的数据,假定其服从对数正态分布,可以确定一定置信水平下的宏观 VaR 值,确定宏观经济资本规模。

(三) 基于金融稳定基金的宏观金融风险管理

金融风险的累积具有隐蔽性的特征,一旦爆发和传播则会造成巨大的经济损失,威胁国家安全和经济稳定。建立金融稳定基金,可以从部门、区域、产业等不同层面,形成一个完善的风险补偿机制,形成更严密的风险管理和补偿网络。

具体来说,我国可以形成从国家整体到东、中、西三大区域到各省、直辖市、自治区等三层次的金融稳定基金。具体做法可以是对每个层次的四大经济部门的账面资产负债表和或有权益资产负债表进行分析,分析资本结构、期限结构、货币结构、清偿力风险,分析或有权益资本结构、违约距离、信用溢价、资产市值波动率等,从不同层次、不同机构对区域和部门的风险进行剖析;最后通过宏观 VaR 方法量化宏观资产市值的变化,建立等额的风险准备(宏观经济资本),并对资产市值等指标进行实时跟踪,进行宏观经济资本的动态配置,并建立金融稳定基金,形成一个完善的金融安全网和强有力的金融防火墙。

第五节 宏观经济资本的绩效评价

宏观经济资本是全面风险管理的工具之一。所谓全面风险管理,指的是风险度量、

风险分解、风险监测和风险应对四个层次、全方位的风险管理体系。

一、宏观经济资本绩效评价体系

经济资本管理包含两个内容，一是风险识别、度量和管理，二是绩效管理。宏观经济资本管理是微观经济资本向宏观层面的延伸。部门的经济资本是国家经济资本向各部门配置的结果，部门经济资本在各行业和各子部门有着不同的表现形式，具体的评价方法也就不尽相同。具体来说，宏观经济资本的绩效评价体系如图 16-5 所示。

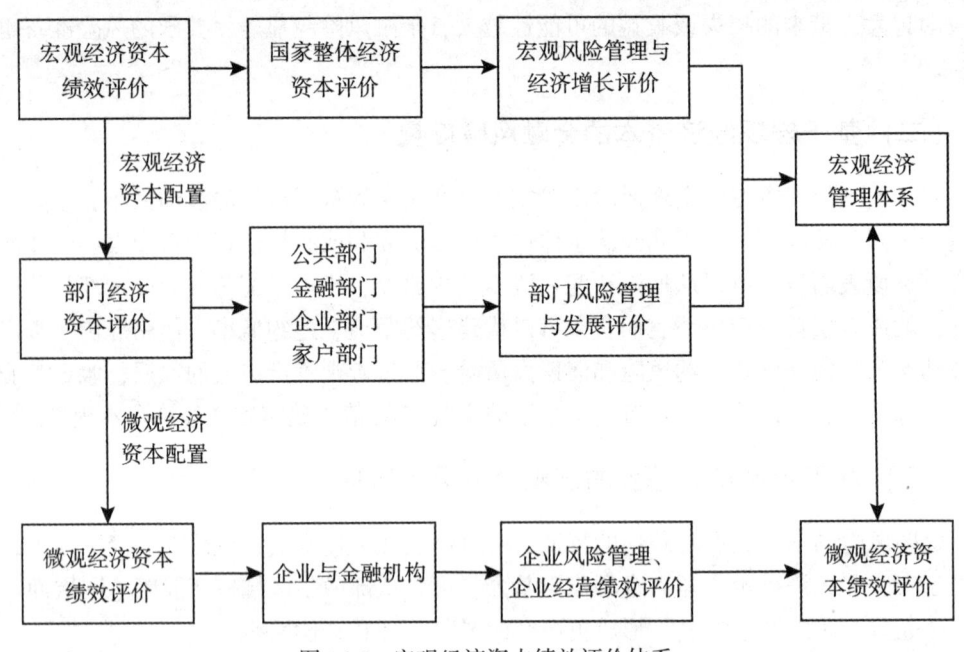

图 16-5 宏观经济资本绩效评价体系

微观经济资本绩效评价以微观企业作为研究对象，采用基于风险调整的资本收益率（RAROC）这一相对量指标和经济增加值（EVA）这一绝对量指标作为两个主要评价指标，涉及风险和收益两个因素，将风险管理和绩效评价综合考虑，更客观地评价企业经济资本管理的绩效。

部门经济资本绩效评价和国家经济资本绩效评价是宏观经济资本评价的两个层次。部门经济资本评价研究某一具体部门或者产业，采用净资产收益率（ROE）方法对其经济资本的绩效进行评价。国家经济资本管理通常采用宏观 ROE 方法和宏观 EVA 方法进行绩效评价，同时对不同部门的宏观 ROE 值进行对比，指导经济资本在部门间的流动。长期来看，经济资本总是从绩效低的部门向绩效高的部门流动，从而实现资本的优化配置。

二、微观经济资本绩效评价方法

(一) 传统绩效考核指标

在商业银行经营中,经常采用资产收益率(ROA)、每股收益(EPS)和净资产收益率(ROE)等指标考核商业银行的经营绩效。

1. 资产收益率(ROA)

资产收益率指的是净利润和资产总额的比值,资产总额通常采用期初和期末总资产的平均值,它衡量的是企业动用资产盈利的能力。具体公式为

$$ROA = \frac{净利润}{平均资产总额} \times 100\%$$

2. 每股收益(EPS)

每股收益指的是年度净利润和年末股份总数的比值,它衡量的是股东的盈利状况。但是它和资产收益率指标一样,并没有考虑企业的风险状况。其计算公式为

$$EPS = \frac{净利润}{普通股总数} \times 100\%$$

3. 净资产收益率(ROE)

净资产收益率即权益收益率,指的是净利润和股东权益平均值的比值,它反映的是公司运作资本的效率。计算公式为

$$ROE = \frac{净利润}{平均股东权益} \times 100\%$$

ROE指标是杜邦财务分析方法的核心指标,是对企业综合财务业绩和绩效评价的重要指标,真实反映了公司运作资本的效率。

(二) 风险调整的绩效评价方法(RAPM)

传统商业银行的绩效考核指标仅仅从收益层面对企业的经营做出评价,但是并没有考虑风险指标。风险调整的绩效评价方法(RAPM)由美国信孚银行(Bankers Trust)提出,该方法将银行获得的收益和承担的特定风险匹配,在此基础上衡量绩效、进行资本配置。在商业银行风险管理中,较为常用的RAPM模型有经济增加值(EVA)和风险调整后的资本回报(RAROC)。

1. EVA(Economic Value Added)模型

经济增加值(EVA)指的是净利润减去资本成本之后的部分,它的计算公式如下

$$EVA = r \cdot A - i \cdot D - EL \cdot A - OC \cdot A - k \cdot K$$

其中:$r \cdot A$代表总收入,$i \cdot D$代表资本成本,$EL \cdot A$代表预期损失,$OC \cdot A$代表费用,$k \cdot K$代表缓冲非预期损失承担的资金成本。它所表达的意义是指净利润扣除预期损失的余额,是指资产产生的真实收益。简而言之,经济增加值指的就是扣除所有资本

（含股权和债务）后的税后净利润。

经济增加值扣除了经营利润中的资本成本，能准确地度量股东价值的创造。将经济增加值作为核心指标，并对该指标进行分解和敏感性分析，可以找出对公司价值影响较大的因素，从而为后续的针对性分析提供条件。

2. RAROC（Risk-adjusted Return on Capital）模型

RAROC指标是商业银行内部风险管理和绩效评价体系中常用的指标，它的计算公式如下

$$RAROC = \frac{\text{收益}-\text{经营费用}-\text{预期损失}}{\text{经济资本}} = \frac{r \cdot A - i \cdot D - OC \cdot A - EL \cdot A}{K}$$

当某项业务的RAROC指标超过基准资本收益率K，那么意味着该项业务能给公司创造价值，应增大对该业务的资本投资和经济资本分配。

例如，若某一资产组合有A、B两个资产，投资的权重分别为ω_A和ω_B，且$\omega_A + \omega_B = 1$。资产A、B的收益率R_A和R_B分别服从分布$N(\overline{R_A}, \sigma_A^2)$、$N(\overline{R_B}, \sigma_B^2)$，则

资产组合收益率 $R_P = \omega_A R_A + \omega_B R_B$

资产组合期望收益 $\overline{R_P} = E(R_P) = E(\omega_A R_A + \omega_B R_B) = \omega_A \overline{R_A} + \omega_B \overline{R_B}$

收益率方差：

$$\sigma_P^2 = VaR(R_P) = VaR(\omega_A R_A + \omega_B R_B) = \omega_A^2 \sigma_A^2 + \omega_B^2 \sigma_B^2 + 2\rho_{AB} \omega_A \omega_B \sigma_A \sigma_B$$

$MCaR_A$和$MCaR_B$是A和B的边际CaR（cumulative abnormal return，边际超额收益率），计算公式如下：

$$CCaR_A = \omega_A MCaR_A$$
$$CCaR_B = \omega_B MCaR_B$$

则

$$RAROC_P = \frac{\overline{R_P}}{CaR_P} = \frac{\overline{R_P}}{k\sigma_P}$$

$$RAROC_A = \frac{\omega_A \overline{R_A}}{CCaR_A} = \frac{\omega_A \overline{R_A}}{\omega_A MCaR_A} = \frac{\overline{R_A}}{MCaR_A}$$

$$RAROC_B = \frac{\omega_B \overline{R_B}}{CCaR_B} = \frac{\omega_B \overline{R_B}}{\omega_B MCaR_B} = \frac{\overline{R_B}}{MCaR_B}$$

RAROC指标改变了传统商业银行以资本收益率（ROE）等指标单纯考虑收益的传统指标的弊端，把风险因素考虑到绩效考核中，逐渐成为理论和实务中最有效的风险管理手段之一。

3. RAROC和EVA的关系

EVA和RAROC的关系类似于净现值（NPV）和内部收益率（IRR）的关系，二者的计算公式在根源上是一致的，都用于判断银行某一项业务是否能创造价值。但不同的是，EVA是一个绝对量指标，RAROC是一个相对量指标，对于银行资本有限约束下，RAROC指标可以对单位资本收益衡量，从而更加有效。

三、宏观经济资本绩效评价方法

(一) 宏观经济资本配置和绩效考核的关系

以经济资本为基础的绩效评价体系综合考虑了风险和收益两个因素的影响,宏观经济资本再配置的原则是部门风险调整资本收益率水平等于社会平均资本收益率水平。其中风险调整后资本收益率是扣除风险因素后的收益率水平。

在以效率为准则的分配体系中,资本收益率高的项目、部门、产业应当得到更多的资本支持。但是在这种框架下,并没有对收益中隐含的风险因素进行考量。风险调整的资本收益率(RAROC)这一绩效指标考虑了风险抵补后的真实收益水平,对于宏观经济资本配置更具指导意义。

(二) 宏观经济资本绩效评价方法

1. 部门经济资本绩效评价

国民经济由四个主要部门组成:金融部门、企业部门、公共部门、家户部门,宏观经济资本绩效评价可以从以上四个部门分别进行。宏观经济资本评价有两个特点:

一是宏观经济资本绩效评价的前提是宏观经济资本的度量,主要采用宏观 VaR 方法对宏观经济资本进行度量。

二是国家经济资本绩效评价的基本方法为宏观资本收益率(宏观 ROE)方法。该方法的核心思想是将微观层次的风险调整后的资本收益率方法向宏观层次延伸。宏观 RAROC 方法在国民经济不同部门之间的运用存在差异性,金融部门和企业部门应当按照其对宏观金融风险的边际风险贡献率进行宏观经济资本的分配,公共部门和家户部门缺少利润指标,应当采用其他方法进行调整。

关于基准收益率,可以从以下指标入手:

(1) 国民生产总值(GDP)增长率。国家宏观经济资本绩效考核的基准收益率可以选取 GDP 增长率替代,然后根据国家经济资本的宏观 ROE 指标高于平均 GDP 增长率的部门进行宏观经济资本的分配。

(2) 部门、行业平均收益率。2006 年 7 月,国家发改委发布《建设项目经济评价方法和参数》对我国 11 大类 112 小类行业基准收益率进行了测算。这些类似的指标可以作为宏观经济资本绩效评价的基准收益率指标。

(3) 估计部门和行业基准收益率

具体来说有两个方法:加权平均资本成本法和风险溢价法。

① 加权平均资本成本

加权平均资本成本(WACC)的计算公式为

$$WACC = \sum_{j=1}^{n} K_j W_j$$

其中:K_j 表示第 j 项资本成本,W_j 表示其对应的权重。具体而言,细化为:

加权平均资本成本＝税前债务资本成本×(1−所得税率)×债务额占总资本比重
　　　　　　　＋权益资本成本×权益资本占总资本比重

② 风险溢价法

我们将基准收益率分为无风险收益率和风险溢价两个部分，部门和行业基准收益率可以表示如下：

$$I_c = I_f + bQ$$

其中，I_c 表示基准收益率，I_f 表示无风险收益率，b 表示风险溢价率，Q 表示风险水平。

通过比较部门或者行业的投资回报率与证券市场预期回报率确定该部门或者行业的风险贴水。公式为

$$I_r = \beta(I_m - bI_f)$$

其中，I_r 表示风险溢价率，I_m 表示证券市场预期回报率，β 表示行业对市场的敏感度。因此基准收益率 I_c 表示为

$$I_c = I_f + \beta(I_m - I_f)$$

其中 β 的计算可以由部门或行业的上市企业的投资回报率与 $I_m - I_f$ 的线性回归得到。

◎ 小结

1. 宏观经济资本是国家和主要经济部门为防范和抵御宏观金融风险而提供的风险准备，它具体表现为金融部门的存款保险基金、保险保障基金、股市平准基金、证券投资者保护基金、期货市场投资者保障基金、企业部门的行业专项基金、公共部门的财政稳定基金、汇率稳定基金、主权财富基金、社会保障基金、医疗保险基金、失业保险基金等。

2. 宏观 VaR 方法是 VaR 方法在宏观层面的延伸，它基于或有权益资产负债表方法求得资产市值分布，进而求得宏观 VaR 值，用于度量宏观经济资本的大小。

3. 宏观经济资本配置的方法有基于风险指标（EVA，RAROC）的分配方法和基于风险贡献率的分配方法，具体分配技术有比例分配法、增量 VaR 分配法和边际 VaR 分配法。

4. 宏观经济资本管理体系分为管理目标、管理机构、管理工具、管理内容四个方面，基于宏观经济资本的风险管理体系分为风险识别、风险度量和基于金融稳定基金的风险管理三个层次。

5. 宏观经济资本绩效考核指标有经济增加值（EVA）和风险调整后的资本收益（RAROC），它可以根据超过基准资本收益率的部分指导宏观经济资本的再配置。

◎ 重要概念

宏观经济资本　VaR 方法　经济增加值　风险调整后资本收益率　金融稳定基金

◎ 思考题

1. 宏观经济资本和微观经济资本的区别在哪里？
2. 宏观经济资本有哪些表现形式？
3. 查阅资料了解我国金融稳定基金现状，并思考各部门金融稳定基金的设立瓶颈和应注意的问题。
4. 宏观 VaR 方法如何具体实现？请搜集相关数据对我国各经济部门、区域、产业的宏观经济资本进行度量。
5. 宏观经济资本配置的方法有哪些，各有哪些优点和弊端？
6. 微观经济资本绩效考核和宏观经济资本绩效考核有哪些区别和联系？联系金融经济学的相关知识，思考宏观 ROE 方法指导宏观经济资本的再配置的原理是什么？

◎ 参考书目与推荐阅读

1. 叶永刚，宋凌峰，张培. 宏观金融工程：宏观经济资本卷. 北京：高等教育出版社，2011.
2. 赵先信. 银行内部模型和监管模型——风险计量与资本分配. 上海：上海人民出版社，2009.
3. 章彰. 商业银行信用风险管理——兼论巴塞尔新资本协议. 北京：中国人民大学出版社，2002.
4. 迈克尔.K. 内部信用风险模型——资本分配和绩效度量. 李志辉，译. 天津：南开大学出版社，2004.
5. Chris Matten. Managing Bank Capital：Capital Allocation Performance Measurement. 2nd ed. Chichester：John Wiley & Sons，2000.
6. Philippe Jorion. Value at Risk：The New Benchmark for Managing Financial Risk. 3rd ed. New York：McGraw-Hill，2006.
7. Dale F. Gray, Samuel W. Malone. Macrofinacial Risk Analysis. Chichester：John Wiley & Sons，2008.
8. 陈忠阳. VaR 体系与现代金融机构的风险管理. 金融论坛，2001（5）：44.
9. 李宝亮. 我国商业银行经济资本管理研究. 广州：暨南大学经济学院，2008.
10. 刘建德. 经济资本——风险和价值管理的核心. 国际金融研究，2004（8）：44-49.
11. 郑文通. 金融风险管理的 VaR 方法. 国际金融研究，1997（9）：58-62.